MMPI-A를 통한
청소년 정신병리 평가

Robert P. Archer 저 | 안도연 역

ASSESSING ADOLESCENT PSYCHOPATHOLOGY
MMPI-A/MMPI-A-RF, Fourth Edition

학지사

역자 서문

    미네소타 다면적 인성검사인 MMPI(Minnesota Multiphasic Personality Inventory)는 전 세계적으로 가장 널리 활용되고 있는 자기보고식 검사이다. 현재 성인을 위한 MMPI-2와 MMPI-2-RF 및 청소년을 위한 MMPI-A와 MMPI-A-RF가 출판되어 있으며, 2020년에는 미국 Pearson Assessments사에서 성인을 위한 MMPI-3을 새로이 출판하였다.

    한편, 국내에서도 MMPI 검사는 병원이나 학교 및 기관 등 다양한 현장에서 널리 사용되고 있다. 그러나 실무자들이 해석하기 어려워하는 검사 중 하나이기도 한데, 수십 개에 이르는 많은 척도를 이해하는 부담감을 1차로 넘고 나도 형태적 측면, 즉 척도들의 관계를 종합적으로 고려해야 하는 단계가 있기 때문으로 여겨진다. 따라서 그만큼 MMPI 검사를 해석하기 위한 참고 자료에 대한 수요가 많다. 이 책은 MMPI 검사 중 청소년을 위한 MMPI-A와 MMPI-A-RF의 개발, 실시 및 채점에 대한 포괄적인 개요와 해석을 위한 지침을 제공함과 동시에 청소년 발달과 정신병리 문제에 대해서도 제시하고 있다. 실무자가 전체 심리평가 과정 중 검사를 잘 활용하기 위해서는 검사 자체에 대한 이해뿐 아니라 인간 발달 및 성격과 정신병리, 심리측정적 지식, 내담자(환자)의 개인력과 사회적 환경 등 내담자를 둘러싼 맥락에 대한 전반적 조망이 필요하다. 이러한 측면에서 이 책은 검사 활용과 검사에 대한 축적된 연구뿐 아니라 청소년 발달에 대한 특성을 제시하고 있는 바, MMPI-A와 MMPI-A-RF 검사를 현장에서 활용하는 실무자들에게 큰 도움이 될 것으로 생각한다.

    끝으로, 이 책이 출간되기까지 도움을 주시고 기다려 주신 학지사 관계자 여러분께 감사드린다.

2023년 6월
안도연

4판 저자 서문

『MMPI-A를 통한 청소년 정신병리 평가』 초판은 1992년 8월 MMPI-A 매뉴얼 및 검사 도구의 출시와 동시에 출판되었다. 새로운 4판도 청소년 정신병리를 평가하기 위해 사용하는 다양한 MMPI 형태에 관한 선택권을 검사 사용자에게 제공하기 위해 MMPI-A-RF의 출시와 동시에 출판되었다. 이번 개정의 목적은 급속히 확장하는 MMPI-A 관련 문헌을 업데이트 및 통합하며, 독자에게 MMPI-A-RF의 구조와 용도를 소개하는 것이다. 이번 4판은 청소년 발달과 정신병리의 중요한 문제를 담은 장을 유지하며, MMPI-A와 MMPI-A-RF의 개발, 실시 및 채점 절차에 대한 포괄적인 개요를 제공한다. 즉, 이 책의 목적은 MMPI-A의 적용 범위를 확장하고자 잘 확립된 이 검사 도구에 대한 최신 문헌뿐 아니라 MMPI-A-RF의 개발과 활용에 관해 유용하고 실용적인 정보를 독자에게 제공하는 것이다. 두 검사 도구를 설명함에 있어, 검사 사용자에게 임상적 용도를 안내하고, 또한 상호 관련된 이 두 개의 검사에 대해 향후 연구활동을 자극할 수 있는 충분한 정보가 제공되기를 바란다.

4판은 MMPI를 통한 청소년 정신병리의 평가에서 특히 흥미로운 발전의 시기에 주목하였다. 이 책이 MMPI-A와 MMPI-A-RF의 상대적 장점과 한계, 그리고 검사 실시, 채점 및 해석에 대한 사용자의 선택에 있어 검사 사용자에게 도움이 되기를 바란다. 1942년부터 1992년 MMPI-A가 출판될 때까지 원판 MMPI가 청소년에게 널리 사용되면서, 일차적으로 성인을 위해 설계된 검사를 통해 청소년을 평가할 때의 많은 이점뿐 아니라 많은 문제점도 초래되었다. 1992년부터 현재까지 MMPI-A는 나름의 강점 및 책임과 함께 청소년의 다양한 정신병리 양상을 구별하는 효과적인 수단이 되어 왔다. 이번 4판의 출판으로, 검사 사용자는 이제 MMPI 검사군의 최신 검사를 평가할 기회를 갖게 될 것이다. MMPI 및 MMPI-A와 유사하게 MMPI-A-RF가 청소년 심리 평가 영역에서 복잡하고 상당히 중요한 임상 및 연구 영역을 다루는 데 있어 지니는 고유한 강점과 약점을 알 수 있을 것이다.

차례

제1장
청소년 발달과 정신병리   11

제2장
MMPI, MMPI-A, MMPI-A-RF의 개발   39

제3장
실시 및 채점   83

제4장
MMPI-A와 MMPI-A-RF의 타당도척도   115

제5장
MMPI-A 기본 임상척도와 코드타입의 임상적 상관물   177

제1장

청소년 발달과 정신병리

- ✔ 청소년기의 발달 과업
- ✔ 청소년기와 정신병리
- ✔ 요약

『미네소타 다면적 인성검사-청소년용(Minnesota Multiphasic Personality Inventory-Adolescent: MMPI-A)』과 최근의 『미네소타 다면적 인성검사-청소년용 재구성판(Minnesota Multiphasic Personality Inventory-Adolescent-Restructured Form: MMPI-A-RF)』의 개발은 청소년에 적합한 해석적 의견을 도출하는 데 상당한 도움을 주었다. 그러나 이렇게 특화된 MMPI의 형태가 중요한 발달적 지식을 아는 것을 대신하지는 않는다. 따라서 이 장의 목적은 MMPI-A와 MMPI-A-RF 해석에 영향을 미칠 수 있는 발달과 관련된 문제에 주로 초점을 맞추어 청소년 발달과 정신병리에 대한 간략한 개요를 제공하는 것이다.

○δ 청소년기의 발달 과업

Achenbach(1978)는 아동기 및 청소년기 정신병리의 이해는 정상 발달의 연구에 확고한 기반을 두어야 한다고 제안했다. 인간 발달은 연속적인 과정이지만 적응의 성공이나 실패가 이후 생애 주기 발달에 큰 영향을 미치는 중요한 시기(critical period)가 있다. 확실히 청소년기는 이러한 중요한 발달의 전환기 중 하나이다. Holmbeck와 Updegrove(1995)는 청소년기의 특징을 "유아기를 제외한 다른 모든 생의 단계보다 생물학적 · 심리적 · 사회적 역할의 변화가 많은 것"(p. 16)이라고 하였다. Petersen과 Hamburg(1986)가 지적한 바와 같이, 청소년기에 동시다발적으로 발생하는 변화의 수와 정도는 성숙하고 효과적인 대처 전략을 발달시키는 데 중대한 도전이 된다. 비효과적인 대처 전략은 청소년기 동안 다양한 문제 행동 발현에 기여할 수 있다. 더욱이 청소년기 발달의 실패는 이후의 삶에서 나타나는 정신병리로 귀결될 수 있다.

지금부터 생리학적 과정, 인지적 과정, 심리적 · 정서적 도전을 포함하여 청소년기에 직면하게 되는 변화와 도전의 세 가지 영역을 주로 살펴볼 것이다.

신체적 · 성적 성숙

Kimmel과 Weiner(1985)는 사춘기를 "신체적 · 성적으로 성숙해지며 자신의 성별에 해당하는 성인의 특징을 발달시키는 과정"(p. 592)으로 정의했다. Petersen(1985)은 사춘기 발달을 이해하는 데 다음과 같은 중요한 몇 가지 특징을 언급했다. 사춘기는 보편적인 경험이다. 그러나 지연되거나 심지어 어떤 경우에는 신체적 질병이나 심리적 트라우마에 의해 방해받을 수도 있다. Paikoff와 Brooks-Gunn(1991)은 청소년기의 건강 상태, 영양, 민족적 배경, 유전, 운동 수준, 스트레스 경험의 함수에 의해 사춘기가 다양하게 나타난다고 언급했다. 그들은 일반적으로 사춘기 초기에 부모와 함께 보내는 시간이 감소하는 것과 부모의 결정에 복종하는 것 등의 사춘기 발달이 부모-자녀 관계에 영향을 주는 것을 발견했다. 나아가 Petersen은 사춘기가 따로 구분된 한시적 사건이라기보다는 과정이라고 강조했다. 이 과정은 성적으로 미성숙한 아이가 생식 가능성을 완전히 얻게 되는 변화를 수

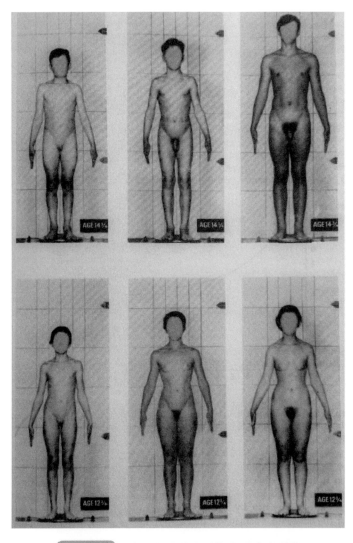

그림 1-1   남성과 여성의 사춘기 발달의 변화

출처: Tanner(1969). Copyright © by W.B. Saunders Company. 허가하에 사용함.

반한다. 이러한 신체적 변화는 일반적으로 겨드랑이털과 음모의 성장, 성기의 성숙, 그리고 여아의 첫 월경으로 나타난다. 종종 청소년 발달의 가장 분명한 징후는 사춘기 시작과 관련된 신체적 변화이다.

내분비학적·생화학적·생리학적 과정의 근본적인 신체적 변화는 청소년기에 일어난다. 예를 들어, Stone과 Church(1957)는 이 발달 단계에서 키가 25%, 몸무게가 100% 증가할 것이라고 언급했다. 또한 뇌하수체 활동의 현저한 증가로 인해 갑상선, 부신, 그리고 성적 성숙에 주요하게 관여하는 다른 분비선의 호르몬 양도 증가한다.

남아와 여아 간 신체 성장률에는 현저한 차이가 있으며, 같은 성별 내에서도 성적 성숙도의 개인 차는 매우 크다. [그림 1-1]과 [그림 1-2]에는 14세 9개월 남아와 12세 9개월 여아의 연도별 성적 성숙도 및 키 성장 속도가 제시되어 있다. 사춘기 발달을 나타낸 [그림

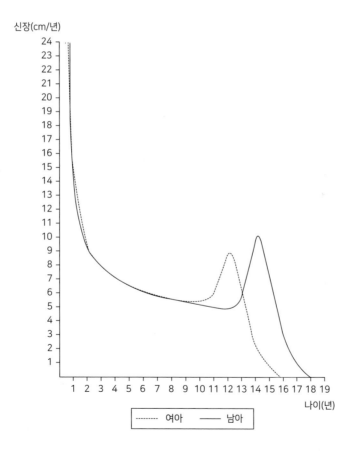

그림 1-2 출생부터 성장기까지의 키, 체중, 키와 체중의 성장 속도에 대한 표준치: 영국 아동(1965, Part I)

출처: *Archives of Disease in Childhood*, *41*, 454-471. Copyright ⓒ by the Archives of Disease in Childhood. BMJ Publishing Group Ltd.의 허가하에 사용함. Tanner, J. M., Whitehouse, R. H., & Takaishi, M. (1966)에서 사용함.

1-1]은 동일 연령에서 남아에 비해 여아의 성숙이 더 빠르다는 것과 사춘기 발달에서 성별 간 차이가 크다는 것을 보여 준다. 사춘기 발달이 조숙하게 이루어지거나 현저하게 지연된다면, 이 기간에 청소년에게 낮은 자존감이나 자아개념에 영향을 줄 수 있는 스트레스가 발생할 수 있다. 미국심리학회[American Psychological Association(APA), 2002]는 현재 미국 청소년들의 사춘기 발달 과정이 1960년대 후반 Tanner가 영국 청소년 표본을 바탕으로 제공하였던 지침서보다 훨씬 일찍 일어나고 있음을 보여 주는 연구 자료를 제시했다. 예를 들어, 미국 여아들의 평균 초경(初經) 연령은 12.5세 정도이고, 남아들의 경우 고환의 확대를 포함한 사춘기 시작은 11.5세 정도이며 첫 번째 사정(射精)은 일반적으로 12~14세에 일어난다. 소아과 전문의를 찾는 3~12세의 건강한 여아 17,000명을 대상으로 한 조사에서 백인 여아들의 6.7%, 흑인 여아들의 27.2%가 음모나 유방 발달과 같은 사춘기 징후를 7세부터 보인 것으로 나타났다(Herman-Giddens et al., 1997; Kaplowitz & Oberfield, 1999). 청소년기 급성장에 대한 Hoffmann과 Greydanus(1997)의 설명은 여아들이 대개 10~12세에, 남아들은 12~14세에 급격한 성장을 나타내는 빠른 골격 발달이 시작된다는 Tanner의 초기 자료와 일치한다. [그림 1-2]에서 보여 주듯이, 가장 극적인 신체 성장은 12~15세에 발생하는 경향이 있으며, 성장선의 최고점은 여아가 남아보다 약 2년 정도 빠르다.

발달이 MMPI 반응에 미치는 영향은 "성에 대해 걱정을 한다."라는 문항에 반영된다. MMPI-2 표준화 규준 집단에서 성인 여성 응답자의 13%와 성인 남성 응답자의 15%가 이 문항에 '그렇다' 방향으로 응답했다(Butcher, Dahlstrom, Graham, Tellegen, Kaemmer, 1989). 그러나 성인 표본과는 대조적으로, MMPI-A 규준 집단에서는 여자 청소년 응답자의 37%, 남자 청소년 응답자의 30%가 이 문항에 그렇다고 응답했다(Butcher et al., 1992). 이 문항에 대해 14~18세 청소년들이 결정적 방향으로 더 많이 응답하게 된 것은 성적 정체성뿐 아니라, 성적 성숙의 문제와 관련하여 청소년들이 더 높은 스트레스를 받고 있음을 반영하는 것일 수 있다.

인지적 성숙 및 뇌 발달

청소년기는 또한 인지 과정과 두뇌 발달에서 일어나는 변화의 관점에서 정의될 수 있다. White(2009)는 사춘기의 신체적 변화가 시작되면서 뇌도 발달과 정신병리에 상당한 영향을 미치는 극적인 변화를 겪는다고 보고했다. White는 이 중 의사 결정 및 상위 인지 기능에서 중요한 역할을 하는 전두엽에서 가장 흥미로운 변화가 일어난다는 점에 주목한다. 전두엽 회백질의 부피는 여아의 경우 11세, 남아의 경우 12세 전후에 정점에 도달하는데, 이때부터 뇌는 부피를 줄이고 시냅스 연결을 '가지치기(pruning)' 하면서 성인기에 개별적 특징을 갖게 하는 구성 과정을 시작한다. 사춘기 동안 전두엽에서 일어나는 이러한 변화들에는 기능상 효율을 높이도록 하는 뇌 회로의 정교함이 반영된다. Albert, Chein 및 Steinberg(2013)는 청소년기의 위험감수(risk-taking) 행동이 뇌 발달 측면에서 초기 청소년기에 발생하는 성숙도의 간극에서 일부 파생된다는 연구 결과에 주목했다. 청소년기에 걸쳐 뇌의 인지 조절 시스템이 성숙해지면서, 청소년은 그에 상응하여 위험을 감수하는 것을 억제하고, 자율 규제 및 통제력을 발휘하는 능력을 발달시킨다. Bonnie와 Scott(2013)은 청소년 범죄자를 성인으로 간주하고 처벌해야 하는지의 여부와 언제 그렇게 처벌해야 하는지와 같은 청소년 사법 정책에 신경과학이 점점 더 중요한 역할을 하고 있다고 강조했다. 그들은 일정 부분 신경과학 연구에 기반하여 발달적 미성숙 때문에 청소년에게 범죄의 책임을 줄이는 것을 강조한 세 개의 최근 법원 판결에 주목했다. 이 세 가지는 행동 통제에서의 뇌 발달의 역할에 관한 신경과학 연구에 근거하여 대법원이 청소년의 사형을 기각한 「Roper 대 Simmons」(2005) 판결과 청소년의 가석방 없는 종신형을 기각한 「Graham 대 Florida」(2010) 판결과 「Miller 대 Alabama」(2012) 판결이다.

　Piaget와 동료들의 연구는 Piaget(1975)의 패러다임 중 청소년기에 일어나는 인지 발달의 마지막 단계를 통해 이러한 인지적 변화를 이해하는 접근법을 제공한다. 특히 Piaget는 일반적으로 초기 청소년기에 구체적 조작기에서 추상적 조작기로 전환하며, 추상적 조작기의 특징은 생각과 개념을 조작할 수 있는 능력이라고 가정하였다. Piaget(1975)에 따르면, "청소년은 생각이나 추상적인 이론 및 개념을 만들고 이해할 수 있는 능력이 있다. 어린 아동은 이론을 세우지 않는다"(p. 105). 따라서 청소년은 현실과 이상을 구분할 수 있고, 추상적인 개념과 관념을 많이 사용할 수 있게 된다. 청소년은 '생각에 대해 생각하는' 능력 등의 새로운 방식으로 자신의 세상을 바라보기 시작한다. 이러한 인지 능력의 변화와 관련하여 Elkind(1978, 1980)는 청소년이 자기 생각에 대해 생각할 수 있게 되면서 다른 사람들이 자신을 어떻게 인식하는지에 대해서도 과도하게 관심을 가질 수 있다고 주장했다. 이러한 집착은 자기 경험을 독특하게 보는 것과 다른 사람들이 평가에 쏟는 시간을 과장되게 지각하는 것을 포함한다. Elkind는 청소년의 자기 중심성이란 '상상의 청중'인 사람들이 자신의 행동을 매우 면밀히 관찰한다고 믿는 것이라고 하였다(Elkind & Bowen, 1979).

자기 경험의 독특성과 관련된 자기 몰두와 신념은 Pt(척도 7)와 Sc(척도 8)에 속한 다음의 문항들(축약하여 제시)에서 성인과 청소년의 응답 비율의 차이로 나타날 수 있다.

"이상한 생각들을 가지고 있다."

(MMPI-2에서 성인 남성의 15%와 성인 여성의 10%가 그렇다고 응답 vs. MMPI-A에서 규준 집단 남자 청소년의 45%와 여자 청소년의 46%가 그렇다고 응답)

Pd(척도 4), Pa(척도 6), Sc(척도 8)에 속한 축약 문항은 다음과 같다.

"오해받는다."

(MMPI-2에서 규준 집단 성인 남성의 9%와 성인 여성의 9%가 그렇다고 응답 vs. MMPI-A에서 규준 집단 남자 청소년의 25.6%와 여자 청소년의 37.4%가 그렇다고 응답)

Mf(척도 5)와 Si(척도 0)에 속한 축약 문항은 다음과 같다.

"나의 생긴 모습 그대로에 만족한다."

(MMPI-2에서 규준 집단 성인 남성의 77%와 성인 여성의 59%가 그렇다고 응답 vs. MMPI-A에서 규준 집단 남자 청소년의 49%와 여자 청소년의 38%가 그렇다고 응답)

심리적 발달

마지막으로, 청소년기에는 개별화(individuation) 과정, 자아 정체성 형성, 자아의 성숙 등 심리적·정서적 과업들이 많이 이루어진다. Blos(1967)는 가족 관계로부터의 상대적인 독립, 유아 대상관계의 약화, 성인 사회의 구성원으로서 기능적 역할을 맡을 수 있는 역량 증대와 관련된 과정으로서의 개별화를 논하였다. Blos는 이 과업이 만 3세 말경에 발생하는 대상 항상성(object constancy) 획득이라는 최초의 개별화 투쟁과 비슷하다고 정의했다. 따라서 초기 사춘기는 독립과 의존 문제에서의 양가성, 특히 부모와의 관계에서 뚜렷한 양가성을 보인다. 이러한 양가성은 부모의 관여나 감독에 항의하지만, 그다음 바로 부모에게 많이 의존하는 퇴행의 순간을 보이는 것 같이 청소년의 빠르고 현저한 태도 및 행동 변화로 나타날 수 있다.

Erikson(1956)은 청소년기의 자아 정체성 형성이란 규범적 위기(normative crises)의 과정을 통해 달성된 아동기 말기에 발생하는 정체성 요소들의 통합된 집합체라고 설명했다.

Erikson에 따르면, 자아 정체성에는 개인 성격의 연속성을 위한 무의식적 노력뿐만 아니라 개별 정체성에 대한 의식적인 감각이 포함된다. 이러한 자아 형성 과정에서 자아는 어린 시절의 정체성을 성인기 성격의 토대가 되는 새로운 전체성(totality)에 통합한다. 이 문제가 긍정적으로 해결되면 자아 정체성, 또는 자신에 대한 정의의 연속성으로 이어진다. 이 문제의 부정적인 해결은 자아 혼란, 또는 자신이 누구이고 미래에 무엇이 될 것인가에 대한 불확실성을 초래할 수 있다. 자아 정체성을 획득하지 못하는 것은 미국정신의학회(American Psychiatry Association)의 『정신장애의 진단 및 통계 편람(Diagnostic and statistical manual of mental disorders: DSM-IV)』(1994)에 기술된 정체성 문제의 진단 범주(313.82)와 관련된다. Marcia(1966)는 Erikson의 자아 정체성에 대한 개념을 더 확장시켜 두 가지 변인, 즉 전념(개인이 가치의 집합을 받아들였는지 아닌지)와 위기(가치의 집합을 개인적으로 수용할 때 내적 고투를 경험했는지 아닌지)로 정의했다. 이 두 변인이 결합되어 Marcia 모델의 네 가지 정체성 상태, 즉 혼란(전념 없음, 위기 없음), 조기완료(위기 없는 전념), 유예(전념 없는 위기), 성취(위기 이후 전념)가 산출된다. Marcia는 이러한 순서가 발전하는 성숙의 발달 수준을 나타낸다고 주장했다.

개별화 과정은 초기 청소년기에서 가장 분명하게 나타나는 반면, 정체성의 형성과 통합 과정은 일반적으로 후기 청소년기에 나타난다. 이러한 과정들의 결과로 청소년은 일반적으로 다른 사람들과 교류하고 관계 맺는 방법을 바꾼다. 구체적으로 보면, 청소년은 가족 구성원들과의 직접적인 동일시를 줄이면서 또래 관계에 관여하는 것을 늘리기 시작한다. 게다가 개별화 단계의 초기에 청소년은 감정, 생각, 태도가 자신의 부모와 다를 수 있다는 것을 알아 가면서 자신에 대한 예비적인 정의를 내리고자 하므로 부모와의 갈등이 증가할 수 있다.

Loevinger(1976)는 사람들이 자신의 인생 경험에 부과하는 의미의 틀을 참조하여 자아 발달의 개념을 명확히 했다. Loevinger 모델에서 자아 발달의 개념은 충동 조절, 성격 발달, 대인 관계, 인지적 복잡성의 측면에서 순차적으로 점점 더 복잡한 기능을 발달시키는 것뿐만 아니라 개인별 차이의 차원이기도 하다. 사전 순응 단계(preconformist stage)로 분류되는 자아 발달의 하위 세 수준에서 개인은 충동적이고, 처벌을 피하기 위한 개인적 이득에 의해 동기화되고, 과거나 미래보다는 현재지향적인 것으로 묘사될 수 있다. 인지 유형은 틀에 박혀 있고 구체적이며, 대인 관계는 기회주의적이고 착취적이며 까다롭다. 발달의 광범위한 두 번째 단계, 즉 순응 단계(conformist stage)라고 불리는 동안 개인은 자신의 복지와 사회 집단의 복지를 식별하기 시작한다. 개인은 사회적으로 승인된 규범과 표준에 대한 순응성 및 태도와 행동 측면에서의 사회적 수용의 문제에 집중한다. 발달의 사후 순응 단계(postconformist stage)에 접어들면서 개인은 자기 인식, 인지적 복잡성, 대인관계 유형이 점점 복잡해지고 자율성과 상호의존성 사이에서 균형을 이룬다. Loevinger는 성숙 단계에 해당하는 특정 연령대를 언급하지 않았지만, 청소년은 자아 발달의 상위 단계를 거의 달성하지 못할 것이라고 하였다. 발달에 관한 Loevinger의 관점은 매우 포괄적이며, 제6장에서 설명할 MMPI-A의 미성숙(IMM) 척도 개발의 기초가 된다.

다음 5개의 MMPI 축약 문항들에서 MMPI-2의 성인 규준 집단과 MMPI-A의 청소년 규준 집단 간에는 응답 빈도에 있어 상당한 차이가 있다.

"가족과 거의 다투지 않는다."

(성인 여성의 78%와 성인 남성의 79%가 그렇다고 응답 vs. 여자 청소년의 38%와 남자 청소년의 46%가 그렇다고 응답)

"가족 중 짜증나는 버릇을 가진 사람이 있다."

(성인 여성의 66%와 성인 남성의 48%가 그렇다고 응답 vs. 여자 청소년의 79%와 남자 청소년의 67%가 그렇다고 응답)

"대부분의 가족들이 공감적이다."

(성인 여성의 53%와 성인 남성의 56%가 그렇다고 응답 vs. 여자 청소년의 31%와 남자 청소년의 37%가 그렇다고 응답)

"가끔 사랑하는 가족을 증오할 때가 있다."

(성인 여성의 44%와 성인 남성의 32%가 그렇다고 응답 vs. 여자 청소년의 72%와 남자 청소년의 59%가 그렇다고 응답)

"가족들은 나를 불공평하게 판단한다."

(성인 여성의 14%와 성인 남성의 11%가 그렇다고 응답 vs. 여자 청소년의 43%와 남자 청소년의 40%가 그렇다고 응답)

표 1-1 성인 남성(MMPI-2) 규준 집단과 남자 청소년(MMPI-A와 MMPI-A-RF) 규준 집단 간 그렇다고 응답한 비율의 차이가 큰 문항들

MMPI-A/MMPI-A-RF		'그렇다' 응답 비율(%)	
문항 번호	문항 내용	MMPI-2	MMPI-A
3/125	아침에 잘 쉬었다는 기분이 든다.*	68	35
79/201	가족들과 말다툼을 거의 하지 않는다.*	79	46
82/없음	떠들썩한 파티를 좋아한다.	45	75
128/130	싸우는 것을 좋아한다.*	16	48
137/92	이유 없이 벌을 받았다.*	9	42
162/94	지겨울 때면 일을 벌리고 싶다.*	43	73
208/없음	남한테 말할 수 없는 꿈을 자주 꾼다.	28	63
296/없음	이상한 생각들을 가지고 있다.	15	45
307/139	끔찍한 말들이 계속 떠오른다.*	9	39
371/239	미래가 너무 불확실해서 계획을 세울 수 없다.*	12	42

출처: 허가하에 축약 문항을 사용함. MMPI®-A Booklet of Abbreviated Items. Copyright © 2005 by the Regents of the University of Minnesota. MMPI-A-RF Test Booklet. Copyright © 2016 by the Regents of the University of Minnesota. University of Minnesota Press의 허가하에 사용함. 무단 전재 금지. 'Minnesota Multiphasic Personality Inventory'와 'MMPI' 상표는 University of Minnesota 소유함.

표 1-2 성인 여성(MMPI-2) 규준 집단과 여자 청소년(MMPI-A와 MMPI-A-RF) 규준 집단 간 그렇다고 응답한 비율의 차이가 큰 문항들

MMPI-A/MMPI-A-RF		'그렇다' 응답 비율(%)	
문항 번호	문항 내용	MMPI-2	MMPI-A
3/125	아침에 잘 쉬었다는 기분이 든다.*	66	29
21/177	참을 수 없는 웃음이나 울음이 터진다.*	18	64
79/201	가족들과 말다툼을 거의 하지 않는다.*	78	37
81/없음	해로운 일을 하고 싶다.	16	53
82/없음	떠들썩한 파티를 좋아한다.	39	80
114/없음	화초 모으는 것을 좋아한다.	79	43
123/없음	타인에 의해 행동이 좌우된다.	26	62
162/94	지겨울 때면 일을 벌리고 싶다.*	43	80
205/없음	자주 안절부절못한다.	24	62
208/없음	남한테 말할 수 없는 꿈을 자주 꾼다.	27	65
235/없음	낯선 사람들이 나를 종종 비판적으로 본다.	25	65
296/없음	이상한 생각들을 가지고 있다.	10	46

출처: 허가하에 축약 문항을 사용함. MMPI®-A Booklet of Abbreviated Items. Copyright © 2005 by the Regents of the University of Minnesota. MMPI-A-RF Test Booklet. Copyright © 2016 by the Regents of the University of Minnesota. University of Minnesota Press의 허가하에 사용함. 무단 전재 금지. 'Minnesota Multiphasic Personality Inventory'와 'MMPI' 상표는 University of Minnesota에서 소유함.

성인과 청소년 간 문항 응답 패턴의 차이는 가족으로부터의 개별화와 정체성 형성 및 자아 성숙 과제에 대한 청소년의 분투와 관련하여 의미 있게 볼 수 있다. 〈표 1-1〉과 〈표 1-2〉는 MMPI-2, MMPI-A 및 MMPI-A-RF의 규준 집단 자료에서 성별에 따른 청소년과 성인의 응답률 차이가 최소 20% 이상 되는 축약 문항들에 대한 정보를 제공한다.

성숙이 MMPI 응답 패턴에 미치는 영향

앞에서는 문항 수준의 응답 패턴에 대한 성숙의 의미를 논의하였다. 성숙 효과는 특히 F, Pd, Sc 및 Ma 척도들과 관련하여 척도 수준에서도 입증될 수 있다. 이러한 척도들은 전통적으로 청소년 및 성인 표본의 평균 점수에서 상당한 차이를 보여 왔다(Archer, 1984, 1987b). 예를 들어, [그림 1-3]은 MMPI-2의 60개 문항으로 이루어진 F 척도에서 남녀 청소년 및 성인 규준 집단이 응답한 원점수의 평균값을 연령에 따라 보여 준다. 이 그림에 나타났듯이, F 척도의 평균 원점수는 집단의 실제 생활 연령이 증가하면 계속 감소한다. 이러한 차이는 정신병리의 수준보다는 성숙 과정이 반영된 것으로 해석하는 것이 가장 타당하다. 따라서 MMPI의 척도들은 검사 점수에 기초한 정신병리의 해석을 모호하게 하거나 혼동시킬 수 있는 상당한 성숙 효과의 대상이 된다. 이와 관련하여, Achenbach(1978)는 다음과 같이 언급하였다.

> 아동의 개별적 차이를 탐색할 때의 복잡함은 종종 간과되는데, 이는 발달의 차이가 거의 모든 측정 가능한 행동의 상당한 차이를 설명한다는 점이다. 첫 번째, 한 피험자가 코호트 내에서의 순서가 안정적이라 할지라도 그 피험자를 몇 주 이상의 간격으로 반복 측정한 측정치가 발달의 함수에 따라 다를 가능성이 높다. 두 번째, 한 표본 내의 모든 피험자가 질문에 있는 행동과 관련하여 동일한 발달 수준에 있지 않는 한, 행동의 개별 차이는 사실상 특질적 특성보다는 발달 수준의 차이를 반영할 수 있다. 세 번째, 여러 측정치 사이의 공변량이 독립적 특질이 아니라 발달에서 모두가 공유하는 분산을 반영할 수 있다. (p. 765)

이 현상은 청소년에만 국한되지 않는다. Colligan, Osborne, Swenson 및 Offord(1983)와 Colligan과 Offord(1992)는 다양한 연령 집단에 걸쳐 표준 MMPI 척도에서 상당한 정도의 연령 및 성숙 효과가 있었음을 보고했다. 예를 들어, [그림 1-4]와 [그림 1-5]는 18~19세부터 70세 이상의 남녀 집단에서 횡단적으로 측정된 1번과 9번 척도의 평균 점수 변화를 보

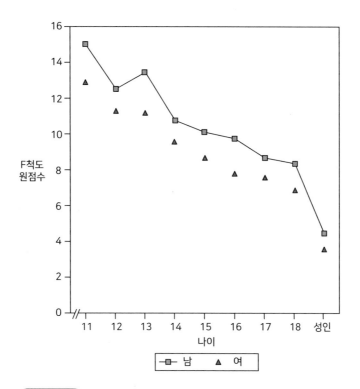

그림 1-3 **남녀 청소년 및 성인의 MMPI-2 F 척도의 평균 원점수**

여 준다. 마찬가지로, Pancoast와 Archer(1992)는 [그림 1-6]에서처럼 대규모의 청소년, 대학생 및 성인 표본의 MMPI 프로파일 평균 점수를 성인 규준의 표준 기준점에 표시할 때 세 집단 간 상당한 차이가 있음을 보고했다. Archer(2005)는 청소년기 증후의 유동적 특징을 고려할 때 MMPI-A 소견에 기초한 장기적인 예측은 틀린 조언이 될 수 있으며, 검사 결과는 단지 그 순간의 기능을 반영하는 것으로 가장 잘 개념화된다고 결론지었다.

지금까지 실제 생활 연령과 관련하여 성숙의 영향이 논의되어 왔지만, 추후 MMPI-A의 미성숙(IMM) 척도의 개발 설명에서 나타나듯이, 생활 연령이 일정하게 유지되고 성숙도가 보다 직접적으로 측정될 때 MMPI 응답 패턴의 성숙 효과가 명확하게 입증될 수 있을 것이다.

Pancoast와 Archer(1988)는 MMPI 척도 점수에 대한 성숙의 영향을 조사하는 또 다른 방법으로 표준 성인 규준으로 작성된 청소년들의 Harris-Lingoes 소척도의 응답을 검증하였다. Harris와 Lingoes(1955)는 MMPI의 임상척도 중 6개(2, 3, 4, 6, 8, 9)에서 논리적으로 유사한 내용의 문항들을 기반으로 소척도를 구성하였다. 추후 논의할 것과 같이, 임상 실제에서 Harris-Lingoes 소척도는 모척도 또는 표준 척도에서 특히 어떤 내용들에 응

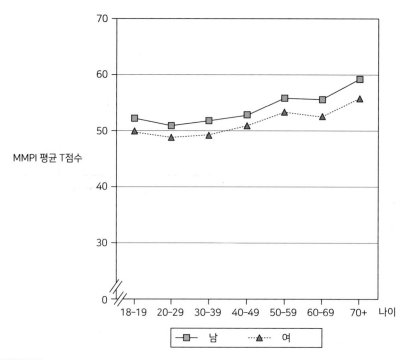

그림 1-4 횡단적으로 측정된 생활 연령 및 성별에 따른 1번 척도 평균 T점수의 변화

출처: Colligan et al. (1983). Mayo Foundation for Medical Education and Research의 허가하에 사용함. 무단 전재 금지.

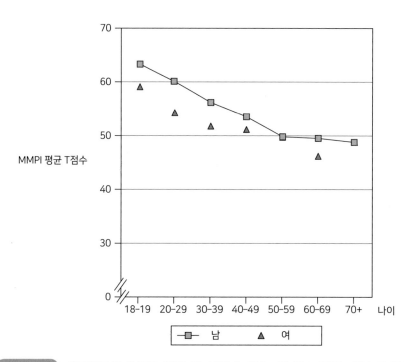

그림 1-5 횡단적으로 측정된 연령 및 성별에 따른 9번 척도 평균 T점수의 변화

출처: Colligan et al. (1983). Mayo Foundation for Medical Education and Research의 허가하에 사용함. 무단 전재 금지.

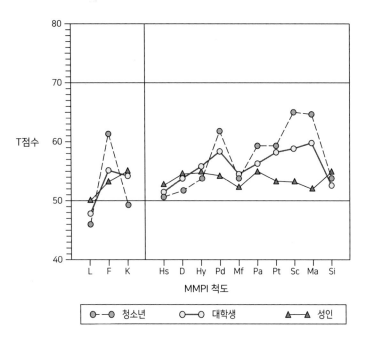

답하여 전체 T점수가 상승하였는지를 결정하는 데 자주 사용된다. 이 소척도에 대한 성인 규준이 개발되었으며, MMPI와 MMPI-A의 Harris-Lingoes 소척도 해석을 위해 청소년 규준도 이용할 수 있다. Pancoast와 Archer는 청소년과 일반 성인에게 전형적으로 나타나는 반응 패턴의 차이를 검증하기 위해 성인 규준을 기준으로 청소년 점수를 연구하였다. 평균 점수 자료는 Mayo 재단의 Colligan과 Offord(1989)가 수집한 청소년 규준 자료와 1987년 버지니아에서 수집된 소규모의 청소년 표본을 기반으로 한다. [그림 1-7]은 성인 규준을 기준으로 한 MMPI의 D, Hy 및 Pd의 Harris-Lingoes 소척도 점수이다. 이는 전반적으로 Pd의 소척도가 D 또는 Hy 소척도보다 더 극단적인 상승을 보이는 경향성을 나타낸다. 대부분의 Pd 소척도들이 상승하며, 가족의 통제에 대한 투쟁 및 심한 가족 갈등에 대한 인식을 다루는 Pd1(가정 불화)이 가장 높게 상승한다. 이와는 대조적으로, 사회적 불안과 사회적 상황에서의 불편함을 부인하는 것을 다루는 Pd3(사회적 침착성)은 상승하지 않는다. 따라서 정상적인 청소년의 경험은 전형적으로 상당한 수준의 가족 갈등을 수반하지만, 이 투쟁은 주로 가족 문제에 국한되는 것으로 보이며 일반적인 사회적 불편감(Pd3)이나 Pd2(권위 불화)로 측정되는 권위에 대한 일반적인 갈등을 포함하지 않는 것으로 보인다.

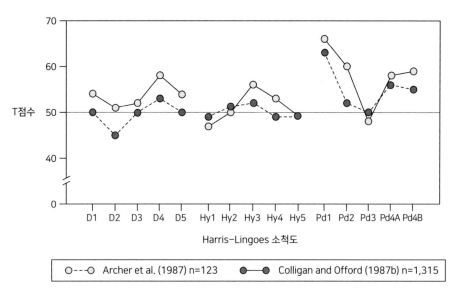

그림 1-7 성인 규준을 기준으로 한 청소년의 D, Hy, Pd 척도의 Harris-Lingoes 소척도 T점수

출처: Pancoast & Archer(1988). Copyright ⓒ by Lawrence Erlbaum Associates. 허가하에 사용함.

[그림 1-8]은 나머지 3개의 MMPI 척도(Pa, Sc, Ma)에 대한 Harris-Lingoes 소척도의 결과를 제시한다. 이는 또한 해석 가능한 소척도 패턴을 보여 준다. Pa 척도에서 가장 높게 상승한 소척도는 주로 자신의 문제에 대한 책임을 외재화하고 타인에게 부당한 대우나 처벌을 받는다는 인식을 다루는 Pa1(피해의식)이다. Sc 척도에서 가장 높게 상승한 소척도는 Sc2c(Sc5, 자아통합 결여-억제 부전)로, 이는 초조감과 과활동성 및 충동을 제어하지 못하는 것을 다룬다. Ma 척도에서 상승된 Ma2(심신운동 항진) 소척도는 초조감, 흥분, 그리고 행동을 하고자 하는 압박과 관련된다. 전반적으로 Harris-Lingoes 소척도 패턴은 성인 규준이나 표준에 의해 평가된 정상 청소년이 대체적으로 가족에 대한 독립 투쟁에 몰두하며 가족 간 갈등을 인식하는 데 초점을 맞추고 있고, 종종 구속당하거나 오해받는다는 느낌이 포함된 이러한 발달적 경험에 대해 충동적이고 초조해하며 흥분하는 특성이 있음을 시사한다.

요약하면, 청소년에게 MMPI-A 또는 MMPI-A-RF를 사용하려면 검사 결과를 이해하고 해석하기 위한 발달적 관점이 필요하다. 이 장에서는 지금까지 극적인 신체적·성적 성숙의 변화, 인지 과정의 변화, 그리고 청소년기에 일어나는 몇 가지 심리적 난제에 대해 간략하게 논의하였다. 이와 같은 과정은 문항, 척도 및 프로파일 수준에서 MMPI 응답 패턴의 성인 및 청소년 간의 차이를 관찰하는 데 기여한다. 이러한 성숙 및 발달 요인의 영

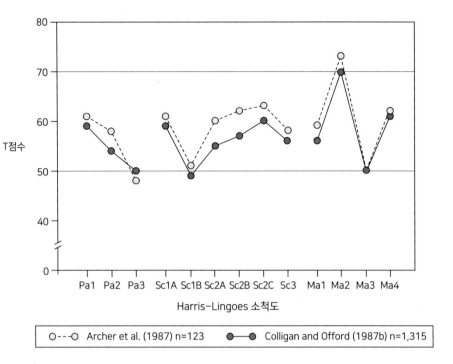

그림 1-8 성인 규준을 기준으로 한 청소년의 Pa, Sc, Ma 척도의 Harris-Lingoes 소척도 T점수

출처: Pancoast & Archer(1988). Copyright © by Lawrence Erlbaum Associates. 허가하에 사용함.

향에 대한 인식은 청소년 평가를 위한 MMPI의 특화된 형태인 MMPI-A와 MMPI-A-RF를 만들고자 결정하는 중요한 요인이 되었다. 이 책의 초점은 청소년 내담자를 평가할 때 특정 접근법이 요구되는 실시, 점수 채점 및 해석적 상황을 정확하게 구분하고 기술하는 것이다.

✣ 청소년기와 정신병리

방법론적 문제

청소년기 발달 문제에 대한 인식 외에도 MMPI-A와 MMPI-A-RF 사용자는 청소년기에 일반적으로 발생하는 정신병리의 특성과 정도를 이해하는 것이 중요하다. 그러나 청소년기 정신장애의 유병률을 추정하려는 시도는 몇몇 방법론적 문제에 직접적인 영향을 받는다. 이러한 요인에는 청소년의 정신장애를 판별하기 위해 채택된 정의(definition)

와 측정 도구뿐 아니라 추정의 근거를 위해 사용한 방법과 정보원(부모, 교사, 직접적인 정신과 면담)이 포함된다. 예를 들어, Weissman 등(1987)은 6~23세의 피험자 220명의 독립적인 인터뷰 결과를 평가했다. 이 연구의 진단 자료는 학령기 아동의 정동장애 및 조현병 진단을 위한 구조화된 면접(Schedule for Affective Disorders and Schizophrenia for School-Age Children: SADS)을 사용하여 수집한 것이며, 부모 및 기타 정보 제공자와의 DSM-III 관련 인터뷰를 사용하여 도출한 것이다. 연구자들은 아동들의 정신병리 특징과 정도에 대한 부모와 아동의 보고 사이에 상당한 불일치가 발견되었다고 언급했다. 그들은 부모가 제공한 설명보다 아동들의 자기보고나 자기서술이 정신병리의 증거를 훨씬 더 많이 생성하는 것을 발견했다. 또한 Reich와 Earls(1987)도 부모 면접 결과와 아동 · 청소년 진단 면접(Diagnostic Interview for Children and Adolescents: DICA) 같은 아동 · 청소년에게 직접 사용하는 구조화된 면접 기법 결과를 비교했을 때 그 결과가 유사하다는 것을 발견했다. 게다가 Rosenberg와 Joshi(1986)는 부부간 불화와 자녀의 행동 문제에 대한 부모 보고의 불일치 사이에 중요한 관련성이 있음을 발견했다. 이들은 결혼생활의 어려움이 클수록, Achenbach와 Edelbrock(1983)의 아동 행동평가척도(Child Behavior Checklist: CBCL)를 통해 보고하는 자녀의 행동 문제에 대한 평정 간 차이가 커진다고 밝혔다. Williams, Hearn, Hostetler 및 Ben-Porath(1990)는 아동 진단 면접(Diagnostic Interveiw Schedule for Children: DISC)을 사용한 구조화된 면접 결과와 MMPI 등의 정신병리에 대한 자기보고 측정치를 비교했다. 또한 피험자의 부모는 Achenbach와 Edelbrock의 CBCL을, 교사는 교사용 CBCL을 작성하였다. 연구 결과, 심리적 문제를 겪고 있는 피험자를 식별하는 데 이러한 도구들 사이에 상당한 불일치가 있음이 나타났다.

    Cantwell, Lewinsohn, Rohde 및 Seeley(1997)는 14~18세 청소년들의 주요 정신장애에 대한 부모와 청소년 보고 간의 일치도를 조사했다. 총 281쌍의 부모-자녀를 대상으로 구조화된 면접인 K-SADS(Kaufman et al., 1997)를 사용하여 정신병리 증상에 대해 각각 면접을 진행했다. 부모-자녀 간 일치도에 대한 Kappa 계수는 알코올 남용 및 의존이 .19, 품행장애가 .79 등으로 나타나 장애별로 다양하게 나타났으며, 진단 범주 전체에 대해서는 평균 Kappa 계수가 .42로 나타났다. 부모-자녀 간 일치도는 청소년의 성별, 나이, 부모의 교육 수준, 장애 발생 연령, 장애의 심각성에 영향을 받지 않는 것으로 나타났다. Cantwell과 동료들은 이전의 연구자들과 유사하게 청소년의 자기보고는 부모 보고에 비해 정신병리를 더 높게 추정하도록 하는 경향이 있으며, 이는 주요우울장애나 불안장애 같이 내재화 장애로 분류될 수 있는 진단에서 더 그렇다고 결론지었다. 이와 대조적으로,

품행장애나 적대적 반항장애 같은 외현화 장애들은 상대적으로 일치율이 높았으며, 이러한 장애의 추정치는 청소년과 부모의 합의된 보고에 기초하는 것이 가능해 보인다. 따라서 청소년의 정신병리를 추정하는 것은 진단적 질문을 어떻게 묻느냐뿐 아니라 그러한 질문을 누구에게 하는가와 확실히 관련되어 있다. 또한 Reyes와 Kazdin(2005)의 포괄적인 검토는 아동의 정신병리를 측정하는 데 있어 단 하나의 정신병리 측정 도구가 '최적의 기준'을 제공하지 않는다는 것을 강조한다. 더욱이 이들은 아동의 기능에 관한 정보가 수집되는 맥락(예: 치료 계획을 위한 목적, 양육권 평가 또는 청소년 재판 문제)의 중요성도 강조한다. 이 관점에서 정보가 수집되는 맥락은 정보 출처 간에 발생할 수 있는 불일치에 상당한 영향을 미친다. 이러한 방법론적 문제와 한계에도 불구하고, 청소년기 정신장애의 전반적인 유병률에 관한 몇 가지 일반적인 결론과 이러한 장애의 형태에 관한 몇 가지 의미 있는 관찰을 제공하는 것은 가능할 수 있다.

유병률

아동 · 청소년 정신장애의 유병률에 관해 가장 널리 인용된 연구 중 하나는 Rutter, Graham, Chadwick 및 Yule(1976)이 보고하고 Graham과 Rutter(1985)가 요약한 '와이트 섬(Isle of Wight)' 연구이다. 와이트 섬 연구에서는 '이상(deviant)' 적응 패턴을 가진 청소년들을 식별하기 위해 부모와 교사에게 질문지를 실시하여, 총 2,000명 이상의 14~15세 청소년을 선발하였다. 무작위로 선정된 통제 집단에 비해 어느 하나의 질문지에서라도 편차를 보인 청소년에게는 부모, 교사, 본인과 진행하는 직접 면접이 포함된 개별 정신 평가를 실시하였다. 모든 평가는 평가자가 해당 청소년이 이상 집단 혹은 통제 집단 중 어느 쪽에 속했는지 모르는 눈가림 기법으로 수행되었다. 연구자들은 연구 표본의 정신장애의 1년 유병률이 21%라고 추정하였다. 이용 가능한 중기 아동기의 자료와 대조적으로, 정신장애는 대체로 청소년기에 발생 빈도가 약간 높은 것으로 나타났다. 정동장애와 우울증을 포함한 특정 정신장애는 청소년기에 상당히 증가하였다. 우울증의 증가와 함께 자살 시도 및 자살 사망 빈도도 극적으로 증가했다.

Gould, Wunsch-Hitzig과 Dohrenwend(1981)는 1928~1975년 미국에서 시행된 25개의 유병률 연구를 바탕으로 아동 · 청소년의 임상적 부적응에 대한 유병률의 중간값(median)이 11.8%라고 보고했다. 이 연구의 대다수는 정신적으로 장애가 있는 아동 · 청소년을 확인하는 수단으로 교사 보고를 사용했다. Brandenburg, Friedman과 Silver(1989)

는 아동·청소년 정신병리에 대한 보다 최근의 역학 현장 연구들에서는 사례를 정의하기 위해 다양한 방법을 사용했으며, 사례 판별에서도 중다접근 및 다단계 접근을 더 자주 사용했다고 언급하였다. 최근 8개 연구에 대한 리뷰를 바탕으로 이 저자들은 아동·청소년의 정신장애 유병률의 추정치를 14~20%로 평가했다. 더 최근에는 Breton 등(1999)이 퀘벡 아동 정신 건강 조사(Quebec Child Mental Health Survey: QCMHS)에서 12~14세의 청소년과 부모를 대상으로 DISC를 사용하여 평가하였다. 이들은 이전의 연구와 유사하게 파괴적 혹은 외현화 장애에 대한 부모-자녀 간 일치율이 가장 높고, 내재화 장애의 보고에 대한 부모-자녀 간 일치율이 가장 낮다는 것을 발견했다. 이 연구에서 2,400명의 아동·청소년의 6개월간 전체 정신장애 유병률은 15.8%였다. Romano, Tremblay, Vitaro, Zoccolillo 및 Pagani(2001)는 14~17세의 지역사회 청소년 표본 1,201명을 대상으로 심리적 기능을 조사했다. DSM-III-R의 장애에 대한 유병률과 각 장애와 관련된 지각된 장해 정도를 추정하기 위해 각 청소년과 그들의 어머니들에게 DISC를 실시하였다. 그 결과, 여자 청소년들의 정신장애 유병률(15.5%)이 가장 높은 것으로 나타났는데, 이는 남자 청소년의 유병률(8.5%)과 대조적이다. 남자 청소년과 비교했을 때, 여자 청소년들이 보고한 불안과 우울 장애를 비롯한 내재화 장애의 비율이 현저하게 높았다. 이와 다르게, 남자 청소년들의 경우 외현화 장애의 6개월 유병률이 현저하게 높았다.

Roberts, Attkisson 및 Rosenblatt(1998)는 아동·청소년의 정신장애에 대한 전체 유병률이 보고된, 1963~1996년에 실시한 52개의 연구를 검토했다. Roberts와 동료들에 따르면, 정신장애에 대한 청소년의 유병률 추정치는 매우 다양했지만 유병률 추정치의 중간값은 15%였으며, 시간에 따라 정신장애의 유병률이 크게 변한다는 증거는 거의 없었다. Roberts, Roberts 및 Chan(2009)은 1년간 추적한 3,134쌍의 부모-자녀 표본을 바탕으로 청소년기 정신장애의 1년 유병률 및 정신병리와 관련된 위험 요인들을 밝혔다. 불안장애의 발생율은 2.8%, 기분장애는 1.5%, 주의력결핍 및 과잉행동장애는 1.2%, 약물남용 및 의존장애는 2.9%였고, 1개 이상의 DSM-IV 장애의 발생률은 7.5%였다. 정신병리의 발생과 관련된 가장 일관된 요인은 스트레스였고, 특히 가족 스트레스였다. Costello, Copeland 및 Angold(2012)는 1997년 이후 발표된 아동, 청소년 및 성인기 초기의 정신장애 유병률에 대한 연구들을 검토했다. 전반적으로 대략 5명 중 1명의 청소년이 정신장애가 있는 것으로 추정되었는데, 이는 이전 연구들과 일치하는 결과였다. Kazdin(2000)은 정신병리의 비율과 표현에서 나타난 약간의 성차에 대한 증거를 언급하였다. 예를 들어, 우울증과 섭식 장애의 유병률은 남자 청소년에 비해 여자 청소년이 훨씬 더 높다. Zahn-

Waxler, Shirtcliff 및 Marceau(2008)도 성차를 보고하였는데, 품행장애나 자폐증과 같이 이른 발병과 관련된 장애는 남자 청소년에게서 더 높은 반면, 불안이나 우울 등 청소년기에 발병하는 장애는 여자 청소년의 유병률이 월등히 높았다. 이들은 남자와 여자 청소년들이 이러한 장애의 유형, 비율, 공병(comorbidity), 선행사건, 상관물(correlates) 및 경과에서 성차를 보인다는 점에 주목했다.

이러한 전반적인 정신병리의 유병률 연구를 넘어서 몇몇 연구는 청소년 집단에서 특정한 정신과적 증상이나 장애 유형의 유병률을 확인하고자 시도했다. Kashani 등(1987)은 청소년의 정신장애 유병률을 측정하기 위해 지역사회 표본에서 선정된 150명의 아동과 부모에게 구조화된 면접을 실시하였다. 이 중 약 41%는 DSM-III의 진단을 1회 이상 받은 것으로 나타났으며, 19%는 진단과 함께 정신과적 치료가 필요한 정도의 기능 장애를 가진 것으로 판단되었다. 전체 표본에서 가장 흔한 세 가지 진단은 불안장애(8.7%), 품행장애(8.7%) 및 우울증(8%, 주요 우울증과 기분부전장애 포함)이었다.

Kashani와 Orvaschel(1988)은 중서부 소재 공립학교에 속한 1,703명의 학생 중 14~16세 청소년 150명을 무작위로 선발하였다. 청소년기 불안장애에 대한 이 연구에서 DICA의 표준 및 부모 면접 양식을 사용하여 청소년과 부모를 대상으로 참여자의 집에서 모두 면접을 실시하였다. 면접은 평정자 간 신뢰도가 확립된 세 명의 훈련된 평가자가 비디오로 촬영하고 평정하였다. 또한 참여자들은 자기 개념, 정서, 대처와 관련된 몇 가지 객관적인 성격 평가 검사를 받았다. 이 표본의 17%가 하나 이상의 정신장애 기준을 충족하는 것으로 나타났으며, 8.7%는 불안장애 사례로 판단되었다. 이 표본에서 가장 빈번하게 발생한 불안장애는 과잉불안(overanxious) 장애였다. 이 연구 결과는 청소년기 주요한 정신병리는 불안장애라는 견해를 지지한다. 한편, Hillard, Slomowitz 및 Levi(1987)는 대학 병원의 정신과 응급 서비스에 입원한 성인 100명과 청소년 100명을 연구했다. 연구자들은 청소년이 성격장애나 정신증 진단을 받을 가능성은 낮지만, 품행장애와 적응장애 등의 진단을 받을 가능성은 더 높다고 보고했다. 더욱이 응급실을 방문한 청소년의 40%가 자기 파괴적인 생각이나 행동을 보였다.

Lewinsohn, Hops, Roberts, Seeley 및 Andrews(1993)는 오리건주 중서부 소재 두 도시의 9개 고등학교에 속한 약 10,200명의 고등학생을 대상으로 진행된 대규모 지역사회 기반의 우울 및 기타 정신장애에 대한 역학 조사인 오리건 청소년 우울증 프로젝트(Oregon Adolescent Depression Project: OADP)의 연구 결과를 보고했다. 그들은 14~18세 청소년의 정신장애 유병률 자료를 제시했는데, 이는 우연하게도 MMPI-A 규준 표본에 사용된 연령 집단에 해당하였다. 또한 이 연구의 중요한 특성은 구조화된 면접 기법과 표준화된 질문지 등 전적으로 청소년들이 제공한 진단 정보에 기반했다는 점이었다. 연구 결과, 전반적으로 면접 결과를 바탕으로 하여 정신장애 진단 기준을 충족하는 여자 청소년이 11.2%, 남자 청소년이 7.8%로 나타났다. 정신장애 진단 가운데는 특히 주요우울증, 단극성 우울증, 불안장애, 약물남용장애 등이 가장 많았다. 일반적으로 여자 청소년은 남자 청소년보다 단극성 우울증, 불안장애, 섭식장애, 적응장애 등의 진단을 받을 가능성이 높은 반면, 남자 청소년의 경우는 파괴적 행동장애 진단을 받을 가능성이 높았다. Lewinsohn, Klein 및 Seeley(1995)는 특히 양극성 및 조증 장애의 유병률과 임상적 특징에 초점을 맞추어 14~18세 청소년 1,709명에게 자기보고식 검사와 SADS(Endicott & Spitzer, 1978)를 사용하여 이 연구를 지속하였다. 이 오리건 표본에서 양극성 장애(주로 양극성 장애와 순환성 장애)의 평생 유병률은 대략 1%로 나타났다. Costello와 동료들(1996)은 미국 남동부의 9세, 11세, 13세의 아동 표본에서 DSM-III-R의 축 I 장애 전체의 3개월 유병률이 20.3%임을 밝혔다. 이 중 흔한 진단은 불안장애(5.7%), 유뇨증(5.1%), 틱장애(4.2%), 품행장애(3.3%), 적대적 반항장애(2.7%), 과잉행동장애(1.9%)였다.

청소년기에 관한 많은 연구들이 특히 자살 사고 및 행동 문제에 초점을 두었다. 예를 들어, Friedman, Asnis, Boeck 및 DiFiore(1987)는 익명의 고등학생 300명을 대상으로 자살사고 및 행동 경험을 조사했다. 이 표본의 약 53%는 자살을 생각했지만 실제로 시도하지는 않았고, 전체의 9%는 적어도 한 번은 자살을 시도한 적이 있다고 보고했다. 이 결과는 자살사고가 청소년들 사이에서 비교적 흔하며, 또한 실제 자살시도도 충격적으로 빈번하다는 것을 시사한다. 이와 관련해 Kimmel과 Weiner(1985)는 15~19세 청소년의 사망 원인 중 자살이 세 번째로 많으며, 특히 백인 남자 청소년의 자살률이 두드러진다고 지적하였다. 또한 1960~1975년 사이 청소년의 자살률은 2배 가까이 증가했으며, 정신건강클리닉에 방문한 청소년 중 약 10%와 종합병원 정신건강의학과 입원환자 중 25% 이상이 자살 위협이나 자살을 시도한 경험이 있었다(Kimmel & Weiner, 1985). 남자 청소년이 여자 청소년보다 자살할 가능성이 4배 더 높은 반면, 여자 청소년은 자살시도를 할 가능성이 3배 더 높은 것으로 나타났다. MMPI-A 규준 집단 내에서 177번 문항인 '자살에 대한 생각'에 그렇다고 답한 경우가 남자 청소년은 21%, 여자 청소년은 38%였다.

1990년 미국의 연령별 자살률은 10~14세의 경우 10만 명당 0.8명, 15~19세의 경우 10만 명당 3.7명이었다(Center for Disease Control and Prevention: CDC, 2007). CDC(2007)에 따르면, 2004년에는 10~14세의 자살률이 10만 명당 1.7명, 15~19세는 10만 명당 12.6명이었

다. 남학생들이 여학생들보다 자살할 가능성이 네 배 더 높았고, 여학생들은 자살을 시도할 가능성이 두 배 더 높았다. 이후 자료(CDC, 2009b)는 이러한 성별 차이가 일정하게 유지되었음을 보여 주었다.

2011년 전국 청소년 조사(CDC, 2012)에서 9~12학년 청소년을 대상으로 설문조사를 실시한 결과, 조사 전 12개월 동안 자살사고 발생률이 15.8%로 나타났다. 또한 전체 학생의 12.8%가 이 기간에 자살 시도 방법에 대한 계획을 세웠고, 7.8%는 실제 1회 이상 자살을 시도했다고 보고했다. 마지막으로, 이들의 2.4%가 의학적 평가 또는 치료가 필요한 상해나 의학적 문제를 초래하는 자살 시도를 했다고 보고했다(CDC, 2012). 추가로, 사망률에 대한 전국 연구에서 몇몇 중요한 인구통계학적 패턴이 나타났다. 예를 들어, 2005~2009년 사이 미국 인디언과 알래스카 원주민 청소년들은 다른 민족적 배경을 가진 청소년들보다 자살할 가능성이 더 높았다.

청소년기 정신병리에 대한 이러한 연구와 다른 연구들을 통해 몇 가지 일반적인 결론을 내릴 수 있을 것으로 보인다. 첫째, 대부분의 청소년은 정신과 진단을 받을 정도의 정신병리의 증거를 나타내지 않는다. 청소년기의 정신병리 비율은 "아동기나 노년기에서 나타난 것보다 약간 더 높은 정도"(Petersen & Hamburg, 1986, p. 491)라고 한다. 청소년기에는 우울증의 빈도와 심각도가 증가한다는 근거가 있으며, 이 기간에는 자살 시도와 자살로 인한 사망이 모두 현저하게 증가한다. 청소년기에는 신경성 식욕부진증, 양극성 장애, 폭식증, 강박증, 조현병 및 물질남용 등의 몇몇 장애들이 처음 나타나며, 유뇨증, 유분증 등의 다른 장애는 덜 빈번해지는 경향이 있다(Burke, Burke, Regier, & Rae, 1990; Graham & Rutter, 1985). 청소년기에는 불안장애와 품행장애의 비율이 거의 변하지 않지만, 이러한 장애와 관련된 증상의 표현은 변한다. 특정 공포증의 비율은 청소년기에 감소하는 반면, 품행장애는 폭력을 더 자주 수반한다(Graham & Rutter, 1985; Petersen & Hamburg, 1986).

'질풍노도' 모델과 정신병리

미국에서 아동심리의 아버지로 여겨지는 G. Stanley Hall(1904)은 청소년 발달기의 질풍노도(Sturm und Drang 또는 Storm and Stress) 모델을 만들었다. Anna Freud(1958)의 관점과 일치하는 이 모델은 청소년기가 일반적으로 감정적 격변과 행동적 혼란을 동반한다고 간주한다. Anna Freud는 격동적 적응의 특징을 보여 주지 않은 청소년들이 성인기에 심각한 정신병리 증상이 생길 위험이 있다고 가정했다. 이 관점에 대한 Anna Freud의 설명은 "[청소년기] 과정 동안 안정된 균형을 유지하는 것 자체가 비정상이다"(p. 275)라는 언급으로 대변된다. 청소년기 발달에 대한 Anna Freud의 견해는 다음의 인용구로 가장 잘 설명될 수 있다.

> 나는 청소년이 상당 기간 비일관적이고 예측할 수 없는 방식으로 행동하는 것이 정상이라고 여긴다. 즉, 자신의 충동에 맞서 싸우면서도 받아들이는 것, 충동을 성공적으로 물리치면서도 압도당하는 것, 부모를 사랑하면서도 미워하는 것, 부모에게 반항하면서도 의존하는 것, 남들 앞에서 어머니를 인정하기 몹시 부끄러워하면서도 뜻밖에도 어머니와 마음을 터놓고 이야기하기를 원하는 것, 끊임없이 자신의 정체성을 찾는 동안에도 다른 사람들을 모방하고 동일시하는 것, 될 수 있는 것보다 더 이상주의적이고, 예술적이며, 너그럽고, 이기적이지 않으면서도 또한 반대로 자기중심적이고, 이기적이고, 계산적인 것 등이다. 이처럼 극과 극을 오가는 동요는 삶의 다른 시기라면 매우 비정상적으로 여겨질 것이다. 이 시기에 그러한 특징들은 결국 성인의 성격 구조가 나타나는 데 오랜 시간이 걸리며, 불확실한 자아가 실험을 멈추지 않고 가능성을 닫는 것을 서두르지 않는다는 것일 뿐임을 의미할 수 있다. (p. 276)

Blos(1962)는 또한 청소년기에 일반적으로 나타나는 정신과적 증상들이 사실상 종종 잘못 정의되고 불안정하고 과도하며 정신장애의 안정적인 표지가 되지 않는다고 보았다. 마찬가지로 Erikson(1956)은 청소년들의 자기 정의(self-definition)를 위한 투쟁은 예상된 행동이나 정상적인 행동에서 자주 벗어나는 결과를 낳는데, 이는 정체성 혼미(identity diffusion) 또는 정체성 혼란(identity confusion)으로 부를 수 있고, 확고한 정신병리와는 구별된다고 제안했다.

많은 사람이 청소년 발달에서의 질풍노도, 특히 정상적인 청소년 발달이 상당한 혼란과 불안정성으로 특징지어진다는 관점에 반대해 왔다. 예를 들어, Bandura(1964)는 많은 청소년이 또래 집단과 더 많은 접촉을 하면서 또한 부모와도 더 신뢰하며 편안한 관계를 맺는다고 주장했다. 따라서 핵가족에서 또래 집단으로 옮겨 가는 것이 반드시 그리고 필연적으로 가족 긴장의 근원이 되는 것은 아니다. Offer와 Offer(1975)가 외곽지역의 남자 청소년들을 조사한 결과, 기능 장해가 없는 우울과 불안의 일시적인 에피소드가 일반적이었고, 그중 20%만이 중등도(moderate)에서 심각한(severe) 정도의 증상을 보이는 것으로 나타났다. 앞서 살펴본 바와 같이, 이 추정치는 대체로 청소년 인구에서의 유의한 정신병리 증상의 유병률과 일치한다. 또한 이 연구자들은 대상자의 20%가 청소년기 발달 동안 심각한 혼란을 겪지 않았고, 청소년기에 나타나는 다양한 과제에 성공적으로 대처할 수 있었음을 발견했다. 가장 최근에는 Casey와 Caudle(2013)이 모든 청소년이 비슷한 정도의 질풍노도를 경험한다는 지나친 일반화에 대해 경고하였다. 부적절한 감정, 욕구, 행동을 억제하는 역량에 반영된 청소년들의 자기 통제력은 천차만별이며, 이에는 또한 변화하는 환경의 요구에 적응하기 위한 뇌의 능력에 영향을 미치는 행동과 유전적 요인이 반영되어 있다고 지적했다.

Rutter 등(1976)은 14세와 15세를 대상으로 한 Wight의 연구 결과에서 청소년기 혼란의 개념을 조사했다. 이들은 일반적으로 부모-자녀 간 소외가 청소년에게 흔한 특징이 아니라, 이미 정신장애의 징후를 보인 청소년들에게만 국한된 것으로 보인다고 결론지었다. 반면, 연구진들이 비참함과 자기비하라는 감정으로 규정한 '내면의 혼란'은 청소년기와 연관되는 경우가 많은 것으로 나타났다. 저자들은 다음과 같은 결론을 내렸다.

> 청소년기의 혼란은 허구가 아니라 사실이지만, 예전에는 그에 대한 정신과적 증상으로서의 중요성이 아마도 과대평가되었을 것이다. 청소년이 더 어린 아동보다 문제에서 훨씬 더 잘 벗어날 것이라고 가정하는 것은 확실히 가장 현명하지 못한 일일 것이다. (p. 55)

Weiner와 Del Gaudio(1976)은 청소년기 정신병리에 관한 문헌을 검토하면서 다음과 같은 세 가지 결론을 제시했다. 첫째, 정신과적 증상은 청소년기의 정상적인 특징이 아니다. 둘째, 내재하는 어려움이 있음에도 불구하고 청소년기의 정상과 비정상의 경계는 구분될 수 있다. 셋째, 청소년기의 심리적 장애는 그냥 지나가는 것이라기보다는 대체로 완화를 위한 치료가 필요하다. 또한 Kimmel과 Weiner(1985)는 다음과 같은 개념을 언급했다.

> 대체로 사람들은 생각하는 방법과 대인관계를 다루는 것 및 다른 사람들에 의해 어떻게 인식되는지에 있어서 기본적으로 같다. 좋든 싫든 간에, 성인들은 자신들이 청소년기에 했던 것과 동일한 성격 특성과 비교적 같은 수준의 적응을 보이는 경향이 있다. (p. 449)

청소년기 정신장애의 유병률 자료의 맥락에서, 청소년기 증상의 안정성(stability)을 둘러싼 논쟁은 DSM-5 범주에서 정의된 정신병리와 혼란이나 질풍노도 같은 용어를 구분하는 데 초점을 맞춘 것으로 보인다. 청소년기 정신병리 발생률 추정치는 12~22%로 상당히 안정된 범위 내에 있는 것으로 나타났다(Costello, Copeland, & Angold, 2012; National Institute of Mental Health, 1990; Powers, Hauser, & Kilner, 1989). 사실 이러한 연구들에서 청소년은 적극적이고 효과적인 치료 없이는 완화를 기대할 수 없을 것 같은 확고한 정신장애를 앓고 있는 것으로 보인다. 예를 들어, 품행장애 진단을 받은 아동이나 청소년의 절반 가까이가 반사회적 성인이 될 것으로 추정되며, 청소년기에 치료되지 않은 우울증과 불안장애는 성인기까지 지속되는 경우가 많다(National Institute of Mental Health, 1990). 또한 Hofstra, Van der Ende 및 Verhulst(2002)는 네덜란드의 일반 인구에서 선발한 1,578명의 아동·청소년을 대상으로 한 14년간의 추적 연구에서 아동기와 성인기 간 정신병리의 연속성을 입증했다. 이들은 아동기의 행동과 정서적 문제가 성인기의 정신과 진단과 관련이 있다는 것을 발견했다. 특정한 아동기 문제 영역과 성인기 진단 사이의 가장 강력한 연관성은 여아들의 사회적 문제에서 발견되었고, 이는 대체로 DSM 장애의 발생을 예측하였다. 남아들의 규칙 위반 행동은 이후의 기분장애나 성인기의 파괴적 장애를 예측하기도 했다. 반면에, 더 많은 청소년이 청소년기 발달 시기 동안 흔히 나타나는 다양한 적응상 과제의 숙달과 관련된 혼란과 동요를 겪었는데, 이는 DSM에서 정의되는 장애에 맞지 않았다. 이 두 개 사이의 구분선이 자주 흐려지고 구별하기 어려운 것은 분명하지만, 증상의 심각도나 장기적 적응의 함의 측면에서 이 두 가지를 동질적으로 보는 것은 별로 도움이 되지 않는다. MMPI-A 또는 MMPI-A-RF 검사 결과가 이 중요한 진단적 구별을 하는 데 있어 임상가에게 상당히 유용할 것으로 예상된다.

청소년의 MMPI/MMPI-A 특징의 안정성

청소년기 증상이 안정적이든 일시적이든 간에, 청소년을 평가하는 데 있어 MMPI 또는 MMPI-A에 의해 측정된 특징과 성격은 검사 당시의 청소년을 정확히 묘사한다는 것이 비교적 확실해 보인다(예: Archer, 2005). 그러나 청소년의 검사 점수는 정신병리나 성격 기능에 관해 정확한 장기적 예측을 하는 데 필요한 종류의 자료를 제공하지 않는 경우가 많다. MMPI-A와 MMPI-A-RF는 향후 적응에 관한 장기적 예측보다는 청소년 정신병리에 대한 전반적인 추정과 현재에 대한 설명을 도출하는 방법으로 가장 잘 사용된다.

청소년 성격 구조에 내재된 가변성에 대한 설명은 청소년의 MMPI 응답 패턴에 대한 Hathaway와 Monachesi(1963)의 대표적 연구에서 찾을 수 있다. 연구자들은 1948년부터 1954년까지 미네소타 소재 학교의 15,300명의 9학년 학생을 평가했고, 이들이 12학년이 되는 1956년부터 1957년까지 이 중 3,856명의 하위집단에 대해 다시 검사하였다. Hathaway와 Monachesi가 9학년때와 12학년때 검사를 모두 받았던 청소년들의 자료에서 검사-재검사 상관계수를 산출한 결과, Pd, Pa 등의 척도에서는 .3의 초중반 정도로, Si 척도는 .5 후반에서 .6 초반 정도로 나타났다. Hathaway와 Monachesi는 이러한 상관이 청소년의 MMPI 프로파일 내에서 일어날 수 있는 변화의 정도를 강조하고 있으며, 청소년의 전반적인 성격 조직의 유동적 성질을 반영하고 있다고 결론내렸다. 그러나 Hathaway와 Monachesi는 첫 검사에서 T점수 값이 매우 높다면, 프로파일의 안정성이 증가하는 경향이 있다고 지적했다. 따라서 약간 상승된 프로파일보다 임상적 수준으로 상승된 프로파일의 특징은 덜 변할 수 있다. 그러나 임상 또는 준임상의 청소년 집단에서도 MMPI 프로파일의 특징이 현저히 변하는 경우가 많다. Hathaway와 Monachesi의 결과와 유사하게, Lowman, Galinsky 및 Gray-Little(1980)은 노스캐롤라이나 시골 지역의 8학년 학생들을 대상으로 한 연구에서 비교적 병리적인 MMPI 프로파일은 일반적으로 초기 성인기의 심리적 장애나 성취의 수준을 예측하지 못했다고 보고했다.

Hathaway와 Monachesi(1963)는 청소년기의 '변하기 쉬운 성격 조직' 때문에 청소년의 MMPI 프로파일이 시간에 따라 자주 바뀐다고 지적했다. 그들은 그러한 심리측정적 변화가 검사 구성의 문제보다는 MMPI 같은 도구가 성숙 과정의 지속적인 변화에 민감함을 나타낸다는 점에 주목하였다. 그러나 이러한 현상은 MMPI와 같은 측정 도구가 설명하는 것이 아니라 장기적 예측에 적용될 때의 검사의 효용성을 제한하게 된다.

℅ 요약

이 장에서는 성숙 단계 동안 청소년 발달과 발달 정신병리에 관련된 문제에 대한 간략한 개요를 제시하였다. 다음 장에서 논의하겠지만, MMPI-A와 MMPI-A-RF는 청소년의 정신장애에 대한 정확한 식별과 설명을 용이하게 하는 다양한 형태가 된다. 예를 들어, 두 가지 검사 도구는 모두 문항의 명확성과 청소년과의 관련성을 개선하기 위해 원판 MMPI를 수정한 것이며, MMPI-A의 품행 문제, 학교 문제 및 미성숙 척도와 MMPI-A-RF의 또래의 부정적 영향 척도와 같이 특히 청소년과 관련된 정신병리 척도가 새로 포함되었다. 그러나 이 장 전체에서 강조했듯이, 이 독특한 집단인 청소년의 발달 문제에 민감한 임상가가 이 검사들을 사용할 때 청소년 정신병리에 대한 평가가 향상된다.

MMPI, MMPI-A, MMPI-A-RF의 개발

✂ MMPI의 개발

미네소타 다면적 인성검사(Minnesota Multiphasic Personality Inventory: MMPI)를 만들기 위한 예비작업은 1937년 심리학자인 Stark R. Hathaway와 신경정신과 의사인 J. C. McKinley에 의해 시작되었다. 이들은 몇 가지 목표에 기초하여 '인성검사'를 개발하고자 하였다. 첫째, 그들은 병원에 의학적 치료를 받으러 오는 많은 환자들이 "본질적으로 정신신경증으로 판명되는 하나 이상의 불편감"(McKinley & Hathaway, 1943, p. 161)을 나타낸다는 것을 알았다. 두 사람은 의료 환자의 심리 평가에 전통적으로 사용되어 온 정신과 면접 기법보다 더 효율적이고 효과적인 방법으로 이러한 환자들을 확인하고 기술하는 유용한 검사도구를 개발하고자 하였다. Hathaway는 또한 연구자들이 이 도구들을 사용하여 치료 집단을 체계적으로 매칭하고 평가할 수 있어 새로운 치료적 개입의 효과를 평가하는 데 확실히 도움을 줄 수 있다고 믿었다. 예를 들어, Hathaway(1964)는 1930년대에 널리 퍼진 인슐린 요법의 사용과 관련하여 다음과 같이 언급했다.

> 우리 병원 의료진들이 새로운 치료를 위해 진단과 질병의 심각도에서 다른 장면(setting)에 있는 환자들과 확실히 비교될 수 있는 환자들을 선택할 수 있는 방법이 없었다. 지능 검사와 마찬가지로 질환을 안정적으로 확인하고 그 심각도의 추정치를 제공하는 성격 검사를 고안해야 할 가능성이 명백해졌다. 이 문제를 위해서 MMPI 연구가 시작되었다. (p. 205)

궁극적으로 Hathaway는 시간의 경과에 따라 변하는 증상을 평가할 수 있는 인성 검사도구의 개발에도 관심이 있었다. 게다가 그러한 측정 도구를 치료 과정의 다양한 단계에서 실시하면 임상가에게 치료 변화의 지표를 제공하게 될 것이다. 이와 관련하여, Hathaway(1965)는 MMPI가 다음과 같은 역할을 하도록 설계되었다고 언급하였다.

> (MMPI는) 성인 환자의 일상적인 정신과 검사에서 객관적인 도움과 상태의 심각도를 판단하는 방법으로 사용할 수 있다. 그에 따라 이 검사는 심리 치료의 효과와 시간의 경과에 따른 상태의 심각도의 다른 변화들에 대한 객관적인 추정치를 제공할 것으로 기대되었다. (p. 463)

Colligan 등(1983)이 지적한 바와 같이, MMPI 프로젝트에 대해 첫 번째로 출판된 참고문헌은 1939년 논문의 각주로 등재되었다(Hathaway, 1939). 처음에 MMPI는 'Medical and Psychiatric Inventory'로 불렸고, 이후 1940년 Hathaway와 McKinley가 발표한 논문에서 'Multiphasic Personality Schedule'로 명명되었으며, 1943년 미네소타 대학교 출판부를 통해 도구가 출판될 때 비로소 'Minnesota Multiphasic Personality Inventory'로 지정되었다. Hathaway와 McKinley는 처음 MMPI의 출판사를 찾을 때 어려움을 겪었고, Hathaway는 "McKinley 박사와 나는 미네소타 대학교 출판부가 마침내 출판하기로 하기 전에 몇 번의 거절을 당하면서도 충분한 신념을 가지고 있었다."(Dahlstrom & Welsh, 1960, p. vii)고 언급했다. 이러한 변변치 않은 시작에도 불구하고, MMPI는 다양한 임상 환경에서 가장 널리 사용되는 객관적인 성격 평가 도구가 되었다(Lees-Haley, Smith, Williams, & Dunn, 1996; Lubin, Larsen, & Matarazzo, 1984; Lubin, Larsen, Matarazzo, & Seever, 1985; Lubin, Wallis, & Paine, 1971; Piotrowski & Keller, 1989, 1992). Butcher(1987a)는 MMPI에 관해 출판된 책과 논문이 약 10,000여 편 이상이라고 추산하였고, Butcher와 Owen(1978)은 인성(성격) 검사도구에 대한 전체 연구의 84%가 MMPI에 집중되었다고 보고했다. Butcher와 Williams(2000)는 1989년까지 46개국에서 140번 이상의 MMPI의 번역 작업이 있었다고 언급했다.

역사적 맥락

Hathaway와 McKinley는 MMPI의 개발 과정에서 그 당시 성격 검사들에 존재했던 많은 문제에 주의했다. 예를 들어, Woodworth(1920)의 개인자료기록지(Personal Data Sheet)는 제1차 세계대전 중 군인 징집 선별에 사용된 169문항의 자기보고식 척도로 신경증적 부적응을 감지하기 위해 고안되었다. 응답자들은 일련의 질문에 '그렇다' 혹은 '아니다'로 답했으며, 총 긍정 응답 수를 사용하여 추가적인 정신과적 면담이 필요한지 여부를 확인했다. Woodworth의 개인자료기록지의 개발 이후, Bell(1934)의 적응 질문지(Adjustment Inventory)와 Bernreuter(1933)의 성격 질문지(Personality Inventory)를 포함해 합리적으로 개발된 여러 개의 설문지가 만들어졌다. 합리적인 검사 구성이란 중요 영역을 측정하는 데 있어 논리적으로 또는 합리적으로 보이는 문항을 선택하는 것이다. 이러한 문항의 선택은 개발자의 이론, 임상 경험, 직관에 기초한다. 이러한 검사 구성 방법에 내재된 기본적인 가정은 문항들이 저자들이 측정한다고 가정한 것을 실제로 측정한다는 것이다. 그러나 시간이 지나면서 합리적인 기준으로만 선정된 문항이 항상 이상 행동을 나타내는 것은 아니며, 수검자가 항상 검사도구에 정확하고 정직하게 반응하는 것은 아니라는 것이 분명해졌다. Greene(1980)이 언급한 바와 같이, 이처럼 합리적으로 추출된 성격 검사의 효과성을 강하게 비판하는 연구와 개관들이 Landis와 Katz(1934) 및 Super(1942) 등을 포함한 여러 저자에 의해 발표되었다. 예를 들어, 이런 검사들에 대한 정상 수검자군과 임상 환경에 있는 피검사군의 점수가 종종 거의 차이를 보이지 않았다.

Hathaway와 McKinley는 또한 Humm과 Wadsworth(1935)의 기질 척도(Temperatment Scale)에서 타당도척도를 개발하는 데 기초적인 노력이 있었음을 알게 되었다. 이 증상 점검표에는 검사에 응답할 때 부인한(즉, 수검자가 응답하지 않은) 문항이나 증상의 수로 구성된 '노카운트(no count)' 점수가 포함되었다. 따라서 높은 노카운트 점수는 수검자의 과도한 조심성 혹은 방어성을 반영하는 것으로 보였고, 반면에 매우 낮은 노카운트 점수는 증상의 과장이나 과대보고 경향을 나타낼 가능성이 있었다. 또한 Hathaway와 McKinley는 Strong(1927, 1943)이 직업 소명 또는 직업 흥미 검사(즉, Strong Vocational Interest Blank)의 개발 시 사용한 기준 집단에 따라 MMPI에 대한 작업을 시작하였다. 따라서 Hathaway와 McKinley는 성격 측정에 일반적으로 사용되었던 합리적인 개발 절차와 대조되는 척도 구성 모델을 이용할 수 있었다. 또한 임상 현장에서 실제로 사용할 수 있는 검사 제작의 필요성도 그들의 동기가 되었다. Hathaway(1965)가 논평을 통해 "성격 검사들이 가치가 없다는 것이 너무 널리 받아들여져서, 일부 프로그램 책임자들은 검사의 특성과 해석을 위한 수업 과정에 수고를 들일만 한 가치가 전혀 없다고 느꼈다."(p. 461)고 인정했듯이, 1930년대 후반까지 많은 성격 검사들이 응용 심리학자들에 의해 타당하지 않은 것으로 여겨졌다.

원판 MMPI의 개발 방법

Greene(2011)은 "1930년대 초 황폐한 정신의학 분야에서 Stark Hathaway와 J. C. McKinley라는 두 남자가 나타났다. 이들은 경험주의의 기치 아래 성격 평가의 과학적 발전을 위해 새로운 전투를 벌였다."(p. 5)라고 극적으로 표현했다. MMPI 제작에 사용된 개발 절차에 대한 수많은 설명은 Colligan 등(1983), Dahlstrom, Welsh 및 Dahlstrom(1972, 1975), Friedman, Webb 및 Lewak(1989), Friedman, Lewak, Nichols 및 Webb(2001), Graham(2000) 및 Greene(2000) 등에 의해 광범위하게 기록되어 있다. 따라서 이 책에서

는 Hathaway와 McKinley가 사용한 절차를 간략하게 요약할 것이다.

MMPI 제작을 위한 Hathaway와 McKinley의 접근 방식의 두드러진 특징은 검사 구성에 있어서 준거(기준)적 채점 방법(criterion keying method) 또는 경험적 방법(empirical method)을 사용한 점이었다. 실제로 대개 MMPI는 이러한 검사 구성 방법의 뛰어난 예로 인용된다(예: Anastasi, 1982). 준거적 채점 방법에서 문항들은 두 개 이상의 수검자 집단에 제시된다. 한 수검자 집단은 검사가 측정하고자 하는 정의된 진단이나 특성을 나타내는 준거 집단의 역할을 하고, 그러한 특질이나 특성을 나타내지 않는 하나 이상의 비교 집단이 있다. 준거와 비교 집단의 응답을 비교한 다음, 응답 빈도에서 실증적으로 유의한 차이를 보이는 문항들을 선택하여 검사에 포함한다. Friedman 등(2001)이 지적한 바와 같이, 이 방법론을 사용하여 구성된 척도는 일반적으로 준거 집단에 따라 명명된다. 예를 들어 준거 집단이 임상적으로 우울한 환자들로 구성된 경우, 그 척도는 우울증 척도라고 명명될 수 있다. 또한 대체로 채점은 준거 집단이 더 자주 응답하는 방향으로 응답한 문항에 1점을 할당하는 식으로 이루어진다. 더불어 이러한 유형의 측정 도구에서는 점수가 높을수록 준거 집단의 구성원과 일치하는 방향으로 응답한 문항들이 많다.

초기 연구자들이 그랬던 것처럼, Hathaway와 McKinley는 다양한 척도가 만들어질 수 있는 광범위한 문항 모음을 생성함으로써 MMPI를 구성하기 시작했다. 구체적으로 보면, 정신과 평가도구들, 정신과 교재, 기존에 발표된 성격과 사회적 태도 척도들, 그리고 자신들의 임상 경험을 포함한 다양한 출처에서 영감을 얻어 약 1,000개의 자기참조적 진술문을 만들었다(Hathaway & McKinley, 1940). 그런 다음 서로 중복된 내용이나 주관적으로 볼 때 상대적으로 의미나 가치가 거의 없다고 느껴지는 문항들을 삭제해서 504개 문항으로 줄였다. 따라서 그들은 주관적이면서 합리적인 방법을 사용하여 초기 문항 모음을 만든 것이다. 중복된 문항을 확인하는 작업을 단순화하기 위해, Hathaway와 McKinley는 〈표 2-1〉에 제시된 것처럼 원판 MMPI 문항 모음을 위한 25개의 내용 범주를 구성했다. 〈표 2-1〉에 제시된 문항 외에도 이후 55개의 문항이 '주로 남성성-여성성과 관련된' 문항으로 추가되었고(McKinley & Hathaway, 1943, p. 162), 다시 9개의 문항이 삭제되어(Colligan et al., 1983) 최종적으로 550개 문항 모음이 생성되었다. 그런 다음 이 문항들을 사용하여 정상 개인과 비교적 동질적인 임상 준거 집단에 속한 정신과 환자의 문항 응답을 비교하여 척도를 구성하였다.

번호	범주	문항 수
	표 2-1 Hathaway와 McKinley가 결정한 원판 MMPI 504개 문항의 내용 범주	
1	일반적 건강	9
2	일반적 신경계	19
3	뇌신경	11
4	운동성 및 협응	6
5	감각	5
6	혈관운동계, 영양, 언어, 분비 기관	10
7	심폐	5
8	위장	11
9	비뇨생식기	6
10	습관	20
11	가족과 결혼생활	29
12	직업	18
13	교육	12
14	성적 태도	19
15	종교적 태도	20
16	정치적 태도—법과 질서	46
17	사회적 태도	72
18	정동, 우울	32
19	정동, 조증	24
20	강박사고, 강박행동	15
21	망상, 환각, 착각, 관계사고	31
22	공포증	29
23	가학, 피학	7
24	도덕적	33
25	개인이 도저히 받아들일 수 있는 혹은 없는 관점에 자신을 놓으려고 하는지 여부를 나타내는 문항들	15

출처: Colligan, Osborne, Swenson, & Offord (1983). Mayo Foundation for Medical Education and Research의 허가 하에 사용함. 무단 전재 금지.

규준 집단

MMPI를 개발하는 데 주로 사용된 정상 규준 집단은 미네소타 대학교 병원에서 치료를 받는 친구 또는 친척을 방문한 사람들(N=724)이었다. 병원 복도나 대기실에서 이들에게 (16세 이상) 정신과나 신체적 질환에 대한 치료를 받고 있는지 묻고, 받지 않을 경우 연구에 참여하도록 권유하였다. 미네소타 대학교 집단의 전체 연령, 성별, 혼인 상태는 1930년 미국 인구 조사 결과와 비슷한 것으로 보고되었다(Hathaway & McKinley, 1940). Dahlstrom 등(1972)은 미네소타 규준 집단에 대해 다음과 같이 설명하였다.

> 1940년에 미네소타주의 평범한 성인은 35세 정도이고, 결혼을 하였으며, 작은 마을이나 시골 지역에 살았고, 8년 동안 일반 교육을 받았고, 숙련되거나 반숙련된 일을 하였다(또는 그러한 직업 수준을 가진 사람과 결혼했다). (p. 8)

이에 더해 Hathaway와 McKinley는 다른 두 개의 '정상' 집단으로부터 자료를 수집했다. 이들은 대학 입학 상담과 안내를 받기 위해 미네소타 대학교 입학관리부에 방문한 265명의 고졸 집단과 연방 정부 기금으로 운영되는 고용 프로젝트인 지역의 공공사업진흥국을 통해 모집한 265명이었다. 후자는 숙련된 노동자 집단으로 "모두 화이트칼라 노동자이며, 도시 지역 배경과 사회경제적 수준의 통제를 위한 집단으로 이용되었다."(Dahlstrom & Welsh, 1960, p. 46)

Colligan 등(1983)은 Hathaway와 McKinley가 수집한 원판의 규준 집단 자료를 더 이상 사용할 수 없다고 언급했다. 그러나 미네소타 정상 '정제(purified)' 표본이라고 불리는 전체 자료의 하위 표본이 Hathaway와 Briggs(1957)에 의해 개발되었다. Hathaway와 Briggs의 표본은 미네소타 일반 정상 집단에서 추출한 225명의 남성과 315명의 여성으로 구성되어 있다. 이 자료는 보존되었고, MMPI-2 매뉴얼 중 부록 K의 개발에 기초가 되었다(Butcher et al., 1989). 부록 K는 MMPI-2의 기본척도들에 대해 원판 Hathaway/McKinley 규준의 정제 표본에 기초한 T점수 값을 제공한다.

임상척도

Hathaway와 McKinley가 활용한 임상 준거 집단에 따라 8개의 MMPI 기본척도가 결정되었다. 준거 집단은 다음의 진단 범주에 따라 신중하게 선별된 정신과 환자들로 구성되었다. 즉, 건강염려증(Hypochondriasis, 척도 1), 우울증(Depression, 척도 2), 히스테리(Hysteria, 척도 3), 반사회성(Psychopathic Deviate, 척도 4), 편집증(Paranoia, 척도 6), 강박증(Psychasthenia, 척도 7), 조현병(Schizophrenia, 척도 8), 경조증(Hypomania, 척도 9)이다. 이러한 임상 준거 집단에 대한 자세한 설명은 Colligan 등(1983), Dahlstrom과 Dahlstrom(1980), Dahlstrom 등(1972) 및 Greene(1980, 2000)이 제공했다. 또한 Hathaway와 McKinley는 남성성-여성성 척도(Masculinity-Femininity, 척도 5)의 개발에 '동성애 전환 남성'으로 구성된 집단을 사용하였다. 마지막으로, Drake(1946)에 의해 개발된 사회적 내향성-외향성 척도를 MMPI의 10번째 기본척도(Si 척도)로 추가하였다. Si 척도는 원판 Hathaway 집단의 외부에서 개발된 유일한 표준 척도이자 정신과 준거 집단을 얻지 못한 유일한 척도로 남아 있다(Colligan et al., 1983).

타당도척도

10개의 표준 임상척도 외에도 Hathaway와 McKinley는 MMPI에서 일탈된 수검 태도나 반응 세트를 감지하기 위해 네 가지 타당도척도를 개발했다. 여기에는 응답을 빠뜨리거나 혹은 그렇다와 아니다 양쪽에 모두 응답한 전체 문항 수인 무응답(Cannot Say) 혹은 (?) 척도 및 인간의 일반적인 결함이나 약점을 나타내는 15개 문항들을 합리적 방법으로 추출해서 만든 L 또는 부인(Lie) 척도가 포함되었다. L 척도는 비현실적으로 유리한 방식으로 자신을 나타내려는 노골적인 시도를 감지하도록 고안되었다. F 척도는 미네소타 정상 집단의 10% 이하가 특정 방향으로 응답하여 선택된 64개의 문항으로 구성되었다. Hathaway와 McKinley(1943)는 높은 F 척도 점수는 수검자가 부주의했거나 문항을 이해하지 못했거나 혹은 광범위한 채점 오류가 발생했기 때문일 수 있어, 임상척도 결과가 타당하지 않음을 의미할 수 있다고 제안했다. 무응답 척도나 L 척도와 마찬가지로 F 척도에 대한 T점수 변환 값은 미네소타 정상 집단의 원점수 자료의 선형 변환에 기초하지 않고 McKinley와 Hathaway에 의해 임의로 할당되었다.

MMPI를 위해 개발된 최종 타당도척도는 K 척도였다. K 척도는 정상 범위의 임상척도 값(즉, 모든 임상척도에서 T점수가 69점 이하)을 나타낸 25명의 남성과 25명의 정신과 환자를 선택하여 개발하였다. 따라서 이러한 수검자는 거짓 음성(false-negative)으로 간주될 수 있다(Meehl & Hathaway, 1946). 이러한 거짓 음성 환자의 프로파일을 미네소타 정상 집단,

즉 참 음성(true negative) 사례의 응답과 비교하였다. 문항 분석을 통해 "응답에서 참과 거짓 음성 프로파일을 최소 30% 이상 구별"(Dahlstrom et al., 1972, p. 124)한 22개 문항이 밝혀졌다. 규준 집단과 우울증 및 조현병 환자를 정확하게 구별하는 데 도움이 되는 8개 문항이 최종적으로 K 척도에 추가되었다. K 척도의 주요 기능은 정신병리를 탐지하는 임상척도의 변별력을 향상시키는 것이다. 전통적으로 K 척도 원점수의 합을 다양한 비율로 척도 1, 4, 7, 8, 9에 추가함으로써 성인 응답자에게 K-교정 절차를 사용하였다. 표준 타당도 및 임상척도는 타당성 평가 및 임상 해석 전략을 다루는 이 책의 후반부에서 자세히 논의할 것이다.

주요 특징

원판 MMPI의 개발과 관련된 내용에서 다음으로 넘어가기 전에, 임상가들에게 큰 인기를 끄는 데 기여한 검사의 특징에 관해 일반적인 두 가지 요점을 제시한다. 첫째, Graham (2012)이 논의한 바와 같이, MMPI가 출판된 후 MMPI의 해석이 처음에 예상했던 것보다 상당히 복잡하다는 것이 빠르게 밝혀졌다. 많은 정신과 환자가 하나의 임상척도에서 높은 점수를 보이기보다 여러 개의 척도에서 높은 점수를 나타냈다. 예를 들어, 우울증 환자는 우울증 척도에서 상승을 보였지만, 또 다른 표준 임상척도에서도 높은 점수를 얻었다. Graham에 따르면, 이러한 현상은 MMPI 표준 척도 간의 높은 상호상관을 포함한 여러 요인에서 비롯되었다. 실제로 지난 40여 년간 유용한 진단 정보를 산출하기 위해 MMPI 자료에 대한 다양한 접근법이 사용되었다. MMPI를 통해 얻은 진단과 임상적 판단이나 표준적 진단 면접에 기초한 정신과적 진단에 대해 중간 이상의 일치도를 보인 접근법은 없었다(예: Pancoast, Archer & Gordon, 1988).

이러한 이유로 MMPI는 특히 프로파일 해석 측면에서 Hathaway와 McKinley가 원래 구상했던 것과는 다른 방식으로 사용되게 되었다. 구체적으로는 특정 척도명 또는 척도 이름의 유용성이 덜 강조되었으며, 이는 MMPI 해석자가 MMPI 척도를 준거 집단 이름이 아닌 번호로 부르는 경향으로 나타났다(예: '강박증 척도'보다는 '척도 7로 부름'). 이러한 변화와 함께 많은 연구자가 광범위한 임상 상관 연구를 통해 임상척도의 의미를 확립하기 시작했다. 이러한 연구 접근에서 MMPI 척도들의 실제 추가적인 검사 상관물(correlates)은 MMPI 척도에서 특정한 상승 패턴을 보인 사람에 대한 세심한 연구에 기반한 경험적인 연구 노력을 통해 식별되었다. 해석적 초점에서 이러한 변화의 순수한 영향은 표준적으로

MMPI가 기술적(descriptive) 수단으로 사용되며, 이러한 MMPI의 기술적 능력은 특정한 MMPI 형태를 보인 집단의 검사 특성에 관해 축적된 수많은 연구에 기초한다는 것이다. 이에 Graham(2012)은 다음과 같이 언급하였다.

> 따라서 MMPI가 원래 목적(1930년대에 구분되는 정신과적 유형이라고 여겨졌던 임상 집단의 감별진단)에서는 특별히 성공적이지 않았지만, 개인(정상인 및 환자)의 점수에 기반해서 그들에 대한 기술과 추론을 생성하는 데 사용될 수 있다. 바로 일상적 실무에서의 이러한 행동 기술 접근적 검사 활용이 실제 임상가들 사이에서 큰 인기를 끌게 된 이유였다. (p. 6)

또한 MMPI 해석에 대한 이러한 접근 방식은 검사의 유용성을 원래의 심리측정적 구성의 측면이 아니라 이 검사를 위해 개발된 연구 문헌의 방대한 축적과 연결시켰다는 점에 유의해야 한다. 따라서 MMPI의 주요한 임상적 가치는 검사 결과가 '무엇을 의미하는지' 알게 된 것에 있다.

MMPI의 주요한 두 번째 특징은 내담자의 자기보고의 일관성과 정확성을 평가할 수 있는 광범위한 타당도척도 및 지표들을 개발하는 데 관심을 두었다는 것이다. MMPI는 임상 검사 결과의 해석 가능성을 판단하는 데 도움이 되는 타당도척도의 사용을 강력하게 강조한 최초의 성격 평가 도구 중 하나였다. 따라서 MMPI를 해석하는 사람은 타당한 방식으로 응답하고자 하는 응답자의 의도 및 능력과 관련한 여러 요인이 검사 결과에 미치는 영향력의 정도를 추정할 수 있다. 이러한 특징으로 인해 MMPI는 Hathaway와 McKinley가 원래 예상하지 않았던 평가로까지 확장되었다. 이러한 작업에는 일반적인 심리 치료 환경과 현저히 다른 인적 관리나 법의학 환경에서의 개인의 심리 검사가 포함되었다. 원래의 네 가지 타당도척도를 넘어, 기술적인(technical) 프로파일 타당도와 관련된 문제를 평가하기 위해 다른 많은 MMPI 측정치가 후속적으로 개발되었다(예: 부주의 척도 및 검사-재검사 지수). Greene(1989a, 2000)이 이 중 다수에 대해 광범위하게 검토하였다.

MMPI-2

MMPI는 개정되고 재표준화되어, 그 결과 원판이 출판된 지 46년만인 1989년에 MMPI-2가 출간되었다(Butcher et al., 1989). 개정판에는 검사 문항들의 내용과 언어의 현대화, 이의가 제기된 문항의 제거, 그리고 15개의 내용척도를 포함한 새로 만들어진 척도들이 포함되었다(Archer, 1992; Nichols, 1992). MMPI-2의 개발에는 전국적인 규준 자료를 대표하는 미국 전역의 성인 남녀 2,600명의 자료도 수집되었다. MMPI-2에 포함된 567문항은 원판 MMPI와 청소년용 MMPI(MMMPI-A)의 문항들과 상당히 중복된다. 현재 MMPI-2에 대해 몇 가지 종합 안내서(Butcher, 2005; Graham, 2012; Greene, 2011; Nichols, 2001)를 이용할 수 있으며, 특별히 MMPI-2 내용척도를 설명하기 위한 책(Butcher, Graham, Williams, & Ben-Porath, 1990)도 있다. 또한 MMPI-2 프로파일의 코드를 해석하기 위한 연구기반도 생겼다(예: Archer, Griffin, & Aiduk, 1995; Graham, Ben-Porath, & McNulty, 1999). 그러나 MMPI-2는 18세 이상에게 사용되도록 설계 및 표준화되었다는 점에 유의해야 한다. MMPI-2를 위한 청소년 규준은 개발되지 않았으며, 청소년 평가에 사용하기 위한 것도 아니었다.

∘⊰ MMPI를 사용한 청소년 평가

임상 및 연구를 위해 청소년 집단에 MMPI를 적용하는 것은 이 검사의 개발 초기에 이루어졌다. MMPI가 원래 16세 이상의 수검자를 평가하기 위한 것이었지만, Dahlstrom 등(1972)은 이 검사가 "12세의 똑똑한 아동"(p. 21)에게도 효과적으로 사용될 수 있다고 언급했다. MMPI 평가의 하한 연령을 12세로 규정한 것은 MMPI 문항 모음을 이해하기 위한 전제 조건이 6학년 수준의 독해 능력이라는 추정과 관련될 수 있다(Archer, 1987b).

초기 적용

청소년에게 MMPI를 적용한 첫 번째 연구는 공식적으로 MMPI가 출판된 1943년보다 2년 전인 1941년에 Dora Capwell에 의해 발표되었다. Capwell(1945a)은 Pd 척도의 상승도에 기초하여 MMPI가 여자 비행청소년 집단과 그렇지 않은 여자 청소년 집단을 정확하게 구별할 수 있음을 보여 주었다. 또한 두 집단 간 MMPI Pd 척도의 차이는 첫 MMPI 실시 이후 4~15개월 사이에 재평가한 MMPI 연구 결과에서도 유지되었다(Capwell, 1945b). Monachesi(1948, 1950)의 초기 연구도 남자 비행청소년들이 보통의 남자 청소년들보다 Pd 척도에서 훨씬 더 높은 점수를 받았다는 것을 증명함으로써 이 도구의 타당성 자료를 제공하는 데 기여했다. 또한 Monachesi의 1950년 연구에서는 수감된 여자 비행청소년들이 포함되었는데, 그 결과 Capwell의 초기 보고가 반복 검증되었다. 이러한 초기 연구 이후, MMPI는 비행청소년을 예측 및 진단하고 치료 프로그램을 계획하기 위한 다양한 시도에서 청소년들에게 사용되었다(예: Ball, 1962; Hathaway & Monachesi, 1951, 1952). 이 연구 주제에 대해 지속적인 관심을 갖고 있던 Hathaway와 Monachesi는 결국 MMPI 결과와 비행 행동의 관계에 대한 종단 연구에서 청소년들의 대규모 MMPI 자료를 수집했다.

Hathaway와 Monachesi는 1947~1948년 사이 미네소타의 9학년 학생 3,971명에게 MMPI를 실시했고, 이는 주 전체 표본(statewide sample)이라고 불리는 더 큰 표본 수집의 전주곡 역할을 했다. 주 전체 표본은 1954년 봄, Hathaway와 Monachesi가 미네소타의 86개 지역에서 11,329명의 9학년 학생들을 대상으로 검사했을 때 수집되었다. 그들의 표본에는 미네소타 도시와 시골 지역 아동들의 광범위한 표본을 포함하여 약 15,000명의 청소년이 포함되었다. MMPI 외에도 수검자들의 학교 성적을 얻었고, 교사들에게 정신적인 혹은 법적인 어려움을 겪을 가능성이 높다고 여겨지는 학생들을 알려 달라고 요청하였다. Hathaway와 Monachesi는 또한 지능 검사와 Strong 직업 흥미 검사 등의 검사 점수 정보를 수집했다. 그리고 수검자들이 12학년이 되는 1956~1957년 사이 그들 중 3,976명에게 MMPI를 재실시하였다.

후속 자료는 아동 커뮤니티 분야의 현장 업무자들이 경찰과 법원 기록 등 공공기관의 파일을 찾아서 수집하였다. 연구자들은 1960년대 중반까지 이 표본의 구성원에 대한 인적 정보를 계속 수집했으며(예: Hathaway, Reynolds, & Monachesi, 1969), 다른 연구자들은 표본의 다양한 하위 집단에 대한 후속 연구(예: Hanson, Gottesman, & Heston, 1990)를 수행했다. 이 조사의 초기 결과에 대한 요약 내용이 1963년에 출간된 Hathaway와 Monachesi의 『Adoescent personality and behavior: MMPI patterns of normal, delinquent, dropout, and other outcomes』에 실렸다.

Hathaway와 Monachesi(1953, 1961, 1963)는 비행 행동의 시작과 관련된 성격 변수를 식별하는 전향적 종단 연구를 수행하기 위해 대규모의 자료를 수집하기 시작했다. 그들은 청소년의 반사회적 또는 비행적인 행동을 예측하기 위해 과거의 심리사회적 자료를 바탕으로 비행청소년 집단을 소급해 파악하는 대신, 종단적으로 따라가는 방식을 택했다. 따라서 Hathaway와 Monachesi는 향후 비행 행동의 발달과 관련된 위험 요인의 지표로서 역할할 수 있는 MMPI의 예측 변수를 밝히고자 하였다. Monachesi와 Hathaway(1969)는 그 결과를 다음과 같이 요약했다.

흥분성 척도인 4, 8, 9 척도는 높은 비행률과 관련 있는 것으로 나타났다. 프로파일상 이 척도들 중 하나 혹은 여러 개가 정상보다 높을 때의 비행률이 전체에서의 비율보다 상당히 높았다. 즉, 전체 비행률인 34.6%에 비해 흥분성 MMPI 척도 코드(프로파일의 척도 4, 8, 9 의 척도 조합이 가장 높을 때)를 보인 남자 청소년들의 경우 41.9%의 비행률을 보였다. 그와 반대로 척도 0, 2, 5는 억제성 척도이며, 낮은 비행률을 보인 남자 청소년들의 프로파일에서 지배적인 척도였다(34.6% 대 27.1%). 그에 비해 가변적인 1, 3, 6, 7 척도들은 비행과 거의 관련이 없는 것으로 밝혀졌다. 가장 흥미로운 점은 이러한 관련성 중 일부는 여자 청소년들 에게서 훨씬 더 두드러진다는 것이다. 흥분성 코드 프로파일을 보인 여자 청소년들의 비행률 이 전체 비행률에 비해 2배 이상 높은 것으로 드러날 정도로 MMPI 자료는 비행과 밀접한 관 련이 있다. 또한, 4, 8, 9 척도에서 점수가 높을수록 비행률은 더 높아진다. 억제성 척도 점 수를 보인 여자 청소년들의 비행률은 전체 비행률보다 낮다. (p. 217)

주로 미네소타주 전체 표본에 대한 추가 분석에 기초한 이 연구의 체계적인 후속 연구 및 연구의 확장을 통해, 상승한 Pd, Sc 및 Ma 척도가 흥분성 기능을 제공한다는 개념이 비 교적 일관적으로 지지되었다. 이 척도들의 높은 점수는 청소년 표본에서 높은 비율의 '행 동화(acting out)' 또는 비행 행동을 예측한다(예: Briggs, Wirt, & Johnson, 1961; Rempel, 1958; Wirt & Briggs, 1959). Briggs 등의 연구 결과는 MMPI 자료를 중증 질병 또는 사망의 가족력 자료와 결합했을 때 비행 행동에 대한 예측의 정확도가 증가했음을 나타냈다. 구체적으 로 보면, Briggs 등은 흥분성 척도의 상승이 가족 외상의 과거력과 결합했을 때 비행 행동 의 빈도가 일반 인구의 2배라는 사실을 발견했다. 이와 유사하게, Rempel은 MMPI 척도 분석을 바탕으로 비행 표본의 69.5%를 정확하게 식별할 수 있다고 보고했다. MMPI 자료 를 학교생활기록부 자료와 선형회귀방법으로 결합했을 때 비행청소년들의 식별률 정확 도가 74.2%로 높아졌다. Huesmann, Lefkowitz 및 Eron(1978)은 426명의 19세 청소년 표 본에서 Pd, Ma, F 척도 합의 단순 선형 합계가 비행 및 공격적 행동에 대해 최고의 예측변 수 역할을 한다는 것을 발견했다. 이는 공격성과 비행의 동시 발생을 예측하는 데 효과적 이었을 뿐 아니라, 후향적으로 9세 때의 공격성을 평정했을 때 분산비율을 유의하게 설명 하였다.

Hathaway와 Monachesi의 연구는 여러 면에서 매우 가치가 있다고 판명되었다. 첫째, 이 연구는 MMPI가 적어도 한 가지의 중요한 청소년의 행동 영역, 즉 비행을 예측할 수 있 다는 것을 입증했다. 둘째, 그들의 조사 결과는 남자 청소년 대 여자 청소년, 청소년 대 성인의 문항 응답 차이와 관련된 중요한 정보를 제공했고, 또한 청소년 중기에서 후기 사이에 발생하는 문항 응답 패턴에서 종단적 검사-재검사의 중요한 차이를 확인했다. 셋째, Hathaway와 Monachesi가 수집한 자료는 후에 Marks와 Briggs(1972)가 개발하여 전통적으로 사용한 청소년 규준의 주요 구성 요소를 제공했으며, Gottesman, Hanson, Kroeker 및 Briggs(Archer, 1987b에서 발표된)가 개발한 또 다른 청소년 규준의 배타적 자료원의 역할을 했다. 또한 Hathaway와 Monachesi는 10개의 각 표준 임상척도에 대해 성별에 따른 높은 점수와 낮은 점수의 임상적 상관물을 경험적으로 확립했다. 마지막으로, 이 연구는 원래의 Hathaway와 Monachesi의 수검자 추적 조사를 통해 청소년 비행의 예측에서부터 조현병의 전구적 성격(예: Hanson et al., 1990)에 이르는 다양한 주제에 대해 매우 풍부한 자료를 제공했다.

청소년 규준의 개발과 코드타입 상관물

원판 MMPI에 가장 많이 사용된 청소년 규준은 1967년 Marks와 Briggs가 도출하고, Dahlstrom 등(1972, pp. 388-399)이 처음 출판한 것이었다. 이 규준은 Marks, Seeman, and Haller(1974, pp. 155-162)와 Archer(1987b, pp. 197-213; 1997a, pp. 343-360)를 포함한 몇몇 문헌에도 발표되었다. Marks와 Briggs의 청소년 규준은 약 1,800명의 정상 청소년의 응답을 기반으로 하였고, 17세, 16세, 15세, 14세 이하 범주의 남자 청소년과 여자 청소년을 별도로 보고했다. 이러한 기준을 만드는 데 사용된 표본 크기는 17세의 남자 166명과 여자 139명, 14세 이하의 남자 271명과 여자 280명 등으로 다양했다.

Marks와 Briggs의 청소년 규준은 Hathaway와 Monachesi(1963)가 미네소타주 전체 표본에서 수집한 자료 중 720명의 응답과 1964년과 1965년에 앨라배마, 캘리포니아, 캔자스, 미주리, 노스캐롤라이나, 오하이오 등 6개 주에서 수집된 1,046명의 추가적인 청소년 자료를 합한 것에 기반했다. Marks 등(1974)은 이 표본이 MMPI 평가 당시 정서 문제에 대해 치료를 받고 있지 않던 백인 청소년들로 구성되었다고 보고했다. 청소년에게 MMPI를 실시한 많은 연구는 Marks와 Briggs 규준 자료에 기초하고 있다.

원래의 미네소타 성인 규준과 마찬가지로, Marks와 Briggs가 개발한 규준은 표준 선형 변환 절차를 사용하여 원점수를 T점수로 변환했다. 따라서 T점수는 다음 공식을 사용하여 T의 가장 가까운 정수를 구함으로써 결정되었다.

$$T = 50 + \frac{10(X_i - M)}{SD}$$

이 공식에서 M과 SD는 해당 연령 범주와 성별에 속한 수검자들의 정규 분포에 기반한 특정 척도 원점수의 평균과 표준 편차를 나타내며, X_i는 특정 수검자가 획득한 원점수 값이다. 또한 미네소타의 정상 성인 표본과 유사하게, 청소년 규준은 백인 응답자에 기초했다.

Marks와 Briggs(1972)가 개발한 청소년 규준에는 몇 가지 두드러진 특징이 있었다. 첫째, Marks와 Briggs는 청소년 규준과 함께 사용할 수 있는 K-교정 절차를 개발하지 않았다. Marks 등(1974)은 이 결정에 대한 몇 가지 이유를 열거했다. 그들은 원래의 K-가중치가 적은 수의 성인 표본을 사용하여 만들어졌고, 청소년을 대상으로 하는 적용 가능성과 일반화 가능성이 의심스럽다고 언급했다. 나아가 청소년의 K-교정 절차가 외부 기준치들과 상관을 늘리기보다는 줄였다는 연구 결과를 인용했다. 또한 Marks와 Briggs가 보고한 규준 자료에는 L, F, K 척도 점수와 관련된 타당성 기준에 따라 수검자를 배제하지 않고 모든 응답자의 점수가 포함되었다. 따라서 이 자료 모음에는 타당도척도 점수와 상관없이 모든 프로파일이 사용된 것이다. Marks와 Briggs가 개발한 청소년 규준에 대한 가장 광범위한 설명은 Marks 등의 『The actuarial use of the MMPI with adolescents and adults』(1974)에 수록되어 있다.

청소년 규준 외에도 Marks 등(1974)의 책에는 MMPI의 높은 점수 코드타입 29개에 대한 통계적 기반의 특징 설명을 포함했다. Marks와 동료들이 이러한 코드타입에 대한 설명을 도출하기 위해 사용한 주요 수검자 집합에는 12~18세의 청소년 834명이 포함되었다. 이들은 1965~1970년에 최소 10시간의 심리치료를 받은 후에 평가되었다. 그들은 "정신박약이거나 정신지체가 아닌"(p. 138) 백인 청소년들로 묘사되었다. Marks 등은 또한 1970~1973년에 정신과 치료를 받은 419명의 청소년을 추가 표본으로 추후 포함했다고 보고했다. 그들의 표본에 있는 청소년들은 MMPI를 완료했고, 자기서술 형용사 체크리스트와 자신에 대한 태도, 타인에 대한 태도, 동기적 욕구, 갈등 영역 등의 주제를 다루는 질문이 포함된 개인 자료 양식을 작성하였다. 이 연구에는 또한 청소년들에 대해 서술적 평정을 제공한 30개 주의 172명의 치료자가 포함되었다. Marks 등(1974)은 다음과 같이 설명하였다.

환자 평정을 제공한 172명의 심리치료자 중 116명은 정신과 전문의거나 박사급의 임상심리학자이거나 또는 2년 이상의 치료 경험이 있는 석사 수준의 사회복지사였다. 이 '숙련된' 치료자들은 환자의 90%인 746명을 평가했다. 그리고 3, 4년차의 임상심리 인턴이거나 3년차 정신과 레지던트 또는 최근에 사회복지 석사를 졸업한 24명은 83명의 환자 혹은 사례의 10%를 평정했다. (p. 139)

임상가 평정에는 사례 자료, 형용사 체크리스트, 성격 설명에 대한 Q-분류 등의 여러 가지 도구가 포함되었다. 치료자들의 평정은 MMPI 결과를 제외한 사례 기록, 차트 기록, 심리 검사 결과 등 이용 가능한 근거에 기반하여 이루어졌다.

Marks 등이 이용할 수 있었던 예비 코드타입 모음은 청소년의 경험과 잠재적으로 관련이 있는 2,302개의 서술들로 구성되었다. 이를 다 모은 후 저자들은 통계 분석이 가능할 정도로 자주 발생하며, 환자를 설명하는 측면에서 임상적으로 관련된 정보가 되고, 남녀 응답자 모두에게 관련되어 있다고 여겨지는 1,265개의 잠재적인 상관물 혹은 서술을 선정하였다. 그런 다음 청소년들로부터 얻은 자료들을 각 코드타입당 평균 13.4명이 응답한 29개의 높은 점수 코드타입들의 서술 범주로 분류하였다. 서술들은 높은 그리고 낮은 프로파일(그 묶음에서 2개 척도로 구성된 코드타입 상승도의 중간값에 비해 각각 높고 그리고 낮은 프로파일)을 구분하는 것뿐 아니라, 2개 척도로 구성된 코드타입의 반전유형(예: 2-4코드와 4-2코드)을 구분하는 것으로 개발되었다. 이 상관연구에 사용된 코드타입 절차에 대한 자세한 설명은 Marks 등(1974)과 Archer(1987b)에 제시되어 있다.

Marks 등(1974)의 임상적 상관연구는 청소년 코드타입 패턴을 해석하는 데 필요한 첫 번째 상관 정보를 임상가에게 제공하는 데 결정적이었다. 더욱이 Marks 등이 제공한 정보는 충분히 포괄적이고 유연하게 적용할 수 있어서 그들의 체계를 사용하면 임상 장면에서 일반적으로 볼 수 있는 상당수의 청소년 프로파일을 분류할 수 있었다. Marks 등이 제시한 통계적인 자료 설명은 미네소타 9학년 표본에서 얻은 개인 프로파일의 구성을 대표하는 1,088개의 MMPI 코드가 담긴 Hathaway와 Monachesi(1961)의 저서인 『An atlas of juvenile MMPI Profiles』에서보다 상당히 개선되었다. 각 프로파일은 짧은 과거력과 수검자의 가장 두드러진 성격 특성에 대한 간략한 설명이 곁들여졌다. 이 자료를 사용하는 임상가는 환자의 응답과 가장 유사한 프로파일을 가진 사례를 골라서, 그에 해당하는 사례의 설명을 읽었다. 임상가는 일반적으로 코드타입과 가장 관련성이 높은 서술을 고르기 위해 통계적 평가의 도움 없이 그 코드타입에 대해 흔히 발견되는 성격 특성에 대한 임상가 자신만의 요약을 도출해야 했다.

MMPI에 기반한 후기(1975~1991)의 기여

Marks 등(1974)이 저서를 발표한 후 청소년에게 MMPI를 적용한 연구들이 상당히 많이 이루어졌다. 이 연구들은 Archer(1984, 1987b), Archer와 Krishnamurthy(2002), Butcher와 Williams(2000), Colligan과 Offord(1989)에 의해 정리되었다. 구체적으로 보면, Archer는 청소년의 응답 패턴을 평가하기 위해서는 성인 규준이 아닌 청소년 규준을 적용해야 한다는 것을 지적하는 수많은 연구를 검토했다. Colligan과 Offord(1989)는 의학적 평가, 학교 적응, 청소년 범죄 분야에서 청소년 표본으로 수행된 연구에 주목했다. 특히 흥미로운 것은 청소년 규준의 개발과 임상적 상관물에 대해 Marks 등(1974)의 연구 이후에 이루어진 것들이다.

Marks와 Briggs(1972)가 개발한 청소년 규준 외에도 원판 MMPI에 대한 청소년 MMPI 규준은 Gottesman, Hanson, Kroeker 및 Briggs(Archer, 1987b에서 발표됨)와 Mayo Clinic의 Colligan과 Offord(1989)에 의해 개발되었다. Gottesman 등에 의해 개발된 규준은 1948~1954년까지 검사한 약 15,000명의 9학년 청소년들과 Hathaway와 Monachesi의 주 전체 표본에서 1956~1957년에 검사된 약 3,500명의 12학년 학생들의 종합적인 분석을 대표한다. 이 프로젝트의 표본 크기, 타당도 기준, 원점수 및 T점수 자료는 Archer(1987b)의 부록 C에 보고되었다. Gottesman 등은 표준 척도 자료 외에도 Barron(1953)의 자아강도(Ego Strength) 척도, MacAndrew(1965)의 알코올중독(Alcoholism) 척도, Welsh(1956)의 불안(Anxiety) 및 억압(Repression) 척도, Wiggins(1969)의 내용 척도들, Rosen(1962)이 정신과 환자들의 감별진단을 위해 개발한 특수한 척도 등을 포함한 다양한 MMPI 특수 척도들에 대한 T점수 변환을 제공했다.

Colligan과 Offord(1989)도 13~17세의 여자 청소년 691명과 남자 청소년 624명의 응답을 바탕으로 원판 MMPI의 규준 자료를 수집했다. 1980년대 중반에 이 자료를 수집하면서, 저자들은 미네소타주 로체스터에 위치한 Mayo Clinic에서 반경 50마일 이내에 있는 미네소타, 아이오와, 위스콘신 주의 11,930가구를 무작위로 추출했다. 전화면접 결과 이들의 10%가 조금 넘는 가구에서 적절한 연령대의 청소년이 있는 것으로 나타났으며, 잠재적인 장애 청소년을 제외한 결과 1,412명의 청소년이 평가 대상이 됐다. 그 후 MMPI 자료를 이들의 집으로 발송하였고, 이 중 여자 청소년의 83%, 남자 청소년의 72%가 응답하였다. Colligan과 Offord는 연령에 따라 원점수 평균값에 유의한 차이가 있다는 증거를 거의 발견하지 못했다. 따라서 최종 규준은 13~17세의 성별에 따른 표준화된 T점수 변환을 기반으로 제시되었다. 또한 Colligan과 Offord(1991)는 이러한 규범에 대해 K-교정된 T점수 값을 제공했다.

청소년의 규준 값에 대해 진행된 연구 외에도 Marks와 Briggs의 전통적 청소년 규준에 기초한 단일 척도 및 2개 척도 코드타입의 임상적 상관물에 대해 여러 개의 조사가 이루어졌다. 예를 들어 Archer, Gordon, Giannetti 및 Singles(1988)는 112명의 청소년 입원환자의 표본에서 높게 상승한 단일 척도 2, 3, 4, 8, 9의 기술적 상관물을 조사했다. 임상적 기술들은 수검자의 자기보고와 부모, 간호 직원, 개별 심리 치료자에 의해 평정된 수검자의 측정 내용을 바탕으로 수집되었다. 연구 결과, 대체로 성인 연구에서 기본 MMPI 척도에 대해 보고된 것과 매우 유사한 상관 패턴을 보여 주었다. 비슷한 방법론을 사용하여, Archer, Gordon, Anderson 및 Giannetti(1989)는 또한 68명의 청소년 입원환자의 표본에서 MacAndrew 알코올중독 척도, Welsh의 불안 및 억압 척도, Barron의 자아강도 척도에 대한 임상적 상관물을 조사하였다. 이 연구 결과에서도 임상적으로 관련된 서술들이 성인 응답자 연구에서 도출된 결과와 대체로 일치하였다. Ball, Archer, Struve, Hunter 및 Gordon(1987)은 척도 1 점수가 높은 청소년 입원환자와 그렇지 않은 환자 사이의 미묘하지만 감지할 수 있는 신경학적 차이의 증거를 발견했다. 더욱이 Archer와 Gordon(1988)은 척도 8의 상승도가 청소년 입원환자의 표본에서 조현병 진단 여부에 대해 효과적이고 민감한 지표라는 것을 발견했다.

Williams와 Butcher(1989a)는 또한 약물 남용 혹은 정신과 입원 병동에서 주로 평가된 492명의 남자 청소년과 352명의 여자 청소년의 표본에서 단일 척도의 상관물을 조사했다. 정신과 기록과 부모 및 치료자들의 평정 및 보고서에서 도출된 자료와 표준 척도 값의 관련성을 조사하였다. Archer 등(1988)과 유사하게, 저자들은 이러한 청소년들에게서 발견된 단일 척도에 대한 서술들이 성인 연구에서 보고된 것과 일치한다고 결론지었다. 더불어 Williams와 Butcher(1989b)는 앞서 844명의 청소년 표본을 대상으로 코드타입 상관물을 조사한 결과 Marks 등(1974)이 보고한 코드타입 설명 중 일부가 본 연구에서도 반복되어 나타났지만 다른 설명 패턴은 지지되지 않는다는 것도 발견했다. Lachar와 Wrobel(1990) 및 Wrobel과 Lachar(1992)는 상관 패턴에 대한 성차 문제를 연구하였다. 그 결과 남자 및 여자 청소년에 대한 상관 패턴이 상당히 다르다는 증거를 발견하였고, 청소년들의 MMPI 임상적 상관물에서 중요한 성차가 있을 가능성을 강조하였다.

또한 몇몇 연구자들은 프로파일 상승도 및 척도들의 패턴 구성 측면에서 청소년과 성인 규준을 모두 사용할 때의 영향을 조사했다. 구체적으로 보면, Archer(1984), Ehrenworth와

Archer(1985), Klinge, Lachar, Grissell 및 Berman(1978), Klinge와 Strauss(1976), Lachar, Klinge 및 Grissell(1976)은 정신과 병동에 입원한 남자와 여자 청소년의 응답 프로파일에 청소년과 성인 규준을 사용하는 것의 영향을 연구했다. 이러한 연구들은 청소년에 성인 규준을 적용할 때 응답에서 나타나는 정신병리 정도가, 특히 F, 4, 8 척도에서 더 현저한 경향이 있다는 것을 일관되게 보여 주었다. 마지막으로, 요인분석 연구는 Archer(1984)의 척도수준 자료와 Archer와 Klinefelter(1991)의 문항 및 척도수준 자료를 기반으로 보고되었다. 그 결과 대체로 성인 표본의 요인분석 결과에서 도출된 것과 상당히 일치하는 요인 패턴이 나타났다.

청소년 평가에서의 MMPI 사용 빈도

지금까지 보았듯이, 연구의 관심이 청소년의 MMPI 사용에 크게 집중되었다. 그러나 1990년대 초반까지 주로 청소년과 함께 작업하는 임상가들을 대상으로 한 검사 사용 실태 조사는 실시되지 않았다. 따라서 그러한 임상가들 사이에서 MMPI와 같은 검사도구의 상대적 인기는 여전히 불분명했다. 이 문제를 다루기 위해 Archer, Maruish, Imhof 및 Piotrowski(1991)는 심리학자들에게 청소년 내담자를 평가하는 데 67개의 검사도구를 각기 얼마나 자주 사용했는지를 물었다. 결과는 총 '언급' 수에 기초하여 평가되었고, 검사 사용 빈도로 조정하여 표로 작성되었다. MMPI는 웩슬러(Wechsler) 검사 및 로르샤흐(Rorschach) 검사에 뒤를 이어 세 번째로 많이 언급된 검사도구였으며, 사용 빈도로 점수를 조정했을 때는 웩슬러, 로르샤흐, 벤더-게슈탈트(Wechsler, Rorschach, Bender-Gestalt), 주제통각검사(Thematic Apperception Test: TAT), 문장완성검사(Sentence Completion Test: SCT)에 이어 여섯 번째로 많이 사용되는 도구였다. MMPI는 총 언급 또는 가중 점수로 평가할 때 청소년에게 가장 많이 사용되는 객관적 성격 평가 도구였다.

또한 응답자들에게 청소년에게 실시하는 표준 검사 배터리에 사용되는 도구들을 표시하도록 요청하였다. 이 질문의 결과는 [그림 2-1]에 나타나 있다. 이 그림에서 보듯이, 웩슬러 지능 검사와 로르샤흐 검사는 표준 배터리에 가장 자주 포함된 검사였다. MMPI는 5위를 차지했으며, 설문 응답자 중 약 절반이 포함되었다. 이에 비해 [그림 2-1]에 포함된 또 다른 객관적 성격 평가는 응답자들에 의해 표준 검사 배터리의 17%에만 포함되었다고 보고된 밀론 청소년 성격 검사(Millon Adolescent Personality Inventory; Millon, Green, Meagher, 1977)였다. 종합적으로 Archer, Maruish 등(1991)의 조사 결과는 MMPI가 청소년

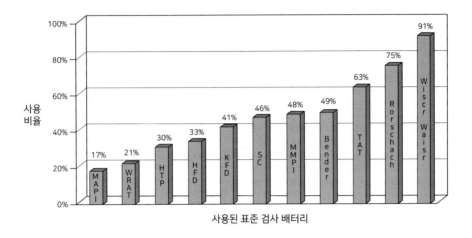

그림 2-1   청소년에게 사용되는 '표준 검사 배터리'에서 가장 자주 사용되는 심리검사도구

출처: Archer, Maruish et al. (1991). Copyright ⓒ by APA. 허가하에 사용함.

평가에서 가장 자주 사용되는 객관적 성격 평가 도구라는 것을 나타냈으며, 이는 성인 집단의 검사 사용 실태조사(예: Lubin et al., 1985)와 일치하는 결과였다.

∞ MMPI-A의 개발

MMPI의 이러한 인기에도 불구하고, 연구자와 임상가들은 청소년 평가에 MMPI를 사용하는 것에 대해 몇 가지 우려를 표명했다. 예를 들어, Archer와 Maruish 등(1991)은 조사 응답자들에게 청소년에게 MMPI를 사용할 때 느끼는 주요 장단점을 물어보았다. 보고된 주요 장점으로는 임상적으로 관련된 서술들의 포괄성과 정확성, 실시와 채점의 상대적 용이성, 그리고 이 도구에 사용할 수 있는 광범위한 청소년 연구 자료 등이 있었다. 그러나 응답자의 49%는 검사가 너무 길다고 느꼈고, 20%는 부적절하거나 시대에 뒤떨어진 청소년 규준에 대해 우려를 나타냈으며, 18%는 원판 MMPI의 독해 수준이 너무 높다고 느꼈으며, 17%는 문항 모음에서 부적절하거나 시대에 뒤떨어진 언어를 사용하는 것에 반대했다. 〈표 2-2〉에는 대부분의 조사 응답자들의 견해와 일치하는 원판 검사도구의 개정 필요성을 지적하는 다양한 요인이 요약되어 있다.

원판 MMPI에 적용하는 청소년 규준의 특성에 대해 심각한 우려가 표명되었다. 특히 Marks와 Briggs(1972)의 청소년 규준은 1940년대 후반에서 1960년대 중반까지 백인 청소

표 2-2	MMPI-A 개발에 기여한 요인들
I	현대적 규준의 필요
	A. 최신 규준
	B. 국가적 표본
	C. 인종적 대표성
II	문항 모음 수정의 필요
	A. 불쾌한(모욕적인) 표현이 있는 문항의 제거
	B. 청소년에게 부적절한 문항의 제거
	C. 단어나 문장 구조를 간결히 하기 위한 문항의 재작성
	D. 청소년과 관련된 새로운 문항의 포함
III	청소년의 문제 영역을 평가하기 위한 척도 생성의 필요
	A. 미성숙 척도를 포함한 새로운 보충척도들
	B. 학교 문제 및 품행 문제를 포함한 몇몇의 새로운 내용척도들
IV	청소년을 위한 MMPI 평가 실제(실무)에서의 표준화 필요
	A. 적절한 규준에 대한 혼란
	B. 해석 실제에 대한 혼란
	C. 특수한 척도 활용에 대한 관심의 제고

년을 대상으로 수집된 자료에 기초했다. 따라서 이 청소년 자료는 상당히 오래되었으며 인종적 대표성 측면에서도 매우 제한적이었다. Pancoast와 Archer(1988)는 1947~1965년에 수집된 정상 청소년 표본과 1975년 이후 10년 동안 수집된 정상 청소년 표본을 분석하여 원판에 대한 청소년 규준의 적절성을 검증했다. 연구 결과, 1947~1965년에 수집된 정상 청소년 표본의 평가를 위한 원판 청소년 규준의 적합성이 지지되었다. 이 기간은 Marks와 Briggs(1972)의 규준에서 사용된 청소년 표본의 자료 수집 기간과 일치한다. 그러나 더 최근의 청소년 표본에서 나타난 MMPI 패턴에서는 대부분의 임상척도가 Marks와 Briggs의 평균값 이상으로 상승하였다. 이러한 발견은 원판의 청소년 규준이 현대 청소년들의 평가를 위한 평균값 적합성의 측면에서 정확한 규준 기준을 제공하지 않을 수 있음을 시사한다.

원판 MMPI의 문항 내용 중 일부가 청소년 평가에 부적절하거나 불쾌한 내용이라는 비판도 나왔다. 10대들에게 원판 검사를 사용한 대부분의 임상가들은 아마도 '손수건 떨어뜨리기'가 오늘날의 청소년들에게 별 의미가 없다는 것과, '행동거지(deportment)'라는 단어를 많은 청소년이 쉽게 이해하지 못한다는 것을 알고 있었을 것이다. 마찬가지로 "나의 성생활은 만족스럽다."와 같은 문항들은 30세와 달리 13세에게 물었을 때 상당히 다른 의미를 가질 수 있다. 게다가 성인에게 MMPI를 실시했을 때 가장 우려되는 어색한 단어로 쓰인 문항들은 청소년 평가에서도 주요한 문제가 되어왔다. 마지막으로, MMPI 문항 모음은 상당히 광범위하지만 약물 사용, 섭식 장애 및 학교 관련 문제와 같이 10대에서 일반적으로 나타나는 문제 영역 등의 청소년 경험과 관련된 특정 문항이 부족했다. 문항 수준의 수정과 더불어 청소년과 관련된 MMPI 문항을 만든 것은 청소년 발달과 정신병리에 관련된 구체적 척도들을 개발할 수 있는 계기가 되었다. 성인을 위해 개발된 몇몇 특수한 MMPI 척도가 청소년들에게 적용되었지만(예: Welsh의 불안과 억압 척도, MacAndrew 알코올 중독 척도), 이 척도들은 청소년 집단을 위해 특별히 개발되지는 않았었다.

1989년 7월 1일, 미네소타 대학교 출판부의 Beverly Kaemmer는 청소년용 MMPI를 만드는 것에 대한 권고에 따르고자 James N. Butcher, Auke Tellegen, Robert P. Archer 등 3인으로 구성된 MMPI 청소년 프로젝트 위원회를 임명하였고, 개발이 이루어지면서 이와 같은 특징들이 통합되었다.

MMPI-A 프로젝트의 목표

MMPI-A를 만들 때 많은 목표가 구상되었다. 이러한 목표들 중 일부는 서로 충돌했으며, 청소년용을 위한 작업이 나아가기 위해서는 다양한 수준의 타협이 필요했다. 성인 규준이 청소년용에는 적용될 수 없다는 것이 분명했고(Archer, 1984, 1987b, 1990; Williams, Graham, and Butcher, 1986), MMPI-A를 위한 일반적인 미국 청소년을 대표하는 국가 전체 규준 표본이 요구되었다. 그리고 표준 또는 기본 MMPI 타당도 및 임상척도의 보존을 포함하여 원판 MMPI와 MMPI-A 사이의 연속성을 유지하면서 MMPI의 길이를 단축하는 데 중점을 두고자 했다. 그러나 이러한 맥락에서 MMPI-A 규준 표본의 청소년 응답 특성에 관한 관찰에 기반하여, MMPI의 F, Mf 및 Si 척도를 수정하고 개선할 기회가 주어졌다. 청소년 평가를 위한 양식이 개발되려면 청소년 발달과 정신병리의 발현에 직접 관련된 문항과 척도들을 포함하는 것이 바람직하다고 판단되었다. 마지막으로, 청소년용 MMPI의 출판이 청소년 평가의 실무를 표준화하는 데 도움이 될 것으로 기대되었다. Archer(1984, 1987b)가 언급한 바와 같이, 청소년의 MMPI 프로파일을 해석하는 최적의 접근법에 대해 상당한 논란과 혼란이 있었다. 가장 적절한 시행 기준, 규준 세트, 특수 척도 및 임상적 상관물에 관한 질문들은 명확하고 일관된 해결 없이 상당한 논의의 대상이 되어 왔다. MMPI-A의 개발과 출판 및 이 검사도구에 대한 매뉴얼(Butcher et al., 1992)은 임상가와 연구자 모두의 평가 실무를 표준화하고 개선하는 데 기여했다.

실험 책자(TX 유형)

MMPI-A의 개발은 MMPI TX 유형으로 알려진 청소년을 위한 실험적인 검사 책자를 만들면서 시작되었다. 이 실험용 검사 책자에는 청소년용의 구성 가능성을 결정하기 위한 규준 자료 수집과 예비 분석에 사용될 704개의 문항이 수록되어 있었다. 이 책자의 첫 번째 부분에는 원판 MMPI의 550개 문항이 수록되었으며, 이어서 척도 구성과 임상적 상관물이 아직 확인되지 않은 실험적인 새로운 문항 모음이 제시되었다. 검사 책자 뒷부분에 수록된 154개 문항에는 또래 집단의 부정적 영향, 알코올과 약물 남용, 가족관계 어려움, 학교 및 학업 문제, 섭식 장애, 정체성 문제 등의 내용이 포함되었다. 기존 550개 문항 중 약 13%가 내용의 명확성 혹은 내용의 질을 높이기 위해 단어를 바꾸었다. 원판 MMPI에서 발견된 16개의 반복 문항은 MMPI TX 유형에서 제외되었다.

MMPI TX 유형 외에도 규준 표본의 청소년들에게 16개 문항의 기본정보 질문지와 74개 문항의 생활사건 질문지를 실시하였다. 기본정보 질문지에는 나이, 인종적 배경, 가족 구조, 부모의 교육수준과 직업, 학업 성취도 등이 포함되어 여러 가지 변인에 대한 자료가 취합되었다. 생활사건 설문지는 주요 질병, 가족상실, 부모와의 이별 또는 부모의 이혼 등이 포함되어 생활사건의 발생과 그 영향에 대한 정보를 요청했다.

MMPI-A 규준 표본

청소년 규준 자료의 수집은 8개 주에서 수행되었으며, 이 중 7개 주는 MMPI-2의 성인 규준 자료 수집의 주요한 지역으로도 사용되었다. 보통 미리 정해진 지역의 중 · 고등학교 명단을 통해 청소년 규준의 수검자들에게 우편으로 참여를 요청했고, 수검자들은 대체로 학교에서 실시되는 집단활동 시간에 검사를 받았다. MMPI-A 규준 자료 수집에 참여한 청소년은 자발적 참여에 대한 대가를 받았다. 자료 수집 절차에서 약 2,500명의 청소년을 MMPI TX 유형으로 평가했고, 다음과 같은 다양한 배제 기준이 적용되었다. 즉, ① 전부 응답하지 않은 경우, ② 부주의 척도 값 > 35, ③ 원판 F 척도 값 > 25, ④ 연령이 14에 미만 또는 18세 이상 등이다. 이러한 배제 기준을 채택함으로써 남자 청소년 805명과 여자 청소년 815명을 포함하는 최종 청소년 규준 표본이 생성되었다. 이 청소년 표본의 지리적 분포는 다음과 같다. 미네소타(n=501), 뉴욕(n=168), 노스캐롤라이나(n=203), 오하이오(n=210), 캘리포니아(n=226), 버지니아(n=209), 펜실베이니아(n=89), 워싱턴(n=14)이다. MMPI-A 규준 표본의 약 3분의 2가 부모와 함께 살고 있다고 보고했으며, 약 26%는 친모와만, 약 3.8%는 친부와만, 그리고 약 3.9%는 다른 가정에서 살고 있다고 보고했다.

〈표 2-3〉은 연령 분포 자료이다. MMPI-A 규준 표본에서 남자 청소년의 평균 연령은 15.5세(SD=1.17세), 여자 청소년의 평균 연령은 15.6세(SD=1.18세)였다. MMPI-A 규준 표본에서 10명의 여자 청소년의 자료를 무작위로 삭제한 MMPI-A-RF 규준 표본에서 여자청소년의 평균 연령은 15.6세(SD=1.18세)였고 남자 청소년은 MMPI-A 값과 동일했다.[1]

〈표 2-4〉는 MMPI-A 규준 표본 청소년의 인종 정보를 제공한다. 규준 표본의 인종 분포는 미국 인구조사(U.S. Census) 수치와 상당히 일치하는데, 약 76%가 백인, 12%가 흑인, 그리고 나머지 12%는 그 외 인종이었다.

〈표 2-5〉와 〈표 2-6〉은 MMPI-A 규준 표본 청소년들의 부모 각각의 교육수준 자료를 제시한다. 일반적으로 이러한 자료는 MMPI-A 규준 표본에 사용된 청소년들 부모의 교육수준이 높은 편이고, 1980년 미국 인구조사 자료와 비교하여 볼 때 높은 교육수준 집단이 과도하게 대표되었다는 것을 보여 준다. 구체적으로, MMPI-A 규준 표본 청소년들의 아버지 중 약 49.9%, 어머니 중 40.9%가 학사 이상의 교육수준을 보고했다.[2] 이는 1980년 미국 인구조사 자료 중 남성의 20%, 여성의 13%가 유사한 교육 수준을 보고한 것과 비교될 수 있다. 더 높은 교육을 받은 사람들의 과잉 대표성은 MMPI-2 성인 규준 표본에서 발견된 것과 매우 유사하다(Archer, 1997a). 이러한 현상은 규준 자료 수집 절차가 자발적 참여자에 의해 이루어지며, 아마도 더 높은 교육을 받고 더 상위의 사회경제적 지위에 있는 수검자들이 상대적으로 더 많이 참여하는 경향이 있는 것과 관련될 것이다. Black(1994)은 특히 MMPI-A 규준 표본의 이러한 측면을 비판하고 "왜곡된 사회경제적 지위의 규

---

1) 역자 주: 한국판 MMPI-A와 MMPI-A-RF 규준 자료의 전체 및 남녀 청소년의 평균 연령은 동일하다. 전체 규준 표본 평균 연령은 15.42세(SD=1.73세)이고 남자 청소년의 평균 연령은 15.41세(SD=1.73세), 여자 청소년의 평균 연령은 15.43세(SD=1.73세)이다(MMPI-A 매뉴얼 개정판, 2017; MMPI-A-RF 매뉴얼, 2018).

2) 역자 주: 한국판 MMPI-A의 부모 교육 수준은 부모 모두 고졸이 가장 높은 빈도를 나타냈다(MMPI-A 매뉴얼 개정판, 2017).

준 표본은 사회경제적 지위 수준이 낮은 응답자들의 프로파일 해석에 의문을 제기한다."
(p. 11)고 결론지었다.

MMPI-A 규준 표본에서 수집된 자료 중에는 검사 직전 6개월 이내에 수검자가 '상담자 또는 치료자에게 의뢰되었는지'에 관한 정보가 있었다. Hand, Archer, Handel 및 Forbey(2007)는 규준 자료에서 상담에 의뢰되었다고 보고한 193명의 청소년 자료를 제거하고 나머지 1,427명의 청소년을 기준으로 기본 임상척도에 대해 동형 T점수 값을 다시 계산했다. 연구 결과, 상담에 의뢰된 청소년들의 자료를 제거해도 규준의 변환 T점수 값에 거의 또는 전혀 영향을 미치지 않는 것으로 나타났다. 또한 상담에 의뢰된 청소년 자료를 제거한 자료는 규준 표본과 임상 표본의 청소년들을 감별하고자 했을 때도 전체 적중률과 양성 예측력 또는 민감도를 크게 향상시키지 못했다. 저자들은 분류 정확도를 크게 개선하려면 MMPI-A의 재구성임상(Resonstructured Clinical: RC) 척도의 개발을 포함하여 검사 도구의 보다 근본적인 변경이 필요할 수 있다고 보았다.

표 2-3 MMPI-A와 MMPI-A-RF 규준 표본 청소년의 연령 분포

연령	MMPI-A와 MMPI-A-RF[a] 남자 청소년 (N=805)		MMPI-A 여자 청소년 (N=815)		MMPI-A-RF 여자 청소년 (N=805)	
	빈도	%	빈도	%	빈도	%
14	193	24.0	174	21.3	173	21.5
15	207	25.7	231	28.3	231	28.7
16	228	28.3	202	24.8	199	24.7
17	135	16.8	163	20.0	157	19.5
18	42	5.2	45	5.5	45	5.6

출처: 다면적 인성검사-청소년용(MMPI®-A) 실시, 채점 및 해석 매뉴얼, Butcher, et al. Copyright © 1992 by the Regents of the University of Minnesota. MMPI-A-RF 실시, 채점 및 해석과 기술 매뉴얼, Archer, et al. Copyright © 2016 by the Regents of the University of Minnesota. University of Minnesota Press 허가하에 사용함. 무단 전재 금지. 'Minnesota Multiphasic Personality Inventory'와 'MMPI' 상표는 University of Minnesota에서 소유함.
주: [a] MMPI-A와 MMPI-A-RF 규준 표본의 남자 청소년 표본은 동일함.

표 2-4 MMPI-A와 MMPI-A-RF 규준 표본 청소년의 인종 구성

인종	MMPI-A와 MMPI-A-RF[a] 남자 청소년($N=805$)		MMPI-A 여자 청소년($N=815$)		MMPI-A-RF 여자 청소년($N=805$)	
	빈도	%	빈도	%	빈도	%
백인	616	76.5	619	75.9	613	76.1
흑인	100	12.4	100	12.3	99	12.3
아시아인	23	2.9	23	2.8	23	2.9
미국 원주민	21	2.6	26	3.2	25	3.1
히스패닉	18	2.2	16	2.0	15	1.9
그 외	20	2.5	21	2.6	21	2.6
무응답	7	0.9	10	1.2	9	1.1

출처: 다면적 인성검사-청소년용(MMPI®-A) 실시, 채점 및 해석 매뉴얼, Butcher, et al. Copyright © 1992 by the Regents of the University of Minnesota. MMPI-A-RF 실시, 채점 및 해석과 기술 매뉴얼, Archer, et al. Copyright © 2016 by the Regents of the University of Minnesota. University of Minnesota Press 허가하에 사용함. 무단 전재 금지. 'Minnesota Multiphasic Personality Inventory'와 'MMPI' 상표는 Regents of the University of Minnesota에서 소유함.

주: [a] MMPI-A와 MMPI-A-RF 규준 표본의 남자 청소년 표본은 동일함.

표 2-5 MMPI-A와 MMPI-A-RF 규준 표본 청소년의 아버지의 교육 수준

인종	MMPI-A와 MMPI-A-RF[a] 남자 청소년($N=805$)		MMPI-A 여자 청소년($N=815$)		MMPI-A-RF 여자 청소년($N=805$)	
	빈도	%	빈도	%	빈도	%
고등 이하	17	2.1	15	1.8	12	1.5
고중퇴	59	7.3	88	10.8	86	10.7
고졸	173	21.5	191	23.4	189	23.5
대중퇴	114	14.2	108	13.3	108	13.4
대졸	272	33.8	262	32.1	259	32.2
대학원 이상	152	18.9	122	15.0	122	15.2
무응답	18	2.2	29	3.6	29	3.6

출처: 다면적 인성검사-청소년용(MMPI®-A) 실시, 채점 및 해석 매뉴얼, Butcher, et al. Copyright © 1992 by the Regents of the University of Minnesota. MMPI-A-RF 실시, 채점 및 해석과 기술 매뉴얼, Archer, et al. Copyright © 2016 by the Regents of the University of Minnesota. University of Minnesota Press 허가하에 사용함. 무단 전재 금지. 'Minnesota Multiphasic Personality Inventory'와 'MMPI' 상표는 Regents of the University of Minnesota에서 소유함.

주: [a] MMPI-A와 MMPI-A-RF 규준 표본의 남자 청소년 표본은 동일함.

표 2-6 MMPI-A와 MMPI-A-RF 규준 표본 청소년의 어머니의 교육 수준

인종	MMPI-A와 MMPI-A-RF[a] 남자 청소년(*N*=805)		MMPI-A 여자 청소년(*N*=815)		MMPI-A-RF 여자 청소년(*N*=805)	
	빈도	%	빈도	%	빈도	%
고등 이하	9	1.1	11	1.3	9	1.1
고중퇴	38	4.7	54	6.6	54	6.7
고졸	250	31.1	230	28.2	226	28.1
대중퇴	145	18.0	183	22.5	180	22.4
대졸	260	32.3	244	30.0	243	30.2
대학원 이상	91	11.3	68	8.3	68	8.4
무응답	12	1.5	25	3.1	25	3.1

출처: 다면적 인성검사-청소년용(MMPI®-A) 실시, 채점 및 해석 매뉴얼, Butcher, et al. Copyright © 1992 by the Regents of the University of Minnesota. MMPI-A-RF 실시, 채점 및 해석과 기술 매뉴얼, Archer, et al. Copyright © 2016 by the Regents of the University of Minnesota. University of Minnesota Press 허가하에 사용함. 무단 전재 금지. 'Minnesota Multiphasic Personality Inventory'와 'MMPI' 상표는 Regents of the University of Minnesota에서 소유함.

주: [a] MMPI-A와 MMPI-A-RF 규준 표본의 남자 청소년 표본은 동일함.

MMPI-A의 구조

예비 자료를 검토한 후, 1990년 1월에 MMPI 청소년 프로젝트 위원회가 MMPI-A 검사 도구의 제작을 권고하는 결정을 내렸다. MMPI-A의 최종 버전은 478개 문항으로 이루어졌다. MMPI-A 질문지의 첫 350개 문항을 실시하면 타당도척도인 L, F1, K 척도와 표준 임상척도를 채점할 수 있다. 나머지 128개 문항은 나머지 타당도척도와 보충 및 내용 척도를 채점하기 위해 필요하다. 표준 MMPI 임상척도는 MMPI-A에서도 유지되었다. 〈표 2-7〉과 같이, 원판의 표준 척도에서 58개 문항들이 삭제되었지만, 이 중 88%가 F, Mf 또는 Si 척도에서 삭제되었다. MMPI-A의 표준 척도에서 삭제된 문항에는 MMPI-2를 만들 때도 원판 MMPI에서 삭제된 13개 문항이 포함되었다. 일반적으로 MMPI-A에서 삭제된 문항들은 종교적 태도와 관행, 성적 선호, 장과 방광 기능, 또는 청소년의 생활 경험 측면에서 부적절하다고 판단되는 내용들이었다. F, Mf, Si 척도에서 문항을 삭제하기 위해 다양한 경험적 기준이 사용되었다. 특히 F 척도에서 삭제된 문항은 MMPI-A 규준 표본의 청소년들에게서 21% 이상의 빈도로 응답된 것이었다. Mf나 Si 척도에서 삭제된 문항들은

표 2-7 원판 MMPI 기본척도의 문항 변화와 MMPI-A 기본척도에 미치는 영향

MMPI-A 척도	포함 문항의 수	삭제된 문항의 수
L	14	1
F	66[a]	27
K	30	0
1(Hs)	32	1
2(D)	57	3
3(Hy)	60	0
4(Pd)	49	1
5(Mf)	44	16
6(Pa)	40	0
7(Pt)	48	0
8(Sc)	77	1
9(Ma)	46	0
0(Si)	62	8

주: [a] MMPI-A의 F 척도에서 12문항이 삭제되었으나, MMPI-A 전체 문항 모음에는 유지되었고, 원판의 F 척도에서 채점되지 않는 12개 문항이 MMPI-A의 F 척도로 옮겨졌으며, 이에 더해 MMPI-A의 F 척도에 17개의 새로운 문항이 추가됨.

표 2-8 MMPI-A 척도와 비교하여 원판 MMPI의 기본 타당도 및 임상척도에서 삭제된 문항

척도	MMPI의 문항 번호
L	255
F	14, 20, 31[a], 40[a], 53, 85, 112[a], 115[a], 139, 146, 156[a], 164[a], 169, 197, 199, 206, 211, 215[a], 218, 227, 245[a], 246, 247[a], 256[a], 258, 269[a], 276[a]
1(Hs)	63
2(D)	58, 95, 98
4(Pd)	20
5(Mf)	4, 19, 25, 69, 70, 87, 126, 133, 198, 203, 204, 214, 229, 249, 261, 295
8(Sc)	20
0(Si)	25, 126, 229, 371, 427, 440, 455, 462

출처: Butcher et al. (1992)에서 인용. 다면적 인성검사-청소년용(MMPI®-A) 실시, 채점 및 해석 매뉴얼, Butcher, et al. Copyright ⓒ 1992 by the Regents of the University of Minnesota. University of Minnesota Press의 허가하에 사용함. 무단 전재 금지. 'Minnesota Multiphasic Personality Inventory'와 'MMPI' 상표는 Regents of the University of Minnesota에서 소유함.

주: [a] MMPI-A의 F 척도에는 없는 원판 MMPI F 척도 문항들. 그러나 MMPI-A의 다른 척도에 포함되어 있음.

그 척도에만 속한 문항(즉, 다른 표준 척도에 중복되지 않음)이었고, Mf 척도에서 유의한 성별 차이를 보이지 않거나 Si 척도에서 설정된 요인 패턴에 기여하지 않는 경우였다. 〈표 2-7〉은 MMPI-A의 표준 타당도 및 임상척도 각각에 대해 삭제 및 보존된 문항의 수를 나타내며, 〈표 2-8〉은 기본 타당도 및 임상척도에서 삭제된 문항의 목록이다.

1992년 출판 당시 MMPI-A의 최종 버전에는 13개의 원판 표준 척도와 함께 4개의 새로운 타당도척도, 15개의 내용척도, 6개의 보충척도, 28개의 Harris-Lingoes 소척도와 3개의 Si 소척도가 포함되었다. MMPI-A 매뉴얼의 증보판(Ben-Porath, Graham, Archer, Tellegen, & Kaemmer, 2006)에서는 31개의 내용소척도와 성격병리 5요인 척도가 공식적으로 검사에 추가되었다. 〈표 2-9〉는 MMPI-A의 현재 척도 구성에 대한 개요를 제공한다.

MMPI-A의 타당도 측정을 위해 새로 포함된 척도에는 표준 F 척도의 F1 및 F2 하위척도 및 Auke Tellegen에 의해 개발된 고정반응 비일관성 척도(True Response Inconsistency scale: TRIN)와 무선반응 비일관성 척도(Variable Response Inconsistency scale: VRIN)가 포함된다. MMPI-A의 보충척도에는 불안(Anxiety: A) 척도, 억제(Repression: R) 척도 및 MacAndrew의 알코올 중독(MacAndrew Alcoholisma: MAC) 척도를 포함하여 원판 MMPI에서 개발된 척도가 포함된다. 또한 보충척도에는 MMPI-A를 위해 개발된 다양한 새로운 측정치들도 있는데, 여기에는 미성숙(Immaturity: IMM) 척도, 알코올/약물 문제 인정(Alcohol/Drug Problem Acknowledgment: ACK) 척도, 알코올/약물 문제 가능성(Alcohol/Drug Problem Proneness: PRO) 척도 등이 포함된다. MMPI-A를 위해 개발된 15개의 내용척도 대부분은 MMPI-2의 유사한 척도와 겹치지만, 이 중 일부는 청소년을 위해 특별히 고유하게 만들어졌다. 내용소척도는 Sherwood, Ben-Porath 및 Williams(1997)가 15개의 내용척도 중 13개에서 의미 있는 문항 군집을 식별하고자 개발한 31개의 소척도 모음이다. 원판 MMPI를 위해 개발된 Harris-Lingoes 내용소척도는 기본척도들에서 몇 개 문항이 삭제되었기 때문에 몇 문항이 삭제된 채 MMPI-A로 이어졌다. Si의 소척도는 MMPI-2의 척도가 그대로 이어졌다. Butcher 등(1992)의 MMPI-A 매뉴얼에는 각 MMPI-A 문항과 그에 대한 응답의 빈도 및 독해 요건에 관한 자료 목록이 수록되어 있다. 또한 Butcher 등(1992)은 원판 MMPI 집단용과 MMPI-A의 집단용 및 MMPI-2와 MMPI-A의 문항 간 변환에 대한 문항번호 변환 정보를 보여 주었다. 마지막으로, MMPI-A 척도 구성에는 McNulty, Harkness, Ben-Porath 및 Williams(1997)가 주요 성격 차원을 평가하기 위해 개발한 성격병리 5요인(Personality Psychopathology Five: PSY-5) 척도가 포함되며, 이는

Harkness와 McNulty(1994)가 개발한 것과 동일하다.

표 2-9　MMPI-A 척도와 소척도의 개요

기본 프로파일 척도(17개 척도)	
기본척도(13)	
	L 척도부터 Si 척도까지
추가된 타당도척도(4)	
	F1/F2(F 척도의 하위척도)
	VRIN(Variable Response Inconsistency, 무선반응 비일관성)
	TRIN(True Response Inconsistency, 고정반응 비일관성)
내용 및 보충 척도(21개 척도)	
내용척도(15)	
	A-anx(Anxiety, 불안)
	A-obs(Obsessiveness, 강박성)
	A-dep(Depression, 우울)
	A-hea(Health Concerns, 건강염려)
	A-aln(Alienation, 소외)
	A-biz(Bizarre Mentation, 기태적 정신상태)
	A-ang(Anger, 분노)
	A-cyn(Cynicism, 냉소적 태도)
	A-con(Conduct Problems, 품행 문제)
	A-lse(Low Self-esteem, 낮은 자존감)
	A-las(Low Aspirations, 낮은 포부)
	A-sod(Social Discomfort, 사회적 불편감)
	A-fam(Family Problems, 가정 문제)
	A-sch(School Problems, 학교 문제)
	A-trt(Negative Treatment Indicators, 부정적 치료 지표)
보충척도(6)	
	MAC-R(MacAndrew Alcoholism-Revised, MacAndrew의 알코올 중독)
	ACK(Alcohol/Drug Problem Acknowledgment, 알코올/약물 문제 인정)
	PRO(Alcohol/Drug Problem Proneness, 알코올/약물 문제 가능성)
	IMM(Immaturity, 미성숙)
	A(Anxiety, 불안)
	R(Repression, 억압)
Harris-Lingoes 및 Si 소척도(31개 척도)	
Harris-Lingoes 소척도(28)	

D1(Subjective Depression, 주관적 우울감)

D2(Psychomotor Retardation, 정신운동 지체)

D3(Physical Malfunctioning, 신체적 기능 장애)

D4(Mental Dullness, 둔감성)

D5(Brooding, 깊은 근심)

Hy1(Denial of Social Anxiety, 사회적 불안의 부인)

Hy2(Need for Affection, 애정 욕구)

Hy3(Lassitude-Malaise, 권태-무기력)

Hy4(Somatic Complaints, 신체증상 호소)

Hy5(Inhibition of Aggression, 공격성의 억제)

Pd1(Familial Discord, 가정 불화)

Pd2(Authority Problems, 권위 불화)

Pd3(Social Imperturbability, 사회적 침착성)

Pd4(Social Alienation, 사회적 소외)

Pd5(Self-Alienation, 내적 소외)

Pa1(Persecutory Ideas, 피해의식)

Pa2(Poignancy, 예민성)

Pa3(Naïveté, 순진성)

Sc1(Social Alienation, 사회적 소외)

Sc2(Emotional Alienation, 정서적 소외)

Sc3(Lack of Ego Mastery, Cognitive, 자아통합 결여-인지적)

Sc4(Lack of Ego Mastery, Conative, 자아통합 결여-동기적)

Sc5(Lack of Ego Mastery, Defective Inhibition, 자아통합 결여-억제부전)

Sc6(Bizarre Sensory Experiences, 기태적 감각 경험)

Ma1(Amorality, 비도덕성)

Ma2(Psychomotor Acceleration, 심신운동 항진)

Ma3(Imperturbability, 냉정함)

Ma4(Ego Inflation, 자아팽창)

Si 소척도(3)

Si1(Shyness/Self-Consciousness, 수줍음/자의식)

Si2(Social Avoidance, 사회적 회피)

Si3(Alienation-Self and Others, 내적/외적 소외)

내용소척도(31)

A-dep1(Dysphoria, 기분 부전)

A-dep2(Self-Depreciation, 자기 비하)

A-dep3(Lack of Drive, 동기 결여)

A-dep4(Suicidal Ideation, 자살 사고)

A-hea1(Gastrointestinal Complaints, 소화기 증상)

A-hea2(Neurological Symptoms, 신경학적 증상)

A-hea3(General Health Concerns, 일반적인 건강염려)

A-aln1(Misunderstood, 이해받지 못함)

A-aln2(Social Isolation, 사회적 소외)

A-aln3(Interpersonal Skepticism, 대인관계 회의)

A-biz1(Psychotic Symptomatology, 정신증적 증상)

A-biz2(Paranoid Ideation, 편집증적 사고)

A-ang1(Explosive Behavior, 폭발적 행동)

A-ang2(Irritability, 성마름)

A-cyn1(Misanthropic Beliefs, 염세적 신념)

A-cyn2(Interpersonal Suspiciousness, 대인 의심)

A-con1(Acting-Out Behaviors, 표출 행동)

A-con2(Antisocial Attitudes, 반사회적 태도)

A-con3(Negative Peer Group Influences, 또래집단의 부정적 영향)

A-lse1(Self-Doubt, 자기 회의)

A-lse2(Interpersonal Submissiveness, 순종성)

A-las1(Low Achievement Orientation, 낮은 성취성)

A-las2(Lack of Initiative, 주도성 결여)

A-sod1(Introversion, 내향성)

A-sod2(Shyness, 수줍음)

A-fam1(Familial Discord, 가정 불화)

A-fam2(Familial Alienation, 가족내 소외)

A-sch1(School Conduct Problems, 학교 품행 문제)

A-sch2(Negative Attitudes, 부정적 태도)

A-trt1(Low Motivation, 낮은 동기)

A-trt2(Inability to Disclose, 낮은 자기 개방)

성격병리 5요인(PSY-5) 척도(5)

AGGR(Aggressiveness, 공격성)

PSYC(Psychoticism, 정신증)

DISC(Disconstraint, 통제 결여)

NEGE(Negative Emotionality/Neuroticism, 부정적 정서성/신경증)

INTR(Introversion/Low Positive Emotionality, 내향성/낮은 긍정적 정서성)

MMPI-A 규준 표본: 이전 규준 집단과의 비교

Newsom, Archer, Trumbetta 및 Gottesman(2003)은 40년에 걸쳐 MMPI와 MMPI-A에서 나타난 청소년의 자기제시(self-presentation) 변화를 조사했다. 연구자들이 비교를 위해 사용한 주요 표본은 14~16세의 청소년 1,235명이었다. 이들은 1989년에 수집된 규준 표본과 1948~1954년까지 청소년의 성격과 행동 연구를 위해 Hathaway와 Monachesi(1963)가 수집한 14~16세의 10,514명에 속했던 청소년들이었다. 또한 Colligan과 Offord(1992)가 1985년에 실시한 원판 MMPI에 대한 연구에서 수집한 14~16세의 청소년 817명의 MMPI 기본척도와 문항 수준 자료도 포함되었다. 전체적으로, 이러한 평가의 결과는 MMPI-A 규준 표본의 청소년이 Hathaway와 Monachesi(1963)의 표본에 비해 기본 임상척도에서는 유의하게 더 높은 점수를, 타당도척도인 L과 K에서는 유의하게 더 낮은 점수를 얻었음을 보여 주었다. Colligan과 Offord가 보고한 MMPI 기본척도의 평균 자료는 전형적으로 이 둘 사이의 중간 범위에 속했다. 연구 결과는 대부분의 MMPI 기본 임상척도, 특히 Ma, Sc 및 Hs 척도에서 현대의 청소년들이 상대적으로 임상적인 방향으로 더 많은 문항에 응답한 것으로 나타나 시기별로 수집된 자료들의 응답 빈도에서 중간 수준에서 높은 수준 사이의 변화가 있는 것으로 해석되었다. 따라서 현대의 정상 청소년들은 성인들뿐 아니라 40년 전의 Monachesi와 Hathaway의 표본에서 평가된 청소년들에 비해서도 더 정신병리적인 방향으로 응답한 것이다. 뒷부분에서 더 자세히 탐구하겠지만, 이러한 응답 패턴은 이 시기의 발달 동안 정상 청소년이 상당한 심리적 혼란과 고통을 경험하기에 특히 정상과 비정상 기능 사이의 정확한 구별이 어려울 수 있다는 것을 가리킨다. 또한 Archer, Handel 및 Lynch(2001)는 기본척도 문항 모음의 거의 50%에 근접한 많은 MMPI-A 문항에서 청소년 입원환자들이 규준 표본의 청소년에 비해 유의하게 높은 응답 빈도를 나타내지 않았음을 입증했다. 이러한 연구결과는 MMPI-A-RF의 임상적 상승도의 기준 T점수를 60점 이상으로 수정하기로 한 최근의 결정에 부분적으로 영향을 미쳤다.

MMPI-A 규준 표본: 이후 비임상 청소년 표본과의 비교

MMPI-A-RF 매뉴얼(Archer, Handel, Ben-Porath, & Tellegen, 2016a)에서 언급된 바와 같이, 1995~2012년 사이에 11건의 연구가 수행되었다. 연구의 저자들은 비임상 표본 청소년들의 MMPI-A 타당도 및 임상척도에 대한 평균 및 표준 편차 자료를 보고했다. 이 연구들 중 4개는 MMPI-A 척도 자료를 추가로 제공했고, 2개(Carlson, 2001; Newton, 2008)는 MMPI-A 척도 69개 모두에 대해 평균 및 표준 편차 자료를 포함했다. 종합적으로, 이 연구들은 1992년 MMPI-A의 출판 이후 평가된 1,899명의 청소년 자료를 포함하며, 현재의 청소년들을 평가하기 위해 정확한 기준점을 제공하고자 하는 MMPI-A 규준의 적절성 문제와 관련된다.

　11개의 연구는 다양한 목적으로 수행되었다. 예를 들어, 몇몇 연구는 MMPI-A의 표준 시행 지침하에서 실시된 9개의 청소년 표본과 하나 이상의 응답 방식을 꾸며서 응답하라는 직접적인 지시를 받은 참여자들의 무선 응답이나 과대보고 등의 응답세트를 탐지하는 데 초점을 두었다(Baer, Ballenger, Berry, & Wetter, 1997; Bagdade, 2004; Conkey, 2000; Stein, Graham, & Williams, 1995). 표준 지침에 따른 비임상 청소년의 표본에서 일반적으로 평균 T점수인 50점의 5점 이내의 범위 안에서 타당도와 임상척도들의 T점수 평균값이 일관되게 나타났다. 또한 3개 연구에서 영재 청소년 표본에 대한 MMPI-A 점수가 보고되었다(Cross, Adams, Dixon, & Holland, 2004; Cross, Cassady, Dixon, & Adams, 2008; Newton, 2008). 이 연구들에서는 T점수가 40점대 중반부터 50점대 초반 사이의 평균값을 지속적으로 나타냈다. Cross 등(2004, P. 174)은 연구 결과에 기초하여 "이 연구의 자료는 영재와 그렇지 않은 청소년들이 MMPI-A로 측정한 수많은 척도들에서 서로 다르지 않다는 주장을 뒷받침한다"라고 결론내렸다. 2개의 연구는 비임상 표본을 사용하여 MMPI-A를 컴퓨터로 시행한 것과 지필로 시행한 것의 결과를 비교했다(Carlson, 2001; Hays, 2003). 이 연구들의 결과는 MMPI-A 검사 결과가 시행 도구 양식과 상관없이 본질적으로 동일하다는 것을 입증하는 것 외에도, 대체로 척도들의 T점수가 50점의 2~3점 이내에 분포하고 일반적으로 표준편차는 평균 약 T점수 10점 정도라는 것을 보여 주었다. Henry(1999)는 비임상 아프리카계 미국인 청소년 표본의 MMPI-A 결과를 조사했고, T점수 값이 규준의 기대치와 일치한다는 것을 발견했다. 마지막으로, Yavari(2012)는 K 척도 상관물 조사에서 고등학생 표본의 MMPI-A 임상척도의 T점수 값이 50점 정도고 표준편차가 10점 정도임을 보고했다. 종합적으로, 이 연구들의 결과는 1992년 MMPI-A 규준이 발표된 이후 청소년의 응답 패턴에서 어떤 주요한 규준적 변화가 일어나지 않았음을 보여 준다. 이러한 결과는 현대의 청소년의 MMPI-A 평가에서도 1992년의 MMPI-A 규준이 지속적으로 유지될 수 있음을 보여 주었고, MMPI-A-RF의 성별 통합적인 규준 생성에 MMPI-A 규준 표본을 사용하기로 결정하는 기초를 마련하였다. 후자의 주제는 MMPI-A-RF를 설명하는 제7장에서 더 자세히 설명할 것이다.

MMPI-A의 임상적 인기

앞서 언급한 바와 같이, Archer, Maruish 등(1991)은 청소년 내담자에게 심리 평가를 실시한 심리학자들에게 MMPI의 인기에 대해 조사한 결과를 발표했다. Archer와 Newsom(2000)은 이 결과를 업데이트하기 위해 다양한 임상 및 학술 환경에서 청소년을 보고 있는 346명의 심리학자들이 보고한 검사 내용을 검토했다. 이 응답자들의 조정된 조사 응답율은 36%였다. 이 중에는 개인 센터 환경(51%)에 있는 박사를 취득한 심리학자(95%)가 주를 이루었다. 설문 응답자들은 학위 취득 후 평균 13.6년의 임상 경험을 가지고 있었으며, 평균 45%의 임상 업무 시간을 청소년을 보는 데 썼다. 〈표 2-10〉은 Archer와 Newsom의 조사에서 가장 자주 보고되는 10개의 검사 도구에 대해 가중치 감소 순서대로 배열한 총 사용률이다.

〈표 2-10〉의 가장 자주 사용되는 열 가지 검사도구는 웩슬러 지능검사, 여러 가지 투사검사, 하나의 객관적 자기보고식 측정도구(MMPI-A), 그리고 부모 및 교사의 행동 평가 양식으로 구성되었다. MMPI-A는 조사에서 응답자의 총 언급 수와 사용 빈도에 따라 가중치를 부여한 점수 모두에서 5위에 올랐다. 또한 MMPI-A는 이러한 상위 10개의 검사

표 2-10 청소년 평가도구로 가장 널리 사용되는 10개 도구의 검사 사용률

검사도구	총 사용							
	a	b	c	d	e	f	TM	WS
웩슬러 지능검사	82	23	37	27	63	101	215	935
로르샤흐 검사	108	46	48	22	38	71	225	715
문장완성검사(SCT)	109	31	57	32	49	55	224	712
주제통각검사(TAT)	114	46	55	38	33	47	219	637
MMPI-A	128	45	55	25	39	41	205	591
아동행동평가척도(CBCL) 부모보고용	133	62	50	18	30	41	201	541
집-나무-사람 그림검사(HTP)	139	52	63	18	23	38	194	514
광범위 성취도 검사	154	44	50	26	31	28	179	486
아동행동평가척도(CBCL) 교사보고용	138	54	65	25	29	22	195	485
Conners 평정척도-개정판	135	46	82	27	31	12	198	475

출처: Archer & Newsom(2000)에서 인용. Copyright ⓒ 2000 by Sage Publications. 허가하에 사용함.
주: a=전혀 사용하지 않음, b=드물게 사용함, C=가끔 사용함, d=업무 중 약 50% 정도 사용함, e=자주 사용함, f=거의 늘 사용함, TM=총 언급 수, WS=가중치 점수(총 수 × 평정점수 가중치; a=0, b=a, c=2, d=3, e=4, f=5).

도구에 포함된 유일한 자기보고식 객관적 성격 평가 도구였다. 대체로, 1991년 Archer 등의 조사 결과와 Archer와 Newsom(2000) 결과 사이에 상당한 유사성이 있다. 예를 들어, 웩슬러 지능검사, 로르샤흐, 주제통각검사 및 MMPI는 청소년들에게 가장 널리 사용되는 검사 중 하나이다. 검사 사용과 관련된 질문 외에도, Archer와 Newsom은 응답자들에게 MMPI-A 사용과 관련된 주요 강점을 답해 달라고 요청했다. 이에 대한 답을 순서대로 보면, MMPI-A의 종합적인 임상적 상태의 제공 능력, 현대 청소년 규준의 이용 가능성, 시행의 용이성, 검사에 대한 심리측정적 안전성 및 종합적 연구 기반 등이었다. MMPI-A와 관련하여 응답자가 가장 자주 언급한 단점에는 긴 검사 길이와 장시간의 협조가 필요한 점, 많은 청소년에게는 너무 까다롭거나 어려운 독해 능력 수준의 요구, 채점 및 해석에 대한 시간 요건, 검사 실시와 관련된 시간 요건, 마지막으로 관리의료 환경에서 검사도구를 구입하고 사용하는 데 드는 비용 등이 있었다. 종합적으로, Archer와 Newsom은 MMPI-A가 청소년에게 가장 널리 사용되는 객관적 성격 평가 도구로서 이전 검사인 원판 MMPI에 의해 달성된 지위를 빠르게 얻게 되었다고 보았다.

MMPI-A의 대중성 조사

1987년, Archer는 1943년부터 1980년대 중반까지 청소년을 대상으로 한 원판 MMPI의 연구가 약 100건 정도 있었다고 언급했다. 그에 비해 Baum, Archer, Forbey 및 Handel(2009)은 1992~2007년까지 MMPI-A에 관해 출판된 문헌을 검토하여 총 277개의 소논문, 서적, 책의 장(chapter), 학위 및 전공 논문을 확인했다. 추가적인 비교로, Baum과 동료들은 청소년에게 두 번째로 자주 실시되는 자기보고식 객관적 성격검사인 Millon Adolescent Clinical Inventory(MACI)는 동일한 15년 기간 동안 84개의 출판물 또는 논문이 발표됐다는 점에 주목했다. Baum 등은 이렇게 증가 중인 MMPI-A 문헌에서 다루는 내용의 범위가 상당히 광범위하다고 보고, 출판물들을 상호 배타적이지 않은 여러 범주로 분류하였다. 출판된 자료에 한해서 검토한 분류 결과는 다음과 같다. 즉, MMPI-A를 다른 검사도구의 타당도를 위한 외적 기준으로 사용한 문헌 5개, MMPI-A를 법의학 문제를 해결하기 위해 사용한 문헌 28개, MMPI-A를 문화 간 비교 또는 국가 간 비교한 문헌 21개, 영재 청소년이나 섭식 장애 청소년과 같은 특정 집단에 MMPI-A를 사용한 문헌 21개, MMPI-A와 관련해 특정한 방법론적 문제를 다루는 문헌 44개, 검사 리뷰 25개, MMPI-A의 타당도척도에 대한 11개 연구 및 MMPI-A의 요인 구조에 대한 7개의 연구 등이다. 전체적으로, Baum 등은 MMPI-A 연구가 청소년에게 적용된 원판 MMPI의 연구보다 훨씬 빠른 속도로 진행되고 있으며, MMPI-A는 청소년에게 사용되는 가장 광범위하게 연구된 객관적 성격 평가 도구라고 결론내렸다. 후자의 관점을 지지하기 위해, Archer, Buffington-Vollum, Stredny 및 Handel(2006)은 152명의 법정 심리학자(forensic psychologist)들에게 성인과 아동 모두에게 사용하는 다양한 검사 및 평가 도구에 관해 조사했다. 조사 결과에 따르면, MMPI-A는 법정 환경에서 청소년의 기능을 평가하는 데 가장 널리 사용되는 자기보고식 검사도구였다.

°ᄋ MMPI-A-RF의 개발

앞서 언급한 바와 같이, MMPI-A는 원판 MMPI의 타당도 및 임상척도의 연속성을 유지하면서 개발되었기에, Hathaway와 McKinley가 이러한 척도들을 개발할 때 사용한 준거적 채점(criteria-keying) 방법에 내재된 동일한 제한을 받았다. 이러한 한계에는 척도의 다차원성과 내용의 이질성뿐만 아니라 척도 간 과도한 문항 중복이 포함되었다. 이러한 특성으로 인해 MMPI-2의 기본척도뿐 아니라 MMPI-A의 기본척도들 간에도 높은 상관이 기록되어 왔으며, 척도들 간 변별 타당도에 상당한 제한이 있었다. 후자는 특정 척도와 이 척도에서 평가하는 기본 구성개념과 무관하다고 여겨지는 외부 기준이 예상보다 높은 상관을 보이는 것으로 드러났다. 이차적인 문제는 MMPI-A의 478개 문항의 길이와 관련된 것으로, 많은 사람이 청소년에게 사용할 수 있는 짧은 검사에 비해 긴 점을 상당한 단점으로 지적하였다. 따라서 MMPI-A-RF가 목표로 한 검사의 길이는 개발자에 의해 250개 이하의 문항으로 설정되었다.

〈표 2-11〉에는 MMPI-A-RF의 개발을 결정하는 데 기여한 요인들이 요약되어 있다. MMPI-A-RF 개발 프로젝트는 2007년 말에 MMPI-2-RF 개발에 사용된 접근 방식을 본떠 만든 청소년용 검사 도구 개발 가능성을 탐색하기 위한 목적으로 시작되었다. 위원회의 위원으로는 동부 버지니아 의과대학의 Robert Archer와 Richard Handel, 켄트 주립대학교의 Yossi Ben-Porath, 미네소타 대학교의 Auke Tellegen이 있었다. 위원회의 첫 책임은 미네소타 대학교 출판부에 청소년용 검사도구의 개발을 알리기 위해 MMPI-2-RF를 기반으로 하여 MMPI-2-RF의 청소년용을 만들 가능성에 대해 통지하는 것이었다.

따라서 MMPI-A-RF를 개발하기 위한 첫 번째 단계는 MMPI-A의 기본 임상척도 사이

표 2-11 MMPI-A-RF 개발에 기여한 요인들

I. MMPI-A 척도의 높은 상호 상관을 줄이는 것에 대한 필요

A.	전체 척도에 걸쳐 있는 의기소침 요인의 중복 영향을 줄임
B.	척도 간 중복 문항을 줄임
C.	척도 내용의 다차원성을 줄임

II. 약 250개 문항으로 된 검사 개발

A.	몇몇에 의해 중요한 단점으로 간주된 MMPI-A의 검사 길이
B.	MMPI-2-RF와 유사하지만 청소년의 정신병리와 고유하게 연관된 측정치들을 포함하도록 조정된 청소년용 자기보고식 검사의 개발

의 높은 상관에 기여하는 주요 요인인 의기소침(demoralization) 측정치를 구별하는 것이었다. 두 번째 단계는 요인분석을 통해 의기소침 요인과 구별될 수 있는 MMPI-A의 기본 임상척도 각각에 대한 고유한 주요 구성요소를 구별하는 것이었다. 이 과정은 본질적으로 MMPI-A-RF의 재구성임상(Restructured Clinical: RC) 척도를 개발하도록 이끌었다. 세 번째 단계는 RC 척도에서 직접 다루지 않은 MMPI-A 문항 모음에서 가능한 한 다른 내용 영역을 포괄하는 추가적인 주요 척도를 개발하는 것이었다. MMPI-2-RF 특정문제(Specific Problems: SP) 척도가 척도 개발을 위한 초기 틀로 사용되었지만, 청소년의 문제 영역을 다루기 위해 MMPI-A-RF에 맞게 특별히 개발된 척도도 늘어났다. MMPI-A-RF의 SP 척도를 개발하는 과정에서 검사 개발자들은 MMPI-A-RF의 RC 척도를 개발하는 데 사용된 것과 유사한 절차를 따랐다. 구체적으로, MMPI-2-RF의 각 SP 척도를 검토하여 MMPI-A 문항 모음 내에서 그에 해당하는 문항이 사용 가능한지 평가하였다. 또한 MMPI-2-RF에 없고 MMPI-A에만 속한 58개의 문항들(예: MMPI-A의 내용척도에만 있는)이 있었다. MMPI-A-RF에 대한 SP 척도의 예비 세트를 도출한 후, 의기소침 요인 영역과 강하게 관련되는 SP 척도의 정도를 줄이기 위해 각 척도의 요인분석을 실시하였다. 다른 SP 척도와 너무 높은 상관이 있는 것으로 보이는 후보 문항들을 삭제함으로써 나머지 씨앗척도 또는 주요 척도가 더욱 정교화되었다. 마지막으로, 후보 SP 척도들에 대해 각각 MMPI-A의 478개 문항 모음의 나머지 모든 문항과 상관을 구했다. 이 마지막 단계에서 내용과 관련된 문항의 경우 해당 척도와 충분한 상관을 보이고 다른 SP 척도와는 낮은 상관을 보이는 패턴을 나타낼 때 해당 척도에 추가되었다.

MMPI-2-RF와 마찬가지로, 최종 SP 척도 세트를 도출하는 과정에는 다양한 연령 및

성별의 하위 표본에서 실시된 문항의 개별 하위 세트에 대한 수많은 분석이 포함되었다. MMPI-A-RF의 척도 구성 개발은 정신과 입원 및 외래, 교정, 약물 및 알코올 치료, 일반적인 의료 및 학교 장면 등의 다양한 환경에서 모집한 11,093명의 남자 청소년과 7,238명의 여자 청소년의 표본에 기반하였다. 약물 및 알코올 치료 및 일반적인 의료 환경에서의 참여자가 상대적으로 적었기 때문에, 이 표본은 추가 분석에서 제외되었다. 더불어 다음과 같은 다양한 배제 기준이 적용되었다.

- 14~18세까지의 청소년만 포함
- MMPI-A의 무응답 점수 30점 미만
- MMPI-A의 VRIN, TRIN, L, K 척도 점수 80점 미만
- MMPI-A의 F 척도 점수 90점 미만

이 기준을 적용한 후의 최종 개발 표본은 남자 9,286명, 여자 5,842명을 포함해 총 15,128명의 청소년으로 구성되었다. 외래 및 입원 환자, 교정 및 학교 환경에서 추출한 이 표본의 평균 연령은 15.61세였다. 연령과 성별이 척도 구성에 미치는 영향을 평가하기 위해, 연령과 성별에 따라 표본을 더욱 세분화하여 척도 개발에 사용할 4개의 개발 표본을 생성하였다. 이 4개의 표본은 ① 상대적으로 어린 14~15세의 남자 청소년, ② 16~18세의 남자 청소년, ③ 상대적으로 어린 14~15세의 여자 청소년, ④ 16~18세의 여자 청소년이었다.

마지막으로, 5요인 성격 모델을 기반으로 John McNulty와 Alan Harkness가 MMPI-A-RF에 맞게 수정한 성격병리 5요인(PSY-5) 척도를 개발하였다. Harkness, McNulty 및 Ben-Porath(1995)는 원래 MMPI-2를 위한 PSY-5 척도 세트를 만들었고, McNulty, Harkness, Ben-Porath 및 Williams(1997)는 MMPI-A를 위한 PSY-5 척도를 개발하였다. McNulty와 Harkness는 MMPI-2와 MMPI-A에 적용한 것과 유사한 방법론을 사용하여 MMPI-A-RF의 PSY-5 척도를 개발하였다. 합리적인 기준으로 문항을 선정하였으며, 개발 및 타당도 연구로 구분된 표본들을 바탕으로 내적 일관성 및 외적 기준 분석을 수행하였다. 일련의 내적 분석은 성별에 따라 구분된 4개의 대형 자료에서 수행되었다.

표 2-12 MMPI-A-RF 척도와 설명

MMPI-A-RF 척도

타당도척도

VRIN-r	(Variable Response Inconsistency, 무선반응 비일관성): 무선적 응답
TRIN-r	(True Response Inconsistency, 고정반응 비일관성): 고정적 응답
CRIN	(Combined Response Inconsistency, 반응 비일관성): 무선 및 고정적 비일관성 응답의 조합
F-r	(Infrequent Responses, 비전형 반응): 일반 집단의 낮은 빈도 응답
L-r	(Uncommon Virtues, 흔치 않은 도덕적 반응): 드물게 나타나는 도덕적 속성 또는 행동
K-r	(Adjustment Validity, 적응 타당도): 이례적으로 높은 수준의 심리적 적응

상위차원(H-O) 척도

EID	(Emotional/Internalizing Dysfunction, 정서적/내재화 문제): 기분 및 정동과 관련된 문제들
THD	(Thought Dysfunction, 사고 문제): 혼란한 생각과 관련된 문제들
BXD	(Behavioral/Externalizing Dysfunction, 행동적/외현화 문제): 통제되지 않은 행동과 관련된 문제들

재구성임상(RC) 척도

RCd	(Demoralization, 의기소침): 일반적인 불행감 및 불만족감
RC1	(Somatic Complaints, 신체증상 호소): 모호한 신체적 건강에 대한 호소
RC2	(Low Positive Emotions, 낮은 긍정 정서): 우울증의 고유한 핵심적인 취약성 요인
RC3	(Cynicism, 냉소적 태도): 일반적으로 타인이 나쁘고 믿을 수 없다는 비자기참조적 신념
RC4	(Antisocial Behavior, 반사회적 행동): 규칙위반 및 무책임한 행동
RC6	(Ideas of Persecution, 피해의식): 타인이 자신에게 위협을 가한다는 자기참조적 신념
RC7	(Dysfunctional Negative Emotions, 역기능적 부정 정서): 부적응적인 불안, 분노 및 성마름
RC8	(Aberrant Experiences, 기태적 경험): 정신증과 관련된 특이한 지각이나 생각
RC9	(Hypomanic Activation, 경조증적 상태): 과활동성, 공격성, 충동성 및 과대성

특정문제(SP) 척도

신체/인지 증상 척도

MLS	(Malaise, 신체적 불편감): 전반적인 신체적 쇠약감 및 건강 악화
GIC	(Gastrointestinal Complaints: 소화기 증상 호소): 메스꺼움, 반복적인 배탈, 식욕부진
HPC	(Head Pain Complaints, 두통 호소): 두통 및 목의 통증
NUC	(Neurological Complaints, 신경학적 증상 호소): 어지러움, 쇠약감, 마비, 균형 상실
COG	(Cognitive Complaints, 인지적 증상 호소): 기억력 문제, 집중 곤란

내재화 척도

HLP	(Helplessness/Hopelessness, 무력감/무망감): 목표가 달성되거나 문제가 해결될 수 없다는 믿음
SFD	(Self-Doubt, 자기 회의): 자신감 부족, 쓸모없는 느낌
NFC	(Inefficacy, 효능감 결여): 자신이 우유부단하고 효능이 없다는 믿음

OCS	(Obsessions/Compulsions, 강박사고/행동): 다양한 강박사고 및 강박행동
STW	(Stress/Worry, 스트레스/걱정): 실망스러움에 대한 집착, 시간 압박이 있을 때 곤란해함
AXY	(Anxiety, 불안): 만연한 불안, 공포, 잦은 악몽
ANP	(Anger Proneness, 분노 경향성): 쉽게 화를 냄, 타인에게 참을성이 없음
BRF	(Behavior-Restricting Fears, 행동 제약 공포): 정상적 행동을 현저하게 억제하는 두려움
SPF	(Specific Fears, 특정 공포): 다수의 특정 공포

외현화 척도

NSA	(Negative School Attitudes, 학교에 대한 부정적 태도): 학교에 대한 부정적 태도와 신념
ASA	(Antisocial Attitudes, 반사회적 태도): 다양한 반사회적 신념과 태도
CNP	(Conduct Problems, 품행 문제): 학교 및 가정에서의 문제, 도둑질
SUB	(Substance Abuse, 약물 남용): 현재 및 과거의 알코올과 약물의 오남용
NPI	(Negative Peer Influence, 또래의 부정적 영향): 부정적 또래집단과의 연결
AGG	(Aggression, 공격 성향): 신체적 공격성, 폭력적 행동

대인관계 척도

FML	(Family Problems, 가족 문제): 갈등적인 가족관계
IPP	(Interpersonal Passivity, 대인관계 수용성): 비주장적이고 순종적임
SAV	(Social Avoidance, 사회적 회피): 사교적 모임의 회피 혹은 즐기지 않음
SHY	(Shyness, 수줍음): 타인과 있을 때 불편하고 불안한 느낌
DSF	(Disaffiliativeness, 관계 단절): 사람을 싫어하고, 주변에 사람이 있는 것을 싫어함

성격병리 5요인(PSY-5) 척도

AGGR-r	(Aggressiveness-Revised, 공격성): 도구적 및 목표 지향적 공격성
PSYC-r	(Psychoticism-Revised, 정신증): 현실과의 단절
DISC-r	(Disconstraint-Revised, 통제 결여): 통제되지 않은 행동
NEGE-r	(Negative Emotionality/Neuroticism-Revised, 부정적 정서성/신경증): 불안, 불안정, 걱정 및 공포
INTR-r	(Introversion/Low Positive Emotionality-Revised, 내향성/낮은 긍정적 정서성): 사회적 단절 및 무쾌감

출처: MMPI-A-RF 척도의 이름은 Archer 등의 MMPI-A-RF 실시, 채점 및 해석과 기술 매뉴얼에서 따옴. Copyright ⓒ 2016 by the Regents of the University of Minnesota. University of Minnesota Press의 허가하에 사용함. 무단 전재 금지. 'Minnesota Multiphasic Personality Inventory'와 'MMPI' 상표는 Regents of the University of Minnesota에서 소유함.

　　MMPI-A-RF의 개발 과정을 통해 48개의 척도(타당도척도 6개, 주요 척도 42개)가 생성되었다. 〈표 2-12〉는 이러한 48개 척도에 대한 간략한 설명이다. MMPI-2-RF와 유사하게, 48개의 MMPI-A-RF 척도는 3개의 위계 구조로 되어 있다. 가장 위에는 3개의 광범위한 상위차원(Higher-Order: H-O) 척도, 중간에는 9개의 재구성임상(Restructured Clinical:

RC) 척도, 가장 낮은 수준에는 SP 척도 25개와 5개의 PSY-5 척도가 있다. H-O 척도, RC 척도 및 많은 SP 척도는 MMPI-2-RF와 이름이 동일하지만, 이러한 척도들의 문항 구성은 MMPI-2-RF와 크게 다르다는 점에 유의해야 한다. 〈표 2-12〉에 제시된 타당도척도에는 MMPI-2-RF에는 없고 내용에 기반하지 않은 타당도척도인 반응 비일관성(Combined Response Inconsistency: CRIN) 척도가 있다. 또한 〈표 2-12〉에 있는 비전형 반응(Infrequent Responses: F-r) 척도는 규준 표본과 임상 표본 모두에서 얻은 응답 빈도로 정의된 낮은 빈도의 응답에 기초하므로 F-r 척도는 MMPI-2-RF의 F-r과 Fp-r 척도를 모두 결합한다는 점에 유의해야 한다.

MMPI-A-RF의 SP 척도는 RC1의 상승도와 관련된 다섯 가지의 신체/인지 증상 척도와 의기소침(RCd) 및 역기능적 부정 정서(RC7)의 영역을 측정하는 9개의 내재화 척도로 구성된다. 더불어 반사회적 행동(RC4)과 경조증적 상태(RC9)의 측면을 측정하는 6개의 외현화 척도가 있다. 6개의 외현화 척도 중 3개(학교에 대한 부정적 태도, 품행 문제, 또래의 부정적 영향)는 MMPI-A-RF에만 있는 척도이며, MMPI-2-RF에는 그에 대응하는 척도가 없다는 점에 유의해야 한다. MMPI-A-RF는 또한 5개의 대인관계 척도를 포함하고 있는데, 그 중 3개(가족 문제, 사회적 회피, 수줍음)는 높은 점수와 낮은 점수를 모두 해석할 수 있다. 마지막으로, 성격병리 5요인(PSY-5) 척도는 MMPI-A-RF의 241개 문항에 맞추기 위해 McNulty와 Harkness가 수행한 개정에 기초한다.

MMPI-A-RF는 2016년에 출판되었다. 당시 배포된 검사 구성에는 『MMPI-A-RF 실시, 채점 및 해석과 기술 매뉴얼(MMPI-A-RF manual for administration, scoring, interpretation, and technical manual)』(Archer et al., 2016a)과 Pearson Assessment를 통한 채점 및 자동해석 시스템이 포함되었다. MMPI-A-RF 규준은 MMPI-A의 규준 표본에서 도출되었고, 14세에서 18세까지의 청소년 평가에 초점을 맞춘다. 타당도척도, 상위차원 척도, RC 척도 및 SP 척도의 개발 및 해석 등 MMPI-A-RF에 대한 보다 포괄적인 설명은 제7장에 수록되어 있다.

〈표 2-13〉에서 볼 수 있듯이, 다양한 형태의 MMPI가 지난 70여 년간 청소년의 정신병리를 평가하는 데 사용되어 왔다. 원판 MMPI는 주로 성인에게 사용하도록 개발되었지만, 1942년 원판이 출판된 후 1992년 MMPI-A가 출판되기 전까지 청소년에게도 널리 사용되었다. MMPI-A는 원판 MMPI 및 MMPI-2와 상당히 밀접하게 연관된 검사이다. MMPI-A는 연구 및 임상 모두에서 청소년에게 가장 널리 사용하는 객관적 성격 평가 도구로 재빨리 자리잡았다. 이 검사 도구들의 역사상 최초로 청소년 규준용 세트가 만들어지고, 검사

개발자에 의해 청소년 평가를 위해 개발된 특정 검사 양식은 MMPI-A이다. MMPI-A-RF는 MMPI-2-RF 개발에 사용된 이론적 기초와 방법론에 큰 영향을 받았다. MMPI-A-RF는 MMPI-A의 478개 문항에서 파생된 241개 문항의 자기보고식 검사이다. 뒷부분에서 논의하겠지만, MMPI-A-RF는 단순히 MMPI-A의 개정판이 아니다. 이는 MMPI-A와 많은 특징을 공유하지만, 새로운 검사 도구를 대표하는 새롭고 혁신적이며 가장 생산적인 도구로 간주된다.

표 2-13 MMPI, MMPI-A, MMPI-A-RF의 비교

항목	MMPI	MMPI-A	MMPI-A-RF
출판연도	1942년	1992년	2016년
문항 수	566개	478개	241개
단축 실시를 위한 문항 수	400개	370개	적용 불가능
규준 집단의 크기	1,766 (Marks & Briggs, 1972)	1,620	1,610
실시 가능 연령 범위	12세 이상	14~18세(선택적으로 12세 및 13세도 가능)	14~18세(선택적으로 12세 및 13세도 가능)
타당도척도	L, F, K	VRIN, TRIN, F1, F2, F, L, K	VRIN-r, TRIN-r, CRIN, F-r, L-r, K-r
결정적 문항	성인용으로 개발된 다수의 결정적 문항 세트	Forbey와 Ben-Porath의 결정적 문항 목록	Forbey와 Ben-Porath의 개정된 결정적 문항 목록

실시 및 채점

- ✅ 검사 사용자의 자격
- ✅ 실시와 관련된 문제
- ✅ 검사 도구
- ✅ MMPI-A와 MMPI-A-RF의 채점
- ✅ 검사 결과에 대한 피드백 제공

∞ 검사 사용자의 자격

청소년에게 MMPI-A 또는 MMPI-A-RF를 사용하려면 여러 분야의 특정한 훈련과 경험이 필요하다. 첫째, 임상가는 검사 이론과 검사 구성의 본질적 특성 및 더 구체적으로는 이러한 검사의 개발과 사용에 대해서도 적절히 훈련받아야 한다. 따라서 검사 사용자는 대학원 수준의 심리검사 과정을 이수하고, Archer와 Krishnamurthy(2002)나 Williams와 Butcher(2011)의 입문서 또는 기초 교재를 공부해야 한다. 기본 타당도와 임상척도의 구성을 포함한 MMPI-2의 개발이나 기본 해석 전략 등에 더 익숙해지고 싶다면 전반적인 지침을 제공하는 Friedman, Bolinskey, Levak 및 Nichols(2015), Graham(2012), Greene(2011)의 저서들을, MMPI-2-RF에 대해서는 Ben-Porath(2012)의 저서를 참고할 수 있다. Archer(1987b), Hathaway와 Monachesi(1963), Marks 등(1974)은 청소년 평가에서 원판 MMPI를 사용할 때 참고할 자료를 제시했다. MMPI-A 또는 MMPI-A-RF를 실시하기 전 임상가는 이러한 검사의 개발, 실시, 채점 및 해석의 요약을 제공하는 MMPI-A 매뉴얼(Butcher et al., 1992) 또는 MMPI-A-RF 매뉴얼(Archer et al., 2016a)도 철저히 검토해야 한다.

청소년에게 MMPI-A나 MMPI-A-RF를 실시할 때 임상가는 심리평가에 대한 배경 지식과 훈련 외에도 청소년 발달, 성격, 정신병리, 정신장애 진단 등의 분야에 대해서도 추가적인 준비를 해야 한다.

실시 인력

MMPI-A 또는 MMPI-A-RF의 실제 실시는 매우 간단해 보이기 때문에, 이 작업은 심리학자의 감독하에 있는 사람에게 맡기는 경우가 많다. 이 사람들이 잘 훈련되어 있고, 면밀하게 감독을 받으며, 적절한 검사 절차에 대해 잘 알고 있는 경우, 이 사람에 의한 검사 실시는 검사의 타당성에 부정적인 영향을 미치지 않을 수 있다. 그러나 불행히도, 훈련되지 않았거나 감독받지 않는 사무원 또는 비서에 의해 잘못된 절차로 시행되었을 때 MMPI 결과가 타당하지 않은 사례들이 있다. Greene(2011)은 임상가가 MMPI 실시를 보조자에게 위임할 수 있지만, 적절한 실시에 대한 책임은 위임할 수 없다는 점을 강조했다. 적절한 실시에 대한 책임은 검사 결과를 활용하고 해석하는 임상가에게 남아 있다. 검사 조건,

검사 지침 및 검사 도구나 목적에 관한 내담자의 질문에 대한 답변은 모두 검사 결과에 큰 영향을 미칠 수 있으므로, 임상가는 이러한 부분이 승인된 실시 절차 표준을 충족하는지 확인해야 한다.

MMPI-A와 MMPI-A-RF의 실시 목적

MMPI-A와 MMPI-A-RF는 14~18세 청소년의 정신병리를 평가하기 위해 고안되었으며, 이후 논의되는 특정 상황에서 12세 및 13세 청소년에게 선택적으로 사용할 수 있다. MMPI-A 및 MMPI-A-RF 매뉴얼에 명시된 바와 같이, 18세 청소년이 부모에게 의존해서 함께 살 때는 이 도구로 평가할 수 있지만, 독립적으로 생활할 때는 MMPI의 성인용, 즉 MMPI-2 또는 MMPI-2-RF로 평가해야 한다. MMPI-A와 MMPI-A-RF는 정신병리가 있거나, 혹은 있다고 의심되는 청소년을 평가하는 데 적절하다. MMPI-A와 MMPI-A-RF는 청소년의 정신병리 평가에서 두 가지 주요한 기능을 가진다. 첫째, 이러한 검사 도구는 정신병리의 선택된 표준화된 차원과 관련하여 청소년의 기능 수준을 객관적으로 평가하고 기술할 수 있게 한다. 예를 들어, 한 청소년의 심리적 기능이 정상 청소년들이 일반적으로 보고하는 정도에서 얼마나 벗어나는지 평가하기 위해 MMPI-A 또는 MMPI-A-RF 검사 결과를 살펴볼 수 있다. 이러한 목적을 위해 수검자의 검사 점수를 규준 표본에서 얻은 점수와 비교한다. 만약 수검자가 MMPI-A 또는 MMPI-A-RF에서 임상 수준의 정신병리에 해당하는 점수를 받았다면, 검사의 임상적 연구문헌을 참고하여 해당 청소년에게 가장 적절한 설명을 제공할 수 있다. 이러한 설명은 MMPI-A 또는 MMPI-A-RF에서 유사한 패턴을 보인 청소년들을 대상으로 한 연구에 기초한다. 둘째, 임상가는 MMPI-A 또는 MMPI-A-RF를 반복적으로 실시하여 시간 경과에 따른 정신병리의 변화를 평가할 수 있다. 시간에 따른 변화를 평가할 수 있다는 점은 특히 청소년과 작업할 때 중요하다. 왜냐하면 이 발달 단계(청소년기)는 성격과 정신병리에서 급격한 변화가 있는 것으로 정의되기 때문이다. MMPI-A 또는 MMPI-A-RF를 치료 과정의 다양한 단계에서 실시하는 경우, 검사 결과는 임상가에게 민감한 치료 변화 지표를 제공할 수도 있다. MMPI-A와 MMPI-A-RF는 정신병리를 기술하는 수단으로 개발되었기 때문에, 정상 범위의 성격 특징이나 기능을 기술하기 위한 주된 검사 도구로는 사용되지 않았다.

실시와 관련된 문제

청소년에게 MMPI-A 또는 MMPI-A-RF를 사용할 때 다양한 실시 지침이나 기준이 제공될 수 있다. 〈표 3-1〉은 이러한 기준에 대한 개요이며, 임상가가 실시와 관련된 특정한 문제를 처리하는 데 활용할 수 있는 응답을 제공한다.

연령 기준

MMPI-A-RF의 문항 모음과 규준은 MMPI-A의 하위 묶음에 해당하므로, 두 검사에는 유사한 실시 권고안이 적용된다. MMPI-A 실시에 대한 지침은 Archer와 Krishnamurthy (2002) 및 Williams와 Butcher(2011)에 의해 제시되었으며, MMPI-A-RF의 지침은 Archer 등(2016a)에 수록되어 있다. MMPI-A 검사 매뉴얼에서는 12세의 "똑똑한 어린 청소년(bright immature adolescent)"에게 검사를 시행할 수 있다고 보며, 이 지침은 MMPI-A-RF에도 적용된다. 많은 12세 및 13세 청소년이 MMPI-A 또는 MMPI-A-RF에 응답할 때 어려움을 겪는 것을 고려하여, 이 검사의 규준 표본은 14~18세의 청소년으로 제한되었다. 그러나 12세 또는 13세 청소년이 적절한 읽기 능력과 인지 및 사회적 성숙을 포함한 모든 실시 기준을 충족한다면, 이들에게는 MMPI-A 또는 MMPI-A-RF를 실시할 수 있다. 선형 T점수 변환을 기반으로 하고, 14~18세의 MMPI 규준(예: 원판 F 척도 원점수 > 25)에 사용된 동일한 배제 기준을 사용한 13세를 위한 MMPI-A의 청소년 규준 세트는 Archer(1992)의 문헌에 포함되어 있다.

Janus, de Grott 및 Toepfer(1998)는 13세 입원환자를 대상으로 MMPI-A 사용에 대한 두 가지 측면을 조사했다. 이는 13세 입원환자의 프로파일이 14세 입원환자의 프로파일과 얼마나 다른지, 그리고 Archer(1992)가 보고한 MMPI-A 규준과 표준 MMPI-A 규준을 사용하여 13세 입원환자를 채점할 때 나타나는 영향을 알아보는 것이었다. Janus 등은 13세의 정신과 입원환자 56명과 14세의 정신과 입원환자 85명의 결과를 분석했다. 평균 T점수에서 연령에 따른 유의한 차이는 없으며, 상승된 프로파일의 비율에서도 명확한 연령별 패턴은 발견되지 않았다고 보고했다. 그러나 Archer(1992)의 13세 MMPI-A 규준을 사용할 경우 강력한 다변량(multivariate) 효과가 발견되어 표준 MMPI-A 청소년 규준을 사용할 때보다 T점수 값이 낮아졌다. 하지만 13세 규준 또는 표준 청소년 규준을 사용했을

표 3-1 MMPI-A와 MMPI-A-RF 사용 시의 실시 지침

기준	가능한 지침
1. 만 14~18세의 청소년이어야 한다.	• 만 12~13세의 청소년들도 다른 모든 기준에 맞는다면, MMPI-A나 MMPI-A-RF로 평가할 수 있다. • 만 18세 이상의 경우에는 MMPI-2나 MMPI-2-RF를 실시한다. • 만 12세 미만의 경우에는 어떤 종류의 MMPI도 실시하지 않는다.
2. 문항들을 읽고 이해할 수 있어야 한다.	• 표준화된 독해력 측정 도구로 읽기 능력을 평가한다. • 만약 읽기 능력이 6학년 수준 이하라면, 듣기 형식으로 실시한다. • 만약 지능지수(IQ)가 70점 미만이거나, 독해력이 3학년 수준 이하라면, 어떤 종류의 MMPI라도 실시하지 않는다.
3. 검사는 적절한 관리 하에 실시되어야 한다.	• 적절한 환경에서 훈련된 인력이 지속적인 관리감독을 해야한다. • 관리감독이 되지 않는 환경에서는 MMPI-A나 MMPI-A-RF를 실시하지 않는다.
4. 수검자가 긴 검사를 기꺼이 감수할 수 있어야 한다.	• 검사 전에 수검자와 라포를 형성한다. • MMPI-A 검사의 중요성에 대해 이야기한다. • 검사 후 피드백을 받게 된다는 점을 분명히 설명한다. • 검사 중 쉬는 시간을 두어 나누어 실시하는 것을 고려한다.

때 전반적인 일변량(univariate) 차이는 발견되지 않았으며, 남자 청소년의 경우 38개 척도 중 2개, 여자 청소년은 38개 척도 중 7개에서만 통계적으로 유의한 차이가 있었다. 전체적으로 이 연구의 결과는 13세와 14세 청소년이 유사한 방식으로 응답하며, 13세 청소년에게 13세의 규준을 별도로 사용하는 것이 MMPI-A의 해석에 있어 확실한 개선 효과를 보이지는 않을 것임을 시사한다.

그러나 13세 청소년은 일반적으로 MMPI-A 또는 MMPI-A-RF로 평가하기 어려운 연령 집단을 대표한다는 점에 유의해야 한다. 이러한 어린 청소년이 타당한 응답을 할 수 있는지 여부를 결정하기 위해 모든 실시 기준을 신중하게 평가해야 한다. 어린 청소년은 미국 사회에서 흔히 접하는 문화 및 교육적 기회에 대한 노출을 포함해 문항의 내용을 심리적 · 의미론적으로 이해하기에 충분한 생활 경험이 없을 수 있다. 발달적인 기회의 제한과 독해력의 한계로 인해 더 어린 청소년에게 MMPI-A 또는 MMPI-A-RF를 실시하는 것은 명백하게 제한될 수 있다.

청소년 연령대의 다른 한쪽 끝에는 MMPI 규준 표본에서 성인과 청소년이 겹치는 18세가 있다. 18세 응답자는 성인 또는 청소년 검사도구 모두로 평가할 수 있다. MMPI-A 매뉴얼에는 18세 수검자의 평가와 관련하여 다음과 같은 권장 사항이 수록되어 있다.

임상가는 18세에게 MMPI-A를 사용할지 또는 MMPI-2를 사용할지를 사례별로 판단해야 한다. 이 두 검사 모두에 18세의 규준과 임상 표본이 포함되어 있기 때문이다. 권장 지침은 고등학교 재학 중인 18세 청소년에게는 MMPI-A를, 대학생이나 직장인 또는 독립적인 생활을 하고 있는 경우에는 MMPI-2를 사용하는 것이다. (Butcher et al., 1992, p. 23)

그러나 이러한 지침을 적용할 때도 실제 만나는 일부 청소년에게는 가장 적절한 검사를 선택하는 것이 어렵거나 모호할 수 있다. 예를 들어, 고등학교 3학년이면서 6개월된 자녀가 있는 싱글맘이지만 집에서 부모와 함께 사는 18세의 수검자에게 실시할 가장 적절한 형태의 MMPI 검사를 선택하는 것은 매우 어렵다. 이렇듯 어려운 사례에서는 MMPI의 청소년용과 성인용의 선택이 T점수 상승도 및 프로파일 형태 미치는 영향과 관련한 중요한 문제가 발생한다. Shaevel과 Archer(1996)는 MMPI-2와 MMPI-A에 대한 18세 응답자의 채점 효과를 조사한 결과, T점수 상승도에서 상당한 차이가 발생할 수 있다는 것을 발견했다. 구체적으로, 이 연구자들은 18세 수검자를 MMPI-2 규준으로 채점하면 MMPI-A 규준으로 채점했을 때보다 일반적으로 타당도척도에서 더 낮은 점수를, 임상척도에서 더 높은 점수를 보였다고 보고했다. 이러한 차이는 최대 15점까지로 범위가 넓었으며, 이 연구에서 검토한 사례의 34%에서 단일 척도 상승 및 2개 척도 상승 프로파일의 형태에서 차이를 보였다. Shaevel과 Archer는 18세 수검자에게 MMPI-A를 실시할지 혹은 MMPI-2를 실시할지에 대한 선택이 어려운 비교적 드문 사례의 경우, MMPI-A와 MMPI-2 규준 모두를 기반으로 채점하여 임상가가 검사 선택이 프로파일 특성에 미치는 상대적 영향을 평가할 수 있도록 하는 것이 합리적이라고 결론지었다.

18세 수검자의 점수를 MMPI-2 규준과 MMPI-A규준으로 채점했을 때의 영향을 조사한 연구가 2개 더 있다. Gumbiner(1997)는 18세 남녀 대학생들의 MMPI-2와 MMPI-A 프로파일을 비교했다. 전체적으로 볼 때, MMPI-2 프로파일의 T점수가 두드러지게 더 상승한 경향이 있어서 코드타입 유형 측면에서 MMPI 프로파일 결과가 종종 다르게 나타났다. Osberg와 Poland(2002)도 18세의 남녀 대학생들에게 MMPI-2와 MMPI-A를 실시했다. 또한 정신병리의 유무를 탐지하는 데 MMPI-A 및 MMPI-2 점수가 유용한지를 평가하기 위해, SCL-90-R의 전체 심각도 지수(Global Severity Index: GSI)를 사용하여 참가자를 정신병리가 있는 경우와 없는 경우로 분류하였다. 이전 연구 결과와 일관되게, MMPI-A와 MMPI-2는 임상적 수준의 상승을 기준으로 볼 때 종종 일관되지 않은 프로파일을 산출했다(응답자 중 46%가 일치하지 않는 결과를 보였다). 이 연구에서 MMPI-2와 MMPI-A 간에 불일치하는 프로파일을 보인 70명 참가자의 전체 패턴이 동일했다. 즉, MMPI-2에서는 임상적으로 상승한 수준의 T점수를 보였고, MMPI-A에서는 정상 수준의 T점수를 보였다. 또한 SCL-90-R 점수에 기초하여 정신병리의 유무를 분류한 것과 Osberg와 Poland의 불일치 프로파일을 분석한 결과, 18세 수검자는 MMPI-2의 점수에 기초해서는 지나치게 병리적이었고, 반대로 MMPI-A 점수로는 과소 병리적인 경향을 보였다.

독해력 요건

독해 수준은 청소년이 MMPI-A를 완료할 수 있는지 여부를 결정하는 데 있어 확실히 중요한 요소이다. 부족한 독해력은 청소년의 타당하지 않은 검사 결과의 주요 원인 중 하나로 작용할 수 있다. Ball과 Carroll(1960)은 IQ와 평균 성적이 낮은 청소년의 무응답 점수가 더 높은 경향이 있다는 사실을 밝혀냈는데, 이는 답을 못하는 이유 중에 MMPI 문항을 이해하지 못한 경우가 많다는 것을 시사한다. 또한 Archer와 Gordon(1991a)은 무응답 척도의 원점수와 독해 등급 수준 사이에 크지 않은 역상관($r = -.10, p < .05$)이 있음을 발견했다. 이 연구는 MMPI-A와 독해력 측정도구인 오하이오 문해력 검사(Ohio Literacy Test)를 완료한 495명의 정상 청소년 표본을 기반으로 했다. MMPI나 MMPI-A의 문항을 이해하기 어려워하는 청소년은 다른 청소년보다 응답을 더 자주 생략하는 경향이 있었다. 불행하게도, 많은 청소년이 적절히 읽거나 이해할 수 없는 문항에 반응하려고 시도하여 종종 잘못된 검사 결과를 초래한다.

수년간 대체로 6학년 정도의 독해 수준이 MMPI 실시의 요건으로 받아들여졌다. 예를 들어, Johnson과 Bond(1950)는 플레시 독해 용이성 공식(Flesch Reading Easy Formula; Flesch, 1948)을 사용하여 MMPI 문항의 가독성을 평가하고, MMPI 문항 표본의 전반적인 독해 난이도 추정치를 6학년 수준으로 도출했다. 6학년 수준의 독해력 추정치는 대부분의 MMPI 표준 교과서에서 사용되었다. 그러나 Ward와 Ward(1980)는 Flesch의 독해력 측정도구를 사용하여 MMPI 문항을 재평가했으며, 기본척도들에 있는 MMPI 문항들이 평균 6.7학년 수준의 난이도를 가지고 있다고 보고했다. 척도들의 가독성 수준은 6.4학년 수준의 Mf 척도에서 7.2학년 수준의 K 척도까지 다양했다. 그들의 연구 결과는 MMPI를 수행하는 사람들에게 7학년 수준의 독해력이 권고된다는 결과로 이어졌다. 독해력 요건은 더 높아졌는데, Butcher 등(1989)은 MMPI-2 문항들을 적절히 이해하기 위해서 수검자가 최소 8학년 수준의 독해력이 있어야 한다고 권고했다. 이 권고안은 MMPI-2 매뉴얼의 독해

(Lexile) 등급이라고 하는 문항 난이도를 이용한 MMPI-2 문항 분석에 기초하였다. Paolo, Ryan 및 Smith(1991)도 MMPI-2의 567개 문항과 각 척도 및 소척도에 대한 Lexile 값을 조사했다. Paolo 등은 MMPI-2 문항의 약 90%가 9학년 미만의 독해력을 요구하며, 모든 문항의 평균은 5학년 수준의 독해력과 대략 일치한다고 보고했다. 또한 연구자들은 문항 중 25% 이상이 8학년 이상의 독해력을 필요로 하는 척도 또는 소척도를 파악했다. 그러나 플레시 독해 용이성 공식(Flesch, 1948)와 같이 다른 표준화된 독해 난이도 측정 도구를 사용하여 MMPI-2 문항들을 평가했을 때는, Lexile 평가가 독해력 요건을 과대추정했을 가능성이 제시되었다.

   MMPI의 독해력 요건을 평가할 때의 복잡성 중에는 개별 문항의 독해 난이도를 추정하는 표준화된 방법에서의 차이가 있다. 또한 수검자가 검사를 받기에 적합하다고 판단되기 전에 성공적으로 읽고 이해해야 하는 문항의 개수 또는 비율에 대한 합의가 부족하여 추정치도 다양하게 되었다. 안타깝게도, 독해력은 종종 이분법적인 방식으로 논의된다. 즉, 수검자는 MMPI 검사를 받을 수 있는 독해력이 있거나 혹은 없거나 둘 중 하나이다. 그러나 많은 수검자가 MMPI 문항 모음의 전체가 아니라 일부를 성공적으로 이해할 수 있다. 중요한 것은 검사 결과의 전반적인 타당성이 확보되기 위해 성공적으로 이해해야 하는 문항의 수이다.

   MMPI-A(Butcher et al., 1992)와 MMPI-A-RF(Archer et al., 2016a) 매뉴얼은 독해 난이도의 표준화된 측정법을 사용하여 실시한 각 검사 문항에 대한 독해 난이도의 분석 결과를 제공한다. 측정법에는 MMPI나 다른 평가도구에 대해 이전 연구에서 사용된 플레시-킨케이드(Flesch-Kincaid) 방법이 포함된다. 플레시-킨케이드에 기반하면, MMPI-A 및 MMPI-A-RF는 1학년부터 16학년 수준까지 다양한 독해 난이도를 지닌 문항들로 구성되어 있다. 타당한 검사 결과를 보장하기 위해 MMPI-A 문항의 70% 이상을 정확하게 읽고 이해해야 한다는 기준을 채택하면, MMPI-A 및 MMPI-A-RF에 대해서는 플레시-킨케이드 독해 표준에 기반한 7학년 수준의 독해력이 요구될 것이다.

   Dahlstrom, Archer, Hopkins, Jackson 및 Dahlstrom(1994)은 플레시 독해 용이성과 독해 지수 등 다양한 독해 난이도 지수를 활용하여 MMPI, MMPI-2, MMPI-A의 독해 난이도를 평가했다. 이 연구에서 도출된 하나의 중요한 결과는 MMPI 검사 책자에서 제시하는 지침이 검사에 포함된 일반적인 문항보다 더 이해하기 어려운 경향이 있다는 점이다. 따라서 임상가는 응답자가 지침을 완전히 이해했는지를 확인해야 한다. 적절하게 이해했는지 확인하기 위해 종종 수검자에게 지침을 소리 내서 읽고 의미를 설명하도록 요청할 수 있다. 세 가지 MMPI 검사 모두의 평균 난이도는 대략 6학년 수준이었다. MMPI-A 검사 지침과 문항은 MMPI-2 또는 원판 MMPI보다 약간 읽기 쉬웠지만, 전체적인 차이는 비교적 적었다. 가장 난이도가 높은 10%의 문항을 제외한다면, 세 가지 MMPI 검사 모두 나머지 90% 문항의 평균 난이도는 5학년 수준이었다. 평균적으로 가장 어려운 문항들은 척도 9에 있는 반면, 가장 쉬운 문항들은 척도 5의 문항에서 나타나는 경향이 있었다. 연구자들은 또한 독해 용이성 지수(Reading Ease Index)에 기초하여 MMPI-A 문항의 약 6%가 10학년 이상의 독해력 수준을 요구한다고 보고했다. Dahlstrom 등은 수검자 본인이 작성한 교육 기간은 그 사람의 독해력에 대해 종종 신뢰할 수 없는 지표라고 지적했다.

MMPI-A-RF 매뉴얼(Archer et al., 2016a)에 명시된 바와 같이, 일부 검사 개발자는 검사의 전체 문항에 문항 난이도 측정치를 적용하는 데(즉, 전체 문항을 하나의 연속적인 글로 취급하는 것), 자기보고식 검사에 필요한 독해력 수준의 추정치를 기초로 하였다. 이 접근법을 MMPI-A-RF 문항들에 적용하면 4.5학년 수준의 플레시-킨케이드 지수가 생성된다. 그러나 241개의 MMPI-A-RF 문항 중 141개가 5학년 이상의 플레시-킨케이드 지수가 산출된다는 점에서 이는 MMPI-A-RF에 필요한 독해 수준에 대해 비현실적으로 낮은 추정치인 것으로 보인다. 또한 98개의 MMPI-A-RF 문항은 6학년 이상의 플레시-킨케이드 수준을 나타내며, 65개의 검사 문항은 7학년 이상의 독해 수준을 나타낸다.

MMPI-A의 독해력 요건에 대한 수많은 연구와 MMPI-A-RF의 예비 평가에 기초하면, 독해 난이도를 평가하는 데 사용된 방법에 따라 두 검사의 문항 평균 수준은 5학년에서 6학년 사이로 나타난다. 그리고 검사 문항의 대부분이 6학년 수준 이하의 독해력을 필요로 한다. 따라서 MMPI-A와 MMPI-A-RF의 독해력 요건은 6학년 수준이라고 합리적으로 추정할 수 있다.

청소년의 독해력은 그레이 음독 검사-5판(Gray Oral Reading Test, GORT-5; Wiederholt & Bryant, 2012), 피바디 개별 성취 검사 개정판(Peabody Individual Achievement Test-Revised, PIAT-R; Markwardt, 1989)를 포함한 다양한 독해력 도구를 사용하거나 광범위 성취도 검사-4판(Wide Range Achievement Test-Fourth Edition, WRAT-4; Wilkinson & Robertson, 2006)을 사용하여 평가할 수 있다. Dahlstrom 등(1994)의 분석 결과에 따르면, GORT와 Wechsler 개인 성취도 검사 모두 학생의 학년 수준에 따라 비교적 매끄러운 점수의 향상을 보였고, 모든 형태의 MMPI 문항 난이도를 이해하는 능력을 평가하기 위한 읽기 검사가 필요한 경우 두 가지 검사가 모두 권장되었다. 그러나 청소년에게 몇 개의 MMPI-A 문항을 소리내어 읽고 설명하도록 요청함으로써 합리적으로 정확한 독해력 수

표 3-2 Flesch-Kincaid 등급 공식에 의한 6학년 수준을 요구하는 MMPI-A/MMMPI-A-RF 문항의 예

	MMPI-A 문항	MMPI-A-RF 문항
잘못하면 보복한다.	24	233
가족과 다투는 일이 드물다.	79	201
사람들은 잡히고 싶지 않기 때문에 정직하다.	100	24
살을 빼기 위해 토한다.	108	205
심장이 두근거리거나 숨이 찰 때가 거의 없다.	196	78

준을 가릴 수도 있다. 이와 관련하여 가장 유용한 지표로 보이는 문항은 독해 난이도가 6학년인 문항이다. MMPI-A 및 MMPI-A-RF 검사 문항 중 6학년 수준의 문항 예시를 〈표 3-2〉에 축약하여 제시하였다.

어떤 청소년은 전반적인 지적 기능의 제한보다는 특정한 독해력의 결함으로 인해 MMPI-A 또는 MMPI-A-RF에 응답할 때 어려움을 겪을 수 있다. 이러한 경우에도 Pearson Assessments에서 제공되는 이 검사의 표준화된 오디오 버전을 사용하여 검사를 실시할 수 있다.[1] 일반적으로 검사자가 수검자에게 직접 검사 문항을 읽어 주는 절차는 반응 과정에서 간섭이 일어날 수 있기 때문에 권장되지 않는다. 예를 들어, Newmark (1971)의 연구에 따르면, 검사자가 문항을 소리내어 읽어 준 청소년들의 MMPI 프로파일은 전통적인 방법으로 실시한 결과보다 K 척도 점수가 더 높았다. 이와 반대로, Brauer (1992)는 선택된 MMPI 문항을 미국 수어로 청각 장애인에게 사용하기 위한 비디오로 녹화되었을 때 수검자에게 유의한 효과가 없음을 보여 주었다. 청소년이 표준화된 IQ 평가에서 70점 미만의 점수를 받거나 4학년 미만의 독해력 수준을 가진 경우, MMPI-A 또는 MMPI-A-RF를 어떤 형식으로도 실시해서는 안 된다.

청소년이 MMPI-A의 문장 또는 단어의 특정 의미에 관해 질문할 때, 검사자는 유용하지만 중립적인 정보를 제공하려고 해야 한다. 예를 들어, 일반적으로 잘못 이해되는 단어(예: 변비, 메스꺼움, 반추)는 사전적 정의에 따른 답을 줄 수 있다. 그러나 MMPI-A 와 MMPI-A-RF에서는 가독성이나 현대 청소년의 생활 경험과의 관련성을 높이기 위해 원판 검사 중 69개 문항의 단어를 바꾸거나 수정했기 때문에 청소년이 낯설거나 어색한 단어를 접하는 빈도는 더 낮다. Archer와 Gordon(1994)이나 Williams, Ben-Porath 및

---

1) 역자 주: 국내에서는 (주)마음사랑에서 MMPI-2/2-RF 및 MMPI-A/A-RF 검사의 오디오 버전을 제공한다.

Hevern(1994)의 연구는 이러한 수정된 문항이 반응 특성 측면에서 원판 문항과 심리측정적으로 동등하다고 간주될 수 있음을 보여 준다. 다만 청소년이 문항을 명확히 이해하고자 질문할 때는 청소년 본인의 판단과 의견에 따라 해당 문항을 자신에게 적용하고 답할 수 있도록 검사자는 항상 주의를 기울여야 한다.

독해력을 평가하기 위한 합리적인 노력에도 불구하고, 임상가는 MMPI-A 또는 MMPI-A-RF 문항 중 많은 문항을 읽거나 이해하지 못하고 응답하는 청소년을 만날 수 있다. 이러한 문제들은 독해 결함, 동기 부족, 또는 이러한 요인들의 조합 때문에 발생할 수 있다. 대부분의 무작위 응답 패턴을 확인하는 간단한 방법은 MMPI-A나 MMPI-A-RF의 전체 실시 시간을 기록하는 것이다. 전체 실시 시간, 특히 MMPI-A의 경우 40분 미만, MMPI-A-RF의 경우 20분 미만의 비정상적인 짧은 실시 시간은 청소년의 무작위 응답 세트를 식별하는 데 유용한 지표가 된다. 그러나 검사 실시 시간을 기록하지 않으면 이 중요한 정보는 손실된다. TRIN과 VRIN 등의 MMPI-A 척도들과 TRIN-r, VRIN-r 및 CRIN을 포함한 MMPI-A-RF 척도를 기반으로 독해력의 잠재적 문제를 탐지하는 다른 방법은 다음 장에서 논의된다.

MMPI-A의 번역

원판 MMPI에 대한 수많은 외국어 번역과 검사 실시의 문화 간 적용에 관한 엄청난 양의 연구가 있다. MMPI-2는 현재 불가리아어, 크로아티아어, 중국어, 체코어, 덴마크어, 네덜란드어/플레미시어, 프랑스어, 캐나다-프랑스어, 독일어, 그리스어, 히브리어, 허몽어, 헝가리어, 이탈리아어, 한국어, 노르웨이어, 폴란드어, 루마니아어, 스웨덴어, 미국과 중남미에서 사용되는 세 종류의 스페인어 등으로 번역되어 제공되고 있다. MMPI-A는 외국어 번역에서 MMPI와 MMPI-2의 전통을 따르고 있으며, 현재 Pearson Assessment에서 제공 중인 미국에서 사용할 수 있는 스페인어 버전과 멕시코 및 중남미에서 사용할 수 있는 스페인어 버전(University of Minnesota Test Division, 2014)이 있다. MMPI-A의 번역은 또한 불가리아어, 크로아티아어, 네덜란드어/플레미시어, 프랑스어, 헝가리어, 이탈리아어, 한국어로도 개발되었다. Butcher, Cabiya, Lucio 및 Garrido(2007)는 MMPI-2와 MMPI-A에 대한 해석 지침을 라틴 아메리카계 내담자에게 제공했다.

관리감독 요건

청소년이 MMPI-A 또는 MMPI-A-RF를 완료할 수 있도록 적절한 검사 환경을 제공하는 것이 중요하다. 이 환경에는 적절한 프라이버시와 관리감독이 포함되어야 한다. 검사 환경은 외부 소음 등 집중을 방해하는 영향을 최소화하면서 가능한 한 편안해야 한다. 감독되지 않은 환경이나 집과 같이 프라이버시를 보장할 수 없는 환경에서 청소년에게 MMPI-A 또는 MMI-A-RF를 작성하게 하는 것은 부적절하다. 감독되지 않고 실시된 검사는 타당한 검사 해석을 위한 적절한 자료를 제공하지 않으며, 그러한 결과가 법정에서 제시될 경우 확실히 법적으로 문제가 제기될 수 있다. 적절한 검사 감독이란 감독자 또는 검사자가 검사 실시 과정을 지속적으로 관찰하면서 필요한 경우 적절한 지원을 제공할 수 있음을 의미한다. 그러나 검사 과정에서 수검자의 각 개별 반응을 관찰하거나 지나치게 간섭할 필요는 없다.

청소년의 검사 협조 늘리기

청소년 평가의 최종 기준은 478개 문항의 긴 MMPI-A나 보다 적은 주의와 시간을 요하는 241개 문항의 MMPI-A-RF에 얼마나 기꺼이 대답하는가이다. 화가 나고 반항적인 청소년에게 MMPI-A 또는 MMPI-A-RF는 응답을 거부하거나 부적절하거나 무작위적인 방식으로 응답함으로써 적대감과 반항을 나타내는 좋은 기회일 수 있다(예: Newmark & Thibodeau, 1979). 일단 청소년이 검사 완료를 놓고 검사자와 '까다로운' 투쟁을 벌이게 되면, 검사자가 효과적으로 이 갈등을 줄일 수 있는 일은 거의 없다. 그러나 MMPI-A나 MMPI-A-RF를 실시하기 전에 대부분 청소년들의 동기를 높이기 위해 몇 가지 조치를 취할 수 있다. 이러한 절차에는 ① 검사 전 적절한 라포를 형성하고, ② 검사 목적에 관해 명확하고 간결한 지침을 제공하고, ③ 검사 피드백을 받을 기회를 주는 것이 포함된다.

청소년들에게 검사 실시의 목적에 대해 일반적인 이해를 제공하는 명확하고 간결한 지침을 주어야 한다. 명확한 지침이 없을 때, 많은 청소년이 결과를 무효로 만드는 방식으로 검사에 자신의 의도를 투사할 것이다. 예를 들어, 어떤 청소년은 검사 결과가 정신과 입원 여부를 판단하기 위해 활용되고 있다거나, 치료자가 가족 갈등이나 가족의 역기능에 대해 비난이나 처벌을 하려고 결과를 사용하고 있다고 잘못 믿을 수 있다. 또한 어설픈 지침은 수검자의 수행 태도와 검사에 대한 협조에도 부정적인 영향을 미칠 수 있다. 따라서 지침은 표준화된 방법으로 주의깊게 제시되어야 한다. 청소년은 검사 책자에 수록된 지침을 읽고 검사에 대한 요약된 설명을 듣는데, 다음과 같은 내용이 포함될 수 있다. "각 문장을 읽고 당신의 경우에 그 문장이 그렇다인지 또는 아니다인지 결정하세요. 스스로에 대한 본인의 생각을 밝히는 것임을 기억하세요. 정답이나 오답은 없습니다. 검사 결과는 당신을 이해하는 데 도움이 될 것입니다."

이러한 지침 외에도 청소년들은 검사에 관한 다양한 질문을 자주 하는데, 이는 종종 평가 과정에 대한 그들의 불안을 반영한다. 다음은 Caldwell 보고서(Caldwell, 1977a)와 Friedman 등(2001)에서 참고한 자주 묻는 질문과 답변들이다.

1. Q. 검사하는 데 시간이 얼마나 걸리나요?
   A. 보통 1시간에서 1시간 30분 정도(MMPI-A-RF의 경우 45분) 걸립니다. 어떤 청소년들은 더 오래 걸리기도 하고, 또 다른 청소년들은 더 짧은 시간에 끝내기도 합니다.

2. Q. 문항 몇 개를 건너뛰고 다시 돌아와서 답을 해도 괜찮나요? 혹시 차이가 있나요?
   A. 신중하게 답한다면, 몇 개의 문항을 건너뛰고 다시 돌아가서 해도 별 차이가 없을 거예요. 그러나 답을 표시하는데 혼동하기 쉽고, 그렇게 되면 차이가 생기기 때문에 가능하면 순서대로 하는 것이 좋습니다.

3. Q. 모든 질문에 답할 수 없는 경우에는 어떻게 하나요?
   A. 모두 답하려고 해 보세요. 몇 가지 문항을 빠뜨려도 큰 상관은 없지만, 그래도 되도록 모두 답해 보세요. 검사를 다 끝냈으면 몇 분 정도 시간을 내어 빠뜨린 답변이나 완전히 지우지 않았거나 이중으로 한 답변이 있는지 확인해 보세요.

4. Q. MMPI-A(또는 MMPI-A-RF)가 무엇인가요?
   A. 청소년들에게 일어나는 어려움을 이해하는 것을 돕기 위해 널리 사용되는 검사입니다.

5. Q. 질문에 어떻게 대답해야 하나요?
   A. 현재 느끼는 대로 답합니다. 빨리 답하고, 당신의 답을 걱정하느라 시간을 들이지 마세요.

6. Q. 검사 결과에 동의하지 않거나 검사 결과가 잘못되면 어떻게 합니까?
   A. 피드백 과정에서 우리가 이야기할 기회가 있을 것입니다. 청소년들은 종종 자신에 대해 미처 알지 못했던 몇 가지 것들을 알게 되고, 치료자는 종종 다른 부분에 비해 더 정확한 부분이 있음을 알게 됩니다. 우리 둘 다 피드백 과정에서 무언가를 알게 되기 바랍니다.

검사 과정의 중요성을 강조하면서 주의 깊고 진지하게 MMPI-A나 MMPI-A-RF를 청소년에게 제시하는 것이 중요하다. 청소년이 더 편안하게 느끼도록 돕기 위해 MMPI-A 평가의 중요성을 최소화하려는 시도는 대개 역효과를 낳는다. MMPI-A를 '가볍게' 제시하는 것은 검사 결과의 중요성에 대해 청소년이 지닌 의심이 타당한 것으로 보일 수 있기 때문에 실제로 검사 완료에 대한 청소년의 협조와 동기를 감소시킬 수 있다.

협조를 늘리기 위한 검사 실시 절차

청소년의 검사 협조 의지를 높이기 위해 몇 가지 추가적인 조치를 취할 수 있다. 예를 들어 전체 검사를 감독할 수 있다면, MMPI-A나 MMPI-A-RF를 며칠 동안 여러 번에 나눠서 실시하는 것이 가능하다. 특히 MMPI-A를 한 번에 실시하고자 한다면, 검사 중에 청소년이 피로해질 때 휴식 시간을 주는 것이 바람직하다. 많은 검사로 이뤄진 검사 배터리의 초기 단계에 MMPI-A나 MMPI-A-RF를 배치하면 청소년이 되도록 빨리 검사를 끝내기 위해 무작위로 응답할 가능성을 감소시킨다. 마지막으로, 임상가는 축약 검사로 MMPI-A 초반의 350개 문항만을 선택할 수 있다. 만약 축약본으로 실시하는 것이 청소년의 동기나 협조를 유의하게 향상시키거나 시간이 제한되어 축약본만 가능한 경우라면, 임상가는 표준 임상척도, 3개의 타당도척도(L, F1, K), Harris-Lingoes 및 Si의 소척도들을 채점하고 해석할 수 있다. 그러나 MMPI-A의 축약본은 내용척도, 보충척도, 타당도척도의 VRIN, TRIN, F 및 F2에 대한 점수를 제공하지 않는다. 제한된 시간과 관련하여 전체 MMPI-A를 실시하는 것에 대한 또 다른 대안으로는 MMPI-A-RF가 있다. MMPI-A-RF는 MMPI-A 문항 수의 절반 정도이며, MMPI-A에서 축약된 내용소척도 및 PSY-5 척도의 문항보다 109개 문항이 적다.

MMPI-A의 단축형과 관련된 문제

Ball, Archer 및 Imhof(1994)는 전국의 임상가 설문에서 흔히 사용되는 24개 심리 검사 도구의 실시, 채점 및 해석에 필요한 시간을 조사하여 보고했다. MMPI 검사는 평균 실시 시간이 66.16분, 최빈값은 90분이었다. 이 최빈 시간은 할스테드-레이탄(Halstead-Reitan) 신경심리 검사 배터리를 함께 실시되었을 때만 초과되었다. 긴 MMPI 문항 수로 인해 야기된 문제에 대해, Newmark와 Thibodeau(1979)는 청소년을 평가할 때는 단축형(short form) MMPI를 개발하고 사용할 것을 권고했다. Butcher와 Hostetler(1990)는 이 '단축형'이라는 것을 다음과 같이 정의했다.

> 표준 MMPI에서 길이가 줄어든 척도들의 세트를 묘사하는 데 사용되는 용어이다. 단축형 MMPI는 원판 척도에서 4개 또는 5개 문항만 사용하였음에도 전체 척도 점수의 유효한 대체물로 간주되는 문항 모음이다. (p. 12)

MMPI-168은 MMPI 검사 초반의 168개 문항을 사용하여 개발되었다(Overall & Gomez-Mont, 1974). Kincannon(1968)이 고안한 71개 문항의 Mini-Mult는 문항 군집을 식별하기 위해 사용한 요인분석을 기반으로 하였다. MacBeth와 Cadow(1984) 및 Rathus(1978)는 청소년 표본에서 MMPI-168의 특성에 대해 조사했다. 또한 Mlott(1973)은 청소년 입원환자들의 Mini-Mult 결과를 보고했다. Vondell과 Cyr(1991)는 정신과에 입원한 318명의 남자 청소년과 248명의 여자 청소년 표본에서 Mini-Mult와 MMPI-168을 포함한 8개의 단축형 MMPI들에서 나타난 성별에 따른 영향을 평가했다. 연구자들은 모든 단축형의 청소년 표본에서 성차가 발생하며, 이는 성인 표본의 단축형 조사에서 얻어진 결과와 유사하다고 결론 내렸다.

Butcher(1985) 및 Butcher와 Hostetler(1990)는 단축형 MMPI 검사들의 사용에 대한 일련의 잠재적인 문제들을 언급했다. 문항 수가 줄어든 단축형 MMPI 척도들은 구성개념 측정에 있어서 전반적인 신뢰도가 감소한다. 또한 단축형 MMPI 검사들은 외적 기준에 따른 타당도가 충분히 검증되지 않았다. 더불어, 단축형의 프로파일과 코드타입은 전체 MMPI 문항을 실시했을 때의 결과와 종종 다르게 나타난다. 예를 보면, Hoffmann과 Butcher(1975)의 연구에서 Mini-Mult와 표준 MMPI를 실시했을 때 동일한 MMPI 코드타입은 전체 사례의 33%이며, MMPI-168과 전체 MMPI를 성인에게 실시했을 때는 40%에서만 유사한 코드타입을 보이는 것으로 나타났다. 이러한 결과와 일관되게, Lueger(1983)는 2개 척도로 구성된 코드타입의 경우 남자 청소년 표본의 50% 이상에서 표준 MMPI와 MMPI-168에서 산출된 코드타입이 달랐다고 보고했다. Greene(1982)은 단축형 MMPI 검사들이 외적 상관물(correlates)을 확인해야 하는 추가적인 타당화가 필요한 새로운 측정도구일 수 있다고 제안했다. 척도의 신뢰도 및 코드타입 일치도와 관련된 문제 외에도, Butcher와 Hostetler(1990)는 단축형 MMPI들이 프로파일의 타당도를 정확하게 판단할 수 있는지에 대해 의문을 제기했다.

성인 표본 연구에서 확인된 단축형 MMPI 검사들의 문제는 임상 및 연구에서의 MMPI-A 사용에 대해 중요한 함의를 제공했다. 특히 전체 MMPI 대신 단축형을 사용할 경우 가치있는 임상적 정보가 크게 손실된다. 단축형을 사용하면 청소년 응답자의 실시 시간을 절약할 수 있지만, 청소년 프로파일을 해석하는 과정에서 허용 가능한 범위 이상의 혼란과 '잡음'이 생길 가능성이 있어 보인다. 이러한 문제가 인지되었기 때문에, MMPI-2 또는 MMPI-A 자문 위원회는 현존하는 단축형 MMPI 검사들을 보존하기 위한 노력을 기울이지는 않았다. 따라서, Butcher와 Hostetler(1990)가 지적한 바와 같이, "기존에 개발된 단축형 MMPI 검사들을 구성하는 일부 문항은 개정 과정에서 MMPI에서 삭제되었을 수 있다."(p. 18).

Archer, Tirrell 및 Elkins(2001)는 단축형 MMPI-A의 초반 150개 문항을 실시한 것에 기반하여 이 검사의 심리측정적 특징을 보고했다. 1,620명의 MMPI-A 규준 표본 청소년과 다양한 치료 환경에서 수집된 임상 표본 청소년 565명을 기반으로 결과를 분석하였다. 단축형과 전체 MMPI-A의 모든 기본 타당도 및 임상척도의 상관을 분석한 결과, Mf 척도의 .71에서 L 척도의 .95까지로 나타났다. 이 연구자들은 상관분석 외에도 전체 MMPI-A 검사에서 산출된 기본척도들의 평균 T점수와 단축형 MMPI-A에서 비례로 산출된 T점수의 차이를 검증하였다. 비록 기본 타당도척도 및 임상척도 중 일부에 대한 비교 값이 유의한 수준에 도달했으나 적어도 어느 정도는 이러한 분석에 상대적으로 큰 표본이 사용되었기 때문이었으며, 임상 표본의 척도 4와 9에 대해서만 실제 값과 비례 값의 평균 T점수 차이가 2점을 초과했다. 분석을 통해 상대적으로 높은 척도 간 상관과 평균 프로파일의 유사성을 보여 주었지만, 프로파일 구성 패턴의 일치율은 상대적으로 낮았다. 구체적으로, 단축형과 전체 검사 결과에서 동일한 2개 척도가 상승한 경우를 비교하면, 규준 표본의 30.6%와 임상 표본의 32.2%에서만 일치했다. 이러한 MMPI-A 150의 잠재적 이점으로는 총 문항 수의 약 70%를 줄인 것과 일반적인 실시 시간이 60분에서 20분으로 줄어든 것에 있다. 그러나 이렇듯 줄어든 문항과 시간 절약은 이 연구의 예시 프로파일의 일치도 및 단축형 MMPI와 관련된 이전의 모든 연구 결과에서 나타난 한계로 상쇄될 수 있다.

특히 241개 문항의 MMPI-A-RF가 있음을 감안하면, 청소년 평가 시 단축형 MMPI-A 검사를 사용하는 것은 권장되지 않는다. 하지만 앞에서 언급한 바와 같이, MMPI-A 축약형이나 MMPI-A-RF를 실시하는 것은 동기가 부족하거나 반항적인 청소년에게 합리적인 형태가 될 수 있다. 추가적으로 컴퓨터로 MMPI-2를 실시할 때, 문항 제시를 조정하는 방식으로 MMPI-2 문항을 축약하는 몇 가지 접근법이 개발 및 평가되었다(예: Ben-

Porath, Slutske, & Butcher, 1989; Roper, Ben-Porath, & Butcher, 1991, 1995). 컴퓨터 조정에 의한 검사 실시는 환자의 이전 MMPI-2 응답을 고려할 때 환자와 임상적으로 관련된 정보를 추가하는 문항만 제시하는 전략이다. 이를 위해 문항반응이론(Item Response Theory: IRT)과 '카운트다운 방법(countdown method)'에 기반한 전략을 포함하여 몇 가지 접근법이 개발되었다. 카운트다운 방법에 기반한 접근이란 응답자로부터 해당 척도에 대한 충분한 정보를 얻으면 그 척도에 해당하는 문항을 더 이상 제시하지 않는 것이다. Butcher와 Hstetler(1990)는 당시에는 이러한 접근법 중 어느 것도 실용적이지 않았지만, 미래에는 MMPI-2와 MMPI-A의 자동 실시를 위한 효과적으로 조정된 프로그램이 개발될 가능성이 높다고 언급했다.

이와 관련하여 Forbey, Handel 및 Ben-Porath(2000)는 문항 반응을 사용하여 수행된 컴퓨터 조정으로 실시한 세 집단의 MMPI-A의 실제 자료의 시뮬레이션을 평가했다. 첫 번째 집단에는 중서부의 청소년 주거 치료 시설의 청소년(14~18세) 196명이 포함되었다. 두 번째 집단은 MMPI-A 규준 표본이었고, 세 번째 집단은 MMPI-A 검사 매뉴얼(Butcher et al., 1992)에 보고된 임상 표본이었다. 세 가지의 다른 순서에 기반한 시뮬레이션에 의해 생성된 MMPI-A 문항의 축약 정도를 결정하기 위해서 각 집단의 MMPI-A 자료는 MMPI-2의 컴퓨터 조정 실시 프로그램을 수정한 버전을 통해 검토되었다. 세 가지의 문항 제시 순서는 중요한 혹은 핵심적인 방향으로 최소부터 최대로 자주 응답되는 문항, 검사지의 초반 120개 문항에서 최소부터 최대로 자주 응답되는 문항, 검사의 모든 문항이다. 각 집단에 실시된 평균 문항 수는 임상적 상승이라고 정의되는 T점수 절단점인 60점과 65점을 사용하여 계산되었다. 집단별로 실시 문항의 상당한 절감 효과를 얻었으며, 평균 절감 문항 수는 T점수 절단점의 분류에 따라 50개부터 123개 문항까지(총 문항 수인 478개와는 대조적으로) 다양했다. 이 연구는 MMPI-A의 컴퓨터 조정으로 실시되는 형태의 개발과 관련될 수 있는 잠재적인 문항 절감의 측면에서 가능성을 보여 준다.

✌ 검사 도구

다양한 형태의 원판 MMPI

재사용이 가능한 집단용 검사지 형식의 MMPI 집단용 검사와 하드커버로 된 스프링 제본의 검사지인 MMPI R형을 포함한 여러 형태의 MMPI가 개발되었다. 이 두 가지 형태 중에서 집단용이 더 널리 사용되었다. 게다가 Greene(1980)이 언급했듯이, 대부분의 MMPI 연구 문헌은 집단용에서 도출된 자료에 기초하고 있다. 그러나 문항에 응답할 때 사용할 수 있는 딱딱한 받침이 없는 경우에는 R형 검사지가 특히 유용했다. R형 응답지는 검사지 뒷면에 있는 두 개의 고정용 핀 위에 삽입되어 있다. R형은 연속적인 각 페이지를 넘기면 해당 문항의 열과 일치하는 응답 열이 나타나는 단계적 형태이다. 단계적 하향 형태에서는 한 번에 하나의 문항 및 응답 열만 표시되기 때문에 질문에 잘못 응답할 가능성이 줄어든다.

원판 MMPI의 집단용과 R형의 문항 번호는 초반 366개 문항에서는 동일했지만, 후반부에서는 달랐다. 이러한 불일치는 연구자와 임상가 모두에게 상당한 혼란을 야기했다. 그러나 Dahlstrom 등(1972)은 집단용과 R형 간 문항 변경 표를 제공했다. R형의 초반 399개 문항을 실시하면 모든 기본 표준 척도와 타당도척도의 채점이 가능하면서 검사를 축약할 수도 있었다. 아쉽게도, 집단용은 축약 실시를 위한 간단한 방법은 없었다.

1999년 9월 1일 미네소타 대학교 출판부와 검사 배급사인 Pearson Assessments는 원판 MMPI의 출판을 중단했다. 원판 MMPI는 검사 사용에 관련된 자료들이 상당히 오래되었기 때문에 중단되었으며, MMPI-2와 MMPI-A가 임상 현장 및 연구에서 원판 MMPI를 대체하였다. 또한 미네소타 대학교 출판부는 원판 MMPI와 개정된 MMPI를 동시에 사용하는 것이 수많은 사용자들, 특히 법정 환경에서 발생할 수 있는 혼란의 원인이 되었다고 지적했다. 더욱이 MMPI-2와 MMPI-A는 더 적절하고 시대에 맞는 문항 모음뿐 아니라 더 동시대적이고 전국을 대표하는 규준 표본을 포함할 수 있다는 이점이 있었다.

MMPI-A와 MMPI-A-RF 검사 도구

MMPI-A와 MMPI-A-RF의 사용과 관련된 검사 자료는 Pearson Assessments에서 구할 수 있다. 문항 제시 순서는 MMPI-A의 지필, 컴퓨터 및 오디오 버전에서 모두 동일하며, MMPI-A-RF의 241개 문항도 모든 형태에서 동일한 순서로 제시된다. MMPI-A와 MMPI-A-RF의 CD 버전은 시각 장애인뿐만 아니라 심각한 읽기 관련 장애를 가지고 있어 표준적인 실시가 어려운 청소년에게도 유용하다. MMPI-A를 이 방법으로 실시하면 약 1시간 40분이 걸리며(Archer & Krishnamurthy, 2002), MMPI-A-RF의 경우에는 약 50분이 필요한 것으로 추정된다. MMPI-A 및 MMPI-A-RF를 컴퓨터로 실시하고자 할 때에도 Pearson Assessments에서 소프트웨어를 구입하면 된다.[2]

　　MMPI-A 및 MMPI-A-RF에는 다양한 응답지가 있다. 검사자가 수기 채점을 사용할지 컴퓨터 채점을 사용할지에 따라 다른 응답지가 제공된다. 따라서 검사자는 MMPI-A나 MMPI-A-RF에 사용할 응답지를 선택하기 전에 적용할 채점 방식을 생각해야 한다.

∘♂ MMPI-A와 MMPI-A-RF의 채점

　　검사자는 MMPI-A나 MMPI-A-RF의 응답을 채점하고 프로파일을 생성할 때 발생하는 흔한 오류의 원인을 제거하기 위해 상당한 주의를 기울여야 한다. 이 과정은 응답지를 주의 깊게 검토하여 무응답 문항이나 그렇다 또는 아니다에 모두 응답했는지 확인하는 것으로 시작한다. 또한 응답지는 무작위 표시 또는 전부 그렇다 또는 전부 아니다 반응 세트를 나타내는 반응 패턴의 증거가 있는지도 검토해야 한다.

　　MMPI-A나 MMPI-A-RF의 모든 척도에 대한 원점수는 컴퓨터나 수기 채점으로 얻어진다. 수기 채점을 사용한다면, MMPI-A의 성별에 따른 청소년 규준이나 MMPI-A-RF를 위해 개발된 성별 구분이 없는 전체 규준에 기반한 MMPI-A 프로파일 용지를 사용하여 원점수를 T점수 값으로 변환해야 한다. MMPI-A 매뉴얼의 부록 A(Butcher et al., 1992)와 MMPI-A-RF 매뉴얼의 부록 A(Archer et al., 2016a)에 기술되고 제시된 MMPI-A의 규준 값을 이용한 MMPI-A와 MMPI-A-RF에 대한 청소년 프로파일 용지는 Pearson Assessments를 통해 얻을 수 있다. 청소년의 MMPI-A나 MMPI-A-RF의 T점수를 산출하고 프로파일을 생성할 때는 원점수의 K-교정 절차를 사용하지 않는다는 점을 확실히 하는 것이 중요하다. 앞서 언급한 바와 같이, Marks 등(1974)은 청소년의 MMPI 프로파일이 K-교정 요소를 추가하지 않고도 청소년의 하위집단 간 더 큰 차이를 보인다는 예비 근거

---

2) 역자 주: 국내에서는 마음사랑 홈페이지를 참고할 수 있다.

를 포함하여 K-교정 절차가 청소년 규준에서 개발되지 않은 몇 가지 이유를 보고했다. 이후 더 자세히 제시되었듯이, Alperin, Archer 및 Coates(1996)는 MMPI-A의 K-교정 요소의 효과성을 조사했고, K-교정 절차를 채택해도 이 도구의 검사 정확도가 체계적으로 향상되지 않을 것이라고 결론내렸다.

Archer(1989) 및 Archer와 Krishnamurthy(2002)가 검토한 바와 같이, 청소년의 MMPI-A(그리고 확장하여 MMPI-A-RF)의 응답을 채점하고 프로파일을 생성하는 절차는 다음과 같이 요약될 수 있다. 먼저, 응답지를 주의 깊게 검토하여 이상 반응 세트, 무응답 문항 또는 이중 응답 문항이 있는지 확인한다. 둘째, Pearson Assessments에서 제공하는 컴퓨터 채점이나 수기 채점을 사용하여 각 척도에 대한 원점수 값을 구한다. 셋째, MMPI-A 응답자의 성별에 주의하면서 적절한 청소년 규준표를 사용하여 각 척도의 K-교정하지 않은 원점수를 T점수로 변환한다. 넷째, 적절한 MMPI-A 또는 MMPI-A-RF의 적절한 프로파일 용지에 T점수 값을 표시한다. MMPI-A 프로파일의 기본척도들(남성용)은 [그림 3-1]에, MMPI-A-RF 프로파일의 RC 척도들(성별 전체에 해당하는)은 [그림 3-2]에 나와 있다.

MMPI-A나 MMPI-A-RF는 여러 가지 방법으로 채점할 수 있다. 검사자가 컴퓨터를 사용하여 검사의 모든 척도를 실시하고 채점할 수 있는 Pearson Assessments의 컴퓨터 소프트웨어 프로그램이 있다. 특히 MMPI-A의 기본척도 프로파일 결과지는 4개의 타당도척도(L, F, F1, K)와 10개의 기본 임상척도에 대한 원점수 및 T점수 값을 제시하며, MMPI-A의 초반 350개 문항 응답에 기반한 축약 실시의 채점에도 적용이 가능하다. MMPI-A와 MMPI-A-RF의 확장판 채점 결과지에는 무응답 문항 목록을 포함하여 검사의 모든 척도 및 소척도에 대한 원점수 및 T점수가 포함된다. MMPI-A와 MMPI-A-RF의 확장판 채점 결과지의 예시는 제8장에 수록되어 있다. 또한 검사는 지필로 실시될 수도 있고, 이는 추후 훈련된 보조인력이 수기 채점이나 채점 패키지에 입력하여 채점된다. 검사를 대량으로 실시할 때는 응답지를 스캔하여 채점 프로그램으로 응답 결과를 도출하는 컴퓨터 스캐너 옵션을 고려할 수 있다. 또는 응답지를 미네소타의 Pearson Assessments로 우송하여 채점된 후 다시 검사자가 받는 것도 가능하다.

컴퓨터 채점 외에도, 특수 응답 용지를 사용하는 수기 채점판은 MMPI-A와 MMPI-A-RF 검사별로 판매되며, 모든 척도와 소척도에 이용할 수 있다. 응답지 위에 MMPI-A나 MMPI-A-RF 척도의 채점판을 놓고 해당 척도의 원점수를 나타내는 검게 칠해진 부분의 수를 합산한다. 청소년의 성별에 따라 설계된 채점 입력을 사용하는 MMPI-A의 척도 5(남성성-여성성)를 채점할 때는 각별히 주의해야 한다. MMPI-A와 MMPI-A-RF에서 반응 일관성 척도들을 사용할 수 있다. MMPI-A 검사에서는 TRIN(True Response Inconsistency, 고정반응 비일관성) 척도 및 VRIN(Variable Response Inconsistency, 무선반응 비일관성) 척도이다. MMPI-A-RF의 일관성 척도는 TRIN-r(True Response Inconsistency, 고정반응 비일관성), VRIN-r(Variable Response Inconsistency, 무선반응 비일관성) 및 CRIN(Combined Response Inconsistency, 반응 비일관성) 척도이다. 이러한 일관성 척도들을 채점하는 복잡성을 고려하여, 수기 채점을 위해 복잡한 채점판을 적용할 때도 각별한 주의를 기울여야 한다. 타당도척도의 일부인 이러한 일관성 척도들의 채점 및 해석은 이후 장에서 자세히 설명된다.

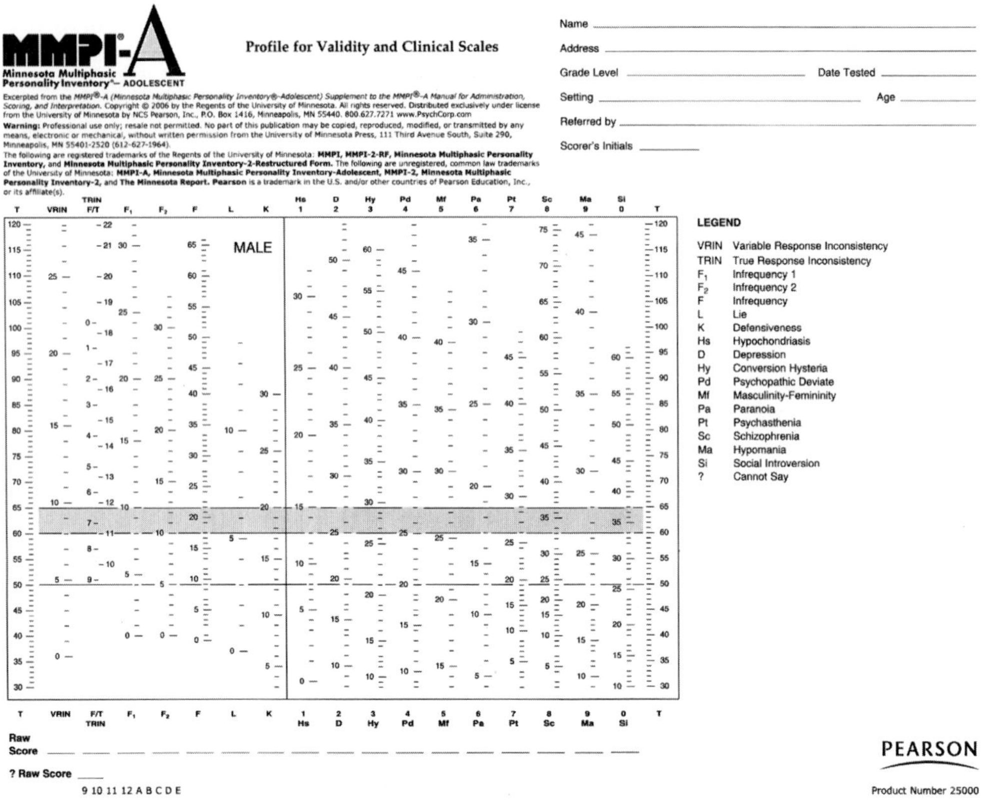

그림 3-1 MMPI-A의 기본척도들(남성용)

출처: University of Minnesota Press의 허가하에 사용함. 무단 전재 금지. 'Minnesota Multiphasic Personality Inventory'와 'MMPI' 상표는 Regents of the University of Minnesota에서 소유함.

**Minnesota Multiphasic
Personality Inventory-Adolescent
Restructured Form™**

Name _____

ID Number _____

Gender _____   Date Tested _____

Education _____   Age _____   Scorer's Initials _____

Profile for Higher-Order (H-O) and Restructured Clinical (RC) Scales

Higher-Order | Restructured Clinical

(profile chart with scales T, EID, THD, BXD, RCd, RC1, RC2, RC3, RC4, RC6, RC7, RC8, RC9, T)

Raw Score ____ ____ ____   ____ ____ ____ ____ ____ ____ ____ ____ ____

T Score ____ ____ ____   ____ ____ ____ ____ ____ ____ ____ ____ ____

MMPI-A-RF T scores are nongendered.

H-O Scales
EID Emotional/Internalizing Dysfunction
THD Thought Dysfunction
BXD Behavioral/Externalizing Dysfunction

RC Scales
RCd Demoralization
RC1 Somatic Complaints
RC2 Low Positive Emotions
RC3 Cynicism
RC4 Antisocial Behavior
RC6 Ideas of Persecution
RC7 Dysfunctional Negative Emotions
RC8 Aberrant Experiences
RC9 Hypomanic Activation

그림 3-2 MMPI-A-RF의 상위차원(H-O) 척도와 재구성임상(RC) 척도들(성별 통합 규준)

출처: MMPI-A-RF 실시, 채점, 해석 및 기술 매뉴얼 by Archer, et al. Copyright © 2016 by the Regents of the University of Minnesota. University of Minnesota Press의 허가하에 사용함. 무단 전재 금지. 'Minnesota Multiphasic Personality Inventory'와 'MMPI' 상표는 Regents of the University of Minnesota에서 소유함.

컴퓨터 실시 및 채점의 문제

MMPI-A나 MMPI-A-RF를 실시하거나 채점하기 위해 컴퓨터 소프트웨어를 사용할 때 평가해야 하는 몇 가지 주요한 고려 사항이 있다. 이러한 검사들을 온라인으로 실시할 때는 응답의 입력 및 수정에 대해 명확한 지침이 제공되어야 한다. 검사자는 응답자가 응답을 정확하게 입력하거나 변경하는 방법에 대한 지침을 들었는지 확인해야 한다. 응답자가 지침을 이해했는지 확인하기 위해 응답자의 입력을 모니터링해야 한다. 컴퓨터 실시 프로그램에는 종종 누락된 문항을 모니터링할 수 있는 요약 또는 편집 화면이 있다.

일부 연구에서 컴퓨터로 실시된 MMPI 점수가 표준적인 지필 검사지로 실시된 검사의 점수와 차이가 있는지 조사했다. Watson, Thomas 및 Anderson(1992)은 967명의 응답이 망라된 9개의 연구에서 표준적인 검사지와 컴퓨터로 실시된 MMPI에서 산출된 MMPI 척도 점수를 얻은 뒤 이 둘을 비교하는 메타 분석을 실시했다. 연구자들은 컴퓨터로 실시한 MMPI가 표준적인 검사지로 실시한 경우보다 체계적으로 점수가 낮았다고 결론 내렸다. 그러나 이러한 차이는 작았고 대체적으로 1.5 T점수 미만이었다. Watson 등은 컴퓨터에 기반한 낮은 점수가 비록 작기는 하지만, 컴퓨터로 실시된 프로토콜, 특히 MMPI-A의 기본척도 3, 4, 8에 대해 별도의 표준과 프로파일 용지의 개발이 유용할 수 있다는 점을 충분히 시사하는 것으로 보인다고 결론지었다. 반면, Hays와 McCallum(2005)은 14~18세의 학생 102명에게 역균형화(counterbalance) 설계를 통해 일주일 간격으로 컴퓨터와 지필로 MMPI-A를 실시했다. 그들은 실시 방법에 따르는 유의한 평균 차이가 기본 타당화척도 및 임상척도 중 어떤 것에서도 나타나지 않았고, 실시 방법에 따른 척도 점수 분포와 상대적 점수 순위도 비슷했다고 보고했다. 이 두 연구를 종합하면 지필과 컴퓨터로 실시한 MMPI 결과 간의 차이가 작거나 거의 없다는 점에서 일관된다.

앞서 언급한 바와 같이, Pearson Assessment에서 MMPI-A와 MMPI-A-RF에 대한 우편 채점 서비스를 사용할 수 있다. 이 옵션을 사용할 때 응답자는 컴퓨터로 채점되는 응답지에 자신의 답변을 입력하고, 이 응답지는 채점 및 결과지 출력을 위해 Pearson Assessment로 보내진다. 수기 채점용과 마찬가지로, 컴퓨터로 채점되는 응답지는 처리를 위해 Pearson Assessment로 보내기 전에 검사자가 무응답 문항이나 이중 표시 및 이상 반응 세트가 있는지 확인해야 한다. 또한 임상가는 컴퓨터 채점 과정에서 유효한 반응으로 해석될 수 있는 빗나간 응답 표기나 충분히 삭제되지 않은 것들을 확인해서 제거해야 한다. 이러한 주의 사항은 보유한 스캐너를 사용하여 응답지를 입력하는 검사자에게도 똑같이 적용된다. 응답자의 MMPI 응답 표기의 깔끔함이나 엉성함의 정도가 성격 특성과 관련 될 수 있다는 임상적으로 구전되는 지식이 있으나, Luty와 Thackrey(1993)는 연구를 통해 표기의 깔끔함과 검사 점수에 의미있는 관계가 있다는 근거가 없음을 밝혔다. 컴퓨터 채 점 방법을 선택한 MMPI-A 또는 MMPI-A-RF 사용자는 14~18세 청소년의 경우에만 프 로파일 결과가 출력된다는 사실을 알아야 한다.

적절한 규준의 선정

MMPI-A에 사용되는 청소년 규준은 제2장에서 설명한 MMPI-A 규준 표본인 1,620명 의 청소년을 기반으로 한다. 제7장에서 더 자세히 설명하겠지만, MMPI-A-RF의 규준은 MMPI-A 규준 표본에 속한 1,610명의 청소년에 기반했으며, MMPI-A와 달리 성별이 통 합된 규준 변환을 기반으로 한다. Archer 등(2016a)은 성별에 따른 규준을 사용하는 것은 원점수의 성차가 측정된 구성요소와 무관하기에, 성별에 따른 규준을 사용해서 척도의 원점수를 표준 점수로 변환하면 성차가 제거될 수 있다는 가정에 기초한다고 언급했다. MMPI-A가 개발되었을 때(Butcher et al., 1992), 성별에 따른 T점수를 사용하는 것이 표준 적인 관행이었다. MMPI-2를 고용평가로 사용할 때는 「1991 연방민권법」을 적용해야 했 기 때문에, Ben-Porath와 Forbey(2003)는 MMPI-2의 모든 척도에 대해 성별 통합 규준을 개발했으며, 이 규준은 MMPI-2-RF 개발에 통합되었다. MMPI-A-RF에서도 성차를 무 관하다고 볼 수 없기 때문에, 성별 통합 규준으로 통합되었다.

청소년 규준 변환 절차

Marks와 Briggs(1972)가 원판 MMPI를 위해 개발한 청소년 규준은 원점수를 T점수로 변환하는 선형 변환 절차에 기초했다. 이것은 Hathaway와 McKinley가 원판 MMPI의 성 인 규준을 개발하는 데 사용된 변환 절차와 동일하다(Dahlstrom et al., 1972). MMPI-A 는 타당도척도(즉, VRIN, TRIN, F1, F2, F, L, K), 기본척도 5(남성성-여성성)와 0(내향성) 및 MacAndrew의 알코올 중독(MacAndrew Alcoholism Scale-Revised: MAC-R), 알코올/약물 문 제 인정(Alcohol/Drug Problem Acknowledgement: ACK), 알코올/약물 문제 가능성(Alcohol/ Drug Problem Proneness: PRO), 미성숙(Immaturity: IMM), 억압(Repression: R), 불안(Anxiety: A) 척도들이 포함된 보충척도에서 선형 T점수를 유지한다. MMPI-A의 8개의 임상척도(1,

2, 3, 4, 6, 7, 8, 9)와 모든 15개의 내용척도는 동형 T점수 변환 절차에서 산출된 T점수 값을 사용한다. MMPI-A-RF는 타당도척도(VRIN-r, TRIN-r, CRIN, F-r, L-r 및 K-r)에서 전통적인 선형 T점수를 사용했다.

MMPI의 선형 T점수 값과 관련된 문제를 해결하기 위해 동형 변환 절차가 개발되었다. 관련된 문제란 선형 절차를 사용하여 도출된 동일한 T점수 값이 표준 MMPI 척도들에서 같은 백분위 값을 나타내지 않는다는 것이다. 이 현상은 MMPI 척도의 원점수 분포가 정규 분포를 따르지 않고, 정규 분포의 변동이 척도마다 다르기 때문에 발생한다. 따라서 선형 T점수 변환 절차를 사용하면, T점수 값이 70인 어떤 척도의 백분위 값이 마찬가지로 T점수가 70점인 다른 MMPI 임상척도와는 다르게 나타난다. 이러한 불일치는 MMPI 척도들끼리 T점수 값을 직접 비교할 때 어려움을 초래했다. MMPI에 대한 선형 T점수 변환 절차의 사용과 관련된 문제는 Colligan 등(1983)에 의해 처음 상세하게 논의되었다.

MMPI-2 개발 과정에서 임상 및 내용척도에 동등한 T점수 값을 제공하기 위해 동형 T점수 변환 절차를 사용했다(Tellegen & Ben-Porath, 1992). MMPI-A 및 MMPI-A-RF의 실제 척도들을 개발할 때도 이와 동일한 접근법을 채택하였다. 예를 들어, MMPI-A 임상척도는 남녀 각각에 대해 척도 1, 2, 3, 4, 6, 7, 8 및 9의 분포를 검토한 뒤 동형 T점수 값을 개발한 것이다. MMPI-A의 척도 5와 0은 다른 임상척도와 다른 방식으로 도출되었고 분포가 덜 편중되었기 때문에 동형 T점수 절차에 포함되지 않았다. 즉, 더 정규적으로 분포되어 있다. 그런 후에 성별에 따른 8개의 기본척도에 대해 원점수의 복합 또는 평균 분포를 생성하여, 각 개별 척도의 분포가 복합 분포와 일치하도록 조정하였다. 복합 분포를 개발한 목적은 주어진 T점수 값이 각 척도에 걸쳐 동일한 백분위수로 변환되도록 각 척도에 T점수 변환 값을 할당하기 위해서였다. 이 측정 도구의 점수 분포에 기초하여 15개의 내용척도에 대해 각각 동형 T점수 변환을 도출하였다. MMPI-A-RF의 타당도척도를 제외하고 MMPI-A-RF의 모든 척도에 대해 동형 T점수가 개발되었다.

동형 T점수는 복합 선형 T점수를 나타내기 때문에, 이 절차는 주어진 T점수의 해당 척도 집단에 걸쳐 동등한 백분위 값을 생성하는 역할을 한다. 그러나 이 절차는 이러한 측정치의 점수 분포에 기저한 양적인(positive) 편중도 유지한다. 따라서 동형 T점수는 일반적으로 선형 T점수에서 얻을 수 있는 값과 유사하다(Edwards, Morrison, & Weissman, 1993b). 그럼에도 불구하고, T점수 변환 절차의 차이는 특정 응답 패턴에 대해 다른 점수 값을 생성할 수 있으며, 특히 남녀의 결합된 원점수 분포에 기초하여 동형 점수를 생성한 MMPI-A-RF에서 성별 통합 규준의 영향과 결합될 경우 더욱 그러하다.

동등성 문제

1990년 심포지엄에서 Honaker는 성인 평가에서 MMPI와 MMPI-2 사이의 동등성 문제를 검토했다. Honaker에 따르면, MMPI와 MMPI-2 사이의 심리측정적 동등성 문제는 매우 중요했는데, 그 이유는 이 요인이 원판 검사의 방대한 연구 문헌이 개정 및 재표준화된 MMPI 검사들에 일반화될 수 있는 정도를 결정했기 때문이다. Honaker는 두 가지 검사가 동등하거나 아주 유사하다고 여겨지기 위해서는 네 가지 조건이 충족되어야 한다고 언급했다. 이러한 조건은 다음과 같다.

- 이 검사들에서 동일한 점수(예: 같은 평균 점수, 높게 상승한 척도 코드들 등)를 산출해야 한다.
- 이 검사들에서 동일한 점수 분포가 산출되어야 한다.
- 각 검사에 의해 생성되는 개인의 순위는 동일해야 한다(예: 주어진 차원에서 개인들은 각 검사의 점수에 따라 같은 순위가 되어야 한다).
- 각 검사에서 생성된 점수는 독립적인 외적 기준과 동등한 상관관계가 있어야 한다.

이 문제를 평가하면서, Honaker는 101명의 성인 정신과 환자를 대상으로 역균형화된 반복 측정 설계로 MMPI와 MMPI-2 검사를 모두 실시하여 검증했다. 그 결과, MMPI와 MMPI-2는 응답자들의 점수 산포와 순위를 유사하게 생성했지만, 동일한 평균 점수를 산출하지는 않았다. MMPI-2 점수는 F, 2, 4, 8, 9, 0 척도에서 일관되게 낮게 나타났다. 또한 MMPI와 MMPI-2에서 높게 상승한 척도 코드의 일관성은 MMPI 또는 MMPI-2를 반복 실시해서 나온 결과보다 낮았다. 이러한 결과는 MMPI와 MMPI-2가 상호 상관이 높지만 동등한 검사 형태는 아님을 시사한다. 이 결과는 정상 고등학생들에게 MMPI-A와 MMPI를 실시한 Archer와 Gordon(1991a)의 연구를 통해서도 뒷받침되었다. 이 연구 결과, 대부분의 임상척도에서 MMPI-A 점수가 유의하게 낮아, 두 검사에서 산출된 T점수 사이에 유의하면서도 전반적인 상승도의 차이가 있음이 드러났다.

Honaker(1990)가 제시한 기준을 사용하면 MMPI-A와 MMPI가 심리측정적으로 동등한 검사 형태가 아니라는 것이 분명하지만, 원판 MMPI에서 생성된 청소년 프로파일과 MMPI-A에서 생성된 청소년 프로파일 간에 높은 수준의 일관성이 발견된 연구 문헌도 많다. 이후 장에서 볼 수 있듯이, 이 문제는 원판 검사를 사용한 청소년에 대한 많은 연구 문헌이 MMPI-A 사용자에게도 타당하게 일반화될 수 있다는 결론에 대한 핵심적인 결정 요인이다.

MMPI-A와 MMPI-A-RF는 심리측정적으로 동등한 검사 형태가 아니라 문항을 공유하고 상당히 많이 겹치는 규준 세트를 갖고 있는 서로 다른 검사 도구라는 점에 유의해야 한다. 또한 MMPI-A의 연구 결과는 MMPI-A-RF로 일반화할 수 없으며, MMPI-A-RF는 척도 검사 점수의 신뢰도와 타당도를 평가하는 자체 연구 문헌이 요구되는 새로운 청소년 평가 도구로 간주하는 것이 가장 적절하다.

MMPI-A에 대한 Welsh 코드의 도출

MMPI 프로파일을 위한 두 가지 주요 코딩 체계가 개발되었다. 첫 번째 코딩 체계는 Stark Hathaway(1947)에 의해 개발되었으며, 이는 George Welsh(1948)에 의해 수정되고 더 종합적으로 만들어졌다. Welsh 체계는 Hathaway의 코드보다 더 널리 사용되며 프로파일의 특징을 보다 정확하게 분류할 수 있기 때문에 MMPI-A 매뉴얼(Butcher et al., 1992)에서 청소년의 MMPI-A 응답을 분류하는 데 권장되었다. Hathaway와 Welsh 체계에 대한 종합적인 설명은 Dahlstrom 등(1972)과 Friedman 등(2001)과 같은 문헌에 포함되어 있다. MMPI-A-RF에 대한 프로파일 코딩 체계의 사용은 개발되지 않았으므로 다음 논의는 MMPI-A의 척도 점수 코딩에만 적용된다.

프로파일 코딩의 일반적인 기능은 프로파일의 가장 두드러진 특징을 빠르게 요약하는 표기법을 제공하는 것이다. 이에는 척도의 상승 범위와 최고에서 최저까지의 상승도 순서가 정해진 척도들 간의 관계 패턴이 포함된다. 코드는 많은 정보의 손실 없이 프로파일의 주요 특징을 요약하는 빠르고 편리한 방법을 제공한다.

Welsh 코드는 숫자로 지정된 모든 표준 임상척도를 T점수 상승도의 내림차순(왼쪽에서 오른쪽 방향으로)으로 배열하도록 한다. 전통적인 타당도척도(L, F, K)는 임상척도의 오른쪽에 즉시 코드화되며, 가장 높은 값에서 낮은 값까지의 순으로 다시 배열된다. 〈표 3-3〉에서 보여 주듯이, 코드 내의 모든 척도에 대한 상대적인 상승도는 기호 체계(MMPI-A에 맞게 수정되었고, 검사 매뉴얼에 설명됨)로 표시된다.

Welsh 코딩 체계에서 관련 기호는 상승도 범위와 관련된 척도 또는 척도의 바로 오른쪽에 위치한다. 예를 들어, 척도 2의 T점수 값이 98점이고 척도 4의 T점수 값이 92점인 경우, 24*로 기호화된다. 또한 2개 이상의 척도가 T점수 1점 차이 내에 있는 경우, 모든 해당 척도에 밑줄을 긋는다. 예를 들어, 척도 2가 53점이고, 척도 3이 52점으로 상승했을 경우, 23/으로 표시된다. 〈표 3-4〉의 예는 Friedman 등(2001)에서 가져온 것으로, MMPI-A의 Welsh 코딩 체계를 보여 준다.

이 예시의 몇 가지 특성을 보자. 예를 들어 척도 3과 6은 둘 다 62점으로 동일한 T점수 값이며, 내림차순으로 제시되는 순서에서 관례적으로 낮은 번호 척도(즉 척도 3)가 먼저 제시된다. 또한 척도 3, 6, 8은 T점수 차이가 1점 이내이므로 세 척도 모두에 밑줄이 그어져 있다. 마지막으로, " 기호는 척도 2 옆의 * 기호와 바로 인접하게 표시된다. 이는 T점수가 80~89점까지인 척도는 없음을 의미하며, 특정 T점수 범위에서 값이 발생하지 않더라도 코드에 적절한 기호를 기록해야 한다는 관례를 보여 준다. 일반적으로, 대부분의 임상가는 먼저 표준 임상척도에 Welsh 코드를 적용한 다음 타당도척도에 대해서 코딩을 한다. MMPI-A에 대한 Welsh 코드의 예시는 검사 매뉴얼에도 수록되어 있다(Butcher et al., 1992).

표 3-3 T점수 상승 범위에 따른 기호

T점수 값	기호
120점 이상	!
110~119점	!!
100~109점	**
90~99점	*
80~89점	"
70~79점	,
65~69점	+
60~64점	-
50~59점	/
40~49점	:
30~39점	#
29점 이하	기호 없음(# 기호 오른쪽에 척도 번호 표시)

| 표 3-4 | Welsh 코딩 방법을 사용한 예시 프로파일 |

척도	L	F	K	1	2	3	4	5	6	7	8	9	0
T점수	44	60	49	49	99	62	50	67	62	79	63	38	70
Welsh 코드	2*"70'5+836-4/1:9# F-/KL:												

∘᯾ 검사 결과에 대한 피드백 제공

검사 전 청소년 수검자와 라포를 형성하고 명확하고 간결한 검사 지침을 제공하는 것에 더해, 검사 결과에 대해 피드백을 받을 것임을 알리는 것은 큰 도움이 된다. 청소년 수검자가 검사 경험을 통해 배울 기회가 없다면, 종종 힘든 검사 절차에 협조할 수 있는 내재적 동기가 거의 없을 것이다. Finn과 Tonsager(1992)는 심리치료를 기다리는 대학생들에게 MMPI-2 피드백을 제공하는 것이 참여자의 심리적 고통의 현저한 감소 및 유의미한 자존감 증대와 관련됨을 보여 주는 자료를 제시했다. MMPI-2 검사의 피드백 절차는 『MMPI-2 in psychological treatment』(Butcher, 1990), 『Therapist guide to the MMPI and MMPI-2: Providing feedback and treatment』(Lewak, Marks, & Nelson, 1990), 『Manual for using the MMPI-2 as a therapeutic intervention』(Finn, 1996) 등 3권의 책에서 중점적으로 다루어졌다. Finn의 저서에서는 내담자가 검사에서 무엇을 알고 싶은지 파악하고 피드백에 이 정보를 포함으로써 평가 과정에 내담자를 참여시키는 것이 중요하다고 강조한다.

Archer와 Krishnamurthy(2002)는 청소년 내담자에게 피드백을 주는 방법을 강조해 검사 과정에 대한 호기심을 북돋고 검사 결과의 개인적 관련성을 높였다. 이들은 Finn(1996)의 일반 지침을 참조하여 MMPI를 실시하기 전에 청소년이 검사 결과에 대해 적극적으로 질문하도록 참여시킬 것을 권장한다. 궁극적인 목표는 청소년이 검사 결과 피드백에서 체계적으로 다룰 수 있는 많은 실제적인 문제 또는 질문을 하도록 장려하는 것이다. Archer와 Krishnamurthy는 이 협업적 절차에서 발생할 수 있는 일반적인 대화들을 다음과 같이 제시했다(2002, pp. 24-25).

검사자: 이 검사가 ○○에게 얼마나 유용한지에 대해 확신이 없으리라 생각합니다. 종종, 이런 유형의 검사는 청소년들이 전혀 알지 못했거나, 적극적으로 생각하지 못했던 자신에 대한 것들을 알도록 돕습니다.

청소년: 어떤 것들이요?

검사자: 예를 들어, 대부분의 사람들은 자신이 다른 사람들에게 어떤 인상을 주는지, 혹은 자신의 사고방식과 기분이 다른 사람들과 다른지 아닌지에 대해 잘 생각하지 않습니다. MMPI-A는 이러한 이슈들에 대해 새로운 사실을 보여 줄 수 있어요. 그런 것 같나요?

청소년: 네, 그런 것 같아요.

검사자: 이 검사는 또한 청소년들이 자신에 대해 가진 의구심을 더 잘 이해하는 데 도움을 줄 수 있어요. 예를 들어, 어떤 청소년은 종종 불행감을 느끼거나 불평을 하지만 정확히 무슨 일이 일어나고 있는지 모를 때가 있지요. MMPI-A 결과는 자신이 우울하다는 것을 깨닫는 데 도움이 될 수 있는데, 이에는 다른 사람들의 반응에 매우 민감하고, 자신에 대해 부정적인 생각을 가지며, 아무도 자신을 진정으로 이해하지 못한다고 느끼는 것이 포함될 수 있어요. 어떤 식인지 이해가 되나요?

청소년: 네.

검사자: 좋아요. 이제 ○○가 검사를 통해 답을 얻고 싶은 자신에 대한 몇 가지 질문을 잠시 생각해 보세요. 그러면, 이 모든 것을 잘 마칠 수 있을 것입니다.

청소년: 음…… 우울감에 대해서?

검사자: 질문의 유형은 사람마다 다르고, 그것은 ○○에게 달려 있어요. 자신에 대해 궁금했던 점은 무엇인가요?

청소년: 잘 모르겠어요. 때로 저는 저보다는 저희 반의 모두가 그리고 내 친구 모두가 자신들에 대해서 매우 확신하고, 또 자기들이 원하는 것이 무엇인지 잘 알고 있다고 느껴요.

검사자: 좋은 시작이네요. ○○는 자신과 자신의 목표에 대해 불확실한 것처럼 들리고, 다른 친구들처럼 자신감이 있지 않다고 느끼는 것 같아요. 맞나요?

청소년: 네, 저만 전혀 모르고 있는 것 같아요.

검사자: 그렇다면 검사의 질문은 "다른 청소년들에 비해 내가 자신감과 자존감이 낮은가?" 일 수 있겠네요. 어때요?

청소년: 맞는 것 같아요.

검사자: 좋습니다. MMPI-A는 확실히 이 질문에 대해 답을 줄 수 있고, 어떤 것들이 이러한 느낌에 기여하는지 파악하는 데 도움이 될 수 있어요. 자, 그 질문을 적어 놓고 또 다른 질문을 해 봅시다.

청소년: 글쎄요, 저는 뽐내거나 노골적으로 잘난 척을 하는 사람들에게 화가 나요. 우리 부
　　　　모님도 나를 화나게 만드세요. 나는 정말 미치겠어요. 그냥 갑자기 그래요. 왜 이
　　　　렇게 쉽게 폭발하는지 궁금해요.

검사자: 그것이 바로 우리가 MMPI-A로부터 유용한 정보를 얻어야 하는 훌륭한 질문이겠
　　　　네요. 두 가지 관련 질문이 있는 것 같은데, 하나는 "내가 다른 사람들보다 더 빨리
　　　　화를 내는가?"와 또 다른 하나는 "나는 왜 쉽게 화를 내는가?"라는 것이겠네요.

청소년: 바로 그거예요.

　　Archer와 Krishnamurthy(2002)는 이 협업 과정이 청소년이 관심을 가진 문제를 확인하
고 검사자가 이러한 문제들을 재진술하고 명확히 하도록 돕는 것을 포함한다고 언급하였
다. 검사 전 실시하는 이와 같은 대화는 만족할 만한 정도의 목록이 작성될 때까지 서두르
지 말고 진행되어야 한다. Archer와 Krishnamurthy는 청소년내담자와 내담자의 법적 보
호자가 포함된 과정이나, 또는 청소년의 보살핌에 관여하는 다른 전문가가 보호자 대신
참여하는 과정에 이 절차의 수정된 버전을 사용할 수 있다고 하였다.

　　Butcher(1990)은 MMPI-A와 MMPI-A-RF에도 적용할 수 있는 일반적인 MMPI-2 피드
백의 지침을 제공했다. Butcher는 척도 및 T점수의 의미를 간략하게 설명하는 등 치료자
는 내담자에게 검사를 설명하고 검사 규준과 비교하여 내담자의 점수를 검토해야 한다고
제안한다. 또한 피드백 회기 중에 피드백을 상호적인 경험으로 만들기 위해 내담자들이
반응하도록 권장하는 것이 좋다. Butcher는 치료자가 내담자에게 주요 결과에 대한 이해
와 반응을 요약하도록 요청함으로써 검사 피드백의 수용 정도를 평가해야 한다고 강조했
다. Butcher는 주의사항으로 치료자들이 피드백을 '잠정적인' 정보로 제시해야 하며, 치료
자들은 내담자가 압도되거나 지나치게 방어적이지 않으면서 현실적으로 얼마나 많은 피
드백을 받아들이거나 통합할 수 있는지를 알아봐야 한다고 하였다.

청소년의 MMPI-A 및 MMPI-A-RF 프로파일의 기술적(technical) 타당성을 평가하는 몇 가지 방법이 있다. 이러한 방법에는 표준 타당도척도 결과에 대한 개별적·형태적 해석과 비전형적인 반응 세트 특성의 근거를 확인하기 위한 전체 프로파일의 형태 분석이 포함될 수 있다. 대다수 MMPI-A-RF 타당도척도는 해당 MMPI-A 타당도척도의 단축 척도를 나타내며 두 검사의 타당도척도 해석 과정이 유사하기 때문에, 이 장에서는 두 검사의 타당도척도를 함께 제시한다. MMPI-A의 타당도척도로 무선반응 비일관성(Variable Response Inconsistency: VRIN)과 고정반응 비일관성(True Response Inconsistency: TRIN) 척도, F1 및 F2 하위 척도가 개발되었다. L, F, K 척도를 F, L, K 척도 순으로 재정렬하면서, MMPI-A의 기본척도 프로파일의 시작 부분에 이 네 가지 새로운 타당도척도를 포함한 것은 이 검사의 개정에서 가장 명백한 변경 사항 중 하나이다.

MMPI-A-RF의 경우 개정된 VRIN와 TRIN 척도, 즉 VRIN-r과 TRIN-r 척도가 개발되었으며, VRIN-r과 TRIN-r 척도의 점수 합계인 새로운 일관성 척도, 즉 반응 비일관성(Combined Response Inconsistency: CRIN) 척도가 개발되었다. 또한 MMPI-A-RF에는 MMPI-A의 L 척도 개정판인 흔치 않은 도덕적 반응(Uncommon Virtues: L-r)과 K 척도 개정판인 적응 타당도(Adjustment Validity: K-r)가 포함되어 있다. 마지막으로, MMPI-A-RF 타당도척도에는

표 4-1 MMPI-A와 MMPI-A-RF의 타당도척도

	MMPI-A 척도	MMPI-A-RF 척도
일관성 척도	무선반응 비일관성(VRIN)	무선반응 비일관성(VRIN-r)
	고정반응 비일관성(TRIN)	고정반응 비일관성(TRIN-r)
	-	반응 비일관성(CRIN-r)
과대보고	비전형1(F1)	-
	비전형2(F2)	-
	비전형(F)	비전형 반응(F-r)
과소보고	부인(L)	흔치 않은 도덕적 반응(L-r)
	방어성(K)	적응 타당도(K-r)

출처: 다면적 인성검사 청소년판(MMPI®-A)의 실시, 채점 및 해석 매뉴얼 by Butcher, et al. Copyright © 1992 by the Regents of the University of Minnesota. MMPI-A-RF의 실시, 채점, 해석 및 기술 매뉴얼 by Archer, et al. Copyright © 2016 by the Regents of the University of Minnesota. University of Minnesota Press의 허가하에 재사용함. 무단 전재 금지. 'Minnesota Multiphasic Personality Inventory'와 'MMPI' 상표는 Regents of the University of Minnesota에서 소유함.

MMPI-A의 F 척도의 실질적인 수정이 반영된 비전형 반응(Infrequent Responses: F-r) 척도가 포함된다. 이 장에서는 이러한 타당도척도 외에도 기술적 타당도 패턴을 해석하기 위해 Roger Green(2000, 2011)이 개발한 개념 모델을 제시한다. 이 모델은 기술적 타당도의 구성 요소로서 반응 일관성과 반응 정확성의 차이를 강조하며, 이는 MMPI-A와 MMPI-A-RF 모두에 적용할 수 있다. 〈표 4-1〉은 MMPI-A와 MMPI-A-RF 타당도척도를 보여 준다.

∞ MMPI-A와 MMPI-A-RF의 타당도척도

MMPI 타당도척도 및 파생된 소척도

Hathaway와 McKinley가 개발한 MMPI의 초기 타당도척도(F, L, K)는 주로 성인 응답자 사이에서 일탈적인 검사 태도와 반응을 감지하기 위해 만들어졌다. 그러나 청소년 표본에서 반응 일관성 및 반응 정확성과 관련된 문제로 인해 타당하지 않은 프로파일이 더 자주 발생할 수 있기 때문에, 청소년의 MMPI-A 및 MMPI-A-RF 프로파일의 기술적 타당도를 결정하는 것은 특히 중요하다. 예를 들어, Pogge, Stokes, Frank, Wong 및 Harvey(1997)는 MMPI-A의 경우 청소년의 정신병리를 밝히는 데 반응 방식의 영향을 평가하도록 특별히 설계된 척도를 가지고 있지만, 청소년에게 일반적으로 더 많이 사용되는 자기보고식 검사[예: 간이정신진단검사(SCL-90-R)]에는 타당성 척도가 포함되어 있지 않음을 보고했다. 또한 이들은 일부 임상가들이 반응 방식의 영향을 최소화하기 위해서 청소년의 자기보고식 자료보다는 관찰자 평정을 사용하는 것을 더 선호한다는 점에 주목했다. Pogge 등은 235명의 청소년 정신과 입원환자를 대상으로 실시한 정신병리에 대한 자기보고식 검사와 치료자 평정 검사 연구에서 이러한 문제들을 검증하였다. 이 연구의 모든 참가자는 MMPI, SCL-90-R, BDI 등의 세 가지 자기보고식 척도를 실시하였다. 그 결과, 청소년의 증상에 대한 자기보고 및 치료자 평정을 최선으로 예측하는 것은 임상척도 및 타당도척도인 L, F, K의 개별 점수를 통합한 예측 모델에 기반한다는 것이 입증되었다. 실제로 이 연구에 참여한 청소년 환자의 1/3은 MMPI의 세 가지 타당도척도 중 적어도 하나에서 임상 수준의 상승을 나타냈고, 이는 이 집단에서 타당도척도의 문제가 상대적으로 높은 비율로 존재한다는 것을 강조한다. Pogge 등은 그들의 연구 결과가 청소년의 정신병리를 평가하는 데 있어 타당도척도를 사용하는 것이 핵심적이며, 임상가 평정은 정신병리 평가 시 자기제시 편향을 제거하지 못하며 따라서 자기보고식 검사의 적절한 대체물이 아니라는 것을 강하게 시사한다고 결론 내렸다. 그러나 표준 타당도척도에 대한 연구가 축적됨에 따라, Graham(2012)은 초기 타당도척도를 응답자들의 검사 외적 행동을 추론하기 위한 추가적인 자료로 보게 되었다고 언급했다. 따라서 이러한 타당도척도는 MMPI 응답 패턴의 기술적 타당성뿐 아니라 응답자에게 적용될 수 있는 행동적인 상관물(correlates)이나 설명에 관한 귀중한 정보를 제공한다.

무응답(Cannot Say: CNS) 척도

무응답(CNS) 척도는 응답자가 답변하지 못하거나, 그렇다 혹은 아니다 모두에 응답한 총 문항 수이다. 따라서 무응답 척도는 일관되거나 고정된 문항 모음이 없으므로 형식이 있는 척도는 아니다. 원판 MMPI의 프로파일에서는 프로파일 눈금판의 표준 타당도척도들 중 첫 번째로 무응답 척도를 제시하였다. MMPI-A와 MMPI-A-RF 프로파일에서도 무응답 척도의 원점수가 제시되지만, 프로파일 결과지의 하단에 새로 배치되어 '척도'로서의 역할이 약화되었다.

여러 연구에서 성인 표본의 무응답 척도 값의 특성을 조사했지만(Greene, 1980, 1989a, 1991, 2000, 2011에서 검토됨), 청소년 응답자를 대상으로 이 문제에 초점을 맞춘 연구는 거의 없었다. Ball와 Carroll(1960)은 켄터키주의 공립학교 9학년 학생 262명을 대상으로 무응답 척도 점수와 상관이 높은 특징들을 조사했다. 그 결과, 남자 청소년이 여자 청소년보다 평균 무응답 척도 점수가 더 높았다. 이 청소년들이 응답하지 않은 문항을 크게 분류해 보면, 청소년에게 해당되지 않는 내용, 종교적 문항, 성(sexuality)과 신체 기능에 관련된 문항, 양가적인 개인적 성격에 대해 결정을 내려야 하는 문항 등이었다. 마찬가지로 Hathaway와 Monachesi(1963)는 미네소타 주 전체의 정상 청소년 표본에서 남자 또는 여자 응답자 중 최소 2%가 무응답한 23개 문항을 밝혔다. 그들은 남녀 청소년 모두가 가장 많이 무응답한 문항은 종교와 성에 관련된 내용으로 보인다고 보고했다. 게다가, 여자 청소년은 성과 관련된 문항에서 유의하게 더 응답하지 않는 경향이 있었다.

일반적으로 원판 MMPI에 대한 Ball과 Carroll(1960)의 연구 결과와 MMPI-A에 대한 Archer와 Gordon(1991a)의 연구 결과는 인지 기능 및 독해력과 무응답 척도 점수 사이의 관계를 보여 주었다. Ball과 Carroll은 표본에서 무응답 척도 점수와 비행 행동 사이의 상관관계를 발견하지 못했지만, 무응답 척도 점수가 청소년의 지능 측정 점수 및 학업 성적

과 반비례한다는 것을 발견했다. Archer와 Gordon(1991a)은 중학생과 고등학생 495명의
표본에서 MMPI-A의 무응답 문항 수와 청소년의 독해력 사이에 중간 정도이지만 유의한
상관관계($r=-.10, p<.05$)를 발견했다. 이러한 연구 결과는 청소년이 문항 응답에 실패하
는 이유가 때때로 적대적이고 반항적인 특성보다는 지적 능력 및 독해력의 한계와 관련될
수 있음을 시사한다.

〈표 4-2〉에서 정신과 성인 및 청소년 표본의 원판 MMPI 무응답 문항 빈도에 관한
Greene(1991)의 정보를 제시하고 있다. 표에서 두 연령 집단 사이의 무응답 비율이 거의
동일하게 나타난다.

Gottesman 등(1987)은 Hathaway와 Monachesi(1963)의 자료에서 정상 청소년의 평
균 무응답 척도 점수가 대략 3점이라고 보고했다. 추가로, Gottesman 등의 청소년 규
준에 따르면, 원점수가 5~6점이면 T점수 범위로 70~80점으로 변환된다. 그러나 초
기 MMPI에 대한 Marks와 Briggs(1972)의 청소년 규준에 따르면, 무응답 척도 원점수
30은 남녀 청소년 모두에게 T점수 50점으로 변환된다. 이러한 T점수 변환은 Hathaway와
McKinley(1967)가 원판 MMPI의 성인 규준에서 사용한 무응답 척도 원점수 값이 30점에
임의로 점수를 할당한 것의 연속선인 것으로 보인다. 그러나 청소년 표본과 성인 표본 모

표 4-2 정신과 성인과 청소년 표본의 성별에 따른 MMPI 무응답 빈도

무응답 문항 수	정신과 환자 (Hedlund & Won Cho, 1979)			
	성인		청소년	
	남성 (N=8,646)	여성 (N=3,743)	남성 (N=693)	여성 (N=290)
0	29.8%	28.4%	28.0%	27.9%
1~5	32.3%	30.4%	31.0%	30.8%
누적(0~5)	62.1%	58.8%	59.0%	58.7%
6-10	16.8%	17.2%	21.1%	21.7%
누적(0~10)	78.9%	76.0%	80.1%	80.4%
11~30	14.7%	17.4%	14.6%	13.1%
누적(0~30)	93.6%	93.4%	94.7%	93.5%
31개 이상	6.4%	6.6%	5.3%	6.5%
M	8.7	9.3	7.7	8.4
SD	18.1	19.2	13.1	15.1

출처: Roger L. Greene. The MMPI-2/MMPI: 해석 매뉴얼 1판 ⓒ 1991. Pearson Education, Inc., New York, NY의 허
가하에 사용함.

두에서 무응답 척도의 원점수 30점은 T점수 50점 값의 의미에 내포된 것보다 훨씬 덜 발생한다. 예를 들어, MMPI-A 규준 표본의 자료에서 무응답 척도의 평균 원점수는 남녀 청소년 모두에서 약 1점이었다.

Greene(1991)은 983명의 청소년 정신과 환자 표본에서 무응답 빈도가 가장 높은 MMPI 문항을 확인하였다. 이 17개 문항 중 10개 문항이 MMPI-A에서 삭제되었고, 3개 문항이 추가로 수정되었다. MMPI-A 규준 표본에서 무응답 척도의 평균 원점수가 매우 낮은 것은 원판 검사와 대조해 볼 때 MMPI-A의 문항 개정 과정에서 청소년과 관련성을 높이는 검사가 성공적으로 만들어졌음을 시사한다. 그러나 MMPI-A의 무응답 척도 평균값은 규준 표본에서 무응답 원점수 값이 35점보다 큰 경우를 제거했음에 영향을 받았다는 점에 유의해야 한다. 〈표 4-3〉과 〈표 4-4〉는 각각 MMPI-A 규준 표본의 남자 청소년 805명과 여자 청소년 815명이 가장 응답하지 않은 축약형 문항을 보여 준다. 또한 MMPI-A-RF의 문항 모음에 남아 있는 문항들도 제시하고 있다.

표 4-3 MMPI-A 규준 표본 중 805명의 남자 청소년들의 무응답 빈도가 가장 높은 문항들

문항 번호	문항 내용	무응답 빈도	표본 중 비율(%)
203	반복적으로 많이 생각한다.	25	3.1
441	매력적이라고 생각하지 않는다.	13	1.6
16	인생은 불공평하다.	10	1.2
199	해야 할 의무에 기반해서 산다.	8	1.0
395	모든 공을 차지하지만, 실수에 대해서는 남을 탓하는 사람을 위해 일했다.*(31)	8	1.0
404	가끔 '무너질 것' 같다.*(128)	8	1.0
177	자살을 생각한다.*(46)	7	.9
406	성적으로 잘못된 행동을 많이 한다.	7	.9
448	의지할 만하다고 생각된다.	7	.9
467	대마초를 즐긴다.*(235)	7	.9

출처: 허가하에 축약 문항을 사용함. MMPI®-A Booklet of Abbreviated Items. Copyright ⓒ 2005 by the Regents of the University of Minnesota. MMPI-A-RF Test Booklet. Copyright ⓒ 2016 by the Regents of the University of Minnesota. 무단 전재 금지. 'Minnesota Multiphasic Personality Inventory'와 'MMPI' 상표는 University of Minnesota에서 소유함.

주: 별표는 괄호 안의 번호로 MMPI-A-RF에도 있음을 나타냄.

표 4-4   MMPI-A 규준 표본 중 815명의 여자 청소년들의 무응답 빈도가 가장 높은 문항들

문항 번호	문항 내용	무응답 빈도	표본 중 비율(%)
203	반복적으로 많이 생각한다.	24	2.9
199	해야 할 의무에 기반해서 산다.	12	1.5
93	머리가 '꽉 막힌 것' 같다.*(227)	10	1.2
16	인생은 불공평하다.	8	1.0
31	성적인 행동으로 곤란에 처하지는 않는다.	7	.9
213	가능한 한 모든 것을 가지려는 것도 괜찮다.	7	.9
431	문제에 대해 이야기하는 것이 약을 복용하는 것보다 종종 더 도움이 된다.	7	.9
196	심장이 뛰거나 숨이 차는 일이 거의 없다.*(78)	6	.7
244	겁이 없다.	6	.7
251	성적인 생각에 시달린다.	6	.7
429	해로운 습관이 있다.	6	.7
432	고칠 수 없는 단점이 있다.*(121)	6	.7
442	어떤 일이 있더라도 신념을 따른다.*(99)	6	.7

주: 별표는 괄호 안의 번호로 MMPI-A-RF에도 있음을 나타냄.

〈표 4-5〉는 MMPI-A의 무응답 점수에 대한 해석 지침을 제공한다. 이 표에서 지적한 바와 같이, 30문항 이상에 무응답한 청소년은 무응답 문항에 답하거나 전체적으로 재검사를 하도록 해야 한다. 그러나 지능과 독해력이 무응답과 관련된다는 연구 결과를 고려하면, 검사자가 무응답한 MMPI-A 문항에 응답하도록 지시하기 전에 청소년이 문항을 이해할 수 있는 능력이 있는지 평가하는 것이 중요하다. Clopton과 Neuringer(1977)는 원판 MMPI에서 무작위로 30개 이하의 문항에 답하지 않은 것이 성인 규준으로 채점할 때 MMPI 프로파일 특징을 심각하게 왜곡하지 않는다는 것을 보여 주었다. 앞서 언급한 바와 같이, 상당수의 청소년이 원판 MMPI 또는 MMPI-A에서 답하지 않는 문항이 10개 미만일 것으로 예상된다. 무응답 척도에서 원점수 11~30점은 일반적으로 예상되는 것보다 훨씬 더 많은 문항에 답하지 않았음을 나타낸다. 독해력이 손상되었거나 경험의 한계로 일부

表 4-5   MMPI-A 무응답 척도 점수의 해석 지침

원점수	해석
0~3	낮음(low). 이 청소년들은 문항 모음에 자발적으로 응답하고 또 응답할 수 있으며, 문항 내용에 회피적이지 않았다.
4~10	중등도(moderate). 이 청소년들은 선택적으로 몇 가지 문항에 응답하지 않았다. 인생 경험의 한계로 일부 문항에 응답하기 어려웠을 수 있다. 모든 무응답이 단일 척도에서 발생하지 않는 한 프로파일의 왜곡 가능성은 거의 없다.
11~29	고도(marked). 이 청소년들은 예상보다 더 많은 문항에서 무응답을 보이며, 매우 우유부단할 수 있다. 무응답이 프로파일의 상승도를 왜곡했을 수 있다. 프로파일 타당도를 평가하려면 무응답 문항이 포함된 척도들을 확인해야 한다.
30 이상	타당하지 않음(invalid). 이 범위의 청소년들은 많은 문항에 응답하지 않았는데, 아마도 반항적이거나 비협조적인 자세 또는 심각한 독해력 장애 때문일 수 있다. 프로파일이 타당하지 않다. 만약 가능하다면, 이 범위를 보인 청소년들은 무응답 문항에 답하거나 전체적으로 재검사를 해야 한다.

출처: Archer (1987b)에서 수정함. Copyright ⓒ 1987 by Lawrence Erlbaum Associates, Inc. 허가하에 사용함.

문항이 무의미하거나 응답하기 어려운 청소년들은 이 정도의 무응답을 할 수 있다. 그러나 무응답 문항이 몇몇 척도에 집중되지 않는 한, 이 정도 범위의 무응답 척도 점수가 프로파일 형태를 왜곡할 가능성은 낮다.

241개 문항의 MMPI-A-RF는 478개 문항의 MMPI-A의 약 1/2 길이이기 때문에 이전 검사의 무응답 척도 점수 대신 새로운 무응답 척도 점수의 해석 지침이 개발되었다. 〈표 4-6〉에 MMPI-A-RF의 무응답 척도에 대한 해석 지침이 제시되어 있다. 표에 명시된 바와 같이, 무응답 문항이 상대적으로 짧은 다수의 주요 척도들에 미치는 잠재적 영향 때문에 MMPI-A-RF에서는 보수적인 무응답 점수 지침이 개발되었다. 따라서 MMPI-A-RF에서 무응답 척도 점수가 10점 이상일 때 프로토콜의 타당도에 대한 상당한 우려가 제기된다. 무응답 점수 1~9점의 범위를 보이는 청소년의 경우, 무응답 문항이 해당 척도에 미치는 상대적 영향을 확인하기 위해 더 짧은 척도들의 무응답 문항의 비율을 평가하는 것이 좋다. 해당 척도의 전체 문항 중 90% 미만에 응답한 MMPI-A-RF 척도는 해당 척도와 관련된 문제를 심각하게 과소평가할 수 있으므로 해석해서는 안 된다.

표 4-6   MMPI-A-RF의 무응답 척도 점수의 해석 지침

원점수	결과 타당성	가능한 이유	해석
≥10	일부 척도들이 타당하지 않을 수 있음	- 독해 또는 언어 능력 부족 - 심각한 정신병리 - 강박성 - 통찰력 부족 - 협조 부족	가능한 이유를 파악하려면 채점할 수 없는 문항의 내용을 검토해야 한다. 영향은 척도에 따라 달라진다. 척도 전체 문항의 90% 미만이 채점된 경우, 상승하지 않은 점수를 해석할 수 없다. 이러한 척도에서 상승된 점수는 관련된 문제의 중요성이나 심각성을 과소평가할 수 있다.
1~9	일부 문항 수가 적은 척도들의 경우 타당하지 않을 수 있음	- 선택적 무응답	가능한 이유를 파악하려면 채점할 수 없는 문항의 내용을 검토해야 한다. 영향은 척도에 따라 달라진다. 척도 전체 문항의 90% 미만이 채점된 경우, 상승하지 않은 점수를 해석할 수 없다. 이러한 척도에서 상승된 점수는 관련된 문제의 중요성이나 심각성을 과소평가할 수 있다.
0	없음	241개 문항 전체를 채점 가능하도록 응답함	수검자는 자발적이고 협조적으로 검사 문항에 응답하였다.

출처: MMPI-A-RF의 내용을 허가하에 사용함. MMPI-A-RF의 실시, 채점, 해석 및 기술 매뉴얼 by Archer, et al. Copyright ⓒ 2016 by the Regents of the University of Minnesota. University of Minnesota Press의 허가하에 사용함. 무단 전재 금지. 'Minnesota Multiphasic Personality Inventory'와 'MMPI' 상표는 Regents of the University of Minnesota에서 소유함.

MMPI-A의 비전형(Infrequency: F) 척도와 F1 및 F2 척도

원판 MMPI의 비전형(F) 척도는 미네소타 성인 규준 표본의 10% 이하가 일탈된 방향으로 응답한 것이라는 기준을 사용하여 선정된 64개 문항으로 구성되었다. 이 개발 절차의 결과, F 척도는 종종 흔한(frequency) 또는 흔치 않은(infrequency) 척도로 언급되었다. F 척도에는 이상하거나 특이한 경험, 생각, 감각, 편집적 사고, 반사회적 태도 및 행동 등과 관련한 다양한 문항이 포함된다. 원판 MMPI의 F 척도는 청소년에게 적용할 때 가장 문제가 많은 척도 중 하나였는데, 이는 일반적으로 청소년이 성인보다 F 척도에서 훨씬 높은 점수를 보이기 때문이다. F 척도에서 청소년과 성인 응답자의 유의한 평균 원점수 차이가 규준 및 임상 표본 모두에서 지속적으로 보고되었다(예: Archer, 1984, 1987b). 청소년들의 경우 일반적으로 F 척도 점수가 높기 때문에, 청소년의 MMPI 프로파일의 기술적 타당성을 평가하기 위해 F 척도 타당도 기준을 사용하는 것은 매우 복잡하고 종종 비효율적이다. 흥미롭게도, 높은 F 척도 점수는 다른 표본이나 집단에서도 발견되었는데, 미국에

서 개발된 표준 규준에 대입하면 중국인과 홍콩인도 이에 포함된다(예: Cheung, Song, & Butcher, 1991). Cheung 등(1991)은 중국인 응답자가 보인 F 척도의 상승 이유가 태도, 관습, 신념의 문화적 차이에서 기인한다고 분석했다. 따라서 F 척도 문항의 응답 패턴은 개발 및 문화적 요인 모두에 의해 영향을 받는 것으로 나타났다.

  MMPI-A의 개발 과정에서, 청소년의 F 척도가 매우 높게 상승된 이유가 F 척도의 많은 문항들이 청소년 집단에서 효과적으로 기능하지 못했기 때문으로 밝혀졌다. 특히 성인용인 MMPI-2의 F 척도 60개 문항 중 11개는 MMPI-A 규준 표본의 20% 이상이 득점되는 방향으로 응답하였다. 예를 들어, MMPI-A 규준 표본의 남녀에서 약 26%는 초기 F 척도 문항 중 "가끔 자신이나 타인을 다치게 해야 할 것 같이 느껴진다."에 그렇다고 응답했고, 남자 청소년의 약 36%와 여자 청소년의 약 45%는 "대부분 다른 일을 하기보다는 앉아서 공상한다."에 그렇다고 답했다. 〈표 4-7〉은 실험적 검사지인 MMPI-TX를 사용한 MMPI-A 규준 표본에서 청소년이 가장 자주 응답하는 F 척도의 11개의 축약 문항과 응답 빈도를 제시한다.

표 4-7 MMPI-TX 규준 자료 수집 표본에서 20%를 초과하는 응답율을 보이는 MMPI-2 F 척도 문항들

MMPI-2 문항 번호	문항 내용	응답율(%)[a]
48	백일몽 꾸는 것을 좋아한다.	42.0
288	가족들은 나를 불공평하게 판단한다.	41.7
12	성생활이 만족스럽다.	32.8
174	내가 하는 일에 대해 배우는 것을 좋아한다.	32.3
132	내세를 믿는다.	31.2
168	가끔 무언가를 했으나 기억이 나지 않을 때가 있다.	29.8
324	사람들이 나를 두려워하게 만드는 것을 즐긴다.	28.2
300	몇몇 가족 구성원들을 질투한다.	26.3
150	자신이나 타인을 다치게 할 필요를 느낀다.	26.3
312	신문에서는 연재 만화만 좋아한다.	25.8
264	술을 많이 마셨다.	22.6

출처: University of Minnesota Press의 허가하에 MMPI-2의 축약문항을 사용함. Copyright © 2005 by the Regents of the University of Minnesota. 무단 전재 금지. 'Minnesota Multiphasic Personality Inventory'와 'MMPI' 상표는 Regents of the University of Minnesota에서 소유함.

주: [a] MMPI-A 규준 자료 수집 중 추출한 1,435명의 청소년 자료를 분석한 결과임.

또한 초기 F 척도에는 종교적인 믿음이나 성적 태도 및 기능과 관련되어서 불쾌하게 여겨질 수 있는 여러 문항(예: "신이 있다고 믿는다." "아동에게 성에 대한 모든 주요 사실을 가르쳐야 한다.")이 포함된다. MMPI-A 개발을 위한 개정 과정에서 이러한 의견을 바탕으로 F 척도는 F1 및 F2의 하위척도로 세분화되는 새로운 66개 문항의 F 척도로 만들어졌다.

MMPI-A의 F 척도는 MMPI-A 규준 표본의 남자 청소년 805명과 여자 청소년 815명 중 20% 이하가 일탈된 방향으로 응답한 문항을 선택하여 만들어졌다. MMPI-A의 F 척도를 만들 때, 청소년의 응답율 20%라는 선정 기준을 초과하였거나, MMPI-A에 포함하기에 부적절하다고 판단되는 내용이 포함된 문항들이 있어 원래 F 척도에서 27개 문항을 삭제하였다. 또한 원판 MMPI의 F 척도에 있지만 득점되지 않았던 12개 문항이 20% 기준을 충족했기 때문에 MMPI-A의 F 척도에 포함되었다. 마지막으로, MMPI-A의 F 척도에는 MMPI-A에만 있는 17개의 새로운 문항이 포함된다.

〈표 4-8〉에는 MMPI-A의 F 척도에 대한 다섯 가지 수준의 해석안이 제시되어 있다. MMPI-A F 척도가 현저히 혹은 극단적으로 상승하는 청소년은 심각한 정신장애를 앓고 있을 수 있으며, 증상을 가짜로 '부정왜곡(fake-bad)' 또는 과대보고하려고 할 수도 있다. 또는 의도적으로 혹은 독해력의 부족으로 인한 무선반응 패턴과 관련된 것일 수 있다. 예를 들어, Krakauer(1991)는 495명의 청소년을 대상으로 MMPI-A F 척도 상승과 독해력 사

표 4-8 MMPI-A F 척도 해석 지침

T점수	해석
45 이하	낮음(low). 이 범위의 점수는 정상 청소년들의 경우는 매우 전통적인 삶의 경험을 반영할 수 있고, 장애가 있는 청소년들의 경우는 '긍정왜곡(fake good)'을 시도했을 가능성을 반영할 수 있다.
46~59	정상(nmal). 이 범위의 청소년들은 청소년기 동안 겪는 특이한 경험의 정도가 일반적이라고 보고한다.
60~65	중등도(moderate). 정신병리를 나타내는 청소년들이 전형적으로 보일 수 있는 범위이다.
66~89	고도(marked). 이 범위에 해당하면 타당도 지표를 주의깊게 확인해야 한다. 타당한 프로파일이라면 대체로 입원 환경에서 나타나는 증상을 포함한 심각한 정신병리를 반영할 가능성이 높다.
90 이상	극단(extreme). 이 범위 점수의 프로파일은 타당하지 않을 수 있다. '부정왜곡'하는 것 및 다른 반응 세트가 배제된다면, 심각하게 와해되거나 정신증적인 청소년을 반영할 수 있다.

출처: Archer(1987b)에서 수정함. Copyright ⓒ 1987 by Lawrence Erlbaum Associates, Inc. 허가하에 사용함.

이의 관계를 조사했다. 그 결과, 전체 표본 청소년들의 11%가 6학년 이하의 독해력 점수를 받았다는 것이 발견되었다. 그러나 그중 F 척도의 T점수 값이 65점보다 큰 231명에서는 독해력이 6학년 이하인 청소년의 비율이 18%로 증가했다. 마찬가지로, F 척도의 T점수 값이 80점 이상인 청소년 120명 중 24%가 독해력이 부족하였다. F 척도의 T점수 값이 90점 이상인 68명의 청소년들의 경우에는 29%로 증가하였다.

MMPI-A의 F1 척도는 원판 F 척도에서 파생되었으며, 33개 문항으로 구성되어 있고, 이 중 24개가 원판에 있던 문항이다. F1 척도의 나머지 9개 문항은 원판에는 없던 새로운 문항이다. F1 척도의 모든 문항은 MMPI-A 검사의 초반 350개 문항 내에 위치하기 때문에, 축약형 MMPI-A 경우에도 사용될 수 있다. F2 척도도 33개 문항으로 구성되어 있으며, 모두 242번 이후에 있고 16개 문항은 350번 이후에 있다. F2 척도는 주로 원판 MMPI에 나타난 문항들로 구성되어 있지만, 이 중 12개만이 원판에서 F 척도로 채점되었다. 〈표 4-9〉는 MMPI-A F척도의 축약 문항의 예시로 괄호 안에 F1과 F2로 구분하였다. MMPI-A F 척도의 일부인 모든 F1과 F2 문항은 MMPI-A 규준 자료에서 정상 청소년 수검자의 20% 미만이 해당 문항에 득점되는 또는 결정적인 방향으로 응답했다는 기준에 따라 선택되었다.

MMPI-A의 F1 및 F2 척도는 MMPI-2의 F 및 F(B) 척도에 사용되는 것(Butcher et al., 1989)과 유사한 해석 전략을 사용할 수 있다. 구체적으로, F1 척도는 MMPI-A 기본척도에 대한 응답 타당도에 관한 정보를 제공하는 반면, F2 척도는 MMPI-A 검사의 후반부 응답에 대한 것으로 내용척도와 보충척도에 대한 정보를 제공한다. 만약 어떤 청소년의 F1 점수가 타당한 범위 내에 있지만 F2 점수가 극도로 높은 경우라면(T ≥ 90), 이 패턴은 MMPI-A 검사의 후반부에서 무선반응을 했음을 나타낸다. 이러한 경우, 내용척도 및 보충척도 결과는 타당하지 않은 것으로 처리하지만, 표준 척도 자료는 해석할 수 있다. 그러나 F1 점수가 타당한 범위를 초과하는 경우 전체 프로파일은 타당하지 않은 것으로 간주

표 4-9 **MMPI-A F 척도(F1과 F2)의 예시 문항들**

'그렇다'로 응답했을 때 득점되는 예시 문항
  22. 귀신에 빙의된 적이 있다.(F1)
  250. 영혼이 몸을 떠난다.(F2)

'아니다'로 응답했을 때 득점되는 예시 문항
  74. 대체로 나를 좋아한다.(F1)
  258. 어머니를 사랑한다(했다).(F2)

되어야 하며, F2 점수의 상승 여부와 관계없이 추가 해석을 하면 안 된다.

　F1과 F2 척도의 연구들은 이 척도들을 사용하여 타당하지 않은 기록을 식별하기 위한 최적의 기준 점수에 대한 것으로 제한된다. Berry 등(1991)은 대학생 표본에서 무선반응을 알아내는 데 대한 MMPI-2의 F와 F(B) 척도의 유용성을 입증했다. 그러나 Archer와 Elkins(1999)는 무선반응의 MMPI-A 프로파일을 식별하기 위해 F, F1, F2가 각각 개별적으로 사용될 때는 유용하지만 F1과 F2의 T점수 차이는 효용성이 없는 것으로 보인다고 보고했다. 또한 Archer, Handel, Lynch 및 Elkins(2002)는 이러한 F계열 척도들의 점수가 다양한 수준의 무선반응 프로파일을 탐지하는 데 개별적으로는 유용하다는 것을 발견했지만, "T점수 차이 점수가 허용 가능한 수준의 양성 예측력(높은 점수가 무선 프로파일을 반영할 확률)을 생성할 수 있을 만큼 충분히 커졌을 때는 검사 민감도가 현저히 낮은 기준 점수 이상의 무선 프로파일이 거의 발견되지 않았기 때문에 F1과 F2의 점수 차이는 효과적이지 않다는 점에 주목했다."(p. 429) Archer 등(2002)은 F1와 F2의 점수 차이가 유용한 결과를 산출하지 못하는 것에 대한 부분적인 설명으로 표준 실시 조건뿐만 아니라 대부분의 무선반응 조건에서도 F1 척도가 F2보다 높은 T점수 값을 산출하는 경향과 관련될 수 있다고 언급했다. 〈표 4-8〉은 MMPI-A F 척도의 T점수 해석 지침을 제공하며, 이러한 T점수 해석 지침은 F1과 F2가 개별 척도로 해석될 때도 적용되는 것으로 보인다. 그러나 현재까지 F1과 F2 척도의 점수차에 대해 수행된 연구들에서 그 유용성이 제한적이었음을 고려하면, 임상가는 F1과 F2 척도 간 T점수 차에 기초한 타당성을 추론할 때 특히 주의해야 한다.

MMPI-A-RF 비전형 반응(Infrequent Responses: F-r) 척도

　MMPI-A-RF에는 과대보고 측정치인 비전형 반응(F-r)이 있다. 이 척도는 MMPI-A-RF의 규준 표본과 외래 및 입원, 교정, 학교 표본을 포함한 임상 환경에서 수집된 복합적인 청소년 발달 표본에서 자주 응답되지 않는 문항을 기준으로 선택했다는 점에서 MMPI-A와는 다르다. 처음에 F-r 문항들은 규준 표본에서 15% 미만의 빈도로 응답(득점)되고 MMPI-A-RF 척도 개발에 사용된 임상 표본에서 20% 미만의 빈도로 응답(득점)된 기준에 기초하여 선택되었다. 예비 F-r 척도에서 내용의 과잉 대표성이나 중복성을 줄이기 위해 5개 문항을 삭제한 후, 최종적으로 F-r 척도에 23개 문항이 포함되었다. 〈표 4-10〉은 MMPI-A-RF의 F-r 척도에 대한 해석 지침을 제공한다. T점수 70~79점은 과대보고의 가능성이 시사되며, T점수 89점 이상은 과도한 비일관적 응답이나 증상에 대한 과대보

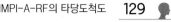

고로 인해 결과적으로 타당하지 않은 프로파일임이 강력히 시사된다. MMPI-A-RF 매뉴
얼(Archer et al., 2016a)에 보고된 바와 같이, MMPI-A-RF의 규준 표본에서는 어떤 청소년
도 F-r 척도에서 90점 이상의 T점수를 보이지 않았으나, 정신병리나 '부정왜곡'을 흉내 내
도록 지시받은 청소년 중 65%가 이 범위의 점수를 보였다. 〈표 4-10〉에서 언급했듯이,
VRIN-r, TRIN-r 및 CRIN 척도의 점수는 F-r 척도의 상승이 비일관적 응답의 결과임을
배제하는 데 유용할 수 있다.

표 4-10　MMPI-A-RF F-r 척도의 해석 지침

T점수	결과 타당성	가능한 이유	해석
≥90	타당하지 않음. 실제 심각한 정신병리가 있는 청소년들도 거의 보고하지 않는 증상을 평균보다 현저히 많이 답하여 과대보고가 시사됨	- 비일관적 반응 - 과대보고	VRIN-r, TRIN-r, CRIN 점수를 검토하여 비일관적 반응을 고려해야 한다. 만약 비일관성이 배제된다면, 이 정도의 비전형 반응은 실제 심각한 정신병리가 있거나 정서적 고통이 있는 청소년이 자신의 증상을 믿을 만하게 보고하는 경우에서도 매우 드물다는 점을 주의해야 한다. 주요 척도들의 해석은 불가능하다.
80~89	실제 심각한 정신병리가 있는 청소년들도 거의 보고하지 않는 증상을 평균보다 꽤 많이 답하여 과대보고의 가능성이 있음	- 비일관적 반응 - 심각한 정신병리 - 심각한 정서적 고통 - 과대보고	VRIN-r, TRIN-r, CRIN 점수를 검토하여 비일관적 반응을 고려해야 한다. 만약 비일관성이 배제된다면, 이 정도의 비전형 반응은 실제 심각한 정신병리가 있거나 정서적 고통이 있는 청소년이 자신의 증상을 믿을 만하게 보고하는 경우에 나타나는 수준이다. 그러나 또한 과장했을 수도 있다. 정신병리 과거력이나 현재의 입증할 증거가 없다면, 과대보고의 가능성이 높다.
70~79	실제 심각한 정신병리가 있는 청소년들도 거의 보고하지 않는 증상을 평균보다 많이 답하여 과대보고의 가능성이 있음	- 비일관적 반응 - 상당한 정신병리 - 상당한 정서적 고통 - 과대보고	VRIN-r, TRIN-r, CRIN 점수를 검토하여 비일관적 반응을 고려해야 한다. 만약 비일관성이 배제된다면, 이 정도의 비전형 반응은 실제 심각한 정신병리가 있거나 정서적 고통이 있는 청소년이 자신의 증상을 믿을 만하게 보고하는 경우에 나타나는 수준이다. 정신병리 과거력이나 현재의 입증할 증거가 없다면, 과대보고의 가능성이 있다.

MMPI-A 부인(Lie: L) 척도

원판 MMPI의 L 척도는 의도적으로 거짓말을 시도하거나 개방적이고 솔직한 태도로 문항에 응답하지 않는 경우를 식별하기 위해 선택된 15개 문항으로 구성되었다. L 척도는 모든 문항이 아니다라는 방향일 때 득점되며, 문항의 합리적·직관적 구별을 통해 생성되었다. MMPI-A의 L 척도는 원판에서 한 문항을 제외한 모든 문항이 유지되어 14개 문항으로 구성되었다. MMPI-A의 L 척도를 만들 때 삭제된 초기 L 척도 문항은 "때로 잘 모르는 사람들에게 투표한다."였다. 〈표 4-11〉은 MMPI-A의 L 척도에 포함된 축약된 문항의 예를 보여 준다.

MMPI-A L 척도는 대부분의 사람들에게 흔한 인간적인 결함의 구성 영역인 공격적 혹은 적대적인 충동을 부인하는 것 등의 다양한 내용을 포함한다. 높은 범위의 L 척도 값은 입원한 청소년의 더 긴 치료 기간과 관련된다(Archer, White, & Orvin, 1979). 일반적으로, 청소년의 L 척도 상승과 관련된 임상적 상관물은 성인과 유사한 것으로 보인다. 따라서 T점수 값이 60~65점 범위로 다소 상승한 것은 청소년 응답자가 관습성을 강조하고 부인(denial)을 사용하는 것과 관련된다. T점수 값이 65점을 초과하는 현저히 높은 상승은 '부정 반응(nay-saying)' 세트의 가능성이나 응답자가 자신의 특성을 호의적인 시각이나 '성인 같은(saintly)' 방식으로 표현하려는 세련되지 않은 시도와 관련된 문제를 제기한다. Stein과 Graham(2005)은 물질 남용 표본과 비남용 표본이 포함된 수감된 청소년들에서 긍정왜곡 시도를 탐지하기 위해 물질 남용 및 타당도척도의 효용성을 검토했다. 청소년들은 표준 검사 지침과 가짜로 괜찮은 척(fake-good)을 하라는 지침에 따라 두 번 MMPI-A를 실시하였다. 집단 판별을 예측하기 위해 L 척도의 T점수 56점 이상을 기준으로 사용했을 때, L 척도는 긍정왜곡 프로파일의 75% 이상과 표준 지침 프로파일의 77% 이상을 정확하게 탐지할 수 있었다.

L 척도의 모든 문항이 아니다 응답일 때 득점되기 때문에 이 척도의 점수(이 장의 뒷부분에서 설명하는 TRIN 척도와 함께)는 모두-그렇다와 모두-아니다 반응 패턴을 탐지하는 데 귀중한 지표로 사용된다. 〈표 4-12〉는 MMPI-A의 L 척도 상승의 4단계에 대한 다양한 해석 지침을 제시한다.

표 4-11　MMPI-A L 척도의 예시 문항들(14개 문항)

'그렇다'로 응답했을 때 득점되는 예시 문항

　없음

'아니다'로 응답했을 때 득점되는 예시 문항

　26. 때때로 욕하고 싶다.

　38. 때때로 진실을 말하지 않는다.

출처: University of Minnesota Press의 허가하에 MMPI-A의 축약 문항을 사용함. Copyright ⓒ 2005 by the Regents of the University of Minnesota. 무단 전재 금지. 'Minnesota Multiphasic Personality Inventory'와 'MMPI' 상표 는 Regents of the University of Minnesota에서 소유함.

표 4-12　MMPI-A L 척도 해석 지침

T점수	해석
45 이하	낮음. 정상 청소년들의 개방적이고 자신감있는 태도를 반영할 수 있다. '모두-그렇다' 또 는 '부정왜곡'하는 반응 세트일 수 있다.
46~55	정상. 이 범위의 점수는 흔한 사회적 결함에 대한 인정과 부인 사이에 적절한 균형을 반 영한다. 이 점수의 청소년들은 유연하고 엄격하지 않은 경향이 있다.
56~65	중등도. 순응과 관습적인 행동을 강조하는 청소년들을 반영할 수 있다. 정신과 환경에서 이 범위의 점수를 보인 청소년들은 부인을 핵심적인 방어기제로 사용할 수 있다.
66 이상	고도. 이 범위는 부인의 극단적 사용, 통찰력 및 세련됨의 부족을 반영한다. 조심스러운 예후와 함께 치료에 더 많은 시간이 필요할 가능성이 높다. '모두-아니다' 또는 '긍정왜곡' 하는 반응 세트일 수 있다.

출처: Archer (1987b)에서 수정함. Copyright ⓒ 1987 by Lawrence Erlbaum Associates, Inc. 허가하에 사용함.

MMPI-A-RF 흔치 않은 도덕적 반응(Uncommon Virtues: L-r) 척도

MMPI-A L 척도의 가장 큰 한계 중 하나는 이 척도를 지칭하는 데 사용된 잘못된 명명 이었다. '거짓(Lie)'이라는 용어는 기만이나 왜곡에 대한 의식적인 노력을 의미하는데, 이 는 이 척도에서 높은 점수를 보이는 많은 청소년에게 맞지 않는 특성이다. MMPI-A L 척 도에 대응되는 MMPI-A-RF의 척도는 '흔치 않은 도덕적 반응(L-r)' 척도로 이름이 바뀌었 다. 이러한 이름은 이 척도에서 높은 점수를 보이는 많은 사람이 부인과 억압 등 상대적으 로 세련되지 못한 방어기제를 사용하지만, 검사자를 속이거나 오도하려는 의도적인 노력 과는 상관이 없다는 사실을 더 정확하게 반영한다.

MMPI-A-RF의 L-r 척도는 대부분의 청소년이 보고하는 흔한 인간적 단점 또는 결함을 반영하는 11개 문항으로 구성된다. 이 중 3개 문항은 그렇다 방향으로 응답하면 득점되고, 나머지 8개 문항은 아니다 방향으로 응답하면 득점된다. MMPI-A-RF의 L-r 척도에서 아니다와 그렇다 방향으로 입력된 문항의 균형을 더 잘 맞추기 위해 노력했지만, 여전히 이 척도를 해석하기 전에 과도한 아니다 반응 경향 또는 모두-아니다 반응 패턴을 배제하는 것이 중요하다. 〈표 4-13〉은 L-r 척도 상승의 4단계에 대한 해석 지침을 제시한다. 이 표에서 볼 수 있듯이, L-r 척도의 T점수 값이 79점을 초과하는 프로파일은 타당하지 않을 가능성이 높으며, 흔한 인간적 결점을 부인함으로써 자신을 가장 긍정적인 시각으로 표현하는 청소년임을 반영한다. L-r의 T점수가 현저히 상승했다면, MMPI-A-RF 중 상승하지 않은 임상척도의 점수는 해석할 수 없다.

표 4-13 MMPI-A-RF L-r 척도의 해석 지침

T점수	결과 타당성	가능한 이유	해석
≥80	타당하지 않음. 대부분의 사람들이 인정하는 많은 사소한 잘못이나 결점을 부인하면서 자신을 지나치게 긍정적으로 나타내어 과소보고가 시사됨	- 비일관적 반응 - 과소보고	VRIN-r, TRIN-r, CRIN 점수를 검토하여 비일관적 반응을 고려해야 한다. 만약 비일관성이 배제된다면, 이 정도의 도덕적 자기제시는 전통적 가치를 강조하는 배경에서 성장한 사람들에게도 매우 드물다는 점을 주의해야 한다. 상승하지 않은 주요 척도는 해석할 수 없다. 상승한 주요 척도의 경우에도 해당 척도에서 측정된 문제가 과소평가되었을 수 있다.
70~79	대부분의 사람들이 인정하는 여러 사소한 잘못이나 결점을 부인하면서 자신을 매우 긍정적으로 나타내어 과소보고의 가능성이 있음	- 비일관적 반응 - 과소보고	VRIN-r, TRIN-r, CRIN 점수를 검토하여 비일관적 반응을 고려해야 한다. 만약 비일관성이 배제된다면, 이 정도 수준의 도덕적 자기제시는 드물지만, 전통적 가치를 강조하는 배경에서 성장했음을 반영할 수 있다. 상승하지 않은 주요 척도는 주의해서 해석해야 한다. 상승한 주요 척도의 경우 해당 척도에서 측정된 문제가 과소평가되었을 수 있다.
65~69	대부분의 사람들이 인정하는 몇몇 사소한 잘못이나 결점을 부인하면서 자신을 매우 긍정적으로 나타내어 과소보고의 가능성이 있음	- 비일관적 반응 - 과소보고	VRIN-r, TRIN-r, CRIN 점수를 검토하여 비일관적 반응을 고려해야 한다. 상승하지 않은 주요 척도는 주의해서 해석해야 한다. 상승한 주요 척도의 경우 해당 척도에서 측정된 문제가 과소평가되었을 수 있다.
< 65	과소보고의 증거가 없음		해석 가능하다.

MMPI-A 방어성(Defensiveness: K) 척도

F 척도의 광범위한 변화와 달리 K 척도는 MMPI-A의 개발 과정 중 문항 삭제가 없었으며, 단 2개의 문항만 문구를 바꾸는 정도로 수정되었다. MMPI-A의 K 척도는 유의미한 정신병리적 증상을 보이지만 정상 범위 내에 있는 프로파일을 생성한 사람을 식별하기 위해 경험적으로 선택된 30개의 문항으로 구성된다(Meehl & Hathaway, 1946). 이 문항 중 하나만 그렇다 방향일 때 득점된다. 〈표 4-14〉는 MMPI-A K 척도의 축약된 문항의 예를 보여 준다.

K 척도의 문항은 자기 통제에서 가족 및 대인관계까지 매우 다양한 문제를 다룬다(Greene, 2011). 성인 응답자들에게는 기본척도 1, 4, 7, 8, 9에 대한 K-교정 절차가 표준적 관행으로 자리 잡았지만, 원판 MMPI의 청소년 프로파일에서 K-교정은 사용되지 않았고 MMPI-A와 MMPI-A-RF에서도 사용되지 않았다. Marks 등(1974)은 청소년에게 K-교정 절차를 채택하면 안 되는 세 가지 이유를 제시했다. 첫째, K-교정은 원래 적은 수의 성인 환자 표본에서 개발되었으며, "따라서 청소년에게 적용할 수 있는지 의문"(p. 134)이다. 둘째, Dahlstrom 등(1972)과 다른 권위자들은 원래의 K-교정 가중치의 개발에서 Meehl이 사용한 표본과 상당히 다른 표본에 대한 K-가중치 사용에 대해 반복적으로 주의를 주었다. 마지막으로, Marks 등은 청소년들의 MMPI 점수가 K-교정 절차를 사용하지 않고 외적 기준 특성과 더 강한 상관을 보이는 청소년 표본을 사용한 이전의 연구를 인용했다. 이러한 패턴은 Weed, Ben-Porath 및 Butcher(1990)의 성인 표본 MMPI 자료와 Archer, Fontaine 및 McCrae(1998)가 수집한 성인 정신과 입원환자의 MMPI-2 결과에서도 보고되었다. 이러한 연구 결과는 심지어 성인 프로파일 해석에서의 K-교정의 유용성에 대한 의문도 제기한다.

표 4-14 MMPI-A K 척도의 예시 문항들

'그렇다'로 응답했을 때 득점되는 예시 문항(유일한 문항)
79. 가족과 거의 말다툼을 하지 않는다.

'아니다'로 응답했을 때 득점되는 예시 문항
34. 때때로 무언가를 부수고 싶다.
72. 사람들에게 진실에 대한 확신을 주기가 어렵다.

출처: University of Minnesota Press의 허가하에 MMPI-A의 축약 문항을 사용함. Copyright ⓒ 2005 by the Regents of the University of Minnesota. 무단 전재 금지. 'Minnesota Multiphasic Personality Inventory'와 'MMPI' 상표는 University of Minnesota에서 소유함.

Alperin 등(1996)은 이 교정 절차를 사용하여 검사 정확도가 얼마나 향상되는지 알아보기 위해 청소년 표본에서 얻은 결과에 기초하여 MMPI-A에 대한 실험적인 K-가중치를 도출했다. 규준 표본 청소년 1,620명과 정신과 입원 청소년 환자 122명의 임상 표본을 최적으로 예측하고자 경험적으로 결정된 K-가중치를 8개의 기본척도(Mf와 Si 제외)의 원점수 값에 체계적으로 더하였다. 적중률 분석은 K-교정된 동형 T점수가 표준 MMPI-A의 비교정 청소년 규준 결과와 비교하여 분류의 정확도를 향상시킨 정도를 평가하는 데 활용되었다. 결과적으로, MMPI-A에 K-교정 절차를 사용해도 연구에서 사용된 분류 작업에서 검사 정확도가 체계적으로 향상되지 않았다. 연구자들은 연구 결과가 MMPI-A의 K-교정 절차의 임상적 적용을 뒷받침하지 않는다고 결론 내렸다.

일반적으로, K 척도는 기본 임상척도와 비교하여 평균 원점수가 성인 표본에 비해 청소년 표본에서 더 낮은 경향이 있다는 점에서 독특하다. 예를 들어, MMPI-2 성인 규준 표본의 K 척도 평균 원점수 값이 남녀 각각 15.30과 15.03인 반면(Butcher et al., 1989), MMPI-A 규준 표본의 경우는 남녀 각각 12.7과 11.5였다(Butcher et al., 1992). 비록 관련 연구가 거의 이루어지지 않았지만, 이용 가능한 자료를 통해 볼 때 청소년의 K 척도의 상승이 성인에서 확립된 것과 동일한 임상적 상관 패턴과 관련될 수 있다고 나타났다. 따라서 부정왜곡을 하거나 현재 겪는 고통에 대해 '도움을 청하기(cry-for-help)' 위해 의식적·무의식적으로 자신의 증상 정도를 과장할 때 매우 낮은 K 척도가 나타날 수 있다. 반대로, K 척도의 상승은 심리적 문제와 증상을 과소보고하고 방어적인 청소년들에게서 종종 나타난다. 게다가 이러한 청소년들은 종종 심리 치료의 필요성을 인식하지 못하고 심리적인 문제들을 부인하려고 시도한다. 그들은 종종 적절한 대처와 적응이라는 겉모습 뒤에 숨는다. 청소년과 성인의 MMPI 문헌 모두에서 K 척도가 상승한 프로파일은 수검자가 치료에 협조하지 못하거나 거부하기 때문에 심리적 개입에 대한 예후가 좋지 않은 것과 관련된다(Archer et al., 1979). 〈표 4-15〉는 MMPI-A의 K 척도 상승의 4단계에 대한 해석안을 제시한다.

표 4-15 MMPI-A K 척도의 해석 지침

T점수	해석
40 이하	낮음(low). 이 점수의 청소년들은 자기개념이 약하고 스트레스 대처 자원이 제한적일 수 있다. 정상 집단에서의 '부정왜곡'이나 정신과 청소년들의 급성 고통과 관련될 수 있다.
41~55	정상(Normal). 이 범위는 자기 노출과 방어 사이의 적절한 균형을 반영한다. 심리치료 시 예후가 좋은 경우가 많다.
56~65	중등도(Moderate). 이 범위는 정상 청소년들의 자립적이며 타인의 도움을 꺼리는 태도를 반영할 수 있다. 정신과 환경에서 이 범위의 점수를 보인 청소년들은 심리적 문제를 인정하길 꺼리고 정신과적 도움이나 치료의 필요성을 부인하는 것과 관련될 수 있다.
66 이상	고도(Marked). 이 범위는 종종 좋지 않은 치료적 예후와 더 긴 치료 기간과 관련된 지나친 방어성을 반영한다. '긍정왜곡'하는 반응 세트의 가능성을 고려해야 한다.

출처: Archer (1987b)에서 수정함. Copyright ⓒ 1987 by Lawrence Erlbaum Associates, Inc. 허가하에 사용함.

MMPI-A-RF 적응 타당도(Adjustment Validity: K-r) 척도

MMPI-A-RF의 적응 타당도(K-r) 척도는 12개 문항으로 구성된다. 이 중 2개는 그렇다로 응답하면 득점되고, 나머지 문항은 아니다로 응답하면 득점된다. K-r 척도의 문항은 주로 MMPI-A의 K 척도에서 선택되었으며, 잘 적응하고 자립적이며 심리적 증상이 없는 청소년을 반영한다. 〈표 4-16〉은 MMPI-A-RF K-r 척도에 대한 네 가지 수준의 해석 지침을 제시한다. 이 표에서 볼 수 있듯이, 해석은 과소보고의 증거가 없는 T점수 60점 이하부터 청소년에게 매우 드물게 나타나는 심리적 적응수준이며, 타당하지 않을 가능성이 있는 T점수 74점 초과까지 다양하다. K-r 척도에서 74점 초과의 T점수 값은 또한 정상 범위의 MMPI-A-RF의 주요 척도들을 해석할 수 없는 점수가 될 수 있다.

표 4-16 MMPI-A-RF K-r 척도의 해석 지침

T점수	결과 타당성	가능한 이유	해석
≥75	타당하지 않음. 자신이 매우 지나치게 잘 적응했다고 보고하여 과소보고가 시사됨	- 비일관적 반응 - 과소보고	VRIN-r, TRIN-r, CRIN 점수를 검토하여 비일관적 반응을 고려해야 한다. 만약 비일관성이 배제된다면, 이 정도의 심리적 적응 수준은 청소년들 사이에서 매우 드물다는 점에 주의해야 한다. 상승하지 않은 주요 척도는 해석할 수 없다. 상승한 주요 척도의 경우에도 해당 척도에서 측정된 문제가 과소평가되었을 수 있다.

66~74	자신이 매우 잘 적응했다고 보고하여 과소보고의 가능성이 있음	- 비일관적 반응 - 매우 좋은 심리적 적응 수준 - 과소보고	VRIN-r, TRIN-r, CRIN 점수를 검토하여 비일관적 반응을 고려해야 한다. 만약 비일관성이 배제된다면, 이 정도의 심리적 적응 수준은 청소년들 사이에서 상대적으로 드물다는 점에 주의해야 한다. 특별히 잘 적응하고 있지 않은 경우, 상승하지 않은 주요 척도는 주의해서 해석해야한다. 상승한 주요 척도의 경우 해당 척도에서 측정된 문제가 과소평가되었을 수 있다.
60~65	자신이 잘 적응했다고 보고하여 과소보고의 가능성이 있음	- 비일관적 반응 - 좋은 심리적 적응 수준 - 과소보고	VRIN-r, TRIN-r, CRIN 점수를 검토하여 비일관적 반응을 고려해야 한다. 만약 비일관성이 배제된다면, 잘 적응하고 있지 않은 경우, 상승하지 않은 주요 척도는 주의해서 해석해야 한다. 상승한 주요 척도의 경우 해당 척도에서 측정된 문제가 과소평가되었을 수 있다.
< 60	과소보고의 증거가 없음		해석 가능하다.

출처: University of Minnesota Press의 허가하에 MMPI-A-RF 매뉴얼에서 사용함. MMPI-A-RF의 실시, 채점, 해석 및 기술 매뉴얼. by Archer, et al. Copyright ⓒ 2016 by the Regents of the University of Minnesota. 무단 전재 금지. 'Minnesota Multiphasic Personality Inventory'와 'MMPI' 상표는 Regents of the University of Minnesota 에서 소유함.

°৪ MMPI-A와 MMPI-A-RF의 반응 일관성 평가를 위한 타당도척도

MMPI-A의 무선반응 비일관성(Variable Response Inconsistency: VRIN) 척도와 고정반응 비일관성(True Response Inconsistency: TRIN) 척도

무선반응 비일관성(VRIN) 척도와 고정반응 비일관성(TRIN) 척도는 원래 MMPI-2용으로 개발되었고, MMPI-A에 대응되는 척도의 모델로 사용되었다. VRIN과 TRIN 모두 MMPI-A 문항에 일관된 방식으로 반응하는 경향에 대한 수검자의 정보를 제공한다. VRIN 척도는 내용이 비슷하거나 반대인 50쌍의 문항들로 구성된다. 청소년 수검자가 문항 쌍에 일관성 없는 답을 할 때마다 VRIN 척도 점수에 원점수 1점이 가산된다. 〈표 4-17〉은 VRIN 척도 문항을 보여 준다.

이 표에 표시된 것처럼, 문항 쌍의 내용에 따라 VRIN 합계에 점수가 추가되는 반응 조합이 결정된다. 일부 문항 쌍의 경우 2개의 그렇다 반응이 득점되고, 다른 조합의 경우

두 개의 아니다 반응이 득점되며, 다른 문항 쌍의 경우 그렇다와 아니다 반응을 조합하면 일관되지 않은 응답 패턴이 생성되어 원점수 값에 가산된다. VRIN의 결과는 청소년이 MMPI-A에 무차별적이고 무선으로 반응했다는 경고로 작용할 수 있다. 예를 들어, Berry 등(1992)과 Berry 등(1991)은 대학생 표본에서 무선반응의 여부에 대한 MMPI-2 VRIN 척도의 민감도를 보여 주었다. 상승된 VRIN 척도 값은 F 척도의 상승이 부주의 또는 무선반응 패턴을 반영할 가능성이 있다는 추론을 뒷받침하는 데 사용될 수도 있다. Wetter, Baer, Berry, Smith 및 Larsen(1992)은 이 점을 설명하면서 대학생 표본에서 무선반응과 꾀병 반응 모두 MMPI-2의 F 척도를 상승시키지만, 상승된 VRIN 척도 점수는 무선반응 패턴에서만 발생한다는 것을 보여 주었다. 따라서 높은 VRIN 점수와 높은 F 척도 점수가 결합되면 무선반응 패턴의 가능성이 강하게 시사된다. 그러나 VRIN T점수 값이 수용 가능한 범위에 있다고 해서 반드시 MMPI-A 프로파일이 타당하게 해석될 수 있는 것은 아니라는 점에 유의해야 한다. VRIN 척도 값이 청소년 반응 패턴의 일관성에 관한 추론과 관련되지만, 이 척도의 결과로 수검자 반응의 정확성을 판단하지는 못한다. 타당성 평가의 하위 구성 요소로서 정확성과 일관성의 구별은 이 장의 뒷부분에서 논의된다.

청소년에서 MMPI-A VRIN 척도의 효과는 여러 연구의 초점이 되어 왔다. 예를 들어, Baer, Ballenger, Berry 및 Wetter(1997)는 정상 청소년 106명의 표본에서 MMPI-A의 무선반응을 조사했다. 참여자에게 표준적으로 MMPI-A를 실시하는 동안 발생한 무선 응답의 빈도, 위치 및 이유에 대해 보고하도록 요청했으며, F, F1, F2, VRIN 척도 등 자기보고의

표 4-17 무선반응 비일관성(VRIN) 척도의 예시 문항들

모두 '그렇다'로 응답했을 때 1점이 득점되는 예시 문항 쌍

70. 자신감이 없다.

223. 자신만만하다.

모두 '아니다'로 응답했을 때 1점이 득점되는 예시 문항 쌍

304. 군중을 피한다.

335. 군중 속에서의 흥분감이 좋다.

서로 다르게(그렇다-아니다 또는 아니다-그렇다) 응답했을 때 1점이 득점되는 예시 문항 쌍

6. 아버지는 좋은 사람이다.

86. 아버지를 사랑한다(사랑했다).

무선반응과 타당도척도 점수 사이의 관계를 조사했다. 또한 참여자들은 무선반응의 정도(0%, 25%, 50%, 75%, 100%의 무선)에 따른 다양한 집단에 배정되었다. 연구 결과, 대부분의 청소년이 표준 실시 과정에서 하나 이상의 무선반응을 했으며, 자기가 보고한 무선반응 수는 F 척도와 유의한 상관이 있는 것으로 나타났다. 또한 F 척도 및 VRIN 척도의 점수는 다양한 수준의 무선성을 보인 프로파일과 표준 프로파일을 구별하는 데 효과적이었다. 연구자들은 VRIN 척도가 무선반응에 민감하도록 설계되었지만 F 척도와 달리 증상의 과대보고 상황에서는 일반적으로 상승하지 않기 때문에 그들의 연구가 VRIN 척도의 효용성을 강력하게 지지하는 근거를 제공했다고 결론지었다. 이 연구에 이어서 Archer와 Elkins(1999)는 임상 장면에 있는 354명의 청소년이 생성한 프로파일과 무선으로 생성된 354개의 MMPI-A 프로파일 사이의 반응 패턴의 차이를 탐지하는 데 있어 MMPI-A 타당도척도의 유용성을 평가했다. 결과는 MMPI-A의 타당도척도 F, F1, F2, VRIN이 무선으로 생성된 반응 패턴에 비해 실제 임상 장면 참여자들의 프로파일을 정확하게 식별하는 데 모두 유용한 것으로 나타났다. 또한 이러한 MMPI-A 타당도척도의 최적의 기준점은 MMPI-A 검사 매뉴얼(Butcher et al., 1992)에 제시된 해석 권장 사항, 즉 VRIN 척도 T ≥ 80 및 F, F1, F2 척도 T ≥ 90과 대체로 일치한다는 점에 주목했다. Archer, Handel, Lynch 및 Elkins(2002)는 다양한 수준의 프로파일 무선성을 탐지하는 MMPI-A 타당도척도의 감별력을 조사함으로써 이 방법론을 확장했다. 표본은 표준 조건에서 MMPI-A를 실시한 청소년 입원환자 100명과 컴퓨터를 사용하여 다양한 정도로 생성한 100개의 무선반응이었다. 일반적으로, Archer 등(2002)이 보고한 전체 분류 정확도는 Archer와 Elkins(1999)와 Baer 등(1997)이 보고한 전체 분류 정확도와 매우 일치했다. VRIN 척도의 T점수 값은 프로파일에 적용된 무선 수준이 증가함에 따라 지속적으로 상승했으며, VRIN 척도의 T점수 값이 ≥ 80이면 다양한 수준의 무선반응에서 일반적으로 유용한 기준점 역할을 했다. 그러나 VRIN 척도는 표준적으로 실시된 프로파일과 더 많은 무선반응이 포함된 프로파일을 구별하는 데 더 효과적이었다. 검사 후반부에 있는 문항의 절반 이하를 포함하는 부분적인 무선반응을 탐지하는 데 특별히 효과적인 MMPI-A의 타당도척도는 없었다.

Pinsoneault(2005)는 다양한 수준의 무선 프로파일을 탐지하는 MMPI-A 타당도척도의 감별력을 평가했다. 연구자는 최적 기준점으로 T점수 75점 이상인 VRIN 척도가 전체를 무선으로 반응한 패턴을 탐지하는 데 가장 효과적이었다고 보고했다. 좀 더 최근에는, Pinsoneault(2014)가 청소년 및 가정 법원에서 법의학 평가로 의뢰된 청소년들이 생성한 무선반응이 아닌 프로파일과 반 정도의 무선반응 및 전체 무선반응 프로파일을 정확하게 탐지할 수 있는 MMPI-A의 감별력을 조사했다. 이 연구에서는 MMPI-A를 350개 문항의 축약본으로 실시하였다. 이에 VRIN 척도의 문항 쌍 중 약 1/3이 350번 문항 뒤에 포함되어 있기 때문에 VRIN 척도가 줄어들었다. 이전 연구에서 언급된 바와 같이, VRIN 척도의 효과는 무선성의 정도와 관련이 있었으며, 줄어든 VRIN 척도도 전체 무선 프로토콜을 탐지하는 데 가장 효과적이었다. 일반적으로 MMPI-A VRIN 척도는 다른 검사 도구에서 무선반응을 탐지하려는 유사한 시도에 대한 모델로 사용하기에 충분한 효과를 입증했다. 예를 들어, 8~18세 사이의 비행청소년에게 사용하도록 고안된 자기보고식 검사 도구인 Jesness Inventory(Pinsoneault, 1997, 1999)와 MMPI-A-RF(Archer et al., 2016a)에서 무선반응 비일관성 척도가 개발되었다.

MMPI-A의 TRIN 척도는 MMPI-2와 마찬가지로 문항 내용에 관계없이 문항에 대해 그렇다(acquiescence response set, 묵인 반응 세트) 또는 아니다(nay-saying, 부정 반응)로 무분별하게 반응하는 경향을 탐지하기 위해 개발되었다. 이 MMPI-A 척도는 부적 상관이 있고 의미적으로 반대인 24쌍의 문항으로 구성된다. TRIN 척도는 원점수 값이 50보다 큰 T점수로 변환되는 방식으로 개발되었다(즉, 원점수는 50보다 작은 T점수로 변환될 수 없다). 50점을 초과하는 TRIN의 T점수는 묵인 또는 부정 방향으로 평균에서 벗어난 편차를 나타낼 수 있다. Pearson Assessment에서 제공하는 MMPI-A의 컴퓨터 채점에서 편차 방향은 TRIN 척도의 T점수 뒤에 오는 'T(True, 그렇다)' 또는 'F(False, 아니다)'로 표시된다. 예를 들어, 80T는 그렇다 반응 방향으로의 불일치 정도를 나타내는 반면, 80F는 같은 정도의 아니다 반응 방향으로의 불일치를 나타낸다.

〈표 4-18〉은 TRIN 문항의 예를 보여 준다. 표에 표시된 것처럼, 일부 문항 쌍에 대해 그렇다 반응과 또 다른 문항 쌍에 대한 아니다 반응을 하면 TRIN 척도에 득점된다. TRIN 점수는 청소년이 묵인하거나 부정하는 반응 경향성에 관한 자료를 제공하는 데 사용될 수 있다. 그러나 Greene(2011)이 지적했듯이, TRIN 척도의 점수는 청소년이 무선으로 MMPI-A 문항에 응답했는지 여부를 판단하는 데 사용되어서는 안 된다. 이 장의 뒷부분에 있는 무선 프로파일의 예에서 볼 수 있듯이, TRIN 척도는 종종 무선반응 조건하에서 허용 가능한 T점수 값을 생성할 수 있다. MMPI-A 매뉴얼(Butcher et al., 1992, 2001)에서 제시된 TRIN 채점 공식은 다음과 같다.

표 4-18 고정반응 비일관성(TRIN) 척도의 예시 문항들

모두 '그렇다'로 응답했을 때 1점이 더해지는 예시 문항 쌍

   14. 긴장속에서 일한다.

   424. 스트레스는 많이 없다.

모두 '아니다'로 응답했을 때 1점이 빼지는 예시 문항 쌍

   46. 사교적이다.

   475. 타인과 있을 때 조용한 편이다.

출처: University of Minnesota Press의 허가하에 MMPI-A의 축약 문항을 사용함. Copyright ⓒ 2005 by the Regents of the University of Minnesota. 무단 전재 금지. 'Minnesota Multiphasic Personality Inventory'와 'MMPI' 상표는 Regents of the University of Minnesota에서 소유함.

1. 다음 각 반응 쌍에 대해 1점을 '더한다'.

14 T – 424 T	119 T – 184 T
37 T – 168 T	146 T – 167 T
60 T – 121 T	242 T – 260 T
62 T – 360 T	264 T – 331 T
63 T – 120 T	304 T – 335 T
70 T – 223 T	355 T – 367 T
71 T – 283 T	463 T – 476 T
95 T – 294 T	

2. 다음 각 반응 쌍에 대해 1점을 '뺀다'.

46 F – 475 F	128 F – 465 F
53 F – 91 F	158 F – 288 F
63 F – 120 F	245 F – 257 F
71 F – 283 F	304 F – 335 F
82 F – 316 F	

3. 그런 다음, 원점수에 9점을 '더한다'.

현재 청소년 표본에서의 MMPI-A TRIN 척도 특성에 관한 제한적인 정보를 이용할 수 있다. Handel, Arnau, Archer 및 Dandy(2006)는 MMPI-A와 MMPI-2 검사의 표준 척도들 중 묵인 및 비묵인 반응의 측정치로서 TRIN 척도를 조사했다. 연구의 목적은 MMPI-A 규준 표본의 1/2의 응답자와 다양한 정도의 그렇다 혹은 아니다 반응을 삽입한 나머지 1/2

의 응답자를 구분하는 데 있어 TRIN 척도의 효과성을 평가하는 것이었다. MMPI-A에서 기준점을 T점수 ≥ 75으로 했을 때 그렇다 반응 삽입률이 30% 이상이 될 때까지 TRIN의 양성 예측력은 비교적 낮았다. 연구자들은 자신들의 연구 결과가 MMPI-A 매뉴얼에 권장된 TRIN 기준점인 T점수 ≥ 80을 뒷받침한다고 결론 내렸다.

VRIN과 TRIN 척도 모두 350번 이후 문항을 포함하므로 채점을 위해서는 전체 MMPI-A를 실시해야 한다. 두 척도의 해석에 다음의 지침이 권장된다.

- VRIN T점수 70~79 범위: 반응 비일관성이 경계(marginal) 수준임을 나타낸다.
- VRIN T점수 ≥ 80 범위: 허용할 수 없는 수준의 반응 비일관성을 나타낸다.
- TRIN T점수 70~79 범위: 반응 비일관성이 경계 수준임을 나타낸다.
- TRIN T점수 ≥ 80 범위: 허용할 수 없는 수준의 반응 비일관성을 나타낸다.

청소년의 비일관적 반응 패턴은 부족한 독해력, 제한된 지적 능력, 적극적인 불복종 또는 검사에 대한 저항, 약물 남용에 의한 독성이나 활성기 정신증의 사고 와해와 관련될 수 있다.

MMPI-A-RF의 무선반응 비일관성(Variable Response Inconsistency: VRIN-r) 척도와 고정반응 비일관성(True Response Inconsistency: TRIN-r) 척도

MMPI-2와 MMPI-A의 VRIN 및 TRIN 척도는 MMPI-A-RF의 유사한 척도의 개발을 위한 모델로 사용되었다. MMPI-A-RF의 VRIN-r 척도는 내용이 유사한 27개 문항 쌍을 기반으로 하므로, 문항 쌍에 대한 그렇다-아니다 및 아니다-그렇다 반응의 총 수가 VRIN 척도의 총점과 같다. MMPI-A-RF의 TRIN-r 척도는 모순되는 내용의 13개 문항 쌍에 대한 반응에 기초한다. TRIN-r 척도 문항 쌍 중 8개는 그렇다 방향으로 응답했을 때 득점되며, 5개는 아니다 방향으로 응답했을 때 득점된다. MMPI-A TRIN 척도의 채점 절차와 마찬가지로, MMPI-A-RF의 TRIN-r 원점수는 그렇다-그렇다 반응 수의 합산에서 아니다-아니다 반응 수를 뺀 뒤 상수 5를 더해서 음수 값이 생성되지 않도록 계산한다. MMPI-A의 TRIN 척도 점수처럼, MMPI-A-RF TRIN-r의 T점수도 50 미만일 수 없다. MMPI-A-RF에 대한 Pearson 채점 프로그램에서 T점수 값은 묵인 반응 세트를 반영하기 위해 뒤에 'T'를 붙이고, 비묵인 또는 부정 반응 방식을 반영하기 위해 'F'를 붙인다. 두 척도를 해석하기 위해 다음과 같은 예비 지침이 제공된다.

- VRIN-r T점수 65~74 범위: 반응 비일관성이 경계 수준임을 나타낸다.
- VRIN-r T점수 ≥ 75 범위: 허용할 수 없는 수준의 반응 비일관성을 나타낸다.
- TRin-r T점수 65~74 범위: 반응 비일관성이 경계 수준임을 나타낸다.
- TRin-r T점수 ≥ 75 범위: 허용할 수 없는 수준의 반응 비일관성을 나타낸다.

MMPI-A-RF 반응 비일관성(Combined Response Inconsistency: CRIN) 척도

반응 비일관성(CRIN) 척도는 MMPI-A에 대응되는 척도가 없는 전반적인 반응 비일관성을 측정하는 척도이다. CRIN 척도는 어떤 상수의 감산 없이 비일관적 방향으로 득점된 모든 문항을 단순히 합한 VRIN-r 및 TRIN-r 척도의 문항 쌍을 포함한다. CRIN 척도는 일관성 없는 반응 패턴을 보이는 청소년을 식별하는 데 VRIN-r 및 TRIN-r 척도 이외의 추가적인 척도가 된다. MMPI-A-RF 매뉴얼(Archer et al., 2016a)에 명시된 바와 같이, VRIN-r 또는 TRIN-r 척도에서 상승되지 않아도 CRIN 척도에서 상승된 점수는 프로파일이 타당하지 않음을 나타낼 수 있다. 다음은 CRIN 척도의 해석을 위해 제공되는 예비 지침이다.

- CRIN T점수 ≤ 65 범위: 타당하게 해석가능한 프로파일임을 나타낸다.
- CRIN T점수 65~74 범위: 반응 비일관성이 경계 수준임을 나타낸다.
- CRIN T점수 ≥ 75 범위: 허용할 수 없는 수준의 반응 비일관성을 나타낸다.

∘⟨ 표준 척도에 대한 반응 세트의 영향

Graham(2012)은 성인들의 '모두-그렇다'와 '모두-아니다' 및 무선 반응 패턴과 같은 체계적인 반응 세트를 기반으로 생성된 MMPI-2 프로파일의 특성을 설명했으며, Graham, Watts 및 Timbrook(1991)은 MMPI-2의 긍정왜곡 및 부정왜곡 프로파일을 설명했다. Archer, Gordon 및 Kirchner(1987)가 원판 검사에서 유사한 청소년 반응 세트 자료를 제시했고, Archer와 Krishnamurthy(2002) 및 Butcher와 Williams(2000)는 MMPI-A에 대한 것을 정리했다. Archer와 Krishnamurthy(2002)는 MMPI-A에서 모두-그렇다와 모두-아니다 반응 세트를 사용하는 청소년은 쉽게 탐지되며, 극단의 타당도척도 프로파일 특징

은 성인이 생성한 것과 유사하다고 지적했다. 또한 청소년에서 발견된 부정왜곡이나 과대
보고 반응 세트는 임상 수준으로 상승한 모든 임상척도(Mf와 Si 제외)와 극단으로 상승한 F
척도에 기초하여 비교적 쉽게 식별할 수 있다. 이와 달리, 청소년들의 무선반응 세트와 특
히 긍정왜곡이나 과소보고 반응 세트는 MMPI-A에서 탐지하기가 더 어려웠다. 다음 절에
는 다양한 반응 세트가 MMPI-A 및 MMPI-A-RF에 미치는 영향이 요약되어 있다.

모두-그렇다로 응답한 MMPI-A 프로파일

MMPI-A의 모두-그렇다 반응 패턴은 극단적으로 낮은 L과 K 척도의 점수와 현저하게
높은 F, F1, F2 척도의 점수(T > 90)로 나타난다. MMPI-A 규준에 대한 남자 및 여자 청
소년의 모두-그렇다 프로파일은 [그림 4-1]에 제시되어 있다. TRIN의 원점수 값(원점수 =
24)은 일관되지 않은 반응을 나타내는데, TRIN은 극단적인 '그렇다' 반응 방식을 나타내는
반면, VRIN(원점수 = 5)은 허용 가능한 범위 내에 있다. F1, F2, F, L, K 척도에 의해 형성된
극단치의 '가장 개방된' 타당도척도 패턴 외에도, 프로파일은 척도 6, 7, 8, 9가 상승하여
매우 눈에 띄는 정적의 또는 정신증적 기울기가 나타난다. 이러한 특성은 원판 MMPI에

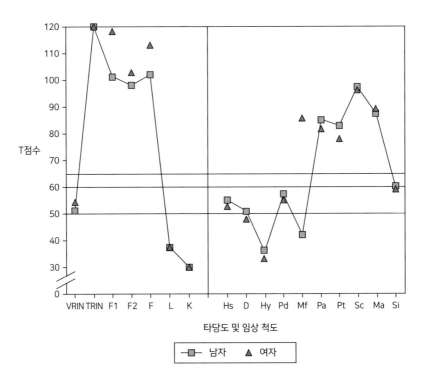

그림 4-1 모두-그렇다로 응답한 남녀 청소년의 MMPI-A의 반응 패턴(TRIN T점수=120T점)

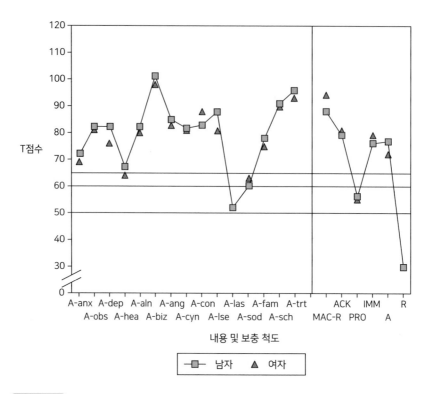

그림 4-2 모두-그렇다로 응답한 남녀 청소년의 MMPI-A의 내용 및 보충 척도

서 모두-그렇다 반응 패턴을 보인 청소년들의 결과에서 발견되는 것과 유사하다(Archer, 1989).

[그림 4-2]는 모두-그렇다 반응 패턴에서의 내용척도와 보충척도 프로파일을 제시한다. 내용척도의 대부분의 문항이 그렇다 방향일 때 득점되기 때문에, 이 프로파일은 대부분의 내용척도에서 매우 높은 T점수 값을 나타낸다.

모두-그렇다로 응답한 MMPI-A-RF 프로파일

MMPI-A-RF 타당도척도에 대한 모두-그렇다 반응 패턴은 [그림 4-3]에 있다. [그림 4-4]는 MMPI-A-RF에서 모두-그렇다 반응 패턴일 때의 상위차원(Higher-Order: H-O) 및 재구성임상(Restructured Clinical: RC) 척도를 보여 준다. 모두-그렇다인 MMPI-A-RF 의 타당도척도 패턴은 TRIN-r과 F-r의 극단적인 상승과 H-O 및 RC 척도 중 THD, RC8, RC4의 극단치(T > 90)로 나타난다.

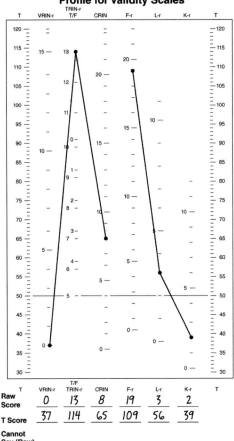

> **그림 4-3** 　모두-그렇다로 응답한 MMPI-A-RF의 타당도척도 반응 패턴

출처: University of Minnesota Press의 허가하에 MMPI-A-RF 매뉴얼에서 사용함. MMPI-A-RF의 실시, 채점, 해석 및 기술 매뉴얼. by Archer, et al. Copyright © 2016 by the Regents of the University of Minnesota. 무단 전재 금지. 'Minnesota Multiphasic Personality Inventory'와 'MMPI' 상표는 Regents of the University of Minnesota에 서 소유함.

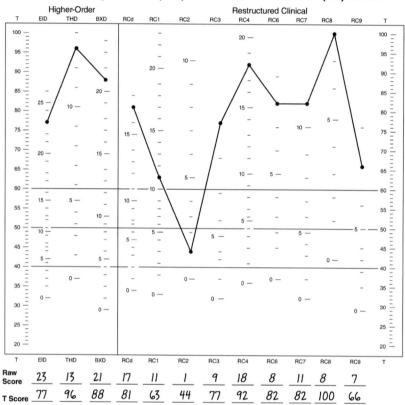

그림 4-4 모두-그렇다로 응답한 MMPI-A-RF의 H-O 및 RC 척도 반응 패턴

출처: University of Minnesota Press의 허가하에 MMPI-A-RF 매뉴얼에서 사용함. MMPI-A-RF의 실시, 채점, 해석 및 기술 매뉴얼. by Archer, et al. Copyright ⓒ 2016 by the Regents of the University of Minnesota. 무단 전재 금지. 'Minnesota Multiphasic Personality Inventory'와 'MMPI' 상표는 Regents of the University of Minnesota에서 소유함.

모두-아니다로 응답한 MMPI-A 프로파일

[그림 4-5]에 표시된 프로파일은 청소년이 모든 MMPI-A 문항에 아니다로 응답할 경우 생성된다. TRIN 원점수 값은 0점(T > 100)이고 VRIN 원점수 값은 4점이다. TRIN 값은 반응 비일관성을 나타내며 극단적인 부정(nay-saying) 반응 패턴을 나타낸다. 또한 F1은 약간 상승된 T점수를 생성하는 반면, F2와 F의 T점수는 정상 범위 내에 든다. 모두-아니다 프로파일은 타당도척도인 L과 K, 그리고 신경증 3척도(neurotic triad)로 자주 언급되는 MMPI-A 의 첫 3개 임상척도의 극단적인 상승을 특징으로 한다. 임상척도 프로파일은 뚜렷한 부적 기울기를 보인다. 즉, 척도 번호가 증가함에 따라 척도 점수가 크게 감소한다. 이러한 발견은 Archer 등(1987)이 보고한 원판 MMPI의 모두-아니다 패턴의 청소년 프로파일과 Graham(2012)이 보고한 MMPI-2 프로파일의 모두-아니다 패턴의 성인 프로파일과 유사하다. 모두-그렇다와 모두-아니다 패턴의 특징적 프로파일은 타당하지 않은 프로파일로 쉽게 식별될 수 있다. 그러나 이러한 일탈 반응 세트는 일반적으로 반응 특징의 프로파일에 앞서 완성된 답지의 검토를 통해 탐지되어야 한다는 점을 반드시 유의해야 한다.

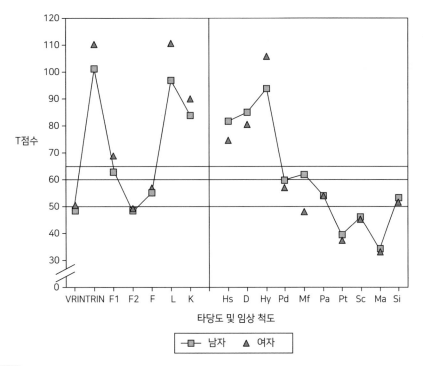

그림 4-5 모두-아니다로 응답한 남녀 청소년의 MMPI-A의 반응 패턴[TRIN T점수=101F(남자), 110F(여자)]

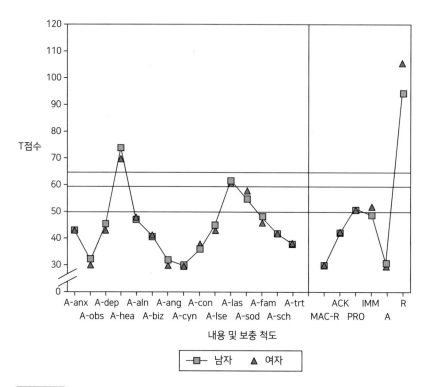

그림 4-6 모두-아니다로 응답한 남녀 청소년의 MMPI-A의 내용 및 보충 척도

[그림 4-6]은 모두-아니다 패턴에서의 내용 및 보충척도 프로파일을 보여 준다. 건강염려(Health Concerns: A-hea)와 낮은 포부(Low Aspirations: A-las)를 제외한 모든 내용척도가 주로 그렇다 방향일 때 득점되는 문항으로 구성되므로 이 척도들은 모두-아니다 반응 세트로 인해 낮은 T점수를 보인다. 반대로, 억압(Repression: R) 척도는 오로지 아니다 방향일때만 득점되는 문항으로 구성되어 있으므로 이 반응 세트에서 매우 높은 T점수 값을 산출한다.

모두-아니다로 응답한 MMPI-A-RF 프로파일

[그림 4-7]은 모두-아니다 반응 패턴의 MMPI-A-RF 타당도척도 프로파일을 보여 준다. [그림 4-8]은 모두-아니다 반응 패턴의 MMPI-A-RF H-O 및 RC 척도를 보여 준다. 모두-아니다의 프로파일은 타당도척도 중 TRIN-r의 극단적 상승(T > 90)과 RC2의 중등도 상승(T > 80)으로 나타난다.

Minnesota Multiphasic
Personality Inventory-Adolescent
Restructured Form™

Name _____

ID Number _____

Gender _____   Date Tested _____

Education _____   Age _____   Scorer's Initials _____

Profile for Validity Scales

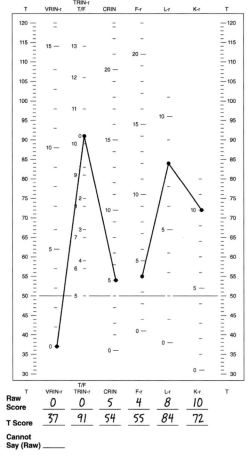

	VRIN-r	T/F TRIN-r	CRIN	F-r	L-r	K-r	
Raw Score	0	0	5	4	8	10	
T Score	37	91	54	55	84	72	
Cannot Say (Raw)	_____						

MMPI-A-RF T scores are nongendered.

VRIN-r	Variable Response Inconsistency	F-r	Infrequent Responses
TRIN-r	True Response Inconsistency	L-r	Uncommon Virtues
CRIN	Combined Response Inconsistency	K-r	Adjustment Validity

그림 4-7 모두–아니다로 응답한 MMPI-A-RF의 타당도척도 반응 패턴

출처: University of Minnesota Press의 허가하에 MMPI-A-RF 매뉴얼에서 사용함. MMPI-A-RF의 실시, 채점, 해석 및 기술 매뉴얼. by Archer, et al. Copyright © 2016 by the Regents of the University of Minnesota. 무단 전재 금지. 'Minnesota Multiphasic Personality Inventory'와 'MMPI' 상표는 Regents of the University of Minnesota에 서 소유함.

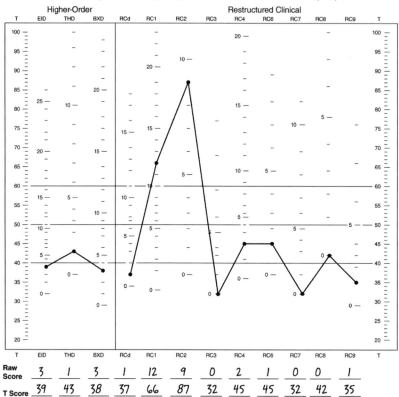

그림 4-8 모두-아니다로 응답한 MMPI-A-RF의 H-O 및 RC 척도 반응 패턴

출처: University of Minnesota Press의 허가하에 MMPI-A-RF 매뉴얼에서 사용함. MMPI-A-RF의 실시, 채점, 해석 및 기술 매뉴얼. by Archer, et al. Copyright © 2016 by the Regents of the University of Minnesota. 무단 전재 금지. 'Minnesota Multiphasic Personality Inventory'와 'MMPI' 상표는 Regents of the University of Minnesota에서 소유함.

MMPI-A의 무선반응 세트

어떤 청소년은 MMPI-A 문항에 무선반응 패턴으로도 응답할 수 있다. 그렇다와 아니다를 동일한 문항 수로 응답한 MMPI-A의 각 기본척도의 프로파일(즉, 무한한 수의 무작위 정렬의 효과)은 [그림 4-9]에 제시되어 있다.

원판 검사의 청소년 결과와 마찬가지로(Archer et al., 1987), MMPI-A의 무선반응 프로파일은 다른 반응 세트보다 탐지가 더 어렵다. MMPI-A VRIN 척도는 청소년 무선반응 세트의 유용한 지표이다. 그러나 TRIN 척도는 종종 무선반응 세트 조건에서도 허용 가능한 T점수 값을 생성할 수 있다. 무선 프로파일은 임상 범위로 상승된 F, F1 및 F2 척도와 임상 범위로 상승된 L 척도와 동반되는 매우 특이한 타당도척도 형태로 특징지어진다. 무선반응 세트의 실제 프로파일 특성은 반응 패턴을 무선화하는 데 사용되는 특정한 접근법에 따라 상당히 달라진다. 프로파일 특성은 프로파일의 무선성 정도에 따라 매우 크게 달라지며, Archer 등(2002)은 타당도척도 결과를 통해 '일부 무선적인' 프로파일을 탐지하는 것이 어렵거나 불가능할 수 있다고 하였다. 청소년 수검자가 MMPI-A를 너무 빨리, 즉 40분 이내에 완료할 경우, 무선반응 패턴을 항상 고려해야 한다.

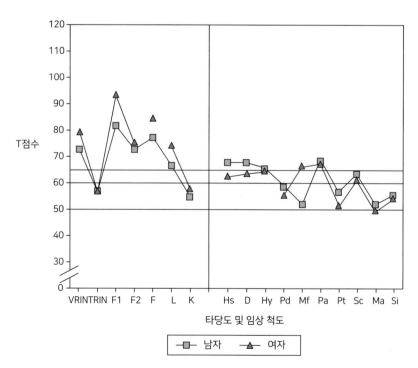

그림 4-9 남녀 청소년의 무선 MMPI-A 반응 프로파일(남녀 TRIN T점수=60T)

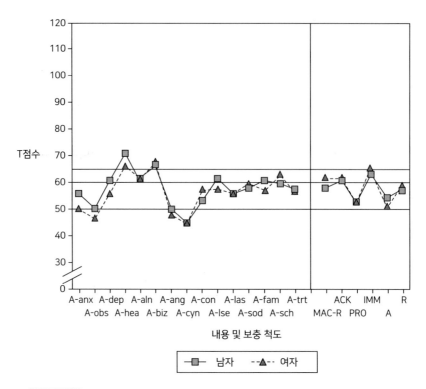

그림 4-10　남녀 청소년의 무선 MMPI-A 반응의 내용 및 보충 척도 패턴

[그림 4-10]은 완전 무선반응 패턴이 MMPI-A의 내용 및 보충 척도에 미치는 영향을 보여 준다. 해당 기본척도들과 마찬가지로, 이 프로파일에서도 모양 및 상승도 특징에 기반해서 탐지하는 것이 상대적으로 어렵다.

MMPI-A-RF의 무선반응 세트

[그림 4-11]은 무선반응 세트가 MMPI-A-RF의 타당도척도에 미치는 영향을 나타내며, [그림 4-12]는 MMPI-A-RF의 H-O 및 RC 척도에 대한 영향을 나타낸다. 무선반응 패턴의 MMPI-A-RF 타당도척도 프로파일은 CRIN에서 중등도의 상승(T > 80)을 나타낸다. 무선반응 패턴이 MMPI-A 기본척도에 미치는 영향과 마찬가지로, MMPI-A-RF의 H-O 및 RC 척도에 대한 무선반응 패턴은 다른 반응 방식보다 탐지하기가 더 어려우며, 종종 허용 가능한 것처럼 보일 수 있다. 따라서 무선반응이 MMPI-A-RF에 미치는 영향은 특징적인 타당도척도 형태에 의하여 가장 잘 탐지된다.

Minnesota Multiphasic
Personality Inventory-Adolescent
Restructured Form™

Name _____

ID Number _____

Gender _____   Date Tested _____

Education _____   Age _____ Scorer's Initials _____

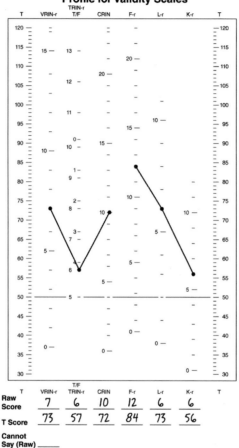

MMPI-A-RF T scores are nongendered.

VRIN-r	Variable Response Inconsistency		F-r	Infrequent Responses
TRIN-r	True Response Inconsistency		L-r	Uncommon Virtues
CRIN	Combined Response Inconsistency		K-r	Adjustment Validity

그림 4-11   무선반응의 MMPI-A-RF 타당도척도 패턴

출처: University of Minnesota Press의 허가하에 MMPI-A-RF 매뉴얼에서 사용함. MMPI-A-RF의 실시, 채점, 해석 및 기술 매뉴얼. by Archer, et al. Copyright © 2016 by the Regents of the University of Minnesota. 무단 전재 금지. 'Minnesota Multiphasic Personality Inventory'와 'MMPI' 상표는 Regents of the University of Minnesota에서 소유함.

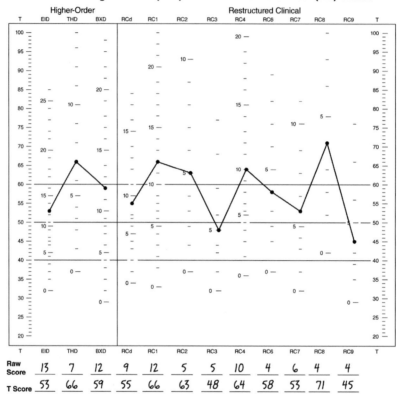

그림 4-12 무선 MMPI-A-RF H-O 및 RC 척도 패턴

MMPI-A에서의 과소보고(긍정왜곡)

또 다른 반응 세트 문제는 응답의 정확성을 왜곡하는 청소년들이 생성하는 MMPI-A 프로파일의 특성과 관련된다. 청소년들은 MMPI-A에서 긍정왜곡 및 과소보고 문제를 보이거나 부정왜곡 및 증상을 과대보고하는 방식으로 MMPI-A에 답할 수 있다. 이러한 유형의 프로파일은 의식적·무의식적으로 자신의 반응을 왜곡하는 경우 생성될 수 있기 때문에, Greene(2000) 및 Archer와 Krishnamurthy(2002)는 이러한 반응 세트를 설명하기 위해 각각 과소보고와 과대보고라는 용어의 사용을 강조했다. Graham(2000)은 수검자의 검사 반응 정확성에서 이러한 왜곡을 설명하기 위해 긍정적 자기제시(positive self-presentation)와 부정적 자기제시(negative self-presentation)라는 용어를 사용했다.

성인 정신과 환자를 대상으로 한 연구에 따르면, 정상 프로파일을 가장(simulation)하는 능력은 조현병 환자들과(Newmark, Gentry, Whitt, Mckee, & Wicker, 1983), 그리고 정신과 진단을 받은 전체 환자(Grayson & Olinger, 1957)에서의 순조로운 치료 결과와 상당한 관련이 있다. 또한 Bonfilio와 Lyman(1981)은 대학생들이 '잘 적응하고 있는' 또래의 프로파일을 가장할 수 있는 능력을 조사하였다. 그 결과, 표준적인 지시에 의해 실시된 MMPI에 따라서 신경증적, 정상, 정신증적이라고 분류된 대학생들이 만들어 낸 가장한 프로파일들은 기본적으로 정상 범위 내에 있었다. 그러나 정신증 또는 경조증의 대학생들이 만든 가장한 프로파일은 명확하게 병리적 또는 임상적 범위의 특징을 포함했다. Graham, Watts 및 Timbrook(1991)은 마치 높은 평가를 받는 직업에 지원하는 것처럼 MMPI에 응답하라는 지시를 받은 대학생들이 생성한 긍정왜곡 반응의 MMPI-2 특징을 제시했다. 이 자료에서 긍정왜곡 프로파일의 가장 명확한 지표는 L과 K 같은 척도, 특히 L 척도의 현저한 상승을 보이는 방어적인 타당도척도의 형태였다. Baer, Wetter 및 Berry(1995)는 MMPI-2 타당도척도에 대한 두 가지 수준의 정보가 대학생들의 증상 과소보고 능력에 미치는 영향을 조사했다. 연구 결과에 따르면, L과 K를 포함한 MMPI-2의 표준 타당도척도는 지도를 받지 않고 속이는 사람을 정확하게 식별하는 데 효과적이었다. 그러나 이러한 척도는 MMPI-2 타당도척도의 작용에 관한 상세한 또는 일반적인 정보를 지도받은 사람과 표준 수검자를 구별하는 데는 훨씬 덜 효과적이었다. 이러한 결과는 타당도척도의 존재와 기능에 대한 정보를 제공하면 일부 수검자가 탐지를 효과적으로 피할 수 있는 방식으로 MMPI-2(그리고 잠재적으로 MMPI-A)의 반응 패턴을 왜곡할 수 있음을 시사한다. 마지막으로, Bagby, Rogers 및 Buis(1994)는 165명의 대학생과 173명의 법의학적 입원환자의 표본에서 꾀병 및 긍정왜곡을 탐지하는 데 있어 다양한 MMPI-2 타당도척도와 지표들의 효과를 조사했다. 여러 타당도 지표가 부정왜곡 프로파일을 탐지하는 데 어느 정도 효과적인 것으로 보이지만, 오직 F-K 지표와 모호-명백 지표만이 증상을 과소보고하려는 것을 탐지하는 데 유용한 것으로 나타났다.

청소년 표본에서 긍정왜곡 프로파일을 조사하기 위해, Archer 등(1987)은 정신과에 입원한 청소년 환자 22명(평균 연령 = 14.76세)에게 원판 MMPI를 실시했다. 이 청소년들 중 10명은 여자, 12명은 남자였다. 이들은 다음의 지침에 따라 개별적으로 MMPI를 실시하였다.

> 자신이 정서적 혹은 심리적 문제를 겪지 않고 잘 적응하고 있는 청소년이라고 생각하면서 MMPI에 응답해 주시기 바랍니다. 잘 적응한다는 것은 학교나 가정 및 또래관계에서 잘 해내고 또 편하게 지내고 있는 것을 의미합니다. MMPI의 문항을 읽으면서, 자신이 정신과 상담이 필요하지 않고, 비교적 행복하고 편안하게 잘 적응하고 있는 청소년이라고 생각하면서 답해 주세요. (pp. 508-509)

Archer 등(1987)이 지적한 바와 같이, 이러한 긍정왜곡의 지시하에서 뚜렷이 구분되는 두 개의 프로파일 집단이 나타났다. 8명의 청소년이 생성한 프로파일은 '비효과적(ineffective)'이라고 불리는 경우였는데, 이는 T점수 값이 70점을 초과한 임상척도가 하나 이상이라고 정의된, 정상적인 프로파일을 매우 형편없이 가장한 프로파일들이었다. 반면, 14명의 청소년들은 임상 범위로 상승한 임상척도가 하나도 없는 정상 프로파일(effective, 효과적인)을 가장할 수 있었다. 일반적으로, 효과적인 집단에 있는 청소년들은 상대적으로 더 나이가 많고 덜 심각한 진단을 받은 경향이 있으며, 표준 실시에서 덜 상승한 프로파일을 보였었다.

이러한 자료는 MMPI와 MMPI-A 사이의 T점수 변환이 가능한 MMPI-A 매뉴얼(Butcher et al., 1992)에 제공된 정보를 사용하여 재분석된 것이다. [그림 4-13]은 긍정왜곡 지시하에서의 효과적인 집단과 비효과적인 집단의 MMPI-A의 T점수 프로파일을 나타낸다.

이 자료는 일반적으로 L, F, K 척도가 허용 범위 내로 상승한 것이 특징인 효과적인 집단의 타당도척도 구성을 나타낸다. 대부분 임상척도의 T점수 값이 50점이거나 그 이하인 '초정상(hypernormal)' 형태를 나타낸다. 따라서 효과적인 집단의 평균 긍정왜곡 프로파일은 심각한 정신장애가 없으며, 다소 조심스럽고 방어적인 정상 청소년의 반응과 구별하기 어려울 수 있다. 그러나 다음의 지침들은 MMPI-A에서 긍정왜곡을 시도하는 청소년의 감별을 향상시키는 역할을 할 수 있다.

- 타당도척도인 L과 K가 ≥ 65으로 상승한다.
- 모든 임상척도의 T점수 값은 ≤ 60이지만, 이 점수는 기존에 정신병리가 있었거나 혹은 정신병리가 확실한 청소년들이 생성한 것이다.

MMPI-A-RF에 대한 확실한 권고 지침을 위해서는 연구가 필요하지만, MMPI-A-RF에서 긍정왜곡이나 과소보고 시도를 탐지하는 잠정적인 지침은 MMPI-A-RF 매뉴얼(Archer et al., 2016a)에 "타당도척도 중 L-r의 T점수가 ≥ 80이거나 또는 K-r의 T점수가 ≥ 75일 경우"라고 요약되어 있다.

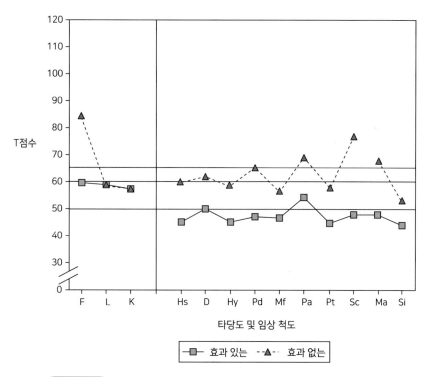

그림 4-13 긍정왜곡의 MMPI-A 타당도 및 임상 척도 프로파일

과대보고(부정왜곡)

Anthony(1976), Exner, McDowell, Pabst, Stackman 및 Kirk(1963), Gough(1947, 1954), Lanyon(1967) 및 Meehl과 Hathaway(1946)를 비롯한 수많은 연구자들은 정상 성인들이 정신병리를 가장하는(부정왜곡) 능력을 연구하였다. 연구 결과들은 정상 성인은 정신과 환자들이 전형적으로 보고하는 증상을 정확하게 가장하지 못한다는 것을 일관되게 보여 주었다. 일반적으로 정상 성인들은 MMPI에서 부정왜곡 시도가 쉽게 탐지되는 과장되고 비특정적인 방식으로 정신병리를 과대보고하는 경향이 있었다(Dahlstrom et al., 1975; Greene, 1980, 2000). Graham, Watts 및 Timbrook(1991)은 남녀 대학생들에게 "심각한 심리적 또는 정서적 문제"(p. 267)를 가지고 있는 것처럼 자신을 표현하라는 지시를 주고 MMPI-2를 실시하였다. 남성과 여성 모두의 부정왜곡 프로파일은 F 척도가 매우 높게 상승하고 Mf와 Si를 제외한 모든 표준 임상척도가 임상 범위로 상승한 특징을 보였다. Rogers, Wesell 및 Ustad(1995)는 표준 지시("솔직하게 하라.")와 부정왜곡 지시하에서 MMPI-2를 실시한 42명의 만성 정신과 외래환자들의 MMPI-2 특징을 조사하였다. 두 조건 모두에서 F와 F(B) 척도가 상대적으로 높게 상승했으나, F 척도 원점수 29점 이상의 기준을 사용하면 각 실시 조건에서 생성된 프로파일 간 구별의 정확도가 매우 높아졌다. Rogers, Wesell 및 Salekin(1994)은 부정왜곡 또는 정신병리에 대한 과대보고에 잠재적으로 유용한 MMPI-2 타당도척도 또는 지표들에 대한 메타 분석을 제시했다. Rogers 등은 이 중 F, F-K 지표 및 명백-모호 소척도들이 다양한 표본에 걸쳐 특히 강력한 효과 크기를 보이고, 또 효과성이 입증되었다고 보고했다. 또한 Rogers, Hinds 및 Sewell(1996)은 증상을 과대보고하려는 청소년의 시도를 탐지하기 위해 MMPI-A 타당도척도들의 감별력을 구체적으로 평가했고, F-K 지표가 이 집단에서 가장 효과적이고 유망한 것으로 나타났다고 결론내렸다.

여러 연구에서 증상 또는 진단 정보를 제공하는 것이 MMPI-2에서 수검자가 효과적으로 부정왜곡하거나 증상을 과대보고하는 능력에 미치는 영향을 조사했다. Rogers, Bagby 및 Chakraborty(1993)는 조현병 증상에 대한 정보를 제공받거나 지도받은 수검자, MMPI-2에서 부정왜곡하려는 시도를 탐지하는 데 사용하는 전략을 지도받은 수검자, 증상과 탐지 전략을 모두 지도받은 수검자, 아무 지도도 받지 않은 수검자의 MMPI-2 프로파일을 비교했다. 그 결과, 연구자들은 연구 표본의 약 1/3이 꾀병을 탐지하는 데 사용하는 MMPI-2 척도와 지표들의 작동과 활용에 대한 지식을 통해 이러한 탐지를 충분히 잘 피해 갔다고 보고했다. 이와 대조적으로, 조현병에 관한 지식은 "입원이 당연할 정도로 충분히 심각한"(p. 218) 조현병을 가장하려는 사람들에게 덜 유용한 것으로 보였다. Wetter, Baer, Berry, Robison 및 Sumpter(1993)는 정상 성인 두 집단에게 외상 후 스트레스 장애(Post-Traumatic Stress Disorder: PTSD)와 편집성 조현병 증상에 대한 정보를 제공하고, 성공적으로 가장하면 금전적 보상을 제공한다는 내용과 함께 MMPI-2에서 이러한 장애를 가장하도록 지시하였다. Wetter 등은 심리 장애의 증상 정보를 제공하는 것이 가장하려는 사람들이 탐지를 피할 수 있게 해 주지는 않는다고 결론지었다. 부정왜곡 집단은 실제 환자 집단보다 K에서 낮은 점수를 받았고, F와 10개의 임상척도에서 높은 점수를 받았다.

또 다른 다양한 연구들에서 경계선 성격장애(Wetter, Baer, Berry, & Reynolds, 1994), 신체형 장애와 편집성 정신증(Sivec, Lynn, & Garske, 1994) 및 폐쇄성 두부 손상(Lamb, Berry, Wetter, & Baer, 1994)의 증상 정보를 제공할 때 미치는 영향을 조사했다. 일반적으로, 이러한 연구들의 결과는 증상 지도의 효과가 상대적으로 제한적이며, MMPI-2 타당도척도가 일반적으로 꾀병 프로파일을 정확하게 식별하는 데 효과적이라는 것을 나타냈다. Bagby 등(1997)은 정신병리 및 심리검사에 대해 많은 정보를 알고 있을 것으로 추정되는 정신과 레지던트 및 임상심리학 대학원생들이 MMPI-2에서 조현병을 가장하려고 할 때도 쉽게 탐지되었다고 보고했다. 또한 Storm과 Graham(1998)은 표준 지침에 따라 MMPI-2를 실시한 환자와 타당도척도에 관한 정보를 제공한 후 일반적인 정신병리를 가장하여 MMPI-2에 답하도록 지시받은 학생들의 점수를 평가했다. MMPI-2의 F 및 F(P) 척도의 점수는 실제 환자와 정신병리를 가장한 학생을 구별하는 데 효과적이었으며, F(P) 척도가 이에 특히 효과적인 것으로 밝혀졌다. 더 최근에 Veltri와 Williams(2012)는 타당도척도나 장애에 대해서 지도를 받았거나 혹은 받지 않은 대학생 265명을 대상으로 특정 정신장애(즉, 조현병, PTSD, 범불안장애)를 가장했을 때의 영향을 조사했다. 연구 결과, 특정 정신장애를 가장하도록 지도한 것이 MMPI-2와 PAI의 과대보고를 탐지하는 데 중등도의 영향을 준 것으로 나타났다. 예를 들어, PTSD나 범불안장애를 가장하도록 지도받은 참여자들은 조현병을 가장하도록 지도받은 참여자들에 비해 탐지를 피하는 데 더 성공적이었다. 이러한 결과는 타당도척도의 유용성이 참여자가 지도받았는지 여부뿐만 아니라 가장하려는 장애 유형에 따라서도 달라질 수 있음을 시사한다.

이 분야의 수많은 연구를 고려하여, Ben-Porath(1994)는 연구자들이 MMPI-2 타당도척도를 성공적으로 회피하기 위해 다양한 대처 전략의 효과를 평가하려는 연구를 둘러싼 윤리적 문제에 초점을 맞췄다. Ben-Porath는 이러한 연구 출판물에서 자세히 설명된 특정 대처 전략들이 법의학 장면에서 가짜 MMPI 프로파일이 성공적으로 탐지되지 않는 방식으로 사용될 수 있다고 언급했다. 따라서 이 문헌의 내용들은 도구의 온전성을 훼손하는 방식으로 오용될 수 있다. 이러한 우려를 반영해서 Wetter와 Corrigan(1995)은 70명의 변호사와 150명의 법대생을 대상으로 설문조사를 실시했는데, 거의 50%의 변호사와 33% 이상의 법대생이 심리검사에서 내담자에게 대체로 또는 항상 타당성척도에 대한 정보를 알려야 한다고 생각하는 것으로 나타났다.

　　Archer 등(1987)은 정상 청소년의 부정왜곡 프로파일의 특성을 조사했다. 공립 고등학교에서 4개의 심리학 수업을 듣는 94명의 학생들에게 원판 MMPI를 실시하였다. 학생들은 14세에서 18세 사이였고, 성별과 인종적 배경(흑인과 백인)은 대략 동등하였다. 수검자는 다음의 지시에 따라 MMPI를 실시하였다.

　　　당신이 심각한 정서적 혹은 심리적 문제를 겪고 있다고 생각하면서 MMPI에 응답해 보세요. 심각한 문제라 함은 치료를 위해 입원이 꼭 필요할 정도로 심각한 문제를 말합니다. MMPI 문항을 읽으면서 당신이 심각한 정신장애를 겪고 있으며, 정신과 치료를 위해 병원 치료가 필요한 것처럼 응답해 주세요. (p. 508)

　　이 집단이 생성한 평균 프로파일은 F 척도의 평균 T점수가 130점으로 매우 높았고, Mf와 Si를 제외한 모든 MMPI 임상척도가 임상 범위로 상승하여 매우 과장된 증상의 모습을 보여 주었다. 부정왜곡 실시 자료는 MMPI-A 규준에 기반한 T점수 값을 도출하기 위해 다시 프로파일화하였다. [그림 4-14]는 MMPI-A 규준에 따른 부정왜곡 프로파일을 보여 준다(이 자료에서는 TRIN 및 VRIN 척도가 도출될 수 없다). Graham, Watts 등(1991)이 실시한 대학생의 부정왜곡 MMPI-A 프로파일도 원판 MMPI에 대한 Archer 등(1987)의 연구 결과와 일치했는데, 이는 F 척도 T점수가 극단으로 상승하고 다수의 표준 임상척도가 임상 범위로 상승하는 특징이 있었다. 이러한 자료는 청소년들이 MMPI-A에서 정신장애를 성공적으로 가장하는 데 상당한 어려움이 있을 가능성을 나타낸다. [그림 4-13]과 [그림 4-14]에는 없지만, 부정왜곡 및 긍정왜곡 프로파일에 대한 TRIN 및 VRIN 원점수 값은 일반적으로 반응 일관성에 대해 허용 범위 내에 있으므로 반응 비일관성과 정확성 문제의 차이를 강조한다. Greene(2011)은 MMPI에서 과소보고하거나 과대보고를 시도하는 사람은 종종 매우 일관된(비록 부정확하고 타당하지 않지만) 반응 패턴을 생성한다고 지적했다.

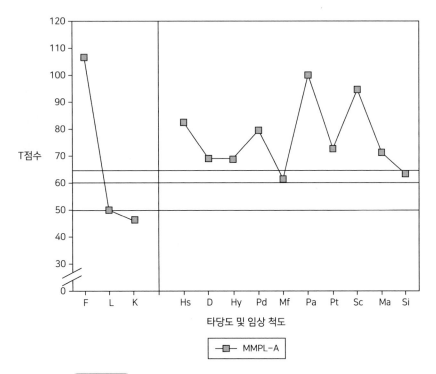

그림 4-14　부정왜곡의 MMPI-A 타당도척도 프로파일

여기에 요약된 F 척도 및 임상척도 기준은 MMPI-A에서 부정왜곡을 시도하는 대부분의 청소년을 효과적으로 선별할 수 있을 것이다.

- F 척도의 T점수 값이 90점 이상
- Mf 및 Si 척도 값을 제외하고 임상척도들의 임상 범위로 상승한(음영 범위 혹은 그 이상) 것이 특징인 떠 있는 프로파일

MMPI-A-RF 부정왜곡 프로파일의 타당도척도 및 RC 척도의 특징은 검사 매뉴얼(Archer et al., 2016a)에 제시되어 있다. [그림 4-15]와 [그림 4-16]은 Stein, Graham 및 Williams(1995)의 MMPI-A 연구에서 증상을 과대보고하라는 지시를 받은 127명의 청소년들이 산출한 MMPI-A-RF의 타당도 및 RC 척도 프로파일을 나타낸다. 이 프로파일을 위해 각 척도에 대한 평균 원점수를 계산하고 적절한 T점수를 제시하였다.

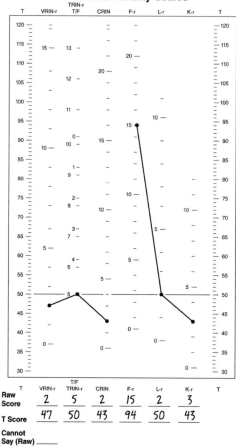

MMPIA RF™

Minnesota Multiphasic
Personality Inventory-Adolescent
Restructured Form™

Name _____

ID Number _____

Gender _____   Date Tested _____

Education _____   Age _____ Scorer's Initials _____

Profile for Validity Scales

MMPI-A-RF T scores are nongendered.

	VRIN-r	T/F TRIN-r	CRIN	F-r	L-r	K-r
Raw Score	2	5	2	15	2	3
T Score	47	50	43	94	50	43
Cannot Say (Raw)						

VRIN-r	Variable Response Inconsistency	F-r	Infrequent Responses
TRIN-r	True Response Inconsistency	L-r	Uncommon Virtues
CRIN	Combined Response Inconsistency	K-r	Adjustment Validity

그림 4-15 부정왜곡의 MMPI-A-RF의 타당도척도 프로파일

출처: University of Minnesota Press의 허가하에 MMPI-A-RF 매뉴얼에서 사용함. MMPI-A-RF의 실시, 채점, 해석 및 기술 매뉴얼. by Archer, et al. Copyright ⓒ 2016 by the Regents of the University of Minnesota. 무단 전재 금지. 'Minnesota Multiphasic Personality Inventory'와 'MMPI' 상표는 Regents of the University of Minnesota에서 소유함.

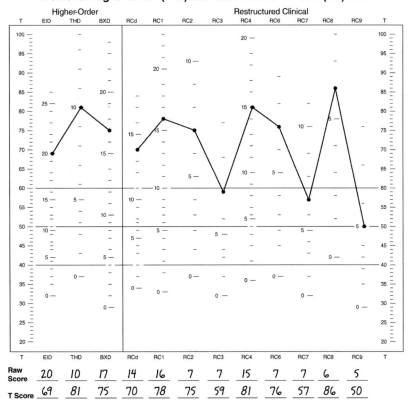

그림 4-16 부정왜곡의 MMPI-A-RF의 H-O 및 RC 척도 프로파일

출처: University of Minnesota Press의 허가하에 MMPI-A-RF 매뉴얼에서 사용함. MMPI-A-RF의 실시, 채점, 해석 및 기술 매뉴얼. by Archer, et al. Copyright ⓒ 2016 by the Regents of the University of Minnesota. 무단 전재 금지. 'Minnesota Multiphasic Personality Inventory'와 'MMPI' 상표는 Regents of the University of Minnesota에서 소유함.

과대보고 식별에 대해 MMPI-A-RF 매뉴얼(Archer et al., 2016a)에 제시된 지침은 다음과 같다.

- F-r의 T점수가 80~89점 범위: 비일관적 반응이나 정신의학적 증상에 대한 과대보고를 반영할 수 있음.
- F-r의 T점수가 90점 이상: 타당하지 않은 프로파일이다.

∘ᠪ 타당성 평가를 위한 개념 모델

Greene(2000, 2011)은 타당성 평가 문제를 이해하기 위한 개념적 접근법 또는 모델뿐만 아니라 MMPI 프로파일의 타당성을 평가하기 위한 여러 경험적 기준을 제시했다. [그림 4-17]은 Greene 모델의 개요를 보여 준다. 이 접근법은 MMPI-A 및 MMPI-A-RF에 대한 프로파일 타당성 평가에 적용할 수 있다.

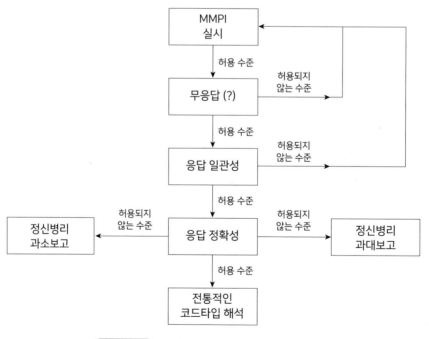

그림 4-17 Greene의 타당성 평가 단계 모델

출처: Roger L. Greene MMPI-2: An Interpretive Manual (2nd ed.) © 2000. Pearson Education, Inc., New York, NY. 허가하에 사용함.

Greene은 타당성 평가 과정에서 순차적 단계를 사용할 것을 강조했다.

무응답 문항의 수

첫 번째 단계는 무응답 문항 수(즉, CNS 척도의 원점수 값)를 결정하는 것이다. MMPI-A에서 29개 문항이 초과되거나 MMPI-A-RF에서 9개 문항 응답이 초과되어 누락되면 잠재적으로 타당하지 않은 프로파일일 수 있어 검사를 다시 실시해야 할 수 있다. Greene은 과도한 무응답이 응답자의 특성을 반영할 뿐만 아니라 MMPI 실시 과정에서의 문제 신호로 작용할 수 있다고 지적했다.

문항 응답의 일관성

환자의 반응 타당성을 평가하는 다음 단계는 문항 응답의 일관성을 평가하는 것이다. 이에 대해 Greene(2011)은 다음과 같이 언급하였다.

> 문항 응답의 일관성을 통해 내담자가 MMPI-2의 이같이 명확한 실시하에서 신뢰할 만한 방식으로 해당 문항들에 답했는지 검증한다. 내담자가 응답한 문항의 정확성을 판단하기 전에 문항에 대해 일관적으로 답했는지 확인해야 한다. 문항 응답의 일관성은 문항 내용과 독립적이거나 무관한 것으로 개념화될 수 있는 반면, 문항 응답의 정확성은 문항 내용에 따르거나 관련된 것으로 볼 수 있다. (p. 48)

MMPI-A에서 문항 응답의 일관성은 VRIN와 TRIN 척도를 통해 평가될 수 있으며, 어느 척도에서든 T점수가 80점 이상이면 응답 비일관성이 허용 불가능한 수준임을 나타낸다. MMPI-A-RF에서 응답 일관성은 VRIN-r, TRIN-r, CRIN 척도로 평가된다. 이 중 어떤 척도라도 T점수 값이 75점 이상이면 과도한 응답 비일관성으로 프로파일이 타당하지 않을 수 있음을 고려해야 한다.

원인에 관계없이 상당한 비일관성으로 MMPI-A 또는 MMPI-A-RF 프로파일이 타당하지 않게 되면, 더 이상 프로파일을 해석해서는 안 된다. Greene의 타당성 평가 모델에 따르면, 허용할 수 없을 정도로 높은 수준의 반응 비일관성이라면 해석 가능한 임상 자료를 얻기 위해서 MMPI를 다시 실시해야 한다.

문항 응답의 정확성

MMPI-A 또는 MMPI-A-RF의 타당성을 평가하는 과정의 다음 단계는 문항 응답 정확성의 추정치를 도출하는 것이다. Greene(2011)은 타당성 평가 단계와 관련된 몇 가지 가정을 언급했다. 첫째, 과대보고와 과소보고는 연속선이며, 어떤 피검자라도 이 차원의 특정 지점에 배치될 수 있다. 둘째, 증상을 과대보고하거나 과소보고하려는 시도는 구체적이기보다는 일반적인 경향이 있다. 예를 들어, 과소보고하는 성인은 정신병리의 어떤 유형이나 차원도 부정하는 경향이 있고, 과대보고하는 사람은 다양한 정신장애와 관련된 정신병리에 응답하는 경향이 있다. 셋째, Greene은 과대보고나 과소보고가 환자의 실제 정신병리와 비교적 독립적이라고 지적했다. 환자가 실제 정신장애가 있거나 혹은 없다고 결론짓는 데 과소보고나 과대보고의 증거를 이용할 수 있다고 보는 것은 부적절할 것이다. 환자는 과대보고하며 그리고 실제로 심각한 증상을 나타낼 수 있고, 혹은 과소보고하고 또 실제 증상이 상대적으로 없을 수 있다. 마지막으로, Greene은 문항 응답의 일관성을 평가하는 데 사용되는 척도들(예: MMPI-A의 VRIN과 TRIN, MMPI-A-RF의 VRIN-r, TRIN-r, CRIN)이 문항 응답의 정확성을 평가하는 데는 적절하거나 유용하지 않다고 본다.

MMPI-2의 반응 정확성을 결정하기 위해 여러 지표가 사용되었으며, 청소년에게 실시한 MMPI나 MMPI-A에서 이러한 지표들에 대한 연구가 일부 이루어졌다. 이러한 지표에는 Wiener-Harmon 모호-명백 소척도(Weiner, 1948)와 Lachar-Wrobel의 결정적 문항 목록(1979)이 포함된다. Hathaway와 McKinley가 원판 MMPI 개발에 사용한 척도 구성의 경험적 방법 때문에 임상척도는 측정의 초점인 구성개념과 관련이 없거나 없는 것처럼 보이는 수많은 모호한 문항을 포함한다. Wiener와 Harmon은 MMPI 임상척도 중 D, Hy, Pd, Pa, Ma 등 5개 척도에 대해 합리적인 방법으로 모호 및 명백 소척도를 개발했다. Greene(2000)은 수검자가 증상을 과대보고할 경우 명백 소척도의 점수가 모호 소척도에 비해 증가할 것으로 예상했다. 반대로 증상을 과소보고하려고 할 때, 모호 소척도 값은 명백 소척도 값에 비해 상승할 것이다.

성인 표본의 모호-명백 소척도 연구는 결과가 혼재되어 있어 논쟁의 여지가 있다. Boone(1994, 1995)은 모호 소척도에 대한 내적 신뢰도 추정치가 수용할 수 없을 정도로 낮으며, 이러한 문항을 포함하면 기본 임상척도의 신뢰도 추정치가 약화됨을 관찰했다. Brems와 Johnson(1991)은 291명의 정신과 입원환자 표본에서 프로파일 타당성 지표로서 모호-명백 척도의 유용성을 탐구했다. 연구자들은 이러한 척도들이 MMPI와 그 외 자기

보고식 검사에서 증상을 과대보고하는 경향이 있는 수검자를 식별하는 데 유용하다는 것을 발견했다. Dannenbaum과 Lanyon(1993)은 대학생들에게 표준 실시, 긍정왜곡, 부정왜곡 중 하나의 지시를 주고 MMPI를 실시하였다. 예상대로 부정왜곡 수검자들은 가장 모호한 100개 문항에서 표준 실시 조건의 수검자들보다 현저히 낮은 점수를 받았는데, 그 결과는 내용 관련성이나 안면 타당도가 모호 소척도의 점수 득점 방향과 반대인 다수의 문항 수와 일치하는 것으로 해석되었다. 이 연구자들은 모호한 문항들이 일반적으로 예측력이 부족한 것으로 나타났지만, 이러한 문항들이 속임수를 탐지하는 데 유용할 수 있다고 강조하였다. Timbrook, Graham, Keiller 및 Watts(1993)는 왜곡된 프로파일과 정확한 프로파일을 정확하게 분류할 수 있는 모호-명백 소척도의 정도를 평가하기 위해서 49명의 정신과 환자들과 105명의 대학생들에게 다양한 지시 하에서 실시한 MMPI-2 프로파일을 조사하였다. 연구자들은 모호-명백 소척도가 비교적 높은 비율로 프로파일을 정확하게 분류했다는 것을 발견했지만, 그들은 또한 모호-명백 소척도의 정보가 프로파일을 정확하게 분류하는 데 척도 L과 F를 사용하여 얻은 결과보다 더 큰 증분적 이익을 제공하지는 않았다고 보고했다. Bagby, Buis 및 Nicholson(1995)은 부정왜곡 지시를 받았던 참가자들의 MMPI-2 반응을 일반 정신과 및 법의학 입원환자의 표본에서 얻은 프로파일과 비교했다. 또한 이 연구자들은 검사에 정확하게 반응하는 대학생들의 MMPI-2 프로파일과 긍정왜곡 지시를 받은 수검자들의 MMPI-2 반응을 조사했다. 이들도 F 척도가 부정왜곡 시도를 탐지하는 데 있어서 모호-명백 소척도보다 우수하다는 것을 발견했지만, 모호-명백 지표와 L 척도가 긍정왜곡 시도를 탐지하는 데는 똑같이 효과적이었다고 보고했다. 마지막으로, Hollrah, Schlottmann, Scott 및 Brunetti(1995)는 MMPI의 모호 문항에 대한 문헌들을 검토하여 모호 문항의 효과에 대한 지지 정도는 연구자가 채택한 방법론의 유형과 평가된 특정 모호 소척도에 따라 다르다는 결론을 내렸다. 이 연구자들은 이러한 중요한 문제를 평가할 때, 향후 연구들에서 보다 명확하고 일관된 연구 방법론을 채택할 것을 요구했다. 또한 이들은 모호-명백 문항들의 현재 가장 강력한 지지는 정신과 환경에서 긍정왜곡 프로파일을 탐지하는 확실한 능력에 있다고 결론지었다.

Graham(2012)은 MMPI-2와 함께 모호-명백 소척도들을 사용함에 있어 몇 가지 비판적인 결론에 도달했다. 첫째, 문항 분석과 선택 과정이 교차검증 절차를 사용하지 않기 때문에 모호 문항들이 원판 MMPI 기본척도에 포함되었다고 제안한다. 둘째, 모호 문항보다는 명백 문항이 검사 외 행동과 일관되게 관련된다는 것을 관찰했다. 셋째, MMPI와 MMPI-2의 과소 혹은 과대 보고하려는 사람은 모호 대 명백 문항의 응답을 통해 평가될 수 있지만, 모호-명백 소척도는 과소보고되거나 과대보고되는 프로파일 타당도의 정확하고 일관된 구분을 할 수는 없다. 넷째, Graham은 MMPI-2의 표준 타당도척도가 일탈 반응 세트를 탐지하는 데 모호-명백 소척도들에 비해 효과적이거나 혹은 더 효과적인 것으로 보인다고 지적했다. Graham은 이를 비롯한 모호-명백 소척도의 다른 문제들로 인해 미네소타 대학교 출판부가 MMPI-2의 검사자료, 해석 보고서 및 채점 서비스에서 모호-명백 소척도를 더이상 포함하지 않기로 결정했다고 결론지었다.

청소년 평가에서 Wiener-Harmon 모호-명백 소척도들의 유용성에 대해서는 거의 알려져 있지 않다. Herkov, Archer 및 Gordeon(1991)은 청소년 표본의 Wiener-Harmon 소척도들에 대한 유일한 연구를 제공했다. 이들은 4개의 평가 집단에 따라 청소년들을 정확하게 식별할 수 있는 감별력 측면에서 Wiener-Harmon 소척도와 표준 타당도척도를 비교했다. 4개 집단에는 정상 청소년, 정신과 입원환자, 부정왜곡을 하도록 지시받은 정상 청소년, 긍정왜곡을 하도록 지시받은 정신과 입원환자가 포함되었다. 〈표 4-19〉는 전통적인 타당도척도에만 기초한 예측과 달리 Wiener-Harmon 소척도의 T점수 차이(명백-모호의 값)을 사용하여 얻은 분류 정확성을 나타낸다. 결과와 관련하여 몇 가지 요점이 제시될 수 있다. 첫째, 과대보고(≥ 140)와 과소보고(≤ 0)를 식별하는 데 사용되는 최적의 명

표 4-19 전통적인 타당도척도와 Wiener-Harmon 모호-명백 소척도에 기초한 원판 MMPI의 반응 세트 정확성 예측

정확성 측정	부정왜곡 대 입원환자			긍정왜곡 대 정상	
	예측 변인			예측 변인	
	Obv.-Sub. ≥+140	F+K+Pa-Obv.	F≥T=100	Obv.-Sub. ≤0	L≥T=55
적중률	84.7%	94.1%	93.5%	77.7%	89.3%
민감도	71.9%	92.2%	92.2%	50.0%	71.4%
특이도	92.5%	95.3%	94.3%	79.5%	90.4%
PPP	85.2%	92.2%	90.1%	13.5%	32.3%
NPP	84.5%	95.3%	95.2%	96.1%	98.0%

출처: 허가하에 사용함. Copyright © 1991 by the American Psychological Association. Herkov, Archer, and Gordon (1991). MMPI response sets among adolescents: An evaluation of the limitations of the subtle-obvious susbscales. Psychological Assessment: A Journal of Consulting and Clinical Psychology.

주: Obv.-Sub. = 명백 빼기 모호 점수; Pa-Obv. = 6번(편집증) 기본척도의 명백 소척도; PPP = Positive Predictive Power; NPP = Negative Predictive Power.

백 빼기 모호 소척도 값은 성인 응답자에 대해 Greene(1989a)과 다른 연구자가 제공한 권고안과 상당히 다르다. 또한 다양한 반응 세트를 식별하는데 모호-명백 소척도가 유용하지만, 반응 세트를 식별하기 위해 표준 타당도척도에 적용되는 단순한 예측 규칙만큼 유용하지 않다는 점에 주목해야 한다. 구체적으로, F 척도의 T점수 값이 100점 이상인 청소년은 과대보고자이고, L 척도의 T점수 값이 55이상인 청소년은 과소보고자로 예측한 것은 모호-명백 소척도들에 기반한 예측보다 더 정확했다. 이러한 결과에 더해 모호-명백 소척도들의 한계와 관련하여 Graham(2012)이 제공한 관찰 결과를 합해 볼 때, 임상 실제에서 MMPI-A나 MMPI-A-RF에 대해 이 소척도들을 사용하지 않는 것이 낫다.

결정적 문항

Lachar와 Wrobel(1979)의 결정적 문항들은 사람들이 심리치료를 받도록 동기를 부여하는 증상이나 임상가의 진단적 의사결정에 중요한 증상과 관련하여 경험적으로 선택된 111개의 MMPI 문항으로 구성된다. Greene(2000)은 Lachar와 Wrobel의 결정적 문항 중 응답된 문항의 총 수를 문항 응답의 정확성 지표로 사용할 것을 권고했다. 예를 들어, 증상을 과대보고하려고 하는 사람은 이러한 문항들 중 다수에 답할 것으로 예상되는 반면, 정신병리에 대해 과소보고하는 사람은 상대적으로 적은 수의 결정적 문항에 답할 것으로 예상된다.

원판 MMPI에 대한 Lachar와 Wrobel(1979)의 결정적 문항에 대한 청소년 반응 패턴의 자료는 미주리주 공공 정신건강 시스템에서 서비스를 받는 성인과 청소년들이 답한 결정적 문항의 빈도를 보고했던 Greene(1991)이 제공하였다. 〈표 4-20〉에 표시된 이 자료에서 두 집단의 결정적 문항 응답은 대략 비슷한 수준으로 나타났다.

Archer와 Jacobson(1993)은 MMPI-A와 MMPI-2의 규준 및 임상 표본에서 도출된 Koss-Butcher(1973)와 Lachar-Wrobel(1979)의 결정적 문항의 응답 빈도를 조사했다. 정상 및 임상 표본의 청소년은 정상 성인보다 더 높은 빈도로 임상 문항에 답했다. 또한 MMPI-2 임상 수검자는 MMPI-2 규준 표본의 수검자들보다 결정적 문항에 더 많이 응답한 반면, MMPI-A의 임상 및 규준 표본 간의 유사한 비교에서는 임상 환경의 청소년이 정상 청소년보다 결정적 문항에 더 응답하지는 않는 것으로 나타났다. 〈표 4-21〉과 〈표 4-22〉는 Archer와 Jacobson(1993)에서 보고된 Lachar-Wrobel의 결정적 범주에 대한 남성 및 여성 수검자의 MMPI-2 및 MMPI-A 평균 문항 응답율을 제공한다. 이러한 연구 결

표 4-20 연령과 성별에 따라 분류된 정신과 표본의 원판 MMPI에서 응답된 Lachar와 Wrobel (1979)의 총 결정적 문항 수 분포

전체 결정적 문항	정신과 환자(Hedlund & Won Cho, 1979)			
	성인		청소년	
	남(N=8,646)	여(N=3,743)	남(N=8,646)	여(N=3,743)
91+	0.3%	0.3%	0.7%	0.0%
81~90	1.8	1.4	2.6	1.7
71~80	3.9	3.2	4.8	4.2
61~70	6.9	7.3	6.6	11.7
51~60	10.7	12.7	13.0	13.8
41~50	14.3	18.0	16.2	19.3
31~40	18.6	18.7	16.7	15.2
21~30	20.3	19.3	21.7	14.4
11~20	17.3	14.1	13.9	16.9
0~10	5.9	5.0	3.8	2.8
원점수				
평균	36.5	38.0	39.2	40.5
표준편차	19.3	18.3	19.5	19.3

출처: Greene, Roger L., MMPI-2/MMPI: 해석 매뉴얼, ⓒ 1991. Published by Allyn & Bacon, Boston, MA. Copyright ⓒ 1991 by Pearson Education. Pearson Education, Inc., New York, NY. 허가하에 사용함.

과는 비교 집단 간에 발견된 문항 응답 빈도 차이에 따라 문항을 선택하여 성인들에게 적용한 경험적 방법론의 유형을 이용해서 청소년의 결정적 문항 목록을 만드는 데 내재된 어려움을 강조한다. MMPI-A의 결정적 문항 항목을 작성하는 데 기술적인 어려움이 있는 것 외에도, MMPI-A에서 결정적 문항을 적용하는 것과 관련된 몇 가지 개념적 문제가 제기되었다. 특히 Archer와 Jacobson은 MMPI의 역사를 통틀어 결정적 문항의 개념이 일관되게 정의되지 않았다는 점에 주목했다. 더욱이 청소년 표본에서 결정적 문항의 신뢰도와 타당도는 본질적으로 제한적일 수 있다. 연구자들은 성인 표본을 기반으로 개발된 흔히 사용되는 MMPI/MMPI-2의 결정적 문항 목록들은 MMPI-A를 통한 청소년 평가에 유용하지 않을 수 있다고 결론내렸다.

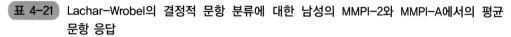

표 4-21 Lachar-Wrobel의 결정적 문항 분류에 대한 남성의 MMPI-2와 MMPI-A에서의 평균 문항 응답

문항 수			MMPI-2			MMPI-A		
MMPI-2	MMPI-A	MMPI	정상	임상	χ^2	정상	임상	χ^2
불안 및 긴장								
11	11	11	18.36	45.18	15.66***	35.25	34.01	0.00
수면 장애								
6	5	6	18.50	42.67	12.67***	29.26	29.26	0.02
기이한 사고 및 경험								
10	10	10	17.50	35.20	6.78**	33.45	28.72	0.21
반사회적 태도								
9	9	9	28.11	49.67	9.27**	38.21	63.16	11.52**
우울 및 걱정								
16	15	16	15.06	45.94	21.23***	27.92	30.42	0.02
기이한 신념								
15	13	15	7.53	27.33	11.22***	19.67	19.25	0.00
약물 남용								
3	2	3	27.67	49.00	8.45**	26.00	43.85	6.35*
가족 문제								
4	4	4	18.75	53.25	23.63***	42.85	60.45	5.12*
분노								
4	4	4	23.25	37.75	4.62*	44.58	52.67	0.98
신체 증상								
23	22	23	12.74	32.91	10.19***	22.60	19.15	0.27
성적인 관심 및 편향								
6	4	6	20.67	35.00	4.19*	23.80	14.90	2.04

* $p < .05$, ** $p < .01$, *** $p < .001$

출처: MMPI-2 규준 및 임상 표본의 문항 응답 빈도는 Butcher et al. (1989)에서, MMPI-A 표본은 Butcher et al. (1992)에서 보고되었음. Archer & Jacobson (1993)에서 수정함. Copyright ⓒ 1993 by Lawrence Erlbaum Associates, Inc. 허가하에 사용함.

표 4-22 | Lachar-Wrobel의 결정적 문항 분류에 대한 여성의 MMPI-2와 MMPI-A에서의 평균 문항 응답

문항 수			MMPI-2			MMPI-A		
MMPI-2	MMPI-A	MMPI	정상	임상	χ^2	정상	임상	χ^2
불안 및 긴장								
11	11	11	20.00	39.22	16.24***	39.22	40.09	0.02
수면 장애								
6	5	6	24.83	38.52	11.35***	38.52	40.04	0.00
기이한 사고 및 경험								
10	10	10	16.80	36.04	9.16**	36.04	27.53	1.13
반사회적 태도								
9	9	9	17.11	29.48	10.03**	29.48	48.37	6.84**
우울 및 걱정								
16	15	16	16.94	33.09	20.51***	33.09	40.37	0.78
기이한 신념								
15	13	15	6.53	17.05	16.05***	17.05	18.87	0.03
약물 남용								
3	2	3	18.67	38.33	7.95**	25.45	42.00	5.75*
가족 문제								
4	4	4	22.50	53.75	19.43***	52.25	70.68	6.84**
분노								
4	4	4	20.25	39.75	8.60**	45.88	48.30	0.04
신체 증상								
23	22	23	16.13	36.61	10.27**	27.30	25.31	0.03
성적인 관심 및 편향								
6	4	6	20.17	41.83	10.31**	34.65	30.48	0.36

* $p < .05$, ** $p < .01$, *** $p < .001$

출처: MMPI-2 규준 및 임상 표본의 문항 응답 빈도는 Butcher et al. (1989)에서, MMPI-A 표본은 Butcher et al. (1992) 에서 보고되었음. Archer & Jacobson (1993)에서 수정함. Copyright ⓒ 1993 by Lawrence Erlbaum Associates, Inc. 허가하에 사용함.

Forbey와 Ben-Porath(1998)는 MMPI-A를 위한 결정적 문항 세트를 개발했으며, 이 목록은 현재 MMPI-A 매뉴얼의 부록(Ben-Porath, Graham, Archer, Tellegen, & Kaemmer, 2006)에 나와 있는 것처럼 MMPI-A에 공식적으로 통합되었다. 그들의 연구는 청소년들에게 사용하고자 성인들을 위해 생성된 결정적 문항 목록을 확장하려는 이전의 시도에 내재된 부적절함을 해결하기 위한 시도였다. MMPI-A 규준 표본 남녀 청소년들의 문항 응답 빈도를 조사하여, 정상 표본의 30% 이상에서 득점되는 방향으로 응답된 모든 문항을 잠재적인 결정적 문항 묶음에서 제외하였다. 득점되는 방향에서 30% 이하로 응답된 문항들은 임상 표본 청소년들의 반응 빈도를 활용하여 추가로 분석되었다. 규준 표본과 임상 표본 간 반응 빈도의 차가 10%보다 큰 문항들은 추가적인 통계적 및 주관적 문항 선정 과정을 거쳤다. 마지막으로, 이전 단계에서 '결정적' 내용이 있는 것으로 확인된 81개 문항은 모두 Forbey와 Ben-Porath에 의해 합리적으로 검토되어 15개 문항 분류군에 배치되었다. 이러한 분류에는 공격성, 불안, 인지적 문제, 품행 문제, 우울/자살 사고, 섭식 문제, 가족 문제, 환각 경험, 편집적 사고, 학교 문제, 자기 폄하, 성적인 관심 및 편향, 신체 증상, 약물 사용/남용, 기이한 사고가 포함된다. 연구자들은 MMPI-A의 결정적 문항 목록으로 검사 해석과 피드백을 촉진하는 여러 가지 방법을 제안하지만, 개별 검사 문항에 대한 청소년의 응답을 정신병리나 부적응에 대해 심리측정적으로 타당한 지표로 간주해서는 안 된다고 경고한다. 연구자들은 이러한 경고를 염두에 두면서 MMPI-A의 결정적 문항이 자기보고식에서 드러난 청소년 문제의 구체적 특성과 심각성을 임상가에게 제공하기 위해 해석 과정에 통합될 수 있다는 점에 주목한다. 예를 들어, 우울/자살 사고 영역에 대한 점검은 우울한 청소년이 자살 위험이 증가했음을 암시하는 문항에 응답했는지 여부를 확인하는 데 도움이 될 수 있다. 또한 저자들은 청소년에게 피드백할 때 MMPI-A의 결정적 문항이 매우 유용하게 사용될 수 있다고 지적한다. 예를 들어, 검사 해석자는 청소년의 현재 기능과 과거력이 일치하지 않는 방식으로 응답된 결정적 문항을 확인하여, 청소년이 이러한 응답에 대해 추가적인 정보와 설명을 하도록 요청할 수 있다.

Forbey, Ben-Porath 및 Graham(2005)이 실시한 Forbey와 Ben-Porath의 MMPI-A 결정적 문항 세트 사용에 대한 연구를 통해 이 문항 목록을 청소년 반응의 특성과 심각성을 이해하기 위한 수단으로 사용하는 것이 지지되었다. Forbey 등은 입원, 외래, 교정, 약물/알코올 치료, 일반 의료 및 학교 장면에서 MMPI-A의 결정적 문항의 응답 빈도를 조사했다. 그 결과, 결정적 문항의 응답 패턴은 청소년들이 있는 장면과 관련된 것으로 나타났다. 예를 들어, 약물 남용 치료를 받는 청소년은 약물 및 알코올 문제와 관련된 문항에 더 많이 응답했고, 법정 환경에 있는 청소년은 행동 및 품행장애 유형의 문제에 더 많이 응답했으며, 입원 치료를 받는 청소년은 정서 및 인지와 관련된 문제에 더 많이 응답했다.

Forbey와 Ben-Porath의 MMPI 결정적 문항 목록의 유용성을 기반으로 이 목록은 MMPI-A-RF의 개발에 채택 및 통합되었다(Archer et al., 2016a). Forbey와 Ben-Porath의 MMPI-A 결정적 문항 목록에 있는 81개 문항 중 53개 문항이 241문항의 MMPI-A-RF에서 유지되었다. MMPI-A의 결정적 내용 영역은 15개였으나, MMPI-A-RF에서는 14개가 되었는데, 성적인 관심 및 편향이 MMPI-A-RF에서 유지되기에는 문항이 충분히 남아 있지 않았기 때문이다. 〈표 4-23〉은 Forbey와 Ben-Porath의 MMPI-A와 MMPI-A-RF의

표 4-23 MMPI-A와 MMPI-A-RF의 Forbey와 Ben-Porath의 결정적 문항 목록

MMPI-A		MMPI-A-RF	
내용 영역	문항 수	내용 영역	문항 수
공격성	3	공격성	2
불안	6	불안	4
인지적 문제	3	인지적 문제	2
품행 문제	7	품행 문제	7
우울/자살 사고	7	우울/자살 사고	7
섭식 문제	2	섭식 문제	2
가족 문제	3	가족 문제	2
환각 경험	5	환각 경험	3
편집적 사고	9	편집적 사고	6
학교 문제	5	학교 문제	4
자기 폄하	5	자기 폄하	2
성적인 관심 및 편향	4		
신체 증상	9	신체 증상	6
약물 사용/남용	9	약물 사용/남용	5
기이한 사고	4	기이한 사고	1
	81		53

출처: Forbey와 Ben-Porath의 MMPI-A 결정적 문항 목록. Copyright 1998 by the Regents of the University of Minnesota. MMPI-A-RF의 실시, 채점, 해석 및 기술 매뉴얼 by Archer, et al. Copyright © 2016 by the Regents of the University of Minnesota. University of Minnesota Press의 허가하에 사용함. 무단 전재 금지. 'Minnesota Multiphasic Personality Inventory'와 'MMPI' 상표는 Regents of the University of Minnesota에서 소유함.

결정적 문항 목록에 대한 기준 범주와 각 범주의 해당 문항 수를 보여 준다.

MMPI-A와 MMPI-A-RF의 결정적 문항 목록은 프로파일의 타당성을 평가하기 위한 수단으로 고안되지 않았고 또 권장되지도 않는다. MMPI-A를 위해 생성되고, MMPI-A-RF로 이어진 이러한 결정적 문항 목록은 확실히 더 많은 연구와 경험적 평가가 필요하다. 이러한 결정적 문항 목록의 개발은 잘 기록되어 있으며, Forbey와 Ben-Porath가 제안한 임상적 사용은 신중하고 적절한 것으로 보인다. Forbey와 Ben-Porath가 언급한 바와 같이, 실제적인 관점에서 이러한 결정적 문항 목록을 사용하는 것의 대안은 각 임상가가 자신만의 결정적 문항을 선택하여 이러한 문항들이 해석 또는 피드백 목적에 유용할 수 있도록 MMPI-A의 검사 반응을 확인하는 것이다. Forbey와 Ben-Porath는 내담자가 특정 문항에 득점되는 방향으로 반응했는지 여부를 확인하기 위해 문항 반응을 조사하는 것은 비효율적·비효과적임을 관찰했다. 확실히, Forbey와 Ben-Porath가 활용한 것과 같은 일련의 경험적 절차를 통해 선별된 결정적 문항의 표준 목록을 사용하는 것이 비표준적인 결정적 문항 선택에 따르는 개별 임상가의 경우보다 더 낫다.

⚭ 요약

이 장에서는 프로파일의 타당성 평가에 사용되는 MMPI-A와 MMPI-A-RF의 타당도척도들을 개괄적으로 설명하고, 다양한 반응 세트에 따라 이러한 측정치가 생성하는 수많은 프로파일 특징을 검토했다. 또한 Greene(1989a, 2000, 2011)이 개발한 타당성 평가 모델에 중점을 두었다. 문항 응답의 일관성과 문항 응답의 정확성의 구별에 특히 주의를 기울여 MMPI-A 및 MMPI-A-RF의 타당성 평가에 대한 순차적 접근법이 제시되었다. Greene 모델에서는 문항 응답의 일관성이 타당한 반응 패턴의 필수 요인으로 간주되지만 충분 요인은 아니다.

청소년은 관심 및 지지에 대한 욕구를 표현하기 위해 의식적·무의식적으로 도움을 간청하는 것으로 정신병리를 과대보고할 가능성이 가장 높다. 반대로 청소년은 부모나 법원 관계자에 의해 비자발적으로 치료를 받게 되었을 때 증상을 과소보고하고, 유의한 문제가 없다는 주장을 강조하고 싶을 가능성이 가장 높다. 또한 청소년은 의식적·무의식적으로 청소년에게 영향을 미치는 부적절한 검사 지시나 절차로 인해 MMPI-A에서 종종 과소보고하거나 과대보고하여 반응의 정확성을 왜곡한다.

전반적으로, 현재 Wiener-Harmon 모호-명백 소척도들의 사용을 지지하기 위한 자료가 충분하지 않다. MMPI-A와 MMPI-A-RF의 자문 위원회는 청소년에서 이러한 측정치의 사용을 뒷받침하는 경험적 증거가 부족하기 때문에 모호-명백 소척도 프로파일 결과지를 만드는 것을 권장하지 않았다. 이 검사들의 반응 정확성을 평가하기 위해 개별적으로나 형태적으로 MMPI-A 및 MMPI-A-RF의 타당도척도를 사용하는 것이 좋다. 앞서 언급한 바와 같이, F와 F-r 척도와 관련하여 원판과 개정판의 L과 K 척도의 단독 또는 조합의 상승은 증상을 과소보고하려는 의식적·무의식적 노력과 관련된다. 또한, F와 F-r의 상승은 각각 MMPI-A와 MMPI-A-RF에서 증상을 과대보고 하려는 의식적·무의식적 노력과 관련될 수 있다.

❀ 프로파일의 평가 문제와 MMPI-A 프로파일의 '음영' 영역

이전 장에서 언급한 바와 같이, 청소년의 MMPI-A 응답은 오직 연령에 맞는 청소년 규준을 사용하여 해석해야 한다. 청소년 규준으로 변환하는 것이 청소년 응답을 해석하는 가장 적절한 수단이라는 결론은 그러한 절차가 MMPI-A 프로파일의 평가를 간단하고 쉽게 만든다는 것을 의미하지는 않는다. 청소년 규준에 따라 채점된 청소년 응답을 해석할 때 발생하는 가장 중대한 어려움은 임상적 상승의 기준을 T점수 65점 이상으로 볼 때, 정신과에 입원한 청소년들의 프로파일 결과조차 대체로 임상적 범위의 상승에 미치지 못한다는 것이다. 심각한 정신병리의 증거를 보이는 청소년의 정상 범위 프로파일을 해석하는 데 내재된 모순은 아마도 원판 MMPI에서 청소년들에게 성인 규준을 사용하는 부적절하지만 널리 퍼진 임상 실무에 영향을 미쳤을 것이다. 즉, 청소년 패턴에 성인 규준을 적용했을 때 정신과적 증상이 지나치게 강조되거나 과장되는 프로파일을 생성하는 경향이 있는 것처럼, 원판 MMPI 또는 MMPI-A에 청소년 규준을 적용하는 것은 종종 청소년의 정신병리를 과소평가하는 것처럼 보이는 프로파일을 생성한다.

입원한 청소년 집단이 보이는 원판 MMPI의 정상 범위 평균 프로파일(예: 평균 T점수 값 < 70)은 Archer(1987b), Archer, Ball 및 Hunter(1985), Archer, Stolberg, Gordon 및 Goldman(1986), Ehrenworth와 Archer(1985), Klinge와 Strauss(1976)에 의해 보고되었다. 원판 MMPI를 실시한 청소년의 프로파일 해석에 대한 이러한 현상의 결론은 성인 응답자에게 임상적 증상을 정의하는 데 전통적으로 유용한 T점수 기준인 70점 이상을 청소년에게 적용하는 것이 실질적으로 덜 유용하다는 것이다. 이러한 관찰을 바탕으로 Ehrenworth와 Archer(1985)는 원판에서 청소년의 임상적인 상승 수준을 정의하기 위해 T점수 65점을 사용할 것을 권고했다. 입원 및 외래 청소년 표본에 이 기준을 적용하는 것은 청소년에서 얻어진 정상 범위 프로파일의 빈도를 상당히 줄이는 데 기여했다(Archer, 1987b). 예를 들어, Archer, Pancoast 및 Klinefelter(1989)는 정신병리 여부를 탐지하기 위해 임상척도 T점수를 (70점 이상 말고) 65점 이상을 적용하면 정상 청소년과 외래 및 입원 청소년 환자들이 생성하는 프로파일을 정확하게 구별하는 민감도가 증가한다는 것을 발견했다. Archer(1987b)는 청소년의 원판 검사에서 일반적으로 나타나는 '정상 범위 내의' T점수 상승은 부분적으로 K교정 절차의 부재와 정상 청소년 표본에서도 발견되는 임상 증상에 대한 응답의 높은 기저율과 관련이 있었다. 그러나 Alperin, Archer 및

Coates(1996)는 MMPI-A의 K교정 절차의 개발이 이 검사에 의해 산출된 거짓 음성의 수를 유의하게 줄이는 데 효과적이지 않음을 보여 주었다.

[그림 5-1]은 1975~1987년 사이에 수행된 4개의 연구(Pancoast & Archer, 1988)에서 정상 청소년이 산출한 평균 프로파일과 1947~1965년 사이에 수행된 8개의 연구에서 Marks와 Briggs(1972)의 전통적인 청소년 규준으로 채점한 평균 프로파일을 대조시킨 결과이다. (전통적인 순서로 타당도척도를 제시하는) 이러한 프로파일은 지난 40년 동안 청소년 MMPI 응답 패턴에서 탐지 가능한 변화가 발생했음을 시사하며, 이러한 결과는 동시대 청소년들의 MMPI 규준 세트를 만들기 위한 노력에 힘을 보태게 되었다.

[그림 5-2]와 [그림 5-3]은 Pancoast와 Archer(1988)가 검토한 1975년 이후의 평균 프로파일과 Marks와 Briggs(1972)의 청소년 규준에 따른 프로파일의 MMPI-A 규준 반응 패턴을 성별에 따라 각각 비교한 것이다. 이러한 자료는 MMPI-A 규준 표본의 평균값이 1975년 이후 수집된 다른 정상 청소년 표본과 비교적 일치함을 보여 준다. MMPI-A 규준 세트는 Marks와 Briggs의 원래 청소년 규준보다 척도들의 평균 원점수 값이 더 높은 청소년의 반응 패턴에 기초하기 때문에, MMPI-A 규준의 주요 효과는 원래 Marks와 Briggs 규준과 비교하여 주어진 원점수 값의 프로파일 상승도를 줄이는 것이다. 이는 정신과에 입원한 여자 청소년(N=1,032)과 남자 청소년(N=730)의 MMPI를 전통적인 Marks와 Briggs(1972) 규준과

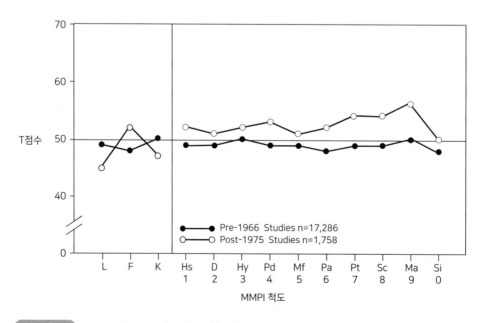

그림 5-1 Marks와 Briggs(1972)가 청소년 규준에 표시한 두 기간의 정상 청소년 평균값

출처: Pancoast & Archer (1988). Copyright ⓒ by Lawrence Erlbaum Associates. 허가하에 사용함.

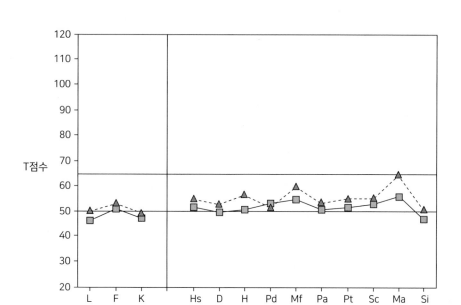

그림 5-2 | MMPI-A 규준 표본과 1975년 이후의 원판 MMPI를 실시한 남자 청소년: Marks와 Briggs(1972)의 청소년 규준에 따른 프로파일

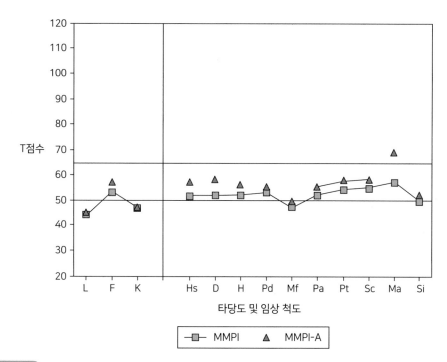

그림 5-3 | MMPI-A 규준 표본과 1975년 이후의 원판 MMPI를 실시한 여자 청소년: Marks와 Briggs(1972)의 청소년 규준에 따른 프로파일

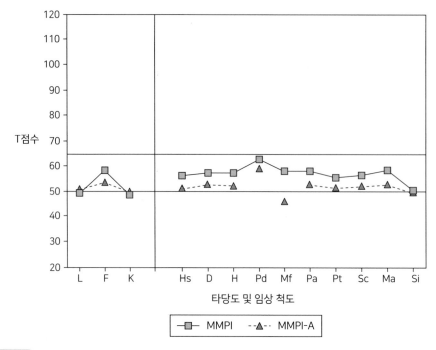

그림 5-4 Marks와 Briggs(1972)의 규준과 MMPI-A 청소년 규준에 따른 남자 청소년 환자들의 프로파일

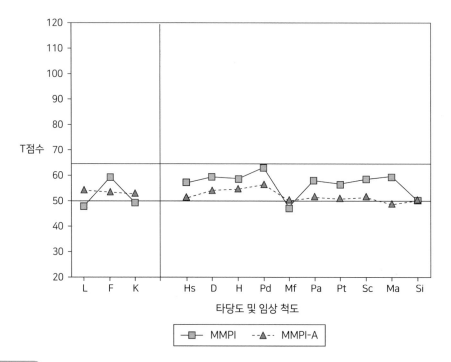

그림 5-5 Marks와 Briggs(1972)의 규준과 MMPI-A 청소년 규준에 따른 여자 청소년 환자들의 프로파일

MMPI-A 청소년 규준에 따라 생성한 프로파일의 상승도를 비교하는 [그림 5-4]와 [그림 5-5]에 나타나 있다. 이러한 프로파일 상승도의 비교는 보다 최근의 청소년 규준 세트의 사용과 관련된 MMPI 척도의 T점수 상승도의 감소를 명확히 보여 준다.

청소년에게 MMPI를 사용했을 때의 프로파일 상승의 문제와 MMPI-A 청소년 규준에 의해 생성된 프로파일 상승의 추가적 감소에 대응하여, MMPI-A의 임상 범위 상승을 결정하기 위한 혁신적 전략이 개발되었다. 특히, '검은 굵은 선' 값, 즉 임상 범위 상승의 시작을 나타내는 단일 T점수 값은 정상 범위 상승과 임상 범위 상승 사이의 과도적 영역 또는 구역 역할을 하는 값의 범위를 생성하도록 수정되었다. 이 영역 개념을 사용하면 60~65점 사이의 T점수 값이 특정 MMPI-A 척도가 높은 범위로 상승하는 것과 관련된 임상적 상관 패턴 또는 특성 중 일부(전부는 아님)를 보여 줄 것으로 기대되는 상승의 경계적 범위를 구성한다는 점을 분명히 할 수 있다. 개념적으로 '음영' 영역의 사용은 청소년기의 정상과 정신병리 사이의 경계점이나 경계선이 성인보다 덜 명확할 수 있다는 것을 인정하는 것이다. 통계적 측면에서 벗어나지 않는 청소년(즉, 특정 T점수 값을 초과하는 임상 범위의 상승이 발생하지 않는 청소년)도 여전히 임상적으로 유의미한 것으로 분류되고 심리적인 개입이 필요할 정도로 불안한 행동이나 경험을 보일 수 있다. Archer(1987b)가 지적한 바와 같이, '전형적인' 청소년은 발달 과정에서 충분히 심리적 동요와 고통을 경험할 수 있으며, 이로 인해 정상적인 발달 과정에서 나타나는 비교적 사소한 일탈로 인해 정신과적 개입과 대응이 필요할 수 있다. 따라서 일반적으로 MMPI 반응과 관련된 '정상 범위 내' 및 '임상 범위 상승'의 전통적 범주에 더해서 MMPI-A는 '약간 상승된(marginally elevated)' T점수 값이라는 새로운 범주가 포함되었다.

MMPI-A 프로파일 상승에 대한 연구들

Newsom, Archer, Trumbetta 및 Gottesman(2003)은 지난 40년 동안의 MMPI와 MMPI-A에서 나타난 청소년의 자기제시 변화를 탐구했다. 연구의 비교에 사용된 주요 표본은 1989년에 수집된 MMPI-A 규준 표본에서 추출한 12~16세 사이의 청소년 1,235명과 1948~1954년 사이에 Hathaway와 Monachesi(1963)의 청소년 성격 및 행동 연구의 일환으로 수집된 같은 연령대의 청소년 10,514명이었다. 그 결과, 자료 수집 시기별 응답 빈도에서 중간부터 큰 변화의 패턴을 보여 주었고, MMPI-A 규준 표본 청소년들이 병리적 방향으로 응답한 비율이 상당히 높았다. 이 연구는 MMPI 기본척도 및 Harris-Lingoes 소척도의 평균 원점수 값의 변화에 대한 증거를 제공할 뿐만 아니라, MMPI와 MMPI-A가 공유한 393개 문항에 대한 현대 청소년들의 문항 응답율이 상당히 높다는 것을 보고했다. 전반적으로, 그 결과는 현대의 정상 청소년들이 성인들보다 더 많은 정신병리적 증상들에 응답할 뿐만 아니라, 40년 전보다도 더 많은 병리적 증상들에 응답한다는 것을 보여 주었다.

Archer, Handel 및 Lynch(2001)의 연구는 MMPI-A 규준 표본과 두 개의 청소년 임상 표본의 문항 응답 빈도를 비교했으며, 이 결과를 MMPI-2 규준 표본과 성인 정신과 입원환자인 임상 표본에 의해 보고된 문항 응답 빈도와 비교하였다. [그림 5-6]은 MMPI-A 매뉴얼에 보고된 입원 중인 남자 청소년 271명과 여자 청소년 160명의 평균 MMPI-A 기본척도 프로파일을 나타낸다. 이 연구 결과, MMPI-A에는 정상 표본과 임상 표본 간 문항 응답 빈도에 유의한 차이가 없는 문항들이 다수 포함되어 있는 것으로 나타났다. 또한 MMPI-A 기본 및 내용 척도는 일반적으로 MMPI-2의 해당 척도에 비해 효과적인 문항의

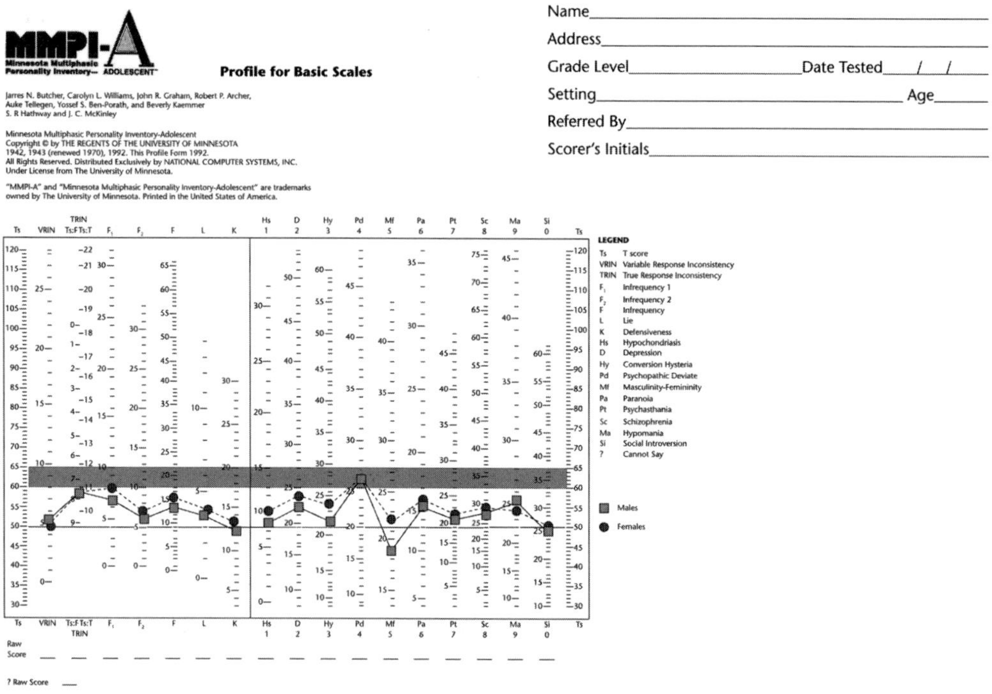

그림 5-6 입원 중인 남자 청소년 271명과 여자 청소년 160명의 평균 MMPI-A 기본척도 프로파일

출처: MMPI-A의 기본척도 프로파일. 허가하에 사용함. MMPI-A의 실시, 채점 및 해석 매뉴얼 by Butcher, et al. Copyright ⓒ 1992 by the Regents of the University of Minnesota. University of Minnesota Press의 허가하에 사용함. 무단 전재 금지. 'Minnesota Multiphasic Personality Inventory'와 'MMPI' 상표는 Regents of the University of Minnesota에서 소유함.

비율이 훨씬 낮았다. Archer 등(2001)은 이러한 결과를 임상 표본에서 발견된 비교적 낮은 범위의 MMPI-A 프로파일의 가능한 요인으로 언급하였다.

Archer 등(2001)의 연구에 이어 Lynch, Archer 및 Handel(2004)은 전체 진단 범주별로 분류된 임상 장면의 청소년 기준 집단의 MMPI-A 보충척도, Harris-Lingoes 소척도 및 모호-명백 문항들의 응답 빈도를 조사했다. 또한 이들은 규준 집단과 임상 집단 사이에 유의한 문항 응답 빈도 차이를 보여 주지 못한 문항으로 정의된 비효과적인 문항을 제거하여 기본척도를 수정했다. 그 결과, 문항 효과성이 진단 집단의 동질성 또는 문항 내용의 명확성이나 모호성과 같은 요인과 유의한 상관이 나타나지 않았다. 이러한 연구 결과는 〈표 5-1〉에 규준 표본과 두 개의 청소년 임상 표본(MMPI-A 매뉴얼과 독립된 임상 표본에서 보고된 표본) 사이의 판별 능력에 기초하여 효과적이라고 분류된 문항 및 MMPI-2와 유사한 비교에서 비효과적인 것으로 분류된 문항들로 제시하였다. 또한 이러한 결과는 비효과적인 문항을 제거하기 위해 기본 임상척도들이 개정되었을 때 민감도, 특이도, 정적·부적 예측력, 전체 적중률 측면에서 MMPI-A 기본척도의 전체적인 효과가 증가할 수 있음을 보여 주었다. 일반적으로, 이러한 연구 결과는 MMPI-A 규준 표본의 청소년들이 비교적 높은 빈도로 정신병리적 증상에 응답했으며, 규준 표본의 이러한 전반적인 응답 패턴이 임상 표본의 청소년이 정상 범위 내의 프로파일을 생성하는 경향에 중요한 요인이 될 수 있음을 분명히 보여 준다.

Hilts와 Moore(2003)는 388명의 청소년 입원환자 표본에서 정상 범위 MMPI-A 프로파일의 빈도 기저율을 조사했다. 또한 이 연구자들은 모든 임상척도의 T점수가 60점 미만인 정상 범위 프로파일을 보인 청소년들과 심리치료 과거력, 증상의 내재화 및 외현화, MMPI-A 타당도척도 점수 측면에서 상승한 프로파일을 보인 청소년들 사이의 차이를 조사했다. Hilts와 Moore는 남자 청소년의 30%, 여성 청소년의 25%가 전체 임상척도가 상승하지 않은 MMPI-A 프로파일을 생성했으며, 정상 범위 프로파일이 입원 전에 덜 병리적이었다는 것으로는 충분히 설명되지 않았다고 보고했다. 정상 범위 프로파일을 가진 남녀 청소년 모두 일반적으로 상승한 프로파일을 보인 청소년보다 내재화 증상을 보고할 가능성이 낮았지만, 두 집단은 비슷한 수준의 외현화 증상을 보고했다. Hilts와 Moore(2003)는 다음과 같이 결론을 내렸다.

이 연구는 임상가와 연구자 모두에게 시사하는 바가 있다. 임상가는 유의하게 상승한 척도가 없는 MMPI-A 프로파일에 대해 청소년이 고통감을 경험하지 않거나 스스로 문제가 없다고 볼 수 있다는 가설을 고려해야 한다. 높게 상승하지 않은 프로파일이 청소년의 삶의 일부분에서 문제가 없다는 것을 의미하지 않을 수 있다. 향후 연구는 외현화 증상을 보이는 일부 청소년들의 명백하거나 인식된 내재화된 고통이 적은 문제를 다루어야 한다. (p. 271)

두 연구는 MMPI-A의 임상 범위 상승을 정의하기 위해 사용된 표준 T점수 기준점을 표준 T ≥ 65에서 Hilts와 Moore가 사용한 T ≥ 60 기준으로 줄이는 것의 유용성을 조사했다. Janus, Toepfer, Calestro 및 Tolbert(1996)는 정신과 입원 중인 300명의 청소년 표본으로 MMPI-A에 대해서 전통적인 혹은 수정된 기준점 점수를 사용했을 때 상승 빈도에서 성차가 크지 않다고 보고했다. 그러나 이들은 모든 기본척도에서 T점수 60점 이하를 정상 범위라고 정의하면 기존의 T≤ 64 기준에 비해 임상 모집단에서 거짓 음성(false-negative)으로 분류된 수가 크게 감소했다고 보고했다. 그러나 Janus와 Toepfer 등(1996)은 정상 청

표 5-1 MMPI-2 규준 표본과 성인 임상 표본의 유사 문항 비교와 규준 표본과 두 개의 청소년 임상 표본 간의 식별력에 따라 분류된 MMPI-A 기본척도 문항

	MMPI-A 효과적 문항 비율 규준/임상 표본		MMPI-A 효과적 문항 비율 규준/독립 표본		MMPI-2 효과적 문항 비율	
	남	녀	남	녀	남	녀
Hs(1)	3%(1/32)	13%(4/32)	28%(9/32)	50%(16/32)	84%(27/32)	91%(29/32)
D(2)	28%(16/57)	40%(23/57)	40%(23/57)	54%(31/57)	70%(40/57)	66%(38/57)
Hy(3)	25%(15/60)	28%(17/60)	28%(17/60)	38%(23/60)	60%(36/60)	55%(33/60)
Pd(4)	63%(31/49)	71%(35/49)	69%(34/49)	67%(33/49)	72%(36/50)	72%(36/50)
Mf(5)	16%(7/44)	25%(11/44)	14%(6/44)	16%(7/44)	45%(25/56)	14%(8/56)
Pa(6)	30%(12/40)	33%(13/40)	48%(19/40)	23%(16/40)	73%(29/40)	70%(28/40)
Pt(7)	23%(11/48)	29%(14/48)	35%(17/48)	40%(19/48)	94%(45/48)	94%(45/48)
Sc(8)	18%(14/77)	30%(23/77)	45%(35/77)	44%(34/77)	92%(72/78)	97%(76/78)
Ma(9)	35%(16/46)	17%(8/46)	48%(22/46)	29%(14/46)	57%(26/46)	65%(30/46)
Si(0)	11%(7/62)	19%(12/62)	24%(15/62)	19%(12/62)	70%(48/69)	64%(44/69)

출처: 허가하에 사용함. MMPI-A의 실시, 채점 및 해석 매뉴얼 by Butcher, et al. Copyright © 1992 by the Regents of the University of Minnesota. MMPI-2의 실시, 채점 및 해석 매뉴얼 개정판. Copyright © 2001 by the Regents of the University of Minnesota. University of Minnesota Press의 허가하에 사용함. 무단 전재 금지. 'Minnesota Multiphasic Personality Inventory'와 'MMPI' 상표는 Regents of the University of Minnesota에서 소유함.

주: 백분율은 각 척도 내에서 규준 표본과 임상 표본 간 문항 응답 빈도에서 유의한 차이를 보인 문항, 즉 표본 간 변별력 측면에서 '효과적'으로 분류된 문항의 총 비율을 반영함. 괄호 안의 첫 번째 숫자는 척도 내에서 '효과적인' 문항 수이며, 두 번째 숫자는 척도 내 총 문항 수임.

소년의 표본이 없을 때, 임상 범위 상승을 정의하는 데 사용된 T점수 표준의 감소가 거짓 양성(false-positive), 즉 정상적으로 기능하는 청소년의 MMPI-A 기본척도 상승에 따르는 오분류의 발생에 미치는 전반적인 영향을 평가할 수 없었다. Fontaine, Archer, Elkins 및 Johansen(2001)은 203명의 청소년 입원환자 표본의 MMPI-A 프로파일을 MMPI-A 규준 집단의 하위 표본과 비교함으로써 이 문제를 해결할 수 있었다. Fontaine과 동료들은 실제 정신병리에 대한 임상 기저율이 20%일 때와 50%인 조건에서 임상 범위 상승도를 정의할 때 T ≥ 60과 T ≥ 65의 기준을 비교했다. 분류 정확도 분석에 따르면 T ≥ 65는 임상 및 정상 사례 모두의 오분류를 최소화하면서 더 높은 수준으로 정확하게 구분했다. 그들의 결과는 임상 표본에서 청소년의 거짓 음성 오분류의 빈도를 줄이기 위해 임상 범위 상승을 T ≥ 60의 기준으로 감소시켜 정의하는 것은 정상 청소년의 거짓 양성 오분류를 증가시키는 대신 높은 거짓 음성 비율을 감소시키는 데 문제가 있을 수 있음을 시사한다.

요약하자면, 이 문헌은 임상 환경의 청소년들이 MMPI-A에서 상대적으로 낮은 점수를 생성하는 경향이 있음을 나타낸다. 그 증거는 또한 MMPI-A에 대한 K-교정 절차를 개발한다고 해서 이 문제가 효과적으로 해결되지 않는다는 것을 시사한다. 연구 결과에 따르면, MMPI-A 규준 표본에서 병리적 방향의 문항에 대해 청소년들이 상대적으로 높은 응답율을 보이는 것이 임상 환경의 청소년이 빈번하게 정상 범위 내 프로파일을 보이는 주요한 원인 중 하나일 수 있다. 이와 관련하여 Lynch, Archer 및 Handel(2004)은 MMPI-A 규준 표본의 청소년들이 심리치료 과거력을 바탕으로 제외되지 않았다고 지적했다. 규준 표본의 약 15%의 청소년이 MMPI-A 실시 전 6개월 이내에 "심리치료자 또는 상담사에게 의뢰된 적이 있는지" 묻는 일상 사건 질문 양식의 문항에 그렇다고 응답했다. 이같은 의뢰 빈도는 일반적으로 이 책의 제1장에서 보고된 청소년 정신병리에 대한 전국적 발생률 추정치와 일치한다. 또한 Lynch 등의 후속 분석 결과 심리치료나 상담에 의뢰되지 않았다고 보고한 MMPI-A 규준 표본에 비해 의뢰되었다고 응답한 집단의 기본척도 T점수가 유의하게 높았다는 것도 밝혀졌다. 이에 대한 후속 연구로, Hand 등(2007)은 상담에 의뢰되었다고 보고한 청소년 193명의 MMPI-A 자료를 규준 표본에서 제거하고 나머지 1,427명의 청소년에 대해 동형 T점수 값을 다시 계산했다. 임상 환경의 청소년들이 보인 정상 범위 내 프로파일의 빈도는 분류 정확도 분석에서 얻은 최소한의 개선으로 수정된 MMPI-A 규준을 사용했을 때 단지 소폭만 감소되었다. 상담에 의뢰된 청소년을 제거하는 것은 임상 환경의 청소년들이 보인 높은 빈도의 정상 범위 내 프로파일 빈도를 실질적으로 줄이는 데 도움이 되지 않았다.

⚬ **MMPI-A의 동형 T점수 변환 절차**

앞서 언급했듯이, Marks와 Briggs(1972)가 개발한 전통적인 청소년 규준과 원판 MMPI 성인 규준은 원점수 값을 T점수로 변환하기 위해 선형 T점수 변환을 이용했다. Colligan, Osborne 및 Offord(1980, 1984) 및 Tellegen과 Ben-Porath(1992)가 동형 T점수를 제시하면서 지적했듯이, 선형 T점수 값은 일반적으로 다양한 MMPI 척도에서 서로 다른 백분위수로 변환되기 때문에 MMPI 프로파일 해석에 문제가 된다. 따라서 원래의 Marks와 Briggs(1972) 규준에 따라 주어진 T점수 값은 10개의 MMPI 기본척도에 걸쳐 10~15 백분위의 동등한 값으로 변환될 수 있다. 이는 서로 다른 MMPI 척도의 원점수 분포가 형태(예: 왜도)에 따라 달라지기 때문에 발생하는 반면, 선형 T점수 변환 절차는 기본척도의 원점수 분포가 각각 정규 분포인 경우에만 주어진 T점수에 대해 동등한 백분위 값을 산출하기 때문이다. 기본척도는 다양한 왜도를 나타내기 때문에, 동일한 선형 T점수 값은 여러 척도에 걸쳐 다른 백분위의 값을 갖는다. 동형 T점수는 종합 또는 평균 선형 T점수를 나타내며, MMPI-A의 임상척도(5와 0 제외)와 내용척도에 걸쳐 백분위값의 동등성을 생성한다. 그러나 동형 T점수는 기본 원점수의 분포에 큰 영향을 미치지 않으며, 기본 원점수 분포를 '정규화'하는 데 기여하지 않는다. 이는 MMPI 척도의 '진정한' 점수 분포가 실제로 정규적이지 않을 수 있다는 점에서 중요하며, 따라서 정규화 절차는 더 높은 범위의 점수 값을 인위적으로 낮춰 T점수 값을 왜곡할 수 있다(Tellegen & Ben-Porath, 1992).

〈표 5-2〉는 MMPI-A의 기본척도와 Ben-Porath(1990)가 보고한 MMPI-2에 대해 도출한 동형 T점수의 백분위 값을 나타낸다. 이 표에 표시된 것처럼, 동형 T점수는 백분위값 50과 같은 T점수 값이 50이 되도록 기본 원점수 분포를 수정하거나 정규화하지 않는다. 오히려 동형 T점수 절차는 영향받는 척도에 대해 조합 또는 전체 분포를 만들어 개별 척도의 원점수 분포에서 있어 상대적으로 조정을 적게 한다. 이러한 조정을 통해 T점수 값에 상응하는 백분위 순위를 할당하여 주어진 T점수가 8개의 임상척도와 내용척도에 걸쳐 동등한 백분위 순위를 산출할 수 있다. Edwards, Morrison 및 Weissman(1993b)은 200명의 정신과 외래환자 표본에 대해 MMPI-2의 선형 대 동형 T점수 변환의 효과를 비교했다. 이들은 동형 기법에 의해 생성된 차이가 비교적 미미했으며, MMPI와 MMPI-2의 T점수 사이에서 관찰된 차이는 동형 T점수 변환 절차의 사용보다는 규준 표본의 반응 패턴의 차이에서 주로 기인한다고 보고했다.

표 5-2 MMPI-A와 MMPI-2의 동형 T점수 백분위 값

T점수	MMPI-A	MMPI-2[a]
	백분위	백분위
30	0.6	0.2
35	4.2	3.7
40	15.1	15.1
45	36.5	34.2
50	59.1	54.9
55	76.0	72.3
60	85.7	84.7
65	92.2	92.1
70	95.8	96.0
75	98.3	98.1
80	99.4	99.3
85	99.9	99.8

출처: MMPI-A의 실시, 채점 및 해석 매뉴얼 by Butcher, et al. Copyright © 1992 by the Regents of the University of Minnesota. MMPI-2의 실시, 채점 및 해거 매뉴얼 개정판. Copyright © 2001 by the Regents of the University of Minnesota. University of Minnesota Press의 허가하에 사용함. 무단 전재 금지. 'Minnesota Multiphasic Personality Inventory'와 'MMPI' 상표는 Regents of the University of Minnesota에서 소유함.

주: [a] Ben-Porath(1990)가 보고한 MMPI-2 값. 허가하에 사용함.

코드타입 일치 문제

MMPI-2 개발에 관한 논쟁의 주요 측면은 개정된 도구로 생성된 성인 프로파일이 원판 MMPI에서 도출된 성인 프로파일과 유사하거나 일치하는 정도에 초점을 맞추고 있다(Archer, 1992). 예를 들어, Dahlstrom(1992) 및 Humphrey와 Dahlstrom(1995)의 일련의 논문들은 MMPI와 MMPI-2가 상당히 다른 프로파일을 생성하는 반면, Tellegen과 Ben-Porath(1993) 및 Ben-Porath와 Tellegen(1995)은 이 두 가지 도구에 의해 생성된 프로파일이 동일할 수 있다는 가능성을 강조하는 관점으로 답했다. 이 문제는 전통적인 MMPI 해석에 관한 연구 문헌이 MMPI-2로 일반화될 수 있는 정도와 관련이 있기 때문에 상당한 주목을 받았다.

MMPI와 MMPI-2 사이의 일치성 문제에 관한 경험적 연구들이 축적되어 왔다. MMPI-2

매뉴얼(Butcher et al., 1989)은 232명의 남성과 191명의 여성 정신과 환자의 표본에서 MMPI-2 규준과 원판 검사도구 규준을 사용한 2개 척도로 된 코드의 일치 자료를 제공한다. 이러한 자료는 상승 정도와 관계없이 가장 높은 임상 척도로 정의하였을 때, 남성의 경우 약 70%, 여성의 경우 약 65%에서 일치했다. Graham, Timbrook, Ben-Porath 및 Butcher(1991)는 이 자료들을 다시 조사했고, 두 번째와 세 번째로 높은 임상척도 사이에 최소 5점 차이가 있어 2개 척도 코드타입(two-point codetype)이 '잘 정의되었을 때(well defined)' 때 일치율은 남성의 경우 81.6%, 여성의 경우 94.3%로 증가했다고 보고했다. Edwards, Morrison 및 Weissman(1993a), Husband와 Iguchi(1995), Morrison, Edwards, Weissman, Allen 및 DeLaCruz(1995)는 임상 표본에서 도출된 잘 정의된 코드타입에 대해 60%에서 94%까지의 일치율을 보고했으며, 이러한 연구들에서 사용된 일치성 정의의 함수로 발견된 결과는 다양했다. 일반적으로, MMPI와 MMPI-2는 심리측정적으로 동등한 형태는 아니지만, 특히 2개 척도 코드타입이 잘 정의된 형태 패턴을 나타내는 경우 두 검사가 유사한 프로파일을 생성할 가능성이 있다는 결론을 내릴 수 있다. 예를 들어, Clavelle(1992)은 경험 많은 MMPI 사용자들에게 동일한 검사 응답에서 도출된 MMPI와 MMPI-2 프로파일의 쌍을 검토해서 이러한 자료가 유사한 임상 결과를 산출하는지 판단하도록 요청했다. 이 연구에서 35명의 임상심리학자들은 두 검사 사이에서 진단의 92~96%, 서술적 해석의 89~93%가 본질적으로 동일하거나 약간만 다를 것이라고 추정했다. Harrell, Honaker 및 Parnell(1992)은 성인 정신과 환자에 대한 역균형화(counterbalanced) 반복측정 설계로 MMPI나 MMPI-2 또는 둘 모두를 실시했다. 몇몇 임상척도에서 MMPI-2 T점수가 일반적으로 MMPI 점수보다 낮았지만, 피험자들은 T점수 순위 순서와 기본척도 점수의 분포 측면에서 본질적으로 동일했다. MMPI-2의 연구 문헌이 지난 25년 동안 축적됨에 따라, MMPI-2 해석의 상당 부분이 해당 도구를 사용한 연구에 기초할 수 있게 되었기 때문에 코드타입 일치의 문제는 덜 중요해졌다.

〈표 5-3〉은 Marks와 Briggs(1972)의 원래 규준과 MMPI-A 청소년 규준에 기초한 정상 청소년들의 프로파일 간 일치율에 대한 MMPI-A 매뉴얼(Butcher et al., 1992)의 자료를 제공한다. 또한 〈표 5-3〉은 정신과 치료 중에 있는 청소년 집단에서 MMPI와 MMPI-A 프로파일 특성을 비교하는 유사한 자료를 제공한다. 〈표 5-3〉은 원판 검사도구와 MMPI-A에서 생성된 프로파일 간의 전체 일치율이 남자 청소년에서 67.8%, 여자 청소년에서 55.8%임을 나타내며, 2개 척도 코드타입의 정의 기준이 두 번째와 세 번째로 높은 척도 간 최소 T점수 5점 차이가 있는 잘 정의된 코드타입의 경우에는 일치율이 남자 청소년 95.2%,

여자 청소년 81.8%로 증가한다. 청소년 임상 표본에서 전체 일치율은 남자 청소년이 69.5%, 여자 청소년이 67.2%이며, 잘 정의된 코드타입 분류 절차를 사용하면 남자 청소년이 95%, 여자 청소년이 91%에까지 이른다. 〈표 5-3〉은 또한 정의 수준이 5점이 될 때는 2개 척도 코드타입으로 분류된 프로파일 수에서 매우 극적인 감소를 보여 준다. 청소년 표본에 대한 이러한 MMPI 및 MMPI-A의 일치율 추정치는 MMPI 및 MMPI-2에서 성인에 대해 보고된 일치율과 유사하다(Butcher et al., 1989; Graham, Timbrook et al., 1991). 따라서 청소년 표본에 대한 MMPI 임상 연구 문헌의 대부분이 MMPI-A로 일반화될 수 있다고 가정하는 것은 타당해 보이지만, 모든 청소년 환자가 두 검사에서 동등하거나 일치하는 프로파일을 생성한다고 가정하는 것은 잘못된 것이다.

청소년들의 MMPI 및 MMPI-A 프로파일의 상대적 정확성의 핵심적 문제를 탐구하기 위한 유일한 연구에서, Janus, Tolbert, Calestro 및 Toepfer(1996)는 임상가들에게 (1) MMPI-A 규준, (2) Marks와 Briggs의 원판 MMPI에 대한 청소년 규준, (3) 원판 MMPI에 대해 K-교정된 성인 규준에 기반한 MMPI-A 응답을 어떤 규준인지 모르는 채로 제시하여 해석의 정확성에 대해 평가해 줄 것으로 요청했다. 원판과 MMPI-A의 청소년 규준은 성인 규준을 사용하는 것보다 더 높은 정확성 점수를 생성했지만, 청소년 규준들은 서로 다른 점수를 보이지 않았다. Janus, Tolbert 등(1996)은 표준 MMPI-A 규준에 기초한 MMPI-A 프로파일이 원판 검사에 대한 Marks와 Briggs 청소년 규준과 동등한 임상적 효용(정확도)을 산출한다고 결론내렸다. 〈표 5-4〉는 MMPI-A 청소년 규준에 따라 채점된 정상 청소년 및 정신과 청소년 환자의 표본에 대해 MMPI-A 매뉴얼(Butcher et al., 1992)에 보고된 2개 척도 코드에 대한 프로파일 할당 빈도 자료를 제공한다.

〈표 5-5〉는 Marks와 Briggs 규준에 따른 채점과 MMPI-A 규준에 따라 재채점한 청소년 입원 및 외래환자 1,762명에 대해 남녀별로 제시한 Archer, Gordon 및 Klinefelter(1991)의 자료를 제공한다. 이러한 분석에 사용된 청소년 자료는 12~18세(평균연령=16.19세, 표준편차=1.51)로 MMPI의 집단 검사를 완료하고 Marks와 Briggs 규준에 따라 F 척도에서 T < 100의 점수를 생성하였으며 무응답이 30개 미만이었다. 자료는 미주리, 미네소타 및 텍사스의 정신과에서 수집되었으며, 이는 Archer와 Klinefelter(1991)에 설명되어 있다. 〈표 5-5〉는 45개의 코드타입 조합 및 코드가 없는 프로파일에 대한 코드타입 빈도 자료를 보여 준다. 코드가 없는 프로파일은 Marks와 Briggs 규준에 따라 임상 척도 T점수 값이 65점 이상이고 MMPI-A 규준에 따라 임상척도 T점수가 60점 이상인 경우가 없는 프로파일로 정의되었다.

표 5-3 MMPI-A 규준과 Marks, Seeman 및 Haller(1974) 청소년 규준으로 채점된 프로파일의 코드타입 정의 함수에 의한 2개 척도 코드타입의 일치율

정의[a]	남자 청소년		여자 청소년	
	N	%	N	%
정상 표본				
0	805	67.8	815	55.8
1	692	71.7	703	57.8
2	518	81.1	521	64.1
3	384	87.8	379	70.4
4	288	92.4	277	76.9
5	208	95.2	203	81.8
6	152	94.7	125	88.0
7	116	95.7	89	88.8
8	81	97.5	63	90.5
9	63	96.8	41	90.2
10	43	100.0	23	95.7
정신과 표본				
0	420	69.5	293	67.2
1	368	72.6	266	70.7
2	294	82.0	213	75.6
3	223	89.2	169	81.1
4	175	93.7	134	87.3
5	141	95.0	100	91.0
6	105	94.3	80	93.8
7	85	96.5	56	92.9
8	65	96.9	41	95.1
9	45	100.0	27	92.6
10	32	100.0	22	95.5

출처: Butcher et al. (1992). 허가하에 사용함. MMPI-A의 실시, 채점 및 해석 매뉴얼 by Butcher, et al. Copyright © 1992 by the Regents of the University of Minnesota. University of Minnesota Press의 허가하에 사용함. 무단 전재 금지. 'Minnesota Multiphasic Personality Inventory'와 'MMPI' 상표는 Regents of the University of Minnesota에서 소유함.

주: [a] MMPI 코드타입의 임상척도 중 두 번째로 상승한 척도와 세 번째로 상승한 척도 간 T점수 차이(Marks 등의 규준).

| 표 5-4 | 정의되지 않은 MMPI-A 코드타입의 빈도 분포 |

코드타입	규준 남자 청소년	규준 여자 청소년	임상 남자 청소년	임상 여자 청소년
	N=805	N=815	N=420	N=293
1-2/2-1	21	26	3	4
1-3/3-1	51	60	4	8
1-4/4-1	16	6	7	2
1-6/6-1	16	12	0	2
1-7/7-1	23	12	3	3
1-8/8-1	6	11	2	3
1-9/9-1	23	24	3	4
2-3/3-2	69	43	18	20
2-4/4-2	21	36	50	44
2-6/6-2	16	25	6	7
2-7/7-2	35	39	9	14
2-8/8-2	7	13	0	1
2-9/9-2	16	12	4	0
3-4/4-3	27	27	35	43
3-6/6-3	27	47	6	4
3-7/7-3	6	3	1	2
3-8/8-3	5	4	1	3
3-9/9-3	32	30	13	2
4-6/6-4	25	19	35	25
4-7/7-4	11	18	27	9
4-8/8-4	13	14	9	8
4-9/9-4	48	42	87	37
6-7/7-6	14	21	10	2
6-8/8-6	23	17	4	4
6-9/9-6	29	37	9	3
7-8/8-7	36	30	14	3
7-9/9-7	45	23	6	3
8-9/9-8	24	36	7	3

표 5-5 정신건강서비스를 받는 청소년 1,762명의 MMPI-A와 MMPI 코드타입 빈도 비교

코드타입	MMPI-A				MMPI			
	남성		여성		남성		여성	
	N	%	N	%	N	%	N	%
1-2/2-1	9	0.9	16	2.2	14	1.4	25	3.4
1-3/3-1	23	2.2	44	6.0	33	3.2	38	5.2
1-4/4-1	16	1.5	2	0.3	21	2.0	7	1.0
1-5/5-1	4	0.4	5	0.7	12	1.2	2	0.3
1-6/6-1	12	1.2	3	0.4	14	1.4	2	0.3
1-7/7-1	7	0.7	2	0.3	13	1.3	4	0.5
1-8/8-1	9	0.9	6	0.8	19	1.8	24	3.3
1-9/9-1	6	0.6	6	0.8	13	1.3	12	1.6
1-0/0-1	7	0.7	2	0.3	4	0.4	1	0.1
2-3/3-2	25	2.4	30	4.1	25	2.4	22	3.0
2-4/4-2	52	5.0	24	3.3	38	3.7	50	6.9
2-5/5-2	12	1.2	9	1.2	25	2.4	3	0.4
2-6/6-2	8	0.8	5	0.7	4	0.4	7	1.0
2-7/7-2	11	1.1	6	0.8	9	0.9	16	2.2
2-8/8-2	1	0.1	2	0.3	5	0.5	7	1.0
2-9/9-2	0	0.0	0	0.0	2	0.2	5	0.7
2-0/0-2	19	1.8	28	3.8	9	0.9	13	1.8
3-4/4-3	51	4.9	26	3.6	41	4.0	20	2.7
3-5/5-3	10	1.0	22	3.0	34	3.3	5	0.7
3-6/6-3	6	0.6	10	1.4	4	0.4	5	0.7
3-7/7-3	0	0.0	4	0.5	2	0.2	3	0.4
3-8/8-3	1	0.1	5	0.7	0	0.0	4	0.5
3-9/9-3	7	0.7	6	0.8	6	0.6	15	2.1
3-0/0-3	1	0.1	3	0.4	0	0.0	1	0.1
4-5/5-4	17	1.6	28	3.8	37	3.6	8	1.1
4-6/6-4	64	6.2	29	4.0	58	5.6	33	4.5
4-7/7-4	25	2.4	9	1.2	18	1.7	12	1.6
4-8/8-4	29	2.8	15	2.1	21	2.0	31	4.3
4-9/9-4	104	10.1	29	4.0	82	7.9	63	8.6
4-0/0-4	24	2.3	15	2.1	7	0.7	5	0.7

5-6/6-5	5	0.5	8	1.1	20	1.9	0	0.0
5-7/7-5	1	0.1	1	0.1	5	0.5	1	0.1
5-8/8-5	1	0.1	5	0.7	7	0.7	3	0.4
5-9/9-5	3	0.3	19	2.6	29	2.8	9	1.2
5-0/0-5	3	0.3	8	1.1	4	0.4	0	0.0
6-7/7-6	14	1.4	4	0.5	16	1.5	1	0.1
6-8/8-6	33	3.2	25	3.4	25	2.4	21	2.9
6-9/9-6	22	2.1	12	1.6	22	2.1	17	2.3
6-0/0-6	3	0.3	2	0.3	1	0.1	1	0.1
7-8/8-7	19	1.8	14	1.9	21	2.0	17	2.3
7-9/9-7	18	1.7	5	0.7	16	1.5	10	1.4
7-0/0-7	13	1.3	9	1.2	4	0.4	2	0.3
8-9/9-8	16	1.5	7	1.0	12	1.2	18	2.5
8-0/0-8	2	0.2	7	1.0	1	0.1	0	0.0
9-0/0-9	6	0.6	0	0.0	4	0.4	0	0.0
No Code	314	30.4	212	29.1	276	26.7	186	25.5
Total	1,033		729		1,033		729	

기본척도 신뢰도

MMPI-A 매뉴얼(Butcher et al., 1992)은 MMPI-A 척도의 내적 일관성, 검사-재검사 신뢰도 및 요인 구조에 관한 정보를 제공한다. MMPI-A 기본척도에 대한 검사-재검사 상관계수는 F1의 경우 $r=.49$부터 Si의 경우 $r=.84$까지며, 일반적으로 이러한 값은 해당 MMPI-2 기본척도에서 보고된 검사-재검사 상관계수와 매우 유사하다. Stein, McClinton 및 Graham(1998)은 MMPI-A 척도들의 장기(1년) 검사-재검사 신뢰도를 평가하여, $r=.51$(Pa)에서 $r=.75$(Si) 범위의 기본 임상척도에 대한 값을 보고했다. 이와 대조적으로, 내용척도에 대한 검사-재검사 상관계수는 A-trt의 경우 $r=.40$에서 A-sch의 경우 $r=.73$까지로 나타났다. MMPI-A 기본척도의 일반적인 표준 측정 오차는 원점수 2~3점(Butcher et al., 1992)으로 추정되며, 일반적으로 T점수 5점으로 환산된다. 따라서 Archer와 Krishnamurthy(2002)가 지적한 바와 같이, 비교적 짧은 시간 내에 MMPI-A를 다시 실시하고 심리적 기능에 큰 변화가 없다면 대략 50%의 경우 기본척도 T점수는 원래 점수의 약 T점수 ±5점 범위에 있을 것이라고 예측할 수 있다. 측정의 표준 오차는 중요한 임상적 변화와 측정의 표준 오차로 인한 변화를 분리하는 관점에서 MMPI-A에 나타난 변화를 평가하려고 할 때 매우 중요하다. 일반적으로, T점수 값이 5점 이하로 변화하는 것은 실제 변화보다는 측정 오류를 반영할 가능성이 높다.

알파 계수(coefficient alpha) 값으로 표현되는 MMPI-A 기본척도의 내적 일관성은 Mf 및 Pa($r=.60$) 척도 등의 비교적 낮은 값부터 Hs($r=.78$) 및 Sc($r=.89$)와 같이 상당히 높은 값까지 다양하다. 이와는 대조적으로, 알파 계수 추정치가 이러한 최신의 MMPI-A 척도의 구성에 사용되었기 때문에 내용척도 같은 다른 MMPI-A 척도의 경우 내적 일관성 계수가 더 높은 경향이 있다. 검사-재검사 및 내적 일관성 측정과 같은 신뢰도와 더불어, MMPI-A 매뉴얼(Butcher et al., 1992)은 또한 각 MMPI-A 문항에 요구되는 문항 응답 빈도와 독해력 수준과 배리맥스 회전을 사용한 MMPI-A 기본척도의 주성분 분석(Principal Components Analysis: PCA) 구조에 관한 정보를 제공한다. Butcher 등(1992)은 MMPI-A 기본척도의 PCA가 일반적 부적응(General Maladjustment)이라는 큰 첫 번째 요인과 함께 남자 및 여자 청소년 모두에게 적절한 4요인 구조를 생성했다고 보고했다. 두 번째 요인은 과잉 통제(Over Control)로 명명되었고 L과 K 척도에 높은 부하량을 보였다. 세 번째와 네 번째 요인은 각각 Si와 Mf와 관련된 비임상 차원으로 가장 잘 설명되는 것으로 나타났다.

♂ 코드타입 해석 접근법

Graham(2012)이 지적한 바와 같이, MMPI의 해석에 대한 구성적 접근법은 이 검사 도구에서 도출될 수 있는 진단 및 설명 정보의 풍부한 잠재적 원천으로 간주되어 왔다. MMPI에 대한 초기 문헌들(Meehl, 1951, 1956; Meehl & Dahlstrom, 1960)은 코드타입 정보의 해석을 강조했고, 초기 MMPI 유효성 연구 중 일부는 MMPI의 2개 척도 코드타입의 임상적으로 상관이 있는 신뢰할 수 있는 특성들, 즉 상관물(correlates)을 식별하는 데 초점을 맞췄다(예: Meehl, 1951).

2개 척도 코드타입은 일반적으로 해당 프로파일에서 가장 높은 2개의 기본 임상척도의 번호들로 불리며, 가장 높은 척도가 코드타입 순서에서 먼저 위치하도록 정해져 있다. 따라서 청소년이 Pd와 Ma 척도에서 가장 높은 T점수를 생성할 경우(순서대로), 프로파일은 4-9 코드타입으로 분류된다. 이 책 전체에서 개별 MMPI-A 척도는 숫자 명칭보다는 이름 또는 알파벳 약어로 자주 언급된다. 이 절차는 초보 MMPI-A 사용자가 척도 설명을 혼동하는 것을 최소화하기 위한 것이다. 그러나 코드타입 분류를 논할 때 MMPI-A 척도는 코드타입 문헌과 일치하도록 숫자로 지칭된다. MMPI-2 및 MMPI-A에 대해 경험 많은 사용자는 MMPI 전통에 더하여 매우 중요한 이유로 일반적으로 척도를 번호로 부르는 것을 선호한다. 원래 임상척도에 부여되었던 이름은 오해를 일으킬 수 있으며, 현재 척도가 측정하는 것으로 여겨지는 것을 부적절하게 지칭할 수도 있다. 예를 들어, 정신쇠약(psychasthenia) 척도는 원래 강박신경증(obsessive-complusive neurosis)이라고 불리는 것과 관련된 증상을 측정하기 위해 개발되었으며, 현재 이는 강박장애(obsessive-compulsive disorder)라고 불린다. 정신쇠약은 오늘날 일반적으로 사용되는 정신의학적 명칭이 아니며, Graham(2012)은 Pt 척도가 특히 불안, 긴장, 우려의 증상과 관련된 심리적 고통, 혼란, 불편함의 신뢰할 수 있는 지표로 생각되고 있다고 언급했다.

Gilnerstadt와 Duker(1965년) 및 Marks와 Seeman(1963)이 제공한 것과 같은 여러 코드타입의 설명서, 즉 '쿡북(cookbook)' 시스템이 개발되었고, 여기에서는 다중 척도의 상승을 분류하기 위해 매우 복잡한 규칙을 사용했다. 그러나 코드타입 설명에 관한 최근의 노력은 MMPI 프로파일을 분류하기 위해 훨씬 단순한 2개 척도 코드 접근법을 사용하는 경향이 있다. Friedman 등(2015), Graham(2012) 및 Greene(2011)에서 예시된 것과 같은 이러한 시스템은 일반적으로 임상 범위에서 가장 높게 상승한 두 척도를 기반으로 코드타입을 해석했다. Lewandowski와 Graham(1972)의 연구와 같은 여러 조사에서 더 단순한 2개 척도 코드 시스템을 기반으로 분류된 프로파일에 대해 신뢰할 만한 임상적 상관물을 찾을 수 있음을 보여 주었다. 또한 Pancoast, Archer 및 Gordon(1988)이 보고한 자료에 따르면, 단순한 코드타입 시스템을 할당하는 것은 독립된 평가자들에 의해 허용 가능한 수준의 신뢰도로 이루어질 수 있다. 또한 보다 간단한 MMPI 분류 시스템에서 도출된 진단은 복잡한 MMPI 프로파일 분류 방법에서 도출된 진단과 유사하게 임상가의 진단과 비슷한 수준의 일치성을 보여 준다. 2개 척도 코드 시스템을 사용하는 분명한 장점은 코드타입 할당에 엄격한 기준이 많이 필요하지 않을 때 일반적인 임상 환경에서 훨씬 더 많은 비율의 프로파일을 분류할 수 있다는 것이다(Graham, 2012).

모든 집단에 코드타입 설명을 적용하는 데 있어 가장 중요한 것은 특정 내담자에게 상관에 따른 설명을 부여하는 것에는 확률적 추정이 수반된다는 것을 분명하게 이해하는 것이다. 이러한 정확성 추정치는 설명 내용의 근거들(연구 방법론의 적절성, 표본이 추출된 모집단의 특성, 연구 결과의 통계적 설명력)과 평가받는 내담자의 개별적 특성(일반 정신과 표본에서 유사한 증상/진단 기준 비율)에 따라 크게 달라질 수 있다. 또한 설명 내용의 정확성은 코드타입에 의해 나타나는 상승도와 정의됨(즉, 2개 척도 코드가 임상적으로 상승하고, 임상 척도 프로파일의 나머지 부분보다 상당히 상승한)에 따라 달라질 가능성이 높다. 평가받는 사람의 것과 매우 유사한 MMPI 프로파일에서 임상적 상관관계를 도출하는 교차 검증 연구가 있는 최적의 조건하에서도 특정한 임상적 상관물은 특정 개인에게는 적용되지 않는 것으로 밝혀질 수 있다. 따라서, Greene(2011)이 지적했듯이, MMPI 쿡북은 성인 표본에서 다음과 같을 수 있다.

> (MMPI 쿡북은) 원래 생각되었던 만병통치약은 아니었다. 특정 코드타입의 특이도를 높이면 집단의 동질성을 높이고 신뢰할 수 있는 경험적 상관물을 찾을 확률을 높일 수 있지만, 코드타입 내에서 분류될 수 있는 프로파일의 수는 상당히 감소한다. (p. 151)

그럼에도 불구하고, 코드타입은 해석하는 사람이 그러한 주의사항을 명심할 때 내담자 특성에 관한 가설의 귀중한 원천으로 계속 작용한다.

∞ 청소년의 코드타입 분류 도출

Graham(2012), Greene(2011) 및 Friedman 등(2015)이 제공한 성인 코드타입 정보에서 일반적으로 프로파일은 임상 범위로 가장 높게 상승한 2개의 임상 척도를 기반으로 2개 척도 코드타입으로 배치된다. 이것과 대부분의 다른 시스템에서는 척도 5와 0을 포함하는 척도 코드가 적게 제공되는데, 이러한 척도가 임상척도 지정에서 종종 제외되었기 때문이다. 이 척도들은 초기 MMPI 조사의 코드타입 연구에서 자주 제외되었다(Graham, 2012).

일반적으로, 2개 척도 코드는 상호 교환이 가능하다. 예를 들어, 2-7 코드타입은 특별한 차이가 없는 한 7-2 코드타입과 동등하게 보인다. 또한 프로파일 내에서 2개의 높은 척도의 절대적 상승은 일반적으로 그러한 상승이 임상 범위 내에서 발생한다는 가정을 넘어서는 것을 고려하지 않는다. 나머지 프로파일에 대해 가장 높은 두 척도의 상대적인 높이도 일반적으로 코드타입 설명에서 고려되거나 논의되지 않는다. 그러나 앞서 언급한 바와 같이, 2개 척도 코드가 잘 정의된 정도는 코드타입의 단기 안정성(즉, 프로파일 특성이 상대적으로 짧은 기간 동안 변경될 수 있는 정도)과 코드타입 구성에 임상적 상관 패턴을 얼마나 적용할 수 있는지와 관련된 것으로 보인다. 표준 코드타입 해석 시 프로파일이 2개 척도 코드타입 중 어느 하나에도 맞지 않는 경우, 임상가는 일반적으로 개별 MMPI 척도에 대해 밝혀진 임상적 상관물에 기초해서 높은 점수의 해석 전략을 사용할 것을 권장된다.

Marks, Seaman 및 Haller(1974)는 코드타입을 결정하려는 임상가의 유연성을 높이고자 설계된 청소년 MMPI 프로파일의 분류 시스템을 개발했다. 일단 청소년의 MMPI 프로파일이 그려지면, Marks 등은 그 결과 구성을 특정 프로파일 내에서 발생하는 가장 높게 상승한 두 개 척도의 관점에서 그들의 1974년 문헌에서 제공된 코드타입 프로파일과 비교해야 한다고 권고했다. 개별 청소년의 코드타입이 Marks 등이 제시한 두 자리 코드타입 중 하나에 해당할 경우, 임상가는 해당 구성에 적합한 코드타입 설명을 참조한다. 그러나 응답자의 코드타입이 분류되지 않는 경우, 저자들은 두 번째 높은 척도 대신 세 번째 높은 척도로 새로운 2개 척도 코드를 생성할 것을 권고했다. 만약 이 절차가 분류 가능한 코드타입이 된다면, 임상가는 해당 코드에 대해 제공된 임상적 상관 정보를 기반으로 프로파일을 해석하도록 권장되었다. 이러한 '대체 및 재분류' 절차에 따라 프로파일을 분류할 수 없다면, Marks 등은 해당 응답자에게 통계적 해석체계를 적용해서는 안 된다고 제안하였다. MMPI-2 프로파일의 해석에서 일반적으로 권장되는 바와 같이, 이 연구자들도 분류할 수 없는 프로파일에 대해서는 임상가들이 단일 척도의 상관 해석 전략을 채택할 것을 권장했다.

코드타입을 결정하는 임상가에 대한 권고사항의 관점에서, 해당 프로파일 중 임상 범위 내에서 가장 높은 2개 척도의 특성을 기반으로 개별 프로파일의 코드타입을 정하는 단순한 코드타입 전략을 채택하는 것이 가장 적절해 보인다. 그러나 임상가는 프로파일의 나머지 부분에 비해 2개 척도 코드의 상승도 덜 높고 잘 정의되지 않은 코드타입이라면 해당 코드타입과 관련된 상관관계가 더 적게 나타낼 가능성이 높다는 점을 유념해야 한다. 표준적인 정보 출처에서 임상적 상관 정보가 제공되는 적절한 2개 척도 코드타입으로 분류되지 않을 경우, 임상가는 단일 척도 상관물을 기반으로 프로파일을 해석하는 것이 낫다. Marks 등(1974)이 제안한 대체 및 재분류 절차는 권장하지 '않는다'.

♂ 단독 척도와 2개 척도로 된 코드타입

기본 MMPI 척도에서 청소년들이 보이는 임상적 상관 패턴에 대한 실질적인 연구 문헌이 출판되었다. 예를 들어, Hathaway와 Monachesi(1963)는 1948~1954년까지 미네소타 공립학교에서 MMPI를 실시했던 약 15,000명의 9학년 학생들의 고점 및 저점의 상관 패턴을 조사했다. Lachar와 Wrobel(1990) 및 Wrobel과 Lachar(1992)는 이후 성별에 따른 분석을 통해 주로 정신과 외래 환경에 있는 청소년들의 단독 척도의 상관 패턴을 조사했다. Archer 등(1985), Archer와 Gordon(1988), Archer, Gordon, Giannetti 및 Singles(1988), Ball, Archer, Struve, Hunter 및 Gordon(1987), Williams와 Butcher(1989a)의 연구에서는 입원 청소년들의 MMPI 기본척도들의 상관물에 관한 정보를 조사했다. MMPI-A 기본 임상척도의 단독 척도 상관물은 Butcher 등(1992)과 Handel, Archer, Elkins, Mason 및 Simonds-Bisbee(2011), Veltri 등(2009)에 따라 검사 매뉴얼에 보고되어 있다. 또한 다양한 코드타입 구성의 상관 패턴에 관한 정보는 Archer(1987b), Archer와 Klinefelter(1992), Archer와 Krishnamurthy(2002), Marks 등(1974), Williams와 Butcher(1989b)에 의해 제시되었다. 이러한 연구 및 요약은 이 장에 제시된 자료 간의 단독 척도 및 코드타입 상관 관계의 주요 출처 역할을 한다.

이후에 제시되는 청소년에 대한 코드타입 설명을 도출하기 위해 Archer(1987b)가 보고한 29개의 코드타입을 선정하였다. 일반적으로 이 임상적 상관 정보의 핵심은 임상 범위 내에서 발생하는 높게 상승한 코드타입을 보고한 Marks 등(1974)의 자료에 기초한다. 그런 다음 이 정보는 Friedman 등(2015), Graham(2012), Greene(2011) 및 Lachar(1974)의 29개의 높은 점수 쌍에 대한 성인들의 상관 정보를 통해 보완되었다. 이 방법에 의해 만들어진 전형적인 서술은 청소년 연구에서 발견된 MMPI 척도 설명이 성인의 결과와 일반적으로 일치한다는 Archer(1987b)와 Archer 등(1988)의 관찰에 기반하여, 특정 MMPI 구성에 대한 청소년과 성인 설명 모두에 공통적이라고 밝혀진 내용으로 시작한다. 또한 성인의 상관 자료들을 특정 코드타입에 적용할 수 없고, 상대적으로 드문 경우에서 설명의 처음 몇 문장에서 이에 대해 언급한다. 청소년 및 성인 임상 표본에서 도출된 설명들 간에 현저하거나 중요한 차이가 발생하는 경우, 이러한 불일치에 대한 해석적 함의가 제시된다. 마지막으로, 청소년의 코드타입 빈도 자료는 MMPI-A 규준에 따라 채점한 〈표 5-5〉에 표시된 1,762명의 청소년 환자들의 코드타입 분류 자료의 분석에 기반한다.

29개의 코드타입 설명 외에도, 다음 내용에는 10개의 MMPI-A 기본 임상척도의 특성에 관한 정보를 포함하고 있다. 정상 및/또는 정신과 치료를 받는 청소년 표본 연구에서 보고된 발견에 기초하여 높은 또는 낮은 단독 척도의 상관물을 제안한다. 높은 단독 척도의 상관물일 경우, 이 설명은 검사 매뉴얼에 보고된 MMPI-A 상관 연구에 의해 더욱 풍부하게 설명된다(Butcher et al., 1992). 다음 절에서 제공되는 많은 코드타입 상관 정보는 Marks와 Briggs(1972)의 전통적인 청소년 규준을 사용해서 원판 MMPI로 수행된 연구에 기초한다. 이 접근법은 Graham(2012)과 Green(2011)이 MMPI-2의 코드타입 결과를 만들 때 취한 것과 유사하다. MMPI 결과를 MMPI-A로 일반화시키는 것은 임상척도(Mf 및 Si 제외)가 원판 검사의 해당 문항들과 기본적으로 동일한 문항들을 유지한다는 점에서 뒷받침되는 것으로 보인다. 또한 이전에 논의한 바와 같이, MMPI와 MMPI-A의 코드타입 일치 자료는 이러한 검사들이 대부분의 경우 유사하거나 동등한 프로파일을 생성한다는 것을 나타낸다. 그러나 원판 검사에서 발견된 청소년용 코드타입 상관물이 MMPI-A까지 유효하게 일반화될 수 있는 정도에 관한 경험적 연구 결과는 여전히 필요하다. 성인 정신과 환자를 대상으로 MMPI-2의 코드타입 상관물을 검사한 결과, 입원환자(Archer, Griffin, & Aiduk, 1995)와 외래환자(Graham, Ben-Porath, & McNulty, 1999)의 MMPI-2에 기반한 코드타입 설명이 원판 MMPI에서 파생된 해당 코드 설명과 매우 유사하다는 것을 발견했다. 그러나 연구 프로젝트를 통해 MMPI-A로 수행된 연구를 직접적으로 기반해서 추가적인 상관을 생성함에 따라 원판 MMPI에서 발견된 결과의 일반화 문제는 덜 중요해졌다.

척도 1(Hs: Hypochondriasis, 건강염려증) 코드타입

척도 1은 원래 건강염려증과 관련된 증상 이력을 나타내는 수검자를 식별하기 위해 개발된 33개의 문항으로 구성되었다. 이러한 증상에는 막연한 신체적 호소와 질병, 신체적 기능, 질환 및 병에 대한 몰입이 포함된다. MMPI-A를 만들 때 1개 문항의 내용이 부적합하여 원판 척도에서 삭제된 후 32개 문항으로 수정되었다. Graham(2012)은 척도 1이 MMPI 기본 임상척도 중에서 문항 구성과 내용 면에서 가장 동질적이며 하나의 차원인 것으로 보인다고 보고했다. 척도 1의 모든 문항은 신체적 염려 및 불편감 호소와 관련이 있다. 성인 표본에 대한 문헌에 따르면, 척도 1에서 높은 점수를 받은 사람은 일반적으로 신체 기능에 대해 많은 증상과 과장된 불만을 보고한다. 또한 Graham(2012)은 척도 1이 상승한 MMPI 프로파일을 생성하는 성인들은 심리적 통찰력이 없고 종종 주변의 중요한 사람을 통제하거나 조종하는 수단으로 신체적 호소를 사용한다고 지적했다.

척도 1에 나타나는 신체적 기능에 관한 보고들은 개인의 실제 신체적 상황에 의해 영향을 받을 것으로 예상되며, 신체적 질병을 가진 응답자는 일반적으로 이 척도에서 다소 상승한 준임상적 수준을 나타낸다. 예를 들어, Ball 등(1987)은 뚜렷하게 척도 1이 상승하거나 혹은 상승하지 않은 청소년 정신과 입원환자들 사이에 미묘하지만 탐지가 가능한 신경학적 차이를 발견했다. 또한 척도 1이 상승한 MMPI 프로파일은 뇌전증(Dodrill & Clemmons, 1984), 근위축증(Harper, 1983), 비진행적 신체적 장애(Harper & Richman, 1978), 질드라투렛 증후군(Grossman, Mostofsky, & Harrison, 1986), 수면 장애(Monroe & Marks, 1977), 인슐린 의존성 당뇨병 환자의 인지하지 못한 인슐린 투여(Orr, Eccles, Lawlor, & Golden, 1986), 류마티스성 열(Stehbens, Ehmke, & Wilson, 1982)을 포함한 의학적 문제가 있는 청소년들에게서도 나타난다. Colligan과 Osborne(1977)은 Mayo Clinic에 의학적 평가를 받기 위해 방문한 15~19세 사이의 659명의 여자 청소년과 534명의 남자 청소년의 MMPI 반응 특징을 조사했고, 이 청소년들이 척도 1, 2, 3으로 구성된 신경증 3척도(neurotic triad)에서 더 높은 점수를 얻었다는 것을 발견했다. 척도 1이 상승한 프로파일은 Hathaway와 Monachesi(1963)가 수집한 정상적인 청소년 자료에서 드물었고, 청소년들의 대다수가 이 척도에서 가장 낮은 값을 생성하는 것으로 분류되었다.

척도 1의 높은 점수

다음은 높게 상승한 척도 1(T ≥ 60)에 대한 설명이다.

- 본질적으로 모호할 수 있는 과도한 신체적·육체적 염려
- 스트레스에 대해 신체적 반응을 보일 수 있으며, 이에는 섭식 문제가 포함될 수 있음
- 신경학적 진단과 관련된 문제의 발생 가능성 증가
- 다른 사람들에게 자기 중심적이고, 비관적이고, 불만족스럽고, 냉소적으로 보일 수 있음
- 대인 관계에서 요구적이고 비판적이며 이기적이고 불평이 많음
- 심리치료에서 통찰력이 거의 없음
- 비행 행동에 연루될 가능성이 적음
- 학업적·적응적 어려움을 포함한 학교 문제를 보고할 수 있음

척도 1의 낮은 점수

다음은 척도 1의 점수가 낮은 경우(T ≤ 40)에 대한 설명이다.

- 신체적 증상이 적고 신체적 몰입이 거의 없음
- 지능 검사에서 더 높은 점수 획득
- 시골 환경보다 도시 환경에서 더 많을 수 있음
- 심리적으로 더 정교하며 더 통찰력이 있음

1-2/2-1 코드타입　이러한 코드타입의 청소년 및 성인 내담자는 허약감, 피로감, 피곤함을 포함한 신체적 증상을 자주 호소한다. 이러한 사람들은 종종 사소한 신체적 기능 장애에 대해서도 지속적인 신체적 몰입과 과잉 반응을 보인다. 1-2/2-1 코드타입은 뚜렷한 정서적 고통감이 있는 것으로 보이며, 이들은 종종 반추적이고 긴장하며 불안하고 불안정하다고 묘사된다. 우울증, 사회적 철수, 고립에 대한 보고도 빈번하다.

성인 및 청소년 연구 모두에서 1-2/2-1 코드타입은 주요방어기제로 행동화(acting out)를 사용할 가능성이 매우 낮았다. 종종 대인관계에 대한 염려와 다른 사람들의 관심과 인정에 대한 충족되지 않은 욕구가 있었다. 따라서 이 코드타입을 보이는 사람들은 다른 사람들과의 상호작용을 할 때 두려워하고 과민하며, 종종 의존적이고 우유부단한 것으로 묘사되었다.

1-2/2-1 코드타입은 MMPI-A 규준에 따라 채점된 청소년 정신과 환자 표본 중 남자 청소년의 0.9%, 여자 청소년의 2.2%에서 나타났다. Marks 등(1974)은 강박사고와 강박행동이 1-2/2-1 코드타입의 청소년들이 채택한 방어기제라고 보고했다. Marks 등의 표본에서 이 코드타입을 보인 청소년들은 종종 어린 시절 다른 사람들에게 놀림을 받았고, 실수할까 봐 두려워한다고 호소했다. 그들은 조용하고 우울한 십대들로 보였고, 친구가 매우 적고 강박적 방어를 자주 보였다. Graham(2012)은 1-2/2-1 프로파일을 보인 성인이 종종 과도한 알코올 사용을 보였다고 보고했지만, Marks 등의 연구에서 이 코드타입을 보였던 청소년들은 약물이나 알코올에 유의미한 관여를 나타내지 않았다. 마지막으로, Marks와 그의 동료들은 이 청소년들이 종종 부모의 별거와 이혼, 학교 공포증을 포함한 학업 문제들, 그리고 학업 지연의 과거력이 있다고 언급했다.

1-3/3-1 코드타입　성인 및 청소년의 임상적 상관 자료 모두에서 1-3/3-1 코드타입을 보인 사람들은 일반적으로 자신이 신체적 또는 기질적으로 아프다고 표현한다. 실제로,

척도 1과 척도 3이 T점수 65점보다 크고, 두 척도 모두 척도 2보다 10점이상 높을 때, 이 프로파일을 고전적인 전환 V(conversion V)로 묘사할 수 있다. 일반적 문헌에서 언급된 1-3/3-1 코드타입의 신체적 호소의 유형에는 두통, 어지러움, 흉통, 복통, 불면증, 흐린 시야, 메스꺼움, 거식증이 포함된다. 이러한 신체적 증상은 심리적 스트레스 시기에 증가할 것으로 예상되며, 임상가는 이 증상과 관련된 2차 이득의 특성을 확인해야 할 수 있다.

성인 및 청소년 문헌에서 1-3/3-1 코드타입은 정신증과 관련된 진단보다는 신경증 및 심리생리학적 증상과 더 관련이 있었다. 이들은 종종 불안정하고 관심을 끌려고 하는 것으로 인식된다. 1-3/3-1인 사람은 사회적으로 수용되는 방식으로 행동하는 것을 중요시 여기는 것으로 보인다. 1-3/3-1인 성인 및 청소년의 경우, 이성과의 관계를 성공적으로 수립하는 데 문제가 있다. 종종 이러한 문제들은 이같은 대인관계 분야에서 적절한 기술을 발달시키지 못한 것과 관련된다. 이 코드타입의 주요 방어기제는 신체화, 부인 및 외현화이다.

〈표 5-5〉에서 나타난 것처럼, 정신과 치료 중인 남자 청소년의 2.2%, 여자 청소년의 6.0%가 1-3/3-1 코드타입을 보인다. 이 프로파일에 대한 청소년들만의 고유한 임상적 자료에 따르면 1-3/3-1 청소년들은 학업 환경의 문제 또는 우려 때문에 치료에 더 자주 의뢰된다. Marks 등(1974)의 표본의 청소년 대다수는 성적이 나쁜 것을 두려워했다. 이 표본의 44%가 연령에 맞는 학년보다 1년 뒤처진다는 점에서 이는 현실처럼 보였다. 일반적으로, Marks 등은 이러한 코드타입을 가진 청소년들이 종종 그들의 심리적 문제에 대한 특징에 대해 '진단적 통찰'을 보여 준다고 언급했다. 그들은 갈등에 대해 피상적으로 이야기할 수 있었고 심리치료에서 회피하지 않았다. 이러한 특징은 1-3/3-1인 사람이 일반적으로 자기 삶의 문제에서 심리적 요소를 인정하려고 하지 않고 문제에 대한 통찰이 거의 없다는 성인 문헌의 설명과 대조된다. 1-3/3-1 코드타입을 생성한 Marks 등(1974)의 1970~1973년 표본의 환자 20명 중, 2/3 이상은 약물 남용이나 약물과 관련된 과거력이 없었다.

1-4/4-1 코드타입　성인에서 1-4/4-1 코드타입은 상대적으로 드물다. 정신과 치료 중인 남자 청소년의 1.5%, 여자 청소년의 0.3%에서 발견된다. 성인 및 청소년의 임상적 상관 정보 모두에서 1-4/4-1인 사람은 방어적이고 부정적이며 분개하고 비관적이며 냉소적인 것으로 나타났다. 게다가 연구 결과는 이러한 사람들이 자기중심적이고 미성숙하다고 묘사될 수 있다고 제시했다. 신체적 호소를 사용하는 것은 청소년과 성인 모두에게 주된 방

어기제지만, 이러한 특징은 척도 1의 점수가 척도 4의 점수보다 더 높게 상승한 청소년들에서 더 일반적이다.

　종합적 문헌에서 도출된 이러한 특징 외에도, 많은 특징들이 청소년들의 1-4/4-1 코드타입과 독특하게 관련이 있는 것으로 보인다. 특히 이 코드타입의 청소년을 설명하는 데 있어 반항, 거역, 도발적인 행동을 포함한 척도 4의 특징들이 더 많이 보고되었다. 이러한 문제 영역은 청소년과 그들의 부모 사이에서 나타날 가능성이 가장 높다. 심리치료 관계에서, 이 코드타입을 가진 청소년들은 피상적이고 인지적으로 와해되며 판단력이 다소 손상되어 있다고 묘사되어 왔다. Marks 등(1974)의 연구에서 치료자들은 1-4/4-1 프로파일을 가진 청소년들이 대부분 가벼운 정도에서 중간 정도의 정신장애를 보이는 것으로 평가했다. 이러한 코드타입을 가진 청소년들은 신체화 외에도 행동화를 그들의 주된 방어기제로 종종 사용한다. 치료자들은 이러한 코드타입을 가진 청소년 환자들을 공격적이고, 거침없고, 분개하고, 고집이 세며, 자기중심적이라고 묘사한다. 주된 방어기제로 행동화를 사용함에도 불구하고, Marks 등의 표본에서 1-4/4-1 코드타입의 청소년들은 일반적으로 약물 남용자는 아닌 것으로 밝혀졌다.

1-5/5-1 코드타입　1-5/5-1은 성인들 사이에서 상대적으로 드문 코드타입이며, 정신과 치료 중인 남녀 청소년의 1% 미만에서 발견된다. 성인 및 청소년 문헌 모두에서 1-5/5-1은 건강염려적 특성의 신체적 호소를 보이며, 이러한 코드타입을 가진 환자들은 종종 신체적으로 아픈 것으로 나타난다. 추가적으로, 이들은 종종 수동적으로 보이며, 청소년 자료에서 이 코드타입을 가진 남자 청소년들은 그들의 부모와 공공연한 갈등이나 의견 충돌에 휘말릴 가능성이 낮다고 나타난다.

　이 코드타입을 가진 청소년들은 학부모나 학교 관계자들에 의해서 치료에 의뢰되는 경우가 많다. 1차 치료자들은 이 청소년들이 다소 부적절한 정동을 보인다고 여긴다. 이 코드타입 특유의 주요한 방어기제는 강박행동으로 보인다. 흥미롭게도, Marks 등(1974)의 표본에 있는 이 청소년들 중 많은 수가 실제로 어렸을 때 심각한 신체적 질병을 경험했다. 치료자들은 1-5/5-1 청소년 환자들이 자신의 문제와 갈등을 논의하는 데 어려움을 겪는다고 설명했고, 이 청소년들은 치료자에게 신뢰성이 떨어지는 정보를 제공하는 것으로 보였다. 그들은 일반적으로 다른 사람들의 호감을 받지 못했고 친밀한 관계를 형성하는 데 어려움을 겪었다. 마지막으로, 이 프로파일 유형을 가진 10대 남자 청소년들은 여성스럽다고 묘사되었다.

1-6/6-1 코드타입   검토한 성인 자료 중 Greene(2011)과 Friedman 등(2015)이 1-6/6-1 프로파일에 대한 설명적 요약을 제공하고 있었다. Greene은 이 코드타입의 간략한 설명에서 상승한 척도 6과 관련하여 적대적이고 의심이 많은 특징과 결합된 건강염려증적 증상의 발생을 강조한다. 추가적으로, 그는 1-6/6-1 타입을 보이는 성인의 성격 구조가 심리치료의 결과로 나타나는 변화에 저항적인 것으로 보인다고 언급했다. 이와 달리 Marks 등(1974)은 1-6/6-1 코드타입의 청소년을 조사하여 상당히 다른 설명을 내놓았다. 그러나 성인 환경에서 연구가 거의 수행되지 않았고 Marks 등이 보고한 1-6/6-1 코드타입이 매우 적은 표본(N=11)을 기반으로 한다는 것을 고려하면 이 코드타입의 설명에 대한 확신은 완화되어야 한다. 청소년 정신과 환자의 경우, 남자 청소년의 1.2%, 여자 청소년의 0.4%만이 1-6/6-1 코드타입을 생성했다(〈표 5-5〉 참조).

건강염려증 경향과 신체적 호소는 1-6/6-1 코드타입을 가진 청소년들의 특징으로 보이지 않는다. 오히려 이 청소년들은 과도한 감정통제 때문에 심리치료에 주로 의뢰되었다. 치료자들은 이 청소년들이 회피적이고 방어적이며 다른 사람들과 감정적인 관계를 맺는 것을 두려워한다고 보았다. 이들 중 절반 이상이 아버지가 부재한 집에서 어머니와 함께 살았다. 가족 중에 아버지가 있을 때는 이 청소년들에 대한 아버지의 태도가 거부적인 것으로 보고되었다. 1-6/6-1 청소년들은 자기중심적이며, 방어기제로 합리화를 사용하는 경향이 있었다. Marks 등(1974)의 1970~1973년 표본 자료에서 이 코드타입의 일부가 약물 남용과 관련된다고 나타났지만, 광범위하거나 특징적인 것은 아니었다. 이 집단에서는 부모에 대한 격렬한 분노가 자주 표출되었는데, 그중에는 가끔 폭력적인 폭발도 있었다. 격노와 분노의 내재화라고 볼 수 있는 자살시도도 1970~1973년 청소년 표본 중 1-6/6-1 코드타입이 보이는 특징이었다.

1-8/8-1 코드타입   1-8/8-1 코드타입에 대한 청소년 및 성인 문헌의 공통적인 특징은 척도 1과 8 모두와 관련됨을 강조하는 것이다. 이 프로파일 유형을 가진 환자들은 종종 두통, 불면증과 같은 신체적 염려를 나타내며, 자신의 신체가 아프다고 인식한다. 사실, 이러한 코드타입을 가진 청소년들이 어린 시절에 종종 심각한 건강 문제를 겪었다는 것을 제시하는 추가적인 청소년 연구 문헌이 있다. 또한 이들은 낮은 수준의 사회적 적응 및 사회적으로 부족했던 과거력도 자주 보고했다. 또한 1-8/8-1 프로파일을 가진 사람들은 대인관계를 형성하고 유지하는 데 어려움을 겪는 것으로 보인다. 청소년과 성인 모두에서 1-8/8-1 코드타입이 집중력 및 사고과정의 어려움과 관련된 증상을 포함하는 망상이나

혼란스러운 사고와 자주 연관된다는 증거가 있었다. 1-8/8-1 코드타입을 가진 청소년들은 종종 스스로 산만하고 건망증이 있다고 묘사했다.

　청소년 정신과 환자 중 남자의 약 0.9%, 여자의 0.8%가 1-8/8-1 코드타입을 보인다. 이 코드타입에 대한 몇 가지 고유한 임상적 설명이 Marks 등(1974)의 연구에서 제시되었다. 이 청소년들은 어린 시절에 또래들로부터 놀림받고 괴롭힘을 당하는 등의 문제가 있었음을 자주 보고했고, 읽기 등 학업성취에 어려움을 겪는 경우가 많았다. 전반적으로, 그들은 학교 안팎에서 모두 적응 문제가 있는 것으로 보였고, 친구를 사귀는 데 상당한 어려움을 겪었다. Marks 등의 표본에 있는 1-8/8-1 청소년들 중 절반 가까이가 예상되는 학년보다 한 학년이 늦었다.

　척도 1이 포함된 2개 척도 코드타입 중 독특하게도, Marks 등의 1-8/8-1 코드타입 청소년들은 약물 남용에 관여할 가능성이 높았고, 표본의 50% 이상이 약물 사용 과거력을 보고했다. Archer와 Klinefelter(1992)의 자료도 이러한 코드타입을 가진 청소년들이 MAC 척도에서 종종 높은 점수를 보인다는 것을 보여 주었다. 또한 이 코드타입의 청소년들 중 65%가 자살을 시도할 정도로, 이들 사이에서 자살 시도가 빈번하게 발생했다. 마지막으로, 1-8/8-1 청소년의 매우 높은 비율에서 극심한 가족 갈등이 존재했는데, 이에는 종종 부모와의 신체적 싸움이나 공공연한 갈등이 포함되었다. 이 청소년들의 2/3는 부모가 이혼하였다.

척도 2(D: Depression, 우울증) 코드타입

　척도 2는 원판에서 60개의 문항으로 구성되었으며, 그중 57개가 MMPI-A 척도 2에서 유지되었다. 이 MMPI-A 차원의 본질적인 특징은 의욕 저하, 미래에 대한 희망의 부족, 그리고 자신의 삶과 상황에 대한 일반적인 불만족이다(Hathaway & McKinley, 1942). 이 척도와 관련된 주요 내용은 활동에 대한 관심 부족이나 일반적인 무감동(apathy), 수면장애와 소화기 문제 등의 신체적 증상, 과도한 사회적 민감성과 사회적 철수(withdrawal) 등이 있다. Graham(2012)은 척도 2를 삶의 불편과 불만족에 대해 민감한 척도라고 설명했다. 그는 이 척도의 매우 높은 점수는 임상적 우울증을 암시하지만, 중간 정도의 점수는 무감동과 의욕 저하로 특징지어지는 삶의 태도나 생활방식을 반영하는 것으로 보인다고 언급했다. 척도 2에 대해 Harris와 Lingoes(1955)가 도출한 소척도들에는 주관적 우울감(D1), 정신운동지체(D2), 신체적 기능장애(D3), 둔감성(D4) 및 깊은 근심(D5)이라는 문항 군집이 포함된다.

척도 2의 상승은 Hathaway와 Monachesi(1963)의 미네소타 표본 청소년들 사이에서 매우 드물었다. 하지만 척도 2에서 가장 낮은 값을 보이는 프로파일은 이들 사이에서 상대적으로 더 흔했다. Greene(2011)은 척도 2가 상승한 성인 정신과 환자는 부적절감, 자신감의 부족, 죄책감과 비관 및 자기비하를 포함해 대개 임상적으로 우울한 사람들이 보이는 특징이 있다고 보고했다. 또한 Greene은 척도 2가 단독 상승한 프로파일을 보인 사람들은 좋은 심리치료 대상자들이며, 비교적 짧은 정신의학적 개입으로도 종종 상당한 개선을 보인다고 언급했다. 이러한 발견과 일관되게, Archer 등(1988)은 임상가와 정신과 의료진들에게 척도 2가 높은 입원 청소년들이 심리치료에 참여할 동기가 높고 자신의 감정과 생각을 개방적으로 논의하는 편으로 인식된다는 것을 발견했다. 그들은 또한 다른 청소년들에 비해 덜 반항적이고 기만적이며, 조종하거나 적대적인 행동도 덜 하는 것 같았다. 게다가, Archer와 그의 동료들은 척도 2가 상승한 청소년들이 더 성찰적이고, 자기비판적이며, 죄책감이 있고, 수치스러워하며, 자살 생각이나 사고와 관련된 문제가 있을 가능성이 높다는 것을 발견했다. Butcher 등(1992)은 MMPI-A 자료 분석에 기초하여 척도 2가 높은 청소년 입원환자들이 더 우울한 특징이 있고, 자살 사고와 또는 자살적 제스처와 관련된 문제를 보일 가능성이 더 크다는 것을 발견했다. 그러나 Archer와 Gordon(1988)은 청소년 입원환자들의 척도 2의 상승과 기분부전 및 주요 우울증을 포함한 임상가의 우울증 관련 진단 사이에 유의한 상관관계가 있다는 증거를 발견하지는 못했다. Nelson(1987)의 연구는 척도 2가 오직 안면타당도가 있거나 명백한 우울증 척도 문항만 사용했을 때 임상적으로 우울한 사람을 더 정확하게 감별할 수 있다고 제안했다. Nelson과 Cicchetti(1991)는 좀 더 가벼운 부적응으로 고통받는 사람들로 구성된 외래 성인환자 표본에서 이러한 결과를 반복검증하고 확장했다. Merydith와 Phelps(2009)는 252명의 청소년 입원환자 표본에서 MMPI-A의 척도 2 점수와 MMPI-A의 우울 내용척도 점수의 높은 상관관계($r=.76$)를 발견했다. Veltri 등(2009)은 정신과에 입원한 197명의 여자 청소년 표본에서 척도 2가 더 높은 불안, 집중력 저하, 정신운동지체 및 자해와 상관이 있다고 보고했다. Handel 등(2011)은 법원의 명령에 의해 평가에 의뢰된 남자 청소년 315명과 여자 청소년 181명의 표본에서 MMPI-A의 척도 2와 높은 철수 경향 및 우울증의 관련성을 발견했다.

임상 문헌에서 척도 2의 결과가 자살 시도를 예측할 수 있다고 주장하지만, 경험적 문헌에서는 이러한 가정을 지지하지 않는 것으로 보인다. Marks와 Haller(1977)는 정서적 장애를 지닌 자살 전력이 없는 청소년들과 이와 대조적으로 자살 시도를 한 남녀 청소년 집단을 조사했다. 연구자들은 자살을 시도한 적이 있는 남자 청소년의 경우 MMPI의 척도 3과 5가 유의하게 높은 반면, 척도 9의 상승은 여자 청소년들의 자살 시도와 관련있다고 보고했다. 이와 반대로, Archer와 Slesinger(1999)는 단독으로 상승한 척도 2 또는 척도 8과 동시에 상승한 4-8 및 4-9 코드타입이 청소년들의 높은 자살 사고 수준과 관련됨을 발견했다. 그러나 Spirito, Faust, Myers 및 Bechtel(1988)은 자살을 시도한 여자 청소년 과 의학적 문제로 입원한 뒤 정신과에 의뢰된 여자 청소년 대조군 사이에서 척도 2의 평 균상승도 에서 유의한 차이를 발견하지 못했다. 성인 연구문헌에서의 상당한 부정적 결 과와 함께 이 두 집단이 만든 매우 유사한 프로파일을 바탕으로, Spirito 등(1988)은 "자살 위험을 결정하기 위해 MMPI에 단독으로 매우 의존하는 것은 현명하지 않은 것으로 보인 다."(p. 210)고 결론 내렸다. Friedman, Archer 및 Handel(2005)은 MMPI-2와 MMPI-A 및 자살에 관한 문헌을 검토했다. 그들은 모든 성격 척도나 측정도구로 자살을 예측하려는 시도에 내재된 주요 문제는 Meehl과 Rosen(1955)이 논의한 것처럼 행동이나 사건에 대한 낮은 기저율과 관련된 한계라고 하였다. 이 기저율 문제는 청소년들의 자살사고를 효과적 으로 탐지하려는 현실적인 목표(청소년에서 기저율이 상대적으로 높을 때 발생하는)를 달성하 지만, 실제 자살 행동을 유용하게 예측하지는 못한다.

척도 2의 높은 점수

다음은 높게 상승한 척도 2(T ≥ 60)에 대한 설명이다.

- 만족, 절망 및 불행의 감정
- 일반적인 무감동 및 활동에 대한 흥미의 부족
- 죄책감, 수치심, 자기비판
- 자신감 부족, 무능감 및 비관적임
- 사회적 철수 및 사회적 고립
- 심리치료에 긍정적인 동기가 될 수 있는 정도의 정서적 고통

척도 2의 낮은 점수

다음은 척도 2의 점수가 낮은 경우(T ≤ 40)에 대한 설명이다.

- 높은 수준의 지능과 학업 성취
- 우울증, 불안, 죄책감이 없음
- 자신감과 정서적 안정감

- 다양한 상황에서 효과적으로 기능할 수 있는 능력
- 기민하고, 적극적이며, 경쟁심이 있음
- 정신과 치료 중인 청소년에서라면 반항적이고 논쟁적이며 무책임하고 조종하는 경향이 있음

2-3/3-2 코드타입   청소년 및 성인 정신과 환자의 2-3/3-2 코드타입 상관물은 상당히 중복된다. 그들은 감정을 과도하게 통제하고, 주요 방어기제로 행동화를 사용하지 않는 특징이 있는 것으로 묘사된다. 이들은 전형적으로 타인과의 관계에 대한 관여나 관심의 부족을 보이는 과거력이 있으며, 관계를 맺을 때 의존적인 경향이 있다. 2-3/3-2 프로파일을 가진 사람에게 '수동적' '유순한' '의존적' 등의 형용사가 자주 적용되며, 그들은 종종 비주장적이고, 억제되어 있으며, 불안정하고, 자기 의심이 있는 것으로 묘사된다. 2-3/3-2 코드를 가진 청소년과 성인은 모두 매우 성취 지향적이며 자신의 성과에 대해 높은 목표를 설정한다. 이러한 열망은 종종 비현실적이며, 열등감과 우울감에 기여하는 것으로 보인다. 2-3/3-2 코드를 보이는 청소년과 성인에게 반사회적 성격이나 사이코패스 진단은 매우 드물다. 또한 이들에게 사고장애나 조현병 또는 정신증적 진단이 내려진다는 증거도 거의 없다. 신체화와 건강염려증을 포함하는 방어기제가 2-3/3-2 코드의 핵심적인 것으로 보인다. 특히 허약함, 피로감, 어지럼증이 흔한 신체 증상으로 나타난다.

청소년 환자들 중 2-3/3-2 코드타입은 상대적으로 흔하며, 남자 청소년의 2.4%, 여자 청소년의 4.1%에서 발견된다(〈표 5-5〉 참조). 2-3/3-2 코드의 청소년들에 대한 자료에서 독특한 점은 이 청소년들 대다수가 좋지 않은 또래관계 때문에 치료에 의뢰되었다는 것이다. 이 청소년들은 사회적으로 고립되고 외로운 사람들로 보였다. 이들은 학교 안에서 친구가 거의 없고 학교 밖에서도 외톨이로 지낸다. 2-3/3-2 청소년은 종종 전문직에 종사하지 않는 아버지와 아이들에게 과도하게 관여하는 어머니 슬하에서 상대적으로 수동적이고, 순종적이며, 복종적인 어린 시절을 보냈다고 보고했다. 성적 행동화와 약물 남용의 문제는 이러한 청소년들에게 많이 나타나지 않는 것으로 보이며, Marks 등의 1970~1973년 표본의 청소년 중 76%는 약물 남용 과거력이 없다고 보고했다. Archer와 Klinefelter(1992)의 연구에서, 이러한 청소년들의 MAC 척도 원점수는 대체로 매우 낮았다. 성인 자료에서 2-3/3-2 코드타입은 여성 환자들 사이에서 더 흔하며, 이 코드타입을 가진 대부분의 환자들은 정신신경증(psychoneurotic)이거나 반응성 우울증으로 간주된다. 2-3 코드타입은 Cumella, Wall 및 Kerr-Almeida(1999)의 연구에서 폭식증과 거식증 청소

년 환자들에게서 가장 자주 나타나는 패턴으로 나타났다.

2-4/4-2 코드타입   청소년과 성인 중 척도 2와 4가 포함된 코드는 일반적으로 충동 통제가 어렵고 충분한 숙고 없이 행동하는 경우가 많은 사람들이 보이는 코드이다. 그들은 용인된 사회적 기준을 명백히 무시하며, 권위자와의 문제를 부적절하거나 반사회적인 행동으로 나타낸다. 이들에게 건강염려증적이며 신체적인 방어기제는 대체로 나타나지 않는다. 행동화, 전치(displacement), 외현화가 이들의 주요 방어기제로 보인다. 체포되거나, 유죄 판결이나 법원 조치를 받는 등 법적인 위반의 과거력이 자주 나타난다. 실제로, Marks 등(1974) 표본의 청소년 중 이 코드타입의 절반은 보호 관찰을 받거나 구금된 적이 있다.

성인 및 청소년 문헌에서 이 코드타입과 관련하여 약물 남용과 알코올 문제도 자주 언급된다. 성인 자료에서 2-4 프로파일은 알코올 중독자 표본에 의해 생성된 평균 프로파일이다(Greene & Garvin, 1988; Sutker & Archer, 1979). Marks 등(1974)은 또한 2-4/4-2 코드타입을 가진 청소년들이 마약을 제외한 모든 약물적 범주를 포함하는 다양한 약물 사용을 보고했다고 지적했다. 실제로, Marks 등은 2-4/4-2 청소년 표본에서 약물 중독과 약물 남용을 나타내는 패턴을 발견했다. 〈표 5-5〉에 제시된 결과처럼, 2-4/4-2 코드타입이 빈번하게 나타났으며, 해당 표본에서 남자 청소년의 5.0%, 여자 청소년의 3.3%가 이 코드타입을 보였다고 보고되었다. 병원 장면에서 2-4/4-2 프로파일을 가진 청소년은 종종 도망의 위험이 있는 것으로 밝혀졌다. 이들은 또한 난잡한 성적 행동, 무단결석, 가출 등의 과거력을 지니고 있었다. 일반적으로, 2-4/4-2 청소년들의 반사회적인 행동의 많은 부분이 참을 수 없거나 매우 갈등적인 가정 상황으로 여겨지는 것에서 탈출하거나 도망치려는 시도라고 나타났다. 성인 자료에 따르면, 2-4/4-2 코드타입은 변화에 대해 비교적 나쁜 예후를 보였다. 이 코드타입을 가진 성인 정신과 환자의 치료에 있어 가장 큰 어려움은 상황적 스트레스가 줄었을 때, 실제 태도나 행동 변화가 있기 전에 심리치료를 조기에 종료하는 경향성이다. 이런 코드타입을 가진 청소년들은 집중력 문제로 자주 치료에 의뢰된다. 게다가 이들은 종종 자신의 부모를 애정과 일관성이 없다고 인식한다. Marks 등(1974)은 표본의 청소년 대다수는 가족 중 개인적인 걱정, 감정, 생각을 함께 논의할 사람이 아무도 없다고 말했다. Williams와 Butcher(1989b)는 2-4/4-2 청소년들이 종종 우울하다고 묘사된다는 것을 발견했다.

2-5/5-2 코드타입　성인에서 2-5/5-2 코드타입은 매우 드물다. 그리고 정신과 치료 중인 남자 청소년의 1.2%, 여자 청소년의 1.2%에서 발견된다. 흔히 사용되는 MMPI-2 자료중, Greene(2011)과 Friedman 등(2015)이 이 코드타입에 관한 정보를 제시했다. Greene은 King과 Kelley(1977)의 결과를 바탕으로 심리치료를 받는 2-5/5-2 코드타입의 남자 대학생 외래환자들이 불안하고 혼란스럽고 내성적이며, 종종 신체적 호소를 한 과거력이 있었다고 언급했다. 게다가 2-5/5-2 대학생들은 상대적으로 이성관계 적응력이 부족하고 데이트를 자주 하지 않았다.

　이러한 코드타입의 청소년들은 대체로 형제 관계가 나쁘고, 우유부단하고, 수줍고, 극단적으로 부정적이며, 과민하고 의심이 많아서 치료에 의뢰되었다(Marks et al., 1974). 집단으로 볼 때, 이 청소년들은 스트레스에 매우 취약하고, 불안, 죄책감, 자기비난 및 자책감에 시달리는 것으로 보였다. 성인의 연구 결과와 유사하게, 이 청소년들은 상당히 불안하고 우유부단하며, 확실한 행동을 하는 데 상당한 어려움을 겪는 것으로 나타났다. 2-5/5-2 청소년들은 완벽주의적이고 세심한 걱정으로 나타나는 강박과 주지화 방어기제를 주로 보여 주었다. 그들은 우울하고, 사회적으로 서툴렀으며, 이성 간의 교제에 잘 적응하지 못하는 것으로 기술되었다. 2-5/5-2 프로파일을 가진 사람들은 운동선수로는 묘사되지 않았고, 그들은 운동을 잘하지 못했다. 이 코드타입을 가진 남성은 남성적이지 않은 것으로 묘사되었다.

　일반적으로, 이 코드타입을 가진 청소년들은 대인관계에서 수줍음이 많고, 수동적이며, 비주장적이었다. 놀랍지 않게, 약물 사용과 남용은 이 코드타입의 청소년들과 관련이 없는 것으로 밝혀졌다. 이 코드타입을 가진 남자 청소년의 MAC 원점수는 일반적으로 유의한 상승 수준보다 낮다(Archer & Klinefelter, 1992). 이러한 청소년 중 많은 수가 높은 수준의 지적 · 학문적 성취를 하는 것으로 보였지만, 그들 중 1/3은 학교에서 또래들로부터 놀림을 받았다(Marks et al., 1974).

2-7/7-2 코드타입　2-7/7-2 코드타입은 성인 정신과 환자에서 상대적으로 높은 빈도로 발생하며, 정신과 치료 중인 청소년들의 경우에는 남자 청소년의 1.1%, 여자 청소년의 0.8%로 상대적으로 흔하지 않다. 그러나 2-7/7-2 코드타입에 대한 형용사와 설명은 두 집단에서 상당히 일치한다. 이 프로파일 유형을 가진 사람들은 불안하고 긴장되어 있고 우울하며 매우 자기처벌적이다. 그들은 종종 자기몰입적이고 엄격하게 자신의 개인적 결함과 무능함에 집중한다. Marks 등(1974)의 2-7/7-2 집단의 청소년들은 자기 묘사에서

지속적으로 부정적인 형용사를 사용했다.

2-7/7-2 코드타입을 가진 사람들은 강박 방어를 사용하는 경향이 있다. 이들은 일반적으로 타인과 충돌하지 않고, 대인관계에서 갈등이나 어려움이 발생했을 때 2-7/7-2 특징에 의해 자기처벌적이고 자책적인 방식으로 처리한다. 이들은 생각이 경직되고 일상에서 꼼꼼하고 완벽주의적인 경향이 있다. 심리치료자들은 그들을 자기패배적이고 수동적으로 행동한다고 보았다. 이들에게는 강한 우울감과 불안감이 공존하며, 사소한 생활 스트레스 사건에도 과민반응을 보인 과거력이 있는 경우가 많다. 이들은 종종 과도하게 통제되고 개방적으로 자신의 감정을 다루거나 표현하지 못하는 것으로 묘사된다. 대인관계에서는 의존성, 수동성, 주장성 부족의 패턴이 자주 나타난다. 2-7/7-2 코드타입의 청소년들은 다른 사람들과 깊은 정서적 유대를 형성할 능력이 있는 것으로 보이며, 전형적으로 가족 구성원들과 가까운 관계라고 보고한다. 이 청소년들의 주된 의뢰 사유는 울먹임, 불안, 과도한 걱정, 초조함이 포함된다. 이러한 청소년들은 약물 사용 및 무단결석과 같은 행동화의 행동 빈도는 현저히 낮았다. Marks 등(1974)의 청소년 중 이 코드타입의 약 40%가 자살사고를 인정하거나 표현했다. 2-7/7-2 청소년 4명 중 1명은 심각한 우울증을 보이는 것으로 나타났다.

2-8/8-2 코드타입 2-8/8-2 코드타입을 가진 청소년과 성인 모두 두려움, 소심함, 불안, 사회적으로 어색한 것이 특징이다. 이 코드타입은 청소년 임상 표본에서 남자 및 여자 청소년 모두에서 1% 미만의 빈도로 나타난다. 이 청소년들은 다른 사람들과의 감정적인 거리를 많이 두는 것을 선호하며, 대인관계를 두려워하고 불안해하는 것으로 보인다. 이 청소년들의 주요 방어기제는 고립(isolation)과 억압으로 보고되어 왔다. 손상된 자아 개념과 낮은 자존감도 2-8/8-2 코드타입과 관련된다. Kelley와 King(1979)은 2-8/8-2의 여자 대학생 외래환자들이 정서적 고통감과 조현병 증상과 관련된 특징을 보이는 반면, 2-8/8-2의 남자 대학생 외래환자들은 철수 또는 둔마된(flat or blunted) 정동을 보인다는 것을 발견했다. 성인 문헌에서 2-8/8-2 코드타입을 가진 사람은 통제력을 잃는 것을 두려워하는 것으로 묘사되는 반면, 청소년 문헌에서는 이들이 매우 감정적이고 정서 표현을 절제하거나 조절하는 능력이 결핍되었다고 묘사한다. 게다가 이러한 코드타입을 가진 청소년들은 자기 스스로를 어색하고 실수를 두려워하는 것으로 묘사한다. Marks 등(1974)의 연구에서 2-8/8-2 청소년 중 높은 비율(44%)의 청소년들이 적극적인 자살 시도와 관련된 과거력을 제시했다. 성인 문헌에서 2-8/8-2 코드타입은 자살에의 몰입과 관련되며, Graham(2012)

은 이러한 코드타입을 가진 성인이 종종 구체적인 자살 행동 계획을 동반하는 자살 생각을 한다고 지적했다.

　청소년과 성인의 경우, 2-8/8-2 코드타입은 더 심각한 정신장애와 자주 연관되며, 특히 이 두 척도가 현저히 상승했을 때 더욱 그러하다. 조현병, 조현정동장애, 조울증 진단은 종종 이러한 코드타입을 가진 성인들에게서 나타나며, 이러한 프로파일 특성을 가진 청소년들은 환각, 기태적이거나 특이한 관심사에 대한 집착, 특이한 성적 신념과 행동 같은 증상들이 평균보다 더 자주 나타난다고 밝혀졌다. Marks 등(1983)의 표본에서 2-8/8-2 코드타입 청소년의 25% 이상이 경미한 뇌 손상과 같은 모호하고 국소적이지 않은 기질적 결함 또는 뇌전증을 포함한 발작장애(seizure disorders) 과거력이 있는 것으로 밝혀졌다.

2-0/0-2 코드타입　청소년과 성인 모두에서 2-0/0-2 코드는 우울증, 열등감, 불안, 사회적 내향성, 철수 등의 증상과 관련된다. 이들은 일반적으로 반사회적이거나 비행 행동에 관여할 가능성이 매우 낮은 순응적이고 수동적인 사람으로 묘사된다. 2-0/0-2의 많은 사람이 사회적 능력 부족과 일반적인 사회적 기술의 부족을 보여 준다. Greene(2011)은 우울한 인식을 감소시키는 데 초점을 맞춘 인지행동적 접근법뿐만 아니라 사회 기술 및 주장 훈련이 이러한 코드타입의 사람들에게 도움이 될 수 있다고 언급했다.

　2-0/0-2 코드타입은 정신과 치료 중인 남자 청소년의 1.8%, 여자 청소년의 3.8%에서 발견되며(〈표 5-5〉 참조), 원판 검사와 달리 MMPI-A를 실시한 청소년들에게서 더 자주 발생한다. 이러한 코드타입의 청소년들은 일반적으로 긴장과 불안, 무감동, 수줍음, 무기력, 과도한 대인관계 민감성 등의 문제로 정신과 치료에 의뢰되었다. 아동·청소년 모두에서 2-0/0-2 코드타입을 가진 십대들은 부모의 요구에 순종하고 알코올이나 약물 남용에 관여하지 않는 온순하고 사회적으로 고립된 외톨이로 보인다. 그들은 치료자에게 대체로 열등감, 사회적 거절 및 자신이 매력이 없다는 느낌에 대한 염려를 표현했다. 그들은 스스로를 어색하고, 둔하고, 침울하고, 겁많고, 수줍고, 조용하고, 온순하다고 묘사한다. 주된 방어기제는 사회적 철수, 부인, 강박적 기제 등이다. Marks 등(1974)의 연구에서 심리치료자들은 2-0/0-2 코드타입의 청소년들을 조현성 성격으로 보는 경향이 있었고, 이러한 프로파일 구성을 가진 사람은 약물 또는 알코올 남용 빈도가 매우 낮았다. Marks 등의 1970~1973년 표본 결과에 기초하여, 이 프로파일을 가진 10대 여자 청소년들은 실제 나이보다 더 어리고 덜 성숙해 보이고 싶어 한다고 보고되었다. 남녀 청소년 모두 사회

적으로 서툴고, 인기가 없으며, 중요한 친구관계를 거의 유지하지 않는 것으로 여겨졌다. Cumella 등(1999)은 2-0/0-2 코드타입이 폭식증과 거식증을 포함한 섭식 장애의 빈도 증가와 관련된다고 보고했다.

척도 3(Hy: Hysteria, 히스테리) 코드타입

MMPI-A의 척도 3은 스트레스 상황에서 히스테리 반응을 사용하는 사람을 식별하기 위해 선택된 원판의 60개 문항으로 구성된다. MMPI-A를 만들 때 이 척도에서 삭제된 문항은 없다. 척도 3의 문항 모음에 반영되는 히스테리 증후군은 특정한 신체적 염려뿐만 아니라 자신이 잘 사회화되고 적응하였다고 표현하는 것과 관련된 문항을 포함한다. Greene(2011)은 이러한 두 가지 내용 영역이 잘 적응하는 사람한테는 서로 종종 관련이 없거나 심지어 부적 상관이 있다고 나타나지만 히스테리적인 특징을 가진 사람들에게는 정적인 상관관계가 있고 밀접하게 연관되어 있는 경향이 있다고 지적했다. Graham(2012)은 척도 3에서 임상적으로 상승된 T점수를 보인 사람은 대체로 이 두 가지 내용 영역에서 상당한 수의 문항에 응답한다고 언급했다.

Harris와 Lingoes(1955)가 척도 3에서 도출한 소척도에는 사회적 불안의 부인(Hy1), 애정 욕구(Hy2), 권태-무기력(Hy3), 신체증상 호소(Hy4), 공격성의 억제(Hy5)가 있다. 성인 자료에서 볼 때 척도 3의 현저한 상승은 전형적으로 히스테리의 병리적 상태와 관련된다. 좀 더 경미한 상승은 사회적 외향성, 피상적 관계, 과시적 행동, 자기중심성을 포함하는 많은 특징과 관련되는 것으로 밝혀졌지만, 고전적인 히스테리 증후군을 반드시 포함하지는 않았다.

Hathaway와 Monachesi(1963)는 미네소타 정상 청소년에서 척도 3의 높은 점수의 프로파일(즉, 임상 척도 중 가장 높은 점수)이 척도 1 또는 척도 2가 높은 프로파일보다 더 자주 발생하는 경향이 있음을 발견했다. 이들은 학교를 안 가고 부모를 조종하는 방법으로 신체적인 호소를 하거나 '아픈 척'을 하는 아동에게서 척도 3이 상승될 것으로 예상했다. 또한, 이들은 자신들이 '중산층의 사회 순응'이라고 부른 예의 바르고 똑똑한 아이들 사이에서 이 척도가 경미하게 상승할 수 있다고 언급했다. 사실, Hathaway와 Manachesi는 척도 3 점수가 높은 프로파일이 더 높은 수준의 지능 및 성취감과 관련이 있으며, 이들의 부모가 종종 전문직이라는 것을 발견했다. 이와 대조적으로, 척도 3의 점수가 낮은(즉, 가장 낮은 임상 척도 점수) 프로파일을 보인 정상 청소년들은 척도 3이 상승한 청소년들보다 학업 성취도와 사회경제적 수준이 낮았다.

Archer 등(1988)은 정신과 의료진들이 청소년 정신과 환자들 중 척도 3이 상승한 청소년 입원환자들을 의존적이고, 비주장적이며, 사회적 기대와 요구에 부응하기 위해 빠르게 자신의 행동을 수정하는 경향이 있다고 여기고 있음을 발견했다. 또한 치료자들은 척도 3 점수가 높은 청소년들이 신체화나 신체 증상을 통해 불안과 스트레스를 표현할 가능성이 높다고 설명했다. Butcher 등(1992)은 MMPI-A 척도 3이 상승한 여자 청소년 환자가 다른 경우보다 더 많은 신체적 호소와 염려를 나타낸다는 것을 발견했고, Cumella 등(1999)은 척도 3의 상승과 다양한 형태의 섭식 장애가 관련됨을 발견했다.

척도 3의 높은 점수

다음은 높게 상승한 척도 3(T ≥ 60)에 대한 설명이다.

- 신체적 염려와 몰입
- 성취 지향적이고 사회적으로 관여적이며 우호적임
- 스트레스에 대한 과민반응 패턴에 종종 신체적 증상이 수반됨
- 이기적이고 자기중심적이며 미성숙함
- 높은 수준의 교육적 성취
- 애정, 관심, 승인에 대한 강력한 욕구
- 종종 사회경제적 지위가 높은 가정 출신
- 문제 영역에 대한 통찰력이 거의 없는 심리적인 순진성

척도 3의 낮은 점수

다음은 척도 3의 점수가 낮은 경우(T ≤ 40)에 대한 설명이다.

- 흥미 범위가 좁음
- 제한된 사회적 관여 및 리더 역할의 회피
- 친절하지 않고, 거칠며, 현실적
- 학업 성취도와 사회경제적 지위가 낮음
- 모험적이지 않고 근면하지 않음

3-4/4-3 코드타입 3-4/4-3 코드타입을 보이는 청소년과 성인 사이에 적어도 세 가지의 공통적인 특징이 있는 것으로 보인다. 첫째, 이들은 종종 허약함, 피로감, 식욕부진, 두통

을 포함한 건강염려 또는 신체적 호소를 표현한다. 둘째, 3-4/4-3 코드를 가진 청소년과 성인 모두 치료자들에 의해서는 정서적으로 고통스러워한다고 인식되지만, 자신들은 그렇지 않다고 인식하는 경향이 있다. 마지막으로, 두 연령 집단 모두에서 이러한 코드타입을 가진 사람은 충동 조절 문제를 드러내는 경향이 있으며, 종종 반사회적 행동과 자살 시도 모두를 포함하는 과거력을 보고한다.

이러한 충동 조절 문제들은 종종 여러 가지 방식으로 나타난다. 성적인 문란함은 이러한 코드타입을 가진 청소년기와 성인기 여성들에서 비교적 흔하게 나타나며, 약물 남용과 의존성의 문제도 만연해 보인다. 이러한 코드타입을 가진 청소년들은 종종 절도, 무단결석, 가출한 과거력이 있다. 정신과에 입원한 환자 중 3-4/4-3 타입의 청소년은 종종 병동에서 도망갈 위험이 있다. 특히 청소년 표본에서 약물 사용은 이 코드타입과 관련된다. Marks 등(1974)의 연구에서, 이 코드타입 청소년의 63%가 약물을 사용했다는 과거력을 보고했다. 게다가 이 청소년들 중 약 1/3이 자살을 시도했는데, 이는 3-4/4-3 코드를 가진 성인의 특징이기도 하다.

성인 문헌에서 3-4/4-3인 사람들은 일반적으로 만성적인 분노와 적대적이고 공격적인 충동을 가지고 있다고 묘사된다. 특히 척도 4가 척도 3보다 높을 때, 과도하게 통제된 적대감은 공격적이거나 폭력적인 행동의 형태를 취할 수 있는 폭발 사건으로 나타날 수 있다. Graham(2012)은 4-3 코드타입의 수감자들이 종종 폭행과 폭력 범죄의 과거력을 가지고 있다고 언급했다.

3-4/4-3 코드타입은 청소년들 사이에서 상대적으로 흔하며, 환자들 중 남자 청소년의 4.9%, 여자 청소년의 3.6%에서 발견되었다(〈표 5-5〉 참조). 3-4/4-3의 청소년들은 일반적으로 수면 장애와 자살 사고로 인해 치료에 의뢰된다. 그들은 종종 학교에서 '거친 녀석들'로 알려져 있고, 그들의 주요 문제점과 우려는 부모와의 갈등과 관련된다. 이러한 청소년들의 치료자들은 종종 그들이 우울하지만 적절한 자아 강도를 지니고 있음이 발견된다고 설명하기도 한다. 그러나 Marks 등(1974)이 지적한 바와 같이, 3-4/4-3 코드타입 성인과 관련된 여러 설명이 청소년에게 적용되지 않을 수 있다. 예를 들어, 성인들에게서 과잉통제된 적대감 증후군은 3-4/4-3 코드타입과 관련되지만 이러한 MMPI 특징을 가진 청소년들에게는 적용되지 않는 것으로 보인다. 이 결과와 유사하게, Truscott(1990)도 청소년은 전형적으로 억압이나 과잉통제를 방어기제로 사용하지 않기 때문에, MMPI의 적대감 과잉통제(Overcontrolled Hostility: O-H) 척도의 상승과 청소년들의 과잉통제된 적대감 증후군이 관련이 없는 것으로 보인다고 보고했다.

3-5/5-3 코드타입   성인 자료에서 이러한 프로파일은 극히 드물며, Greene(2011)은 이러한 패턴이 1% 미만의 빈도로 나타난다고 보고했다. 그는 이 코드타입을 보이는 성인의 경우 전형적으로 정서적 고통을 거의 경험하지 않기 때문에 치료하기가 어렵다고 지적한다. Friedman 등(2015)이 이에 대해 간략히 검토한 뒤 "이 코드타입에 대해 제한된 경험적 정보가 있다."고 보고했지만, Graham(2012)이나 Lachar(1974)에서는 이 코드타입에 관해 사용 가능한 논의가 없다.

정신과 치료 중에 있는 남자 청소년의 1.0%, 여자 청소년의 3.0%가 이 코드타입을 생성했다(Archer, Gordon, & Klinefelter, 1991). Marks 등(1974)은 이 코드타입을 만든 13명만을 식별할 수 있었는데, 이들은 모두 남성이었다. 청소년 사이에서 3-5/5-3 코드타입은 척도 3과 5를 각각 상승시킨 경우와 연관된 특징을 많이 가지고 있었다. Marks 등의 청소년 표본의 3-5/5-3 코드타입 중 법원 기관이나 당국이 치료를 의뢰한 청소년은 한 명도 없었고, 이는 청소년 정신과 표본에서 이례적인 결과였다. 이러한 코드타입을 가진 많은 청소년이 종종 도덕적·종교적 가치가 확고하고 엄격하게 강요되는 가정에서 자라왔다. 또한 이 표본의 청소년들은 부모의 도덕적이고 윤리적 판단이 매우 예측 가능하다고 여겼다. 3-5/5-3 청소년들의 치료자는 그들이 중등도 정도로 우울하다고 보았다. 그러나 아마도 척도 3의 부인 방어를 활용하는 특징과 일치하게 이 청소년들 중 몇 명은 자신을 '마냥 행복하다'고 묘사했다. 이 코드타입과 연관된 주요 증상 패턴은 철수와 억제였다. 비록 이 청소년들은 기본적으로 불안정하고 관심을 받는 것에 대한 강한 욕구를 가지고 있다고 인식되었지만, 그들은 또한 수줍고, 불안하고, 억제되고, 사회적으로 불편해한다고 인식되었다. 이들은 정서적인 깊이가 얕았고, 말의 속도가 빠르다고 자주 묘사되었다. 그들은 주요 방어기제로 행동화는 사용하지 않았는데, 실제로 충동을 지나치게 통제하는 경향이 있었다. 이러한 코드타입을 가진 청소년들이 약물 남용을 했을 때 사용된 물질은 알코올, 마리화나, 암페타민, 수면제였다. 흥미롭게도, Marks 등(1974)의 표본에서 이 코드타입 청소년들의 43%가 비만과 거식증을 포함한 체중 문제를 가지고 있는 것으로 밝혀졌다.

3-6/6-3 코드타입   3-6/6-3 유형을 보이는 청소년과 성인이 일반적으로 나타내는 다양한 특성이 있다. 이들은 대체로 의심이 많고 불신하는 경향이 있는 사람들로, 대인관계가 좋지 않고, 심리적 문제와 갈등이 있음을 인정하는 데 상당한 어려움을 겪는다. 일반적으로 이러한 코드타입을 보이는 청소년과 성인들은 모두 방어기제로 합리화와 투사를 사용하며, 종종 다른 사람들이 그들의 행동에 대해 염려하는 이유를 이해하는 데 어려움을 겪

는다. 청소년들의 경우에는 의심 및 편집증과 관련된 설명들이 이러한 3-6/6-3 청소년을 특징짓는 데 자주 사용되었다. 일반적으로, 이 코드타입을 가진 사람들은 잘 어울리지 못하고 이기적이며 타인에 대한 불신감과 원망을 보인다. 그들은 자기중심적이고 자신의 주변을 계속 경계한다.

3-6/6-3 코드타입은 정신과 치료 중인 남자 청소년 0.6%과 여자 청소년 1.4%에서 발견됐다. 이 집단 청소년들의 가장 뚜렷한 특징은 자살시도율이 상대적으로 높다는 것이며, Marks 등(1974)의 연구에서 이들 청소년의 1/3이 이러한 행동으로 심리치료를 받는 것으로 나타났다. Marks 등의 1970~1973년 표본에서 이 프로파일은 약물 남용과 관련이 있었지만, 청소년들의 다른 코드타입만큼 큰 규모는 아니었다. 이 표본에서 이러한 청소년들의 약 50%가 약물에 관여되었음을 인정했다. 흥미롭게도, 3-6/6-3 코드타입의 40%가 학업적으로 우수한 학생들이었다.

척도 4(Pd: Psychopathic Deviate, 반사회성) 코드타입

이 MMPI-A 척도는 49개 문항으로 구성되어 있으며, 부적절한 내용으로 인해 원판 Pd 척도에서 1개 문항이 삭제되었다. 척도 4는 원래 DSM-5에서 반사회성 성격장애로 언급되는 사이코패스적 성격을 감별하거나 진단하기 위해 고안되었다. Dahlstrom, Welsh 및 Dahlstrom(1972)이 기술한 바와 같이, 척도 4의 기준 집단은 주로 거짓말, 절도, 무단결석, 성적 문란함, 알코올 남용, 위조 등의 비행 행위로 인해 법원에서 정신감정에 의뢰된 사람들이었다. MMPI-A Pd에 있는 총 49개의 문항은 가족 갈등, 권위적 인물과의 문제, 사회적 고립, 비행, 일상생활에서 만족감이 없음 등의 다양한 내용 영역을 포괄한다. 척도 4는 타당도 및 임상 척도들의 문항과 상당히 중복되며, 임상적 방향으로 득점되는 거의 동일한 수의 그렇다와 아니다 반응으로 구성된다.

성인 문헌에서 척도 4의 점수가 높은 사람들은 전형적으로 분노, 충동성, 얕은 대인관계와 정서, 대인관계에서의 조종, 예측 불가능성 등의 강력한 특징을 포함하는 경멸적이거나 불리한 용어로 기술된다. 따라서 척도 4의 현저한 상승은 종종 반사회적 신념과 태도가 있음을 나타내지만, Greene(2011)은 점수의 상승이 반드시 이러한 특성이 외적으로 표현된다는 것을 의미하지는 않는다고 지적했다. 반사회적 행동이 나타나는 정도는 일반적으로 척도 9와 0을 포함한 MMPI 척도들에서의 점수와 관련된 것으로 간주된다. 높은 척도 9와 낮은 척도 0 점수는 높은 척도 4와 결합하여 반사회적 태도, 신념 및 인식을 공공연하게 외적 행동으로 표현할 가능성을 증가시킨다. Harris와 Lingoes(1955)는 척도 4에서 5개의 소척도를 도출했으며, 여기에는 가정 불화(Pd1), 권위 불화(Pd2), 사회적 침착성(Pd3), 사회적 소외(Pd4), 내적 소외(Pd5)가 포함된다.

척도 4의 점수는 응답자의 나이와 인종에 따라 달라지는 것으로 확인되었다. Colligan 등(1983)은 18~70세 성인의 횡단연구 자료를 제시했는데, 척도 4의 점수가 남녀 모두에서 연령에 따라 감소하는 경향이 있었다. 정상과 임상 표본 모두에서 척도 4의 점수가 청소년과 성인에 따라 다르다는 상당히 명확한 증거가 있다(Archer, 1984). 또한 MMPI-2 규준 표본에 기초한 결과에 따르면, 아프리카계 미국인, 아메리카 원주민, 히스패닉계 참여자들은 백인과 아시아계 미국인들에 비해 척도 4에서 다소 높은 점수를 받을 수 있다고 보고되었다(Graham, 2012).

정상 표본에서 청소년들은 성인보다 척도 4 문항에서 결정적 방향의 문항에 더 많이 응답하는 경향이 있고, MMPI-A 표본의 척도 4 평균 점수는 MMPI-2 규준으로 채점한다면 대략 T점수 55점이다. Pancoast와 Archer(1988)의 연구를 통해 청소년의 경우 성인과 다르게 Harris와 Lingoes(1955)가 가정 불화(Pd1)라고 분류한 척도 4의 영역 문항에 답할 가능성이 특히 높다고 나타났다. Hathaway와 Monachesi(1963)는 미네소타 주 전체 표본의 정상 청소년에서 척도 4의 상승이 가장 빈번했고, 여자 청소년 및 도시의 청소년들에서도 척도 4의 상승이 가장 많았음을 발견하였다. 미네소타 자료는 또한 비행 행동의 심각성과 관련된 요소로서 척도 4의 상승이 증가했음을 나타낸다. 더불어 남녀 청소년 모두에서 척도 4가 상승한 프로파일은 결손가정 비율과 관련되었다.

임상 표본에서 척도 4가 포함된 코드타입이 성인 집단에서 비교적 빈번한 수준이지만, 청소년에서는 아주 흔한 것으로 설명될 수 있다. Marks 등(1974)이 청소년에 대해 보고한 29개의 코드타입 중 9개는 척도 4가 포함된 2개 척도 코드(즉, 척도 4가 프로파일에서 가장 높은 두 척도 중 하나)와 관련이 있었고, 임상 사례의 거의 절반에서 척도 4를 포함하는 상승된 코드가 나타났다. 마찬가지로 임상 환경 청소년들의 MMPI 프로파일을 분석한 결과, 약 48%가 척도 4를 포함하는 2개 척도 코드타입을 나타냈다(Archer, Gordon, & Klinefelter, 1991).

Archer 등(1988)은 척도 4가 상승한 청소년 입원환자가 정신과 치료자들에 의해 심리치료에서 회피적이고 동기가 낮은 것으로 묘사된다는 것을 발견했다. 이 청소년들은 또한 반항적이고 적대적이며 과거의 실수로부터 배우지 못하는 것으로 밝혀졌다. 더불어 이 청소년들은 약물 및 알코올 남용과 관련된 문제가 있는 경우가 많았고, 절반 가까이가 품행장애 진단을 받았다. Archer와 Klinefelter(1992)의 연구에서 척도 4와 관련된 청소년 코드타입은 종종 MAC 척도에서 상당히 높은 원점수 평균값을 산출했다. Gallucci(1997a; 1997b)의 연구에서는 또한 청소년 약물 남용자의 MMPI-A 프로파일에서 종종 척도 4와 MAC-R가 임상 범위로 상승했다. Butcher 등(1992)은 자신들의 임상표본에서 MMPI-A 척도 4가 상승한 남녀 청소년들이 비행을 했다고 기술되고, 행동화 및 외현화 행동을 쉽게 한다는 것을 발견했다. 게다가 척도 4가 상승한 여자 청소년의 경우 성적인 행동을 할 가능성이 더 높았고, 남자 청소년들은 가출 사건을 보일 가능성이 더 높았다. Veltri 등(2009)은 MMPI-A 척도 4가 상승한 급성 치료 및 법정 표본의 청소년들이 약물 남용 및 가출과 더 많이 관련된다고 보고했다. Handel 등(2011)은 법정 표본의 남녀 청소년 모두에서 척도 4가 더 많은 규칙 위반, 공격성, 적대적 반항 및 품행장애 행동과 관련됨을 발견했다.

척도 4의 높은 점수

다음은 높게 상승한 척도 4(T ≥ 60)에 대한 설명이다.

- 학교 부적응과 학교에서의 행동 문제
- 비행, 외현화 및 공격적 행동의 가능성 증가
- 부모의 별거 및 이혼과 관련된 가족력 발생 가능성 증가
- 도시에서 더 높은 빈도를 보임
- 사회의 가치와 기준을 받아들이거나 내재화하는 데 어려움
- 권위적 인물에 대한 반항과 적대감
- 품행장애 및 적대적 반항장애 진단 가능성 증가
- 만족지연을 하지 못함
- 계획 능력의 부족 및 충동성
- 좌절과 지루함에 대한 낮은 인내력
- 주요 방어기제인 행동화에 의존
- 부모-자녀 갈등 및 가족 간 불화의 가능성 증가
- 약물과 알코올의 사용을 포함하여 위험을 택하고 감각을 추구하는 행동
- 이기적, 자기중심적
- 호감 있는 첫인상을 보여 줄 수 있는 능력
- 외향적이고 사교적인 대인관계 방식

- 죄의식과 양심의 가책이 상대적으로 없음
- 정서적/감정적 고통의 증거가 상대적으로 거의 없음

척도 4의 낮은 점수

다음은 척도 4의 점수가 낮은 경우(T ≤ 40)에 대한 설명이다.

- 관습적, 순응적, 권위에 순종적
- 비행 가능성 감소
- 경쟁과 지배보다는 상황과 안정에 대한 염려
- 수용적, 수동적, 신뢰적 대인관계 방식
- 비행 행동 가능성이 낮음

4-5/5-4 코드타입   4-5/5-4 프로파일 코드타입에 대한 성인 및 청소년 자료는 상당히 모순된다. 이러한 프로파일 특성을 가진 성인들은 전형적으로 미성숙성, 정서적 수동성, 의존성에 초점을 둔 갈등의 관점에서 논의된다. Friedman 등(2015)은 여성들 중 척도 5를 임상적 수준으로 상승시키는 경우가 드물기 때문에, 성인들 중 이러한 코드타입은 주로 남성 응답자들에게 나타난다고 지적했다. 이러한 코드타입의 성인들은 사회 관습과 규범에 대해 자주 반항하며, 이러한 비순응성은 종종 복장, 언어, 사회적 행동의 선택 등을 통해 수동적으로 표현된다. 선택된 척도가 남성의 공격적인 행동화를 억제하는 역할을 하기 때문에, 척도 4의 반항성은 공격적이고 비행적인 행동화보다는 지적인 반항의 형태를 띠는 경우가 더 많다.

이러한 코드타입을 가진 성인은 일반적으로 적절한 통제력을 보이지만, 단시간에 공격적이거나 반사회적인 행동을 하기 쉽다는 징후도 있다. Sutker, Allain 및 Geyer(1980)는 4-5/5-4 코드타입이 살인죄로 유죄 판결을 받은 여성의 23%에서 발견된다고 보고했다. King과 Kelly(1977)는 이 코드타입의 남자 대학생들은 수동성, 이성애 적응의 문제, 일시적이고 만성적인 대인관계 문제와 연관된다고 하였다. 이 표본은 성격장애의 유의미한 증거를 보여 주지 않았으며, 동성애도 이 집단의 특징으로 보이지 않았다. Friedman 등(2015)은 이 코드타입으로 성인의 동성애적 추동이나 행동을 감지하는 것은 어려우며, "사람들이 자신의 동성애 성향을 감추고 싶다면, 그들은 타당도척도에서 문제를 나타내지 않고 쉽게 그렇게 할 수 있다."(p. 299)고 언급했다.

⟨표 5-5⟩와 같이 정신과 치료 중인 남자 청소년의 1.6%, 여자 청소년의 3.8%에서

4-5/5-4 코드타입이 발견된다. Marks 등(1974)은 이러한 코드타입의 청소년들이 또래 집단과 잘 어울리는 것으로 보이며, 사회적 상호작용에서 사교적이고 외향적이라고 언급했다. 다른 코드타입을 가진 청소년들과 달리, 4-5/5-4 청소년들은 치료자들에 의해 더 잘 적응하고, 라포를 쉽게 형성하며, 자아강도가 더 강하다고 묘사되었다. 게다가 치료자들은 이러한 코드타입을 가진 청소년들이 우울과 불안에 대한 의식적 자각의 보호적 측면에서 볼 때 상대적으로 효과적인 방어를 보여 준다고 느꼈다. 이러한 청소년들이 이용하는 대표적인 방어기제는 행동화와 합리화이다. 5-4 타입과는 대조적으로, 4-5 타입의 청소년들은 자신의 성질을 조절하는 데 더 큰 어려움을 겪는 것으로 보였고, 그들은 스스로를 논쟁적이고, 자기주장이 강하고, 방어적이라고 묘사했다. 4-5 코드타입 청소년 중 절반 이상이 치료자들에 의해 예후가 좋다고 평가되었다. 성인 자료와 달리 Marks 등의 연구에서 4-5/5-4 청소년 중 80% 이상이 이성 교제를 하고 있었는데, 이는 다른 청소년 코드타입 집단들의 기저율보다 상당히 높은 수치이다.

Marks 등의 1970~1973년 표본에서 4-5/5-4 형태를 가진 응답자들은 약물 남용 과거력을 비교적 많이(72%) 보고했다. 이 청소년들에게서 발견된 약물 사용 패턴은 다양한 물질을 포함하는 것으로 나타났다. 또한 이 표본의 청소년들은 도둑질, 자동차 절도, 불법 침입, 마약 거래 등의 반사회적 행동 비율이 높았다. 그들은 감정적으로 민감하고 성질을 부리기 쉽고 폭력적으로 감정을 폭발하는 경향이 있는 집단으로 묘사되었다. 마지막으로, 이 표본의 청소년들은 또한 무단결석, 정학, 학업 성적 부진의 과거력 등 학교 적응에 있어 중대한 문제가 있었다.

4-6/6-4 코드타입 4-6/6-4 코드타입은 청소년 및 성인 문헌에서 모두 비교적 일관되게 나타난다. 그들은 한결같이 화가 나 있고, 원망하며, 논쟁적인 것으로 묘사된다. 이러한 코드타입을 가진 청소년들은 전형적으로 반항, 불복종, 거부증(negativism) 등의 증상으로 치료에 의뢰되었다. 4-6/6-4 청소년의 치료 의뢰는 종종 법원을 통해 이루어지며, Archer와 Krishnamurthy(2002)는 이 척도들의 상승이 비행과 관련된다는 여러 연구들이 있다고 지적했다.

4-6/6-4인 사람들은 일반적으로 타인에게 관심과 동정을 과도하게 요구하지만 대인관계에서 자신에게 행해지는 가벼운 요구에도 분개한다. 그들은 일반적으로 타인의 동기를 의심하고, 깊은 정서적 애착을 피하는 특징이 있다. 이러한 코드타입을 가진 청소년들은 자신의 대인관계에서 결함이 있음을 인지하고 있으며, 종종 다른 사람들이 자신을 싫어한

다고 보고한다. 그러나 성인과 청소년 모두 자신의 심리적 문제의 기원이나 본질에 대한 통찰은 거의 없다. 이러한 코드타입을 가진 사람들은 심각한 심리적 문제를 부인하는 경향이 있고, 합리화하고 자기 삶의 문제에 대해 남을 탓한다. 간단히 말해서, 그들은 자기 행동에 책임지지 않고 심리치료적 노력을 수용하지 않는 특징이 있다. 비록 이 코드타입을 가진 청소년들이 다른 사람들에 의해 공격적이고, 억울해하고, 기만적이며, 적대적이고, 다툼이 많은 것으로 평가되지만, 종종 스스로는 자신을 매력적이고, 자신감 있고, 쾌활하다고 여기는 것처럼 보인다.

4-6/6-4 코드타입은 청소년들에게 비교적 흔하며 정신과 치료를 받는 남자 청소년 6.2%와 여자 청소년 4.0%에서 발견된다(〈표 5-5〉 참조). 청소년들에서 4-6/6-4 코드타입은 거의 필연적으로 자녀-부모 갈등과 관련되며, 이는 종종 만성적이고 격렬한 다툼의 형태를 취한다. 이 청소년들은 전형적으로 충동을 억제하지 못하고 생각이나 숙고 없이 행동한다. Williams와 Butcher(1989b)는 이러한 코드타입의 청소년들이 성적인 행동화를 포함한 행동화 행동을 더 많이 한다는 것을 발견했다. Marks 등(1974)은 4-6/6-4 청소년이 전형적으로 권위자와의 문제에 직면한다고 보고했다. 자기애적이고 제멋대로인 특징들은 이 코드타입의 청소년과 성인 모두에게 만연해 있다. Marks 등의 연구에서 치료자들은 4-6/6-4 청소년이 도발적이고(provocative), 그들의 주요 방어기제는 행동화와 투사라고 언급했다. Marks 등의 표본에서 이 코드타입을 가진 청소년의 약 절반이 약물 남용의 과거력을 보고했고, 이 중 대다수는 알코올 남용이었다.

4-7/7-4 코드타입 4-7/7-4 코드타입의 청소년과 성인들은 행동화를 주요 방어기제로 삼지만, 자기 행동의 결과에 대한 죄책감, 수치심, 회한의 감정을 경험하는 것이 특징이다. 따라서 그들은 사회적 규범과 기준을 무시하는 행동과 자기 행동의 영향에 대한 과도하고 신경증적 염려를 번갈아서 하는 경향이 있다. 근본적인 충동 조절 문제와 도발적이고 반사회적인 방식으로 행동하는 경향으로 볼 때, 이들은 불안정하고 의존적인 것으로 보인다. 그들은 안심을 주는 것과 관심에 대한 욕구가 강하다.

4-7/7-4 코드타입은 정신과적 평가를 받는 남자 청소년의 2.4%, 여자 청소년의 1.2%에서 나타난다. Marks 등(1974)의 연구에서 치료자들은 4-7/7-4 청소년들이 충동적이고 도발적이며 경솔하고 분개하고 있다고 묘사했다. 동시에 그들은 정서적 의존과 성에 관해 상당한 갈등이 있었다. 이 청소년들의 대다수는 상당한 죄책감과 수치심을 보였고, 치료자들은 이들이 죄책감에 시달리며 자책하고 있는 것으로 보았다. Willimas와

Butcher(1989b)는 4-7/7-4 코드타입을 가진 청소년들이 내재화와 행동의 외현화가 혼재하는 모습을 보여 준다는 것을 발견했고, 긴장/신경과민, 약물 남용, 행동화 행동이 이 프로파일과 관련된다고 결론 내렸다.

4-8/8-4 코드타입   4-8/8-4 코드타입은 청소년과 성인 모두에게 있어 사회 적응이 최저 수준인 것과 관련된다. Marks 등(1974)은 4-8/8-4 청소년을 "우리가 연구한 청소년 집단 중 가장 비참한 집단 중 하나"(p. 218)라고 묘사했다. 그들은 흔히 충동조절 문제를 보이고 만성적으로 대인 갈등을 겪고 있는 화가 나있고 특이하며 기이하고 미성숙한 사람으로 여겨졌다. 이러한 코드타입을 가진 청소년들 중 16%만이 심리치료 결과로 확실한 호전을 보인다는 평가를 받았고, 9%만이 향후 적응에 좋은 예후를 보인다는 평가를 받았다. 이러한 코드타입을 가진 청소년들은 심리치료를 회피하는 경우가 많았으며, 어떠한 어려움도 부인함으로써 자신의 문제를 해결하려고 시도하였다.

4-8/8-4 코드타입은 정신과 치료 중인 남자 청소년의 2.8%, 여자 청소년의 2.1%에서 발견된다. 이 프로파일을 가진 청소년들은 전형적으로 학업적 성취가 매우 낮고, 일주일에 3회 정도의 잦은 빈도로 심리치료를 받았다. 이들의 가족생활은 혼란스러운 것으로 묘사되었고, 거식증, 유분증, 유뇨증, 운동과다증과 같은 특이한 증상들이 종종 눈에 띄었다. 비록 4-8/8-4 타입의 성인들은 과도한 음주와 약물 남용이 흔하지만, 이 타입의 청소년들은 더 심한 약물 남용 집단에 속하지는 않는 것으로 보인다. 비록 8-4 타입 청소년들이 4-8 타입에 비해 더 퇴행된 것으로 묘사되었지만, 4-8 청소년들도 특이하고 때로 망상적인 사고 패턴을 보이는 것으로 언급되었다. 따라서 이러한 코드타입을 가진 사람들은 상승한 척도 8의 특성인 조현성 또는 조현병 증상 특징과 결합된 상승된 척도 4의 반사회적 특징을 함께 나타낸다. Williams와 Butcher(1989b)는 4-8/8-4 청소년이 다른 청소년에 비해 성적 학대의 과거력이 있을 가능성이 높다고 보고했고, Losada-Paisey(1998)는 이 코드타입이 청소년 성범죄자와 관련된다고 보고했다. Archer와 Slesinger(1999)는 이러한 코드타입 유형을 가진 청소년들이 자살 생각과 관련된 MMPI-A 문항에 더 자주 답한다는 것을 발견했다.

4-9/9-4 코드타입   4-9/9-4 코드타입의 청소년과 성인의 설명에는 상당한 유사성이 존재한다. 이 사람들은 거의 항상 사회적 기준을 무시하고, 행동화와 충동성 측면에서 어려움을 겪을 수 있다. 그들은 자기중심적이고, 자기애적이며, 이기적이고, 제멋대로이며, 종

종 자기 행동에 책임지지 않으려 하는 특징이 있다. 그들은 좌절 인내력이 현저히 낮고 쉽게 지루해하는 자극추구자로 여겨진다. 사회적 상황에서, 4-9/9-4는 종종 외향적이고 긍정적인 첫인상을 준다. 그러나 그들은 또한 친밀하고 지속적인 대인관계를 형성하는 데 만성적인 어려움을 드러내고, 타인을 조종하며 관계가 얕다. 반사회성 성격 유형의 전형적인 특징은 이 코드타입을 가진 성인들과 분명히 관련되며, 4-9/9-4 코드의 청소년들은 종종 품행장애 진단을 받는다.

4-9/9-4는 청소년 정신과 환자들 사이에서 자주 나타나는 코드타입이지만, MMPI-A에서는 상당한 성차를 보인다. 특히 〈표 5-5〉에 제시된 것처럼, MMPI-A 규준에 따르면 남자 청소년의 10.1%, 여자 청소년의 4.0%가 이 코드타입을 보인다. Huesmann, Lefkowitz 및 Eron(1978)은 F, 4, 9 척도의 T점수 합계가 후기 청소년들의 공격성을 성공적으로 예측하는 인자라고 밝혔다. Marks 등(1974)의 연구에서 4-9/9-4 청소년들은 늘 반항, 불순종, 충동성, 도발적인 행동, 무단결석 때문에 치료에 의뢰되었다. 대부분의 경우 그들의 잘못된 행동 이력의 결과로 부모와의 갈등이 끊이지 않았다. 매우 흥미롭게도, Marks 등에서 4-9/9-4 코드타입의 청소년은 다른 코드타입의 청소년보다 자신의 원가정에서 자란 경우가 더 적었다. 구체적으로, 이 코드타입을 가진 청소년의 17%는 위탁 가정이나 입양 가정에서 자랐고, 20%는 평가 당시 부모와 함께 거주하지 않았다. 이 집단은 사회적으로 외향적인 것으로 보였고, 다른 청소년들보다 더 일찍 데이트를 시작했다고 보고했다. Williams와 Butcher(1989b)는 4-9/9-4 청소년들이 다른 청소년들보다 성적 행동이 더 많다고 보고했다. Marks 등의 연구에서 이 코드타입을 가진 대상자의 거의 50%는 불법 행위로 구금 또는 보호 관찰에 처해진 전력이 있었다. 이런 청소년들의 93%가 자신의 주요 방어기제로 행동화를 사용했고, 이들에게는 불안감이나 무능감 같은 정서적 고통의 문제는 발견되지 않았다. Archer와 Krishnamurthy(2002)는 이 코드타입이 남자 비행 청소년뿐만 아니라 약물 및 알코올 남용 문제를 가진 청소년들 사이에서 흔하다고 보고했다.

치료자들은 이러한 코드타입을 가진 청소년들이 권위자에게 분개하고, 사회적으로 외향적이며, 자기애적이고, 자기중심적이며, 이기적이고, 요구적이라고 묘사했다. 게다가 이 집단은 참을성이 없고, 충동적이며, 쾌락을 추구하고, 안절부절못하고, 감정과 행동이 통제되지 않는 것으로 알려져 있다. Marks 등의 1970~1973년 표본 중 이 코드타입을 가진 청소년의 61%가 약물 남용의 과거력을 보고했다. 그러나 이들은 자신이 사용하는 물질을 선택하는 것으로 보였는데, 환각제나 아편제 같은 약물을 피하는 경향이 있었다. Archer와 Klinefelter(1992)는 4-9/9-4 청소년이 다른 코드타입 집단보다 더 높은 MAC 평균점수를 보인다는 것을 발견했다. 이 연구 결과는 아마도 척도 4와 9 그리고 MAC 사이의 문항 중복 정도, 4-9/9-4 코드타입과 MAC 척도가 대체로 외향적이고, 높은 감각추구 및 위험추구적 생활 방식을 측정하는 등 다양한 요인의 영향이 반영되었을 것이다. Marks 등(1974)의 연구에서, 4-9/9-4의 83%가 오랜 기간 학교를 결석했거나, 가출했거나, 치료 장면에서 도망쳤다. 이 청소년들 중 다수는 이 세 가지 행동을 모두 나타냈다. Marks 등은 이 청소년들이 거짓말, 도둑질, 그리고 다른 반사회적인 행동을 한 과거력이 있는 도발적이고 유혹적인 문제아라고 묘사했다. 저자들은 4-9/9-4 코드타입을 언급하면서 "불순종적인 예쁜 친구들"이라는 문구를 사용했다. 성인 문헌에서 이러한 MMPI의 특징들은 심리치료에 따르는 성격 또는 행동 변화의 좋지 않은 예후와 반복적으로 연관되었다. 그러나 이 코드타입을 보이는 청소년들은 성인들보다 상당히 큰 변화 능력과 치료적 이득을 보일 가능성이 높다는 것을 기억해야 한다. 성인의 4-9/9-4 특징에 비해, 청소년기에는 이러한 성격 구조가 확실히 자리잡거나 굳어져 있지 않다.

4-0/0-4 코드타입 Greene(2011)이 지적한 바와 같이, 4-0/0-4 코드타입은 성인에게는 매우 드물며(1% 미만), 이러한 사람들을 설명할 수 있는 경험적 자료는 거의 없다. Friedman 등(2015)은 이러한 코드타입을 가진 사람들이 거의 치료를 받지 않는다는 것을 발견했다. 개념적으로, 척도 4와 0이 모두 높을 때 나타나는 근본적인 충돌이 있다. 척도 4에서 높은 점수를 받은 사람들은 다른 사람들과 상대적으로 편안하게 지내고 외향적인 성격을 보이며 충동적인 경향이 있는 반면, 척도 0이 높은 응답자들은 사회적으로 불편해하고 내향적이며 신중하다. 따라서 두 척도를 모두 포함하는 상승한 코드타입은 자주 발생하지 않는다. 정신과 청소년들 중 남자 청소년의 2.3%, 여자 청소년의 2.1%가 MMPI-A 규준에 따라 4-0/0-4 코드타입을 생성했다(Archer, Gordon, & Klinefelter, 1991). Marks 등(1974)은 표본에서 상승한 코드와 낮은 코드로 똑같이 나누어진 4-0/0-4 코드타입을 생성한 22명의 청소년을 발견했다.

놀랍게도, 4-0/0-4 청소년들은 척도 4나 0이 상승했을 때의 특징보다 척도 6의 상승과 관련된 특징을 더 많이 보였다. 그들은 치료자들에 의해 의심 많고 불신하는 것으로 묘사되었다. 게다가 그들은 과대한 사고를 자주 표현했고, 그들의 주요 방어기제는 투사였다. 이들은 종종 자신을 수줍고 사회적으로 불편해한다고 인식하는 분개하고 논쟁적인 청소년들이었다. 치료자들은 4-0/0-4 청소년이 조용하고 수동적으로 저항하며 주변 활동에 상대적으로 덜 관여한다고 설명했다. 그들은 친한 친구가 거의 없었고 친구를 사귀는 것이 그들의 주요 문제 영역 중 하나였다. 게다가 그들은 적당한 자아 강도를 보이고, 사소한 스트레스 사건에 대해 과잉반응 패턴을 보여 주는 것으로 묘사되었다.

척도 5(Mf: Masculinity-Femininity, 남성성-여성성) 코드타입

44개 문항으로 구성된 MMPI-A의 Mf 척도를 만들 때 원판 MMPI의 Mf 척도 중 16개 문항이 삭제되었다. 척도 5의 내용은 이질적이며, 일과 흥미의 관심사, 가족 관계, 두려움과 민감성에 관련된 문항들을 포함한다. 이 척도는 원래 Hathaway와 McKinley가 동성애 남성을 감별하기 위해 개발했지만, 저자들은 단일한 기준집단을 만들기 위해 명확한 진단 집단을 정하거나 정의하는 데 어려움을 겪었다. 결국 선정된 주요 기준집단은 비교적 신경증적 · 정신병적 · 사이코패스적 성향이 없는 13명의 동성애 남성으로 구성되었다. 태도관심검사에서 높은 점수를 받은 사람과 낮은 점수를 받은 사람을 구분하거나 남녀 간 응답율에서 유의한 차이를 보인 경우에 Mf 척도의 문항으로 배정됐다. Dahlstrom 등(1972)은 Hathaway와 McKinley가 여성의 '성역할 반전', 즉 Fm 척도를 식별하기 위한 척도를 개발하려는 시도가 실패했다고 지적했다. Martin과 Finn(2010)은 최근에 MMPI-2와 MMPI-A의 Mf 척도 개발을 검토하고 Mf 척도의 기본 구성과 요인 구조에 대해 논의하였다.

MMPI-A 척도 5의 44개 문항 중 41개 문항은 남녀 모두 같은 방향으로 득점된다. 나머지 3개 문항은 명백한 성적 내용을 담고 있고, 남성과 여성에서 반대 방향으로 득점된다. T점수 변환은 남녀의 경우 서로 반대로 되어 남자 청소년의 경우 원점수 값이 높으면 T점수가 높아지지만, 여자 청소년의 경우 원점수 값이 높으면 낮은 T점수 값으로 변환된다. 따라서 Mf 척도는 성 역할 구별의 양극단의 측정치를 나타낸다. Mf 척도와 척도 0은 나머지 8개의 표준 임상척도에서 사용되는 동형 T점수 절차 대신 MMPI-A에서 선형 T점수 변환을 유지한 2개의 기본척도이다. 선형 T점수를 사용한 이유는 Mf와 Si의 분포가 나머지 기본척도와는 다르고 정규 분포에 더 가깝기 때문이다.

Serkownek은 Mf 척도에 대해 6개의 소척도를 구성하고자 문항-요인 적재(item-factor loading) 패턴을 사용했다(Schuerger, Foerstner, Serkownek, & Ritz, 1987). Serkownek의 소척도는 Mf1(자기애-과민성), Mf2(전형적인 여성적 관심), Mf3(전형적인 남성적 관심에 대한 부인), Mf4(이성애 불편감-수동성), Mf5(자기성찰적-비판적), Mf6(사회적 내향성)이다. MMPI-2 재표준화 프로젝트에서 요인분석적으로 Mf의 소척도 묶음을 도출하기 위한 시도는 성공하지 못했으며, MMPI-A의 개발에서 유사한 시도는 수행되지 않았다.

특히 최근 몇 년 동안 척도 5의 의미와 해석을 둘러싼 상당한 논란과 논쟁이 있었다. Graham(2012)은 비록 척도 5의 점수와 정규교육 수준의 관계가 원판 검사보다 MMPI-2 에서는 더 제한적으로 나타났지만, 척도 5의 점수는 정규교육 수준과 관련이 있다고 언급 했다. Greene(2011)과 Friedman 등(2015)이 제시한 바와 같이, Mf 척도의 상승은 성적 정 체성 및 지향성 외에도 다양한 요인의 영향을 반영할 수 있다. 또한 MMPI-A와 MMPI-2 를 만들면서 성적 선호도와 직접 관련된 문항들이 삭제되어 동성애를 측정하는 척도로서 의 이 척도의 유용성이 근본적으로 없어졌다. Finlay와 Kapes(2000)는 정서 장애가 있는 청소년 60명을 대상으로 반복 측정 설계를 통해 MMPI와 MMPI-A의 척도 5를 비교했다. 두 검사의 실시 순서를 균형적으로 한 검사-재검사 결과, 원판 척도 5에서 일반적으로 더 점수가 높았으며, 놀랍게도 두 검사 간 상관이 낮았다. 저자들은 MMPI-A 척도 5를 만들 때 16개 문항을 삭제하고 6개 문항을 수정함으로써 근본적인 구성에 대한 측정이 크게 변 경되었을 수 있다고 결론지었다. Greene(2011)은 MMPI 프로파일에서 척도 5가 유일하게 임상 범위로 상승했을 때, 그러한 사람들은 정신장애로 진단될 가능성이 낮다고 지적했 다. 중간 정도로 상승한 Mf 척도($40 \leq T \leq 60$)는 이러한 범위의 점수를 생성할 수 있는 다 양한 문항 응답 패턴(예: 중간 정도의 점수가 남성성과 여성성의 균형 때문일 수도 있고, 혹은 두 내용 영역 모두에 대해 낮게 응답했기 때문일 수도 있음)으로 인해 해석하기가 어려웠다.

여성이 Mf 척도에서 현저하게 낮은 T점수를 나타낸 것은 수동성, 순종성, 많은 전통적 인 여성성 측면에 따르는 것 등 전통적인 여성적 역할에 상당한 동일시를 나타내는 것으 로 보인다. Todd와 Gynther(1988)는 Mf에서 낮은 점수를 보이는 여성들은 스스로를 부드 럽고 감정적이라고 묘사한다는 것을 발견했다. Greene(2011)은 점수가 낮은 남성들은 유 연하지 않고 경직된 방식으로 "거의 강박적으로 남성성"(p. 128)을 보인다고 묘사하였다. Todd와 Gynther는 Mf에서 낮은 점수를 보인 남성들이 자신을 지배적이고 비인간적이라 고 묘사하는 것을 발견했다. Mf 척도에서 60점 이상의 T점수는 전통적인 여성적 역할에 관심이 없는 여성과 관련이 있는 것으로 보이며, 적당히 상승한 점수의 남성은 미적 관심 사와 관련이 있었다. Todd와 Gynther는 Mf에서 높은 점수를 보이는 여성들은 스스로를 자신감이 있고 착취적이라고 묘사하며, 동료들에 의해 동정심이 없고 대담하다고 평가된 다는 것을 발견했다. 이 연구에서 Mf 점수가 높은 남성은 스스로를 요구가 많지 않고 수 줍음을 탄다고 여겼으며, 임상 범위로 상승한 척도 5는 남성의 수동성과도 관련이 있었 다. Blais(1995)는 정신과에 입원한 성인 여성 환자들의 상승한 Mf 점수가 높은 수준의 분노, 공격성, 의심하는 것, 대인관계에서 타인을 조종하고 자기중심적인 경향과 관련이 있음을 발견했다. Meunier와 Bodkins(2005)는 거주치료시설에 있는 여자 청소년들의 높은 Mf 점수가 치료 프로그램을 완료하지 못하는 비율의 상승과 관련된다고 보고했으나, Brophy(2005)는 이 연구 결과를 방법론적 근거를 들어 비판하였다. Long과 Graham(1991)은 정상 남성의 행동이나 성격 특성을 설명하는 데 척도 5의 유용성이 뒷받침되지 않았다는 결과를 제시했다. Veltri 등(2009)과 Handel 등(2011)은 각각 임상 및 법의학적 청소년 표본에서 Mf에 대한 유의미한 상관물을 산출하지 못했다.

원판 MMPI에서 정상 남성 청소년과 성인 사이에서 평균 Mf 원점수 값에 큰 차이는 없었지만, 여성 청소년은 성인 여성보다 2~3점 낮은 원점수 값을 산출하는 경향이 있었다 (Archer, 1987b). Hathaway와 Monachesi(1963)의 자료에 따르면, 미네소타 정상 표본 중 척도 5에서 가장 높은 점수를 보인 남자 청소년들은 부모의 직업이 전문직 혹은 준전문직이었으며, 사회경제적 지위가 더 높았다. 이 청소년들은 지능 점수와 학업 성적이 더 높은 경향이 있었고, 또한 비행과 반사회적 행동의 빈도가 낮았다. 반면, 척도 5의 점수가 낮은 남자 청소년들의 경우에는 높은 청소년들에 비해서 학교에서의 학업 성취도와 지능 검사 점수가 낮았고, 비행 행동을 보였다. 마찬가지로 미네소타 정상 표본 중 척도 5에서 낮은 점수를 받은 여자 청소년들은 지능점수와 학업 성취도가 높다는 증거를 보였다. 척도 5에서 높은 점수를 받은 여자 청소년들은 불명확한 측면이 있었지만, 시골 환경에서 온 것처럼 보였으며 학교 생활의 적응 수준이 더 낮았다. Wrobel과 Lachar(1992)는 척도 5에서 높은 점수를 받은 남자 청소년의 부모는 그들이 두려움에 떤다고 자주 묘사한 반면, 척도 5의 점수가 높은 여자 청소년의 경우에는 자주 공격적이라고 평가되었음을 밝혔다. Williams와 Butcher(1989a)는 청소년 입원환자에 대한 연구에서 척도 5와 임상적으로 관련된 설명을 발견하지 못했다고 보고했다. 그러나 Butcher 등(1992)은 이 MMPI-A 척도 자료를 재분석한 결과, 높은 점수의 여자 청소년은 행동 문제의 발생과 관련되고, 남자 청소년은 법적인 조치를 덜 받는다는 것을 발견했다.

척도 5의 높은 점수

다음은 척도 5의 점수가 상승한(T ≥ 60) 남자 청소년에 대한 설명이다.

- 지적 · 미적 흥미, 높은 수준의 학업 성취도
- 성정체성에 대한 불안정감 또는 갈등의 가능성이 있음
- 다른 사람에게 기분과 정서를 표현할 때 감정이 풍부하고 편안함

- 대인관계에서 수동적이고 순종적임
- 반사회적이거나 비행 행동을 보일 가능성이 낮음

다음은 척도 5의 점수가 상승한(T ≥ 60) 여자 청소년에 대한 설명이다.
- 활기가 넘치고 적극적임
- 경쟁적, 공격적, 강인함
- 학교에서 더 많은 문제 행동을 보임
- 행동 문제의 빈도 증가
- 전통적으로 '남성적인' 학문 영역과 경쟁적인 스포츠에 대한 관심

척도 5의 낮은 점수

다음은 척도 5의 점수가 낮은(T ≤ 40) 남자 청소년에 대한 설명이다.
- 극단적인 남성성을 강조하는 것을 통한 자기표현
- 비행 행동과 학교에서의 행동 문제를 많이 보임
- 힘에 대해 지나치게 강조하며, 종종 막돼먹고 거친 행동을 함
- 지적 능력 및 학업 성취도 저하
- 전통적인 남성적 역할로 정의되는 상대적으로 좁은 관심 범위

다음은 척도 5의 점수가 낮은(T ≤ 40) 여자 청소년에 대한 설명이다.
- 전형적인 여성적 역할로 자기를 표현
- 대인관계에서 수동적, 양보적, 순종적
- 더 낮은 사회경제적 배경
- 더 높은 수준의 학업 수행
- 낮은 학습 장애 발병률

5-6/6-5 코드타입   성인 프로파일 해석에 흔히 사용되는 지침 중 5-6/6-5 코드타입에 관한 정보는 Friedman 등(2015)과 Greene(2011)만이 제공했다. 두 자료 모두 성인들의 경우 이 코드타입에 대해 알려진 것이 거의 없음을 나타낸다. 5-6/6-5 코드타입은 치료를 받고 있는 남자 청소년의 0.5%, 여자 청소년의 1.1%의 빈도로 발견된다(〈표 5-5〉 참조). Marks 등(1974)은 11명의 청소년을 대상으로 한 연구 결과를 바탕으로 5-6/6-5 코드타입

을 제시했다. 따라서 5-6/6-5는 상대적으로 드문 코드타입이며, 이러한 MMPI 구성을 보인 청소년의 특성에 관해 매우 제한된 자료만이 이용 가능하다.

Marks 등이 제시한 5-6/6-5 프로파일을 보인 청소년에 대한 대부분의 설명은 척도 6의 상승과 관련이 있는 것으로 보인다. 이러한 코드타입을 가진 청소년들은 치료자와 함께 자신의 심리적 문제를 인식할 수 있었지만, 그들은 종종 치료자와 깊거나 빈번한 접촉을 맺는 것은 주저했다. 일반적으로, 그들은 다른 사람들과 정서적으로 연관되는 것을 두려워하는 것처럼 보였다. 치료자들은 이들 중 30.6%가 좋은 예후를 보일 것으로 예상했는데, 이는 Marks 등의 연구에서 얻은 다른 코드타입에 대한 치료자의 평점보다 약 3배 정도 높은 비율이다. 5-6/6-5 청소년들은 분노하고 불안정하며, 주요 방어기제로 행동화를 사용한다고 묘사되었다.

이 드문 코드타입에 속한 대부분의 청소년들은 다양한 정신작용제(psychoactive drug) 종류로 칭해지는 약물 남용의 이력이 있었다. 게다가 폭력 행동의 과거력도 5-6/6-5 청소년들과 관련이 있는 것으로 보인다. 폭행, 구타, 흉기 폭행 등의 범죄에 대한 법적 조치와 체포력이 보고되었다. Marks 등(1974)은 이 집단이 죽음, 살인, 잔혹성의 주제에 집착한다고 묘사했다.

5-9/9-5 코드타입

이전 코드타입과 마찬가지로, 5-9/9-5 프로파일은 성인 연구 문헌에서 거의 주목받지 못했다. 이와 관련된 문헌 자료는 Friedman 등(2015)과 Greene(2011)에서 확인할 수 있다. 이 코드타입은 정신과 남자 청소년에서 0.3%, 여자 청소년에서 2.6%의 빈도로 발견된다(Archer, Gordon, & Klinefelter, 1991). Marks 등(1974)은 코드타입 설명을 개발하는 데 사용된 임상 표본에서 5-9 코드를 가진 청소년과 9-5 코드를 가진 청소년을 구별했다.

일반적으로, 5-9/9-5 코드의 청소년들은 다른 코드타입의 청소년들보다 정신병리가 상당히 적게 나타났다. 그들의 전반적인 장애의 정도는 보통 경미한 수준에서 중간 정도라고 판단되었다. 이 코드의 주요 방어기제는 5-9에서는 합리화, 9-5 코드타입에서는 부인으로 보인다. 심리치료자들은 정서적 의존성과 주장성에 대한 갈등이 이 청소년들의 주된 문제라는 것을 발견했다. Marks 등(1974) 표본의 청소년 중 1/3은 한부모 가정에서 어머니에 의해 양육되었다고 보고했다.

1970~1973년 Marks 등의 표본에서 5-9/9-5 청소년 중 반을 조금 넘은 다수(56%)는 약물 남용의 과거력이 있는 것으로 밝혀졌다. 다른 코드타입의 청소년들과 달리,

5-9/9-5의 구성원들은 전형적으로 학교생활을 잘 영위했다. 이 청소년들 중 누구도 정학이나 퇴학당한 적이 없으며, 일반적으로 그들은 학업성취를 중시하고 미적인 흥미를 강조하는 것처럼 보였다. 그럼에도 불구하고, 이 코드타입을 가진 청소년들의 부모는 그들이 다루기 힘들고 반항적이라고 보고했다. 또래 갈등보다는 가족 갈등이 이 집단의 가장 큰 특징인 것으로 보인다.

5-0/0-5 코드타입　　척도 5가 포함된 다른 상승 코드와 일관되게, 5-0/0-5 코드타입을 가진 성인에 대한 정보는 거의 없으며, 이용 가능한 자료는 Friedman 등(2015)과 Green(2011)에 요약되어 있다. 이 코드타입은 임상장면에서 평가된 남자 청소년의 0.3%, 여자 청소년의 1.1%에서 발견된다. Marks 등(1974)의 5-0/0-5 코드타입은 11명의 청소년 표본을 기반으로 만들어졌다.

　　Marks 등(1974)의 연구에서 5-0/0-5 코드타입을 가진 청소년은 척도 5와 0의 상승과 일관되게 조심스럽고 불안하며 다른 사람과 정서적으로 얽히는 것을 두려워하는 억제적인 청소년으로 나타났다. 그들은 행동화를 방어기제로 사용하지 않았고, 일반적으로 충동조절 문제도 거의 보이지 않았으며, 반사회적 행동 과거력도 보고하지 않았다. 사실, 이러한 코드타입을 가진 청소년들은 전형적으로 과잉통제적이고 반추하며 지나치게 이상적이다. 5-0/0-5 코드타입 중 1/3이 약간 넘는 청소년들이 정서장애 학생을 위한 수업이 포함된 특수교실 환경에 있었다.

　　5-0/0-5 코드타입을 가진 대다수의 청소년들은 자신의 주요한 문제를 사회적 어색함과 친구를 사귀는 데 어려움이 있는 것으로 인식하고 있다. 일반적으로, 그들은 자신을 어색하고, 수줍고, 소심하고, 억제되어 있으며, 조심스럽고, 순종적이라고 묘사한다. 치료자들은 이 청소년들이 심한 불안을 드러낸다고 보는 경향이 있었다. 이들의 주된 갈등은 전형적으로 성적인 측면과 주장적 행동의 어려움과 관련된다. 대인관계에서 타인에게 접근하기보다는 혼자 고립하는 것으로 후퇴하는 청소년들의 모습이 이 코드타입에 나타나는 일반적인 모습이다.

척도 6(Pa: Paranoia, 편집증) 코드타입

　　MMPI와 MMPI-A에서 척도 6은 관계사고, 의심, 박해받음, 도덕적 독선, 경직성을 포함하는 증상과 관련한 개인의 상태를 평가하기 위해 만들어진 40개의 문항으로 구성되어 있다. 척도 6의 문항 중 상당수는 관계사고, 박해 망상 등 노골적인 정신증적 증상을 다루지만, 정신증적 지표나 증상이 아닌 대인관계 예민성, 냉소성, 경직성을 반영한 문항도 많다. 또한 Graham(2012)은 공개적인 또는 노골적인 정신증적 증상에 응답하지 않고도 척도 6에서 상승된 T점수 값을 보일 수 있다고 언급했다. Harris와 Lingoes(1955)는 피해의식(Pa1), 예민성(Pa2), 순진성(Pa3)으로 척도 6의 세 가지 소척도 영역을 구분했다.

척도 6에서 현저한 임상적 상승을 보이는 사람은 보통 편집증적 증상을 나타내지만, 일부 편집증 환자들은 이 척도에서 정상 범위 값을 보일 수 있다. 예를 들어, Greene(2011)은 척도 6의 정상 범위의 T점수 값은 일반적으로 두 가지 범주의 사람들이 산출한다고 지적했다. 첫째는 편집증적 증상이 없는 응답자이고, 둘째는 확고한 편집증적 증상이 있지만 이 차원에서 명백히 결정적인 문항에 답하는 것을 피할 만큼 충분히 현실 접촉을 유지하는 사람들이다. 불행히도, 후자에 대한 연구는 거의 이루어지지 않았으며, 이들에 관한 대부분의 정보는 MMPI의 임상적 경험 지식에 기초한다.

전통적으로, 청소년들은 원판 MMPI의 척도 6에서 성인들보다 다소 높은 점수를 받았다(Archer, 1987b). Pancoast와 Archer(1988)는 정상 청소년(성인과는 대조적으로)이 Harris-Lingoes의 Pa1(피해의식) 내용 영역과 관련된 척도 6의 문항에 더 많이 응답한다는 것을 발견했는데, 이는 다른 사람들에 의해 오해받고 부당하게 처벌되거나 비난받는다는 믿음을 반영한다. 미네소타 정상 청소년들에 기초한 Hathaway와 Monachesi(1963)의 자료는 척도 6에서 높은 점수를 보인 남자 청소년들이 대인관계 예민성의 영향으로 학교를 중퇴할 가능성이 더 높다는 것을 보여 주었다. 대조적으로, 이 표본의 척도 6 점수가 높은 여자 청소년들은 더 높은 IQ 점수와 더 나은 학업 성적을 보이는 경향이 있었고, 다른 사람들에게 잘 적응하는 것으로 여겨졌다. Hathaway와 Monachesi는 여자 청소년들에게 다소 상승한 척도 6이 학업적 및 사회적 자산으로 보이는 반면, 척도 6이 상승한 남자 청소년들은 학업적 및 사회적 어려움이 더 큰 경향이 있고 이는 남성들의 증가된 공격성을 반영한다고 언급했다. Hathaway, Monachesi 및 Salasin(1970)은 Hathaway와 Monachesi(1963) 표본의 후속 연구에서 척도 6과 8의 상승이 주로 평균 이하의 지능을 가진 청소년들의 낮은 학업적 및 사회적 결과와 관련된다고 보고했다. Lachar와 Wrobel(1990)은 척도 6이 상승한 외래의 남자 청소년 환자들은 불신하고 의심하며, 박해나 피해에 대한 망상을 드러낼 가능성이 높다는 것을 발견했다. Butcher 등(1992)은 입원한 남성 청소년 환자들에서 척도 6의 상승이 신경증적/의존적 및 적대적/철수된 행동과 관련됨을 발견했다. 전반적으로, 이러한 연구들에서 여자 청소년과 임상적으로 관련된 척도 6의 설명을 확인하기 어

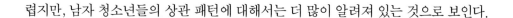

렵지만, 남자 청소년들의 상관 패턴에 대해서는 더 많이 알려져 있는 것으로 보인다.

척도 6의 높은 점수

다음은 현저히 높게 상승한 척도 6(T ≥ 70)을 보인 사람들의 특징이다.

- 분노, 분함, 적대감
- 주요 방어기제로 투사를 사용함
- 현실검증력의 장애
- 박해 또는 과대망상
- 관계사고
- 정신증이나 조현병에서 나타나는 사고장애의 발현과 관련된 진단
- 사회적 철수

다음은 다소 높게 상승한 척도 6(60 ≤ T ≤ 69)과 관련된 특징이다.

- 상당한 대인관계 예민성
- 대인관계에서의 의심과 불신
- 적대, 의심, 분함, 논쟁적인 경향성
- 학교 적응에서의 문제
- 부모와의 불화 증가
- 대인관계 방어성으로 인한 치료관계 수립의 어려움

척도 6의 낮은 점수

다음은 척도 6의 점수가 낮은 경우(T ≤ 40)에 대한 설명이다.

- 더 낮은 지능 및 학업 성취도
- 자신을 명랑하고 균형 잡혔다고 표현함
- 신중하고 관습적임
- 다른 사람의 감정과 동기를 알아채지 못하는 대인관계 둔감성
- 정신과 환자라면, 편집증적 증상에 대한 과잉보상의 가능성

6-8/8-6 코드타입　6-8/8-6 코드타입은 청소년과 성인 모두에서 심각한 정신장애를 나타낸다. 이 코드타입은 과대망상, 박해감, 환각, 적대감의 폭발을 포함한 편집증적 증상과

확실하게 연관된다. 이 코드타입을 가진 사람들은 사회적으로 고립되고 철수하며, 종종 예측할 수 없이 행동하고 부적절하게 보인다. 집중력 결함부터 기이한 조현병적 생각까지 사고 과정의 문제가 자주 드러난다. 6-8/8-6을 보이는 사람들은 환상과 현실을 구분하는 데 어려움을 겪는 경우가 많고, 스트레스에 대한 반응으로 자폐적 환상에 빠져드는 경우가 많다.

6-8/8-6 코드타입은 정신과 치료를 받는 남자 청소년 중 3.2%, 여자 청소년 중 3.4%에서 발생한다. 이러한 코드타입을 가진 청소년들은 일반적으로 기이한 행동이나 과도한 환상의 발현으로 치료를 받는다. 어렸을 때, 이 집단은 주요한 훈육으로 체벌을 받은 것으로 보인다. Marks 등(1974)의 표본에서 이 코드타입을 가진 청소년의 거의 절반이 잘못된 행동에 대한 벌로 매를 맞았다. 또한 이들의 아버지 중 대다수는 경미하거나 중대한 법적 범죄를 저질렀고, 이 청소년들의 30%는 초등학교 때 5개 이상의 학교에 다녔다.

6-8/8-6 청소년들은 종종 폭력적인 성질을 가지고 있으며, 화가 났을 때 다른 사람을 때리거나 물건을 던짐으로써 자신의 감정을 직접적으로 표현하기도 한다. 그들은 또래에게 호감을 받지 못하고 종종 또래 집단이 자신을 '괴롭히거나' 놀리는 것으로 인식한다. 일반적으로 이들은 자신의 외모에 집착하는데, 사실 심리치료자들에 의해서는 외양이 평균 이하라고 언급되었다. 이들의 주된 정서적 고통은 중간 정도의 우울증과 죄책감 및 수치심을 포함한다. 이 코드타입을 가진 청소년들은 종종 망상에 빠졌고 과대 사고를 보여 주었다. Marks 등의 1970~1973년 표본에서 이 청소년들의 절반 이상이 약물을 사용했지만, 그들의 약물 사용 중 일부는 자살 시도와 관련이 있었다. 이 코드타입의 청소년 집단은 예상되는 바와 같이, 전형적으로 그들의 심리적 문제에 대한 통찰이 거의 없거나 혹은 전혀 없었다.

척도 7(Pt: Psychasthenia, 강박증) 코드타입

MMPI와 MMPI-A의 척도 7은 이후 강박신경증으로 개념화되고 최근에는 강박증으로 불리는 정신쇠약(psychasthenia)을 측정하기 위해 고안된 48개의 문항으로 구성되어 있다. 이러한 사람들은 과도한 의심, 강박 행동, 강박 사고, 그리고 높은 수준의 긴장과 불안으로 특징지어진다. 이같은 증상은 외래환자에서 더 일반적으로 발견되기 때문에, McKinley와 Hathaway가 이 척도를 개발할 때 채택한 원판의 기준 집단은 이 증상을 보인 입원환자 20명이라는 비교적 작은 집단으로 제한되었다. McKinley와 Hathaway는 외래

환경에서 환자에 대한 진단을 확신할 수 없었기 때문에 기준 집단으로 외래환자를 이용하는 것을 꺼렸다(Greene, 2000). 척도 7의 내용 영역은 불행감, 신체적 호소, 집중력 결함, 강박적 사고, 불안, 열등감과 무능감 등 다양한 증상을 포함한다. Harris와 Lingoes(1955)는 척도 7에 대한 소척도를 만들지 않았다. 아마도 이 MMPI 기본척도에서 전형적으로 발견되는 높은 내적 일관성(Cronbach 알파 계수)이 반영되었을 것이다.

일반적으로, 척도 7에서 높은 점수를 받은 사람들은 매우 자기 비판적이고 완벽주의적이며, 불안하고 긴장하며 우유부단한 사람들로 묘사되었다. 극단적으로 상승했을 때는 종종 장애 증상을 구성하는 강렬한 반추와 강박 사고의 패턴이 나타난다. 이 척도의 낮은 점수는 종종 성취와 성공을 지향하는 자신감 있고 안정적이며 정서적으로 안정된 사람들을 나타낸다. Greene(2011)은 일반적으로 여성이 남성보다 척도 7에서 2~3개 정도 더 많은 문항에 답한다고 지적했다. Hathaway와 Monachesi(1963)가 보고한 정상 청소년의 자료에 따르면 가장 높게 상승한 척도 7은 청소년 프로파일보다 성인 프로파일에서 더 흔했지만, 척도 7은 청소년 MMPI 프로파일에서 가장 빈번하게 상승하는 신경증 척도였다. 또한 척도 7이 가장 높은 경우가 임상 환경의 청소년 프로파일 중에서는 상대적으로 드문 것으로 보고되었다(Archer, 1989). Lachar와 Wrobel(1990)이 보고한 청소년 외래환자에 대한 자료는 상승한 척도 7의 남녀 청소년들이 지나치게 자기 비판적이고, 불안하고, 긴장하며, 초조하고, 안절부절못하는 것으로 묘사되었다. Wrobel과 Lachar(1992)는 남녀 청소년들의 높게 상승한 척도 7이 빈번한 악몽과 관련된다고 보고했다. Butcher 등(1992)은 MMPI-A의 척도 7이 상승된 임상 장면의 여자 청소년들의 경우 우울하다고 묘사될 가능성이 더 높고 부모와의 말다툼도 많다고 보고했다. Veltri 등(2009)은 척도 7의 점수가 높은 남녀 청소년 모두 자살 사고를 보고할 가능성이 높다고 했으며, Handel 등(2011)은 법정 환경에서 척도 7 점수가 높은 남녀 청소년 모두 불안과 우울이 증가했다고 보고했다.

척도 7의 높은 점수

다음은 높게 상승한 척도 7(T ≥ 60)에 대한 설명이다.

- 불안, 긴장감 및 걱정
- 자기비판적이고 완벽주의적인 생활 방식
- 불안정감, 무능감, 열등감에 대한 느낌
- 감정적으로 과도하게 통제되고 감정을 불편해함
- 내적 성찰 및 반추적

- 자신감 부족 및 의사결정에서의 양가성
- 엄격하고 도덕적이며 양심적
- 현저하게 상승한 점수는 강박적 사고 패턴 및 강박 행동

척도 7의 낮은 점수

다음은 척도 7의 점수가 낮은 경우(T ≤ 40)에 대한 설명이다.

- 정서적 고통이 적고 불안과 긴장이 없음
- 문제 접근 방식에서의 능력과 자신감
- 따뜻하고 명랑하고 편안하다고 인식됨
- 유연성, 효율성 및 적응성

7-8/8-7 코드타입 7-8/8-7 프로파일은 성인 및 청소년 모두에서 부족한 방어 및 낮은 스트레스 감내력과 관련된 것으로 보인다. 이들은 사회적으로 고립되고, 철수되어 있으며, 불안하고, 우울한 것으로 묘사된다. 또한 7-8/8-7 코드타입을 가진 사람들이 불안정하고 무능하다고 느낀다는 증거도 있다. 그들은 감정을 적절히 조절하고 표현하는 데 상당한 어려움을 겪는다.

7-8/8-7 코드타입은 정신과 치료 중인 남자 청소년의 1.8%, 여자 청소년의 1.9%에서 발견된다(Archer, Gordon, & Klinefelter, 1991). 청소년들에게 이 프로파일은 방어의 실패로 인한 상당한 긴장감과 관련이 있는 것으로 보인다. 이 청소년들은 전형적으로 불안하고 우울한 것으로 묘사되었다. 그들은 또한 대인관계, 특히 정서적 의존을 포함하는 관계 측면에서 억제되어 있고 갈등을 경험하였다. 이들 중 다수는 학교에서 낙제할까 봐 두려워한다고 표현했고, Marks 등(1974) 표본의 약 절반이 적어도 한 과목에서 낙제했다고 보고했다.

성인 자료에서는 척도 7과 8의 상승 관계가 이 프로파일의 해석에 매우 중요한 요소로 자주 언급된다. 좀 더 신경증적인 것으로 여겨지는 척도 7이 척도 8보다 더 상승한 경우에는 척도 8의 증상을 척도 7이 억제하는 것으로 간주되는 반면, 척도 8이 척도 7보다 더 상승한 경우 종종 좀 더 많은 조현병 증상을 나타내는 것으로 보인다. Marks 등(1974)은 7-8/8-7 코드타입의 청소년들에게는 이러한 현상의 증거가 없다고 지적했다. 특히 1970~1973년 표본의 자료에 기초하여, 그들은 7-8과 8-7 모두 사고와 행동이 상당히 이탈되어 있으며, 이 청소년들 중 거의 절반이 환청 또는 환시를 경험했다고 보고했다.

7-9/9-7 코드타입   성인 및 청소년 응답자 모두에게 7-9/9-7 코드타입은 긴장, 불안, 반추와 관련되었다. 치료자들은 이 코드타입의 청소년들 중 3/4 이상을 현실적·비현실적인 위협과 두려움에 취약한 전사로 특징지었다. Greene(2011)은 이 코드타입의 성인이라면 조증 가능성을 조사하여 높은 수준의 불안, 초조 및 흥분을 줄이기 위한 정신약리학적 약물을 고려할 것을 권고했다.

임상 환경에 있는 청소년 중 7-9/9-7 코드타입은 남자 청소년의 1.7%, 여자 청소년의 경우 0.7%의 빈도로 발생한다(Archer, Gordon, & Klinefelter, 1991). Marks 등은 이 코드타입의 청소년들을 불안정하다고 묘사했다. 또한 이들은 강한 관심 욕구, 정서적 의존성 문제와 관련된 갈등, 통제력 상실에 대한 두려움을 가지고 있는 경향이 있었다. 이들은 긴장하며 '내버려 두기(letting go)'에 어려움을 겪었지만 들뜨는 것같은 척도 9의 조증 특징의 증거는 없었다. 일반적으로, 이 청소년들은 자신의 심리적 문제를 논의할 때 방어적이고, 다른 사람들이 요구하는 것에 대해 매우 예민한 것처럼 보였다. 청소년 표본에서 이 코드타입은 척도 9보다 척도 7과 관련된 특징들이 더 우세하게 나타났다.

7-0/0-7 코드타입   7-0/0-7 코드타입은 성인 사이에서 드문 것으로 보이며, 임상 환경에서 남자 청소년의 1.3%, 여자 청소년 1.2%의 빈도로 발견된다(Archer, Gordon, & Klinefelter, 1991). Marks 등(1974)은 연구 표본에서 이 코드타입을 가진 청소년을 오직 11명만 발견할 수 있었다. 청소년과 성인 모두에게 이 코드타입은 과도한 불안, 긴장, 사회적 내향성, 수줍음을 포함한 신경증적 증상과 연관된 것으로 보인다.

7-0/0-7 청소년들이 주로 보여 주는 문제는 수줍음 및 극도의 예민성으로 나타났다. 반항적이고 불순종적인 행동이 이 집단에서 비교적 흔했지만, 이러한 특징은 다른 코드타입의 청소년 집단보다는 낮은 빈도의 기저율로 발생하는 경향이 있었다. 흥미롭게도, 이 청소년들 중 거의 절반에게 정신장애의 병력이 있는 가족 구성원이 있었다. 심리치료자들은 7-0/0-7 코드타입 청소년들에게 긍정적으로 반응했으며, 그들은 치료에 있어 적당한 동기, 좋은 치료 예후, 좋은 인지-언어적 통찰력을 보였다. 이들은 학업적으로 좋은 성적을 거두었고, 성취에 대한 높은 욕구를 유지했다. 7-0/0-7 청소년들의 우세한 방어기제는 반동형성과 고립으로 보인다. 이들은 스트레스나 좌절에 자기처벌적으로 반응하며 감정을 과잉통제하는 경향이 뚜렷하게 나타난다. Marks 등(1974)은 이들이 기본적으로 불안정하며 정서적 의존과 주장성에 관한 갈등을 겪는 경향이 있다고 지적했다.

척도 8(Sc: Schizophrenia, 조현병) 코드타입

척도 8은 77개 문항으로 구성되며, MMPI-A에서 가장 긴 척도이다. MMPI-A 수정 중 원판 척도 8에 있던 성과 관련된 문항이 1개 삭제되었다. 척도 8은 조현병 환자를 감별하기 위해 개발되었으며, 기이한 사고 과정, 특이한 생각, 사회적 고립, 집중과 충동 조절의 어려움, 기분과 행동의 장해 등의 내용을 다룬다. Harris와 Lingoes(1955)는 조현병 척도에서 6개의 소척도를 도출하였다. 이는 사회적 소외(Sc1), 정서적 소외(Sc2), 자아통합 결여-인지적(Sc3), 자아통합 결여-동기적(Sc4), 자아통합 결여-억제부전(Sc5), 기태적 감각 경험(Sc6)이다.

척도 8에서 높은 점수를 받은 사람들은 일반적으로 이질감을 느끼고 혼란스러워하며 망상적이라고 묘사된다. 그들은 종종 정신증적 특징을 보이며 사회적으로 고립되고, 철수되어 있으며, 수줍음이 많고, 무감동적(apathetic)이다. 특히 성인의 경우 T점수 100점, 청소년의 경우 90점을 초과하는 극단적으로 상승한 척도 8의 점수는 일반적으로 조현병은 아니지만 극심한 상황적 고통을 겪고 있는 내담자가 자주 보인다. Greene(2011)은 심각한 정체성 위기를 겪고 있는 청소년들이 자주 이 극단적인 범위의 점수를 받을 수 있다고 지적했다. 척도 8에서 현저하게 낮은 점수를 받은 사람들은 전형적으로 권위를 지나치게 받아들이고 실제적이고 구체적인 사고를 중시하는 관습적이고 신중하며 순응적인 사람으로 묘사되어 왔다. 성인 표본의 조현병에 대한 MMPI 문헌의 포괄적인 검토는 Walters(1983, 1988)에 의해 제공되었다.

척도 8의 연구들에서 전형적으로 청소년은 성인보다 척도 8의 문항에 훨씬 더 많이 응답하는 등 청소년과 성인 규준 간의 평균 원점수 응답 패턴에서 큰 차이가 있다고 나타났다(Archer, 1984, 1987b; Pancoast & Archer, 1988). Hathaway와 Monachesi(1963)는 남자 청소년이 여자 청소년보다 척도 8이 가장 높게 상승한 프로파일을 보일 가능성이 크다는 것을 발견했다. 또한 척도 8에서 높은 점수를 보인 남녀 청소년들은 모두 지능과 학업 성취도가 다른 청소년들보다 낮은 것으로 나타났다. 또한 척도 8에서 높은 점수를 보인 여자 청소년들은 학교를 중퇴할 가능성이 더 높았다. Archer 등(1988)은 척도 8이 상승한 청소년 입원환자는 타인을 불신하고, 스트레스에 취약하며, 대인관계에서 고립되고, 사회적으로 철수되어 있다는 것을 발견했다. 이 청소년들은 종종 손상된 현실검증력 등의 문제를 보였다. Archer와 Gordon(1988)은 청소년 입원환자 표본에서 척도 8의 점수가 조현병 진단과 유의미한 관련이 있음을 발견했다. 조현병 감별을 위해 75점 이상의 T점수 값을 기

준으로 사용하였을 때 전체 적중률이 76%였다. 이 결과는 Hathaway(1956)가 성인 표본
에서 이 척도에 대해 발견한 것과 유사하다. Butcher 등(1992)은 입원한 남자 청소년들 중
MMPI-A에서 척도 8이 상승한 경우 더 높은 수준의 행동화, 조현성 및 정신증적 행동과
관련된다는 것을 발견했다. 그들은 또한 남녀 청소년 입원환자 모두에서 척도 8의 상승과
성적 학대 과거력 사이의 연관성이 있다고 보고했다. 조현병 외에도 척도 8의 상승은 청
소년들의 약물 사용 이력, 특히 환각을 일으키는 약물에 대한 과거 경험을 반영할 수 있다
(Archer, 1989). 따라서 임상가는 척도 8의 높은 점수를 해석할 때 청소년의 약물 복용 이
력과 행동에 대해 인지하고 있어야 한다(Archer & Krishnamurthy, 2002). 응답된 결정적 문
항과 Harris-Lingoes 소척도를 검토하는 것이 종종 청소년들의 척도 8 점수의 상승이 약
물 복용의 결과인지 또는 실제 조현병 증상의 결과인지를 결정하는 수단으로 사용될 수
있다. Lachar와 Wrobel(1990)은 척도 8의 점수가 높은 청소년 입원환자들이 자주 좌절하
는 것을 발견했다. Wrobel과 Lachar(1992)는 높은 척도 8의 점수가 종종 다른 아이들에게
거부당하고 놀림을 받는 것과 관련된 것을 발견했다. Handel 등(2011)은 법의학 표본의
남녀 청소년들에서 척도 8 점수가 총 문제 수 및 사회적 문제들과 상관이 있다고 하였고,
Veltri 등(2009)은 척도 8의 높은 점수가 남자 청소년의 신체적 학대 이력과 관련됨을 발견
했다.

척도 8의 높은 점수
다음은 높게 상승한 척도 8(T ≥ 60)에 대한 설명이다.
- 철수되어 있고, 은밀하며, 사회적으로 고립되어 있음
- 혼란스럽고 와해되어 있음
- 조현성 특징
- 열등감, 무능감, 낮은 자존감, 불만족감
- 불행감 및 좌절감
- 또래에게 거부당하고 놀림받음
- 저조한 학교 적응 및 성취
- 취약하며 쉽게 마음이 상함
- 심리치료적 관계를 포함한 대인관계에 관여하는 것을 꺼림
- 규범을 따르지 않고, 관습적이지 않으며, 사회적으로 일탈됨
- 낮은 현실검증력

- 현저히 상승한 경우(T ≥ 70), 망상, 환각 및 기타 조현병적 증상과 관련됨

척도 8의 낮은 점수

다음은 척도 8의 점수가 낮은 경우(T ≤ 40)에 대한 설명이다.

- 순응적, 관습적, 보수적
- 논리적, 실용적, 성취 지향적
- 부족한 상상력, 신중한 문제 해결 접근
- 책임감이 있고 협력적이며 믿을 만함

8-9/9-8 코드타입   청소년기 또는 성인기에 8-9/9-8 코드타입이 나타나는 것은 심각한 정신병리와 관련이 있는 것으로 보인다. 이러한 MMPI 구성을 나타내는 사람은 미성숙하고 자기중심적이며 논쟁적이고 요구적이다. 이들은 많은 관심을 받기를 원하지만, 대인관계에서 분하게 여기며 적대적이며, 타인과 친밀한 관계를 형성할 수 있는 능력이 거의 없다. 종종 예측할 수 없는 행동화를 보이는 것이 이 코드타입의 두드러진 방어기제이다.

〈표 5-5〉와 같이, 8-9/9-8 코드타입은 정신과 치료 중인 남자 청소년의 1.5%, 여자 청소년의 1.0%에서 발견된다. 이러한 코드타입을 보이는 많은 응답자들은 과대한 사고뿐 아니라 과잉 활동 및 매우 빠른 속도를 포함한 사고장애의 증거를 보여 준다. Marks 등(1974)은 9-8 코드타입을 가진 청소년들은 "생각하고 말하고 움직이는 것이 비정상적으로 빠른 속도"(p. 239)로 나타난다고 지적했다. 청소년과 성인 모두에서 이 코드타입은 조현병 및 편집증적 증상과 관련된다. Marks 등의 1970~1973년 표본에서 이 코드타입은 약물 남용 또는 중독과 특별히 관련이 있지는 않았다. 그러나 Archer와 Klinefelter(1992) 연구의 여자 청소년 정신과 환자에서 8-9/9-8 코드는 훨씬 더 높은 MAC 척도와 상관이 있었다. Archer와 Slesinger(1999) 연구에서 이 코드타입은 자살과 관련된 MMPI-A 문항(177, 283, 399)에서 자살 사고의 보고 빈도가 높은 것으로 나타났다.

척도 9(Ma: Hypomania, 경조증) 코드타입

원판 MMPI와 MMPI-A 모두에서 척도 9는 경조증 증상을 보이는 환자를 감별하기 위해 개발된 46개의 문항으로 구성되어 있다. 이 척도에서 다루는 내용 영역은 비교적 광범위하며, 과대성, 자기중심성, 과민성, 들뜬 기분, 인지 및 행동의 과잉활성화가 포함된다.

Harris와 Lingoes(1955)는 경조증 척도에서 비도덕성(Ma1), 심신운동 항진(Ma2), 냉정함(Ma3), 자아팽창(Ma4)의 네 가지 소척도를 도출하였다.

Greene(2011)은 상승된 척도 9를 종종 단독으로는 해석하기 어렵다고 지적했다. 이러한 의미에서 척도 9의 상승은 종종 다른 임상 척도, 특히 척도 D와 Pd의 상승으로 확인된 특성이나 특징의 표현을 촉진하거나 조절하는 것으로 보인다. 척도 9의 높은 점수는 충동성, 과도한 활동, 자기애, 사회적 외향성, 사고와 성찰보다 행동을 더 선호하는 것과 관련된다. 게다가 이 척도에서 높은 점수를 받은 사람들은 사고의 비약, 과대망상, 과잉활동과 같은 조증 특징을 보일 수 있다. 그러나 Lumry, Gottesman 및 Tuason(1982)은 양극성 장애를 가진 사람들은 평가 당시의 장애 상태(phase)에 따라 매우 다른 MMPI 프로파일을 생성한다는 것을 보여 주었다. 예를 들어, 우울한 단계의 환자들은 척도 2와 7의 상승으로 특징지어지는 프로파일을 생성한 반면, 조증 단계에서 평가된 환자들은 척도 9가 단독상승한 프로파일을 생성했다. 이러한 결과는 MMPI 평가가 상태 의존적 특성을 보이므로 양극성 장애를 정확하게 진단하기 위해서는 여러 번의 MMPI 실시가 필요할 수 있음을 나타낸다. 척도 9의 현저히 낮은 점수(T점수 44점 이하)는 무기력, 무감동, 힘이 없는, 동기 감소 등과 관련된다.

정상 청소년들은 일반적으로 척도 9에서 성인보다 훨씬 더 많은 문항에 득점되는 방향으로 응답한다(Archer, 1984, 1987b). Pancoast와 Archer(1988)는 청소년들이 특히 초조함과 활동성을 측정하는 심신운동 항진의 Harris-Lingoes 소척도와 관련된 척도 9의 문항에 응답할 가능성이 높다고 하였다. Hathaway와 Monachesi(1963)는 정상 청소년의 표본에서 척도 9의 낮은 점수가 비행률 감소와 관련됨을 발견했다. 일반적으로 미네소타 표본에서 이 척도에서 낮은 점수를 받은 청소년들은 예의 바르고 순응적이었으며, 학교에서 높은 수준의 성취를 보여 주었다.

정신과의 청소년 외래환자 표본에서 Lachar와 Wrobel(1990)은 척도 9의 상승이 분노발작(temper tantrums)의 발생과 관련있다고 보고했다. 척도 9에서 높은 점수를 받은 남자 청소년들은 적대적이거나 논쟁적인 것으로 묘사되었고, 여자 청소년들은 급격한 기분 변화와 맡은 일을 완수하지 못하는 경향을 보였다. Archer 등(1988)은 척도 9에서 높은 점수를 받은 청소년 입원환자들이 충동적이고 비판에 둔감하며 목표 설정과 포부 측면에서 비현실적으로 낙관적이라고 보고했다. Archer와 Klinefelter(1992)는 척도 9의 상승이 MAC 척도의 더 높은 점수와 관련된다는 것을 발견했다. Butcher 등(1992)은 청소년 입원환자에서 MMPI-A 척도 9의 점수가 높은 남자 청소년은 암페타민 남용과, 여자 청소년은 더 많은 정학과 관련이 있음을 발견했다. Veltri 등(2009)은 척도 9에서 높은 점수를 보인 여자 청소년 입원환자들이 더 반항적인 것으로 평가되는 것을 발견했고, Handel 등(2011)은 법원에서 의뢰된 표본의 남녀 청소년 모두 규칙을 더 많이 어기고 더 외현화하는 것으로 평가되고, 더 많은 행동 문제를 보고했음을 밝혔다.

척도 9의 높은 점수

다음은 높게 상승한 척도 9(T ≥ 60)에 대한 설명이다.

- 속도의 증가 및 과도한 활동
- 생각과 성찰보다는 행동을 선호함
- 충동성, 초조함 및 산만함
- 현실성 부족, 목표 설정과 포부에서의 과대성
- 잘 어울림, 사회적 외향성, 사교적
- 말이 많고 활기참
- 자기중심적, 이기적, 무신경함, 제멋대로임
- 학교에서의 품행문제 및 비행 행동 가능성이 높음
- 정서적 불안정성
- 사고의 비약, 지나치게 들뜬 기분, 과대한 자기 인식

척도 9의 낮은 점수

다음은 척도 9의 점수가 낮은 경우(T ≤ 40)에 대한 설명이다.

- 낮은 에너지 수준
- 조용함, 은밀함, 철수되어 있음, 우울함
- 과도한 통제, 억제, 과도한 책임감
- 행동화나 비행을 저지를 확률의 감소
- 우울, 무기력, 무관심

척도 0(Si: Social Introversion, 내향성) 코드타입

MMPI-A의 Si 척도는 원판 Si 척도에서 8개 문항이 삭제되어 62개 문항으로 구성된다. 또한 MMPI-A의 Si 척도에 유지된 2개 문항은 원판과 반대로 채점된다. 이 문항들은 다음

과 같다.

308번. 사소한 생각에 시달린다(MMPI-A의 경우 그렇다 방향으로, 원판 MMPI의 경우 아니다 방향으로 응답했을 때 득점됨).

334번. 내 아이디어를 질투하는 사람들이 많다(MMPI-A의 경우 그렇다 방향으로, 원판 MMPI의 경우 아니다 방향으로 응답했을 때 득점됨).

원판 채점의 득점이 직관적이지 않고 부정확하기 때문에 이러한 문항들의 득점 방향이 MMPI-A에서 수정되었다. Si 척도는 원래 사회적 내향성/외향성 척도에 대한 대학생들의 반응을 바탕으로 Drake(1946)가 개발했다. Si 척도의 상승된 T점수는 사회적 내향성의 정도를 반영한다. Harris와 Lingoes는 사회적 내향성 척도에 대한 특정한 소척도를 만들려고 시도하지 않았지만, 요인분석적 접근에 기초하여 MMPI-2와 MMPI-A에 대해 3개의 Si 소척도가 생성되었다. MMPI-A의 Si 소척도는 다음 장에서 논의된다. Graham(2012)은 Si 척도가 두 개의 광범위한 문항 군집을 포함하고 있다고 지적하였다. 이 군집들은 사회적 참여와 관련된 문항들과 신경증적 부적응 및 자기 비하와 관련된 문항들로 구성되어 있다. Graham은 척도 0의 높은 점수가 이러한 내용 영역 중 하나 또는 둘 다에 응답해서 발생할 수 있다고 언급했다.

척도 0에서 높은 점수를 보이는 사람은 사회적으로 내향적이고, 불안정하며, 사회적 상황에서 현저하게 불편감을 경험할 수 있다. 그들은 수줍음이 많고, 소심하고, 순종적이며, 자신감이 부족한 경향이 있다. 척도 0 점수가 높으면 충동적인 행동과 행동화 가능성이 낮아지고 신경증적 반추와 자기성찰 가능성이 높아진다. Si 척도에서 낮은 점수를 보이는 사람들은 사회적으로 외향적이고 사교적이며 친근하고 잘 어울린다고 묘사된다. 이들은 강한 소속감을 가지고 있으며, 사회적 지위, 수용, 인정에 관심이 있는 것으로 보인다. 점수가 낮은 사람들은 충동조절 문제가 생길 수 있으며, 다른 사람과의 관계가 진실되고 오래 지속되기 보다는 피상적일 수 있다.

Greene(2011)은 청소년과 대학생들이 일반적으로 Si 척도에서 외향적인 쪽으로 득점했고, Si 점수는 학력 증가에 따라 다소 감소하는 경향이 있다고 지적했다. Hathaway와 Monachesi(1963)는 미네소타 정상 청소년의 표본에서 척도 0 점수에 대한 흥미로운 상관 패턴을 발견했다. 사회적 내향성은 시골의 농장 환경에 있는 남녀 청소년들에서 상대적으로 자주 발견되는 반면, 사회적 외향성은 전문직에 종사하는 부모를 둔 청소년들의 특징이었다. 흥미롭게도, 지능 수준은 높지만 학업 성적이 들쑥날쑥한 학생들에서 척도 0의 점수가 낮은 프로파일이 발견되었다. Hathaway와 Monachesi는 이 결과를 청소년들의 사회적 관심과 성공, 그리고 자신의 학업 성취 사이에 잠재적인 충돌이 있음을 나타내는 것으로 해석했다.

Lachar와 Wrobel(1990)은 정신장애가 있는 청소년 중 척도 0의 점수가 높은 외래환자들은 친구가 거의 없거나 수줍음을 많이 타는 것으로 묘사된다는 것을 발견했다. 이들은 종종 자신들에게 관심이 집중되는 것을 피했고, 다른 청소년들과 관계를 맺지 않았다. Butcher 등(1992)은 척도 0이 상승한 청소년 입원환자가 사회적으로 철수되어 있고 낮은 자존감을 보이는 것으로 묘사된다는 것을 발견했다. 또한 척도 0에서 높은 점수를 받은 여자 청소년은 비행, 행동화, 약물 또는 알코올 사용 정도가 낮았다. Handel 등(2011)은 법의학 표본에서 척도 0이 높은 수준의 불안 및 우울과 관련되는 것을 발견했고, Veltri 등(2009)도 최근 MMPI-A 연구를 통해 유사한 결과를 보고했다.

척도 0의 높은 점수

다음은 척도 0에서 높은 점수(T ≥ 60)를 보인 청소년에 대한 설명이다.
- 사회적 내향성 및 사회적 불편감
- 낮은 자존감
- 말수가 적고, 소심하며, 사회적으로 물러나 있음
- 비행 또는 행동화 가능성의 감소
- 순종적, 순응적, 권한의 수용
- 불안정하고 자신감이 부족함
- 과도하게 통제하며, 알기 어렵고, 대인관계에서 과민함
- 신뢰할 만하며, 믿을 만하며, 신중함
- 사회적 기술이 부족함

척도 0의 낮은 점수

다음은 척도 0에서 낮은 점수(T ≤ 40)를 보인 청소년에 대한 설명이다.
- 사교적, 외향적, 어울리기 좋아함
- 똑똑하지만 학업적으로 성취가 낮은 이력이 있을 수 있음
- 적극적이고, 활기차고, 수다스러움

- 사회적 영향력, 권력, 인정에 관심이 있음
- 사회적으로 자신감 있고 유능함

∞ 코드타입 해석에 잠재적으로 영향을 미치는 요인들

상당수의 연구에 따르면, 인종, 성별, 나이와 같은 인구통계학적 변수가 성인 응답자의 MMPI 프로파일에 상당한 영향을 미칠 수 있다(Dahlstrom et al., 1975). 이와 관련하여 Schinka, Elkins 및 Archer(1998)는 다중회귀분석을 사용하여 나이, 성별, 인종 배경이 정상 및 임상 장면의 청소년들의 MMPI-A 원점수 분산에 미치는 영향을 조사했다. 이 분석은 척도의 분산에 대해서 정신병리 여부로 설명되는 것에 더해 인구통계학적 변수의 증분 기여도를 측정하기 위해 설계되었다. MMPI-A의 모든 타당도 및 임상척도는 인구통계학적 변수에 의해 설명되는 MMPI-A 점수의 증분분산($< 10\%$)이 적은 것이 특징이었다. 마찬가지로, MMPI-A의 내용 및 보충 척도는 청소년의 나이, 성별 또는 민족적 배경에 의해 유의한 영향을 받지 않는 것으로 나타났다. 하지만 이 주제를 마무리하기 전에 MMPI-A의 코드타입 해석에 영향을 미칠 수 있는 측면에서 각 변수 영역을 더 자세히 검토하고자 한다.

인종/민족

Gynther(1972)는 인종이 성인의 MMPI 점수에 미치는 영향에 대한 문헌을 검토하여, 흑인과 백인 응답자 각각의 문화적·환경적 배경의 분산을 반영하는 뚜렷한 인종적 차이가 발생한다고 결론 내렸다. 특히 Gynther는 문항차이 분석 결과를 통해 F, Sc, Ma 척도에서 흑인이 높은 점수를 받는 이유가 심리적 적응수준의 차이보다는 인식, 기대, 가치관의 차이를 반영한 것으로 해석했다. 그는 흑인 표본에서 정신병리를 더 정확하게 평가하기 위해서는 흑인 응답자들을 위한 MMPI 규준의 개발이 필요하다고 하였다. 나중에 Gynther(1989)는 흑인과 백인의 MMPI 프로파일 비교에 관한 연구를 재평가했고 잠재적인 인종차이 평가를 위해서 편향되지 않은 기준 측정치를 사용하는 연구가 없을 경우 "특히 인종적 편견 문제에 대한 명확한 결론에 도달하기 어려울 수 있다."(p. 878)고 결론 내렸다.

청소년 표본에서 다양한 인종에 대한 변수를 조사한 초기 연구들은 인종에 따른 MMPI 척도 값의 차이에 관한 Gynther의 1972년 입장을 지지하는 것으로 나타났다. Ball(1960)은 31명의 흑인 및 161명의 백인 9학년 학생들에 대한 MMPI 척도의 상승도를 조사했고, 흑인 남학생이 백인 남학생보다 Hs 척도에서 더 높은 점수를 보이는 경향이 있으며, 흑인 여학생이 백인 여학생보다 F, Sc, Si 척도에서 유의하게 더 높은 점수를 보이는 것을 발견했다. 이와 유사하게, McDonald와 Gynther(1962)는 흑인과 백인이 분리된 고등학교의 흑인과 백인 학생들의 MMPI 응답 패턴을 조사했다. 그 결과, L, F, K, Hs, D, Ma 척도에서 흑인 여학생이 백인 여학생보다 높은 점수를 받았다. 더불어 흑인 여학생들이 K와 Sc를 제외한 모든 MMPI 척도에서 백인 여학생들 보다 유의하게 높은 점수를 나타냈다.

연구 결과는 만약 흑인과 백인이 문화적 영향과 사회경제적 배경을 공통적으로 경험한다면, MMPI 프로파일의 상승도에서 인종적 차이가 발견될 가능성이 낮다는 것을 시사했다. Klinge와 Strauss(1976), Lachar, Klinge 및 Grissell(1976)은 흑인과 백인 청소년 표본 사이에 유의한 MMPI 차이가 없다고 보고했다. 이 결과는 이러한 연구들에서 흑인과 백인 응답자들이 유사하거나 동등한 환경에서 양육되고 교육되었다는 관찰에 기인했다. Bertelson, Marks 및 May(1982)는 성별, 나이, 거주지, 교육, 고용, 사회경제적 지위 등의 변수에서 462명의 정신과 입원환자(그중 144명은 청소년)와 일치시켰다. 이 연구에서 이러한 변수들을 일치시킨 인종 표본에 대해서 유의한 MMPI의 차이가 발견되지 않았다. Archer(1987b)는 주로 중산층 공립 고등학교의 흑인과 백인 남녀 청소년 집단 사이에 최소한의 인종적 차이가 있다는 증거를 보고했다.

Marks 등(1974)은 청소년 코드타입 프로파일과 상관이 있는 설명을 도출하기 위해 사용한 임상 집단에 61명의 흑인 피험자를 포함했다. 이들은 오하이오 주립대학교 보건소 표본의 일부였다. 연구자들은 청소년 코드타입에 따른 설명에서 흑인과 백인의 차이를 거의 발견하지 못했으며, 피험자의 인종에 대한 진술은 Marks 등(1974)에서는 거의 없다. Green과 Kelley(1988)는 333명의 백인 비행 청소년과 107명의 흑인 비행 청소년들을 대상으로 MMPI 점수와 외현화 행동 및 면담 사이의 관계를 조사했다. 그들은 기준의 명백한 객관성이 증가함에 따라 인종 편견의 증거가 감소했다고 보고했다(즉, 기준의 예측 가능성은 인종에 따라 다르지 않았다).

[그림 5-7]과 [그림 5-8]은 이 검사도구의 규준 표본에서 흑인, 백인 및 기타 인종의 남자 청소년 응답자에 대한 MMPI-A 프로파일 결과를 나타내며, [그림 5-9]와 [그림 5-10]은 여자 청소년에 대한 비교 자료를 나타낸다. 이러한 프로파일은 MMPI의 L, F, 임상척도

4, 6, 7, 8, 9에 걸쳐 인종 혹은 민족 간에 약 3~5점의 T점수 차이가 있음을 보여 준다. 그러나 이 표본의 인구통계학적 자료는, 부모의 직업과 사회경제적 지위에 대한 청소년의 보고에 반영된 것처럼, 이 세 인종 집단 사이에 유의한 사회경제적 차이가 있음을 보여 준다. 따라서 이들 집단 사이에 발견되는 비교적 제한된 프로파일의 차이는 인종적 및 사회경제적 영향을 모두 반영한다.

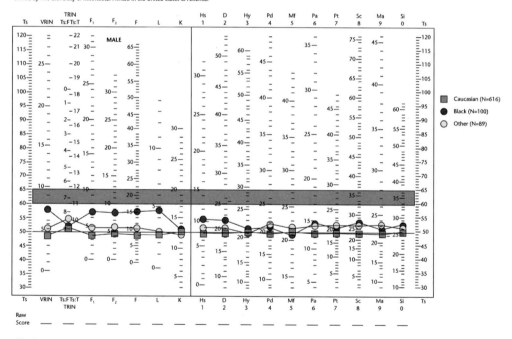

그림 5-7 MMPI-A 규준 표본에 포함된 다양한 인종 집단의 남자 청소년들이 생성한 MMPI-A 기본척도 프로파일

출처: 허가하에 사용함. Copyright © 1992 by the Regents of the University of Minnesota.
주: 각 표본의 평균 원점수를 변환한 값을 기반으로 이 프로파일의 TRIN T점수를 산출함.

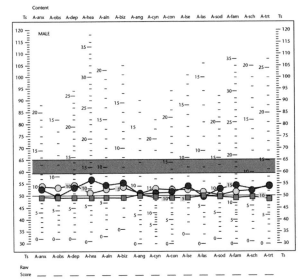
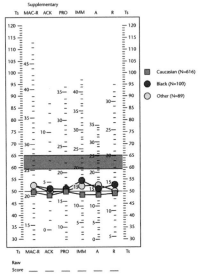

> **그림 5-8** MMPI-A 규준 표본에 포함된 다양한 인종 집단의 남자 청소년들이 생성한 MMPI-A 내용 및 보충척도 프로파일

출처: 허가하에 사용함. Copyright © 1992 by the Regents of the University of Minnesota.

Greene(1980, 1987)은 MMPI 응답 패턴에서의 인종적 차이 문제에 대한 문헌을 조사했다. 정상 표본 내에서 흑인과 백인 차이를 검증한 연구를 검토했을 때, 그는 10개의 독립적인 연구에 걸쳐 인종 차이를 일관되게 입증한 MMPI 척도를 발견하지 못했다. Pritchard와 Rosenblatt(1980)가 실시한 연구 검토도 비슷한 결론에 도달했다. Greene은 F와 Ma 척도가 인종적 영향을 가장 자주 받지만, Gynther(1972)가 흑인 표본에서 전형적으로 상승한 척도라고 보고한 Sc 척도의 큰 차이는 발견되지 않았다고 언급했다. 또한 Greene은 흑인과 백인 응답자 사이의 유의한 차이를 보고한 연구의 실제 평균 차이는 일반적으로 T점수 5점 이하이며, 이는 MMPI-A 규준 표본에서 발견된 가장 큰 인종간 차이와 비슷한 범위라고 언급했다. Greene(2011)은 최근 이 분야에 대한 검토를 갱신하여 사회경제적 지위, 교육 및 지능을 포함한 조절 변수의 잠재적 역할이 MMPI-2 또는 MMPI-A에서의 인종 간 차이를 평가하는 데 중요하다는 것을 관찰했다. 그는 흑인-백인, 히스패

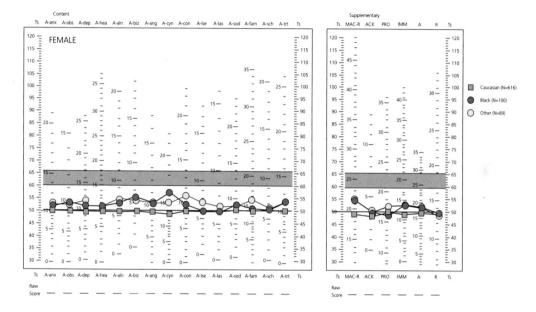

그림 5-9 MMPI-A 규준 표본에 포함된 다양한 인종 집단의 여자 청소년들이 생성한 MMPI-A 기본척도 프로파일

출처: 허가하에 사용함. Copyright ⓒ 1992 by the Regents of the University of Minnesota.
주: 각 표본의 평균 원점수를 변환한 값을 기반으로 이 프로파일의 TRIN T점수를 산출함.

닉-백인, 흑인-히스패닉, 북아메리카 원주민-백인, 아시아계 미국인-백인에 대한 기존의 문헌에 기초하여 어떤 집단에서도 평균 T점수 값이나 경험적 상관물에서 신뢰할 수 있거나 일관된 인종적 차이 패턴이 확립되지 않았다고 결론지었다. Dahlstrom, Lachar 및 Dahlstrom(1986)은 청소년 및 성인 표본의 자료를 포함하여 민족과 MMPI 응답 패턴의 관계에 대한 포괄적인 검토를 제공했다. 이들은 "이 점수의 상대적 정확도가 백인 내담자들과 마찬가지로 소수 민족에게도 좋거나 혹은 더 낫기 때문에"(p. 205) 이 문헌이 흑인 내담자들에 대한 심리적 기능 평가에서 MMPI의 사용을 지지한다고 결론지었다. Goldman, Cooke 및 Dahlstrom(1995)은 인종적 배경, 성별, 사회경제적 지위가 다양한 대학생들의 MMPI와 MMPI-2 프로파일을 보고했다. 연구 결과, MMPI-2가 원판 MMPI보다 인종적 또는 민족적 차이가 적은 양상을 보였으며, 그 결과는 MMPI-2 규준 표본에 흑인 피험자

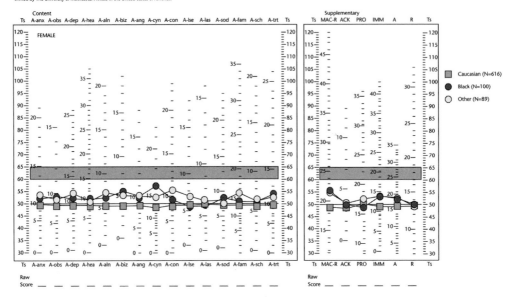

그림 5-10 MMPI-A 규준 표본에 포함된 다양한 인종 집단의 여자 청소년들이 생성한 MMPI-A 내용 및 보충척도 프로파일

출처: 허가하에 사용함. Copyright ⓒ 1992 by the Regents of the University of Minnesota.

가 상당히 많이 포함되었기 때문이었다. Timbrook과 Graham(1994)은 MMPI-2 규준 표본에 포함된 75명의 흑인 남성과 725명의 백인 남성 및 65명의 흑인 여성과 742명의 백인 여성의 반응을 분석하여 인종적 또는 민족적 차이를 조사했다. 그들은 인종 간 MMPI-2 기본척도의 평균 차이가 두 성별에서 모두 작게 나타났으며, 연령, 학력, 소득을 일치시켰을 때 MMPI-2 척도의 평균 차이가 더 적게 관찰되었다고 보고했다. 이 연구의 중요한 구성 요소인 MMPI-2 기본척도의 T점수 값은 이러한 피험자들에 대해 도출된 성격과 관련되었다. 연구 결과, 흑인과 백인 피험자들의 상관물에서 체계적인 차이가 나타나지 않았다. 연구자들은 이러한 결과가 아메리카 인디언, 히스패닉, 아시아계 미국인 등 다른 소수민족에게 얼마나 일반화될 수 있는지는 현재 알 수 없다고 경고했다.

Archer와 Krishnamurthy(2002)는 소수민족의 MMPI-A 응답에 대한 문헌을 간략히 검

토하고 MMPI-A가 이 검사에 적용 가능한 청소년 표준 규준을 사용하여 다양한 소수민족의 사람들을 평가할 수 있다고 결론 내렸다. 그러나 그들은 또한 이 분야의 자료가 상대적으로 제한적임을 고려할 때 임상가는 "소수민족 청소년의 MMPI-A 프로파일을 해석하는 데 있어 적절히 보수적"(p. 148)이어야 한다고 지적했다. 그들은 인종과 관련된 MMPI 연구의 대부분이 흑인과 백인의 프로파일을 비교하고 있으며, 다른 소수집단 프로파일 패턴에 대해서는 상대적으로 알려진 것이 거의 없다는 점을 포함하여 몇 가지 추가적인 주의할 점을 제시했다.

그러나 히스패닉계 청소년의 MMPI-A 프로필을 검토하는 많은 연구가 수행되었다. 예를 들어, Corrales 등(1998)은 푸에르토리코인을 포함한 라틴계 미국인 표본을 사용하여 MMPI-2와 MMPI-A로 수행된 연구들의 포괄적인 목록을 제공했다. 이 목록은 1989년 이후의 총 52개 연구와 6개의 추가 자료를 포함하고 있다. Gumbiner(2000)는 대부분의 연구자들이 단순히 2개 이상의 인종 집단의 척도 평균점수를 비교했다면서 MMPI-A에 대한 인종 연구의 한계에 대한 비판을 제시했다. Gumbiner는 연구에 있어 다양한 소수민족의 MMPI-A 척도의 외적 상관물이 더 많은 관심을 기울여야 하며, 남녀 청소년의 연구 결과를 별도로 분석해야 한다고 권고했다. 후자의 접근을 설명하기 위해, Gumbiner(1998)는 MMPI-A 규준 자료에 있는 히스패닉계 남녀 청소년의 타당도, 임상, 내용 및 보충 척도들의 점수를 비교했다. 분석 결과, L, F, F1, F2, 타당도척도, 기본척도 중 1, 2, 8, 내용척도 중 A-hea, A-biz, A-lse, A-las, A-sch, 보충척도 중 IMM에서 남자 청소년의 T점수가 중간 정도로 상승한 것으로 나타났다. 여자 청소년의 경우에는 T점수가 상승한 MMPI-A 척도가 없었다. Gumbiner는 히스패닉계 남자 청소년들의 학교에 대한 불편감과 낮은 포부가 아버지의 낮은 교육 수준 및 고용 수준과 관련이 있으며, IMM 척도의 점수가 학교를 중퇴할 '위험이 있는' 남자 청소년들을 식별하는 데 유용할 수 있다고 하였다.

Negy, Leal-Puente, Trainor 및 Carlson(1997)은 MMPI-A 규준 표본에서 히스패닉계 청소년의 비율이 낮다는 것에 기초하여 120명의 멕시코계 미국인 청소년의 MMPI-A를 조사했다. 이 연구에서 청소년들에게 MMPI-A와 멕시코계 미국인을 위해 고안된 짧은 인구통계학적 설문지 및 문화적응 질문지를 실시했다. 그 결과, 이 청소년들의 MMPI-A는 MMPI-A 규준 집단과 아주 작은 차이를 보였으며, 그들의 수행은 사회경제적 지위 및 적응 수준에 따라 다양했다.

Butcher 등(2007)은 MMPI-2와 MMPI-A를 사용하는 히스패닉계 내담자를 평가하는 지침을 제공했다. 그들은 MMPI 도구가 스페인어 사용자들에게 가장 널리 사용되는 연구용

성격 평가 검사라고 언급했으며, 미국에서 사용되는 MMPI-A의 스페인어 버전 개발 등의 연구에 대한 포괄적인 검토를 제공했다. 여러 연구에서 히스패닉계 청소년들의 수행에 대한 국가 간 연구를 조사했다. Scott, Butcher, Young 및 Gomez(2002)는 미국의 스페인어 사용 청소년들을 위해 개발된 MMPI-A 번역본을 콜롬비아, 멕시코, 페루, 스페인, 미국의 스페인어 사용 청소년 385명에게 실시하였다. 이 연구 결과, MMPI-A의 기본, 내용 및 보충 척도들에서 5개국에 걸쳐 유사성이 매우 높게 나타났다. 대부분의 척도는 미국의 히스패닉계 평균 T점수의 5점 이내 범위였고, T점수 65점 이상의 척도를 가진 집단은 없었다. Scott 등은 연구를 통해 이미 확립된 규준으로 히스패닉 버전의 MMPI-A를 미국 이외의 스페인어권 국가에 적용하는 것도 적합하다는 결론을 내렸다. Scott, Knoth, Beltran-Quiones 및 Gomez(2003)는 59명의 콜롬비아 지진 피해 청소년 집단과 사회경제적·교육적·민족적 배경이 유사한 통제집단인 62명의 콜롬비아 청소년들의 잠재적인 정신병리를 비교하기 위해 히스패닉 MMPI-A를 사용했다고 보고했다. 그 결과, 미국 이외의 히스패닉계 청소년 표본에서 PTSD의 증거를 포함한 정신병리를 평가하는 히스패닉 MMPI-A의 유용성이 입증되었다. Scott 등은 다음과 같이 언급했다.

　　이 연구의 강점은 심리적 손상의 측정도구로 MMPI-A를 사용한 것이다. 국제적으로 MMPI-2와 MMPI-A는 정신병리를 평가하는 데 있어 가장 널리 인정되고 타당하며 임상적으로 유용한 도구이다. 이러한 검사들의 스페인어 버전은 현재 콜롬비아를 비롯한 라틴 아메리카 전역에서 사용될 수 있도록 개정되고 있다. 이 연구는 자연 재해의 심리적 영향을 조사하기 위해 최근 발표된 히스패닉 MMPI-A를 사용한 최초의 연구이다. 다른 국가들의 표본뿐만 아니라 재난 피해자들과 함께 이 검사의 적절성을 더욱 개선하기 위한 추가 연구가 필요하다. (p. 55)

Scott 등(2003)은 히스패닉 MMPI-A을 사용하여 콜롬비아에서 발생한 지진 피해 청소년 59명과 통제 집단으로 콜롬비아 청소년 62명을 사용하여 심리적 기능을 평가하였다. Zubeidat, Sierra, Salinas 및 Rojas-Garcia(2011)는 스페인 청소년 939명과 109명의 두 표본에서 스페인판 MMPI-A를 실시했고 광범위한 신뢰도 및 타당도 자료를 제시했다. Scott과 Mamani-Pampa(2008)는 348명의 페루 청소년 규준 집단을 표준 MMPI-A 히스패닉 미국 규준 표본과 비교했고 임상적으로 유의한 차이를 거의 발견하지 못했다. 연구자들은 미국 규준에 기초한 스페인판 MMPI-A가 페루에서 사용하기에 적합한 것으로 보인다고 결론지었다.

요약하자면, MMPI-A에 대한 민족이나 인종적 영향에 관한 문헌에서는 혼재된 결과를 제공하고 있으며, 확실한 결론을 내릴 수 없다. MMPI-A 프로파일에서 사회경제적 요인과는 무관하게 민족적 차이가 발생하는 경우, 그러한 차이의 해석적 유의미성은 표준 또는 기본 임상 프로파일 측면에서 상대적으로 제한적일 가능성이 높다. 그러나 보충척도를 다루는 다음 장에서 논의하는 것과 같이, MAC(MacAndrew, 1965) 및 MAC-R 척도는 백인 응답자보다 흑인 표본에서 덜 유용할 수 있다(즉, 거짓양성 오류를 더 많이 생성하는)는 증거가 있다.

성별

Hathaway와 Monachesi(1963)는 미네소타주 전체 표본에서 문항 응답 패턴과 상승된 코드타입의 발생 빈도에서 성별 차이를 확인했다. 그들은 남녀 청소년들의 그렇다 응답율 차이가 25점 이상인 63개 문항을 확인했다. Hathaway와 Monachesi(1963)는 이러한 문항 응답의 차이 패턴에 대해 다음과 같이 언급하였다.

> '민감한' '두려운' 또는 '솔직한'과 같이 일반화된 형용사를 암시하는 것이 유용하다. 이러한 형용사들은 여성적 역할을 표현하는 상관 문항들의 패턴을 구성하는 반면, '탐구심이 많은' '활동적인 야외 활동을 원하는' '공격적'은 남성적 역할을 더 잘 특징지을 수 있다. (p. 41)

〈표 5-6〉은 규준 표본의 남녀 청소년이 그렇다 응답 비율에서 가장 큰 차이를 보이는 MMPI-A의 축약 문항을 보여 준다. 대체로 이러한 성차 관련 문항 패턴은 Hathaway와 Monachesi가 원판 MMPI에서 발견한 것과 일치한다. MMPI-A의 규준 표본에서 성별 별로 자료를 분석했을 때 전체 약 100개 문항에서 최소 10%의 응답율 차이를 보였다. 문항 수준에 따른 응답 빈도의 성차와 그 차이에 대한 해석은 상당한 논란의 대상이 되어 왔다. 예를 들어, Lindsay와 Widiger(1995)는 응답자의 성별과 체계적으로 관련되나 성격 문제나 정신병리와는 관련이 없는 것으로 보이는 여러 MMPI 문항들에 주목했다. 그들은 그러한 상관 패턴을 생성하는 문항들이 성별 편견의 증거를 보여 준다고 결론지었다. 또한 청소년 응답자의 경우 전통적으로 원판 MMPI의 무응답 문항의 수에서 상당한 성차가 발견되어 왔다. 남녀 청소년 모두 종교 및 성과 관련된 것이 가장 많은 무응답 내용 영역이었지만, 성과 관련된 문항에서 남자보다는 여자 청소년이 응답하지 않은 경우가 더 많았다 (Archer, 1987b).

원판 MMPI의 코드타입 프로파일에서, 남자 청소년은 Sc 척도에서 높은 점수를 보일 가능성이 높았지만, 여자 청소년은 Si 척도가 가장 높은 경우가 자주 나타났다. Hathaway와 Monachesi(1963)는 이러한 성별 차이가 성인의 규준에 비해서 청소년 규준으로 볼 때 더 두드러질 가능성이 있다고 언급했다. 응답자 성별과 원판 MMPI의 프로파일 채점에 사용된 규준 유형 간(청소년 대 성인) 상호작용 효과는 Ehrenworth(1984), Klinge와 Strauss(1976), Lachar 등(1976)에 의해 보고되었다. 그러나 이러한 상호작용 결과의 방향과 의미는 복잡하고 일관성이 없었다. 예를 들어, Ehrenworth의 연구에서 F, Pt, Sc 척도에서 남자 청소년 입원환자의 T점수 값은 성인 규준을 사용할 때는 여자 청소년 값보다 상당히 높았지만 청소년 규준을 사용할 때는 유의한 차이가 없었다. 이와 달리, 여자 청소년은 청소년 규준을 사용하면 남자 청소년보다 Si척도의 T점수 값이 높았지만, 성인 규준을 사용하면 척도 간 차이가 덜 나타났다.

표 5-6 그렇다 응답 비율에서 가장 큰 성차를 보이는 15개의 MMPI-A 문항들

MMPI-A 문항	문항	그렇다 %	그렇다 %
No.	내용	남	여
61	연애 소설을 좋아한다.	19.0	77.8
131	일기를 쓴다.	19.3	73.5
59	여자였으면 하고 바라거나 여자인 것이 행복하다.	9.3	60.5
139	쉽게 운다.	16.9	55.5
254	인형을 가지고 노는 것을 좋아했던 적이 없다.	53.5	16.0
21	웃음이나 울음이 통제되지 않는다.	30.2	63.8
64	시를 좋아한다.	37.6	70.1
1	기계에 관한 잡지를 좋아한다.	34.5	4.0
114	식물 수집을 좋아한다.	15.2	43.2
121	비판에 예민하다.	34.5	61.3
60	쉽게 감정이 상하지 않는다.	49.6	23.4
190	사냥을 좋아한다.	32.0	7.1
241	스포츠 기자가 되고 싶다.	55.2	31.4
319	춤추러 가는 것을 좋아한다.	47.5	69.9
19	집을 떠나고 싶다.	47.3	69.6

Moore와 Handal(1980)은 세인트루이스 지역의 학교들에서 16세와 17세 남녀 지원자들의 MMPI 프로파일의 상승도를 조사했다. 이 자료에서 응답자 성별에 따라 성인의 K-교정 T점수로 분석하였다. 그들은 F, Pd, Mf, Pt, Sc, Ma 척도에서 남자가 여자보다 유의하게 높은 점수를 받는 경향이 있다는 상당한 증거를 보고했다. 이 표본에서 MMPI의 성차는 인종 차이보다 더 많이 나타났으며, 남자는 여자보다 더 큰 충동성, 권위자와의 문제, 정체성 혼란, 반항성을 시사하는 MMPI 프로파일을 생성했다. 이와 유사하게, Ehrenworth와 Archer(1985)는 정신과 치료 중인 청소년의 MMPI 프로파일을 조사했고, 성인 규준을 적용했을 때 여러 척도에서 남자가 여자보다 더 높은 T점수를 산출한다는 것을 발견했다. 그러나 청소년 규준을 이 표본에 적용했을 때는 성별에 따른 프로파일 상승도의 차이가 미미했다. 또한 남녀의 동등한 프로파일은 Archer(1984)에 의해 청소년 규준을 사용하는 입원환자들에서도 보고되었다. 〈표 5-5〉에 제시된 MMPI-A 코드타입 빈도 자료를 성별에 따라 별도로 분석했을 때, 4-9/9-4 코드타입과 4-6/6-4 코드타입이 남자에서 가장 빈번한 반면, 1-3/3-1 코드타입과 2-3/3-2 코드타입은 여자에서 가장 많이 나타났다.

2개 척도 이루어진 코드타입에서 Marks 등(1974)은 코드타입의 임상적 상관물에서 남녀 간 유의한 차이를 발견하지 못했다고 말했다. 따라서 Marks 등의 자료는 성별에 따라 다르지 않는 코드타입 서술을 제공했다. Williams와 Butcher(1989a)는 성별에 따른 개별 척도의 상관 자료를 분석하여 다음과 같이 결론 내렸다.

> 본 연구 결과는 대부분의 측면에서 MMPI의 행동적 상관물을 결정하기 위해 확립된 절차를 사용할 때 임상 환경에 있는 청소년의 MMPI 설명에 대한 성별의 영향이 다소 제한적임을 보여 준다. 표본 크기가 중요한 문제이거나 치료 환경에 있는 청소년을 연구할 때라면 남녀 청소년을 결합한 추가적인 연구, 특히 T점수를 이용한 연구가 필요할 수 있다. (p. 259)

이와 대조적으로, 청소년 외래환자에 대한 연구에서 Wrobel과 Lachar(1992) 및 Lachar와 Wrobel(1990)은 단일 척도 상관물에서 성차의 실질적인 증거를 발견했다. 그들의 연구 결과는 대다수의 유의한 상관물이 성별에 따라 다르다는 것을 나타내며, 성별이 청소년들의 MMPI 결과의 해석에 있어 조절변수로서 중요한 역할을 할 수 있음을 시사했다. 앞서 민족성에 대한 논의에서 언급했듯이, Gumbiner(2000)는 최근 MMPI-A에 대한 인종적 영향을 조사하기 위해 남녀 청소년의 자료를 별도로 분석해야 한다고 주장했다.

요약하자면, 청소년 응답자의 문항 응답 패턴에서 상당한 성차가 발생하며, 이러한 차이가 MMPI-A 규준에서 남녀 응답자를 위한 별도의 T점수 변환을 개발하는 것이 필요하다는 인식에 반영되었다는 것이 분명하다. MMPI-A의 특수 척도들에 대해서도 평균 원점수 값에서 유의한 성별 차이가 나타날 수 있다. 예를 들어, MAC-R 및 IMM 척도에서 남자 청소년이 여자 청소년보다 평균 점수가 더 높다. 그러나 현재 T점수 변환 후에는 발생하는 성차의 정도가 명확하지 않다. 가장 중요한 것은, Lachar와 Wrobel(1990), Wrobel과 Lachar(1992)의 연구는 MMPI 척도의 상관 패턴에 있어 성별 관련 차이가 유의할 수 있다는 것을 시사하며, 이 부분에 대해 향후 체계적인 연구가 절대적으로 필요하다는 것을 분명히 강조한다. 그러나 제7장에서 더 자세히 논의하겠지만, 임상적으로 관심이 있는 구성요인을 측정하는 데 있어 중요한 성별 차이가 발생하는 경우 MMPI-A-RF를 위해 개발된 성별 통합 규준이 더 적절하다고 주장할 수 있다. 그러나 더 많은 연구가 완료될 때까지 청소년들의 상관관계 패턴에서 신뢰할 수 있는 성별 차이가 어느 정도 발생하는지에 대해 확실한 결론을 내릴 수 없으며, 연구자들에게 가장 적절한 방법은 가능한 한 성별의 영향을 탐지할 수 있는 분석(즉, 획득한 원점수에 기반한 분석)을 수행하는 것이다.

연령

성인과 청소년의 MMPI 반응 패턴 간 차이점은 이 책의 제1장에서 간략하게 논의했다. 응답자가 청소년인지 성인인지에 따라 응답 빈도에서 극적인 차이를 보이는 많은 문항이 있었다. 또한 문항 수준에서 Hathaway와 Monachesi(1963)는 평가 시점인 9학년 때부터 재평가 시점인 12학년 때까지 문항 응답 방향의 불안정성이 39% 이상으로 나타난 24개의 문항을 확인했다. 추가로, 9학년과 12학년 평가에서 남학생들은 29개, 여학생들은 30개 문항에서 응답 방향이 17% 이상 변화한 것으로 확인됐다. 연구자들은 이러한 문항 응답 변동이 문항 결과의 불안정성일뿐 아니라, 청소년기 발달 기간 3년에 걸쳐 발생한 진정한 성격 변화의 결과일 수 있다고 보았다. 마지막으로, 이러한 문항 응답의 변화는 특히 응답자의 성별과 관련이 있는 것으로 나타났다. 즉, 남녀의 목록에서 공통 문항이 없었다. 대체로 응답 방향이 전환될 가능성이 가장 높은 문항은 자서전적 정보보다는 개인의 태도나 인식과 관련되는 경향이 있었다.

Herkov, Gordon, Gynther 및 Greer(1994)는 MMPI에서 연령과 민족성이 문항의 인식된 모호성에 미치는 영향을 조사했다. 67명의 백인과 54명의 흑인 피험자에게 F 척도와 척도 9의 문항에서 해당 문항이 심리적 문제 여부를 얼마나 강하게 나타내는지에 대해 순위를 매겨 달라고 요청하였다. 그 결과, 청소년들은 종종 MMPI 문항의 모호성을 성인과는 현저하게 다른 방식으로 인식했고, 이는 뚜렷한 발달적 영향을 반영하는 것으로 나타났다. 비록 흑인 청소년들과 백인 청소년들 사이에서도 F 척도의 모호성 평정에서 차이가 발견되었지만, 이러한 차이는 상대적으로 작았고 연령별로 분류된 것들보다도 상당히 작았다. 이러한 결과에 기초하여, 연구자들은 Wiener-Harmon의 모호-명백 소척도를 청소년들에게 사용하지 말고 소수민족에게도 조심스럽게 사용할 것을 권고했다.

핵심 질문은 MMPI 척도 값이 청소년 응답자의 연령과 어느 정도 관련되는가에 관한 것이다. 예를 들어, McFarland와 Sparks(1985)는 13세에서 25세 사이의 청소년 표본에서 다양한 성격 측정도구의 내적 일관성이 연령 및 교육수준과 관련된다는 것을 보여 주었다. Marks 등(1974)의 전통적인 청소년 규준은 17세, 16세, 15세 및 14세 이하의 연령 집단에 대해 청소년 T점수 변환을 따로 제공했는데, 이는 나이와 관련된 원점수 차이가 청소년의 반응 패턴에 영향을 미칠 수 있음을 시사한다. 반면, Colligan과 Offord(1989)는 13세에서 17세 사이의 청소년 1,315명 표본에서 MMPI 원점수 값에 대한 연령의 영향을 거의 발견하지 못했다. 이러한 결과를 바탕으로 이들은 연령을 모두 합친 원판 MMPI의 청소년 규준을 현대적으로 만들어 냈다. MMPI-A의 개발 과정에서 14세 미만의 청소년이 14세부터 18세 사이의 청소년과 상당히 다른 반응 패턴을 보인다는 증거가 있었다. 관찰된 차이 패턴에 기초하여, MMPI-A 규준은 14~18세에 걸쳐 하나로 정리되었고, 12~13세 청소년을 규준 표본에서 제외했다. 따라서 MMPI-A 기본척도 원점수 값에 대한 연령 차이는 주로 더 어린 청소년(12세, 13세)과 14세 이상의 청소년과의 비교에서 나타났다. 한편, Janus, de Grott 및 Toepfer(1998)는 정신과에 입원한 13세 청소년 56명과 14세 청소년 85명의 프로파일을 조사했다. 그들은 평균 T점수에서 연령에 따라 큰 차이가 없다고 보고했고, 상승된 프로파일의 발생 빈도에서도 연령이 영향을 미친다는 증거를 발견하지 못했다고 하였다.

마지막 질문은 각기 다른 연령대의 청소년들의 MMPI 프로파일이 해석적 정확성과 타당성에 있어 얼마나 차이가 나는지에 관한 것이다. 3개의 연구에서 이와 관련된 결과가 도출되었다. Lachar 등(1976)과 Ehrenworth와 Archer(1985) 및 Wimbish(1984)의 연구 결과에 따르면, 청소년의 서술형 MMPI 보고서의 임상적 정확성 평가에서 유의한 연령 효과의 증거가 나타나지 않았다. 그러나 Lachar 등(1976)은 청소년 규준과 성인 K-교정 규준을 사용하여 MMPI 프로파일에서 생성된 정확성 평정을 비교하면 유의한 연령 차이가 있음을 발견했다. 구체적으로 보면, 12~13세 연령대의 청소년을 대상으로 했을 때, 프로파일 해석에 있어 청소년 규준에 따른 진술이 성인 규준에 따른 진술보다 더 정확하다는 것을 발견했다. 이러한 규준 관련 차이는 중기 청소년과 후기 청소년 집단에서의 청소년 정확성 평정에서는 유의하지 않았다. 평균값을 조사한 결과 세 연령대(12~13세, 14~15세, 16~17세)의 정확성 평정이 청소년 규준에서는 상대적으로 일정하게 유지되지만, 성인 규준에 기반한 프로파일을 평정했을 때는 다른 두 연령대에 비해 12~13세에서 상당히 부정확했다.

요약하자면, 청소년과 성인의 MMPI 응답을 비교했을 때, 연령에 따른 문항 응답 패턴에 상당한 차이가 있음이 확인되었다. 그러나 청소년 연령대 내에서 청소년 규준의 개발자들은 다양한 방법에서 연령과 관련된 차이를 다루려고 했다. MMPI-A와 그리고 더 최근에는 MMPI-A-RF에서 12~13세 청소년의 규준적 자료를 제외하는 주요 요인은 이 연령대의 반응이 14~18세 청소년의 반응과 상당히 달랐다는 것과 관련된다. 지금까지의 연구결과는 청소년 규준을 사용한 MMPI 프로파일의 상관관계에 대한 진술의 정확성은 청소년의 연령에 따라 상대적으로 영향을 받지 않는 경향이 있음을 시사한다.

...
제6장

MMPI-A의 내용 및
보충척도의 해석

- 내용척도 및 내용소척도
- 보충척도
- Harris-Lingoes 소척도와 Si 소척도
- 성격병리 5요인(PSY-5) 척도

표준 또는 기본 타당도 및 임상척도 외에도 MMPI를 위해 많은 보충 및 특수 척도들이 만들어졌다. 예를 들어, Dahlstrom, Welsh 및 Dahlstrom(1972, 1975)은 검사에 대해 450개 이상의 특수 척도가 개발되었다고 언급했다. Butcher와 Tellegen(1978)은 MMPI 문항묶음보다 더 많은 MMPI 특수 척도가 있을 수 있음을 발견했다! Clopton(1978, 1979, 1982), Butcher와 Tellegen(1978), Butcher, Graham 및 Ben-Porath(1995)는 MMPI 특수 척도의 구성에서 발생하는 방법론적 문제에 대해 비판적인 검토를 제시했다. 특히 원판 검사에서 MMPI 특수 척도를 사용하는 것에 관해 여러 문헌이 출판되었다. Caldwell(1988)은 이 측정도구에 대한 광범위한 임상 경험을 바탕으로 104개의 보충척도에 대한 해석 정보를 제공했다. Levitt(1989) 및 Levitt과 Gotts(1995)는 Wiggins(1966)의 내용척도와 Harris-Lingoes(1955) 소척도의 논의를 포함하는 특수 척도들의 해석에 대한 개요를 제공했다. Ben-Porath 등(2006)은 MMPI-A 매뉴얼의 부록에서 내용소척도, 성격병리 5요인(PSY-5) 척도 및 결정적 문항에 대한 지침을 제공했다.

MMPI-A의 특수 척도들은 여러 장으로 구분된 프로파일 결과지에 나타난다. 여자 청소년의 결과를 제시한 [그림 6-1]에서처럼, 15개의 내용척도가 내용척도 프로파일 결과지에 나타난다. 또한 남자 청소년의 결과인 [그림 6-2]처럼, Harris-Lingoes 및 Si 소척도에 대한 결과지에 28개의 Harris-Lingoes 소척도와 3개의 Si 소척도가 나타난다. 6개의 보충척도와 성격병리 5요인(PSY-5) 척도는 [그림 6-3]에 표시된 별도의 프로파일 결과지에 나타나 있다. Harris-Lingoes 및 내향성 소척도와 내용소척도는 Pearson의 MMPI-A 결과 보고서에 제시되어 있다. 이 장의 목적은 내용척도로 시작하여 이러한 MMPI-A의 특수 척도들을 검토하는 것이다.

∞ 내용척도 및 내용소척도

Butcher와 Graham 등(1990)이 지적한 바와 같이, MMPI 반응 내용을 분석하는 데 몇 가지 접근법이 사용되어 왔다. 개별 문항 수준에서는 임상적 평가에 특별히 의미가 있다고 판단되는 문항들로 구성된 다양한 '결정적 문항' 목록이 구성되었다. 예를 들어, Grayson(1951)은 합리적인 구성 전략을 사용하여 중요한 증상의 지표로서 역할할 수 있는 38개 문항을 식별했다. 그 외에도 개별 문항 반응을 분석하기 위한 다른 결정적 문항 목록도 Caldwell(1969), Koss와 Butcher(1973), Lachar와 Wrobel(1979) 등에 의해 구성되었다. Forbey와 Ben-Porath(1998)는 또한 MMPI-A를 위해 15개의 내용 영역으로 구성된 82개의 결정적 문항을 개발했다.

내용 분석에 대한 두 번째 접근법은 Harris와 Lingoes(1955)의 연구가 예시가 될 수 있다. 대부분의 MMPI 기본척도가 다양한 내용 영역을 포함하고 있기 때문에(즉, 척도가 이질적임), 내담자가 특정 척도의 T점수를 상승시켰을 때 실제로 어떤 내용 영역에 응답했는지 추론하는 것이 종종 어렵다. 이 문제는 최소한의 임상 범위로 상승한 점수에서 특히 두드러진다. 이 문제를 해결하기 위해 Harris와 Lingoes는 각 척도에 대해 유사한 문항들을 동질한 내용 영역으로 합리적으로 묶어 기본척도 2, 3, 4, 6, 8 및 9에 대한 소척도를 개발했다. 28개의 소척도는 MMPI-2와 MMPI-A로도 이어졌다. 또한 MMPI-A에는 Ben-Porath, Hostetler, Butcher 및 Graham(1989)의 작업에 기반한 세 가지 Si 척도의 소척도가 제공된다.

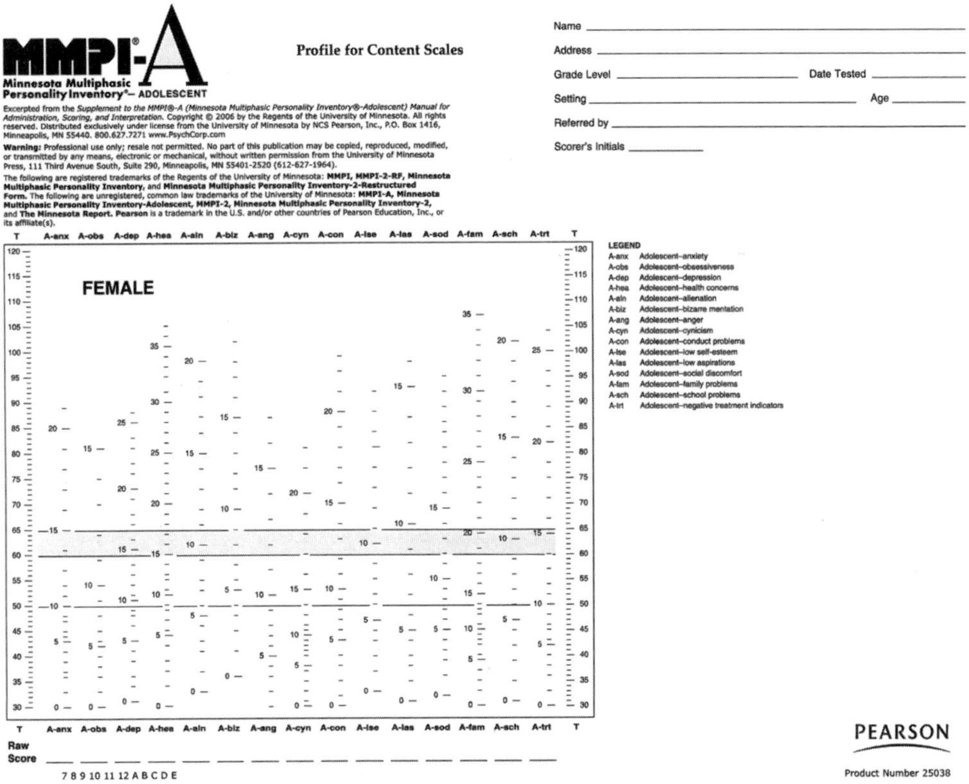

그림 6-1 내용척도 프로파일(여자 청소년)

출처: University of Minnesota Press의 허가하에 사용함. 무단 전재 금지. All rights reserved. 'Minnesota Multiphasic Personality Inventory®-Adolescent'와 'MMPI®-A' 상표는 University of Minnesota에서 소유함.

　별도의 세 번째 수준의 내용 분석에서는 전체 문항 모음이 나타내는 여러 차원과 관련하여 MMPI를 논의하고 해석할 수 있다. Hathaway와 McKinley는 외부 기준 집단을 활용하여 원판 MMPI 기본척도를 만들었기 때문에, 이러한 임상 집단은 질문의 측정적 초점을 정의하는 역할을 했다. 그러나 이러한 개발 방법에서는 임상척도의 구성에서 정신병리의 의미 있는 차원들을 최대한으로 도출하는 데 전체 문항 모음을 사용하려는 노력을 기울이지 않았다. 실제로 기본 MMPI 척도는 전체 문항 모음의 약 절반만 사용했다(Nichols, 1987). Wiggins(1966)는 문항 모음의 더 완전한 활용에 기초한 MMPI의 척도 구성 및 측정에 대한 접근 방식을 제안했다. Hathaway와 McKinley가 모든 MMPI 문항의 총 내용 모음을 분류하기 위해 설명한 26개 내용 범주(설명은 제1장 참조)를 시작으로, Wiggins는 합리적이고 통계적인 척도 구성 방법을 조합하여 13개의 동질한 내용척도를 도출했다. Nichols는 1987년에 원판 MMPI의 임상적 해석에 Wiggins 내용척도를 사용한 논문을 제공했고, Kohutek(1992a, 1992b), Levitt, Browning 및 Freeland(1992)는 MMPI-2에 남아 있는 Wiggins 내용척도 문항을 확인하였다. Archer와 Gordon(1991b), Wrobel(1991), Wrobel과 Gdowski(1989), Wrobel과 Lachar(1995)는 청소년 표본에서 Wiggins 내용척도에 대한 상관 패턴을 보고했다. Wiggins 척도가 유용하다는 인식에 기초하여, Butcher 등(1990)이 MMPI-2에 대한 내용척도를, 그리고 Williams, Butcher, Ben-Porath 및 Graham(1992)이 MMPI-A에 대한 내용척도를 개발하였다. 여자 청소년의 MMPI-A 내용척도 프로파일을 [그림 6-1]에 제시하였다.

　Sherwood 등(1997)은 내용척도가 동질한 구성을 측정하기 위해 개발되었지만, 이러한 척도 대부분에서 다른 차원이나 두드러진 구성요소를 식별하는 것이 유용하다고 지적했다. 일련의 PCA를 사용하여, 이들은 〈표 6-1〉과 같이 15개의 MMPI-A 내용척도 중 13개에 대해 총 31개의 소척도를 만들었다. Sherwood 등(1997)은 불안과 강박성 척도에 대해서는 의미 있는 문항 군집을 확인할 수 없었다. 다음 단락에서는 MMPI-A의 내용 및 내용소척도, Harris-Lingoes 및 Si 소척도로 나타난 MMPI-A의 내용 분석을 검토한다.

　MMPI-2 내용척도가 기본 임상척도에서 제공되는 정보 이상의 중분적 이득을 제공하는 정도에 초점을 맞춘 여러 연구가 진행되어 왔다. 예를 들어, Ben-Porath, McCully 및 Almagor(1993)는 대학생 596명의 표본에서 성격과 정신병리에 대한 자기보고식 척도의 점수 예측에 대한 MMPI-2 내용척도의 증분 기여도를 평가했다. 그 결과, 내용척도를 포함하면 SCL-90-R 점수 분산의 예측에 기본 임상척도만으로 달성된 예측 수준을 넘어 증분적으로 추가되었다고 나타났다. Ben-Porath, Butcher 및 Graham(1991)은 입원 중인 정

표 6-1 MMPI-A의 내용소척도

우울	**냉소적 태도**
A-dep1: 기분 부전(5문항)	A-cyn1: 염세적 신념(13문항)
A-dep2: 자기 비하(5문항)	A-cyn2: 대인 의심(9문항)
A-dep3: 동기 결여(7문항)	
A-dep4: 자살 사고(4문항)	**품행 문제**
	A-con1: 표출 행동(10문항)
건강염려	A-con2: 반사회적 태도(8문항)
A-hea1: 소화기 증상(4문항)	A-con3: 또래집단의 부정적 영향(3문항)
A-hea2: 신경학적 증상(18문항)	
A-hea3: 일반적인 건강염려(8문항)	**낮은 자존감**
	A-lse1: 자기 회의(13문항)
소외	A-lse2: 순종성(5문항)
A-aln1: 이해받지 못함(5문항)	
A-aln2: 사회적 소외(5문항)	**낮은 포부**
A-aln3: 대인관계 회의(5문항)	A-las1: 낮은 성취성(8문항)
	A-las2: 주도성 결여(7문항)
기태적 정신상태	
A-biz1: 정신증적 증상(11문항)	**사회적 불편감**
A-biz2: 편집증적 사고(5문항)	A-sod1: 내향성(14문항)
	A-sod2: 수줍음(10문항)
분노	
A-ang1: 폭발적 행동(8문항)	**가정 문제**
A-ang2: 성마름(8문항)	A-fam1: 가정 불화(21문항)
	A-fam2: 가족내 소외(11문항)
학교 문제	
A-sch1: 학교 품행 문제(4문항)	**부정적 치료지표**
A-sch2: 부정적 태도(8문항)	A-trt1: 낮은 동기(11문항)
	A-trt2: 낮은 자기 개방(8문항)

신과 환자 표본에서 조현병과 주요 우울증의 감별 진단에 대한 MMPI-2 내용척도의 기여도를 조사했다. 그 결과, 내용척도와 임상척도가 모두 이러한 정신장애 범주의 감별 진단에 유용한 정보를 제공하는 것으로 나타났다. 특히 단계적 위계적 회귀분석 결과, 남자 환자의 경우 DEP와 BIZ 내용척도가 감별 진단에 크게 기여했고, 여성 환자의 경우 BIZ 내용

척도가 감별에 추가되는 것으로 나타났다. Archer, Aiduk, Griffin 및 Elkins(1996)는 597명의 성인 정신장애 환자를 표본으로 한 SCL-90-R 점수와 정신병리에 대한 임상가 평정을 예측하는 척도의 능력과 관련하여 MMPI-2의 기본 및 내용척도를 조사했다. 이 연구 결과 또한 MMPI-2 내용척도가 정신병리 결과 측정의 분산 예측에 다소나마 증분적으로 추가된다는 것을 입증했다.

여러 연구에서 MMPI-A 내용척도의 잠재적인 증분 효용성에 특히 초점을 두었다. Forbey와 Ben-Porath(2003)는 주거치료시설에서 정신건강 서비스를 받는 335명의 청소년을 대상으로 MMPI-A 내용척도를 조사했다. 회귀 분석은 임상가의 심리적 증상 평정을 예측할 때 내용척도(임상 척도와 대조적으로)가 설명하는 추가적 또는 증분적 분산의 양을 확인하기 위해 활용되었다. 일부 MMPI-A 내용척도는 청소년 행동과 성격 특성에 대한 임상가 평정을 예측하는 데 있어 다소 제한적이었으나, 임상척도를 넘어서는 유의한 증분 타당도를 보였다. 임상척도는 또한 내용척도와 관련한 증분 타당도가 입증되었다. 즉, 내용척도와 기본척도가 청소년의 성격과 정신병리를 평가하는 데 유용하고 상호 보완적인 정보를 제공하는 것이다. McGrath, Pogge 및 Stokes(2002)는 임상가 평정, 입원 및 퇴원 진단, 차트 검토 자료에 기반한 기준을 사용하여 629명의 청소년 정신과 입원환자 표본에서 MMPI-A 내용척도의 증분 타당도를 평가했다. 위계적 다중 및 로지스틱 회귀분석 결과로 내용척도가 임상척도를 통해 얻은 정보 이상의 증분적 정보를 제공했음이 나타났다. McGrath 등은 그들의 결과가 내용척도를 전통적인 기본척도에 부가적으로 사용하는 것이 효과적이라는 점을 뒷받침하는 것으로 보인다고 결론지었다. 마지막으로, Rinaldo와 Baer(2003)는 입원 치료 중인 62명의 청소년과 59명의 지역사회 청소년 표본을 대상으로 MMPI-A 내용척도가 정신병리의 다른 자기보고식 측정치의 점수에 증분적인 예측 기여도가 있는지 평가했다. 일련의 위계적 회귀분석에 따르면, 이 연구에 사용된 기준 측정치의 분산을 예측할 때 내용척도가 임상척도에 더해 증분 타당도를 가지는 것으로 나타났다. Forbey와 Ben-Porath의 결과와 유사하게, Rinaldo와 Baer는 위계적 설계에서 변수의 입력 순서가 뒤바뀌었을 때도 임상척도가 내용척도에 더해 증분 타당도가 있다는 것을 발견했다. Rinaldo와 Baer는 연구 결과가 MMPI-A의 임상 및 내용척도가 모두 청소년의 심리적 기능 평가에 상당한 기여를 한다는 것을 시사한다고 결론지었다. 요약하자면, 이 3개의 MMPI-A 연구 결과는 기본 및 내용 척도가 모두 중요한 정보를 제공하며, 기본 임상척도로만 제한한 자료와 비교할 때 내용척도가 약간의 증분적 이득을 제공할 수 있음을 시사하는 것과 매우 일치한다.

MMPI-A 내용척도

15개의 MMPI-A 내용척도는 여러 MMPI-2 내용척도 및 Wiggins 내용척도와 상당히 중복된다. MMPI-A 매뉴얼(Butcher et al., 1992)에 기술된 바와 같이, MMPI-A 내용척도는 5단계로 만들어졌다. 첫 단계는 MMPI-A에 적용하는 데 적합한 MMPI-2 내용척도(및 MMPI-2의 내용척도 내 문항들)를 확인하는 것이었다. 개발 과정의 2단계는 척도들의 신뢰도 및 타당도 계수 등 심리측정적 속성을 향상시키기 위해서 특정 문항을 추가하거나 삭제함으로써 MMPI-A 내용척도를 개선하는 것이었다. 3단계에서는 목표 구성의 측면에서 문항 관련성을 평가하기 위해 척도 내용에 대한 합리적인 검토와 검증을 실시하였다. 4단계에는 해당 문항이 채점되는 척도보다 다른 척도와 더 높은 상관을 보이면 제거하는 등 척도를 통계적으로 더욱 개선하는 것이 포함되었다. 마지막 단계에서는 척도의 문항 내용에 기반한 경험적 발견과 논리적 추론의 조합을 활용하여 각 내용척도에 대한 서술적 설명을 선정하였다. MMPI-A 규준 표본 외에도, Williams 등(1992)은 MMPI-A 내용척도를 개선하고 이 측정치의 패턴을 식별하기 위해 미니애폴리스 치료 시설에 있는 420명의 남자 청소년과 293명의 여자 청소년 임상 표본을 사용했다.

MMPI-A 내용척도와 관련하여 몇 가지 일반적인 설명이 있다. 이는 다음과 같다.

- MMPI-A 내용척도를 해석하려면 MMPI-A의 478개 문항을 모두 실시해야 한다. MMPI-A 검사지의 첫 단계만으로는(즉, 초반의 350개 문항) 내용척도를 채점하는 데 충분하지 않다.
- 대부분의 MMPI-A 내용척도는 주로 원판 MMPI의 문항으로 구성된다. 그러나 학교 문제(A-sch) 척도와 부정적 치료지표(A-trt) 척도는 주로 원판 검사도구에 없는 문항으로 구성된다. 이와 반대로 냉소적 태도(A-cyn) 척도는 전적으로 원판 MMPI의 문항들로 구성된다.
- 15개의 MMPI-A 내용척도 중 11개는 문항 소속 및 측정의 초점이 되는 구성 측면에서 MMPI-2의 내용척도와 많이 중복된다. MMPI-A에 고유한 내용척도는 소외(A-aln), 낮은 포부(A-las), 학교 문제(A-sch) 및 품행 문제(A-con)이다.
- MMPI-A의 내용척도 원점수 합계를 T점수 값으로 변환할 때 동형 T점수 변환 절차를 일관되게 사용한다. 따라서 내용척도와 8개의 기본.임상척도(1, 2, 3, 4, 6, 7, 8, 9)만이 MMPI-A에서 동형 T점수를 사용한다.

- 일반적으로 건강 염려(A-hea)와 낮은 포부(A-las)를 제외하고 MMPI-A 내용척도에 대한 이상 응답 방향은 그렇다이다. 예를 들어, MMPI-A 강박성(A-obs)과 냉소적 태도(A-cyn) 내용척도는 모두 그렇다 방향일 때 득점되는 문항으로 구성되며, 기태적 정신상태(A-biz)와 분노(A-ang) 척도는 각각 아니다 방향일 때 득점되는 문항이 하나이다. 따라서 대부분의 MMPI-A 내용척도는 다양한 정신 증상의 발생 또는 존재 여부를 확인하는 것과 관련된다.

- MMPI-A 내용척도는 MMPI-2 및 Wiggins 내용척도와 유사하며, 정신병리와 관련성 측면에서 안면타당하고 명백하게 구성되어 있다. 따라서 MMPI-A 내용척도는 증상에 대한 청소년들의 과소보고 혹은 과대보고 경향성에 쉽게 영향을 받는다. MMPI-A를 해석하는 사람은 MMPI-A 내용척도를 해석하기 전에 청소년들의 응답 타당도, 특히 기술적 타당도의 정확성 요소를 신중하게 평가해야 한다.

- MMPI-A 내용척도는 MMPI-2의 내용척도와 마찬가지로 알파 계수 값(범위 .55~.83)에 반영된 것처럼 상대적으로 높은 내적 신뢰도를 보인다. 이 특징은 이러한 측정치를 개발하기 위해 적용된 척도 구성방법으로 예상할 수 있다. 그럼에도 불구하고 대부분의 MMPI-A 내용척도는 둘 이상의 내용소척도를 포함한다. Sherwood 등(1997)은 Ben-Porath와 Sherwood(1993)가 MMPI-2의 내용척도에 대한 소척도를 개발할 때 사용한 것과 유사한 방식으로 MMPI-A 내용척도 중 13개에 대한 내용소척도를 제공했다.

- 해석하는 사람은 MMPI-A 기본 임상척도의 해석을 보완, 증가 및 개선하기 위해 내용척도 결과를 사용할 수 있다. 내용척도는 독립적으로 해석하기보다 검사가 제공하는 전체 자료의 맥락 내에서 해석될 때 가장 유용하다.

MMPI-A 내용척도의 해석과 관련하여 경험적 정보를 이용할 수 있다. Williams 등(1992)은 420명의 남자 청소년과 293명의 여자 청소년으로 구성된 임상 표본에 대해서, Archer와 Gordon(1991b)은 정신과에 입원 중인 64명의 남자 청소년 및 58명의 여자 청소년에 대해 보고했다. Veltri 등(2009)은 법의학 환경의 남자 청소년 157명과 급성기로 정신과 입원 중인 197명의 여자 청소년 표본을 기반으로 내용과 보충척도에 대한 경험적 상관물을 제공했다. 가장 최근에는 Handel, Archer, Elkins, Mason 및 Simonds-Bisbee(2011)가 남자 청소년 315명과 여자 청소년 181명의 법의학 표본에서 내용 및 보충 척도에 대한 외적 상관물을 보고했으며, 이 결과는 성별에 따라 별도로 제시되었다. 또한 MMPI-A 내용척도의 소척도 점수를 조사하면 이 측정치에서 높은 점수를 보이는 개인의 특성에 대한 몇 가지 추론을 할 수 있다. MMPI-A 내용소척도에 대한 해석적 설명은 Ben-Porath 등 (2006)의 MMPI-A 매뉴얼 부록에서 제공된다.

대부분의 다른 MMPI-A 척도와 마찬가지로, MMPI-A 내용척도의 T점수가 65점 이상일 경우 임상 범위의 점수로 간주할 수 있으며, T점수 값이 60에서 64점일 때는 약간 상승한 것으로 설명할 수 있다. 내용척도에 대한 추가 연구가 진행됨에 따라 이러한 측정치의 임상 상관 패턴에 대해 더 상세한 설명이 가능해졌다. McCarthy와 Archer(1998)의 주성분 분석에 따르면, 15개의 MMPI-A 내용척도는 대체로 일반적 부적응과 외현화 경향성이라는 두 가지 광범위한 요인에 의해 설명된다. 전자의 요인은 통계적으로 상당히 강력 (robust)했고 A-trt, A-dep, A-aln, A-anx, A-lse, A-hea와의 강한 관계로 확인되었다. 두 번째 요인은 총분산이 훨씬 적었고 A-cyn, A-con, A-ang의 적재량이 컸다. 〈표 6-2〉는 규준 표본의 MMPI-A 내용척도에 대한 상관을 제공한다.

〈표 6-3〉, 〈표 6-4〉, 〈표 6-5〉 및 〈표 6-6〉은 이러한 측정치와 MMPI-A 기본척도 및 Wiggins 내용척도의 상관을 성별에 따라 제시한다. 〈표 6-5〉와 〈표 6-6〉에서 볼 수 있듯이, Wiggins 내용척도 중 8개와 MMPI-A의 7개 척도 사이의 상관은 매우 높다. 특히, 다음의 Wiggins 척도와 MMPI-A 내용척도의 쌍은 두 성별 모두에서 $r=.79$ 이상의 상관을 보였다. 즉, 우울(Depression)과 우울(A-dep), 저조한 건강(Poor Health)과 건강염려 (A-hea), 기질적 증상(Organic Symptoms)과 건강염려(A-hea), 가정 문제(Family Problems)와 가정 문제(A-fam), 권위 갈등(Authority Conflict)과 냉소적 태도(A-cyn), 적대감 (Hostility)과 분노(A-ang), 정신증(Psychoticism)과 기태적 정신상태(A-biz), 사회적 부적응 (Social Maladjustment)과 사회적 불편감(A-sod)이다. 그러나 Wiggins 내용척도 중 여성적 관심사(Feminine Interests)와 종교적 근본주의(Religious Fundamentalism) 척도는 MMPI-A 내용척도와 일관되게 낮은 상관관계를 나타냈고, 또 다른 3개의 Wiggins 척도[사기 저하 (Poor Morale), 공포증(Phobias), 경조증(Hypomania)]는 여러 MMPI-A 척도들과 중간에서 높은 상관을 보였다. 종교적 근본주의 척도를 제외하고, Wiggins 내용척도는 대부분의 MMPI-A의 척도 문항들을 담고 있었으며, 7개의 척도는 문항 모음의 80% 이상이 유지되었다. 〈표 6-7〉은 MMPI-A의 구조 내에서 Wiggins 내용척도의 상태에 대한 개요를 제공한다.

표 6-2 MMPI-A 규준 표본의 여자 청소년 815명과 남자 청소년 805명에 대한 MMPI-A 내용척도의 원점수 상관

척도명	여자 청소년														
	A-anx	A-obs	A-dep	A-hea	A-aln	A-biz	A-ang	A-cyn	A-con	A-lse	A-las	A-sod	A-fam	A-sch	A-trt
남자 청소년															
A-anx		.69	.74	.56	.61	.56	.51	.54	.41	.62	.32	.31	.53	.41	.62
A-obs	.66		.61	.42	.48	.51	.54	.60	.44	.57	.31	.24	.44	.39	.64
A-dep	.73	.55		.53	.70	.56	.43	.50	.47	.74	.42	.42	.57	.50	.71
A-hea	.50	.27	.48		.50	.56	.33	.34	.37	.46	.26	.29	.41	.45	.48
A-aln	.62	.46	.69	.47		.55	.38	.42	.50	.63	.37	.54	.61	.52	.74
A-biz	.54	.45	.56	.53	.53		.44	.49	.52	.48	.24	.26	.45	.44	.53
A-ang	.50	.52	.41	.23	.40	.36		.52	.54	.38	.27	.15	.47	.43	.49
A-cyn	.43	.57	.37	.07	.54	.37	.51		.52	.45	.22	.23	.46	.40	.61
A-con	.36	.44	.40	.22	.38	.41	.50	.47			.37	.17	.53	.58	.56
A-lse	.60	.55	.68	.47	.62	.53	.36	.35	.37		.49	.48	.48	.51	.69
A-las	.36	.22	.39	.39	.39	.32	.16	.10	.30	.45		.31	.35	.53	.48
A-sod	.43	.26	.47	.35	.55	.33	.14	.14	.03	.49	.33		.28	.30	.47
A-fam	.53	.43	.59	.48	.61	.51	.44	.35	.50	.51	.41	.28		.52	.58
A-sch	.46	.40	.53	.48	.53	.50	.40	.31	.56	.52	.48	.29	.60		.57
A-trt	.60	.58	.64	.42	.67	.56	.43	.49	.48	.67	.48	.45	.56	.58	

표 6-3 MMPI-A 규준 표본 중 여자 청소년의 내용척도와 기본척도의 원점수 상관

		A-anx	A-obs	A-dep	A-hea	A-aln	A-biz	A-ang	A-cyn	A-con	A-lse	A-las	A-sod	A-fam	A-sch	A-trt
기본척도	F1	.36	.27	.50	.54	.59	.60	.29	.30	.54	.47	.37	.35	.55	.61	.54
	F2	.41	.32	.54	.55	.60	.63	.34	.31	.49	.54	.38	.46	.51	.56	.60
	F	.42	.32	.55	.58	.64	.65	.34	.32	.54	.54	.40	.44	.56	.61	.61
	L	-.19	-.30	-.14	.06	.01	-.02	-.31	-.19	-.25	-.12	-.10	.14	-.11	-.10	-.08
	K	-.62	-.68	-.53	-.31	-.50	-.41	-.62	-.70	-.40	-.48	-.23	-.29	-.46	-.35	-.55
	Hs	.62	.44	.59	.91	.48	.50	.33	.36	.33	.49	.29	.29	.40	.42	.46
	D	.60	.33	.68	.51	.53	.34	.13	.22	.17	.57	.35	.47	.37	.31	.47
	Hy	.33	.03	.34	.56	.15	.20	-.03	-.12	.03	.19	.14	-.02	.17	.16	.08
	Pd	.59	.41	.68	.49	.59	.51	.39	.40	.50	.49	.31	.19	.68	.46	.51
	Mf	.07	.05	.04	-.13	-.11	-.20	-.07	-.16	-.28	-.06	-.10	-.06	-.09	-.21	-.16
	Pa	.56	.41	.63	.54	.55	.60	.28	.15	.38	.49	.23	.27	.42	.38	.47
	Pt	.84	.78	.81	.58	.63	.62	.58	.57	.49	.73	.42	.39	.53	.50	.69
	Sc	.76	.67	.79	.68	.71	.78	.54	.56	.60	.69	.44	.41	.66	.56	.74
	Ma	.43	.48	.36	.36	.33	.52	.46	.51	.57	.26	.11	-.11	.47	.36	.36
	Si	.54	.51	.59	.38	.60	.34	.31	.44	.24	.67	.47	.77	.37	.38	.62

내용척도

표 6-4 MMPI-A 규준 표본 중 남자 청소년의 내용척도와 기본척도의 원점수 상관

							내용척도									
		A-anx	A-obs	A-dep	A-hea	A-aln	A-biz	A-ang	A-cyn	A-con	A-lse	A-las	A-sod	A-fam	A-sch	A-trt
기본척도	F1	.39	.21	.52	.63	.55	.64	.25	.11	.39	.47	.42	.34	.59	.64	.50
	F2	.42	.26	.53	.61	.56	.68	.24	.14	.35	.55	.45	.40	.56	.60	.58
	F	.43	.25	.55	.65	.59	.70	.26	.13	.38	.54	.46	.40	.61	.65	.58
	L	-.15	-.35	-.08	.28	.02	.06	-.33	-.39	-.29	-.02	.12	.14	-.01	.02	-.06
	K	-.56	-.66	-.44	-.06	-.40	-.33	-.61	-.72	-.37	-.39	-.07	.22	-.33	-.26	-.44
	Hs	.54	.27	.50	.90	.46	.47	.23	.09	.18	.44	.37	.35	.45	.40	.37
	D	.50	.14	.54	.55	.43	.27	-.02	-.10	-.05	.45	.36	.47	.29	.24	.29
	Hy	.21	-.15	.26	.63	.15	.16	-.14	-.39	-.09	.12	.24	.11	.20	.15	-.01
	Pd	.54	.33	.64	.49	.57	.46	.33	.23	.43	.42	.38	.21	.67	.51	.43
	Mf	.27	.14	.20	.11	.11	.04	.00	-.13	-.14	.16	.02	.20	.09	-.11	-.01
	Pa	.53	.34	.62	.58	.56	.64	.24	.05	.25	.47	.35	.35	.50	.44	.45
	Pt	.83	.76	.79	.48	.64	.60	.54	.50	.43	.69	.38	.46	.56	.52	.63
	Sc	.74	.58	.79	.64	.73	.77	.49	.43	.50	.66	.46	.47	.72	.63	.69
	Ma	.37	.50	.32	.18	.29	.44	.50	.54	.59	.25	-.09	.07	.46	.38	.37
	Si	.58	.48	.58	.40	.61	.38	.26	.31	.13	.63	.42	.81	.39	.34	.57

출처: 허가하에 사용함. MMPI-A의 실시, 채점 및 해석 매뉴얼 by Butcher, et al. Copyright © 1992 by the Regents of the University of Minnesota. University of Minnesota Press의 허가하에 사용함. 무단 전재 금지. 'Minnesota Multiphasic Personality Inventory'와 'MMPI' 상표는 Regents of the University of Minnesota에서 소유함.

표 6-5 58명의 여자 청소년 입원환자의 MMPI-A 내용척도와 MMPI Wiggins 내용척도의 원점수 상관

		MMPI-A 내용척도														
		A-anx	A-obs	A-dep	A-hea	A-aln	A-biz	A-ang	A-cyn	A-con	A-lse	A-las	A-sod	A-fam	A-sch	A-trt
Wiggins 내용척도	HEA	.54	.38	.44	.84	.42	.39	.15	.26	.33	.51	.23	.51	.17	.21	.44
	DEP	.87	.81	.92	.61	.69	.43	.42	.53	.37	.85	.64	.54	.50	.47	.72
	ORG	.77	.64	.60	.90	.50	.57	.38	.41	.44	.62	.35	.50	.29	.54	.53
	FAM	.35	.44	.46	.22	.61	.28	.43	.46	.54	.44	.42	.11	.94	.35	.56
	AUT	.42	.49	.38	.32	.45	.43	.50	.86	.70	.47	.39	.15	.47	.50	.57
	FEM	-.10	-.11	-.11	.05	-.11	-.12	-.14	-.33	-.35	-.20	-.13	-.05	-.12	-.17	-.26
	REL	.02	-.14	-.04	.18	-.08	.00	-.25	-.18	-.24	.02	-.18	.01	-.44	-.28	-.15
	HOS	.54	.71	.45	.45	.44	.55	.83	.63	.72	.43	.41	.14	.52	.72	.58
	MOR	.80	.74	.85	.85	.64	.35	.33	.54	.29	.88	.53	.58	.38	.36	.65
	PHO	.57	.52	.38	.38	.35	.41	.32	.21	.29	.42	.15	.45	.23	.36	.32
	PSY	.65	.58	.57	.57	.62	.86	.54	.53	.62	.56	.35	.34	.47	.59	.58
	HYP	.34	.44	.16	.16	.15	.42	.65	.58	.58	.15	.14	-.13	.31	.50	.28
	SOC	.50	.39	.55	.55	.46	.07	.09	.22	-.02	.62	.36	.93	.08	.12	.46

출처: Archer (2005). Copyright ⓒ by Routledge. 허가하에 사용함.

표 6-6 64명의 남자 청소년 입원환자의 MMPI-A 내용척도와 MMPI Wiggins 내용척도의 원점수 상관

		A-anx	A-obs	A-dep	A-hea	A-aln	A-biz	A-ang	A-cyn	A-con	A-lse	A-las	A-sod	A-fam	A-sch	A-trt
Wiggins 내용척도	HEA	.46	.39	.56	.86	.46	.42	.02	-.11	-.14	.42	.09	.41	-.09	.14	.30
	DEP	.78	.73	.90	.68	.66	.55	.16	.19	-.03	.66	.23	.50	.05	.30	.59
	ORG	.57	.53	.65	.90	.54	.51	.01	-.10	-.06	.54	.11	.55	-.09	.23	.42
	FAM	.19	.25	.08	.02	.18	.13	.47	.31	.26	.10	.21	-.06	.82	.27	.19
	AUT	.03	.24	-.06	-.28	.15	.09	.61	.88	.65	.12	.29	-.05	.38	.39	.31
	FEM	.24	.12	.12	.24	.03	.22	-.04	-.19	-.01	.05	-.02	.15	-.00	.03	-.08
	REL	-.03	.19	-.00	.12	.11	.11	.08	-.07	.06	.08	-.24	.10	-.01	.06	.08
	HOS	.34	.54	.18	.15	.27	.30	.79	.73	.57	.18	.27	.08	.45	.56	.42
	MOR	.78	.83	.73	.55	.56	.47	.29	.39	-.02	.76	.20	.49	.02	.32	.59
	PHO	.33	.33	.37	.62	.46	.55	.13	.00	.08	.32	.06	.47	-.12	.26	.36
	PSY	.49	.61	.67	.63	.70	.89	.32	.29	.30	.64	.28	.59	.22	.47	.66
	HYP	.38	.57	.04	.05	.14	.09	.72	.68	.40	.16	.06	-.04	.23	.34	.36
	SOC	.39	.31	.41	.55	.47	.43	-.11	-.06	-.19	.46	.11	.86	-.04	.13	.43

출처: Archer (2005). Copyright ⓒ by Routledge. 허가하에 사용함.

표 6-7 MMPI-A에 있는 Wiggins 내용척도 문항

Wiggins 내용척도	MMPI 문항 수	MMPI-A에 있는 문항 수와 비율(%)	
사회적 부적응(SOC)	27	22	(81.5)
우울(DEP)	33	31	(93.9)
여성적 관심사(FEM)	30	16	(53.3)
사기 저하(MOR)	23	20	(87.0)
종교적 근본주의(REL)	12	1	(8.3)
권위 갈등(AUT)	20	20	(100.0)
정신증(PSY)	48	40	(83.3)
기질적 증상(ORG)	36	31	(86.1)
가정 문제(FAM)	16	16	(100.0)
적대감 표출(HOS)	27	18	(66.7)
공포증(PHO)	27	15	(55.6)
경조증(HYP)	25	18	(72.0)
저조한 건강(HEA)	28	17	(60.7)

▽ 불안(Adolescent-Anxiety: A-anx) 척도

MMPI-A의 불안 내용척도는 21개 문항으로 구성되며, 이 중 20개는 MMPI-2 불안 척도에도 있다. 이 척도에서 높은 점수를 받은 청소년들은 긴장, 불안, 반추 등의 불안 증상과 스스로 스트레스에 압도된다고 지각하는 증상을 보고한다. 대부분의 A-anx 척도 문항은 불안의 경험과 관련된 인지와 태도를 담고 있으며, 불안 증상의 생리적 표현과 관련된 문항은 상대적으로 적다. 〈표 6-3〉부터 〈표 6-6〉까지에 나타났듯이, A-anx 척도는 기본 프로파일의 척도 7과 높은 상관을 보이며, Wiggins의 우울(DEP) 내용척도와도 높은 상관을 보인다.

Butcher 등(1992)은 A-anx 척도가 우울과 신체적 호소와 관련된 증상뿐 아니라 일반적인 부적응을 측정하는 것으로 보인다고 보고했다. Archer와 Gordon(1991b) 연구에서의 임상적 상관물은 Devereux 청소년 행동 평가 척도(DAB)에서의 임상가 평정, 아동 행동 체크리스트(CBCL)에서의 보호자 보고 및 청소년의 정신과 기록에 나타난 문제 증상에서 도출되었다. 이들은 여자 청소년의 불안 점수가 높은 것은 낮은 인내력과 피로감, 또래들에 의한 지배, 강박적 사고 과정, 불안 및 겁이 많은 것과 관련된 반면, 남자 청소년의 높은 점수는 집중력 문제, 자살 사고의 발생, 슬픔 및 우울감과 관련되는 것을 발견했다.

Arita와 Baer(1998)는 62명의 청소년 입원환자 표본에서 여러 MMPI-A 내용척도의 상관물을 조사했고, A-anx와 A-dep 척도가 정서적 고통감, 긴장 및 초조함을 반영하는 유사한 상관물을 공유하는 경향이 있다고 보고했다. Kopper, Osman, Osman 및 Hoffman(1998)은 143명의 청소년 입원환자 표본에서 자기보고식의 자살 가능성 척도 점수와 A-anx 척도 점수가 상관이 있음을 발견했다. Veltri 등(2009)은 A-anx 척도 상승이 남녀 청소년의 자살 사고와 관련이 있다고 보고했고, Handel 등(2011)은 성별에 따라 A-anx 점수가 높을수록 사회성 및 주의력 문제가 증가한다는 사실을 발견했다. A-anx 척도는 Sherwood와 동료들(1997)이 의미 있는 소척도를 도출하지 못한 2개의 내용척도 중 하나이다.

다음 설명은 A-anx 척도에서 높은 점수를 보이는 청소년들에게 적용된다.

- 불안한, 긴장한, 과민한, 반추하는
- 집중력과 주의력의 문제
- 낮은 인내력과 피로
- 슬픔 및 우울
- 높은 자살 사고 및 생각의 가능성

⩝ 강박성(Adolescent-Obsessiveness: A-obs) 척도

A-obs 척도는 15개 문항으로 구성되며, 이 중 12개는 MMPI-2 강박성(OBS) 척도에, 13개는 원판 MMPI에도 있다. A-obs 척도의 모든 문항은 그렇다일 때 득점된다. MMPI-A 강박성 척도는 양가성과 의사 결정의 어려움, 과도한 걱정과 반추, 침투적 생각의 발생과 관련된 문항을 포함한다. Sherwood 등(1997)은 A-obs 내용척도에 대한 소척도를 보고하지 않았다. A-obs에서 높은 점수를 받은 청소년들은 강박 행동을 보일 수 있다. A-obs 척도는 기본 프로파일의 척도 7과 높은 상관을 보이며, 척도 K와 부적 상관이 있다.

Butcher 등(1992)은 임상 표본의 경우 높은 A-obs 점수가 남자 청소년의 불안하고 의존적인 행동 및 여자 청소년의 자살 생각 또는 자살 제스처와 관련된다고 보고했다. Archer와 Gordon(1991b) 연구에서는 명확한 상관 패턴이 확인되지 않았다. Veltri 등(2009)은 A-obs 척도 점수가 높을수록 여자 청소년의 자존감이 낮다는 것을 관찰했고, Handel 등(2011)은 A-obs 점수가 높을수록 부모가 평정한 여자 청소년의 위축 및 우울감이 높다고 보고했다. A-obs의 내용소척도는 도출되지 않았다.

다음은 높은 A-obs 점수와 관련된 특성 또는 상관물이다.

- 지나친 걱정과 반추
- 의사 결정의 어려움
- 침투적 사고의 발생 및 집중력 문제

✓ 우울(Adolescent-Depression: A-dep) 척도

A-dep 척도는 26개 문항으로 구성되며, 그 중 25개는 MMPI-2 우울 내용척도에도 포함되어 있다. 또한 A-dep 척도의 26개 문항 중 24개는 원판 MMPI에서 파생되었다. A-dep 척도의 문항들은 우울과 슬픔, 무감동, 낮은 에너지, 사기 저하와 관련된 것으로 보인다. Archer와 Gordon(1991b)의 입원환자 표본에서 A-dep 점수는 Wiggins의 DEP 내용척도 점수와 높은 상관을 보였다(여자 청소년의 경우 $r=0.92$, 남자 청소년의 경우 $r=0.90$). A-dep 점수는 척도 2와 높은 상관을 보이지 않았지만 기본척도 7과 8의 점수와 강한 상관을 보였다(〈표 6-3〉과 〈표 6-4〉 참조). 척도 2와 DEP 내용척도의 상관이 비교적 낮은데도 불구하고, Bence, Sabourin, Luty 및 Thackrey(1995)의 연구는 두 척도 모두 성인 정신과 입원환자의 표본에서 우울증 환자를 정확하게 식별하는 데 거의 동일한 효과를 보인다는 것을 보여 주었다. Archer 등(1996)은 MMPI-2 DEP 내용척도가 우울증에 대한 자기보고식 및 임상가 평정 점수의 예측에 있어 기본척도 2에서 제공된 정보에 증분적으로 추가된다는 것을 발견했다. Cashel, Rogers, Sewell 및 Holliman(1998)은 임상 및 비임상 청소년 표본에서 MMPI-A 내용척도의 상관물을 조사하였고, A-dep 점수가 우울감, 죄책감, 자살 행위 등의 우울 증상을 반영하는 학령기 아동용 정서장애 및 조현병 진단도구(Schedule of Affective Disorders and Schizophrenia for School Aged Children: K-SADS-III-R)의 몇 가지 문항과 정적 상관을 보인다고 보고했다. Arita와 Baer(1998)는 청소년 입원환자 연구에서 A-dep 척도가 Reynolds 청소년 우울증 척도(Reynolds Adolescent Depression Inventory: RADS)와 $r=.58$의 상관을 보인다는 것을 발견했다. Veltri 등(2009)은 남녀 모두에서 A-dep 점수가 자살 생각과 관련됨을 발견했고, Handel 등(2011)도 남녀 청소년의 불안, 우울, 정서 문제 및 내재화와 A-dep 점수가 관련됨을 발견하였다. A-dep 척도의 몇 가지 문항은 비관주의 및 무망감과 관련된다. A-dep 척도의 두 개의 문항(177번과 283번)은 자살 생각의 발생과 직접적으로 관련된다.

Butcher 등(1992)은 임상 장면의 청소년이 보이는 높은 A-dep 점수가 우울과 관련된 행동과 증상 및 자살 생각과 제스처의 발생과 관련이 있다고 보고했다. Archer와 Gordon(1991b)은 여자 청소년의 높은 A-dep 점수가 자살 사고와 관련된 반면, 남자 청소년의 높은 A-dep 점수는 자살 시도와 관련된다는 것을 발견했다. Sherwood 등(1997)은 기분 부전(A-dep1), 자기 비하(A-dep2), 동기 결여(A-dep3), 자살 사고(A-dep4)로 분류된 A-dep의 네 가지 소척도를 확인했다.

다음은 높은 A-dep 점수와 관련된 특성이다.

- 슬픔, 우울, 낙담
- 피로, 무감동
- 자살 생각이 포함될 수 있는 전반적인 절망감

▽ 건강염려(Adolescent-Health Concerns: A-hea) 척도

MMPI-A 건강염려척도는 37개의 문항으로 구성되며, 이 중 34개는 MMPI-2 건강염려(HEA) 척도에도 있으며, 37개의 문항 중 34개는 원판 MMPI에도 있다. A-hea 척도의 23개 문항은 또한 표준 또는 기본 MMPI-A 임상척도 중 척도 1에 포함되어 있으며, 이 두 척도의 점수는 상관이 높다. A-hea 척도는 아니다로 답할 때 득점되는 대다수 문항들을 포함하고 있는 2개의 MMPI-A 내용척도 중 하나이다. A-hea 내용척도에서 높은 점수를 보이는 청소년들은 위장, 신경계, 감각, 심혈관, 호흡기 계통을 포함한 다양한 영역에서의 신체적 증상을 나타낸다. 이 청소년들은 신체적으로 아프다고 느끼고 건강을 걱정한다. Archer와 Gordon(1991b)의 입원환자 표본에서 A-hea 척도 점수는 Wiggins ORG 내용척도 점수와 높은 상관(남녀 모두 $r=.90$)을 나타냈다.

Williams 등(1992)은 높은 A-hea 점수가 자신들의 임상 표본 청소년에게서는 신체적 증상 호소와 관련되며, 정상 청소년에게서는 잘못된 행동, 학교 문제 및 낮은 학업 성취와 관련됨을 발견했다. Archer와 Gordon(1991b)은 여자 청소년의 점수가 자살 생각, 권태감, 피로와 관련되는 반면, 점수가 높은 남자 청소년이 현실검증력, 집중력 장애, 신체적 염려를 보인다고 묘사하였다. Veltri 등(2009)은 A-hea 척도에 대한 의미 있는 상관물을 보고하지 않았지만, Handel 등(2011)은 A-hea 점수가 여자 청소년의 신체적 호소 및 신체적 문제와 관련이 있음을 발견했다. 향후에는 만성적인 의학적 상태 등의 신체적 건강 악화가 A-hea 점수에 미치는 영향의 정도를 검토해야 할 것이다. Sherwood 등(1997)은 소화기 증상(A-hea1), 신경학적 증상(A-hea2), 일반적인 건강염려(A-hea3)라고 불리는 A-hea의 세 가지 소척도를 개발했다.

다음은 높은 A-hea 점수와 관련된 특성이다.

- 더 구체적인 소화기 또는 신경학적 증상을 포함할 수 있는 일반적인 신체적 염려 및 호소
- 권태감, 허약감, 피로감

✡ 소외(Adolescent-Alienation: A-aln) 척도

MMPI-A 소외 척도는 20개 문항으로 이루어지며 MMPI-2 내용척도에서 직접적으로 대응되는 척도는 없다. A-aln 척도는 대인관계에서 고립되고 소외된 청소년들과 사회적 상호작용에 대해 비관적으로 느끼는 청소년들을 파악하기 위해 고안되었다. 이들은 다른 사람들이 자신을 이해하거나 공감해 준다고 믿지 않는 경향이 있고, 자신의 삶이 불공평하거나 가혹하다고 인식한다. 그들은 누구에게도 의지하거나 기댈 수 없다고 느낄 수도 있다. 이 청소년들은 가까운 친구가 거의 없거나 아예 없을 것으로 예상된다. A-aln 척도는 MMPI 기본척도 중 척도 8과 가장 높은 상관(여자 청소년의 경우 $r=.71$, 남자 청소년의 경우 $r=.73$)을 보인다. Archer와 Gordon(1991b)의 자료에서는 A-aln 척도가 여자 청소년의 경우는 Wiggins의 DEP 내용척도($r=.69$)와 남자 청소년의 경우는 Wiggins PSY 내용척도($r=.70$)와 가장 높은 상관이 있었다.

Williams 등(1992)은 A-aln 척도가 규준 표본과 임상 표본 모두에서 타인과 정서적 거리를 느끼는 것과 관련된 상관물을 나타낸다고 보고했다. Archer와 Gordon(1991b)의 임상 표본에서, 여자 청소년의 높은 점수는 철수, 거짓말, 성마름과 관련이 있는 반면, 남자 청소년의 높은 점수는 도발적인 것, 과도한 환상의 사용, 환각과 자살 생각의 발생과 관련이 있었다. Kopper 등(1998)은 A-aln 척도 점수가 청소년 입원환자의 자기보고식의 자살 가능성 측정에 크게 기여했다고 보고했다. Veltri 등(2009)은 또한 A-aln 척도가 법의학 표본에서 남자 청소년의 자살 시도나 제스처의 과거력과 관련됨을 발견했다. Handel 등(2011)은 A-aln 점수가 여자 청소년의 사회적 문제와 내재화 및 남녀 청소년 모두의 불안 및 우울과 관련된다고 보고했다. Sherwood 등(1997)은 A-aln의 세 가지 소척도인 이해받지 못함(A-aln1), 사회적 소외(A-aln2), 대인관계 회의(A-aln3)를 개발했다.

다음은 높은 A-aln 점수와 관련된 특성이다.

- 대인관계 소외감과 좌절감
- 사회적 철수 및 고립

▽ 기태적 정신상태(Adolescent-Bizarre Mentation: A-biz) 척도

A-biz 척도는 19개 문항으로 구성되며, 이 중 17개는 MMPI-2의 기태적 정신상태(BIZ) 척도에도 포함되어 있다. A-biz 척도의 19개 문항 중 11개 문항은 MMPI-A의 F 척도에도 속한다. A-biz 척도 문항 중 하나를 제외한 모든 문항이 원판 MMPI 문항 모음에 있다. A-biz 척도에서 높은 점수를 보이는 청소년은 정신증적 사고 과정의 발현이 특징적이다. 그들은 환청, 환시 또는 환후 등의 이상하고 특이한 경험을 보고한다. 그들은 또한 다른 사람들이 자신에 대해 음모를 꾸미거나 다른 사람들에 의해 통제된다는 믿음 등의 편집 증상과 망상을 보일 수 있다. A-biz 점수는 규준 표본의 기본 MMPI-A 프로파일의 척도 F 및 8과 높은 상관을 보이며(〈표 6-3〉, 〈표 6-4〉 참조), Archer와 Gordon(1991b)의 입원 표본에서 Wiggins의 PSY 척도와 높은 상관을 보였다(〈표 6-5〉, 〈표 6-6〉 참조). Williams 등(1992)은 A-biz 척도가 정상 청소년들 사이에서 일반적인 부적응을 측정하는 것으로 나타났고, 임상 표본에서는 기태적 감각 경험 및 정신증 증상의 발생과 관련이 있다고 보고했다. Archer와 Gordon(1991b)은 A-biz의 높은 점수가 여성 입원환자의 환각, 정서조절의 어려움, 낮은 현실검증력과 관련된 반면, 남성의 높은 점수는 싸움, 법적인 문제, 성 학대 범죄, 환각, 낮은 현실검증력과 관련된다는 것을 발견했다. Veltri 등(2009)은 A-biz 척도 점수가 여자 청소년의 자해 및 남자 청소년의 언어적 위협의 과거력과 관련이 있다고 보고했다. Handel 등(2011)은 법정 장면의 여자 청소년의 사고 문제와 사회적 문제의 과거력이 상승한 A-biz 점수와 관련됨을 발견했다. Sherwood와 동료들은 A-biz 내용척도에 대해 정신증적 증상(A-biz1)과 편집증적 사고(A-biz2) 소척도를 개발했다.

다음은 높은 A-biz 척도 점수와 관련된 특성이다.

- 낮은 현실검증력
- 충동 통제의 결함
- 이상하고 특이한 믿음 또는 생각
- 환각과 망상 등의 편집증적 증상 및 사고장애 또는 정신증의 가능성이 있음

▽ 분노(Adolescent-Anger: A-ang) 척도

MMPI-A의 분노 척도는 17개의 문항으로 구성되며, 이 중 11개는 MMPI-2의 분노 (ANG) 척도에도 있다. A-ang의 12개 문항은 원판 MMPI에도 있다. Clark(1994)는 만성 통증 프로그램에 입원한 97명의 남성 환자 표본에서 MMPI-2 ANG 척도와 분노 및 주관적

고통감을 함께 측정한 결과 사이의 관계를 조사했다. 그 결과, MMPI-2 ANG 척도가 분노를 외적으로 표현하는 경향에 대한 신뢰할 만한 지수이며, Spielberger(1988)의 특성 분노 측정치와도 $r=.71$의 상관이 있는 것으로 나타났다. 또한 MMPI-2 ANG 척도에서 높은 점수(T ≥ 65)를 얻은 사람은 빈번하고 강렬한 분노를 보이고, 좌절감을 느끼며, 성질이 급하고, 충동적이고 대인관계 문제를 일으키기 쉬운 것으로 묘사될 수 있었다. MMPI-2 ANG 척도가 분노의 외현화를 측정하는 데 효과적인 척도로 밝혀졌지만, 이 내용척도의 점수는 분노의 상태를 경험하는 것 또는 내적 분노 패턴과는 관련이 없었다.

MMPI-A의 A-ang 척도에서 높은 점수를 받은 청소년은 성마르고 투덜거리며 참을성이 없다고 묘사될 수 있다. 분노 문제에는 신체적 공격성의 가능성이 포함될 수 있으며, A-ang 척도 문항 중 4개 문항(34, 128, 445, 458)이 특히 신체적 공격성의 문제와 관련된다. Williams 등(1992)은 임상 현장에서 청소년의 A-ang 점수가 폭력적 행동의 과거력과 관련이 있다는 것을 발견했다. Veltri 등(2009)은 A-ang 점수가 공격성, 분노, 폭력성 및 싸우는 것과 상관이 있음을 발견했고, Handel 등(2011)은 높은 A-ang 점수가 공격성 및 품행 문제의 증가와 관련된다고 보고했다. 외현화 행동과 관련된 다른 MMPI-A 척도와 마찬가지로 A-ang 점수는 규준 표본에서 척도 K와 강한 부적 상관을 보인다. 또한 A-ang 척도는 Archer와 Gordon(1991b)의 입원 표본의 Wiggins 적대감 표출(HOS) 척도의 점수와 높은 상관관계(남 $r=.79$, 녀 $r=.83$)가 있었다. 추가적으로, 이들은 높은 A-ang 점수가 여자 청소년들에게는 무단결석, 부모와 좋지 않은 관계, 반항과 불복종, 분노와 폭력성과 관련되며, 남자 청소년들에게는 이성에 대한 높은 관심, 약물 남용, 과잉행동성, 위협적인 폭력성과 관련이 있다는 것을 발견했다. Toyer와 Weed(1998)는 법원 판결로 외래 치료를 받고 있는 청소년 50명의 표본에서 A-ang 점수는 상담자가 평정한 분노 정도와 정적 상관이 있음을 발견했다. Arita와 Baer(1998)는 A-ang 척도와 아동 행동 체크리스트의 자기보고식 청소년판(YSR)의 외현화 척도의 점수 간 상관이 $r=.59$였으며, A-ang와 상태-특질 분노 표현 척도의 특질 점수와의 상관도 $r=.59$라고 보고했다. Sherwood 등(1997)은 폭발적 행동(A-ang1)과 성마름(A-ang2)으로 구별된 A-ang의 소척도를 개발했다.

다음은 높은 A-ang 점수와 관련된 특성이다.

- 분노 및 대인 적대감
- 성마름, 투덜거림, 참을성이 없음
- 분노 조절의 어려움 및 신체적 공격성

∀ 냉소적 태도(Adolescent-Cynicism: A-cyn) 척도

A-cyn 척도는 22개 문항으로 되어 있으며, 이 중 21개는 MMPI-2의 냉소적 태도(CYN) 척도에도 속해 있다. 모든 A-cyn 척도의 문항들은 원판 MMPI에도 있으며, 그렇다로 답할 때 득점된다. MMPI-A의 냉소적 태도 척도가 상승한 청소년은 불신하고 냉소적이며 타인의 동기에 대해 의심이 많다고 묘사될 수 있다. 그들은 모든 사람이 자신의 이익을 위해 서로를 이기적으로 조종하고 이용한다고 믿는 경향이 있고, 사람들이 단지 잘못된 행동을 하면 들키고 벌을 받을 것이라는 두려움 때문에 윤리적이거나 정직해 보이려는 방식으로 행동한다고 추측한다. 또한 다른 사람들이 이익을 얻기 위해 거짓말을 하고, 속이고, 훔친다고 예상한다. A-cyn 척도는 MMPI-A 기본척도 프로파일의 척도 K와 높은 부적상관을 보인다. Archer와 Gordon(1991b)의 청소년 입원환자 표본의 자료에서 A-cyn 척도가 Wiggins 권위 갈등(AUT) 내용척도와 높은 상관이 있었다.

Williams 등(1992)은 MMPI-A 규준 및 임상 표본의 연구를 통해 이 척도와 의미 있는 외적 상관물이 거의 없다고 보고했다. Archer와 Gordon(1991b)은 여자 청소년들의 높은 A-cyn 점수는 기본적으로 성적 학대 경험 및 부모와 좋지 않은 관계와 관련되며, 치료자들에 의해 저항적이고 부정적인 태도를 보인다고 평가되는 것을 발견했다. 입원 중인 남자 청소년들은 A-cyn 척도와 상관물이 거의 없었는데, 밝혀진 상관물은 환각의 발생 증가 및 환상의 과도한 사용과 관련되었다. Clark(1994)는 97명의 남성 만성 통증 환자 표본에서 MMPI-2의 CYN 내용척도의 상관물을 조사했다. 조사 결과, CYN 척도의 상승과 관련된 일관된 설명이 거의 없어 연구자들은 임상 장면에서 MMPI-2의 CYN 척도를 사용할 때 주의해야 한다고 결론 내렸다. 좀 더 최근에는 Veltri 등(2009)이 A-cyn 척도 점수가 더 높은 남자 청소년은 좀도둑질 과거력이 있을 가능성이 더 높다고 보고했고, Handel 등(2011)은 상승한 A-cyn 점수가 그 어떤 상관물과도 무관하다는 것을 발견했다. MMPI-A CYN 척도에 대해 도출된 임상적 설명 내용의 일관성이 결여되어 있다는 점도 이 척도를 사용할 때 주의해야 함을 시사한다. A-cyn 내용척도에 대한 Sherwood 등(1997)의 소척도는 염세적 신념(A-cyn1)과 대인 의심 (A-cyn2)이다.

A-cyn 척도의 문항 내용에 기반해서 이 척도의 높은 점수는 다음의 설명과 연관될 수 있다.

- 다른 사람의 동기를 경계하고 의심함
- 관계에서 비우호적이고 조종하며 적대적임

∀ 품행문제(Adolescent-Conduct Problems: A-con) 척도

MMPI-A 품행문제 척도는 23개 문항으로 구성되며, 이 중 7개는 MMPI-2의 반사회적 특성(ASP) 척도에도 있다. A-con 척도의 23개 문항 중 12개는 원판 MMPI의 문항 모음에서 파생되었다. A-con 척도는 충동성, 위험감수 행동, 반사회적 행동을 포함한 문제 행동을 보고하는 청소년을 식별하기 위해 개발되었다. Sherwood와 동료들은 이 내용척도에 대해 표출 행동(A-con1), 반사회적 태도(A-con2), 또래집단의 부정적 영향(A-con3)이라는 세 가지 소척도를 개발했다. 이 척도에서 높은 점수를 보이는 청소년은 학교에서 정학을 당하거나 법적 위반을 초래할 수 있는 행동을 보일 가능성과 품행장애 진단을 받을 가능성이 더 크다. 그러나 품행 문제와 관련된 행동 외에도, A-con 척도는 사회적 규범이나 기준과 상충될 수 있는 태도와 신념을 측정한다. MMPI-A 규준 표본의 남녀 모두에서 A-con 척도는 기본척도 프로파일의 척도 8 및 9와 상당한 상관($r > .50$)을 보였고, 입원환자 표본에서는 Wiggins 권위 갈등(AUT) 내용척도(남 $r=.65$, 여 $r=.70$)와 상관이 있었다.

Williams 등(1992)은 A-con의 높은 점수가 중요한 행동 문제의 발생과 관련된다고 보고했다. Archer와 Gordon(1991b)은 남자 청소년들의 높은 A-con 점수가 절도, 무단결석, 약물 남용, 법적 문제, 알코올 남용, 폭력적 행동과 같은 문제를 나타내는 것과 관련이 있음을 발견했다. 여자 청소년의 높은 A-con 점수는 무단결석, 반항과 불복종, 분노, 가출과 관련이 있었다. Arita와 Baer(1998)는 A-con 척도가 아동 행동 체크리스트의 자기보고식 청소년판(YSR)의 외현화, 비행, 공격 척도의 점수와 각각 $r=.57$, $r=.56$, $r=.48$의 상관이 있다고 보고했다. Veltri 등(2009)은 높은 A-con 척도 점수와 남녀 청소년의 약물 남용 과거력 및 여자 청소년의 반항 행동과 과거 범죄 혐의가 관련됨을 발견했다. Handel은 A-con 점수가 법의학 표본에서 남녀 모두 규칙을 어기고 외현화하는 행동과 관련된다고 보고했다.

다음의 특성 또는 상관물은 높은 A-con 점수와 관련된다.

- 행동으로 인해 문제를 일으킬 가능성이 있음
- 충동 조절 부족 및 반사회적 행동
- 사회 규범과 기준에 상충되는 태도와 신념
- 권위자와의 문제
- 품행장애 진단 가능성의 증가

∀ 낮은 자존감(Adolescent-Low Self-Esteem: A-lse) 척도

A-lse 척도는 18개 문항으로 구성되며, 모두 MMPI-2의 낮은 자존감(LSE) 내용척도에 속해있다. A-lse 척도는 자존감이 낮고 자신감이 적은 청소년을 식별하고자 한다. 이 내용척도에서 높은 점수를 받은 청소년들은 종종 부족하고 쓸모없다고 느끼며, 다른 사람들만큼 능력이 있거나 유능하지 못하다고 느낀다. 그들은 실제적으로 그리고 상상으로도 많은 결함과 결점을 인식하고 다른 사람들에 의해 존중받지 못하거나 거부당한다고 느낀다. A-lse는 기본척도 중 척도 7, 8, 0과 가장 높은 상관을 보인다(〈표 6-3〉 및 〈표 6-4〉 참조). 또한 A-lse 점수는 Wiggins 사기 저하(MOR) 척도 점수와 높은 상관(남 $r=.76$, 여 $r=.88$)을 보인다. Sherwood 등(1997)이 개발한 이 내용척도의 소척도는 자기 회의(A-lse1)와 순종성(A-lse2)이다.

Williams 등(1992)은 A-lse 척도의 높은 점수가 부정적인 자아관 및 학교에서의 낮은 성취와 관련있다고 보고했다. 임상 표본의 여자 청소년의 경우 이 척도의 높은 점수는 우울증 발생과 관련이 있었다. Archer와 Gordon(1991b)의 입원환자 표본 중 여자 청소년의 높은 A-lse 점수는 강박적 사고, 사회적 철수, 피곤과 피로, 자살 사고와 관련이 있었다. 남자 청소년의 높은 점수는 자살 사고, 수동성, 자책 또는 자기비난과 관련되었다. Veltri 등(2009)은 법의학 표본의 남자 청소년과 임상 표본의 남녀 모두에게 높은 A-lse 점수는 임상적 평가에서의 낮은 자존감과 관련됨을 발견했다. Handel 등(2011)은 자신들의 법의학 표본의 남녀 모두에서 A-lse 척도가 사회적 문제, 사회적 철수 및 우울증과 관련된다고 보고했다.

다음의 설명 내용 및 상관물은 높은 A-lse 점수와 관련된다.

- 자존감 또는 자신감 저하
- 부적절하고 무능하다는 느낌
- 대인관계에서의 수동성, 불편감 및 철수

∀ 낮은 포부(Adolescent-Low Aspirations: A-las) 척도

MMPI-A의 낮은 포부 척도는 16개 문항으로 구성되며, MMPI-2 내용척도에서 직접적으로 대응되는 척도는 없다. 이 내용척도에 대한 Sherwood 등(1997)의 소척도는 낮은 성취성(A-las1)과 주도성 결여(A-las2)이다. A-hea 척도와 마찬가지로, A-las 척도의 대부분은 아니다로 답할 때 득점된다. A-las 척도에서 높은 점수를 받은 청소년들은 학업이나 삶의 목표가 거의 없으며, 스스로를 실패한 것으로 본다. 그들은 정진하지 않고, 꾸물거리며, 좌절스럽거나 힘든 도전에 직면했을 때 빨리 포기한다. A-las 척도와 .50이 넘는 상관을 보이는 MMPI-A 기본척도 또는 Wiggins 내용척도는 없다(〈표 6-3〉~〈표 6-6〉 참조). 규준 표본에서 보충척도인 미성숙(IMM) 척도는 A-las 척도와 $r=.59$로 가장 높은 상관을 보였다.

Williams 등(1992)은 A-las 점수가 학교에서의 저조한 성취와 관련되며, 가출과 무단결석을 포함한 품행장애 행동과 관련이 있다는 것을 발견했다. Archer와 Gordon(1991b)의 입원환자 표본 중 남자 청소년의 경우, 높은 A-las 점수는 체포, 법적 곤란, 자살 위협과 관련이 있었다. 여자 청소년의 높은 점수는 만족지연을 못함, 저항적이거나 반항적인 태도, 새로운 개념과 내용을 배우거나 숙달하는 데 어려움을 느끼며, 이에 좌절과 분노를 느끼는 것과 관련이 있었다. Veltri는 법의학 장면의 남자 청소년과 급성의 입원환자 여자 청소년의 높은 A-las와 관련된 상관물을 발견하지 못했다. Handel 등(2011)은 높은 A-las 점수가 남녀 모두에서 주의력 결핍/과잉행동 장애(ADHD) 측정치의 높은 점수와 관련된다는 것을 발견했다.

다음의 상관물은 높은 A-las 척도 점수와 관련이 있다.

- 부진한 학업성취
- 낮은 좌절감내력
- 주도성과 방향성의 부족
- 지속적인 낮은 성취 패턴

∀ 사회적 불편감(Adolescent-Social Discomfort: A-sod) 척도

MMPI-A의 사회적 불편감 척도는 24개 문항으로 구성되며, 이 중 21개는 MMPI-2의 사회적 불편감 척도에도 포함되어 있다. 또한 A-sod 척도의 16개 문항은 MMPI-A의 기본척도 중 내향성(Si) 척도에도 있다. A-sod 척도에서 높은 점수를 보인 청소년은 사회적 상황에서 불편감을 느끼는 경향이 있다. 그들은 사회적 행사를 피하고, 다른 사람들과 교류하는 것을 어려워한다. Sherwood 등(1997)은 이 내용척도의 소척도를 내향성(A-sod1)과 수줍음(A-sod2)으로 명명했다. MMPI-A 기본척도 중에서 A-sod는 남녀 모두에서 Si 척도와 가장 높은 상관($r > .75$)을 보인다(〈표 6-3〉, 〈표 6-4〉 참조). A-sod 척도는 〈표 6-5〉와 〈표 6-6〉에 나타난 것처럼, Wiggins의 사회적 부적응(SOC) 척도와 상관($r > .85$)도 매우 높다.

Williams 등(1992)은 높은 A-sod 점수가 남녀 모두에서 사회적 철수 및 불편감과 관련되며, 여자 청소년들의 경우는 우울증 및 섭식장애 문제와 관련이 있다는 것을 발견했다. Archer와 Gordon(1991b)은 입원 중인 여자 청소년의 높은 A-sod 점수가 사회적 철수, 무감동, 피로, 수줍음, 또래와의 경쟁을 피하는 것과 관련이 있음을 발견했다. 남자 청소년의 A-sod 점수가 높은 것은 잦은 도발적인 행동, 불안과 초조함, 자살 생각과 관련이 있었다. Arita와 Baer(1998)는 청소년 입원환자에서 A-sod 척도 점수가 다중점수 우울증 척도(Multiscore Depression Inventory: MDI)의 사회적 내향성 차원 점수와 상관이 있다고 보고했다. Veltri 등(2009)은 그들의 표본에서 높은 A-sod 점수가 우울 및 불안과 관련되었다고 보고했다. Handel 등(2011)은 여자 청소년에서 상승된 A-sod 점수가 높은 수준의 철수 및 우울과 관련됨을 발견했다.

다음 특성은 높은 A-sod 점수와 관련된다.

- 사회적 불편감과 철수
- 수줍음과 사회적 내향성

∀ 가정 문제(Adolescent-Family Problems: A-fam) 척도

MMPI-A의 가정 문제 척도에는 35개 문항이 있고, 이 중 15개는 MMPI-2의 가정 문제 내용척도에도 속한다. A-fam 척도의 21개 문항은 원판 MMPI에서 파생되었다. A-fam에서 높은 점수를 보인 청소년들은 가족과 상당한 갈등과 불화가 있다고 보고한다. 이들은 가족과 자주 다투며, 가족 간의 사랑이나 이해는 거의 없다고 보고한다. 그들은 가족에 의해 오해와 부당한 처벌을 받고 있다고 느끼고, 신체적 또는 정서적으로 학대를 당한다고 보고할 수도 있다. 또한 집과 가족으로부터 탈출하기를 원할 수도 있다. Sherwood 등(1997)은 A-fam을 가정 불화(A-fam1)와 가족 내 소외(A-fam2)라는 두 가지 요소로 나누었다. A-fam은 MMPI-A의 기본척도 중에서 Pd 및 Sc 척도 점수와 가장 높은 상관($r >$ .65)을 보이고(〈표 6-3〉, 〈표 6-4〉 참조), Wiggins 내용척도 중에서는 Wiggins 가정 문제(FAM) 척도와 가장 높은 상관($r >$ .80)을 보인다(〈표 6-5〉, 〈표 6-6〉 참조).

Williams 등(1992)은 A-fam 척도의 높은 점수가 다양한 비행과 신경증 증상 및 행동과 관련된다고 보고했다. Archer와 Gordon(1991b)의 입원환자 표본에서 높은 A-fam 점수를 얻은 여자 청소년들은 더 많은 분노 문제를 가지고 있고, 소란스럽게 떠들며, 가출 빈도가 더 높은 것으로 밝혀졌다. 이 내용척도에서 높은 점수를 받은 남자 청소년들은 약물 및 알코올 남용, 분노 조절 문제, 신체적 학대의 과거력이 있을 가능성이 더 높았다. Veltri 등 (2009)의 연구에서 A-fam 척도 점수는 법의학 환경에서 남자 청소년의 분노와 약물 남용 과거력과 관련되고, 급성 입원 장면에서 여자 청소년의 적대적 행동 및 성적 학대의 과거력과 관련되었다. Handel 등(2011)은 A-fam 척도 점수가 법의학 표본의 남녀 모두의 적대적-반항 행동, 품행 문제, ADHD와 관련이 있다고 보고했다.

다음은 높은 A-fam 점수와 관련된 특성이다.

- 가족을 비지지적, 적대적, 애정이 없는 또는 가혹하다고 인식함
- 가출을 포함한 행동화 가능성 증가
- 가족에 대한 분개, 분노, 적대감

▽ 학교 문제(Adolescent-School Problems: A-sch) 척도

MMPI-A 학교 문제 척도는 20개 문항으로 구성된다. 이 척도는 MMPI-A만을 위해서 만들어졌으며, MMPI-2에서 대응되는 척도는 없다. A-sch 척도에 있는 문항 중 9개만이 원판 검사에서 파생되었다. A-sch 점수가 높은 청소년들은 학교를 좋아하지 않으며, 학교에서 많은 행동 문제와 학업 문제에 직면할 가능성이 높다. 그들은 발달 지연이나 학습 장애를 가지고 있거나, 학업 성취와 학습 기술의 습득을 현저히 방해하는 행동 문제를 보일 수 있다. 이 내용척도에 대한 Sherwood 등(1997)의 소척도는 학교 품행 문제(A-sch1)와 부정적 태도(A-sch2)이다. MMPI-A의 기본척도 중에서 A-sch 점수는 F 척도와 가장 높은 상관관계($r > .60$)와 Sc($r > .55$)가 있다. A-sch 점수는 Wiggins 적대감 표출(HOS) 척도($r > .50$) 및 보충척도의 미성숙 척도($r > .70$)와도 상관이 있다.

Williams 등(1992)은 높은 A-sch 점수가 학교에서의 학업 및 행동 문제의 발생과 관련되며, 일반적인 부적응의 지표로 사용할 수 있다고 보고했다. Archer와 Gordon(1991b)은 이 MMPI-A 내용척도의 높은 점수가 여자 청소년 입원환자의 학업 저하와 실패, 무단 결석 및 반항과 관련이 있음을 발견했다. 남자 청소년의 높은 점수는 법적 문제, 약물 남용, 싸움, 그리고 이성에 대한 강한 관심과 관련이 있었다. Toyer와 Weed(1998)는 법적 판결을 받은 청소년들이 학교 장면에서 보이는 문제의 정도에 대한 상담자의 평정뿐 아니라 청소년 범죄자들의 상태와 A-sch 내용척도의 점수가 관련된다고 보고했다. Milne와 Greenway(1999)는 170명의 청소년 표본을 조사했고, 남자 청소년들의 경우 높은 A-sch 점수가 웩슬러 아동 지능검사 3판(WISC-III)의 전체 지능과 언어성 지능지수의 낮은 점수와

관련된다는 것을 밝혔으나, 여자 청소년들에게는 이러한 관계가 약하게 나타났다. Veltri 등(2009)은 높은 A-sch 점수가 남자 청소년의 물질 남용 과거력과 여자 청소년의 학교 정학 과거력과 관련된다고 보고했다. Handel 등(2011)은 그들의 법의학 표본에서 남녀의 높은 A-sch 점수가 주의력결핍장애의 부주의형과 충동형 모두와 관련된다는 것을 발견했다.

높은 A-sch 점수는 다음의 상관물 또는 특성과 관련된다.

- 학업 활동 및 성취에 대한 부정적인 태도
- 행동적, 학업적 문제 및 장해를 포함한 학업 성취의 부진
- 학습 장애 또는 현저한 발달 지연 및 학습 문제의 가능성

⍭ 부정적 치료지표(Adolescent-Negative Treatment Indicators: A-trt) 척도

MMPI-A 부정적 치료지표 척도는 26개 문항으로 구성되며, 그중 21개는 MMPI-2의 부정적 치료지표(TRT) 척도에도 있다. A-trt 척도 중 9개만 원판 MMPI에서 파생되었다. 높은 A-trt 척도 점수를 보이는 청소년의 경우, 자신의 변화 능력에 대한 무관심이나 낙담 혹은 정신 건강 전문가를 포함한 다른 사람의 도움에 대한 의심과 불신이 치료에 장애가 될 수 있다. 이들은 자기 삶에 중대한 변화를 줄 능력이 없거나, 변화 과정에서 다른 사람들과 함께 하는 것이 효과적이지 못하거나 나약함의 표시라고 느낄 수 있다. 이 내용척도에 대한 Sherwood 등(1997)의 소척도는 낮은 동기(A-trt1)와 낮은 자기 개방(A-trt2)이다. A-trt 척도는 MMPI-A 기본척도 중 Pt 및 Sc 척도와 가장 높은 상관($r > .60$)을 보인다 (〈표 6-3〉, 〈표 6-4〉 참조). 또한 A-trt 척도는 미성숙 보충척도와 Wiggins 우울(DEP) 및 정신증(PSY) 척도와도 높은 상관($r > .60$)을 보인다.

Archer와 Gordon(1991b)의 입원환자 표본에서, 남자 청소년의 높은 A-trt 점수는 이성에 대한 관심, 좋지 않은 형제 관계, 과도한 환상의 사용, 그리고 친구들을 신체적으로 위협하는 경향과 관련이 있었다. 여자 청소년의 A-trt 점수가 높은 것은 신체 협응 능력의 저하, 기이한 신체적 움직임과 관련이 있었다. Williams 등(1992)은 A-trt 척도에 대한 명확한 임상적 상관물의 패턴을 찾지 못했다. Veltri 등(2009)은 법의학 표본에서 A-trt 점수가 남자 청소년의 자살 사고나 제스처 및 급성 증상으로 입원한 여자 청소년의 자살 생각과 관련됨을 발견했다. Handel 등(2011)이 조사한 법의학 표본에서 A-trt 척도 점수는 여자 청소년의 불안, 우울증, 내재화 문제와 관련되었다.

A-trt 척도의 내용에 기초하여, 높은 점수와 관련될 수 있는 상관물은 다음과 같다.

- 정신 건강 치료에 대한 부정적인 태도나 기대
- 변화할 수 있는 능력에 대해 비관적임
- 다른 사람과 문제를 이야기하는 것이 도움이 되지 않거나 유용하지 않거나 나약하다 는 표시라고 믿음

✑ <u>보충척도</u>

MMPI-A 보충척도는 다양한 연구자에 의해 만들어진 여섯 가지 척도로 구성된다. 세 가지 보충척도는 원판 MMPI를 비교적 제한적으로 수정하여 만들었으며, MMPI-2에도 포 함되었다(Butcher et al., 1989). 보충척도에는 Welsh의 불안과 억압 척도(1956) 및 MMPI-A 에서 MAC-R로 표기되는 MacAndrew의 알코올 중독 척도(MacAndrew, 1965)가 있다. 더 불어 미성숙(IMM) 척도, 알코올/약물 문제 인정(ACK) 척도, 알코올/약물 문제 가능성 (PRO) 척도는 MMPI-A에서 특별히 만들어진 척도이다.

MMPI-A 보충척도와 관련하여 다음과 같은 일반적인 세 가지 설명이 제공될 수 있다.

- 모든 보충척도의 원점수 합계는 선형 T점수 변환 절차에 따른 T점수 값으로 변환한 다. MMPI-A의 기본척도 및 내용척도와 동일하게 보충척도의 경계적 상승 범위를 나 타내는 회색 또는 음영 구역은 T점수 60~65점이다.
- MMPI-A 질문지의 앞쪽 350개 문항만으로는 보충척도를 채점할 수 없다. 모든 보충 척도는 전체 질문지를 실시해야 채점할 수 있다.
- 보충척도 결과는 MMPI-A 기본척도의 해석을 다듬는 데 사용하되, 이를 대체해서는 안 된다.

MMPI-A 보충척도

다음은 모든 MMPI-A 보충척도에 대한 간략한 개요이다. 〈표 6-8〉은 보충척도의 상호 상관관계를 제공하며, 〈표 6-9〉와 〈표 6-10〉은 보충척도와 MMPI-A 기본척도의 상관을 보여 준다.

표 6-8　MMPI-A 규준 집단 남녀 청소년의 보충척도 간 원점수 상관

	여자 청소년					
척도	MAC-R	ACK	PRO	IMM	A	R
MAC-R		.56	.45	.43	.22	-.38
ACK	.57		.57	.64	.38	-.12
PRO	.45	.60		.54	.30	-.07
IMM	.40	.62	.54		.53	.05
A	.23	.41	.33	.58		-.22
R	-.26	-.09	-.05	.05	-.24	

(좌측: 남자 청소년)

출처: Archer (1997b). Copyright ⓒ 1997 by Lawrence Erlbaum Associates, Inc. 허가하에 사용함.

표 6-9　MMPI-A 규준 집단 여자 청소년의 보충척도와 기본척도 간 원점수 상관

척도	MAC-R	ACK	PRO	IMM	A	R
F1	.49	.59	.45	.68	.34	.17
F2	.46	.56	.35	.72	.40	.19
F	.50	.61	.41	.75	.40	.19
L	-.01	-.15	-.25	-.03	-.27	.39
K	-.22	-.30	-.22	-.43	-.73	.37
Hs	.26	.36	.29	.48	.54	.07
D	.02	.24	.22	.43	.54	.32
Hy	.05	.14	.20	.13	.16	.21
Pd	.43	.54	.53	.57	.55	-.02
Mf	-.32	-.23	-.13	-.35	.07	-.32
Pa	.35	.42	.30	.48	.54	.06
Pt	.26	.46	.36	.62	.90	-.17
Sc	.42	.58	.44	.73	.79	-.09
Ma	.52	.48	.41	.40	.43	-.39
Si	-.06	.20	.12	.52	.68	.18

출처: Archer (1997b). Copyright ⓒ 1997 by Lawrence Erlbaum Associates, Inc. 허가하에 사용함.

표 6-10 MMPI-A 규준 집단 남자 청소년의 보충척도와 기본척도 간 원점수 상관

척도	MAC-R	ACK	PRO	IMM	A	R
F1	.35	.61	.47	.70	.29	.22
F2	.33	.57	.40	.70	.34	.20
F	.36	.62	.45	.74	.34	.22
L	-.06	-.04	-.11	.07	-.30	.47
K	-.24	-.20	-.13	-.30	-.70	.52
Hs	.12	.33	.29	.48	.40	.23
D	-.17	.13	.14	.32	.36	.48
Hy	-.12	.14	.19	.15	-.02	.46
Pd	.33	.54	.55	.58	.46	.05
Mf	-.29	-.08	-.03	-.12	.23	.13
Pa	.27	.48	.33	.54	.46	.17
Pt	.22	.41	.35	.58	.88	-.16
Sc	.30	.58	.46	.74	.74	-.06
Ma	.54	.50	.42	.40	.43	-.47
Si	-.09	.14	.06	.47	.67	.20

출처: Archer (1997b). Copyright ⓒ 1997 by Lawrence Erlbaum Associates, Inc. 허가하에 사용함.

∀ MacAndrew의 알코올 중독 척도(MacAndrew Alcoholism Scale-Revised: MAC-R)

MAC는 원래 MacAndrew가 1965년 남성 알코올 중독자 300명과 남성 정신과 환자 300명의 문항 반응을 대조하여 만들었다. 두 집단 사이에서 가장 큰 응답율 차이를 보인 문항들이 MAC 척도로 선택되었다(알코올 섭취와 직접 관련된 두 문항 제외). 이러한 절차에 의해 선정된 최종 49개 문항은 알코올 및 비알코올 남성 정신과 외래환자의 교차 검증 표본에서 대상자의 81.5%를 정확히 분류했다(MacAndrew, 1965). 약물 남용 분야의 MMPI 문헌을 검토한 결과, Sutker와 Archer(1979)는 MAC 척도에 대한 연구 결과가 "현재 MMPI 에서 파생된 알코올 중독 척도 중 가장 괜찮은 척도"(p. 127)라는 견해를 뒷받침한다고 결론내렸다.

MAC 척도는 MMPI의 특수 척도 중 유일하게 청소년을 대상으로 한 실질적인 경험적 조사가 있는 척도이다(Archer, 1987b). 이 문헌은 MAC 척도 점수가 병원 및 거주형 정신과, 약물 치료 프로그램뿐만 아니라 공립 학교에서 청소년의 약물 남용과 관련이 있음을 보여

주었다. 평가에서 권장되는 청소년의 MAC 원점수 기준값으로 Wolfson과 Erbaugh(1984)는 여자 청소년 24점, 남자 청소년 26점을 제시했고, Archer(1987b)는 28점을 제시하는 등 다양하다. Gantner, Graham 및 Archer(1992)의 연구 결과에 따르면, 정신과 입원환자 중 남자 청소년의 경우 원점수 28점, 여성 청소년의 경우 원점수 27점에서 약물 남용자를 최대한 정확하게 분류한 반면, 일반 고등학생들은 남자 청소년 26점, 여자 청소년 25점이 약물 남용자를 최적으로 분류했다. 또한 〈표 6-11〉과 〈표 6-12〉에 표시된 바와 같이, Archer와 Klinefelter(1992)의 연구 결과는 MAC 척도가 상승할 확률이 청소년들이 MMPI를 통해 얻은 기본척도 MMPI 코드타입의 유형과 관련이 있음을 나타낸다. 예를 들어, 4-9/9-4 코드타입의 청소년은 높은 MAC 점수를 보일 가능성이 훨씬 높았고, 2-3/3-2 코드타입의 청소년은 낮은 점수를 보일 가능성이 높았다. Greene(1994)은 성인, MAC 척도 상승도, MMPI 코드타입, 피험자 성별 및 치료 환경 간의 강한 상관을 보여 주었다.

성인 표본에서 발견된 것과 유사하게, 청소년들의 높은 MAC 점수는 알코올 외에도 다양한 약물 남용과 관련이 있는 것으로 보인다. 예를 들어, Andrucci, Archer, Pancoast, 및 Gordon(1989)은 암페타민, 바비튜레이트, 코카인, 환각제 및 마리화나의 남용과 높은 MAC 점수의 상관을 발견했다. 약물 남용 문제의 가능성 외에도 MAC 척도 점수의 상승은 다양한 성격 특성과도 관련이 있었다. 예를 들어, Archer, Gordon 등(1989)은 MAC 점수가 높은 청소년들은 주장적이고 독립적이며, 제멋대로이고, 통제되지 않으며, 체포되거나 품행장애 진단을 받을 가능성이 훨씬 더 높다는 것을 발견했다. 이러한 발견은 MAC 척도 점수가 비행 행동과 관련된다는 Rathus, Fox 및 Ortins(1980)의 보고서와 일치하며, 고등학생 표본에서 높은 MAC 점수가 더 많은 징계 사건 및 낮은 성적과 관련이 있다는 Wisniewski, Glenwick 및 Graham(1985)의 연구 결과와도 일치한다. Basham(1992)은 327명의 청소년 입원환자 표본에서 행동화 측정치로 볼 수 있는 다양한 MMPI 척도를 조사했다. 그는 MAC 척도가 특정한 알코올이나 약물 남용의 여부보다는 광범위한 반사회적 성격 차원을 측정하는 것으로 보인다고 결론지었다. Svanum과 Ehrmann(1992)은 MAC 점수가 높은 성인 알코올 중독자는 사교성, 사회적 음주, 음주 중의 호전성과 공격성, 그리고 알코올과 관련된 법적 문제의 높은 발생률을 보인다는 것을 발견했다. MacAndrew(1981)는 MAC 점수가 상승한 사람은 행동의 결과에 대해 거의 걱정하지 않고 대담하고 충동적인 생활방식을 추구한다고 설명했다.

표 6-11 두 가지 기준의 남자 청소년 정신과 환자의 MMPI 코드타입 분류와 MAC 척도 상승도

코드타입	MAC 기준값				MAC	MAC SD
	<24	>24	<28	>28		
3	8 (47%)	9 (53%)	15 (88%)	2(12%)	23.7	4.7
4	4 (8%)	44 (92%)	17 (35%)	31 (65%)	28.8	4.0
5	10 (36%)	18 (64%)	20 (71%)	8 (29%)	24.7	4.0
9	3 (11%)	24 (89%)	8 (30%)	19 (70%)	29.3	4.6
13-31	10 (43%)	13 (57%)	15 (65%)	8 (35%)	24.3	5.9
14-41	1 (6%)	15 (94%)	5 (31%)	11 (69%)	29.3	4.2
15-51	1 (9%)	10 (91%)	6 (55%)	5 (45%)	27.7	4.9
17-71	0 (0%)	12 (100%)	9 (75%)	3 (25%)	26.4	2.4
18-81	0 (0%)	15 (100%)	6 (40%)	9 (60%)	29.4	3.7
23-32	9 (64%)	5 (36%)[*a]	13 (93%)	1 (7%)	20.6	5.4
24-42	7 (25%)	21 (75%)	20 (71%)	8 (29%)	25.3	4.0
25-52	11 (79%)	3 (21%)[*a]	12 (86%)	2 (14%)	21.6	4.5
34-43	3 (14%)	18 (86%)	9 (43%)	12 (57%)	26.9	4.3
35-53	2 (20%)	8 (80%)	5 (50%)	5 (50%)	27.4	3.6
45-54	9 (38%)	15 (62%)	15 (63%)	9 (37%)	25.3	5.0
46-64	1 (2%)	42 (98%)[*a]	9 (21%)	3 (79%)[*b]	30.1	3.6
47-74	0 (0%)	11 (100%)	2 (18%)	9 (82%)	30.1	3.0
48-84	3 (19%)	13 (81%)	9 (56%)	7 (44%)	27.4	4.3
49-94	1 (3%)	38 (97%)[*a]	8 (21%)	31 (79%)[*b]	31.5	4.2
56-65	3 (25%)	9 (75%)	7 (58%)	5 (42%)	25.6	5.1
67-76	2 (20%)	8 (80%)	5 (50%)	5 (50%)	27.4	4.9
68-86	5 (36%)	9 (64%)	8 (57%)	6 (43%)	26.3	5.4
69-96	1 (7%)	14 (93%)	3 (20%)	12 (80%)	31.5	5.9
78-87	3 (17%)	15 (83%)	6 (33%)	12 (67%)	28.8	5.0
코드타입 없음	70 (31%)	153 (69%)	141 (63%)	82 (37%)[*b]	26.1	4.5
그 외 코드타입	32 (27%)	88 (73%)	64 (53%)	56 (47%)	26.8	5.4
합계	199 (24%)	630 (76%)	437 (53%)	392 (47%)	27.0	5.0

출처: Archer & Klinefelter (1992). Relationships Between MMPI Codetypes and MAC Scale Elevations in Adolescent Psychiatric Samples. *Journal of Personality Assessment.* Copyright ⓒ 1992 by Lawrence Erlbaum Associates, Inc. 허가하에 사용함.

주: * $p < .002$; [a] MAC ≥ 24 기준을 사용한 코드타입 비교에서 유의한 MAC 상승 빈도 차이가 있음; [b] MAC ≥ 28 기준을 사용한 코드타입 비교에서 유의한 MAC 상승 빈도 차이가 있음; 괄호 안의 값은 특정 코드타입 내의 다양한 MAC 값에서 발생하는 사례의 백분율임.

표 6-12 두 가지 기준의 여자 청소년 정신과 환자의 MMPI 코드타입 분류와 MAC 척도 상승도

코드타입	MAC 기준값					
	<24	>24	<28	>28	MAC	MAC SD
4	8 (31%)	18 (69%)	17 (65%)	9 (35%)	25.5	4.4
9	6 (29%)	15 (71%)	18 (86%)	3 (14%)	24.6	3.5
12-21	14 (74%)	5 (26%)	15 (79%)	4 (21%)	22.9	4.5
13-31	7 (41%)	10 (59%)	12 (71%)	5 (19%)	24.1	4.2
18-81	7 (41%)	10 (59%)	11 (65%)	6 (35%)	24.9	5.1
23-32	12 (86%)	2 (14%)[*a]	14 (100%)	0 (0%)	19.3	3.6
24-42	15 (44%)	19 (56%)	28 (82%)	6 (18%)	23.3	4.6
46-64	11 (50%)	11 (50%)	14 (64%)	8 (36%)	25.3	4.8
48-84	8 (36%)	14 (64%)	15 (68%)	7 (32%)	25.0	4.7
49-94	3 (10%)	27 (90%)[*a]	11 (37%)	19 (63%)[*b]	8.3	3.5
69-96	0 (0%)	10 (100%)	3 (30%)	7 (70%)[*b]	30.2	4.0
78-87	3 (25%)	9 (75%)	9 (75%)	3 (25%)	24.8	3.3
89-98	0 (0%)	11 (100%)	2 (18%)	9 (82%)[*b]	30.1	2.8
코드타입 없음	65 (48%)	70 (52%)	13 (84%)	22 (16%)	23.1	4.4
그 외 코드타입	69 (54%)	59 (46%)	105 (82%)	23 (18%)	23.2	4.7
합계	228 (44%)	290 (56%)	387 (75%)	131 (25%)	24.1	4.8

출처: Archer & Klinefelter (1992). Relationships Between MMPI Codetypes and MAC Scale Elevations in Adolescent Psychiatric Samples. *Journal of Personality Assessment.* Copyright © 1992 by Lawrence Erlbaum Associates, Inc. 허가하에 사용함.

주: *p < .004; [a] MAC ≥ 24 기준을 사용한 코드타입 비교에서 유의한 MAC 상승 빈도 차이가 있음; [b] MAC ≥ 28 기준을 사용한 코드타입 비교에서 유의한 MAC 상승 빈도 차이가 있음; 괄호 안의 값은 특정 코드타입 내의 다양한 MAC 값에서 발생하는 사례의 백분율임.

　많은 임상가와 연구자들이 청소년들의 약물 및 알코올 문제를 중요시하기 때문에 MAC 척도는 청소년 MMPI 문헌에서 광범위한 관심을 받았을 수 있다. 비록 MAC 척도가 청소년들의 물질 남용에 유용한 선별 도구로서 상당한 잠재력을 가지고 있지만, 사용 시 몇 가지 주의사항이 있다. 예를 들어, Archer(1987b)는 성인 표본의 연구 결과에서 MAC 척도가 흑인 응답자들의 진단에는 거의 효용이 없을 수 있으며, 비백인 집단에서 MAC을 해석할 때 상당한 주의를 기울여야 한다는 것이 시사된다고 했다. Greene(2011)에 따르면, 정확률이 너무 낮아서 치료 장면에서 환자의 물질 남용 문제를 감지하기 위한 선별 도

구로 MAC을 사용하는 것이 적절하지 않을 것이다. Wasyliw, Haywood, Grossman 및 Cavanaugh(1993)는 MAC 척도를 해석할 때 응답자가 MMPI에서 자신의 정신병리를 최소로 보고하려고 했음이 의심될 경우 임상가는 특히 주의해야 한다고 보고했다. 또한 Gottesman과 Prescott(1989)은 더 낮은 범위의 기준값을 검토했다. 성인에게 자주 사용되는 24점 이상의 값은 거짓양성으로 인해 많은 비율의 정상 청소년들을 잘못 분류할 수 있다. 예를 들어, MMPI-A 표본에서 청소년의 MAC-R 척도 평균값은 남자 청소년의 경우 21.07, 여자 청소년의 경우 19.73이었다(Butcher et al., 1992). Gottsman과 Prescott(1989) 및 Greene(1988)은 물질 남용 기저율이 MAC 척도의 임상적 유용성에 미치는 중요한 영향에 주목했다. 많은 연구에서 동일하거나 거의 동일한 물질 남용 집단과 물질 비남용 집단의 표본을 기반으로 MAC 척도의 타당성을 조사했다. 이러한 연구에서는 종종 약 80%를 정확히 분류해 인상적인 비율이 산출됐다(예: MacAndrew, 1979). 그러나 물질 남용의 기저율에 대한 보다 현실적인 추정치를 사용하여 다시 계산하면, 낮은 정확도를 보이는 경우가 많았다(예: Gantner et al., 1992; Gottsman & Prescott, 1989).

MMPI-A 개발 중, 수정된 MAC 척도(즉, MAC-R 척도)가 개발되었다. MMPI-A의 MAC-R 척도는 49개의 문항을 포함하며, MAC 척도와 문항 수는 동일하다. 원래의 MAC 문항 중 45개는 MAC-R 척도에도 유지되었고, 4개의 문항이 MAC-R에 추가되었다. 추가된 문항은 MMPI-A를 만들면서 원판의 MAC 척도에서 삭제된 4개의 문항을 대체하기 위해 사용되었다.

MMPI-A에서 MAC과 MAC-R 척도의 비교 가능성에 대한 연구는 없었다. 그러나 Greene, Arredondo 및 Davis(1990)의 연구에 따르면, MMPI-2에서 MAC 척도와 MAC-R 척도는 유사한 점수를 생성하고 임상가도 유사한 방식으로 사용할 수 있다. Gallucci (1997b)는 약물 남용 치료를 받는 88명의 남자 청소년과 92명의 여자 청소년의 물질 남용 패턴을 MAC-R이 얼마나 잘 식별할 수 있는지 조사했다. 그 결과, MAC-R 척도가 청소년을 다양한 물질 남용 사용자의 범주(예: 과소 통제 대 과잉 통제)를 정확히 분류하는 데 가장 큰 기여를 했지만, 물질 남용과 관련된 3개의 보충척도가 모두 이 식별에 상당한 기여를 했다고 보고했다. Gallucci(1997a)는 척도의 상관물을 평가하기 위해 동일한 표본을 사용하여 연구한 뒤, MMPI-A의 MAC-R 및 알코올/약물 문제 가능성(PRO) 척도가 유사한 상관물 패턴을 생성했으며, 임상가가 평정한 물질 남용과도 두 척도 동일하게 $r = .31$의 상관을 보였다고 보고했다. Veltri 등(2009)은 법의학 표본의 남자 청소년 157명과 급성 정신과 입원 장면의 여자 청소년 197명의 MMPI-A 척도의 상관물을 조사했다. 그 결과, 두 표본에서 모두 MAC-R 척도 점수와 물질 남용 과거력 사이에 유의한 상관이 나타났다(남 $r=.33$, 여 $r=.27$).

다음은 일반적으로 MMPI-A의 MAC-R 척도에서 원점수가 28점 이상일 때 관련될 것으로 보이는 상관물이다.

- 알코올 또는 약물 남용 문제의 발생 가능성 증가
- 대체로 적극적이고 지배적인 사람
- 제멋대로이고 자기중심적임
- 비인습적이고 충동적임
- 품행장애 진단 가능성이 높아짐
- 법적으로 연루되거나 사회 규범 위반 가능성이 높아짐

추가로, MAC-R에서 낮은 점수를 받은 사람은 의존적이고, 보수적이며, 우유부단하고, 과잉 통제적이며, 감각 회피적일 것으로 예상된다. MacAndrew(1981)가 지적했듯이, 알코올을 남용하지만 MAC 점수가 낮은 사람(거짓음성)은 자신의 정서적 고통을 스스로 치료하기 위해 알코올을 사용하는 신경증 환자일 가능성이 높다.

⊬ 알코올/약물 문제 인정(Alcohol/Drug Problem Acknowledgment: ACK) 척도

ACK 척도는 MMPI-A에서 청소년의 알코올 또는 약물 사용과 관련된 증상, 태도 또는 신념을 인정하려는 의도를 평가하기 위해 개발되었다(Butcher et al., 1992). ACK 척도는 처음에 문항 내용이 약물 남용과 관련되어 있는지에 대한 합리적 판단에 기반하여 선택된 13개 문항으로 구성되었고, 이후 문항 상관을 포함한 통계적 기준에 기반하여 개선되었다. ACK 척도는 MMPI-2의 중독 인정 척도(AAS)와 상당히 유사하다(Weed, Butcher, McKenna, & Ben-Porath, 1992). Svanum, McGrew 및 Ehrmann(1994)은 308명의 대학생 표본에서 물질 의존을 탐지하는 데 있어 MAC-R 척도 같은 미묘한 측정치와 비교하여 물질 남용을 직접적으로 측정하는 AAS의 상대적 유용성을 보여 주었다. Choi, Kurtz 및 Proctor(2012)는 최근 미국 중서부에 있는 한 학교의 청소년 86명의 표본에서 MAC-R, PRO, ACK 척도 점수가 각각 물질 남용의 측정과 관련이 있지만, 앞의 두 척도는 ACK 척도만으로 설명되는 것 이상으로 학생들의 물질 남용 보고의 추가적인 차이를 설명하지 못한다는 사실을 발견했다.

　　상승한 ACK 척도는 MMPI-A에서 알코올 및 약물 문제를 인식하거나 인정한 정도를 나타낸다. 그러나 ACK 척도의 모든 문항이 약물 사용을 인정하는 데 직접적으로 연관된 것은 아니라는 점에 유의해야 한다. 81번이나 249번 등의 일부 문항은 약물 사용과 관련된 태도, 신념 또는 행동을 다루지만, 알코올 또는 약물 사용 행동의 여부를 직접적으로 나타내지는 않는다. MMPI-A의 남녀 표본 모두에서 ACK의 평균 원점수는 약 4점이었으며, 9점 이상의 원점수는 T점수 70점 이상으로 변환되었다.

　　여러 연구에서 MMPI-A ACK 척도의 유용성을 평가하였다. Gallucci(1997a)는 물질 남용 치료를 받는 청소년 표본에서 MMPI-A ACK 척도의 상관 패턴을 MAC-R 및 PRO 척도 패턴과 비교했다. 그 결과, ACK 척도가 MAC-R 및 PRO 척도와 임상가의 물질 남용 평정의 상관관계와 매우 유사한 상관 값을 생성하지만, 일반적으로 물질 비남용과 관련된 기준과 더 낮은 상관을 보인다는 점에서 보다 특정적인 척도로 나타났다. Gallucci는 "이러한 결과는 젊은 사람들이 문제적인 물질 남용을 기꺼이 인정하는 것을 측정하는 특정적인 척도로 ACK 척도를 해석한 것과 일치한다."(p. 91)고 결론 내렸다. Toyer와 Weed(1998)는 외래에서 상담에 참여하는 50명의 법정 판결을 받은 청소년들을 대상으로 MMPI-A의 물질 남용 척도와 그 외 척도들을 조사했다. 연구 결과에 따르면, ACK 척도는 MMPI-A 물질 남용 척도 중 약물 및 알코올 사용에 대한 상담자 평정과 가장 높은 상관($r=.36$)을 나타냈다. Micucci(2002)는 79명의 청소년 정신과 입원환자 표본에서 물질 남용 문제를 탐지하는 데 있어 MMPI-A 물질 남용 척도들의 정확성을 조사했다. 이 연구에서 물질 남용 사례의 89.9%가 세 가지 척도 중 적어도 하나에서 정확하게 탐지되었다. 남자 청소년의 경우 거짓양성이 더 많이 발생하는 경향이 있었지만, 성별과 민족에 따라서도 분류의 전반적인 정확도는 비슷했다. ACK, MAC-R, PRO는 물질을 사용하는 청소년을 정확하게 파악하는 것보다 물질 남용 사례를 걸러 내는 것(참 음성, true negative)에 더 뛰어났다. 물질 남용을 탐지하는 데 있어 가장 높은 정확율은 ACK 척도의 점수 기준이 T ≥ 60 또는 T ≥ 65일 때였다. T점수 60점 이상은 민감도가 더 컸고, 65점 이상은 가장 높은 수준의 특이도를 보였다. Tirrell, Archer 및 Mason(2004)은 100명의 청소년 물질 남용자와 100명의 물질 남용자가 아닌 청소년 정신과 환자 및 MMPI-A 규준 집단에서 선택된 100명의 청소년을 구별하는 데 있어 MMPI-A의 물질 남용 척도인 MAC-R, ACK, PRO의 공인타당도를 조사했다. 전반적인 연구 결과, MAC-R, ACK, PRO 척도가 규준 집단의 청소년과 물질 남용 청소년을 분류하는 비교적 어렵지 않은 판별 과제에서 가장 인상적인 결과를 산출했다. 또한 청소년 물질 남용자를 청소년 정신과 환자와 구별하는 데 ACK 척도가 가장 높은 효율을 나타냈고, 이 분류 과제에서 최고의 단일 예측 변수였다. Veltri 등(2009)은 물질 남용 과거력과 ACK 척도 점수 간 상관이 남자 청소년들에서 $r=.42$, 여자 청소년들에서는 $r=.44$로 나타났다고 보고했다.

∀ 알코올/약물 문제 가능성(Alcohol/Drug Problem Proneness: PRO) 척도

PRO 척도는 36개 문항으로 구성되어 있다. 이 문항들은 알코올 및 약물 치료 프로그램과 정신과에 입원 중인 청소년들의 문항 응답 차이를 바탕으로 해서 경험적으로 선택되었다(Butcher et al., 1992). 따라서 PRO에 사용되는 척도 구성 방법은 MAC 척도 개발에 사용된 방법과 유사하다. MMPI-A 매뉴얼(Butcher et al., 1992)에 명시된 교차 검증 연구 결과에 기초하면, T점수 65점 이상의 값이 알코올 및 약물 문제가 생길 가능성의 증가와 관련된다. PRO 척도의 36개 문항은 가족 특성, 또래집단 특징, 반사회적 행동과 신념, 학업적 흥미와 행동 등 다양한 내용을 포괄한다. Veltri 등(2009)은 법의학 표본의 남자 청소년($r=.46$)과 급성 증상으로 입원한 여자 청소년($r=.36$) 모두에서 PRO 척도와 물질 남용 과거력 사이에 유의한 상관이 있음을 발견했다.

∀ 미성숙(Immaturity: IMM) 척도

미성숙(IMM) 척도는 Archer, Pancoast 및 Gordon(1994)이 MMPI-A의 보충척도로 개발하였다. IMM 척도는 Loevinger(1976)의 자아 발달을 중심적 개념으로 하여 청소년기의 심리적 성숙도를 평가한다. IMM 척도의 문항은 합리적 기준과 통계적 기준을 모두 포함하는 다단계 절차에 기반하여 선택되었다. 초기 단계에서 MMPI-TX 문항의 상관은 Loevinger와 Wessler(1970)의 자아 발달 문장완성검사를 Holt(1980)가 단축형으로 만들어서 222명의 정상 청소년 표본에게 실시하여 도출된 점수로 계산되었다. 유의 수준 $\leq .01$의 상관계수에 기초하여 IMM 척도에 대한 예비 문항이 선택되었다. 척도 구성의 두 번째 단계에서는 각 평가자들이 독립적으로 Loevinger의 자아 발달 개념과 예비 문항들이 얼마나 관련되는지 평가했다. 평가자 6명 중 최소 4명 이상이 자아 발달 개념에 적합하다고 평가한 문항들이 예비 IMM 척도에 포함되었다. 세 번째 단계에서는 222명의 청소년 정상 표본 또는 MMPI-TX를 완료한 122명의 청소년 입원환자 표본에서 해당 문항을 제거했을 때 척도의 내적 신뢰도(알파 계수 값)가 증가되는 예비 IMM 척도 문항을 제거하였다. 마지막으로, 실험적인 MMPI-TX의 704개의 각 문항과 IMM 척도의 상관을 산출하였다. 그리고 자아 발달 개념과 개념적 그리고 통계적으로 관련성이 있는 새로운 문항이 IMM 척도에 추가되었다.

최종 IMM 척도는 43개의 문항으로 구성되었다. MMPI-A 규준 표본에서 IMM 척도의 알파 계수 값은 여성의 경우 .83이었고, 남성의 경우 .80이었다. 예상대로, IMM의 평균 원점수 값은 임상 표본(남=18.69, 여=14.88)과 MMPI-A 규준 표본(남=13.47, 여=11.75) 모두에서 남자 청소년이 여자 청소년보다 유의하게 높았다. IMM 평균 점수의 이러한 성차는 문장 완성 테스트를 사용한 63개 연구의 결과에 대한 검토(Cohn, 1991)의 결론과 일치한다. Cohn은 사춘기 동안 여자 청소년들이 지속적으로 남자 청소년들보다 더 높은 발달 수준을 보였다고 하였다.

IMM 척도의 43개 문항은 자신감 부족, 남을 탓하는 것, 통찰력과 자기 성찰 부족, 대인관계와 사회적 불편감 및 소외, 미래의 결과에 대한 관심 없이 '현재를 위해 사는 것', 적대적이고 반사회적인 태도, 자기중심적 및 이기적 측면을 포함한다. 자기인식 능력이 제한된 충동적인 청소년들이 IMM 척도의 높은 점수와 관련이 있을 것으로 예상된다. 그들은 자기중심성으로 인해 상호 호혜적이고 상호 만족스러운 대인관계에 관여하는 능력이 손상될 수 있으며, 인지 과정이 구체적이고 단순할 수 있다. 높은 IMM 점수를 보인 경우, Loevinger의 자아 발달 모델에서 순응 이전의 발달(preconformist) 단계를 반영할 가능성이 있다. 순응 전 단계의 대인관계는 기회주의적이고, 요구적이며, 착취적인 것으로 묘사되어 왔다(Loevinger, 1976).

규준 표본과 임상 표본 모두에서 얻은 IMM 척도의 예비 자료(Archer, Pancoast, & Gordon, 1994)에서 IMM 척도 점수가 높은 청소년은 학교에서 더 많은 어려움과 문제를 일으킨다고 나타났다. Imhof와 Archer(1997)는 13~18세 사이의 주거 치료 시설의 청소년 66명을 대상으로 IMM 척도의 공인타당도를 조사했다. 참여자들에게는 MMPI-A 외에도 지능, 독해력, 성숙도를 측정했다. 이 연구 결과, 발달 성숙도 척도로서 MMPI-A의 구성 타당도가 지지되었다. 예측한 바와 같이, IMM 척도에서 더 높은 점수를 받을수록 지능검사에서 전체지능지수와 언어성 IQ가 낮은 경향이 있었고, 도덕성과 자아 발달 수준도 더 낮았다. 다중회귀분석 결과에서 정체성 발달, 독해력, 도덕적 발달 등 세 변수의 선형 조합이 IMM 척도 원점수 전체 분산의 거의 절반(46%)을 차지한다는 것이 나타났다. Zinn, McCumber 및 Dahlstrom(1999)은 75명의 여자 대학생과 76명의 남자 대학생을 대상으로 MMPI-A IMM 척도를 교차 검증했다. IMM 척도의 43개 문항 외에도, 참가자 모두는 자아 발달의 투사적 평가방법으로 Loevinger와 Wessler(1970)가 개발한 워싱턴 대학교문장완성검사(Washington University Sentence Completion Test: WUSCT)와 간략한 자서전적 질문지를 완료했다. WUSCT 평정에서 평가자 간 높은 신뢰도($r=.80$)가 확립되었다. IMM 척도 점수의 분포로 청소년을 낮은 점수, 중간 점수, 높은 점수의 세 집단으로 분류하였고, 이 집단들 간 WUSCT점수에서 유의한 차이가 있었다. Zinn 등은 MMPI-A 척도가 Loevinger 의 자아 성숙 개념에 대해 신뢰할 수 있는 객관적 척도로 사용될 수 있다고 결론지었다. Veltri 등(2009)은 법의학 표본에서 IMM 척도의 높은 점수와 남자 청소년들의 분노 사이에 연관성이 있음을 보고했다. Handel 등(2011)은 그들의 법의학 표본에서 IMM 척도 점수가 남녀 청소년들의 사회적 문제 및 규칙위반 행동과 유의한 상관이 있다는 것을 발견했다.

최신 문헌에 따르면, IMM 점수가 높은 청소년에게 적용 가능한 상관물은 다음과 같다.

- 쉽게 좌절하고 화를 냄
- 참을성이 없고 시끄럽고 떠들썩함
- 남을 놀리거나 괴롭히는 경향
- 신뢰할 수 없음
- 저항적이고 반항적임
- 학력 및 사회적 문제의 과거력이 있을 수 있음
- 언어성 IQ와 언어 능력이 더 낮을 수 있음

추가적으로, IMM 척도에서 낮은 점수를 보인 청소년들은 통제되고, 안정적이며, 참을 성 있고, 협동적이고, 예측 가능한 것으로 묘사될 수 있다.

∀ Welsh의 불안(Anxiety: A) 및 억압(Repression: R) 척도

Graham(2012)에 따르면, MMPI의 척도수준의 요인분석 연구의 대부분은 대체로 기본 척도 점수 분산의 대부분을 차지하는 두 가지의 기본 MMPI 차원 또는 요인을 발견했다. 첫 번째 요인은 일반적인 부적응과 자아 탄력성의 부족 등의 다양한 명칭이 부여되었고, 두 번째 요인은 자아 통제 또는 억제(inhibition)라고 언급되었다. Welsh(1956)는 첫 번째와 두 번째 차원에 따라 수검자를 평가하기 위해 불안(A) 척도와 억압(R) 척도를 개발하였다.

불안 척도는 원래 점수가 높을수록 정신병리의 정도가 커지는 방식으로 만들어진 39개 문항의 척도로 만들어졌다. 높은 점수는 부적응, 불안, 우울, 비관, 억제 및 불편감을 느끼는 사람들을 반영하고 있다고 설명되었다(Graham, 2012). 비록 이 형용사들은 대체로 부정적이지만, A 척도의 높은 점수는 심리치료 과정에서 긍정적인 변화의 동기가 될 수 있

는 상당한 정서적 고통과 관련이 있다고도 지적되어 왔다. 이와 달리, A 척도의 낮은 점수
는 활동에 대한 선호, 불안하거나 불편하지 않음, 사교성, 조종하는 것 및 충동성과 관련
된다(Graham, 2012). Archer와 Gordon 등(1989)은 68명의 청소년 입원환자 표본에서 특수
한 척도 상관물을 조사했다. 이들은 점수가 높은 청소년이 두렵고, 불안하고, 죄책감을 느
끼기 쉽고, 압도적이고, 자기 비판적이라고 묘사될 수 있다고 보고했다. 점수가 높은 청소
년 입원환자들은 그렇지 않은 경우보다 자기보고뿐 아니라 가족과 치료진을 포함한 타인
에 의해서도 유의하게 부적응적이라고 간주되었다. 이 표본에서 MMPI의 A 척도와 기본
척도인 Pt는 높은 상관($r=.90$)을 보였고, 높은 A 척도 점수를 받은 경우 자살 시도 및 자
살 생각이나 사고 등과 관련된 문제를 더 많이 나타냈다. 좀 더 최근에는 Veltri 등(2009)이
A 척도 점수가 높은 남자 청소년들은 더 불안하고 우울하며 자존감이 낮다고 보고했고,
Handel 등(2011)은 A 척도 점수가 높은 여자 청소년들이 불안하고 우울하며 내현화한다
는 것을 발견했다.

MMPI-A에서 Welsh의 A 척도는 35개 문항으로 축소되었다. 일반적으로 다음의 상관
물이 척도 A의 상승과 관련된다.

- 긴장과 불안
- 두려워하며 반추를 함
- 부적응적이고 비능률적임
- 자기 비판적이고 죄책감을 느낌
- 압도되어 있음

억압 척도는 원래 Welsh(1956)가 표준 MMPI 척도를 요인분석할 때 나타난 두 번째 차
원을 평가하기 위해 개발한 40개 문항으로 구성되었다. A 척도와 마찬가지로 R 척도는 원
판 MMPI, MMPI-2 및 MMPI-A에 모두 있다. MMPI-A에서 R 척도는 33개 문항으로 축
소되었으며, 모두 아니다라고 답할 때 득점된다. Archer, Gordon 등(1989)에서 R 척도 점
수는 척도 9 및 MAC 척도 값과 부적상관이 있었고, L, K, 신경증 3척도(Hs, D, Hy)를 포함
한 여러 척도들과는 정적상관이 있는 것으로 밝혀졌다. 이 결과는 MMPI의 두 번째 요인
에 대해 보고된 부하량 패턴에 기초한 기대치와 일치한다. 이 요인은 일반적으로 신경증
3척도에 정적 부하량을 보이고 척도 9에는 부적 부하량을 나타낸다(Graham, 2000; Green,
2000). Archer 등의 연구에서 나타난 R 척도 점수가 높은 청소년에 대한 중요한 상관물은

다음과 같다.

- 과잉 통제적임
- 정서를 거의 보이지 않음
- 억제되고 위축됨
- 비관적이고 패배적임

한편, R 척도에서 낮은 점수를 받은 청소년들은 말이 많고, 자발적이며, 낙천적이라고 묘사되었다. 그러나 Archer(1987b)는 청소년 정신과 환자의 경우 낮은 R 점수가 공격성, 충동성, 논쟁적 및 행동화 방어기제를 사용하는 경향과 관련이 있다고 지적했다. Veltri 등(2009)은 법의학 표본에서 R 척도 점수가 높은 남자 청소년들이 더 많은 무쾌감증(즐거움을 경험하지 못함), 불안, 낮은 자존감을 경험했다고 보고했다. Handel 등(2011)은 법의학 표본에서 R 척도에 대한 의미 있는 상관물을 발견하지 못했다.

∞ᑯ Harris-Lingoes 소척도와 Si 소척도

앞서 언급했듯이, Hathaway와 McKinley가 채택한 경험적 준거 방식은 내용적 측면에서 이질적인 기본척도들을 만드는 결과를 낳았다. 임상가가 MMPI 기본척도 상승과 관련된 내용을 결정하는 데 도움을 주기 위해 Harris와 Lingoes(1955)는 다음의 과정을 사용하여 기본척도 중 6개에 대한 소척도를 구성했다.

각 척도에서 채점되는 문항들을 살펴본 뒤 내용이 비슷하거나 하나의 태도나 특성이 반영된 문항들을 소척도로 묶었다. 사실상, 문항의 상관들은 순수하게 주관적으로 추정되었다. 문항들은 이러한 추정치에 기초하여 분류되었고, 그다음 문항들이 득점되는 방향으로 묶은 것에 기반해 추론한 태도를 설명하는 것으로 생각되는 이름이 주어졌다. (p. 1)

Harris와 Lingoes는 이 방법을 사용하여 기본 MMPI 임상척도 중 6개, 즉 2, 3, 4, 6, 8, 9에 대한 27개 소척도를 개발했다. 한 문항이 하나의 소척도에만 속하도록 제한하려 하지 않았기에 결과적으로 소척도 간 문항이 상당히 중복되고 상관도 높다. 이들은 척도 1이나 7이 동질하다고 생각했기 때문에 내용소척도를 개발하지 않았고(Graham, 2012), 척도 5나 0은 종종 '비임상적' 척도로 간주되거나 표준 '임상' 척도와 분리되거나 구분된 차원을 포함하기에 이에 대한 소척도도 만들지 않았다. Caldwell(1988), Levitt(1989), Levitt과 Gotts(1995)는 MMPI 특수 척도에 대한 논의에서 Harris-Lingoes 소척도를 검토했고, 이러한 소척도에 초점을 맞춘 심포지엄이 열렸다(Colligan, 1988).

Harris와 Lingoes 소척도에 대한 구성타당도 측면에서의 연구는 상대적으로 거의 수행되지 않았다(Greene, 2011). Harris와 Christiansen(1946)은 심리치료에서 성공과 실패라고 판단된 환자들 간 8개의 Harris-Lingoes의 소척도에서 상당한 차이를 발견했다. Gocka와 Holloway(1963)는 인구통계학적 변수와 Harris-Lingoes 소척도 점수 사이의 유의한 상관관계를 거의 발견하지 못했다. 그러나 Calvin(1975)은 경험적으로 다수의 Harris-Lingoes 소척도에 대한 행동적 상관물을 찾아냈고, 이것들은 Greene(2011)과 Graham(2012)의 문헌 같은 지침서에서 이 소척도들에 대해 제시된 표준적인 설명에 통합되었다. Wrobel(1992)은 85명의 성인 외래환자에 대한 임상가 평정을 예측하는 측면에서 MMPI Harris-Lingoes 소척도의 구인타당도를 조사했다. 그 결과, 대다수 Harris-Lingoes 소척도의 타당도가 지지되었으나, Hy1(사회적 불안의 부인), Hy2(애정 욕구), Pd3(사회적 침착성), Pa3(순진성), Ma2(심신운동 항진) 해석 시 주의가 요구되었다. 후자의 주의와 관련하여, Krishnamurthy, Archer 및 Huddleston(1995)은 이 척도들이 MMPI-2에서 임상 범위의 상승(T ≥ 65)을 생성할 수 없기 때문에, Hy1과 Pd3 소척도에 특별한 문제가 발생한다고 지적했다. 또한 MMPI-A에서도 남녀 청소년 모두에서 Hy1은 66점, Pd3은 67점을 초과할 수 없다. 이러한 한계는 이 소척도들이 현저하게 짧고(6개 문항), 평균 원점수 값이 약 4점에 표준편차가 약 2점이기 때문에 발생한다. 따라서 선형 T점수 변환 절차를 통해서는 이 척도들에서 획득한 원점수에 대해 상승된 T점수를 산출할 수 없음을 쉽게 알 수 있다. Krishnamurthy 등(1995)은 이 측정치들이 유용한 정보를 제공하지 못하며 결과를 오해석하기 쉽기 때문에 이 두 Harris-Lingoes 소척도를 MMPI-2와 MMPI-A의 표준 사용에서 삭제해야 한다고 결론 내렸다.

Gallucci(1994)는 증상에 대한 치료자 평정을 포함한 표준화된 규준 측정도구를 사용하여 177명의 청소년 입원환자를 표본으로 Harris-Lingoes 소척도의 타당도를 평가했다. 연구 결과에 따르면, 청소년 표본에서 Harris-Lingoes 소척도 중 Hy2(애정 욕구), Hy5(공격성의 억제), Pa3(순진성)은 억제 척도로 기능하며, Ma1(비도덕성)과 Ma3(냉정함)은 흥분 척도로 작용한다. Pancoast와 Archer(1988)는 표준 성인 규준을 기준으로 하면 정상 청소년의 Harris-Lingoes 소척도, 특히 Pd1(가정 불화), Pa1(피해의식), 척도 8의 소척도 중 일부, Ma2(심신운동 항진)가 상승한다는 것을 보여 주었다. 이러한 연구 결과는 성인 규준이 청소년의 MMPI 프로파일 해석에 있어 상당한 왜곡을 일으키는 경향이 있다는 믿음을 뒷받침한다. Colligan과 Offord(1989)는 원판 MMPI로 수집된 동시대의 청소년 표본에서 도출된 Harris-Lingoes 소척도에 대한 청소년 규준을 제공했다. Archer(1987a)가 개발하고 Psychological Assessment Resources에서 출판한『MMPI 청소년 해석 체계(MMPI Adolescent Interpretive System)』에서는 Harris-Lingoes 소척도의 T점수 값을 사용한 원판 MMPI에 대한 컴퓨터 기반의 검사 해석을 제공하며, MMPI-A에도 이 소척도들이 포함되어 있다(Archer, 1995, 2003, 2013).

　Harris-Lingoes 소척도는 MMPI-2와 MMPI-A의 검사 자료와 채점 프로그램으로 이월되었다. 이는 척도 2, 3, 4, 6, 8, 9의 표준척도 문항들이 개발 과정에서 거의 삭제되지 않았기 때문에 가능했다. 그러나 일부 Harris-Lingoes 소척도는 문항 삭제로 인해 개정된 검사에서 약간 단축되었다. Harris와 Lingoes는 해당 기본척도에서 득점되지 않는 문항(예: Pd 소척도에 속한 일부 문항들 중에서 Pd 모척도에서 득점되지 않는 문항이 있음)이 포함되었기 때문에 이러한 문항은 MMPI-A 및 MMPI-2의 Harris-Lingoes 소척도의 문항에서 삭제되었다. 마지막으로, Harris와 Lingoes가 소척도 중 몇 개를 설명하기 위해 적용한 첨자를 제거하기 위해 MMPI-A와 MMPI-2에서 Harris-Lingoes 소척도의 번호를 다시 매겼다. 개정된 번호 체계는 특정 소척도를 표시하는 데 사용되는 방법을 단순화하기 위해 고안되었다. 규준 표본의 남녀 청소년 1,620명에 기반한 MMPI-A의 Harris-Lingoes 소척도에 대한 청소년 규준은 이 검사의 매뉴얼에서 이용할 수 있다(Butcher et al., 1992). 남자 청소년을 위한 MMPI-A 프로파일 형식의 Harris-Lingoes와 Si 소척도는 [그림 6-2]에 나와 있다.

　이전에 검토한 MMPI-A 척도와 달리, 수기 채점 절차를 사용하는 경우에는 Harris-Lingoes 소척도의 일상적인 사용을 권장하지 않는다. 왜냐하면 Harris-Lingoes 소척도의 수기 채점은 오랜 시간이 걸리며, 이 자료가 특정 조건(즉, 선택적 사례들)에서만 주로 기본척도 프로파일을 보완하는 데 유용하기 때문이다. 예를 들어, Graham(2012)은 내담자의 이력 및 이용 가능한 기타 정보에 기초해 볼 때, 임상척도가 예상치 못하게 상승한 경우나 임상가가 약간 상승된 범위(MMPI-A에서 T점수 60~65점)의 기본척도를 해석할 때 Harris-Lingoes 소척도를 사용할 것을 권고했다. 후자의 경우, 기본척도 상승이 정상 범위 이내이거나 현저하게 상승할 때는 Harris-Lingoes 척도 값이 상대적으로 덜 중요하다는 것을 암묵적으로 인정하는 것이다. 추가로, Friedman 등(2001)은 Harris-Lingoes 소척도의 사용과 관련하여 몇 가지 우려와 주의를 제기했고, 이는 상당히 근거가 있는 것으로 보인다. 첫째, 그들은 Harris와 Lingoes가 소척도의 문항 선택에 대해 교차 검증을 시도하지 않았고, 이 척도들에 대한 외적 타당도 자료가 상당히 제한적이라는 점에 주목했다. 이와 관련하여, Friedman 등은 독립적인 평가자들이 이 소척도들에 적용한 Harris와 Lingoes의 합리적 범주로 문항들을 정확하게 분리하지 못했다는 Miller와 Streiner(1985)의 연구 결과를 인용했다. 또한 Friedman 등은 Foerstner(1986)의 요인분석 결과를 검토했는데, 부여된 이름을 고려할 때 몇몇의 Harris-Lingoes 소척도에는 기대되는 식으로 요인에 적재되지 않는 문항을 포함하고 있음을 보여 주었다. 더불어 Friedman 등(2001)은 대부분의 Harris-Lingoes 문항들이 본질적으로 명백하고 따라서 반응 세트의 영향에 취약하다는 것에 주목했다. 마지막으로, 저자들은 Harris-Lingoes 소척도의 규준에 대한 우려에 주목했는데, 이

MMPI-A
Minnesota Multiphasic Personality Inventory™– ADOLESCENT

Harris-Lingoes and Si Subscales Score Record

Name ______
Address ______
Grade Level ______ Date Tested ______
Setting ______ Age ______
Referred by ______
Scorer's Initials ______

MALE

Raw Score	D_1	D_2	D_3	D_4	D_5	Hy_1	Hy_2	Hy_3	Hy_4	Hy_5	Pd_1	Pd_2	Pd_3	Pd_4	Pd_5	Pa_1	Pa_2	Pa_3	Sc_1	Sc_2	Sc_3	Sc_4	Sc_5	Sc_6	Ma_1	Ma_2	Ma_3	Ma_4	Si_1	Si_2	Si_3	Raw Score
–	105																															–
–	103																															–
30 —	100																															—30
–	98																															–
–	96																															–
–	93																															–
–	91																															–
25 —	89																															—25
–	86																															–
–	84																															–
–	82																															–
–	79																		95													–
20 —	77																		92					95								—20
–	75																		89					92								–
–	72																		86					89								–
–	70								96							96			83					86							77	–
–	67								92							93			80					83							75	–
15 —	65			96				93	89							89			77					80							72	—15
–	63	96		92				89	85							86			74			88		77					75		69	–
–	60	91		88				85	82							82			71			85		74					72		66	–
–	58	86		84			80	81	78					83	82	78			68			81		71					69		63	–
–	56	81	102	80			76	77	74					78	78	75			65	98		77	86	68		71			65		60	–
10 —	53	76	95	76	85		71	74	71					74	73	71			62	93	82	73	82	65		66			62		57	—10
–	51	71	89	72	81		67	70	67		80			69	69	68	85	77	59	87	77	69	77	62		62		75	59		54	–
–	49	66	82	68	76		63	66	64		75	79		65	65	64	79	72	56	82	73	65	72	59		57	81	69	56	77	51	–
–	46	61	75	64	71		58	62	60	81	69	73		60	61	60	73	66	53	76	68	61	67	56		52	74	64	53	72	48	–
–	44	56	68	60	66	66	54	58	57	74	64	67	67	55	57	57	67	61	49	71	64	57	62	53	73	48	68	58	49	67	45	–
5 —	42	51	62	56	61	61	50	54	53	66	59	60	61	51	53	53	61	56	46	65	59	53	57	50	66	43	62	53	46	62	42	—5
–	39	46	55	52	58	55	46	50	50	59	53	54	54	46	49	50	55	50	43	59	55	50	53	47	59	38	55	48	43	57	40	–
–	37	41	48	47	51	49	41	46	46	51	48	48	48	42	45	46	49	45	40	54	50	46	48	44	52	33	49	42	40	52	37	–
–	35	36	42	43	46	44	37	42	43	44	42	41	42	37	41	42	42	40	37	48	46	42	43	41	45	30	43	37	36	47	34	–
–	32	31	35	39	41	38	33	38	39	36	37	35	35	32	36	39	36	34	34	43	41	38	38	38	38	30	36	31	33	43	31	–
0 —	30	30	30	35	36	32	30	34	36	30	32	30	30	30	32	35	30	30	31	37	37	34	33	35	31	30	30	30	30	38	30	—0
Raw Score	D_1	D_2	D_3	D_4	D_5	Hy_1	Hy_2	Hy_3	Hy_4	Hy_5	Pd_1	Pd_2	Pd_3	Pd_4	Pd_5	Pa_1	Pa_2	Pa_3	Sc_1	Sc_2	Sc_3	Sc_4	Sc_5	Sc_6	Ma_1	Ma_2	Ma_3	Ma_4	Si_1	Si_2	Si_3	Raw Score

Raw Score ______

T Score ______

LEGEND
D_1 Subjective Depression
D_2 Psychom. Retardation
D_3 Phys. Malfunctioning
D_4 Mental Dullness
D_5 Brooding
Hy_1 Den. of Soc. Anxiety
Hy_2 Need for Affection
Hy_3 Lassitude-Malaise
Hy_4 Somatic Complaints
Hy_5 Inhib. of Aggression
Pd_1 Familial Discord
Pd_2 Authority Problems
Pd_3 Soc. Imperturbability
Pd_4 Social Alienation
Pd_5 Self-Alienation
Pa_1 Persecutory Ideas
Pa_2 Poignancy
Pa_3 Naivete
Sc_1 Social Alienation
Sc_2 Emotional Alienation
Sc_3 Lack of Ego Mast., Cog.
Sc_4 Lack of Ego Mast., Con.
Sc_5 Lack of Ego Mast., Def. Inh.
Sc_6 Bizarre Sensory Experiences
Ma_1 Amorality
Ma_2 Psychom. Acceleration
Ma_3 Imperturbability
Ma_4 Ego Inflation
Si_1 Shyness/Self-Consciousness
Si_2 Social Avoidance
Si_3 Alienation—Self and Others

PEARSON

7 8 9 10 11 12 B C D E

Product Number 25009

그림 6-2 Harris-Lingoes와 Si 소척도(남자 청소년)

출처: MMPI-A의 실시, 채점 및 해석 매뉴얼 by Butcher, et al. Copyright © 1992 by the Regents of the University of Minnesota. University of Minnesota Press의 허가하에 사용함. 무단 전재 금지. 'Minnesota Multiphasic Personality Inventory'와 'MMPI' 상표는 Regents of the University of Minnesota에서 소유함.

는 원판 MMPI의 이 측정치에 대한 청소년 규준의 부재에서 확실히 드러난 문제이다.

이후 제시하는 상승된 Harris-Lingoes 소척도에 대한 설명은 Harris와 Lingoes(1955)가 제공한 원래의 설명, 각 척도에 속한 문항 내용에 대한 합리적인 점검, 성인에게 MMPI-2를 사용하기 위한 표준 지침에서 제시된 각 척도별 설명(예: Graham, 2012; Greene, 2011)을 기반으로 한다. 또한 Gallucci(1994)가 청소년 입원환자 연구에서 확인한 Harris-Lingoes 소척도 상관물도 아래 제시한 자료에 선택적으로 포함하였다. 그러나 Harris-Lingoes 소척도는 표준 타당도 및 임상척도에서 도출된 해석을 보완하고 다듬는 데에만 사용해야 한다는 점이 강조되어야 한다. 또한 이러한 측정치에 대한 타당도 자료가 부족하기 때문에 MMPI-A의 Harris-Lingoes 소척도 사용에 상당한 주의를 기울여야 한다. 특히 Hy1(사회적 불안의 부인)과 Pd3(사회적 침착성) 소척도가 임상적으로 상승된 T점수를 산출할 수 없는 것에 관한 Krishnamurthy 등(1995)의 연구 결과와 Wrobel(1992)가 보고한 이 두 소척도의 공인타당도가 없는 점을 결합해 보면, 검사 사용자는 이 소척도 자료를 MMPI-A 표준 해석 절차에서 생략하는 것을 강력하게 고려해야 한다. 다음은 모척도별로 묶은 MMPI-A의 Harris-Lingoes 소척도에 대해 제안할 수 있는 해석이다.

척도 2(우울증) 소척도

주관적 우울감(D1). D1 소척도의 높은 점수는 다음과 같은 특성과 관련될 수 있다.
- 우울감, 불행감, 죄책감
- 일상생활에서의 에너지와 흥미의 부족
- 집중력 및 주의력 부족
- 자기비판적 성향

정신운동 지체(D2). D2 소척도의 높은 점수는 다음과 같은 특성과 관련될 수 있다.
- 활력의 부족 또는 자원을 사용하지 못함
- 사회적 철수 및 사회적 회피
- 적대적이거나 공격적인 충동을 부인함

신체적 기능 장애(D3). D3 소척도의 높은 점수는 다음과 같은 특성과 관련될 수 있다.
- 신체 건강에 대한 우려 및 집착

• 다양한 신체 증상의 보고

둔감성 (D4). D4 소척도의 높은 점수는 다음과 같은 특성과 관련될 수 있다.

• 기억력, 집중력, 판단력에서 어려움을 호소함

• 활력의 부족

• 부정적 자아 개념과 열등감

• 의사 결정의 어려움

깊은 근심(D5). D5 소척도의 높은 점수는 다음과 같은 특성과 관련될 수 있다.

• 활력의 부족, 무감동(apathy), 무기력

• 비판에 대한 과도한 민감성

• 낙담과 슬픔

척도 3(히스테리) 소척도

사회적 불안의 부인(Hy1). Hy1 소척도의 높은 점수는 다음과 같은 특성과 관련될 수 있다.

• 사회적 외향성

• 다른 사람과 쉽게 대화하고 상대함

애정 욕구(Hy2). Hy2 소척도의 높은 점수는 다음과 같은 특성과 관련될 수 있다.

• 관심 및 애정에 대한 강한 욕구

• 관계에 대해 낙관적이고 신뢰함

• 타인에 대한 냉소적, 적대적 또는 부정적인 감정을 부인함

권태-무기력(Hy3). Hy3 소척도의 높은 점수는 다음과 같은 특성과 관련될 수 있다.

• 불행감과 불편감

• 피로, 신체적 문제 및 신체적 건강이 좋지 않다는 인식

• 슬픔과 낙담

• 식욕부진 및 수면장애

신체증상 호소(Hy4). Hy4 소척도의 높은 점수는 다음과 같은 특성과 관련될 수 있다.

- 다양한 신체적 호소와 걱정
- 두통 또는 흉통
- 실신, 현기증, 균형 감각의 문제
- 메슥거림, 구토, 위장장애

공격성의 억제(Hy5). Hy5 소척도의 높은 점수는 다음과 같은 특성과 관련될 수 있다.

- 적대적이거나 공격적인 충동을 부인함
- 완벽주의적 경향
- 스스로 결단력이 있다고 인식함
- 스스로 사회적으로 민감하다고 인식함

척도 4(반사회성) 소척도

가정 불화(Pd1). Pd1 소척도의 높은 점수는 다음과 같은 특성과 관련될 수 있다.

- 가정 및 가족을 불쾌하거나 적대적이거나 거부적이라고 생각함
- 가정 내 사랑이 결여되었다고 생각함
- 가족 내 잦은 다툼 및 갈등 발생
- 가족 구성원이 지나치게 비판적이고 통제적이라고 생각함

권위 불화(Pd2). Pd2 소척도의 높은 점수는 다음과 같은 특성과 관련될 수 있다.

- 법적 위반 및 반사회적 행동의 과거력
- 권위자와 갈등이 있었던 과거력
- 사회적 표준, 관습 또는 규범에 대해 분노함

사회적 침착성(Pd3). Pd3 소척도의 높은 점수는 다음과 같은 특성과 관련될 수 있다.

- 사회적 불안 및 의존적 욕구의 부인
- 사회적 외향성과 사회적 자신감
- 자신의 의견을 강력하게 옹호하는 경향

사회적 소외(Pd4). Pd4 소척도의 높은 점수는 다음과 같은 특성과 관련될 수 있다.

• 오해, 소외, 고립감을 느낌

• 외로움, 불행감 및 타인과 소원함

• 문제나 갈등에 대해 다른 사람을 비난하는 경향

• 낙담과 슬픔

내적 소외(Pd5). Pd5 소척도의 높은 점수는 다음과 같은 특성과 관련될 수 있다.

• 정서적 불편감과 불행감

• 집중력 및 주의력의 문제

• 죄책감, 후회, 회한

• 과도한 알코올 사용 가능성

척도 6(편집증) 소척도

피해의식(Pa1). Pa1 소척도의 높은 점수는 다음과 같은 특성과 관련될 수 있다.

• 타인으로부터 부당한 대우를 받는다는 느낌

• 문제와 좌절에 대해 외부 탓을 함

• 투사의 사용

• 박해 사고나 박해 망상의 가능성

예민성(Pa2). Pa2 소척도의 높은 점수는 다음과 같은 특성과 관련될 수 있다.

• 자신을 예민하고, 신경질적이고 쉽게 상처받는 존재로 여김

• 타인보다 감정을 더 강렬하게 느낀다고 믿음

• 외로움, 슬픔, 오해받는 느낌

• 스스로 독특하거나 특수하다고 인식

순진성(Pa3). Pa3 소척도의 높은 점수는 다음과 같은 특성과 관련될 수 있다.

• 순진하게 믿고 낙관적임

• 적대적이거나 냉소적인 감정 또는 태도를 부인함

• 높은 도덕적 또는 윤리적 기준을 제시

• 충동적으로 행동하지 않음

척도 8(조현병) 소척도

사회적 소외(Sc1). Sc1 소척도의 높은 점수는 다음과 같은 특성과 관련될 수 있다.
• 타인과의 라포 형성 부족
• 사회적 상황의 회피 및 관계에서의 철수
• 타인으로부터 오해받고, 부당하게 비판받고, 부당한 처벌을 받는다는 느낌
• 가족에 대한 적대감 또는 분노

정서적 소외 (Sc2). Sc2 소척도의 높은 점수는 다음과 같은 특성과 관련될 수 있다.
• 자기 비판, 낙담, 우울, 절망감
• 자살 사고의 가능성
• 인생이 어렵고 희망이 없다고 봄
• 가학적 또는 피학적 경험의 가능성

자아통합 결여-인지적(Sc3). Sc3 소척도의 높은 점수는 다음과 같은 특성과 관련될 수 있다.
• 이상한 사고 과정
• 비현실감
• 집중력과 주의력의 문제

자아통합 결여-동기적(Sc4). Sc4 소척도의 높은 점수는 다음과 같은 특성과 관련될 수 있다.
• 심리적으로 약하고 취약하다고 느낌
• 집중력과 주의력의 문제
• 활력 부족 및 심리적 무력감
• 죄책감, 낙담, 우울증 및 자살사고 가능성

자아통합 결여-억제부전(Sc5). Sc5 소척도의 높은 점수는 다음과 같은 특성과 관련될

수 있다.

- 감정 및 충동에 대한 통제력 상실
- 안절부절못함, 성마름 및 과잉 활동
- 조절할 수 없는 웃음이나 울음
- 해리 경험이나 증상의 가능성

기태적 감각 경험(Sc6). Sc6 소척도의 높은 점수는 다음과 같은 특성과 관련될 수 있다.

- 이상하거나 특이한 감각 경험
- 감정 통제력 상실
- 마비, 균형 상실 또는 불수의적 근육 운동을 포함한 다양한 신경학적 증상의 발생

척도 9(경조증) 소척도

비도덕성(Ma1). Ma1 소척도의 높은 점수는 다음과 같은 특성과 관련될 수 있다.

- 타인이 이기심과 자기 이익에 의해 동기부여를 받는다고 인식하는 경향
- 반사회적 또는 비사회적 태도, 신념 또는 행동
- 약물 남용

심신운동 항진(Ma2). Ma2 소척도의 높은 점수는 다음과 같은 특성과 관련될 수 있다.

- 생각 또는 발화의 가속
- 긴장, 안절부절못함, 과잉행동
- 흥분 및 자극에 대한 탐색
- 감각 추구 및 위험을 감수하는 행동에 끌림

냉정함(Ma3). Ma3 소척도의 높은 점수는 다음과 같은 특성과 관련될 수 있다.

- 사회적 불안의 부인
- 사회적 상황에 대한 편안함과 자신감
- 타인의 의견에 영향받지 않거나 독립적임
- 흥분되는 일을 찾는 경향성

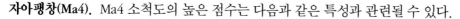

자아팽창(Ma4). Ma4 소척도의 높은 점수는 다음과 같은 특성과 관련될 수 있다.

• 과대성을 포함한 자만심
• 다른 사람의 요구나 간섭이라고 지각된 것에 대한 분노

Si(내향성) 소척도

앞서 언급한 바와 같이, Harris와 Lingoes는 MMPI 기본척도 중 1, 5, 7, 0에 대한 소척도 개발을 시도하지 않았다. Graham, Schroeder 및 Lilly(1971)는 정상 및 정신과 장면에서의 성인의 문항 수준 반응을 바탕으로 척도 5와 0에 대한 요인분석을 수행했다. Serkownek(1975)은 Graham 등의 요인분석 결과를 활용하여 척도 5와 0의 소척도를 개발했다. 원판 MMPI를 청소년에게 사용할 때 Serkownek 소척도는 상대적으로 제한적인 임상적 관심을 받았으며, 척도 5와 0에서의 광범위한 문항 삭제로 인해 MMPI-A에는 적용되지 않을 수 있다.

Ben-Porath, Hostetler 등(1989)은 정상 남녀 대학생의 응답을 분석하여 MMPI-2 Si 척도의 소척도를 개발했다. 문항 수준의 요인분석을 기반으로 예비 척도를 만든 후 내적 일관성(알파 계수 값)을 극대화하는 절차를 이용해 서로 중복되지 않고 상호 배타적인 문항으로 구성된 3개의 소척도를 만들었다. Sieber와 Meyer(1992)는 410명의 대학생 표본에서 이 세 가지 소척도와 차별적으로 관련이 있다고 여겨지는 다양한 자기보고식 측정치와 Si 소척도의 관계를 조사했다. 이 연구의 결과는 Si 소척도의 공인타당도에 대한 근거를 제공했고, MMPI-2에서 이 척도들을 사용하는 것을 지지했다. Ben-Porath 등이 MMPI-2를 위해 개발한 Si 소척도는 수정 없이 MMPI-A에서도 적용되었으며, Harris-Lingoes의 소척도와 함께 한 장의 프로파일 결과지에 제시된다.

Si1은 수줍음/자의식으로 명명되었으며, 다음 특성은 Si1 소척도의 상승과 관련될 수 있다.

• 다른 사람들 앞에서 수줍어하고 쉽게 당황함
• 사회 환경에 적응하지 못함
• 새로운 상황에서 불편함

Ben-Porath, Hostetler 등(1989)은 Si2를 사회적 회피로 명명했다. 다음의 특성은 이 소척도의 상승과 관련될 수 있다.

- 사회 활동을 싫어하거나 회피함
- 다른 사람과 접촉하거나 관여하지 않음

Si3 소척도는 내적/외적 소외라고 명명되었다. 이 Si 소척도는 다른 사람들과 잘 어울리거나 관계를 맺을 수 있는 능력을 방해하는 정신장애 증상과 관련된 것으로 보인다. 다음은 Si3의 상승과 관련될 수 있는 특성이다.

- 낮은 자존감 및 자기개념
- 자기비판적이며 판단력에 대한 신뢰 부족
- 긴장, 두려움, 우유부단함
- 다른 사람을 의심하거나 두려워함

지금까지 이 장에서는 MMPI-A 기본척도의 해석을 보강하도록 고안되었거나(예: 내용 및 보충 척도) 다른 척도의 구성개념을 명료하게 하거나 '분해'하기 위한 수단으로 개발된(예: 내용소척도, Harris-Lingoes 및 Si 소척도) 다양한 척도 및 소척도에 대해 다루었다. 이제는 개인의 심리적 기능에 대해 더 넓고 거시적인 관점을 제공하기 위해 만들어진 특별한 척도에 주목하고자 한다. 이 MMPI-A 척도는 성격병리 5요인(PSY-5) 척도이다.

∘૪ 성격병리 5요인(PSY-5) 척도

성격병리 5요인(Personality Psychopathology Five: PSY-5; Harkness & McNulty, 1994)은 범주형 성격장애 진단을 보완하기 위해 고안된 서술적이고 차원적인 성격 모델이다. 그것은 위계적 성격 특성의 5요인 개념 체계에 기초한 많은 성격 모델들 중 하나이다. PSY-5 모델은 원래 Harkness, McNulty 및 Ben-Porath(1995)가 PSY-5 척도를 개발하면서 MMPI-2에 적용했고, MMPI-2의 PSY-5 척도에 대한 연구 결과는 Harkness, McNulty, Ben-Porath 및 Graham(2002)이 정리했다. 2012년 Harkness, Finn, McNulty 및 Shields(2012)는 MMPI-2, MMPI-A 및 MMPI-2-RF와 관련된 PSY-5 척도의 문헌을 정리했다. 제7장에서 설명하겠지만, PSY-5 척도는 MMPI-A-RF를 위해 수정된 형태로 적용되었다. 여자 청소년에 대한 MMPI-A 프로파일의 보충 및 PSY-5 척도는 [그림 6-3]에 나

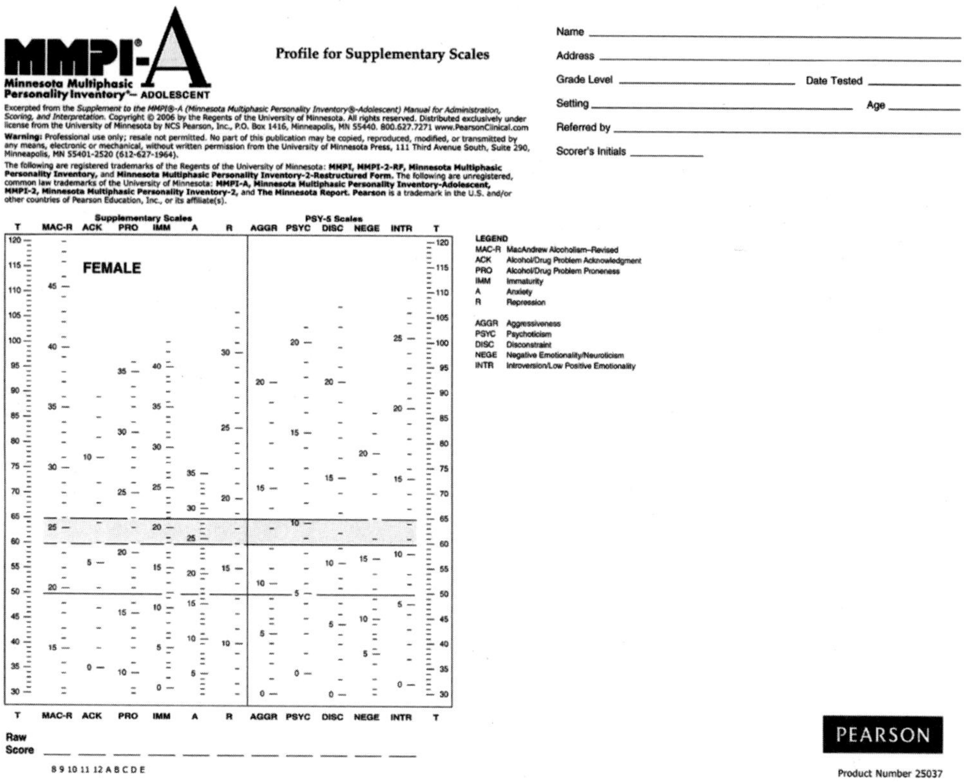
MMPI-A
Minnesota Multiphasic Personality Inventory®– ADOLESCENT
Profile for Supplementary Scales
Name
Address
Grade Level
Date Tested
Setting
Age
Referred by
Scorer's Initials
Supplementary Scales
PSY-5 Scales
T MAC-R ACK PRO IMM A R AGGR PSYC DISC NEGE INTR T
FEMALE
LEGEND
MAC-R MacAndrew Alcoholism–Revised
ACK Alcohol/Drug Problem Acknowledgment
PRO Alcohol/Drug Problem Proneness
IMM Immaturity
A Anxiety
R Repression
AGGR Aggressiveness
PSYC Psychoticism
DISC Disconstraint
NEGE Negative Emotionality/Neuroticism
INTR Introversion/Low Positive Emotionality
Raw Score
PEARSON
Product Number 25037

그림 6-3 보충척도와 PSY-5 척도(여자 청소년)

출처: University of Minnesota Press의 허가하에 사용함. 무단 전재 금지. 'Minnesota Multiphasic Personality Inventory®-Adolescent'와 'MMPI®-A' 상표는 Regents of the University of Minnesota에서 소유함.

와 있다.

McNulty, Harkness, Ben-Porath 및 Williams(1997)는 MMPI-2 PSY-5 척도를 검토하여 MMPI-A 검사에도 있는 104개 문항을 선정했다. 합리적인 문항 선택을 통해 MMPI-A에서 고유하게 발견된 문항에서 추가 문항을 식별하였고, MMPI-A 매뉴얼(Butcher et al., 1992)에 보고된 MMPI-A 규준 표본과 임상 표본에 기초하여 내적 일관성을 증가시키기 위해 설계된 통계적 방법을 사용하여 예비척도를 개선했다. 그 결과, MMPI-A PSY-5 척도는 공격성(AGGR), 정신증(PSYC), 억제성(CONS), 부정적 정서성/신경증(NEGE), 긍정적 정서성/외향성(EXTR)으로 확인되었다. 억제성과 긍정적 정서성/외향적 척도는 나중에 채점과 해석을 용이하게 하기 위해 각각 통제 결여(DISC)와 내향성/낮은 긍정적 정서성(INTR)으로 변경되었다. 5개 척도의 알파 계수 중간값은 임상 표본과 규준 표본 모두에서 .76이었다. 또한 기록 검토 양식, 아동·청소년 행동평가척도(CBCL) 및 Devereux 청소년 행동평정척도(DAB)에서 수집된 자료를 사용하여 이 다섯 가지 차원 각각에 대한 상관 패턴을 탐색했다. MMPI-A의 PSY-5 척도 문항 구성은 〈표 6-13〉과 같다. Harkness 등(1995)은 PSY-5 척도가 주요한 정신병리적 차원보다는 특정 성격 특성이나 기질적 차이를 강조하는 점에서 다른 MMPI 척도와 다르다고 지적했다. 이 척도들에 대한 다양한 MMPI-A 연구 자료는 각 PSY-5 척도에 대해 다음과 같은 상관 패턴을 제시한다.

다음의 특성은 공격성(AGGR) 척도의 상승과 관련될 수 있다.
- 부족한 감정조절
- 폭력적 또는 공격적
- 외현화 및 행동화를 보일 가능성이 높음

다음의 특성은 정신증(PSYC) 척도의 상승과 관련될 수 있다.
- 정신증과 같은 행동을 보일 가능성이 높음
- 불안하고 강박적으로 보일 가능성이 높음

다음의 특성은 통제 결여(DISC)(원래는 억제성) 척도의 상승과 관련될 수 있다.
- 외현화 행동을 보일 가능성이 높음
- 행동화 및 약물 사용에 관여할 가능성이 높음
- 비행 행동을 보일 가능성이 높음

다음의 특성은 부정적 정서성/신경증(NEGE) 척도의 상승과 관련될 수 있다.
- 불안, 긴장, 걱정
- 죄책감과 후회
- 성인에게 지나치게 의존함

다음의 특성은 원래 긍정적 정서성/외향성이라고 명명된 내향성(INTR) 척도의 상승과 관련될 수 있다.
- 사회적 고립
- 대인관계에서 소통하지 않고 철수함

표 6-13 MMPI-A PSY-5 척도의 문항 구성

척도	문항
공격성(AGGR)	24, 34, 47, 81, 128, 200, 201, 282, 303, 325, 334, 354, (355), 367, 378, 382, 453, 458, 461, (465)
정신증(PSYC)	12, 22, 29, 39, 45, 92, 95, 132, 136, 225, 250, 286, 295, 296, 299, 315, 332, 337, (387), 417, 439
통제 결여(DISC)	32, 69, 80, (96), 99, 101, 117, (120), 144, 197, 234, (246), (249), 323, 338, 361, 380, 389, 440, 456, (457), (460), 462
부정적 정서성/신경증 (NEGE)	49, (60), 78, 89, 111, (134), 139, 159, 185, (209), 271, 281, 285, 357, 364, 368, (375), 383, 392, 394, 412, (424)
내향성/낮은 긍정적 정서성 (INTR)	(9), (46), (58), (71), (74), (82), (91), (105), (125), (170), (179), (180), (228), (262), (289), (292), (298), (319), (322), (329), (331), (335), (436), (447), (450), 463, 473, (476)

출처: Copyright ⓒ 1997 by the American Psychological Association. 허가하에 사용함. McNulty, Harkness, Ben-Porath, & Williams (1997). *Assessing the Personality Psychopathology Five (PSY-5) in adolescents: New MMPI-A Scales.* Psychological Assessment.

주: 괄호 안의 문항은 아니다일 때 득점되고, 그 외 모든 문항은 그렇다일 때 득점됨. **굵은 글씨**로 표시된 문항은 MMPI-2의 해당 PSY-5 척도에도 있음(문항 번호 변환은 Butcher et al., 1992의 표 E-1 참조).

Veltri 등(2009)은 법의학 환경의 남자 청소년 157명과 정신과에 입원한 여자 청소년 197명의 표본에서 PSY-5 척도를 포함한 다양한 MMPI-A 척도에 대한 경험적 상관물을 조사했다. 이들은 무쾌감증, 우울증, 정신운동지체, 자살 사고와 같은 내현적 변인들이 INTR 척도 점수와 상당한 관련이 있는 반면, NEGE 점수는 피로, 불안, 자살 사고와 관련이 있다는 것을 발견했다. 분노, 싸움의 과거력, 반항 행동을 포함한 외현화 변인들은 AGGR 점수와 유의한 상관을 보여 주었다. 게다가 DISC 척도 점수는 약물 남용, 학교 정학, 형사 고발, 가출의 과거력 등 충동적이고 억제되지 않는 다양한 행동과 관련이 있었다. 마지막으로, PSYC 척도 점수는 환청과 관련이 있었다.

Veltri 등(2014)은 법의학 환경의 남녀 청소년 260명을 대상으로 MMPI-A PSY-5 척도 점수와 폭력적 및 비폭력적인 행동 사이의 관계를 조사했다. 그 결과, 예상과 일치하게 통제결여 척도의 상승이 비폭력 비행과 관련이 있는 반면, 공격성은 도구적 공격성과 폭력적인 비행을 특징으로 하였다. 연구자들은 이 연구 결과가 임상가가 MMPI-A PSY-5 척도를 해석하는 방법을 알려 주는 데 시사하는 바가 있다고 결론 내렸다. 예를 들어, DISC에서는 높은 점수를 받았지만 AGGR 척도 점수는 정상 범위인 청소년을 평가하는 임상가

들은 청소년이 비폭력 비행 행동에 관여한 과거력이 있을 가능성이 있고, 앞으로 폭력적인 행동에 관여할 가능성은 낮다고 추론할 수 있다. 이와는 대조적으로, DISC와 AGGR 척도가 모두 상승한 청소년은 폭력적인 행동의 과거력이 있을 가능성이 더 높고 향후 폭력적인 행동을 저지를 위험이 더 높을 수 있다.

Bolinskey, Arnau, Archer 및 Handel(2004)은 정신과에서 입원 치료를 받는 545명의 청소년을 대상으로 MMPI-A PSY-5 척도를 조사했다. 이들은 각 PSY-5 척도의 내적 구조를 결정하고, PSY-5 척도에 대한 하위척도들의 생성을 지원하기 위해서 문항 수준의 주성분분석을 사용했다. 그 결과, 부정적 정서성/신경증 척도를 제외한 MMPI-A PSY-5 척도들이 두 개의 요인으로 의미있게 구분될 수 있었다. 〈표 6-14〉는 이 연구에서 얻은 PSY-5 영역의 문항 구성과 신뢰도 및 하위요인 점수이다. 전반적으로, 그 결과는 MMPI-A PSY-5 척도의 구성 타당도를 뒷받침했고, 좋은 하위척도를 제공했다. 이들은 이 하위척도들의 외적 상관물을 탐색하는 것뿐 아니라, 이 척도의 개발과정에서 Harkness와 McNulty(1994)가 강조한 성격장애의 증상에 비추어 청소년 평가에서 PSY-5의 전반적인 적용 가능성을 입증하기 위해서는 향후 연구가 필요하다고 언급했다.

Stokes, Pogge, Sarnicola 및 McGrath(2009)는 정신과에 입원하고 있는 662명의 청소년 표본을 대상으로 Bolinskey 등(2004)의 MMPI-A PSY-5 하위 척도의 유용성을 탐색했다. PSY-5 하위 척도와 치료자 평정, 차트 내용 및 자기보고식 측정치 사이의 관계를 조사하기 위해 상관분석을 실시하였다. 저자들은 그들의 연구 결과가 MMPI-A PSY-5 하위척도의 타당도를 뒷받침한다고 결론지었다. 하위척도는 일반적으로 수용 가능한 수준의 내적 일관성을 보여 주었고, 자기보고 및 증상 평정과 예측 가능하고 의미 있는 방식으로 관련되었다. 예를 들어, 외현화 증상은 적대감 및 비행 태도 하위척도와 관련이 있었고, 내현화 증상은 높은 신경증 하위척도와 낮은 욕구/기대 하위척도와 가장 밀접한 관련이 있었으며, 기태적 특징과 정신증 증상은 정신증적 경험과 기이한 정신상태와 가장 강력한 상관을 보이는 것으로 밝혀졌다.

결론적으로, MMPI-A PSY-5 척도에 대한 연구 결과는 이러한 척도의 신뢰도와 PSY-5 척도에 의해 생성된 외부 상관물 패턴의 측면에서 매우 고무적인 것으로 보인다. 청소년 프로파일 해석에서 MMPI-A의 PSY-5 하위척도가 검사 사용자에게 얼마나 신뢰감 있고 정확한 정보를 제공할 수 있는지를 완전히 평가하기 위해서는 추가 연구가 필요할 것이다.

표 6-14   MMPI-A PSY-5 척도의 영역과 하위척도에 대한 문항 구성과 신뢰도

척도	문항	Alphen
공격성(AGGR)		.79
적대감(Hostility)	24, 34, 81, 128, 201, 282, 303, 354, (355), 367, .76 453, 458, 461, 465	.76
과대성/분개함 (Grandiosity/Indignation)	47, 200, 325, 334, 378, 382	.57
통제 결여(DISC)		.80
비행 행동 및 태도 (Delinquent Behaviors and Attitudes)	32, 80, (96), 101, 144, 197, 234, (246), (249), 323, 338, 361, 380, 440, (460), 467	.77
규범 위반(Norm Violation)	69, 99, 117, (120), 389, 456, (457), 462	.57
내향성/낮은 긍정적 정서성(INTR)		.83
낮은 욕구/기대 (Low Drive/Expectations)	(9), (58), (71), (74), (91), (105), (170), (179), (228), (329), (436), (447), (450), 473	.77
낮은 사교성 (Low Sociability)	(46), (82), (125), (180), (262), (289), (292), (298), (319), (322), (331), (335), 463, (476)	.72
정신증(PSYC)		.81
정신증적 믿음/경험 (Psychotic Beliefs/Experiences)	12, 22, 39, 95, 132, 136, 250, 299, 315, 332, 337, (387), 439	.78
기이한 정신상태 (Odd Mentation)	29, 45, 92, 296, 417	.59
부정적 정서성/신경증(NEGE*)		.78

출처: Bolinskey et al. (2004). Copyright ⓒ Sage Publications. 허가하에 사용함.

주: 분석 결과, NEGE는 단일 요인으로 나타났으며, 따라서 이 PSY-5 하위척도는 구성되지 않음. 괄호 안의 항목은 아니다 방향일 때 득점됨.

MMPI-A-RF는 청소년의 정신병리 평가를 위한 새로운 도구로 MMPI-2-RF의 구조와 기본 개념에 크게 영향을 받았다. 그러나 MMPI-A-RF의 개발은 또한 청소년 발달 문제(예: 또래의 부정적 영향)와 청소년 문제 영역(예: 학교에 대한 부정적 태도)에 고유하고 민감한 척도를 만드는 데 중점을 두었다. 또한 많은 척도가 MMPI-A-RF와 MMPI-2-RF에서 동일한 이름을 공유하지만, 이러한 척도가 동일하다고 가정하는 것은 잘못된 것이다. 두 검사에서 이름을 공유하는 많은 척도 중 다수는 문항 구성 측면에서 크게 다르다.

MMPI-A-RF는 MMPI-2-RF를 청소년 응답자에게 적합하게 응용한 것으로 볼 수 있지만, MMPI-A-RF는 또한 MMPI-A와도 밀접한 관계가 있다. 〈표 7-1〉은 MMPI-A-RF 타당도척도와 MMPI-A 타당도척도의 상관을 보여 준다. 예를 들어, 이 표는 과소보고 또는 방어성 측정치(예: K와 K-r) 사이의 강한 상관관계($r \geq .80$)와 과대보고 측정치(F와 F-r) 사이의 강한 상관관계($r = .86$)를 보여 준다. 〈표 7-2〉는 대규모의 외래 청소년 환자 표본에서의 MMPI-A의 임상 및 내용 척도와 MMPI-A-RF의 대다수 척도 중 가장 상관이 높은 세 가지 척도의 상관을 보여 준다. 대체로 이러한 관계의 대부분은 MMPI-A 척도와 그에 대응하는 MMPI-A-RF의 기대되는 혹은 예상되는 상관을 반영한다. 예를 들어, 기본척도 Hs는 RC1과 .93, MMPI-A의 내용척도 A-biz는 RC8과 .80, 내용척도 A-fam과 MMPI-A-RF의 FML 척도는 .90의 상관을 보인다. 유사하게, White와 Krishnamurthy(2014)는 여고생 표본에서 Hs와 RC1의 상관이 .90이고, 같은 표본에서 MMPI-A 척도 L과 MMPI-A-RF 척도 L-r의 상관이 .80이라고 보고했다. 그러나 MMPI-A-RF 매뉴얼(Archer et al., 2016a)에서는 MMPI-A의 기본 척도 Sc가 MMPI-A-RF의 RC8 척도와의 가장 높은 상관을 나타내지 않으며, MMPI-A 기본 척도 Hy는 RC3과 강한 상관을 산출하지 않는다고 언급되었다. 이러한 후자의 결과는 MMPI-A-RF가 MMPI-A와 상당한 차이를 가지며, 자주 겹치지만 많은 중요한 측면에서 뚜렷하게 다른 검사로 간주되어야 한다는 것을 강조한다.

표 7-1   MMPI-A-RF 규준 표본 남녀 청소년들의 MMPI-A와 MMPI-A-RF의 타당도척도 상관

MMPI-A 척도	MMPI-A-RF 척도					
	VRIN-r	TRIN-r	CRIN	F-r	L-r	K-r
VRIN	.68	.14	.74	.64	.42	.10
TRIN	.13	.58	.18	.27	-.02	-.22
F1	.56	.24	.63	.79	.34	-.08
F2	.56	.29	.64	.82	.32	-.14
F	.59	.29	.68	.86	.35	-.12
L	.27	-.13	.31	.24	.80	.42
K	.02	-.29	.04	-.10	.33	.81

출처: MMPI-A-RF 매뉴얼에서 허가하에 사용함. MMPI-A의 실시, 채점 및 해석 매뉴얼 by Butcher, et al. Copyright
ⓒ 1992 by the Regents of the University of Minnesota. MMPI-A-RF의 실시, 채점 및 해석 매뉴얼 by Archer
et al. Copyright ⓒ 2016 by the Regents of the University of Minnesota. University of Minnesota Press의 허
가하에 사용함. 무단 전재 금지. 'Minnesota Multiphasic Personality Inventory'와 'MMPI' 상표는 Regents of the
University of Minnesota에서 소유함.

표 7-2   MMPI-A의 임상 및 내용척도와 가장 상관이 높은 3개의 MMPI-A-RF 척도 상관

MMPI-A 척도	남자 청소년 외래환자 (n = 6,851)			여자 청소년 외래환자 (n = 4,848)		
Hs	RC1 (.93)	NUC (.72)	MLS (.71)	RC1 (.94)	MLS (.75)	NUC (.74)
D	EID (.71)	MLS (.71)	RCd (.70)	EID (.77)	MLS (.75)	RCd (.75)
Hy	MLS (.61)	RC1 (.59)	NUC (.50)	RC1 (.68)	MLS (.67)	HPC (.56)
Pd	FML (.64)	RCd (.60)	RC4 (.59)	FML (.64)	RCd (.63)	RC6 (.61)
Mf	EID (.43)	NEGE-r (.42)	SFD (.41)	SFD (.26)	STW (.25)	AGG (-.23)
Pa	THD (.73)	PSYC-r (.70)	RC6 (.69)	THD (.73)	RC6 (.70)	PSYC-r (.69)
Pt	EID (.91)	RCd (.88)	NEGE-r (.83)	EID (.91)	RCd (.87)	RC7 (.82)
Sc	EID (.83)	RCd (.83)	F-a (.74)	EID (.81)	RCd (.81)	F-a (.79)
Ma	RC9 (.67)	BXD (.65)	DISC-r (.55)	RC9 (.68)	BXD (.62)	AGG (.55)
Si	SHY (.81)	INTR-r (.78)	EID (.73)	SHY (.81)	INTR-r (.79)	EID (.72)
A-anx	EID (.89)	NEGE-r (.88)	RCd (.84)	EID (.88)	NEGE-r (.87)	RCd (.83)
A-obs	NEGE-r (.83)	RC7 (.80)	EID (.79)	NEGE-r (.81)	RC7 (.79)	EID (.78)
A-dep	RCd (.93)	EID (.91)	SFD (.77)	RCd (.93)	EID (.91)	SFD (.77)
A-hea	RC1 (.92)	NUC (.76)	F-a (.71)	RC1 (.94)	NUC (.77)	F-a (.74)

A-biz	PSYC-r (.84)	RC8 (.80)	THD (.78)	PSYC-r (.84)	RC8 (.81)	THD (.78)
A-ang	ANP (.85)	AGGR-r (.85)	AGG (.75)	ANP (.86)	AGGR-r (.86)	AGG (.75)
A-cyn	RC3 (.89)	K-r (−.58)	RC6 (.55)	RC3 (.89)	AGGR-r (.59)	THD (.58)
A-aln	EID (.75)	RCd (.74)	THD (.66)	EID (.73)	RCd (.73)	THD (.67)
A-con	BXD (.77)	DISC-r (.77)	ASA (.76)	ASA (.79)	DISC-r (.79)	BXD (.78)
A-lse	EID (.84)	RCd (.82)	SFD (.80)	EID (.84)	RCd (.82)	SFD (.80)
A-las	NFC (.56)	EID (.52)	HLP (.52)	NFC (.59)	HLP (.56)	EID (.56)
A-sod	INTR-r (.91)	SAV (.86)	SHY (.74)	INTR-r (.91)	SAV (.87)	SHY (.75)
A-fam	FML (.90)	AGGR-r (.57)	RCd (.57)	FML (.89)	RC4 (.54)	RC6 (.54)
A-sch	NSA (.82)	RC4 (.59)	DISC-r (.59)	NSA (.82)	RC4 (.59)	DISC-r (.58)
A-trt	HLP (.83)	RCd (.77)	EID (.77)	HLP (.84)	EID (.78)	RCd (.78)

출처: MMPI-A-RF 매뉴얼에서 허가하에 사용함. MMPI-A의 실시, 채점 및 해석 매뉴얼 by Butcher, et al. Copyright ⓒ 1992 by the Regents of the University of Minnesota. MMPI-A-RF의 실시, 채점 및 해석 매뉴얼 by Archer et al. Copyright ⓒ 2016 by the Regents of the University of Minnesota. University of Minnesota Press의 허가하에 사용함. 무단 전재 금지. 'Minnesota Multiphasic Personality Inventory'와 'MMPI' 상표는 Regents of the University of Minnesota에서 소유함.

⚬⚬ MMPI-A-RF 타당도척도

제3장에서는 방어성 또는 과소보고(L-r 및 K-r), 과대보고(F-r), 불일치(VRIN-r, TRIN-r 및 CRIN)와 관련된 각 MMPI-A 타당도척도에 대해 설명하였다. 또한 제3장에는 이러한 각각의 타당도척도의 해석에 관한 정보가 포함되어 있다. 〈표 7-3〉은 규준 표본과 다양한 장면의 표본의 타당도척도에 대한 검사-재검사 신뢰도, 크론바흐 알파 계수 내적 일관성 및 측정 결과의 표준 오차 등의 정보를 제공한다. 이 표와 같이 과소보고 및 과대보고 측정치에 대한 검사-재검사 및 내적 일관성 신뢰도 자료는 대체로 중간 범위이다. 대조적으로, 그리고 예상대로, 반응 일관성 측정치는 일반적으로 특히 알파 계수에 반영된 내적 일관성 계수에 대해 훨씬 낮은 신뢰도를 산출한다. [그림 7-1]은 MMPI-A-RF 타당도척도 프로파일 결과지이다.

✿ 상위차원(H-O) 척도

앞서 언급한 바와 같이, MMPI-2-RF의 개발 과정은 MMPI-A-RF 척도 개발의 틀로 사용되었다. 따라서 MMPI-A-RF는 서로 다른 범위와 특이도를 나타내는 3계층의 위계 구조를 채택했다. 3개의 상위차원(Higher-Order: H-O) 척도는 이 위계 구조의 가장 상위의 가장 광범위한 수준을 정의하고, 재구성임상(RC) 척도는 중간 수준, 특정문제(SP) 척도는 위계 구조의 하위에서 가장 좁은 영역의 측정을 제공하도록 개발되었다.

MMPI-A-RF 상위차원 척도는 MMPI-2-RF에도 있는 상위차원 척도와 유사한 광범위한 구성개념을 측정하기 위해 만들어졌다. 이 목표를 달성하기 위해 RC척도 수준의 자료에 대해 주성분분석(PCA)을 수행했고, 그 결과 3요인 모델이 각 상위차원 척도에 핵심 성분을 제공했다. 첫 번째 성분인 정서적/내재화 문제(EID)는 RCd, RC1, RC2 및 RC7을 포함한 정서적 고통의 측정치에 높은 부하량이 산출되는 것이 특징이다. 두 번째 성분인 사고문제(THD)는 주로 RC3, RC6 및 RC8의 높은 부하량에 의해 정의되었다. 마지막으로, 행동적/외현화 문제(BXD)라는 이름의 세 번째 성분은 RC4와 RC9에 높은 부하량을 가지는 것이 특징이다. [그림 7-2]는 MMPI-A-RF의 H-O 및 RC 척도의 프로파일 결과지이다. 〈표 7-4〉는 또한 상위차원 척도의 측정 자료에 대한 신뢰도 및 표준오차뿐 아니라 각 RC 척도에 대한 각각의 신뢰도 결과를 제공한다.

이 표에 표시된 바와 같이, 검사-재검사 자료와 내적 일관성 알파계수에 의해 측정된 내적 신뢰도는 각 상위차원 척도마다 다소 높고, 이 척도들 측정치의 표준오차는 일반적으로 T점수 4~6점이다. 각 상위차원 척도의 설명이 다음에 제시된다.

MMPI A RF™

Minnesota Multiphasic
Personality Inventory-Adolescent
Restructured Form™

Name _____

ID Number _____

Gender _____   Date Tested _____

Education _____   Age _____   Scorer's Initials _____

Profile for Validity Scales

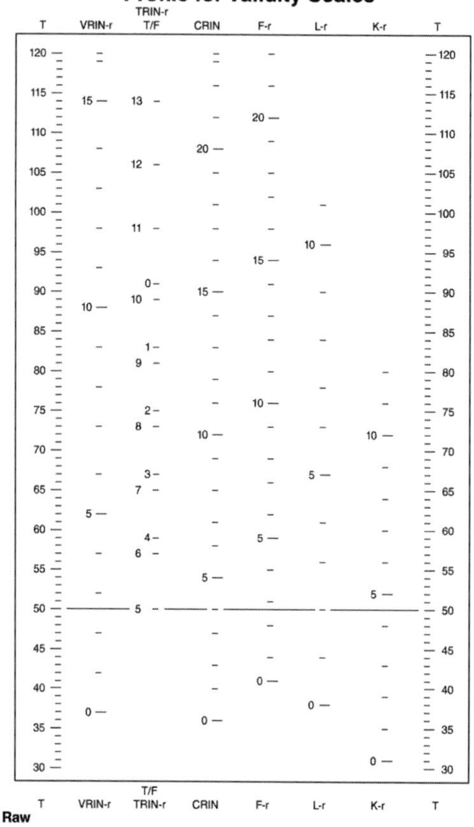

T	VRIN-r	TRIN-r T/F	CRIN	F-r	L-r	K-r	T

(Profile grid with plotted scale values)

T	VRIN-r	T/F TRIN-r	CRIN	F-r	L-r	K-r	T
Raw Score	___	___	___	___	___	___	
T Score	___	___	___	___	___	___	

Cannot
Say (Raw) _____

MMPI-A-RF T scores are nongendered.

VRIN-r	Variable Response Inconsistency	F-r	Infrequent Responses
TRIN-r	True Response Inconsistency	L-r	Uncommon Virtues
CRIN	Combined Response Inconsistency	K-r	Adjustment Validity

PEARSON

Excerpted from the MMPI-A-RF™ (Minnesota Multiphasic Personality Inventory-Adolescent-Restructured Form™) Administration, Scoring, Interpretation, and Technical Manual. Copyright © 2016 by the Regents of the University of Minnesota. All rights reserved. Distributed exclusively under license from the University of Minnesota by NCS Pearson, Inc., P.O. Box 1416, Minneapolis, MN 55440. 800.627.7271 www.PearsonClinical.com

Product Number 25093

Hand-Scoring Directions for the MMPI-A-RF VRIN-r, TRIN-r, and CRIN Scales

See the VRIN-r and TRIN-r answer keys for steps 1 and 2.

3. In the blank spaces below, enter the number of item pairs that have both responses blackened from each of the VRIN-r and TRIN-r answer keys. Follow the directions below for calculating the raw score for VRIN-r, TRIN-r, and CRIN. To obtain T scores, record the raw scores in the spaces provided beneath the grid on the other side of this form. Plot the raw score for each scale on the graph and record the corresponding T score in the space provided.

VRIN-r

**Number of item
pairs blackened**

VRIN-r Key 1: _____

+

VRIN-r Key 2: _____

+

VRIN-r Key 3: _____

+

VRIN-r Key 4: _____

= [ ]
Maximum
raw score = 21

Add the numbers above to obtain the VRIN-r raw score.

TRIN-r

| **Number of item
pairs blackened** | | **Number of item
pairs blackened** | | |
|---|---|---|---|---|
| TRIN-r Key 1: _____ | − (minus) | TRIN-r Key 2: _____ = _____ | + 5 points = | [ ] Maximum raw score = 13 / Minimum raw score = 0 |

Subtract the score for TRIN-r Key 2 from the score for TRIN-r Key 1. Then add 5 points to obtain the TRIN-r raw score.

CRIN

| **Number of
item pairs
blackened** | **Number of
item pairs
blackened** | **Number of
item pairs
blackened** | **Number of
item pairs
blackened** | **Number of
item pairs
blackened** | **Number of
item pairs
blackened** | |
|---|---|---|---|---|---|---|
| VRIN-r
Key 1: _____ | + VRIN-r
Key 2: _____ | + VRIN-r
Key 3: _____ | + VRIN-r
Key 4: _____ | + TRIN-r
Key 1: _____ | + TRIN-r:
Key 2: _____ = | [ ] Maximum raw score = 34 |

Add the numbers above to obtain the CRIN raw score.

그림 7-1   MMPI-A-RF 타당도척도 결과지

출처: MMPI-A-RF의 실시, 채점, 해석 및 기술 매뉴얼 by Archer et al. Copyright ⓒ 2016 by the Regents of the University of Minnesota. University of Minnesota Press의 허가하에 사용함. 무단 전재 금지. 'Minnesota Multiphasic Personality Inventory'와 'MMPI' 상표는 Regents of the University of Minnesota에서 소유함.

표 7-3 MMPI-A-RF 타당도척도에 대한 신뢰도 및 측정의 표준오차

| | 검사-재검사 | 내적 일관성(Alpha) | | | | | | | | | | 측정의 표준오차(SEM) | | | |
| | 규준표본 하위집단 | 규준표본 | | 외래환자 | | 임원환자 | | 교정시설 | | 학교 | | 규준 (검사-재검사) | 규준(Alpha) | | 중간 임상 (Alpha) |
	남녀 (154)	남 (805)	여 (805)	남 (6,851)	여 (4,848)	남 (241)	여 (178)	남 (1,362)	여 (394)	남 (832)	여 (422)	남녀 (154)	남 (805)	여 (805)	남녀 (15,128)
VRIN-r	.78	.45	.37	.27	.15	.25	.18	.31	.30	.23	.17	4	8	7	7
TRIN-r	.60	.34	.24	.16	.10	.30	.09	.20	.08	.15	.04	4	8	8	8
CRIN	.76	.60	.52	.42	.30	.43	.31	.46	.39	.39	.31	4	7	6	6
F-a	.51	.74	.71	.76	.75	.77	.70	.76	.75	.75	.75	6	5	5	6
L-r	.62	.53	.55	.53	.47	.43	.50	.54	.49	.53	.42	6	7	6	7
K-r	.74	.58	.60	.68	.66	.59	.50	.62	.65	.70	.68	6	6	6	6

주: 괄호 안의 숫자는 표본 크기임.

그림 7-2 MMPI-A-RF의 상위차원 척도와 재구성임상 척도 프로파일 결과지

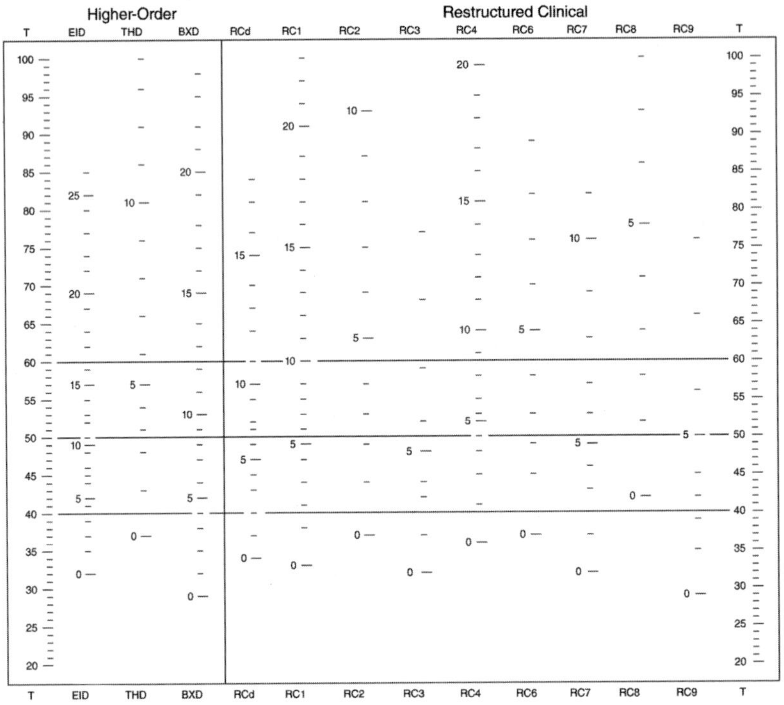

출처: MMPI-A-RF의 실시, 채점, 해석 및 기술 매뉴얼 by Archer et al. Copyright ⓒ 2016 by the Regents of the University of Minnesota. University of Minnesota Press의 허가하에 사용함. 무단 전재 금지. 'Minnesota Multiphasic Personality Inventory'와 'MMPI' 상표는 Regents of the University of Minnesota에서 소유함.

표 7-4 MMPI-A-RF 상위차원 및 재구성임상척도에 대한 신뢰도 및 측정의 표준오차

| | 검사-재검사 규준표본 하위집단 | 내적 일관성(Alpha) | | | | | | | | | | 측정의 표준오차(SEM) | | | |
| | | 규준표본 | | 외래환자 | | 입원환자 | | 교정시설 | | 학교 | | 규준(검사-재검사) | 규준(Alpha) | | 중간 임상(Alpha) |
	남녀 (154)	남 (805)	여 (805)	남 (6,851)	여 (4,848)	남 (241)	여 (178)	남 (1,362)	여 (394)	남 (832)	여 (422)	남녀 (154)	남 (805)	여 (805)	남녀 (15,128)
EID	.85	.84	.86	.92	.92	.92	.90	.90	.92	.91	.92	5	4	4	4
THD	.64	.70	.70	.77	.79	.78	.76	.77	.79	.80	.79	6	6	5	6
BXD	.71	.74	.72	.79	.81	.81	.82	.83	.82	.83	.81	5	5	5	6
RCd	.82	.80	.83	.89	.90	.88	.87	.88	.90	.89	.90	5	4	4	4
RC1	.78	.77	.78	.83	.86	.83	.84	.82	.86	.82	.86	5	4	5	5
RC2	.65	.60	.53	.68	.70	.72	.66	.64	.66	.69	.74	6	7	6	7
RC3	.60	.60	.65	.65	.66	.64	.61	.64	.66	.67	.68	6	6	6	6
RC4	.66	.80	.77	.83	.84	.83	.85	.85	.83	.86	.83	5	5	4	5
RC6	.58	.64	.66	.74	.76	.73	.71	.71	.74	.78	.76	6	6	6	6
RC7	.74	.63	.66	.75	.75	.78	.63	.71	.74	.75	.76	6	5	5	5
RC8	.56	.59	.55	.70	.71	.73	.69	.75	.78	.70	.65	7	7	6	6
RC9	.71	.45	.52	.57	.60	.58	.58	.59	.61	.55	.59	6	7	7	7

정서적/내재화 문제(Emotional/Internalizing Dysfunction: EID) 척도

EID 척도는 광범위한 정서적 고통과 내재화 문제를 평가하기 위해 개발된 26개 문항의 척도이다. MMPI-A 기본 척도 2 및 7과 관련된 요인 구조와 일치하는 EID 점수는 정서적 역기능과 어려움의 전반적인 측정치를 제공한다.

다음은 상승된 EID 척도 점수(T ≥ 60)에 대한 설명을 요약한 것이다.

- 우울증, 불안, 무력감, 비관주의를 포함한 부정적인 정서 경험
- 높은 점수에서는 심신쇠약으로 인식될 수 있는 상당한 정서적 고통

사고문제(Thought Dysfunction: THD) 척도

THD 척도는 사고장애를 측정하는 14개 문항의 척도이다. 이 척도에서 높은 점수를 보인 사람의 특징은 편집사고, 망상 및 환청이나 환시 등이다.

다음은 상승된 THD 척도 점수(T ≥ 60)를 보이는 청소년에 대한 설명을 요약한 것이다.

- 편집망상과 환청 및 환시 등 사고장애와 관련된 다양한 증상이나 어려움의 보고
- 이 척도의 점수가 높을수록 해당 청소년이 사고장애의 치료를 위해 항정신성 약물 치료나 입원치료의 가능성에 대한 평가가 필요하다는 것을 나타낼 수 있음

행동적/외현화 문제(Behavioral/Externalizing Dysfunction: BXD) 척도

24개 문항으로 된 BXD 척도는 광범위한 행동 문제를 평가하기 위해 개발되었다. BXD 척도는 MMPI-A의 4-9/9-4 코드타입과 일치하는 품행장애 행동에 대한 지표를 제공한다. BXD 척도가 상승한 청소년은 알코올 및 약물 남용과 같이 스릴이나 위험을 감수하는 행동을 포함한 다양한 품행장애 행동을 보일 수 있다.

다음은 높은 BXD 점수(T ≥ 60)를 보이는 청소년에 대한 설명을 요약한 것이다.

- 행동적 장애를 보일 가능성이 높음
- 외현화 및 행동화에 대한 주요한 과거력

- 알코올 및 약물 남용
- 품행장애와 충동적인 행동

❦ 재구성임상(RC) 척도

　　MMPI-A-RF 재구성임상(Restructured Clinical: RC) 척도 개발의 첫 번째 단계는 각 RC 척도에 대한 MMPI-2-RF 문항을 해당 MMPI-A-RF RC 척도에 배치하는 것이었다. 이러한 예비 MMPI-A-RF 척도는 추후 개발을 위한 씨앗척도 역할을 했다. 이러한 초기 씨앗 척도들은 알파 계수와 같은 통계분석 결과와 함께 문항 내용들을 합리적으로 검토함으로써 더욱 개선되었다. 다음 단계에서는 RCd에 대한 씨앗척도 문항을 각각의 예비 MMPI-A-RF RC 척도 문항과 결합하고, 개발된 여러 개의 샘플 척도들에 대해 일련의 탐색적 요인분석을 수행했다. 이러한 분석의 목표는 RCd 요인과 별도로 핵심 혹은 씨앗 구성개념에 대한 표지자 역할을 하는 문항을 알아내는 것이었다. 예비 RC 척도 문항들은 다른 RC 척도와 달리 목표 척도와 가장 높은 상관이 있어야 했다. 이러한 분석 결과는 또한 청소년의 RCd 척도가 다른 RC 척도의 구성개념과 구별될 수 있음을 보여 주었고, MMPI-2-RF의 RCd 척도의 역할과 유사함을 나타냈다. MMPI-A-RF RC 척도 개발의 최종 단계에서는 수렴 및 변별 타당도와 상관을 최적화하기 위해 각 RC 척도에 추가할 수 있는 추가적인 잠재 문항을 알아내고자 모든 씨앗척도들을 MMPI-A 478문항의 나머지 문항들과의 상관을 분석하였다. 이 과정의 결과로 MMPI-2-RF와 상당히 겹치지만, 종종 MMPI-A 문항 모음에만 있는 문항을 포함하는 MMPI-A-RF RC 척도가 개발되었다. MMPI-A-RF RC 척도는 MMPI-2-RF의 해당 RC 척도들의 모든 문항을 포함하지는 않는다.

의기소침(Demoralization: RCd) 척도

　　RCd 척도는 18개 문항으로 된 의기소침 측정치로, 불행감, 의욕저하, 상당한 수준의 삶의 불만족으로 정의된다. RCd와 관련된 척도들에는 무력감/무망감(HLP), 자기 회의(SFD), 효능감 결여(NFC) 및 강박사고/행동(OCS)이 있다.

　　다음은 RCd 척도가 상승한(T ≥ 60) 청소년의 특성을 요약한 것이다.

- 슬프고 우울함
- 낮은 자존감
- 집중력과 주의력의 문제
- 지속적인 자존감 저하
- 낮은 활력과 피로

신체증상 호소(Somatic Complaints: RC1) 척도

RC1 척도는 두통, 신경학적 증상 및 위장 문제를 포함한 광범위한 신체적 불편감을 나타내는 23개 문항으로 구성된다. 청소년의 실제 건강 상태, 특히 만성적 건강 문제는 RC1 척도 결과에 영향을 미칠 수 있다. 다소 상승한 RC1 척도는 청소년의 신체적 건강 문제를 반영할 수 있지만, 현저한 상승은 전형적으로 모호한 건강문제에 대한 심리적인 몰입을 포함한다. 상승한 RC1의 해석은 종종 신체적 불편감(MLS), 소화기 증상 호소(GIC), 두통 호소(HPC), 신경학적 증상 호소(NUC), 인지적 증상 호소(COG) 척도의 점수를 고려하는 것이 도움이 되는 경우가 많다.

다음은 RC1에서 높은 점수(T ≥ 60)를 보이는 청소년의 특성을 요약한 것이다.

- 다수의 다양한 신체적 호소
- 모호한 두통 및 신경학적 호소
- 소화기 증상
- 집중력과 주의력의 문제
- 낮은 활력과 피로

낮은 긍정 정서(Low Positive Emotions: RC2) 척도

RC2는 우울증의 주요 구성 요소 중 하나인 긍정적인 감정 경험의 부족을 측정하는 열 가지 문항으로 된 척도이다. 이 척도가 상승하는 청소년들은 전형적으로 실패감과 무망감 및 무능감을 느낀다.

다음은 RC2에서 높은 점수(T ≥ 60)를 보이는 청소년의 특성을 요약한 것이다.

- 자존감이 낮다고 보고함
- 피로 및 정신운동지체
- 사회적 철수 및 내향성
- 자기비판과 자기처벌

냉소적 태도(Cynicism: RC3) 척도

RC3 척도는 대인관계에 대해 부정적이고 냉소적인 시각을 보이는 청소년을 기술하는 9개의 문항으로 구성된다. 이 척도가 상승하는 청소년들은 타인이 주로 사리사욕과 타인을 조종하려는 욕망에 의해 움직이는 것으로 본다.

다음은 RC3에서 높은 점수(T ≥ 60)를 보이는 청소년의 특성을 요약한 것이다.

- 타인을 오로지 자신의 이익에 의해서만 동기부여가 되는 것으로 봄
- 냉소적 태도가 치료 관계의 발전을 방해할 수 있음
- 대인관계에 대한 불신

반사회적 행동(Antisocial Behavior: RC4) 척도

RC4는 다양한 반사회적 및 품행장애 행동을 나타내는 20개의 문항으로 구성된다. RC4의 상승을 해석할 때 학교에 대한 부정적 태도(NSA), 반사회적 태도(ASA), 품행 문제(CNP), 약물 남용(SUB), 또래의 부정적 영향(NPI) 척도의 점수도 고려해야 한다.

다음은 RC4에서 높은 점수(T ≥ 60)를 보이는 청소년의 특성을 요약한 것이다.

- 품행장애 행동의 과거력
- 알코올 또는 약물 남용
- 부정적인 또래 집단과 어울림
- 학교 정학을 포함한 학교 징계 문제
- 가출 등 가정 내 문제

피해의식(Ideas of Persecution: RC6) 척도

RC6는 다양한 박해(persecutory)적 믿음을 나타내는 9개 문항의 척도이다. 이러한 믿음은 타인에게 부당한 대우를 받는다는 느낌부터 편집증적 망상과 믿음의 발생에 이르기까지 다양하다. RC6는 주의를 요하는 척도 반응 내용을 포함하는 6개의 MMPI-A-RF 척도 중 하나이지만, RC6의 점수 해석은 특정문제(SP) 척도와 관련이 없다. 이 장의 뒷부분에서 언급하겠지만, 6개의 결정적 척도(RC6, RC8, AGG, AXY, HLP, SUB) 중 득점되는 방향으로 표기된 문항은 해당 척도 점수가 T ≥ 60인 경우에 MMPI-A-RF 보고서에 보고된다.

다음은 RC6에서 높은 점수(T ≥ 60)를 보이는 청소년의 특성을 요약한 것이다.

- 남에게 학대받는 느낌
- 대인관계에서의 의심과 불신
- 싸움을 포함한 공격적인 행동
- 반항적 행동
- 학교 무단결석 및 정학의 과거력
- 박해적 사고과 믿음이 있을 가능성
- 환각 및 정신증 증상이 있을 가능성

역기능적 부정정서(Dysfunctional Negative Emotions: RC7) 척도

RC7은 부정적인 정서 경험의 다양한 측면을 측정하는 11개 문항의 척도이다. 이러한 경험에는 불안, 성마름, 조급함, 염려가 포함된다. RC7의 상승된 점수에 대한 해석은 강박사고/행동(OCS), 스트레스/걱정(STW), 불안(AXY), 행동 제약 공포(BRF), 특정 공포(SPF) 등의 특정문제 척도 점수를 함께 고려하면 쉽게 이해될 수 있다.

다음은 RC7에서 높은 점수(T ≥ 60)를 보이는 청소년의 특성을 요약한 것이다.

- 특정 공포가 포함되기도 하는 불안감을 보고함
- 낮은 자존감
- 집중력과 주의력의 문제
- 불안함과 조급함

기태적 경험(Aberrant Experiences: RC8) 척도

RC8은 이상한 사고 및 지각적 경험과 관련된 8개 문항의 척도이다. RC8이 상승한 청소년은 환청이나 환시뿐 아니라 망상을 경험할 수 있다. RC8은 해당 척도의 점수가 T ≥ 60인 경우 MMPI-A-RF 보고서에 득점된 방향에 표기한 문항이 보고되는 6개의 MMPI-A-RF 척도 중 하나이다.

다음은 RC8에서 높은 점수(T ≥ 60)를 보이는 청소년의 특성을 요약한 것이다.

- 비정상적인 사고 과정
- 자주 공상에 빠짐
- 환시나 환청을 경험할 수 있음

이 척도가 상승하는 청소년들은 망상적 사고를 경험하거나 현실검증력이 약할 수 있으며, 항정신성 약물 사용 가능성에 대한 평가가 필요할 수 있고, 정신증적 증상이 주요한 개입 대상이 될 수 있다.

경조증적 상태(Hypomanic Activation: RC9) 척도

RC9 척도는 경조증적 활성상태와 관련된 행동과 태도를 포함하는 8개 문항으로 구성된다. RC9에는 흥분과 자극에 대한 강한 욕구, 높은 수준의 정신운동 에너지, 사고 질주(racing thoughts), 불면 등의 문항이 포함되어 있다. 이 척도에서 높은 점수를 보인 청소년들은 위험을 감수하고 스릴을 추구하는 것으로 묘사될 수 있다.

다음은 RC9에서 높은 점수(T ≥ 60)를 보이는 청소년의 특성을 요약한 것이다.

- 높아진 활성화 수준
- 품행장애 행동의 과거력
- 다수의 다양한 관심사
- 공격적 행동 과거력이 있을 가능성의 증가
- 기분 안정제 사용을 위한 의뢰가 필요한지에 대한 평가

∘δ **특정문제(SP) 척도**

특정문제(Specific Problems: SP) 척도는 MMPI-A-RF 척도의 세 번째 위계층으로 개발되었다. SP 척도는 심리적 기능의 특정 영역에 대해 상대적으로 좁은 초점을 맞추는 것이 특징이다. SP 척도는 RC 척도 중 하나 또는 다른 심리적 기능과 임상적으로 관련된 영역의 중요한 특성을 평가하기 위해 개발되었다. 그러나 SP 척도의 해석은 RC 척도의 해석을 용이하게 하는 것에 제한되지 않으며, SP 척도는 관련 RC 척도의 점수와 관계없이 해석될 수 있다. SP 척도는 신체/인지 증상 척도, 내재화 척도, 외현화 척도, 대인관계 척도 등 4개 묶음으로 구성되어 있다.

신체/인지 증상 척도(Somatic/Cognitive Scales)

[그림 7-3]에 표시된 것처럼, 신체/인지 증상 척도는 MMPI-A-RF의 프로파일 결과지에 내재화 척도와 함께 제시된다.

신체/인지 증상 척도는 대체로 청소년들이 자신들의 의학적 상태 및 건강 기능에 대해 어떻게 인식하는지에 대한 정보를 제공하는 데 중점을 둔다. 이러한 이유로 신체/인지 증상 척도의 점수를 정확하게 해석하기 위해서는 검사 해석자가 해당 청소년의 신체적 문제 및 건강 문제의 실제 이력을 알고 있어야 한다. 〈표 7-5〉는 MMPI-A-RF 신체/인지 증상 척도에 대한 측정 자료의 신뢰도와 측정의 표준오차를 제공한다. 이 표에 나타난 것처럼, 크론바흐의 알파 계수 값에 반영된 이 척도들의 내적 일관성은 $r = .53 \sim .80$이며, 측정의 표준 오차는 T점수 5~7점이다. 다음은 신체/인지 증상 척도 각각에 대한 설명이다.

∀ 신체적 불편감(Malaise: MLS) 척도

MLS 척도는 피로와 활력 부족 등 전반적으로 신체적 건강이 좋지 않은 것과 관련된 8개의 문항으로 구성된다. 이 척도의 높은 점수는 전반적 건강상태가 좋지 않고 스스로 신체적으로 쇠약하다고 표현하는 것을 반영한다. 이 척도가 상승한 청소년들은 전형적으로 자신의 건강 기능에 대해 막연하고 비특이적인 우려를 하고 있다.

다음은 MLS 척도에서 높은 점수(T ≥ 60)를 보이는 청소년에 대한 설명이다.

Minnesota Multiphasic
Personality Inventory-Adolescent
Restructured Form™

Name _____

ID Number _____

Gender _____　　Date Tested _____

Education _____　Age _____　Scorer's Initials _____

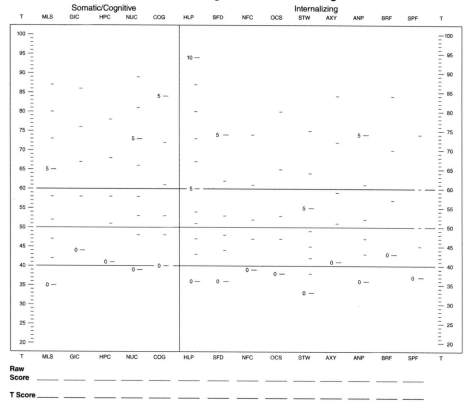

Profile for Somatic/Cognitive and Internalizing Scales

MMPI-A-RF T scores are nongendered.

Somatic/Cognitive Scales
MLS　Malaise
GIC　Gastrointestinal Complaints
HPC　Head Pain Complaints
NUC　Neurological Complaints
COG　Cognitive Complaints

Internalizing Scales
HLP　Helplessness/Hopelessness
SFD　Self-Doubt
NFC　Inefficacy
OCS　Obsessions/Compulsions
STW　Stress/Worry

AXY　Anxiety
ANP　Anger Proneness
BRF　Behavior-Restricting Fears
SPF　Specific Fears

그림 7-3　MMPI-A-RF 신체/인지 증상 및 내재화 척도 프로파일 결과지

출처: MMPI-A-RF의 실시, 채점, 해석 및 기술 매뉴얼 by Archer et al. Copyright © 2016 by the Regents of the University of Minnesota. University of Minnesota Press의 허가하에 사용함. 무단 전재 금지. 'Minnesota Multiphasic Personality Inventory'와 'MMPI' 상표는 Regents of the University of Minnesota에서 소유함.

표 7-5 MMPI-A-RF 신체/인지 증상 척도에 대한 신뢰도 및 측정의 표준오차

| | 검사자-재검사 | 내적 일관성(Alpha) | | | | | | | | | 측정의 표준오차(SEM) | | | |
| | 규준표본 하위집단 | 규준표본 | | 외래환자 | | 입원환자 | | 교정시설 | | 학교 | | 규준 (검사-재검사) | 규준(Alpha) | | 중간 임상 (Alpha) |
	남녀 (154)	남 (805)	여 (805)	남 (6,851)	여 (4,848)	남 (241)	여 (178)	남 (1,362)	여 (394)	남 (832)	여 (422)	남녀 (154)	남 (805)	여 (805)	남녀 (15,128)
MLS	.72	.54	.53	.65	.69	.60	.60	.57	.64	.65	.71	6	7	7	7
GIC	.65	.59	.69	.72	.78	.69	.78	.69	.75	.73	.80	6	5	6	6
HPC	.68	.51	.59	.60	.69	.61	.59	.60	.65	.59	.66	6	6	7	7
NUC	.58	.59	.54	.62	.67	.67	.67	.62	.68	.62	.67	6	7	7	7
COG	.65	.55	.61	.70	.74	.73	.73	.68	.75	.69	.75	6	6	6	7

출처: MMPI-A-RF의 설치, 채점, 해석 및 기술 매뉴얼 by Archer et al. Copyright © 2016 by the Regents of the University of Minnesota. University of Minnesota Press의 허가하에 사용함. 무단 전재 금지. 'Minnesota Multiphasic Personality Inventory'와 'MMPI' 상표는 Regents of the University of Minnesota에서 소유함.

주: 괄호 안의 숫자는 표본 크기를 나타냄.

- 전반적으로 신체 건강이 나쁘다고 느낌
- 허약함과 피로감
- 낮은 활력
- 집중력 저하
- 불면

∀ 소화기 증상호소(Gastrointestinal Complaints: GIC) 척도

GIC 척도는 위장의 불편감 및 복통, 메스꺼움, 구토 등의 위장관 질환에 대한 네 가지 문항으로 구성된다.

다음은 GIC 척도에서 높은 점수(T ≥ 60)를 보이는 청소년에 대한 설명이다.

- 위장 증상 및 불편감 호소
- 메스꺼움과 배탈
- 구토

∀ 두통 호소(Head Pain Complaints: HPC) 척도

HPC 척도는 두통과 머리의 통증에 대한 네 가지 문항으로 구성되어 있다. 다른 신체적 척도와 마찬가지로, HPC 척도를 해석할 때는 HPC 척도에 대한 반응에 영향을 미칠 수 있는 해당 청소년의 실제 의학적 상태를 알고 있어야 한다.

다음은 HPC 척도에서 높은 점수(T ≥ 60)를 보이는 청소년에 대한 설명이다.

- 머리의 통증 및 불편감
- 다수의 신체적 호소
- 집중력 문제

∀ 신경학적 증상호소(Neurological Complaints: NUC) 척도

NUC 척도는 불수의적 근육 운동, 현기증, 무감각, 허약함을 포함한 다양한 신경학적 문제를 설명하는 7개의 문항으로 구성된다. NUC 척도의 정확한 해석을 위해서 NUC 척도를 상승시킬 수 있는 다양한 의학적 문제를 제외하기 위한 신경심리학적 또는 신경학적 평가가 필요할 수 있다.

다음은 NUC 척도에서 높은 점수(T ≥ 60)를 보이는 청소년에 대한 설명이다.

- 모호한 신경계 질환
- 집중력 문제
- 근육의 약화, 운동 통제의 어려움
- 무감각 부위 또는 감각 상실이 생김
- 어지럼증

⊌ 인지적 증상호소(Cognitive Complaints: COG) 척도

COG 척도는 집중력, 기억력 문제, 인지 혼란 등 다양한 인지적 문제에 대한 다섯 가지 문항으로 구성된다. COG 척도의 상승은 ADHD를 포함한 다양한 문제와 관련될 수 있다. 다음은 COG 척도에서 높은 점수(T ≥ 60)를 보이는 청소년에 대한 설명이다.

- 기억력 문제 및 집중력 부족을 포함한 모호한 인지적 문제들
- 주의력 문제
- 집중력 문제
- 학업적 결손 및 학습 문제
- 느린 발화(speech) 특성

COG 척도 점수가 높은 청소년은 ADHD와 다른 신경발달장애에 대한 평가가 필요할 수 있다.

내재화 척도(Internalizing Scales)

MMPI-A-RF 내재화 척도 9개에 대한 신뢰도는 〈표 7-6〉에 있다. 이 척도들 중 세 가지는 다양한 형태의 의기소침을 평가하는 데 도움이 된다. 이러한 척도에는 무력감/무망감(HLP), 자기 회의(SFD), 효능감 결여(NFC) 척도가 포함된다. 나머지 내재화 척도는 역기능적 부정적 정서를 측정하며, 여기에는 강박사고/행동(OCS), 스트레스/걱정(STW), 불안(AXY), 분노 경향성(ANP), 행동 제약 공포(BRF), 특정 공포(SPF) 척도가 포함된다. 우선 의기소침과 관련된 세 가지 척도부터 살펴보도록 한다.

표 7-6　MMPI-A-RF 신체/인지 증상 척도에 대한 신뢰도 및 측정의 표준오차

| | 내적 일관성(Alpha) | | | | | | | | | | | | 측정의 표준오차(SEM) | | | |
| | 검사-재검사 규준표본 하위집단 | 규준표본 | | 외래환자 | | 임상환자 | | 교정시설 | | 학교 | | 규준 (검사-재검사) | 규준(Alpha) | | 중간 임상 (Alpha) |
	남녀 (154)	남 (805)	여 (805)	남 (6,851)	여 (4,848)	남 (241)	여 (178)	남 (1,362)	여 (394)	남 (832)	여 (422)	남녀 (154)	남 (805)	여 (805)	남녀 (15,128)
HLP	.62	.59	.61	.74	.78	.74	.76	.71	.76	.75	.80	6	6	6	7
SFD	.73	.56	.60	.75	.77	.73	.68	.70	.78	.74	.77	6	6	6	6
NFC	.64	.52	.53	.65	.65	.67	.62	.65	.65	.65	.66	6	7	7	7
OCS	.56	.39	.45	.53	.51	.58	.51	.56	.62	.54	.49	7	8	8	7
STW	.67	.54	.58	.71	.70	.68	.61	.66	.70	.71	.74	6	6	7	6
AXY	.61	.37	.44	.59	.64	.60	.64	.63	.58	.64	.59	7	8	8	8
ANP	.63	.57	.52	.67	.67	.64	.66	.66	.66	.67	.71	6	7	7	7
BRF	.24	.43	.38	.37	.37	.35	.50	.40	.44	.44	.41	8	8	8	8
SPF	.67	.39	.39	.31	.38	.28	.32	.39	.39	.29	.42	5	7	8	7

출처: MMPI-A-RF의 실시, 채점, 해석 및 기술 매뉴얼 by Archer et al. Copyright © 2016 by the Regents of the University of Minnesota. University of Minnesota Press의 허가하에 사용함. 무단 전재 금지. 'Minnesota Multiphasic Personality Inventory'와 'MMPI' 상표는 Regents of the University of Minnesota에서 소유함.

주: 괄호 안의 숫자는 표본 크기를 나타냄.

∀ **무력감/무망감(Helplessness/Hopelessness: HLP) 척도**

HLP 척도는 전반적인 비관주의와 절망감을 반영하는 10개 문항으로 구성되어 있다. HLP 척도에서 높은 점수를 보이는 청소년들은 일반적으로 인생에서 성공할 가능성이 낮고 다양한 부정적인 감정을 경험한다고 느낀다. 6개의 MMPI-A-RF 주요 척도 중 하나로서, 이 척도의 T점수가 60점 이상인 경우에는 결정적 방향으로 응답한 문항이 MMPI-A-RF 결과지에 제공된다.

다음은 HLP 척도가 상승한(T ≥ 60) 청소년에 대한 설명이다.

- 무망감과 무기력감
- 자살 사고
- 낮은 자존감
- 우울 관련 장애

∀ **자기회의(Self-Doubt: SFD) 척도**

SFD 척도는 낮은 자존감과 부족한 자신감을 반영하는 다섯 가지 문항으로 구성된다. 이 척도가 상승하는 청소년들은 자기회의와 열등감을 강하게 느낀다고 보고한다. 그들은 자기 비판적이며, 스스로 쓸모없다고 느낀다.

다음은 SFD 척도가 상승한(T ≥ 60) 청소년에 대한 설명이다.

- 낮은 자존감
- 자기회의 및 낮은 자신감
- 자기 비하

∀ **효능감 결여(Inefficacy: NFC) 척도**

NFC 척도는 무능하고 쓸모없다고 느끼는 청소년이 답하는 네 가지 문항으로 구성된다.
다음은 NFC 척도가 상승한(T ≥ 60) 청소년에 대한 설명이다.

- 자기회의 및 낮은 자존감
- 자기패배적이고 자기비하적인 신념
- 사회적으로 수동적이고 내향적임

• 슬프고 우울한 기분을 경험함

다음은 다양한 역기능적 또는 부정적 정서들을 측정하는 MMPI-A-RF 내재화 척도이다. 또한 모든 SP 척도는 비교적 독특한 심리적 기능을 평가하는 역할을 할 수 있다.

⊬ 강박사고/행동(Obsessions/Compulsions: OCS) 척도
OCS 척도는 다양한 강박사고와 강박행동을 설명하는 네 가지 문항으로 구성되어 있다. 여기에는 불쾌한 생각이나 경험을 반추하는 것과 같은 강박사고, 보도의 틈을 밟거나 반복적으로 숫자를 세는 강박행동 등이 포함될 수 있다.

다음은 OCS 척도가 상승한(T ≥ 60) 청소년에 대한 설명이다.

• 순서 맞추기와 경직된 조직화에 대한 집착
• 불안, 반추
• 높은 범위의 점수에서는 강박사고 및 강박행동이 나타날 수 있음

⊬ 스트레스/걱정(Stress/Worry: STW) 척도
STW 척도는 스트레스와 불안의 다양한 측면을 반영한 7개의 문항으로 구성된다. STW 척도에서 높은 점수를 받은 청소년들은 수면에 대한 호소, 집중력 문제, 스트레스에 과민 반응하는 경향 등의 다양한 스트레스 관련 증상을 보고한다.

다음은 STW 척도가 상승한(T ≥ 60) 청소년에 대한 설명이다.

• 스트레스 및 걱정에 대한 호소
• 불안 및 염려
• 불면 호소
• 집중력 문제

⊬ 불안(Anxiety: AXY) 척도
AXY 척도는 다양한 불안 증상을 설명하는 4가지 문항으로 구성된다. 이러한 증상에는 두려움과 우려, 악몽, 만연한 불안감이 포함된다. 주요한 반응들로 고안된 6개의 MMPI-A-RF 척도 중 하나로, 이 척도의 T점수가 60점 이상일 때 결정적 방향으로 응답된 문항이

MMPI-A-RF 결과지에 제공된다.

다음은 AXY 척도가 상승한(T ≥ 60) 청소년에 대한 설명이다.

- 불안감과 우려
- 집중력 문제
- 다양한 공포
- 잦은 악몽

⊭ 분노 경향성(Anger Proneness: ANP) 척도

ANP 척도는 분노 경험 및 표현과 관련된 5가지 문항으로 구성된다. 이 척도에서 높은 점수를 보이는 청소년들은 짜증이나 참지 못하는 것을 포함하는 높은 수준의 분노 문제를 보고한다.

다음은 ANP 척도가 상승한(T ≥ 60) 청소년에 대한 설명이다.

- 잦은 분노와 짜증
- 언어적 위협 및 싸움 등의 공격적 행동
- 반항적 행동
- 품행장애와 관련된 행동

⊭ 행동제약공포(Behavior-Restricting Fears: BRF) 척도

BRF 척도는 정상적인 활동을 방해하고 제한하는 정도의 두려움과 불안을 나타내는 3개 문항으로 된 척도이다. 이 척도에서 높은 점수를 받은 청소년들은 대체로 불안하고 두려워하며, 또한 광장공포증과 관련된 증상을 나타낼 수 있다.

다음은 BRF 척도가 상승한(T ≥ 60) 청소년에 대한 설명이다.

- 우울 및 불안
- 미루기 행동 및 과제 완료에 어려움이 있음
- 광장공포증적 행동의 가능성

∀ **특정공포(Specific Fears: SPF) 척도**

SPF 척도는 다양한 특정 공포를 나타내는 네 가지 문항으로 구성된다. 이에는 피, 뱀, 높은 곳에 대한 두려움, 질병 노출에 대한 우려와 걱정이 포함된다. 이 척도가 상승하는 청소년들은 평균보다 더 많은 특정 공포를 느낀다고 보고했다.

다음은 SPF 척도가 상승한(T ≥ 60) 청소년에 대한 설명이다.

- 다양한 두려움과 공포증
- 공포증이 있을 가능성

외현화 척도(Externalizing Scales)

MMPI-A-RF에는 반사회적 행동(RC4)과 경조증적 상태(RC9)의 하위 측면들을 측정하는 6개의 외현화 척도가 있다. RC4의 하위 측면 척도들에는 학교에 대한 부정적 태도(NSA), 반사회적 태도(ASA), 품행 문제(CNP), 약물 남용(SUB), 또래의 부정적 영향(NPI) 척도가 있다. RC9의 하위 측면 척도는 공격 성향(AGG)이다. 모든 SP 척도와 마찬가지로 외현화 척도는 RC4와 RC9의 특정 측면을 식별하는 데 도움이 될 뿐만 아니라, 관련 RC 척도가 임상적으로 상승하지 않은 경우에도 해석할 수 있다. 예를 들어, RC9가 정상 범위에 속해도 상승된 AGG 척도 점수는 여전히 해석가능하다. 〈표 7-7〉은 외현화 척도 측정자료의 신뢰도와 표준오차를 제공하며, [그림 7-4]는 MMPI-A-RF 외현화 및 대인관계 척도에 대한 프로파일 결과지를 나타낸다.

∀ **학교에 대한 부정적 태도(Negative School Attitudes: NSA) 척도**

NSA 척도는 학교에 대한 부정적인 태도나 믿음을 반영하는 6개의 문항으로 구성된다. 이 척도가 상승하는 청소년들은 학교가 지루하고, 시간 낭비라고 생각하며 학교 활동에 참여하는 것을 싫어한다.

다음은 NSA 척도가 상승한(T ≥ 60) 청소년에 대한 설명이다.

- 나쁜 공부 습관
- 학업에서의 잦은 문제
- 학교에 대한 부정적 태도

표 7-7 MMPI-A-RF 외현화 척도에 대한 신뢰도 및 측정의 표준오차

| | 검사-재검사 | 내적 일관성(Alpha) | | | | | | | | | | 측정의 표준오차(SEM) | | | |
| | 규준표본 하위집단 | 규준표본 | | 외래환자 | | 입원환자 | | 교정시설 | | 학교 | | 규준 (검사-재검사) | 규준(Alpha) | | 중간 임상 (Alpha) |
	남녀 (154)	남 (805)	여 (805)	남 (6,851)	여 (4,848)	남 (241)	여 (178)	남 (1,362)	여 (394)	남 (832)	여 (422)	남녀 (154)	남 (805)	여 (805)	남녀 (15,128)
NSA	.55	.54	.55	.73	.74	.78	.65	.74	.77	.74	.72	7	7	7	7
ASA	.56	.52	.47	.64	.64	.64	.63	.63	.66	.65	.58	6	7	7	7
CNP	.71	.62	.52	.69	.73	.61	.69	.64	.61	.71	.73	5	7	6	7
SUB	.46	.53	.56	.64	.67	.76	.78	.75	.76	.67	.68	7	7	7	6
NPI	.55	.37	.29	.43	.41	.42	.50	.48	.45	.46	.41	6	10	10	11
AGG	.55	.55	.55	.69	.73	.72	.71	.71	.77	.72	.72	6	7	6	6

출처: MMPI-A-RF의 실시, 채점, 해석 및 기술 매뉴얼 by Archer et al. Copyright © 2016 by the Regents of the University of Minnesota. University of Minnesota Press의 허가하에 사용함. 무단 전재 금지. 'Minnesota Multiphasic Personality Inventory'와 'MMPI' 상표는 Regents of the University of Minnesota에서 소유함.

주: 괄호 안의 숫자는 표본 크기를 나타냄.

Profile for Externalizing and Interpersonal Scales

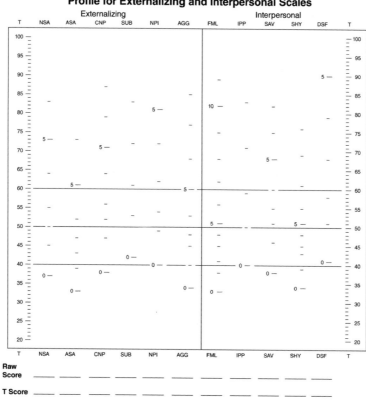

MMPI-A-RF T scores are nongendered.

Externalizing Scales	Interpersonal Scales
NSA Negative School Attitudes	FML Family Problems
ASA Antisocial Attitudes	IPP Interpersonal Passivity
CNP Conduct Problems	SAV Social Avoidance
SUB Substance Abuse	SHY Shyness
NPI Negative Peer Influence	DSF Disaffiliativeness
AGG Aggression	

그림 7-4 MMPI-A-RF 외현화 및 대인관계 척도 프로파일 결과지

출처: MMPI-A-RF의 실시, 채점, 해석 및 기술 매뉴얼 by Archer et al. Copyright © 2016 by the Regents of the University of Minnesota. University of Minnesota Press의 허가하에 사용. 무단 전재 금지. 'Minnesota Multiphasic Personality Inventory'와 'MMPI' 상표는 Regents of the University of Minnesota에서 소유함.

• 학교 활동 참여에 대한 동기부여가 어려움
• 규칙 위반 또는 반항 행동

∀ **반사회적 태도(Antisocial Attitudes: ASA) 척도**

ASA 척도는 다양한 반사회적 신념과 태도를 반영하는 6개 문항으로 구성된다. 이 척도가 상승하는 청소년들은 규칙을 어기거나 깨는 행동을 하며, 다양한 반사회적 태도를 보고한다.

다음은 ASA 척도가 상승한(T ≥ 60) 청소년에 대한 설명이다.

• 학교 정학 및 징계 기록
• 품행 문제 및 반항 행동
• 부정적인 또래 집단과 관련됨

∀ **품행 문제(Conduct Problems: CNP) 척도**

CNP 척도는 다양한 품행장애 행동을 반영하는 7개 문항으로 구성된다. CNP 척도가 상승하는 청소년들은 학교에서의 상당한 행동 문제와 학업 문제 및 비행과 가출 등의 가정 내 문제 행동을 보고한다.

다음은 CNP 척도가 상승한(T ≥ 60) 청소년에 대한 설명이다.

• 다양한 품행 문제 및 규칙 위반 행동
• 학교 정학의 과거력
• 청소년 구치소 구금을 포함한 법적 위반
• 무단결석을 포함한 학업 성취 및 수행 부진

∀ **약물 남용(S bstance Abuse: SUB) 척도**

SUB 척도는 약물 또는 알코올 남용과 관련된 네 가지 문항으로 구성되어 있다. 이 척도가 상승하는 청소년들은 알코올이나 약물의 문제적 사용을 보고한다. SUB는 주요한 반응들로 고안된 6개의 MMPI-A-RF 척도 중 하나이기 때문에, SUB의 T점수가 60점 이상인 경우 MMPI-A-RF 결과지를 검토하여 결정적 방향으로 응답된 특정한 약물 남용의 문항을 알 수 있다.

다음은 SUB 척도가 상승한(T ≥ 60) 청소년에 대한 설명이다.

- 알코올 또는 약물 남용
- 부정적인 또래 집단과 어울림
- 법률적 기소 및/또는 가출의 과거력
- 규칙 위반 행동에 연루됨

∀ 또래의 부정적 영향(Negative Peer Influence: NPI) 척도

NPI 척도는 부정적인 또래 집단과 어울리는 것과 관련된 5개의 문항으로 구성된다. 이 척도가 상승하는 청소년은 부정적인 또래 집단과의 어울림에서 비롯되거나 또는 그들에 의해 지지받는 품행장애의 과거력이 있다.

다음은 NPI 척도가 상승한(T ≥ 60) 청소년에 대한 설명이다.

- 반항적이고 규칙을 어기는 행동
- 무단결석 및 정학의 과거력
- 약물과 알코올의 남용

∀ 공격 성향(Aggression: AGG) 척도

AGG 척도는 신체적으로 공격적인 행동 문제와 관련된 8개의 문항으로 구성되어 있다. 이 척도가 현저히 상승하는 청소년들은 다른 사람들을 위협하고 통제하기 위한 수단으로써 신체적으로 공격적이고 폭력적인 행동을 사용할 수 있다. AGG에서 T점수가 60점 이상일 경우, 주요한 방향으로 응답한 척도 문항들을 MMPI-A-RF 결과지에서 확인할 수 있다.

다음은 AGG 척도가 상승한(T ≥ 60) 청소년에 대한 설명이다.

- 공격적인 행동
- 싸움을 포함한 폭력적인 행동
- 반항적이고 규칙을 어기는 행동의 과거력
- 학교 정학의 과거력
- 구금 또는 보호관찰에 처할 가능성
- 분노 조절 및 분노 통제와 관련된 문제의 과거력
- 언어적으로 위협적인 행동

대인관계 척도(Interpersonal Scales)

MMPI-A-RF에는 가족 문제(FML), 대인관계 수동성(IPP), 사회적 회피(SAV), 수줍음(SHY), 관계 단절(DSF)을 포함한 대인관계 기능을 평가하는 척도들이 포함되어 있다. 〈표 7-8〉은 대인관계 척도 측정치의 내적 신뢰도와 표준오차에 대한 정보이다.

∀ 가족 문제(Family Problems: FML) 척도

FML 척도는 가족에 대한 청소년들의 태도와 경험을 설명하는 11개의 문항으로 구성된다. FML 척도의 내용은 부정적인 가족 경험, 집을 떠나고 싶은 마음, 가족 구성원과의 잦은 갈등, 부모가 지지해 주지 않는다고 인식하는 것 등이다.

다음은 FML 척도가 상승한(T ≥ 60) 청소년에 대한 설명이다.

- 갈등적인 가족 관계
- 가족의 지지와 이해가 부족하다고 보고함
- 자신의 어려움에 대해 가족을 비난하거나 원망함
- 불화가 특징인 가정 생활
- 권위자와의 문제
- 가출의 과거력

∀ 대인관계 수동성(Interpersonal Passivity: IPP) 척도

IPP 척도는 논쟁에서 쉽게 지고 단체의 리더로서 활동하기에는 불충분하며 효과적으로 자신의 의견을 주장하기 꺼리거나 혹은 주장하지 못한다는 등의 믿음과 관련된 4개 문항으로 구성된다.

다음은 IPP 척도가 상승한(T ≥ 60) 청소년에 대한 설명이다.

- 사회적으로 내향적이고 대인관계에서 수동적임
- 낮은 자존감
- 주장을 잘 하지 않음
- 타인에 의해 쉽게 지배됨

표 7-8 MMPI-A-RF 대인관계 척도에 대한 신뢰도 및 측정의 표준오차

| | 검사-재검사 | 내적 일관성(Alpha) | | | | | | | | | | 측정의 표준오차(SEM) | | | |
| | 규준표본 하위집단 | 규준표본 | | 외래환자 | | 임원환자 | | 교정시설 | | 학교 | | 규준 (검사-재검사) | 규준(Alpha) | | 중간 임상 (Alpha) |
	남녀 (154)	남 (805)	여 (805)	남 (6,851)	여 (4,848)	남 (241)	여 (178)	남 (1,362)	여 (394)	남 (832)	여 (422)	남녀 (154)	남 (805)	여 (805)	남녀 (15,128)
FML	.71	.63	.67	.73	.76	.75	.71	.71	.76	.75	.77	6	6	6	6
IPP	.52	.36	.30	.46	.50	.55	.45	.37	.41	.37	.51	7	8	8	8
SAV	.66	.65	.61	.77	.81	.76	.84	.68	.74	.78	.82	6	6	6	6
SHY	.70	.68	.73	.77	.80	.79	.78	.76	.79	.76	.79	6	5	5	5
DSF	.38	.43	.45	.52	.53	.56	.51	.53	.60	.52	.52	7	8	7	7

출처: MMPI-A-RF의 실시, 채점, 해석 및 기술 매뉴얼 by Archer et al. Copyright © 2016 by the Regents of the University of Minnesota. University of Minnesota Press의 허가하에 사용함. 무단 전재 금지. 'Minnesota Multiphasic Personality Inventory'와 'MMPI' 상표는 Regents of the University of Minnesota에서 소유함.

주: 괄호 안의 숫자는 표본 크기를 나타냄.

∀ 사회적 회피(Social Avoidance: SAV) 척도

SAV 척도는 사회적 회피의 다양한 측면을 다루는 일곱 가지 문항으로 구성되어 있다. T점수 60~79점의 다소 상승한 점수를 받은 청소년은 일부 사회적 상황과 사건을 피한다고 보고하지만, 현저하게 상승한 경우(T ≥ 80)는 광범위한 사회적 회피와 사회적 철수 현상과 관련된다.

다음은 SAV 척도가 상승한(T ≥ 60) 청소년에 대한 설명이다.

- 친구가 거의 없거나 아예 없음
- 사회적 고립 및 내향성
- 주변에 이성이 있으면 불편해 함

∀ 수줍음(Shyness: SHY) 척도

SHY 척도는 사회적 수줍음의 다양한 측면을 설명하는 9개의 문항으로 구성되어 있다. 이 척도에서 높은 점수를 받은 청소년들은 내향적이고, 사회적 상황에서 자신감이 부족하며, 수줍어하고 쉽게 당황한다.

다음은 SHY 척도가 상승한(T ≥ 60) 청소년에 대한 설명이다.

- 내향적이고 사회적으로 고립되어 있음
- 쉽게 당황하고 부끄러워함
- 사회적 열등감을 느낌
- 대인관계에서 불안해함

∀ 관계 단절(Disaffiliativeness: DSF) 척도

DSF 척도에는 단독 활동과 사회적으로 고립된 활동을 선호하는 것과 관련된 다섯 가지 문항이 속해있다. 이 척도에서 다소 높은 점수(T점수 60~79점)를 보이는 청소년들은 다른 사람들과 함께 있는 것을 싫어한다고 보고한 반면, 현저하게 상승한 점수(T ≥ 80)를 보이는 청소년들은 사회적 관여를 피하는 단독 활동을 강하게 선호한다.

다음은 DSF 척도가 상승한(T ≥ 60) 청소년에 대한 설명이다.

- 사회적으로 철수됨

- 친구가 거의 없거나 아예 없음

- 타인을 신뢰하기 어려워함

- 타인의 감정을 마주하는 것을 불편해함

- 관계 단절성이 치료적 관계의 수립을 방해할 수 있음

∘⅗ 성격병리 5요인(PSY-5) 척도

MMPI-A 성격병리 5요인(Personality Psychopathology Five: PSY-5) 척도는 Harkness, McNulty 및 Ben-Porath(1995)가 MMPI-2를 위해 개발한 PSY-5를 개정한 것으로 McNulty, Harkness, Ben-Porath 및 Williams(1997)가 MMPI-A를 위해 개발했다. 모든 PSY-5 척도들은 Harkness와 McNulty(1994)의 성격병리 차원 모델에 기반했으며, 기저의 성격 특질 모델은 성인기보다 청소년기에는 덜 안정적인 특질을 다룰 것으로 예상될 수 있다는 점에 주의해야 한다. 〈표 7-9〉는 MMPI-A-RF 성격병리 5요인(PSY-5) 척도의 측정 자료의 신뢰도와 표준오차를 제공한다. 이러한 자료는 입원한 여자 청소년의 NEGE-r 척도 알파 계수인 r=.70에서 입원한 여자 청소년과 교정시설의 남자 청소년이 DISC-r 척도에서 보인 r=.84까지 대체로 높은 알파 계수 값을 나타낸다. 또한 표준 측정 오차는 MMPI-A-RF PSY-5 척도들에서 T점수 5~8점 범위이다.

McNulty와 Harkness는 합리적인 문항 선택, 알파 계수의 내적 신뢰도를 사용한 척도 문항 묶음의 개선, 예비척도와 관련된 외적 기준의 상관을 조사하여 척도 구성을 최적화 하는 것 등 현대적인 척도 구성 방법을 사용하여 PSY-5 척도의 MMPI-A-RF 개정판을 개발하였다. 특히 McNulty와 Harkness는 MMPI-A-RF의 모든 241개 문항을 검토하여 PSY-5 구성개념에 고유하게 할당될 수 있는 문항을 식별하기 위한 여러 평정자의 자료 를 적용했다. 이 문항들은 우선 평가자 간의 만장일치 합의에 기초하거나, MMPI-A PSY-5 척도에 있었던 문항 중 MMPI-A-RF의 66개 문항에 있을 경우 수정된 척도에 포함되었 다. 내적 분석은 남녀별로 다양한 표본에서 수행되었다. 이 과정에서 PSY-5 척도에서 한 개 이상의 척도에서 나타나지 않는(즉, 척도 간 중복이 없는) 73개 문항으로 구성된 5개의 PSY 척도가 생성되었다.

[그림 7-5]는 MMPI-A-RF 프로파일 결과지에 있는 PSY-5 척도이다.

표 7-9 MMPI-A-RF 대인관계 척도에 대한 신뢰도 및 측정의 표준오차

검사-재검사			내적 일관성(Alpha)								측정의 표준오차(SEM)			
규준표본 하위집단	규준표본		외래환자		임원환자		교정시설		학교		규준 (검사-재검사)	규준(Alpha)		중간 임상 (Alpha)
남녀 (154)	남 (805)	여 (805)	남 (6,851)	여 (4,848)	남 (241)	여 (178)	남 (1,362)	여 (394)	남 (832)	여 (422)	남녀 (154)	남 (805)	여 (805)	남녀 (15,128)
AGGR-r .64	.57	.58	.72	.74	.75	.72	.75	.77	.74	.76	6	8	7	7
PSYC-r .64	.69	.65	.74	.74	.79	.75	.77	.78	.76	.73	7	6	6	6
DISC-r .71	.77	.73	.81	.83	.83	.84	.84	.83	.85	.83	5	5	5	5
NEGE-r .72	.64	.67	.80	.79	.80	.70	.77	.79	.80	.83	6	5	6	5
INTR-r .70	.70	.70	.81	.83	.81	.81	.76	.79	.81	.85	6	6	5	6

출처: MMPI-A-RF의 실시, 채점, 해석 및 기술 매뉴얼 by Archer et al. Copyright ⓒ 2016 by the Regents of the University of Minnesota. University of Minnesota Press의 허가하에 사용함. 무단 전재 금지. 'Minnesota Multiphasic Personality Inventory'와 'MMPI' 상표는 Regents of the University of Minnesota에서 소유함.

주: 괄호 안의 숫자는 표본 크기를 나타냄.

Minnesota Multiphasic
Personality Inventory-Adolescent
Restructured Form™

Name _____

ID Number _____

Gender _____   Date Tested _____

Education _____   Age _____ Scorer's Initials _____

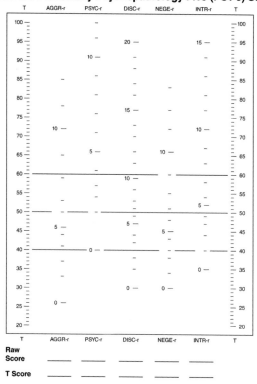

Profile for Personality Psychopathology Five (PSY-5) Scales

MMPI-A-RF T scores are nongendered.

AGGR-r   Aggressiveness-Revised   NEGE-r   Negative Emotionality/Neuroticism-Revised
PSYC-r   Psychoticism-Revised   INTR-r   Introversion/Low Positive Emotionality-Revised
DISC-r   Disconstraint-Revised

그림 7-5 MMPI-A-RF 성격병리 5요인(PSY-5) 척도 프로파일 결과지

출처: MMPI-A-RF의 실시, 채점, 해석 및 기술 매뉴얼 by Archer et al. Copyright © 2016 by the Regents of the University of Minnesota. University of Minnesota Press의 허가하에 사용함. 무단 전재 금지. 'Minnesota Multiphasic Personality Inventory'와 'MMPI' 상표는 Regents of the University of Minnesota에서 소유함.

공격성(Aggressiveness-Revised: AGGR-r) 척도

AGGR-r 척도는 도구적 공격성, 즉 청소년이 어떤 목표를 달성하거나 목적을 이루기 위해 사용하는 공격적 행동의 다양한 측면을 설명하는 12개 문항으로 구성된다. AGGR-r 척도에서 높은 점수를 받은 청소년은 다른 사람들을 통제하고 지배하기 위해 신체적 공격성과 협박을 사용한다.

다음은 AGGR-r 척도에서 높은 점수(T ≥ 60)를 받은 청소년에 대한 설명이다.

- 공격적인 행동에 연루됨
- 언어적 위협 및 신체적 싸움에 연루됨
- 반항적 행동과 폭발적인 성질
- 학교 정학의 과거력이 있음

정신증(Psychoticism-Revised: PSYC-r) 척도

PSYC-r 척도는 다양한 사고장애 경험을 반영한 13개 문항으로 구성되어 있다. PSYC-r 척도가 상승하는 청소년들은 이상한 생각, 믿음 및 지각적 경험을 보고한다. 환청이나 환시, 망상 등은 이 척도에서 현저한 점수(T ≥ 80)를 보이는 청소년에게 발생할 수 있다.

다음은 PSYC-r 척도에서 높은 점수(T ≥ 60)를 받은 청소년에 대한 설명이다.

- 환청이나 환시
- 망상
- 지남력 및 사고 문제
- 정신증적 증상

통제결여(Disconstraint-Revised: DISC-r) 척도

DISC-r 척도는 충동적이고 무책임하며 위험을 감수하는 행동과 태도를 설명하는 20개의 문항으로 구성되어 있다. 이 척도가 상승하는 청소년은 약물이나 알코올 남용 등 다양한 품행장애 행동을 보일 가능성이 높다.

다음은 DISC-r 척도에서 높은 점수(T ≥ 60)를 받은 청소년에 대한 설명이다.

- 형사상 기소되거나 소년원에 구금될 가능성
- 학교 정학 및 학교 문제의 과거력
- 약물과 알코올 남용
- 가출
- 규칙 위반 및 반항 행동
- 싸움이나 공격적인 행동
- 품행장애 행동

부정적 정서성/신경증(Negative Emotionality/Neuroticism-Revised: NEGE-r) 척도

NEGE-r 척도는 다양한 부정적 정서 경험을 설명하는 13개의 문항으로 구성된다. 이 척도가 상승한 청소년은 불안, 걱정, 초조감을 느끼며, 스트레스에 과민하게 반응한다.

다음은 NEGE-r 척도에서 높은 점수(T ≥ 60)를 받은 청소년에 대한 설명이다.

- 불안 및 우울증과 관련된 문제
- 집중력 문제
- 끔찍한 일이 일어날 것 같은 느낌
- 자살 사고의 가능성
- 치료 참여의 동기부여 요인으로 작용할 수 있는 정서적 불편감

내향성/낮은 긍정적 정서성(Introversion/Low Positive Emotionality-Revised: INTR-r) 척도

INTR-r 척도는 긍정적 정서 경험의 부족과 사회적 내향성을 포함하는 15개 문항으로 구성되어 있다. INTR-r 척도가 상승하는 청소년은 무쾌감증, 사회적 고립, 내향적임을 보고한다.

다음은 INTR-r 척도에서 높은 점수(T ≥ 60)를 받은 청소년에 대한 설명이다.

- 무쾌감증
- 슬픈/우울한 정서
- 낮은 자존감
- 사회적 고립
- 피로감 및 낮은 활력

∞ 규준의 문제

MMPI-A 개발의 주요한 측면은 미국의 8개 지역에 걸쳐 청소년만의 규준 표본을 수집하는 것이었다. MMPI-A-RF 개발의 주요한 질문은 1980년대 말에 수집된 MMPI-A 규준이 MMPI-A-RF의 규준 표본 역할로 확장될 수 있는지에 관한 것이었다. MMPI-A-RF에 사용한 MMPI-A 규준 표본의 적절성에 관한 주요한 질문은 지난 수십 년 동안 청소년 반응 패턴에 중요하고 실질적인 변화가 얼마나 발생했는지에 초점을 맞추었다. 이 문제를 평가하기 위해 1995년과 2012년 사이에 수행된 비임상 표본에 대한 MMPI-A 결과가 제시된 11개 연구의 결과를 검토하여 경험적 자료를 제공했다. 이 연구들은 모두 비임상 표본 남녀 청소년의 MMPI-A 기본 임상척도의 평균과 표준편차에 관한 정보를 제공했다. 이 중 4개 연구는 추가적인 MMPI-A 척도에 대한 자료를 제공했고, 이 중 2개 연구(Carlson, 2001; Newton, 2008)에는 MMPI-A의 69개 척도 모두에 대한 평균 및 표준편차 자료도 포함되었다.

이 중 일부 연구들의 주요 초점은 비임상 표본에게 표준 지침과 하나 이상의 반응 방식을 가장하도록 권장하는 지침에 따라 MMPI-A를 실시한 뒤, 무작위 반응, 과소보고 또는 과대보고와 같은 반응 방식을 식별하는 것이었다(예: Baer, Ballenger, Berry, & Wetter, 1997; Bagdade, 2004; Conkey, 2000; Stein, Graham, & Williams, 1995). 이 연구들의 결과에서 MMPI-A의 타당도 및 임상 척도의 점수가 평균 T점수 40점대 중반부터 50점대 초반까지로 일관되게 나타났다. 세 개의 추가 연구에서 학업적 성취가 좋은 청소년 표본의 MMPI-A 척도 점수가 보고되었다(Cross et al., 2004; Cross et al., 2008; Newton, 2008). 이 연구의 참여자들은 40대 중반에서 50대 중반까지의 평균 T점수 값을 일관되게 보여 주었다. 또 다른 두 개의 연구는 MMPI-A 검사를 컴퓨터로 실시하는 것과 지필로 실시하는 것에서 산출되는 점수를 대조하기 위해 비임상 표본을 사용했다(Carlson, 2001; Hays, 2003). 이 연구들도 40대 후반에서 50대 초반까지의 T점수를 일관되게 보여 주었고, 표준편차는 약

표 7-10 1995년에서 2012년까지 비임상 표본을 대상으로 수집된 11개 연구 자료의 통합된 MMPI-A 기본 척도들의 평균과 표준편차

T점수	MMPI-A 척도													
	타당도척도			임상척도										
	L	F	K	Hs	D	Hy	Pd	Mf	Pa	Pt	Sc	Ma	Si
Mean	51.04	48.03	50.91	48.22	49.81	49.95	48.62	51.40	48.37	47.33	47.85	50.21	47.29
SD	9.27	8.43	9.13	9.92	10.22	9.36	9.06	9.91	9.35	10.46	10.07	10.64	11.61

주: 타당도척도 L과 K의 통합 표본 크기는 1,087명이며, F 척도의 표본은 1,193명을 기반으로 함. 모든 기본 임상척도의 통합 표본 크기는 1,899명임.

10점이었다. 이 연구들은 또한 컴퓨터로 실시한 검사 결과와 표준 실시(지필)를 통해 나온 결과가 일반적으로 동등함을 보여 주었다. 마지막으로, 아프리카계 미국인 청소년의 비임상 표본에서 산출된 MMPI-A 점수를 조사한 Henry(1999)와 Yavari(2012)는 고등학생 표본을 대상으로 K 척도와 자기가 서술한 상관물의 연구에서 평균 T점수 값을 보고했다. 이 중 후자의 연구 결과에서도 기본 척도들의 평균 T점수 값이 약 50점, 표준편차 약 10점의 양상이 나타났다.

이 연구들은 지난 20년 동안 수행된 연구들에서 수집된 청소년 1,899명의 자료를 포함한다. 〈표 7-10〉은 이 11개 연구를 통합한 MMPI-A 기본 척도 평균과 표준편차 결과를 보여 준다. 이 표에 나타난 바와 같이, 통합 연구의 기본 척도들의 평균은 모든 척도에서 일관되게 T점수 50점의 3점 이내에 있으며, 표준편차는 F 척도의 8.43에서 Si 척도의 11.61까지였다. 따라서 이 연구들은 지난 20년 동안 청소년 반응 패턴에서 체계적인 변화가 있다는 증거를 보여 주지 않으며, 현대 청소년들에게 정확한 규준적 기대치를 제공하는 MMPI-A의 규준 표본의 적절성을 뒷받침한다.

MMPI-A-RF 규준 집단

MMPI-A-RF 규준 표본은 MMPI-A 규준 표본의 하위 집합이다. MMPI-A 규준 자료는 캘리포니아, 미네소타, 뉴욕, 노스캐롤라이나, 오하이오, 펜실베이니아, 버지니아 및 워싱턴 주의 중학교 및 고등학교에서 수집되었다(Bucher et al., 1992). MMPI-A-RF를 개발한 사람들의 의도는 이 검사에 대한 성별 통합 규준을 만드는 것이었기 때문에 MMPI-A-RF 규준 표본에서 남녀 청소년의 수가 동일한 것이 바람직하다고 보았다. MMPI-A 규준 표본은 남자 805명과 여자 815명으로 구성되었다. MMPI-A-RF 규준 표본을 개발하면서 805명의 남자 청소년의 규준 표본을 유지했고, MMPI-A 규준 표본의 815명의 여자 청소년들 중에서 805명을 무작위로 선택하였다. 남녀 학생들의 자료는 총 1,610명의 MMPI-A-RF 청소년 규준 표본으로 결합되었다. MMPI-A-RF 규준 표본에 대한 연령 분포는 〈표 7-11〉에 나와 있다. 〈표 7-12〉는 청소년 1,610명의 MMPI-A-RF 규준 표본에 대한 학년 수준을 제공한다. 이 표에서 볼 수 있듯이 7~8학년 수준의 청소년은 비교적 적다.

White와 Krishnamurthy(2015)는 청소년의 임상 표본 108명과 비임상 표본 114명을 대상으로 MMPI-A를 실시해서 얻은 자료에서 241개의 MMPI-A-RF 문항에 대한 문항 응답 빈도의 예비 평가를 수행했다. MMPI-A-RF의 모든 문항에 대해 임상 및 고등학생 표본

에서 성별에 따라 별도로 평가된 응답 빈도 차이를 조사했다. 예상대로, 임상 표본의 대다
수 남녀 청소년들은 고등학생들에 비해서 예상한 방향으로 더 자주 응답하였다.

    MMPI-2-RF와 마찬가지로 MMPI-A-RF는 성별 통합 규준을 사용한다. Ben-Porath
와 Tellegen(2008/2011)이 논의한 바와 같이, 일반적으로 성별 특정적 규준의 사용은 성별
과 관련된 검사 원점수의 집단 차이가 평가하는 구성개념과 관련이 없다는 가정에 기초한
다. 예를 들어, 우울증 척도의 원점수 분포에서 남녀 청소년에서 관찰되는 성차가 우울증

표 7-11 MMPI-A-RF 규준 표본의 연령 분포

연령	전체 표본 수	남	녀	%
14	366	193	173	22.7
15	438	207	231	27.2
16	427	228	199	26.5
17	292	135	157	18.1
18	87	42	45	5.4
전체	1,610	805	805	100

출처: MMPI-A-RF의 실시, 채점, 해석 및 기술 매뉴얼 by Archer et al. Copyright © 2016 by the Regents of the
    University of Minnesota. University of Minnesota Press의 허가하에 사용함. 무단 전재 금지. 'Minnesota
    Multiphasic Personality Inventory'와 'MMPI' 상표는 Regents of the University of Minnesota에서 소유함.
주: 전체 표본의 평균 연령은 15.56세(SD = 1.18)임.

표 7-12 MMPI-A-RF 규준 표본의 학년 분포

학년	전체 표본 수	남	녀	%
7	8	5	3	0.5
8	121	57	64	7.5
9	415	212	203	25.8
10	470	238	232	29.2
11	385	206	179	23.9
12	210	87	123	13
무응답	1	0	1	0.1
전체	1,610	805	805	100

출처: MMPI-A-RF의 실시, 채점, 해석 및 기술 매뉴얼 by Archer et al. Copyright © 2016 by the Regents of the
    University of Minnesota. University of Minnesota Press의 허가하에 사용함. 무단 전재 금지. 'Minnesota
    Multiphasic Personality Inventory'와 'MMPI' 상표는 Regents of the University of Minnesota에서 소유함.

의 경험 또는 표현에 있어 유의한 성차와 관련이 없다고 가정할 수 있으며, 따라서 이러한 성차는 검사 원점수를 표준화 점수로 변환하여 제거해야 한다. Ben-Porath와 Tellegen은 고용환경에서 성별에 따른 규준을 고려하는 것을 금지한 「1991년 연방 시민권」의 결과로 MMPI-2에서 성별 통합 규준의 개발을 탐색하기 위한 초기 동력이 생겼다고 언급했다. MMPI-A-RF는 고용을 위한 검사에 활용되지 않을 것으로 예상되지만, 성별에 특화된 규준의 사용으로 인해 가려질 수 있는 다양한 형태의 정신병리 경험이나 표현에서 유의한 성차가 발생할 수 있기 때문에 성별 통합 규준의 사용이 적절하다고 간주되었다. 성차는 성별 통합 규준을 사용했을 때 더 잘 반영되며(예: Reynolds & Kamphaus, 2002), 성별 통합 규준 사용의 추가적인 장점은 남녀 청소년의 척도 점수가 동일한 변환 표준을 사용하여 계산된다는 것이다.

동형 T점수 변환

원판 MMPI를 위해 Hathaway와 McKinley(1942)가 개발한 성인 규준은 원점수를 T점수 값으로 변환할 때 선형 변환 절차를 사용한다. MMPI-A-RF는 타당도척도(즉, TRIN-r, VRIN-r, F-r, L-r, K-r)에 선형 T점수를 사용한다. 그러나 연구자들은 원판 MMPI의 임상척도에 선형 T점수를 사용하는 것과 관련한 문제에 오랫동안 주목해 왔다. 이 현상은 MMPI 척도들의 원점수 분포가 정규분포가 아니고, 척도별로 정규분포와 다른 정도가 각기 다르기 때문에 발생한다. 따라서 선형 T점수 변환을 사용했을 때, 한 척도의 T점수 70점은 다른 MMPI 임상척도에서 T점수 70점으로 표현되는 것과 동등한 백분위 값을 나타낼 수 없다. 이러한 불일치로 인해 MMPI 척도들의 T점수 값을 직접 비교하는 것이 어려워졌다. 이러한 어려움은 Colligan 등(1983)에 의해 처음으로 자세히 논의되었다.

MMPI-2를 개발할 때 임상 및 내용 척도에서 동등한 T점수 값을 제공하기 위해 동형 T점수 변환 절차를 사용했다(Tellegen & Ben-Porath, 1992). 이 접근법은 MMPI-A-RF의 동형 T점수 개발에도 사용되었다. 예를 들어, RC 척도들의 분포를 조사하고 개별 RC 척도의 분포를 조정하는 원점수의 복합 혹은 평균 분포를 도출하여 복합 RC 척도 분포와 가장 일치하는 방향으로 RC 척도의 동형 T점수가 개발되었다. 복합 또는 동형 분포를 개발하는 목적은 각 척도에 T점수 변환 값을 할당하여 주어진 T점수 값이 각 척도에 걸쳐 동등한 백분위로 변환되도록 하는 것이었다.

동형 T점수는 복합 선형 T점수를 나타내므로, 이 절차는 주어진 T점수에 대해 전체 척도에 걸쳐 동등한 백분위 값을 산출하는 역할을 한다. 그러나 이 절차에서는 이러한 측정 치의 점수 분포의 기본 왜도도 유지한다. 따라서 동형 T점수는 일반적으로 선형 T점수에서 얻은 값과 유사하다(Edwards, Morrison, & Weissman, 1993b). 동형 T점수는 원점수의 기본 분포에 중요한 영향을 미치지 않으며, 기본 원점수 분포를 '정규화'하지 않는다. 이는 MMPI 척도의 점수 분포가 실제로 정규분포 곡선을 따르지 않을 수 있다는 점에서 중요하다. 따라서 정규화 절차는 더 높은 범위에서 발생하는 값을 인위적으로 낮춰 T점수 값을 왜곡할 수 있다(Tellegen & Ben-Porath, 1992).

〈표 7-13〉은 주어진 T점수에서 MMPI-A-RF 척도의 동형 T점수에 대한 백분위 값을 보여 준다. 이 표에서 나타난 것처럼, 동형 T점수는 기본 원점수 분포를 수정하거나 정규화하지 않는다. 예를 들어, T점수 50점은 백분위 50이 아니라 백분위 등가값이 55가 된다. 동형 T점수 절차는 영향을 받는 척도들의 복합 또는 전체 분포를 만들어 개별 척도의 원점수 분포를 비교적 적게 조정한다. 이러한 조정은 T점수 값에 할당되는 유사한 백분위 등가값을 산출하여 주어진 T점수 값이 전체 척도에 걸쳐 더 동등한 백분위 수준을 산출하도록 한다. 예를 들어, T점수 60점은 다양한 MMPI-A-RF 척도들에서 백분위 85로 동등한 순위를 산출한다.

표 7-13 MMPI-A-RF 동형 T점수의 백분위

동형 T점수	백분위
30	< 1
35	4
40	15
45	34
50	55
55	73
60	85
65	92
70	96
75	98
80	> 99

출처: MMPI-A-RF의 실시, 채점, 해석 및 기술 매뉴얼 by Archer et al. Copyright ⓒ 2016 by the Regents of the University of Minnesota. University of Minnesota Press의 허가하에 사용함. 무단 전재 금지. 'Minnesota Multiphasic Personality Inventory'와 'MMPI' 상표는 Regents of the University of Minnesota에서 소유함.

요약하자면, MMPI-A-RF는 규준 표본과 동형 T점수 변환 절차의 사용 측면에서 MMPI-A와 매우 유사한 일련의 규준을 사용한다. 그러나 MMPI-A-RF에 성별 통합 규준을 사용하는 것은 MMPI-A에서 벗어나는 지점이다. MMPI-A와 주요하게 다른 두 번째 지점은 MMPI-A-RF에서 임상 범위의 상승을 정의하기 위한 기준점이 T ≥ 60으로 낮아졌다는 것이다.

MMPI-A-RF의 임상 범위 상승(T ≥ 60)의 정의

임상 표본의 청소년에 대한 정상 범위 평균 프로파일은 임상 범위의 증상을 정의하기 위해 종종 기존의 70점 이상의 T점수 기준을 사용한 원판 MMPI를 통해 얻어졌다. 앞서 언급한 바와 같이, Ehrenworth와 Archer(1985)는 원판 검사에서 청소년의 임상 범위 상승을 정의하기 위해 (70이 아닌) T점수 65점을 사용할 것을 권고했다. MMPI-A를 개발할 때 임상 범위 프로파일의 기준이 낮아져서 T점수 65점 이상을 임상 범위의 상승으로 결정하는 반면, 60~65점의 T점수는 청소년이 해당 척도가 높게 상승했을 때 보이는 임상적 상관물 혹은 특성의 전부가 아니라 일부만 나타낼 것으로 예상되는 경계적 범위를 구성한다. 그러나 MMPI-A가 출판된 후 임상 장면의 청소년 표본을 대상으로 실시하여 발표된 연구는 거짓음성 프로파일의 발생 문제, 즉 정신과 외래 또는 입원 환경에서 정상 범위의 점수를 산출한 청소년의 거짓오류 프로파일에 대한 증거를 보여 주었다.

MMPI-A-RF는 MMPI-A에 사용된 경계적 혹은 약간 상승된 범위나 영역을 제거했으며, 임상 또는 주요 척도들의 임상적 상승은 T점수 60점 이상으로 재정의했다. 청소년이 정상인지 심리적 장애인지 식별하는 분류 정확성은 항상 T점수 기준을 상향 또는 하향 조정함으로써 발생하는 오류 유형 사이의 균형을 나타낸다. 예를 들어, 임상 표본에서 청소년의 거짓음성 오분류 빈도를 줄이기 위해 점수 기준을 T점수 60점 이상으로 낮추면 정상 청소년의 거짓양성 오분류 비율이 증가한다. 게다가 이 교환의 상대적인 비용은 항상 주어진 표본에서 정신병리가 실제로 발생하는 것, 즉 주어진 표본이나 환경에서 정신병리가 실제로 발생하는 것과 관련이 있을 것이다. MMPI-A가 임상 표본에서 청소년의 점수를 상대적으로 낮게 산출하는 경향이 있음을 나타내는 광범위한 문헌을 고려할 때, 정신병리의 임상범위를 정의하기 위한 T점수 60점 이상이라는 기준은 이 문제를 해결하기 위한 논리적 단계가 된다. 이 분야의 향후 연구들은 이러한 기준점의 수정이 이 검사에 대한 전반적인 정확한 식별 또는 적중률 결과를 성공적으로 증가시킨 정도를 밝혀야 할 것이다.

주의를 요하는 척도 반응과 결정적 문항

Pearson에서 제공되는 MMPI-A-RF 보고서는 모든 MMPI-A-RF 척도에 대한 원점수 및 T점수와 각 척도에 응답한 문항 비율, 무응답/채점 불가 반응 목록, 주요한 내용이 포함된 문항 목록을 제공한다. 주요한 내용의 출처 중 하나는 MMPI-A-RF의 '주의를 요하는 척도 반응(critical responses)'의 개념에서 도출된다. 특히 MMPI-A-RF에는 공격 성향(AGG), 불안(AXY), 무력함/무망감(HLP), 피해의식(RC6), 기태적 경험(RC8) 및 약물 남용(SUB) 등 여섯 가지 중요한 척도가 있다. 이러한 각 척도에서 득점되는 방향으로 응답된 문항은 MMPI-A-RF 보고서에 주의를 요하는 척도 반응으로 보고된다. 따라서 예를 들어 RC6 척도의 실제 문항 응답을 검토하여 척도의 상승과 관련된 편집적 사고의 유형을 평가할 수 있다. 또한 MMPI-A-RF에는 Forbey와 Ben-Porath(1998)의 MMPI-A의 결정적 문항 목록에서 파생된 일련의 주요한 문항도 포함되어 있다. 경험적 · 합리적 단계의 조합에 기초한 Forbey와 Ben-Porath의 결정적 문항 개발 과정은 MMPI-A 매뉴얼의 부록에 나와 있다(Ben-Porath et al. 2006). Forbey와 Ben-Porath가 개발한 MMPI-A 결정적 문항의 최종 목록에는 15개 내용 기반 범주로 분류된 81개 문항이 있다. MMPI-A의 결정적 문항 목록은 Archer 등(2016a)이 MMPI-A-RF의 241개 문항 모음에서 살아남은 문항의 관점에서 검토했다. 〈표 7-14〉와 같이, MMPI-A-RF의 결정적 문항 목록은 14개 내용 범주로 분류된 53개 문항으로 구성된다.

단일 문항 응답의 신뢰도와 타당도 문제 때문에 일반적으로 MMPI-A-RF 결과를 개별 문항만으로 해석하는 것은 권장하지 않는다. 그러나 결정적 문항을 검토함으로써 임상가는 청소년이 보고한 문제의 성격과 심각성을 감지할 수 있다. 예를 들어, 우울/자살 사고 내용 영역의 문항을 검토하면 청소년이 자살 사고를 암시하는 문항에 어느 정도 답했는지를 알 수 있다. 또한 결정적 문항의 검토는 임상가가 검사 해석 상담에서 청소년과 함께 중요한 내용 영역을 탐색하고 문제 영역에 대한 치료적 논의를 시작할 수 있는 견고한 기초를 제공한다.

표 7-14 Forbey와 Ben-Porath의 MMPI-A-RF 결정적 문항 목록

내용 영역	문항 수
공격성	2
불안	4
인지적 문제	2
품행 문제	7
우울/자살 사고	7
섭식 문제	2
가족 문제	2
환각 경험	3
편집적 사고	6
학교 문제	4
자기 폄하	2
신체 증상	6
약물 사용/남용	5
기이한 사고	1
전체 문항 수	53

출처: MMPI-A-RF의 실시, 채점, 해석 및 기술 매뉴얼 by Archer et al. Copyright ⓒ 2016 by the Regents of the University of Minnesota. University of Minnesota Press의 허가하에 사용함. 무단 전재 금지. 'Minnesota Multiphasic Personality Inventory'와 'MMPI' 상표는 Regents of the University of Minnesota에서 소유함.

∘ᢕ MMPI-A-RF의 해석 전략

MMPI-A-RF의 해석 과정은 제8장에서 자세히 다루어질 것이다. MMPI-A-RF 결과 해석은 청소년 수검자가 무응답 점수에 반영된 대로 충분한 응답을 했는지와 함께 결과 타당도를 고려하는 것으로 시작한다. 충분히 응답한 경우(무응답 문항이 10개 미만), 일관성 측면(VRIN-r, TRIN-r, CRIN)과 과소보고(L-r, K-r) 및 과대보고(F-r) 척도에 반영된 반응 정확성의 측면에서 평가한다. 주요 척도들의 점수 해석은 제6장에서 다룬 Roger Greene(2011)의 타당도척도 해석 모델을 사용하여 검사 결과의 유효성에 대한 잠재적 위협이 배제된 후에만 수행될 수 있다.

주요 척도들의 해석은 4개의 순차적 단계로 조직화할 수 있는 과정을 따른다. 즉, 상위

차원(H-O) 척도, 재구성임상(RC) 척도, 특정문제(SP) 척도, 그리고 마지막으로 성격병리 5요인(PSY-5) 척도의 순이다. 앞서 언급한 바와 같이, H-O 척도는 가장 광범위한 구성 개념을 나타내고, RC 척도는 중간 수준의 구성 개념을 나타내며, SP 척도는 RC 척도의 세부 측면을 측정하거나 보강하도록 설계된 가장 구체적인 초점의 구성 개념을 나타낸다. 따라서 정서적/내재화 문제(EID) 척도가 임상 범위로 상승했다면 중간 단계의 RC2와 RC7의 검토뿐 아니라 불안(AXY), 스트레스/걱정(STW), 분노경향성(ANP), 행동 제약 공포(BRF) 척도들과 같은 내재화 영역의 SP 척도의 검토를 통해 청소년을 정교하게 묘사할 수 있을 것이다. 반대로, 행동적/외현화 문제(BXD) 척도의 임상 범위 상승은 중간 수준의 RC4와 RC9의 T점수 값을 검토하고, 세 번째로 가장 구체적인 수준인 공격 성향(AGG), 약물 남용(SUB), 품행 문제(CNP) 같은 외현화 SP 척도들 및 통제 결여(DISC-r) 같은 PSY-5 척도를 검토한다. 마지막으로, H-O의 사고문제(THD) 척도가 임상 범위로 상승하면 중간 수준의 RC 척도 중 피해의식(RC6) 척도, 기태적 경험(RC8) 척도 및 PSY-5의 정신증(PSYC-r) 척도 점수에 대한 집중적인 평가가 이어질 것이다. 요약하면, 해석 과정은 H-O 수준의 가장 광범위한 척도에서 RC 수준의 중간 범위 척도로, 그리고 SP 및 PSY-5 수준의 더 구체적인 측면의 척도로 일관되게 이동한다. 마지막으로, 문항 수준에서 MMPI-A-RF 보고서에 제공된 여섯 가지 주요 척도에 대한 응답과 청소년이 보고하는 정신병리의 구체적 특징과 특성에 대한 통찰을 제공하기 위해 14개 내용 영역에 걸친 결정적 문항들을 조사한다.

∘ᦂ **MMPI-A와 MMPI-A-RF의 핵심적 차이점**

MMPI-A-RF는 청소년의 정신병리를 식별하고 설명하는 데 도움을 주기 위해 고안된 새로운 검사 도구이다. 〈표 7-15〉는 MMPI-A-RF와 MMPI-A 사이의 핵심적 차이점 중 일부를 요약한 것이다.

〈표 7-15〉에서 언급한 바와 같이, MMPI-A는 청소년용으로 사용하고자 특별히 고안된 MMPI-2의 하향 연령 확장판이다. 한편, MMPI-A-RF는 14세에서 18세 사이의 청소년을 위한 MMPI-2-RF의 하향 연령 확장판으로 고안 및 개발되었으며, Tellegen과 Ben-Porath가 MMPI-2-RF 검사를 개발하는 데 사용한 심리측정적 접근법에서 많은 정보를 얻었다. MMPI-A-RF는 단순한 MMPI-A의 개정판이 아니라 MMPI-2-RF를 MMPI-2와 비교할 때 나타난 변화와 유사한 방식처럼 이전 버전과 현저하게 다른 측면들이 나타

표 7-15	MMPI-A와 MMPI-A-RF의 핵심적 차이점	
변인	MMPI-A	MMPI-A-RF
출판년도	1992년	2016년
주요하게 영향을 준 검사	MMPI-2	MMPI-2-RF
문항 수	478개	241개
척도 구성	척도 간 중복 문항이 많음	위계적 척도 구성 내에서는 중복 되는 문항이 없음
규준	성별 분리 규준	성별 통합 규준
임상적 상승의 범위 기준	T ≥ 65	T ≥ 60

난다. 문항이 241개라는 점에서 MMPI-A-RF는 478개 문항인 MMPI-A의 약 절반이다. 검사 길이는 MMPI-A의 478개 문항을 성공적으로 완료할 수 있는 충분한 주의집중의 시간을 발휘하지 못하는 많은 청소년을 평가하는 데 있어 중요한 문제이다. MMPI-A-RF는 평가 시간의 제약이 MMPI-A의 사용을 제한하는 데 중요한 요소가 될 수 있는 교육 및 법의학/사법 환경에서 인성 평가 측정도구의 사용을 늘리는 데 특히 중요한 역할을 할 수 있다.

MMPI-A는 원판 MMPI와 유사하게 척도 간 문항들이 광범위하게 중복되어 서로 관련 없는 구성개념을 측정하는 척도들 간 상관이 예상보다 높다. MMPI-A-RF 개발자들은 척도 간 상관을 낮추고 척도의 변별 타당도를 높이고자 척도들에 걸쳐 퍼져 있는 의기소침 요인의 영향을 줄이고 MMPI-A-RF의 각 위계 수준(예: H-O, RC, SP 척도) 내에서 척도 간 문항 중복을 없앴다. 두 검사는 대체로 서로 겹치는 규준 표본을 사용하지만, MMPI-A를 위해 개발된 성별에 따른 T점수 변환 절차와는 대조적으로 MMPI-A-RF는 원점수를 T점수로 변환하는 데 있어 성별 통합 규준을 사용한다. 마지막으로, MMPI-A-RF에서 임상 범위의 상승을 정의하는 데 사용되는 T점수 기준은 60점이며, 이는 MMPI-A에 사용되는 T점수 65점 이상이라는 기준과 대비된다.

MMPI-A와 MMPI-A-RF의 실시 및 채점에 대한 지원은 곧 미네소타 대학교 출판부와 Pearson Assessment에서 제공될 것으로 예상된다.[1] 원판 MMPI로 수행된 초기 40년의 청소년 연구와 비교했을 때 지난 20년 동안 MMPI-A 연구의 축적 속도가 가속화되었다는 점을 고려하면, MMPI-A-RF의 연구가 향후 10년 동안 상당히 많이 이루어질 것으로 예상

---

1) 역자 주: 국내에서는 (주)마음사랑에서 MMPI-A와 MMPI-A-RF의 채점 프로그램을 제공하고 있다.

된다. MMPI-A의 실시를 통해 얻은 결과에 기초하여 MMPI-A-RF가 채점될 수 있다는 사실은 이와 같은 MMPI-A-RF 연구 축적에 큰 도움이 될 것이다. 따라서 기존 MMPI-A 자료는 MMPI-A-RF의 문항과 척도 구성을 사용하여 쉽게 다시 채점되어 이 새로운 검사의 유용성에 관한 중요한 경험적 정보를 제공할 수 있다.

MMPI-A-RF의 연구 문헌은 청소년에 대한 특정 평가에서 MMPI-A에 비해 이 검사에 유리한 영역과 다른 유형의 평가 문제 또는 영역을 다루는 데 있어 MMPI-A-RF의 한계 영역을 분명히 보여 준다. MMPI-A-RF의 최종 평가는 검사 도구의 전반적인 유용성에 관한 광범위한 일반화보다 척도별 분석에 기초할 가능성이 높다. MMPI-A-RF의 출판은 특히 MMPI-A-RF의 문항이 241개라는 점이 성공적인 검사 실시의 중요한 요소로 작용하는 상황에서 평가자에게 MMPI-A에 대한 귀중한 대안적 검사가 된다.

그러나 검사 길이를 줄이는 것이 MMPI-A-RF 검사 개발의 주요 목적은 아니었다. MMPI-A-RF 개발의 주요 목적은 MMPI-A의 대부분 인성평가 척도에서 흔히 보이는 의기소침 요소의 편재적인 영향과 혼입 요인을 줄임으로써 변별 타당도를 향상시키는 것이었다. 예를 들어, Archer(2006)와 Friedman 등(2015)은 MMPI 기본 척도(MMPI-A 기본 척도 포함)에서 발생하는 광범위한 문항 중복이 Hathaway와 McKinley(1943)가 척도 개발을 위해 채택한 문항 선택의 경험적인 규준적 준거 방식, 정신장애 간 증상의 중복 정도 및 Tellegen이 의기소침이라고 부른 첫 번째 공유 분산의 광범위한 영향에 기인한다고 언급했다. 의기소침 요인에 의해 많은 영향을 받은 척도들은 수렴 타당도의 강력한 근거를 보일 것으로 기대할 수 있으나(즉, 기대되는 외적 기준과의 높은 상관), 그러한 척도들은 대개 상대적으로 낮은 특이도 또는 변별 타당도(즉, 다양한 형태의 정신병리를 구별할 수 있는 능력)의 문제가 있다. MMPI-A-RF는 의기소침 요인을 분리하고 의기소침 요인이 MMPI-A-RF 척도의 '씨앗' 혹은 '핵심' 구성개념에 미치는 영향력을 줄여서 MMPI-A 척도들의 중복성을 줄이고자 했다. 이 과정이 성공한다면 MMPI-A와 비교했을 때, 수렴 타당도는 유사하지만 변별 타당도는 향상된 더 짧은 척도가 될 수 있다. MMPI-A-RF 매뉴얼(Archer, Handel, Ben-Porath, & Tellegen, 2016b)은 다양한 청소년 표본에서 MMPI-A-RF 척도 점수와 외적 기준 간 17,000개 이상의 상관을 제시한다. 이러한 자료는 MMPI-A-RF를 평가하는 중요한 초기 단계를 제공한다. 향후 연구에서는 MMPI-A-RF의 변별 타당도가 향상되었음을 입증하는 동시에 수렴 타당도를 유지하는 중요한 목표를 얼마나 달성했는지 추가로 입증할 필요가 있다.

다른 심리측정적 자료, 심리사회학적 평가 결과 및 임상적 면담 내용과 함께 사용되는 MMPI-A나 MMPI-A-RF는 응답자의 다양한 특성에 관한 풍부한 정보를 제공한다. MMPI-A나 MMPI-A-RF의 검사 결과는 프로파일의 타당성과 청소년 수검자의 검사 태도에 관한 자료를 포함한다. 타당도 결과는 또한 청소년 반응의 일관성과 정확성의 정도를 포함하는데, 두 가지 모두 결과의 타당도를 확립하는 데 필수적인 요소로 적용된다. 더불어 검사 결과는 증상의 특성, 유형 및 범위 등 정신병리의 여러 차원에 따른 정신장애 증상의 여부에 관한 정보를 제공한다. 또한 MMPI-A 또는 MMPI-A-RF 결과를 조사하면 청소년 수검자의 적응 수준을 전반적으로 추정할 수 있을 뿐만 아니라, 특징적인 방어기제에 대한 정보와 지각된 정서적 고통감으로부터 의식적으로 보호하는 데 있어 이러한 방어기제가 얼마나 효과적인지에 대한 정보도 제공한다. 심리학자는 또한 대인관계의 지배성 대 순종성, 적극적인 사회적 관여 대 사회적 철수 및 고립의 경향성 등의 문제를 포함한 전형적인 대인관계에 관한 유용한 의견을 형성할 수 있다.

또한 MMPI-A나 MMPI-A-RF를 사용하면 청소년 환자에게 가장 효과적인 치료 방법에 관한 가치있는 진단적 인상과 가설을 도출할 수 있다. 그러나 모든 검사 도구는 배타적인 단독 진단보다는 다양한 진단 가능성을 고려하기 위해 가장 생산적으로 사용된다는 점이 중요하다. 성인 정신과 환자(Graham, 2012)와 청소년 정신과 환자(Archer & Gordon, 1988)의 임상 연구에서 MMPI를 기반으로 도출된 진단과 임상가가 도출한 진단이 자주 다르게 나타났다고 밝혀졌다. 연구(예: Pancoast, Archer, & Gordon, 1988)에서는 또한 MMPI에서 진단을 도출하도록 설계된 단순한 시스템뿐 아니라, Goldberg(1965, 1972)와 Meehl과 Dahlstrom(1960)이 MMPI를 위해 개발한 보다 복잡한 진단 분류 시스템도 작동되는 것으로 나타났다. MMPI-A 또는 MMPI-A-RF에서 산출된 가장 중요한 자료는 임상가에게 치료적 고려 및 선택지에 관한 정보를 제공하는 것일 수 있다. 이러한 자료는 일반적으로 심리치료에 참여하려는 청소년의 동기 수준과 치료 과정에 대한 개방성에 관한 정보를 포함한다. 또한 임상가는 청소년에게 가장 효과적일 수 있는 치료 유형 또는 치료의 조합에 관한 정보를 얻을 수 있다(예: 지지적 심리치료, 통찰지향적 심리치료, 인지행동치료, 정신약물학적 개입). 또한 검사 결과를 통해 개인, 가족 및 집단 심리치료 등 가장 적합하게 고려될 수 있는 치료적 방법을 추론해 볼 수 있다.

☌ 검사 해석의 공통 단계

MMPI-A와 MMPI-A-RF의 해석 과정의 초기 단계에는 상당히 중복되는 부분이 있으며, MMPI-A 또는 MMPI-A-RF에 고유한 해석 지침을 논의하기 전에 이 장에서는 이러한 공통 단계를 먼저 다룰 것이다.

MMPI-A 또는 MMPI-A-RF에서 의미 있고 유용한 정보를 도출하는 것은 이 검사에 사용되는 전반적인 해석 과정의 기능이다. 〈표 8-1〉에는 두 검사에 대한 유용한 공통적 해석 방식이 요약되어 있다.

표 8-1 MMPI-A와 MMPI-A-RF 해석의 공통 단계

1. 검사 수행 장면에 대한 고려
   1) 임상적/심리적/정신과적
   2) 학교/학업 평가
   3) 의학적
   4) 신경심리적
   5) 법정
   6) 알코올/약물 치료

2. 환자의 과거력 및 배경정보 평가
   1) 협조성/치료나 평가 참여 동기
   2) 인지 능력
   3) 심리적 적응
   4) 스트레스 요인
   5) 학업적 성취
   6) 대인관계
   7) 가족력 및 특성

3. 타당도척도의 해석

타당도 문제	MMPI-A 척도	MMPI-A-RF 척도
1) 무응답	CNS	CNS
2) 일관성	VRIN, TRIN	VRIN-r, TRIN-r, CRIN
3) 정확성		
– 과대보고	F, F1, F2	F-r
– 과소보고	L, K	L-r, K-r

MMPI-A와 MMPI-A-RF를 해석하는 첫 두 단계는 검사가 수행되는 장면과 청소년의 과거력 및 배경 정보 평가의 중요성을 강조한다. MMPI-A 또는 MMPI-A-RF 소견에서 생성된 해석 가설은 추가적인 자료를 통해 얻은 청소년에 대한 정보와 신중하게 조합되어야 한다. 환자의 배경 정보와 과거력 또는 검사 장면의 특징을 고려하지 않고 검사 프로파일을 '맹목적'인 방식으로 해석할 수 있다. 실제로 환자의 배경 정보나 과거력 및 검사 장면 등은 객관적인 성격 평가 도구의 컴퓨터 기반의 해석에는 자주 활용되지 않는다. 그럼에도 불구하고, 인구통계학적, 심리사회학적, 교육적, 의료적 및 정신의학적 과거력 정보는 대체로 MMPI-A 및 MMPI-A-RF에서 도출된 추론의 정확성과 효용성을 높인다.

〈표 8-1〉에 나타난 세 번째 단계는 MMPI-A 또는 MMPI-A-RF 프로파일의 기술적 타당도 평가에 대한 것이다. MMPI-A와 MMPI-A-RF의 타당도 평가 방법은 Greene(2000, 20011)이 제안한 모델에 기초하여 제4장에서 자세히 제시하였다. 이 과정에는 응답 누락 횟수에 대한 검토와 응답 일관성 및 응답 정확성에 대한 평가가 포함된다. 앞서 언급한 바와 같이, 응답 일관성은 주로 MMPI-A 무선반응 비일관성(VRIN) 척도를 사용하여 평가되며, 고정응답 비일관성(TRIN) 척도의 점수는 묵인 또는 '부정 반응(nay-saying)' 방식의 여부를 평가하는 데 사용될 수 있다. 또한 응답 일관성에 관한 추론은 MMPI-A의 F1과 F2 척도의 T점수 차이와 F 척도의 상승률을 조사하여 도출할 수 있다. MMPI-A-RF에 대한 응답 일관성에 관한 결론은 VRIN-r, TRIN-r 및 CRIN 척도의 결과에 기반해서 도출할 수 있다. 언급했듯이, 일관성은 프로토콜의 타당도를 확립하기 위한 필요조건이지만 충분조건은 아니다. 청소년 수검자의 MMPI-A 응답 패턴의 정확도는 전통적인 타당도척도인 F, L, K(또는 이 척도들에 대한 MMPI-A-RF의 수정 척도)와 이 세 척도의 전체적인 형태를 사용하여 평가할 수 있다. 그러나 기술적 타당도의 문제 외에도 MMPI-A 및 MMPI-A-RF 타당도 측정치는 심리치료 과정에 참여하려는 청소년의 의지에 관한 귀중한 정보를 제공할 수 있다. 예를 들어, 타당도척도의 형태는 프로파일이 기술적으로 타당하다고 나타낼 뿐 아니라, K 또는 K-r 척도의 상승 수준은 청소년 수검자가 정신장애 증상을 과소보고하고 심리치료 과정에서 조심스럽고 방어적일 가능성이 있다는 것을 나타내기도 한다. 따라서 일부 MMPI-A와 MMPI-A-RF 타당도척도(예: L, F, K와 L-r, F-r, K-r)는 프로파일의 전반적인 해석에 포함되어야 하는 기술적 타당성과 함께 해당 수검자의 검사 외적인 특성이나 상관물에 관한 정보를 제공한다.

✑ MMPI-A 해석 단계

MMPI-A 해석 단계는 〈표 8-2〉에 요약되어 있다.

MMPI-A 프로파일의 해석은 가장 높게 상승한 기본 임상척도에 기초한 코드타입의 평가를 포함하여 먼저 기본 임상척도들을 검토한다. MMPI-A의 코드타입을 평가하는 과정에는 프로파일에서 나타난 척도의 상승 정도에 대한 고려도 포함된다. 기본척도가 높게 상승할수록, 해당 수검자는 그 코드타입과 관련된 증상이나 특성을 나타낼 가능성이 높다. 또한 특정 MMPI-A 프로파일이 해당 코드타입에 대한 연구에 사용된 전형적인 프로파일과 일치할수록 수검자의 프로파일과 관련된 코드타입 정확성의 신뢰도도 높아진다. 수검자의 MMPI-A 코드타입과 해당 코드타입의 전형적인 프로파일 형태의 일치도는, 예를 들어 Marks 등(1974)의 최빈값의 MMPI-A 프로파일을 육안으로 검사하여 추정할 수 있다. 이와는 대조적으로, 『Psychological Assessment Resources』(Archer, 2013)가 배포한 MMPI-A 해석 시스템 소프트웨어(버전 5)는 이 문제에 대한 통계적 접근법을 보여 준다. 특히 이 해석 프로그램은 수검자의 MMPI-A 프로파일과 그 코드타입 집단으로 분류된 청소년들의 평균 MMPI-A 프로파일 특성 사이의 관계를 나타내는 상관 계수를 제공한다. 또한 프로그램은 T점수로 표현된 코드의 정의된 정도를 계산한다. 청소년의 코드타입이 명확하게 잘 정의되어 있을수록, 즉 2개 척도로 이루어진 코드타입의 경우 두 번째로 높은 척도와 세 번째로 높은 척도 간에 상당한 T점수 차이를 보일수록, 특정 코드타입의 설명이 청소년에게 더 정확하게 맞을 가능성이 높다. 높게 상승한 것에 대한 설명 외에도 MMPI-A 프로파일에서 낮은 점수를 나타낸 척도의 특성을 검토하는 것이 유용할 수 있다. 마지막으로, MMPI-A 기본척도 2와 7을 구체적으로 검토하여 수검자가 현재 경험하는 정서적 고통의 정도에 관한 정보를 획득하여 수검자의 심리치료 참여 동기에 관한 중요한 추론을 할 수 있다.

MMPI-A 보충척도의 검토(〈표 8-2〉의 2단계)는 기본척도에 대한 해석을 보충하고 구체화하는 상당한 정보를 제공할 것이다. Welsh의 A 척도와 R 척도는 각각 전반적인 부적응 수준과 주요 방어기제로 억압을 사용하는 정도를 나타내며, 청소년의 심리적 성숙도는 미성숙(IMM) 척도를 사용하여 평가할 수 있다. 물질 남용에 대한 선별 정보는 MacAndrew(1965) 알코올 중독 척도의 MMPI-A 개정판(MAC-R)과 알코올 및 약물 남용 문제를 평가하기 위해 MMPI-A에서 만들어진 두 가지 추가적인 물질 남용 척도(ACK와

표 8-2 MMPI-A의 해석 단계

1. 기본 임상척도와 코드타입 해석
   1) 전형적 프로파일과 일치하는 정도
      - 상승 정도
      - 정의 정도
   2) 낮은 점수의 척도 해석
   3) 2번 척도(D)와 7번 척도(Pt)의 상승 검토

2. 보충 및 성격병리 5요인 척도(해석의 보충 및 확인)
   1) 보충척도 영역 검토
      - Welsh A와 R 척도 및 IMM 척도
   2) 물질 남용 척도
      - MAC-R, ACK, PRO
   3) 성격병리 5요인 척도
      - 공격성 및 통제결여

3. 내용척도
   1) 기본척도 자료의 보충, 개선 및 확인
   2) 대인관계 기능(A-fam, A-cyn, A-aln), 치료적 제언(A-trt), 학업적 곤란(A-sch, A-las)
   3) 내용소척도 점수 검토
   4) 과대보고나 과소보고의 영향 검토

4. Harris-Lingoes 소척도와 Si 소척도 및 결정적 문항 검토
   1) 기본척도가 상승된 이유를 이해하는 데 도움이 되는 문항 응답 검토
   2) Forbey와 Ben-Porath의 MMPI-A의 결정적 문항 검토

PRO)를 통해 알 수 있다(Weed, Butcher, & Williams, 1994). 또한 MMPI-A에서도 사용되는 McNulty 등(1997)의 PSY-5 척도는 청소년을 평가하는 데 상당한 유용한 성격 차원(예: 공격성 및 통제결여)에 대한 중요한 자료를 제공한다.

보충척도 외에도 프로파일 해석을 향상하는 데 사용되는 15개의 MMPI-A 내용척도가 있다(〈표 8-2〉의 3단계 참조). 다수의 MMPI-A 내용척도를 사용하여 기본척도의 해석을 다듬을 수 있다. 예를 들어, A-anx는 Pt와 관련하여, A-biz는 Sc의 해석을 명확히 하는 데 유용할 수 있으며, A-con과 A-fam은 MMPI의 Pd 척도의 해석을 다듬는 데 도움이 될 수 있다. 또한 A-trt와 같은 내용척도는 치료에 대해 보일 수 있는 수검자의 초기 반응에 관한 중요한 정보를 제공할 수 있으며, A-sch와 A-las는 학업 문제의 여부를 나타낼 수 있다. A-fam, A-cyn, A-aln 등의 내용척도도 청소년 수검자의 대인관계 기능에 대한 설명과 관련이 있다. Sherwood 등(1997)이 15개의 MMPI-A 내용척도 중 13개에 대해 개발한

내용소척도는 청소년 프로파일의 해석을 개선하는 데 매우 중요하다. 예를 들어, A-ang 소척도는 폭발적이고 공격적인 행동의 가능성을 보다 경미한 과민성과 구별하는 중요한 정보를 제공하며, A-trt 소척도는 청소년 수검자의 심리적 기능에 치료에 대한 초기 장애물이 존재할 수 있는 이유에 대해 보다 자세한 이해를 제공할 가능성이 있다. 그러나 내용척도 자료를 평가할 때, 내용척도 결과에 대한 과대보고 또는 과소보고(즉, 반응 정확성)의 영향도 고려하는 것이 중요하다. 내용척도는 명백 문항을 기반으로 구성되기 때문에 청소년 수검자가 증상을 과소보고할 때는 내용척도 점수가 쉽게 낮아지고, 의식적 또는 무의식적으로 증상을 과대보고할 경우 내용척도 값이 크게 상승할 수 있다.

MMPI-A 프로파일 분석의 다음 단계(4단계)에서 임상가는 표준 MMPI-A 척도인 2, 3, 4, 6, 8, 9에 대한 Harris-Lingoes(1955) 소척도와 척도 0의 소척도 및 Forbey와 Ben-Porath의 MMPI-A 결정적 문항 목록에 나타난 청소년 수검자의 MMPI-A 반응 내용을 선별적으로 검토하기를 원할 수 있다. 내용 검토는 MMPI-A의 기본, 보충 및 내용 척도의 검토에서 생성된 해석 가설을 구체화할 수 있다. 그러나 이 내용 기반의 정보는 MMPI-A 기본 임상척도의 결과에 기초하여 생성된 가설을 다듬거나 명확히 하는 수단으로만 사용해야 한다. 예를 들어, Harris-Lingoes 소척도는 해당 MMPI-A 기본척도에서 임상 범위 상승이 발생하지 않았다면 해석되어서는 안 되며, Hy1(사회적 불안의 부인) 및 Pd3(사회적 침착성) 소척도는 임상 범위로 상승하지 않기 때문에 유용한 임상 정보를 제공하지 않을 수 있다고 이전에 언급하였다(Krishnamurthy et al., 1995). Forbey와 Ben-Porath(1998)가 정한 MMPI-A 결정적 문항은 특히 검사 후 청소년과의 해석 상담에서 명확히 해야하는 영역으로서 특정 주제를 식별하는 수단으로 유용하다.

∘⚙ MMPI-A-RF 해석 단계

〈표 8-3〉은 MMPI-A-RF 주요 척도들의 해석 순서를 보여 준다. 이 순서는 신체/인지 증상 척도를 고려하기 전에 상위차원(H-O) 척도를 해석하는 것의 중요성을 명확히 하고 강조하기 위해 MMPI-A-RF 매뉴얼(Archer 등, 2016a)의 지침이 약간 수정된 것이다.

〈표 8-3〉에 나타난 바와 같이, 타당도척도 자료를 평가한 후 주요 척도 해석은 상위차원(H-O) 척도에 대한 점수를 검토하는 것으로 시작한다. 상위차원 척도의 상승과 관련된 증상의 구체적인 양상은 정서적/내재화 문제(EID), 사고 문제(THD), 행동적/외현화 문

제(BXD)와 관련된 RC, SP, PSY-5 척도의 상승된 점수를 검토함으로써 촉진된다. 예를 들어, 사고 문제(THD) 상위차원 척도의 상승 양상은 RC6 및 RC8의 결과뿐 아니라 PSY-5의 정신증 척도의 결과를 검토함으로써 쉽게 이해된다. H-O 척도를 검토한 후, 신체/인지 증상척도 점수를 검토하고 RC1, MLS, GLC, HPC, NUC, COG 척도의 점수를 함께 고려하여 청소년 수검자를 기술한다. 〈표 8-3〉의 5와 같이, 대인관계 기능은 대인관계와 관련

표 8-3 MMPI-A-RF의 해석 단계

주제	MMPI-A-RF 자료
1. 정서 문제	1. EID
	2. RCd, HLP, SFD, NFC
	3. RC2, INTR-r
	4. RC7, STW, AXY, ANP, BRF, SPF, OCS, NEGE-r
2. 사고 문제	1. THD
	2. RC6
	3. RCB
	4. PSYC-r
3. 행동 문제	1. BXD
	2. RC4, NSA, ASA, CNP, SUB, NPI
	3. RC9, AGG
	4. AGGR-r, DISC-r
4. 신체/인지 문제	RC1, MLS, GIC, HPC, NUC, COG
5. 대인관계	1. FML
	2. RC3
	3. IPP
	4. SAV
	5. SHY
	6. DSF
6. 진단적 고려	모든 주요 척도 결과
7. 치료적 고려	모든 주요 척도 결과

출처: MMPI-A-RF의 실시, 채점, 해석 및 기술 매뉴얼 by Archer et al. Copyright ⓒ 2016 by the Regents of the University of Minnesota. University of Minnesota Press의 허가하에 사용함. 무단 전재 금지. 'Minnesota Multiphasic Personality Inventory'와 'MMPI' 상표는 Regents of the University of Minnesota에서 소유함.

된 여섯 가지 척도, 즉 FML, RC3, IPP, SAV, SHY, DSF를 고려하여 평가한다. 예를 들어, 사회적 회피(SAV)가 상승한 것은 수검자가 사회적 사건과 상황을 회피하는 정도를 나타내며, 관계 단절(DSF)이 상승한 것은 수검자가 사회적으로 내향적이고 철수되어 있으며 낮은 자존감을 나타내는 정도에 관한 중요한 정보를 제공한다.

주요 척도들의 해석 후 MMPI-A-RF의 해석 과정은 진단 및 치료 문제로 이어진다. 이 모든 자료들은 잠재적으로 진단 및 치료 문제와 관련되기 때문에 이러한 단계 동안의 해석 과정에는 일반적으로 MMPI-A-RF 주요 척도들의 모든 결과가 포함된다. 이 단계에서 Forbey와 Ben-Porath의 MMPI-A-RF 결정적 문항에 대한 고려는 청소년 수검자가 응답한 정신병리의 특성과 양상에 관한 중요한 정보를 제공할 뿐만 아니라 수검자의 검사 해석을 위한 중요한 주제를 파악할 수 있다.

∞ **임상 사례**

동일한 청소년 수검자의 MMPI-A와 MMPI-A-RF 결과를 사용하여 검사 해석의 유사성과 차이점을 강조함으로써 MMPI-A와 MMPI-A-RF에서 권장되는 해석 방식을 설명하고자 세 가지 사례를 선정했다. 특히 이 사례들은 각기 다른 세 가지 장면에서 얻은 MMPI-A 결과에서 선택되었으며, MMPI-A-RF 결과를 얻기 위해 MMPI-A 결과를 재채점한 것이다. 각 임상 사례에 대해 청소년 수검자의 배경 정보와 타당도척도 결과가 처음에 제시된다. 그 후 MMPI-A에서 도출된 결과와 MMPI-A-RF의 결과를 제시할 것이다.

사례 1: 리처드(외래환자)

∀ 배경정보 및 타당도척도

리처드는 아프리카계 미국인 중산층 가정의 16세 소년으로 불안, 우울, 가족 갈등 증가 등의 호소로 외래에 방문하여 평가에 의뢰되었다. 이전에 우수한 학생이었던 이 청소년은 지난 1년 동안 학업 성취가 저하되는 양상을 보였다. 더불어 부모는 리처드가 명백한 이유 없이 화를 내며 반항적인 삽화 기간과 무관심하고 무기력한 기간을 번갈아 겪어 왔다고 걱정을 표했다. 이 청소년은 학교 활동 참여에 대한 관심이 감소했고, 학교에서 품행 및 행동 문제가 증가하였다. 리처드는 수면장애를 보고했고, 피로감과 활력 저하를 호소

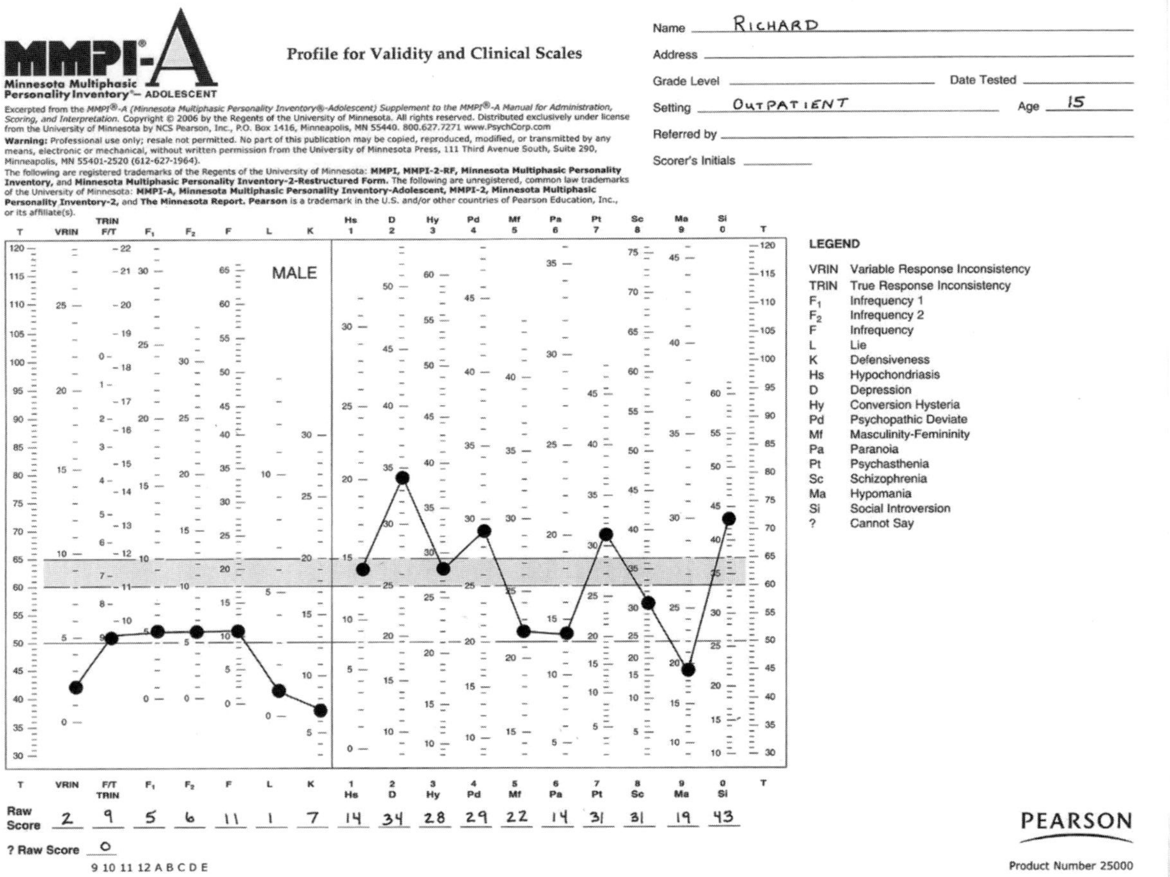

그림 8-1 사례 1(리처드)의 MMPI-A 기본척도 결과

출처: University of Minnesota Press의 허가하에 사용함. 무단 전재 금지. 'Minnesota Multiphasic Personality Inventory®-Adolescent'와 'MMPI®-A' 상표는 Regents of the University of Minnesota에서 소유함.

했다. 리처드는 주요우울삽화(Major Depressive Episode) 진단을 받았고, 외래환자로 개인
및 가족 치료를 병행하는 치료를 받게 되었다.

리처드의 MMPI-A 타당도척도 점수는 [그림 8-1]에, MMPI-A-RF 타당도척도는 [그
림 8-4]에 나타나 있다. 두 검사에 대해 고려해야 할 첫 번째 문제는 무응답(Can Say) 척도
의 누락된 문항 수이다. 이 사례에서 무응답은 0이므로 두 검사 모두 타당하다. 리처드의
MMPI-A(VRIN = 42, TRIN = 51F)와 MMPI-A-RF(VRIN-r = 47, TRIN-r = 59F, CRIN = 47)의
반응 일관성 측정 점수는 예상 및 정상 범위 이내이며 허용 가능한 수준이다. 마지막으로,
리처드의 MMPI-A 과대보고 측정치의 T점수(F = 52, F1 = 52, F2 = 52)와 MMPI-A-RF의
과대보고 관련 척도의 T점수(F-r = 48)는 모두 정상 범위 이내이며, 리처드의 MMPI-A 증
상 과소보고(L = 42, K = 38)와 MMPI-A-RF의 과소보고 척도(L-r = 44, K-r = 39)도 정상
범위 내에 있다.

요약하자면, MMPI-A 및 MMPI-A-RF의 타당도척도 결과는 신뢰할 수 있고 정확한 응
답 패턴을 나타낸다. 리처드는 문제를 부인하거나 이상 증상을 과도하게 주장하는 것 같
지는 않다. 두 검사 모두의 상대적으로 낮은 K 척도 점수는 그가 솔직하게 자기 평가를 하
고 있음을 시사하고, 아마도 실제보다 더 부정적인 모습을 나타낼 수도 있다. 그의 두 검
사 결과는 모두 타당하고 의미 있는 해석의 대상으로 보인다.

∀ MMPI-A 결과 분석

이 청소년의 MMPI-A 기본 임상척도 프로파일에서 척도 D(T = 79)와 Si(T = 72)가 가장
높게 상승했다. 임상 치료 프로그램에서 약 3%의 남자 청소년이 2-0 코드타입의 임상 척
도 프로파일을 나타낸다. 제5장에서 언급한 바와 같이, 이 MMPI-A 임상 프로파일을 생
성하는 청소년은 우울감, 열등감, 불안감, 사회적 내향성 및 철수 등 높은 수준의 심리적
고통을 가지고 있다. 많은 경우 사회적 무능함이나 연령에 맞는 사회적 기술이 전반적으
로 부족하다는 강력한 증거를 보인다. 리처드의 기본 임상척도 프로파일 상승도를 조사한
결과, 두 번째로 높은 Si 척도가 Pd 척도(세 번째로 높은)의 70점보다 2점 더 높다는 점에서
그의 2-0 프로파일은 잘 정의되지 않은 코드타입이다. 이 두 개 척도로 이루어진 제한된
정의의 코드타입 프로파일은 리처드에게 안정적이지 않을 수 있으며, 이는 비교적 짧은
기간을 두고 재검사를 실시할 경우 이 프로파일의 가장 현저한 척도들 사이에서 일부 변
화가 있을 수 있음을 시사한다. 특히 상승한 Pd 척도(T = 70)와 Pt 척도(T = 69)가 미치는
영향을 고려하는 것도 중요하다. Pd 척도가 상승했다는 것은 리처드가 전형적으로 2-0의

코드 타입을 가진 청소년들보다 훨씬 더 반항적이고 저항적이며 충동적일 수 있다는 것을 시사하며, Pt 척도의 상승은 리처드가 우울할 뿐만 아니라 불안하고 긴장하며 자기 비판적이고 무능감과 열등감을 강하게 느낀다고 묘사됨을 보여 준다. 마지막으로, 리처드의 기본 임상척도 프로파일의 관점에서, 상대적으로 D와 Pt 모두가 현저히 상승했다는 것은 리처드가 심리 치료 과정에 적극적으로 참여하려는 의지를 증가시키는 중요한 동기로 작용할 수 있는 상당한 정서적 고통감을 경험한다는 것을 시사한다.

[그림 8-2]는 리처드의 보충 및 PSY-5 척도 프로파일을 보여 준다. 리처드의 보충척도, 특히 PRO 척도(T = 67) 점수는 약물 또는 알코올 문제가 발생할 가능성을 나타낸다. 그의 IMM 척도의 T점수(T = 70)는 그의 관계가 피상적이고 미성숙하며 자신의 만족을 위해 다른 사람들을 이용하는 경향이 있는 것으로 보일 수 있음을 나타낸다. 마지막으로, 기본척도 D와 Pt의 결과와 일치하는 불안 척도의 상승(T = 69)은 리처드가 상대적으로 높은 수준의 정서적 고통을 겪고 있음을 나타낸다. 성격적 특징, 즉 리처드가 PSY-5 척도에서 보고한 특징은 그의 감정적 경험을 이해하는 데 도움을 줄 수 있다. 부정적 정서성/신경증 척도(NEGE T = 75)는 리처드가 상당히 부정적인 정서를 겪고 있다는 증거를 보여 주며, 내향성/낮은 긍정적 정서성 척도의 높은 점수(INTR T = 80)는 그가 비관적이고 무쾌감증이 있으며 사회적으로 철수되어 있다고 묘사될 수 있음을 나타낸다. 그는 세상을 부정적으로 바라보고, 주변의 사건을 해석하는 데 있어 최악의 시나리오를 떠올릴 수도 있다. 통제결여(DISC) 척도의 높은 점수(T = 71)는 전형적으로 외현화 행동과 낮은 충동 조절을 보이는 청소년들에 의해 산출되는 점수이다.

리처드의 MMPI-A 내용척도 프로파일([그림 8-3] 참조)은 A-anx, A-obs, A-dep 및 A-aln에서 중등도로 상승한 수준($70 \leq T < 80$)을 보여 준다. 이러한 상승 패턴은 리처드가 불안, 긴장, 걱정 및 우울과 관련된 많은 증상을 보고한다는 것을 시사한다. 그는 또한 침투적 사고로 어려움을 겪고 있고 반복되는 걱정이나 반추로 인해 방해받고 있다고 보고할 수 있다. 그의 의사결정은 문제가 될 가능성이 높으며, 비관적인 태도로 결정할 수 있다. 그는 소외감을 느끼고 다른 사람들과 거리를 두며 아무도 자신을 이해하지 못한다고 느낀다. A-ang 척도의 상승(T = 64)은 분노와 분노 조절 문제가 발생할 가능성을 반영하며, A-cyn의 T점수(T = 60)는 냉소적이며 타인과 방어적 관계를 맺고 있음을 나타낸다. A-con 척도가 임상적 범위로 상승한 것(T = 68)은 리처드가 절도, 거짓말, 기물 파손, 사기 등의 행동 문제를 보고했음을 나타낸다. 이러한 행동 문제들은 가정과 학교 장면에 걸쳐 나타날 가능성이 높다. A-lse 척도가 상승(T = 79)한 것은 리처드가 자존감 수준이 낮

그림 8-2 사례 1(리처드)의 MMPI-A 보충 척도 및 PSY-5 척도 결과

출처: University of Minnesota Press의 허가하에 사용함. 무단 전재 금지. 'Minnesota Multiphasic Personality Inventory®-Adolescent'와 'MMPI®-A' 상표는 Regents of the University of Minnesota에서 소유함.

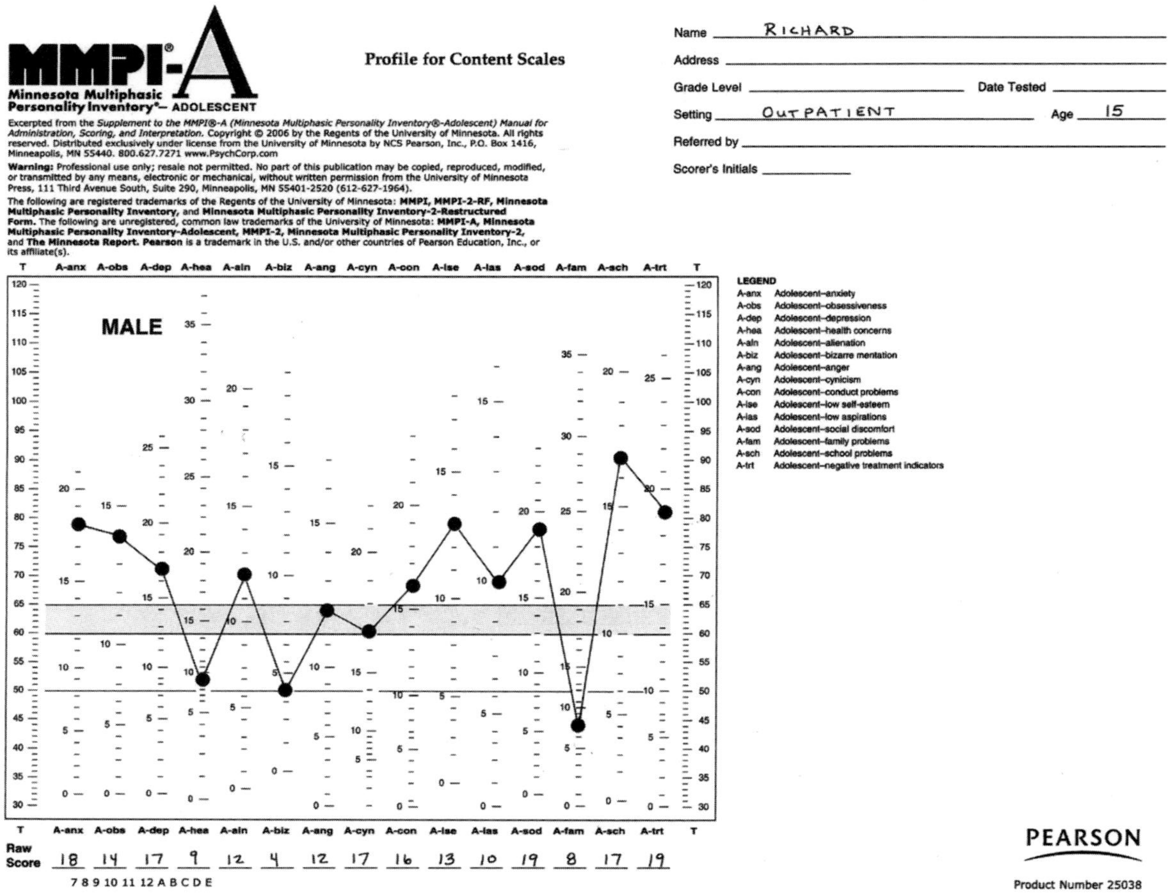

그림 8-3 사례 1(리처드)의 MMPI-A 내용척도 결과

고 자신을 비판적이고 부정적으로 보는 경향이 있음을 나타낸다. A-las 척도의 상승(T = 69)은 삶의 목표가 아예 없거나 거의 없는 것과 비슷하며, A-sod 척도 점수(T = 78)는 그가 다른 사람을 만나 교류하는 데 어려움을 겪고 수줍어하며 감정적으로 동떨어져 있고, 사회적 상황에서 불편함을 느끼는 내향적인 사람으로 묘사될 수 있음을 나타낸다. 리처드는 학교에서 사회적 활동에 참여하지 않을 것 같고 사회적으로 고립된 것으로 묘사될 수 있다. 현저히 높은 A-sch 점수(T = 91)는 리처드가 학교에서 낮은 학업 성적과 교실에서의 행동 문제 등 많은 어려움을 겪고 있다는 것을 강하게 시사한다. 그는 무단결석이나 정학의 과거력이 있을 수 있으며, 학교에 대해 매우 부정적인 태도를 유지하고 교육과 관련된 목표나 목적이 거의 없다. 마지막으로, A-trt 척도의 상승(T = 81)은 리처드가 자신의 변화 능력에 대해 비판적이거나 심리치료에 참여하는 가치에 대해 냉소적일 수 있다는 견해와 일치한다.

요약하자면, 리처드의 MMPI-A 프로파일은 외현화 행동 및 품행장애의 특징과 결합된 우울증과 관련된 진단과 일치한다. 그의 학업 성취 부족과 교실에서의 행동 문제에 대한 과거력은 학업 능력 결함이나 학습 장애 가능성에 대한 평가가 필요하다는 것을 나타낸다. 또한 PRO 척도의 상승은 약물 또는 알코올 문제 가능성에 대해서도 추가 평가가 필요하다는 것을 시사한다.

▽ MMPI-A-RF 결과 분석

리처드의 MMPI-A-RF 결과는 [그림 8-4]부터 [그림 8-8]에 제시하였다. 주요 척도 해석은 상위차원(H-O) 척도의 점수를 검토하는 것으로 시작한다([그림 8-5] 참조). 리처드의 경우 EID 척도가 임상 범위(T = 77)로 상승하여 내재화 증상과 문제 등의 정서적 고통과 기능장애 문제를 경험할 가능성이 높다. 제7장에서 논의한 바와 같이, EID 척도의 T점수가 75점 이상인 청소년들은 일반적으로 의기소침, 낮은 긍정적 정서, 부정적 정서 경험과 관련된 광범위한 증상에 응답한다. 그들의 정서적 고통은 종종 불안, 불행, 우울 그리고 절망감을 포함한다.

정서적/내재화 문제 척도 상승의 구체적인 징후는 문제 영역(〈표 8-3〉 참조)과 관련된 RC([그림 8-5] 참조), SP([그림 8-6], [그림 8-7] 참조), PSY-5([그림 8-8] 참조) 척도의 상승된 척도들의 점수를 검토함으로써 알 수 있다. 리처드는 RC 척도들 중 RCd 척도에서 임상 범위의 상승(T = 70)을 보여 상당한 정서적 고통을 나타냈다. 이러한 고통의 특성은 HLP, SFD 및 NFC 척도의 상승 점수를 고려하여 추가로 평가될 수 있다. [그림 8-6]에서 이러한 점수를 검토한 결과, 이 세 가지 SP 척도가 모두 임상적 수준으로 상승했다. 리처드는 절망감과 무력감(HLP T = 67)을 느끼고, 자기회의와 자존감 저하(SFD T = 74) 및 우유부단하고 도전이나 어려움에 대처하는 데 비효율적이라는 것(NFC T = 74)을 보고하고 있다.

앞에서 언급된 RCd 척도의 임상 범위 상승 외에도, 리처드는 RC2(T = 69)와 RC7(T = 69)에서도 높은 점수를 나타냈다. RC2의 상승은 긍정적인 정서 경험의 부족과 PSY-5의 INTR-r 척도의 현저한 상승(T = 91)과 일치되며([그림 8-8] 참조), 긍정적인 정서 경험의 부족과 사회적 상황을 회피한다는 리처드의 보고를 강조한다. INTR-r 척도의 상승과 관련된 경험적 상관물에는 피로감과 활력의 저하, 우울감 및 불안감이 포함된다. RC7의 높은 점수(T = 69)는 SP 척도 중 STW, ANX, ANP, BRF, SPF, OCS와 PSY-5의 NEGE-r 척도 점수를 고려하여 구체화할 수 있다. SP 척도 중 STW 척도(T = 75)와 ANP 척도(T = 61)에서 임상적 범위의 상승이 나타났는데, 이는 리처드가 상당한 정도의 과민성 및 분노 경향성과 결합된 평균 이상의 스트레스와 걱정(불안, 불면, 다양한 내재화 증상을 포함)을 보고했음을 나타낸다. PSY-5의 NEGE-r 척도의 높은 점수(T = 72)는 불안, 스트레스, 두려움, 분노 등의 강한 부정적 정서를 경험한다는 보고와 일치한다.

리처드의 사고 문제(THD) 점수는 정상 범위 내에 있고, RC6(T = 49), RC8(T = 52) 및 PSY-5의 PSYC-r(T = 50) 등 관련된 모든 척도의 점수도 마찬가지이다. 또한 행동적/외현화 문제(BXD) 척도 점수도 관련된 RC 척도(RC4 및 RC9) 점수와 마찬가지로 정상 범위 내(T = 51)에 있으며, 외현화 척도와 관련된 모든 척도 중에서는 예외적으로 NSA 척도(T = 83)와 AGG 척도(T = 77)가 임상 범위로 상승하였다. 또한 리처드는 행동 문제와 관련된 PSY-5의 AGGR-r 척도에서 임상 범위의 높은 점수를 보였다(T = 85). 이러한 높은 점수는 리처드가 학교에서 상당한 문제가 있을뿐 아니라 자신의 목표를 이루고 타인을 통제하는 수단으로써 분노와 공격성을 사용하는 문제가 있음을 강조한다.

신체/인지 증상 척도의 점수는 〈표 8-3〉(그리고 [그림 8-6]에서 보여 주듯이)에서 알 수 있으며, MLS 척도에서 높은 점수(T = 73)를 보이고 있다. 이는 리처드가 지치고 피로한 느낌 등 좋지 않은 신체적 건강 상태를 보고하고 있음을 나타낸다. 리처드는 또한 기억력 문제, 집중의 어려움, 인지적 혼란 등의 인지적 호소를 측정하는 COG 척도에서도 임상 범위의 높은 점수(T = 61)를 보였다. 그러나 소화기 증상 호소(GIC), 두통 호소(HPC), 신경학적 증상 호소(NUC) 등의 신체/인지 증상 척도는 상승하지 않았다. 리처드는 대인관계 기능과 관련된 6개의 MMPI-A-RF 척도(FML, RC3, IPP, SAV, SHY, DSF) 중 DSF(T = 79), SAV(T = 75), SHY(T = 61) 척도에서 높은 점수를 나타냈다. DSF 척도 점수의 상승은 그가 사람들을 싫어한다고 보고하고 사회적으로 내향적이며 철수되어 있을 가능성이 높다는 것을 나타낸다. SAV 척도(T = 75)가 상승한 것은 파티나 모임 등의 사회적 사건과 상황을 회피한다고 보고하는 청소년들과 관련이 있다. 마지막으로, 수줍음(SHY) 척도의 상승은 리처드가 사회적으로 불안하고 쉽게 당황한다고 여길 수 있다는 점을 강조한다.

주요 척도들의 해석 후 〈표 8-3〉에 요약된 해석 절차는 진단 및 치료적 고려사항으로 이어진다. 리처드의 MMPI-A-RF 검사 결과로 여러 가지의 진단을 고려할 수 있다. 리처드는 심각한 기분장애 진단, 특히 우울증 가능성에 대해 추가적인 평가를 받아야 한다. 전반적으로 높은 수준의 정서적 고통은 리처드가 치료 과정에 적극적으로 참여하도록 하는 중요한 동기가 될 수 있다. 반면, 상대적으로 낮은 수준의 긍정적 정서, 사회적인 단절과 철수는 치료에 적극적으로 참여하려는 그의 능력이나 의지를 약화시키는 장애물로 작용할 수 있다. 리처드의 사회적 단절 정도는 치료적 관계를 형성하는 능력을 적극적으로 방해할 수 있다. 게다가 현재의 검사 결과는 리처드에게 공격성과 분노 조절의 영역이 잠재적으로 중요한 치료 영역임을 강조한다. 마지막으로, 검사 결과는 리처드의 NSA 척도 상승에 반영되는 학교에 대한 부정적 태도에 기여할 수 있는 학습 장애 또는 학습 부족 가능성에 대한 평가도 중요함을 강조한다.

Minnesota Multiphasic
Personality Inventory-Adolescent
Restructured Form™

Name	Richard	
ID Number	99914016	
Gender	Male	**Date Tested** 02/01/2016
Education		**Age** 16 **Scorer's Initials**

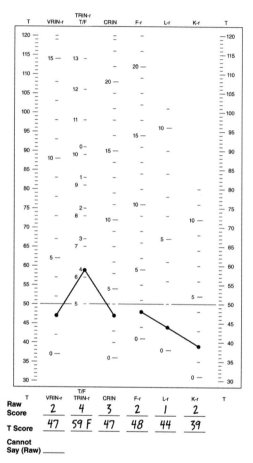

Raw Score	VRIN-r	T/F TRIN-r	CRIN	F-r	L-r	K-r	
	2	4	3	2	1	2	
T Score	47	59 F	47	48	44	39	

Cannot Say (Raw) _____

MMPI-A-RF T scores are nongendered.

VRIN-r	Variable Response Inconsistency	F-r	Infrequent Responses
TRIN-r	True Response Inconsistency	L-r	Uncommon Virtues
CRIN	Combined Response Inconsistency	K-r	Adjustment Validity

그림 8-4 사례 1(리처드)의 MMPI-A-RF 타당도척도 결과

출처: University of Minnesota Press의 허가하에 사용함. 무단 전재 금지. 'Minnesota Multiphasic Personality Inventory®-Adolescent-Restructured Form'과 'MMPI®-A-RF' 상표는 Regents of the University of Minnesota에서 소유함.

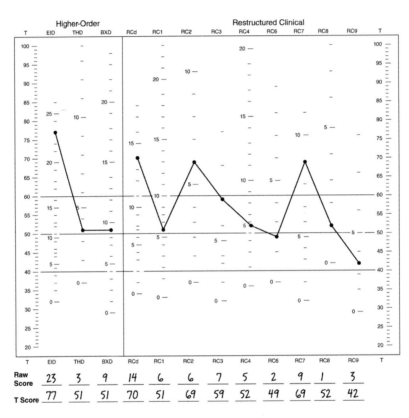

그림 8-5 사례 1(리처드)의 MMPI-A-RF H-O척도 및 RC척도 결과

출처: MMPI-A-RF의 실시, 채점, 해석 및 기술 매뉴얼 by Archer et al. Copyright ⓒ 2016 by the Regents of the University of Minnesota. University of Minnesota Press의 허가하에 사용함. 무단 전재 금지. 'Minnesota Multiphasic Personality Inventory'와 'MMPI' 상표는 Regents of the University of Minnesota에서 소유함.

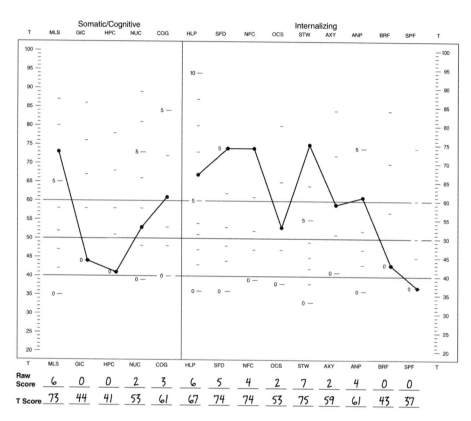

MMPI-A-RF T scores are nongendered.

Somatic/Cognitive Scales
MLS Malaise
GIC Gastrointestinal Complaints
HPC Head Pain Complaints
NUC Neurological Complaints
COG Cognitive Complaints

Internalizing Scales
HLP Helplessness/Hopelessness
SFD Self-Doubt
NFC Inefficacy
OCS Obsessions/Compulsions
STW Stress/Worry

AXY Anxiety
ANP Anger Proneness
BRF Behavior-Restricting Fears
SPF Specific Fears

그림 8-6 사례 1(리처드)의 MMPI-A-RF 신체/인지 증상척도 및 내재화 척도 결과

출처: MMPI-A-RF의 실시, 채점, 해석 및 기술 매뉴얼 by Archer et al. Copyright © 2016 by the Regents of the University of Minnesota. University of Minnesota Press의 허가하에 사용함. 무단 전재 금지. 'Minnesota Multiphasic Personality Inventory'와 'MMPI' 상표는 Regents of the University of Minnesota에서 소유함.

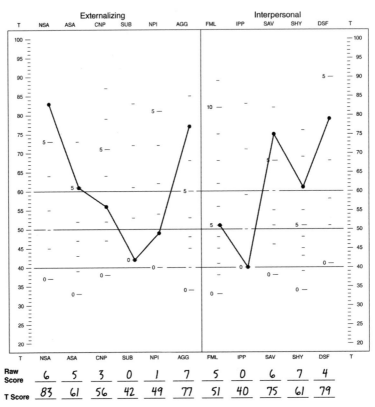

그림 8-7 사례 1(리처드)의 MMPI-A-RF 외현화척도 및 대인관계 척도 결과

출처: MMPI-A-RF의 실시, 채점, 해석 및 기술 매뉴얼 by Archer et al. Copyright © 2016 by the Regents of the University of Minnesota. University of Minnesota Press의 허가하에 사용함. 무단 전재 금지. 'Minnesota Multiphasic Personality Inventory'와 'MMPI' 상표는 Regents of the University of Minnesota에서 소유함.

Name Richard

ID Number 99914016

Gender Male

Date Tested 02/01/2016

Education _____

Age 16　**Scorer's Initials** _____

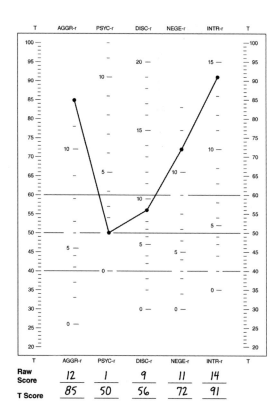

	AGGR-r	PSYC-r	DISC-r	NEGE-r	INTR-r
Raw Score	12	1	9	11	14
T Score	85	50	56	72	91

MMPI-A-RF T scores are nongendered.

AGGR-r　Aggressiveness-Revised
PSYC-r　Psychoticism-Revised
DISC-r　Disconstraint-Revised

NEGE-r　Negative Emotionality/Neuroticism-Revised
INTR-r　Introversion/Low Positive Emotionality-Revised

그림 8-8　사례 1(리처드)의 MMPI-A-RF PSY-5 척도 결과

출처: MMPI-A-RF의 실시, 채점, 해석 및 기술 매뉴얼 by Archer et al. Copyright © 2016 by the Regents of the University of Minnesota. University of Minnesota Press의 허가하에 사용함. 무단 전재 금지. 'Minnesota Multiphasic Personality Inventory'와 'MMPI' 상표는 Regents of the University of Minnesota에서 소유함.

사례 2: 조(법정 장면)

∀ 배경정보 및 타당도척도

조는 낮은 사회경제적 지위의 16세 백인 소년으로 대도시에 살고 있다. 두 명의 또래 친구와 함께 공립 고등학교에 들어가서 기물과 재산을 파손한 혐의로 평가에 의뢰되었다. 조는 이후 체포되어 구치소에 수감되었고, 심리가 끝날 때까지 가족의 보호하에 있게 되었다. 유죄 판결에 따라 조는 구형에 앞서 심리 평가를 위해 청소년 및 가정 지방 법원에 회부되었다. 조는 싸움으로 두 차례 정학 처분을 받은 적이 있고, 행동 문제 및 학업이 부진하다는 학교생활 기록이 있다.

조의 MMPI-A 및 MMPI-A-RF 결과는 일관되고 해석 가능한 프로파일로 나타난다. 조는 무응답한 문항이 없다. MMPI-A의 일관성 측정치(VRIN, TRIN)와 MMPI-A-RF의 일관성 측정치(VRIN-r, TRIN-R, CRIN) 점수는 모두 정상 범위 또는 기대 범위 내에 있다. MMPI-A의 과소보고 측정치(L, K)와 MMPI-A-RF의 과소보고 측정치(L-r, K-r)는 모두 50점 미만이며, 과대보고 측정치(각각 F와 F-r)도 유의 수준보다 훨씬 낮다. 흥미롭게도, F1과 F2의 T점수 차이인 21점은 조가 MMPI-A 검사의 앞부분에서 특이한 심리적 증상을 더 높은 빈도로 보고했음을 시사하지만, 이러한 결과로 검사 프로파일의 무효화를 고려할 정도는 아니다. F1과 F2의 T점수는 모두 타당하지 않은 프로파일을 식별하기 위해 권장되는 기준점인 T ≥ 90보다 훨씬 낮다. 전반적으로 이 MMPI-A 및 MMPI-A-RF 반응 패턴은 의미 있는 해석이 가능한 일관되고 정확한 자기보고를 반영한다.

∀ MMPI-A 결과 분석

조의 MMPI-A의 기본척도 프로파일([그림 8-9] 참조)은 4-9 코드타입으로 분류될 수 있다. Pd와 Ma 척도는 성인보다 청소년에서 더 자주 상승하며, 이 4-9 코드타입은 임상 장면 청소년의 약 7~10%에서 나타난다. Pd(T = 83)와 Ma(T = 81) 척도가 현저히 상승하였고, 세 번째로 높은 임상척도 Pa의 T점수가 63점이기에 이는 매우 잘 정의된 2개 척도의 코드타입임을 나타낸다. 이 4-9 프로파일을 보인 청소년들은 전형적으로 사회적 기준을 명백하게 무시하며 행동화 및 충동성과 관련된 문제들을 드러낼 가능성이 높다. 그들은 자기중심적이고 제멋대로이며 이기적이라고 묘사되며, 종종 자기 행동에 대해 책임지려 하지 않는다. 사회적 상황에서 이러한 청소년들은 종종 외향적으로 보이는데, 이 가설은 조가 Si 척도에서 38점을 받은 것으로도 뒷받침된다. 이러한 청소년들은 전형적으로 첫인상이 좋지만, 자기중심적이고 요구적인 대인관계 방식으로 인해 대개 친밀하고 지속적인 우정을 쌓는 데 만성적인 어려움이 초래된다. 그들은 보통 반항, 불순종, 도발적인 행동, 무단결석 때문에 치료에 의뢰된다. 청소년 교정 시설에서 이들의 충동적이고 불순종적인 행동은 직원 및 다른 시설거주자들과의 갈등을 불러일으킬 가능성이 높다. 또한 그들의 반사회적이고 제멋대로인 특성은 치료나 재활에 참여하려는 동기를 감소시킬 가능성이 있는데, 이는 상대적으로 낮은 정서적 고통을 반영하는 조의 D(T = 51)와 Pt(T = 60)의 낮은 점수로 더욱 뒷받침된다. 4-9 코드타입을 나타내는 청소년들은 종종 품행장애와 관련된 진단을 받는데, 전형적으로 그들의 주요한 방어기제는 행동화로 구성된다. 이러한 코드타입을 가진 청소년의 예후는 치료나 재활 노력이 이루어지는 당시의 나이와 반비례하는 경우가 많다.

조의 MMPI-A 보충척도와 PSY-5척도([그림 8-10] 참조)의 결과는 〈표 8-3〉에 설명된 것과 같이 MMPI-A 해석의 두 번째 단계에 포함된다. MAC-R 척도의 T점수 70점과 PRO 척도의 T점수 78점에 반영된 것처럼, 조의 보충척도 결과에서는 물질 남용 영역에서 발생할 수 있는 문제가 강조된다. 또한 IMM 척도 T점수가 67점이라는 점에서 조는 조급하고 반항적이며 대인관계에서 착취적이고 쉽게 좌절하는 청소년으로 묘사될 수 있다. 그에 비해, 불안(A) 척도(T = 52)에서 조는 상대적으로 낮은 수준의 정서적 고통을 나타낸다. 억압과 같은 내재화 방어의 부족은 R 척도의 낮은 T점수 값(T = 40)에 반영된다. PSY-5 척도의 점수는 조의 부족한 충동 조절과 외현화 행동(DISC = 83) 및 목표 또는 목적 달성의 방법으로 공격성을 사용하는 것(AGGR = 70)을 상당히 강조한다. 또한 PSY-5 결과는 타인에게 이상하거나 특이한 행동으로 여겨지는 경향성(PSYC = 67)을 다소 나타내며, 걱정이나 불안과 같은 일부 부정적 정서가 경도의 임상 범위(NEGE = 60)에 있음을 보여 준다.

조의 15개 내용척도의 점수 결과, 이 중 7개 척도에서 임상 범위의 상승이 나타난다. [그림 8-11]에 표시된 내용척도 프로파일을 왼쪽에서 오른쪽으로 살펴볼 때, 조는 약간 불안하고 초조해하며 반추하는 경향이 있으며(A-anx = 69), 소외되고 타인과 감정적으로 멀게 느낀다(A-aln = 62). 게다가 조는 타인과의 상호작용에서 분노(A-ang = 74)와 냉소(A-cyn = 69)를 보인다고 묘사될 수 있다. A-con 척도 점수(T = 75)는 조가 충동적일 가능성이 높고 품행장애와 관련된 행동문제를 보이는 경향이 있다는 4-9 프로파일에서 파생된 관점을 강화한다. 조는 자신의 태도와 신념으로 인해 사회 규범과 충돌할 가능성이 높고, 외현화 행동으로 청소년 사법 제도의 관심 대상이 될 수도 있다. 게다가, A-las 척도(T = 69)와 A-sch 척도(T = 65)의 상승된 점수는 조가 좌절스럽거나 도전적인 상황에서 빠르

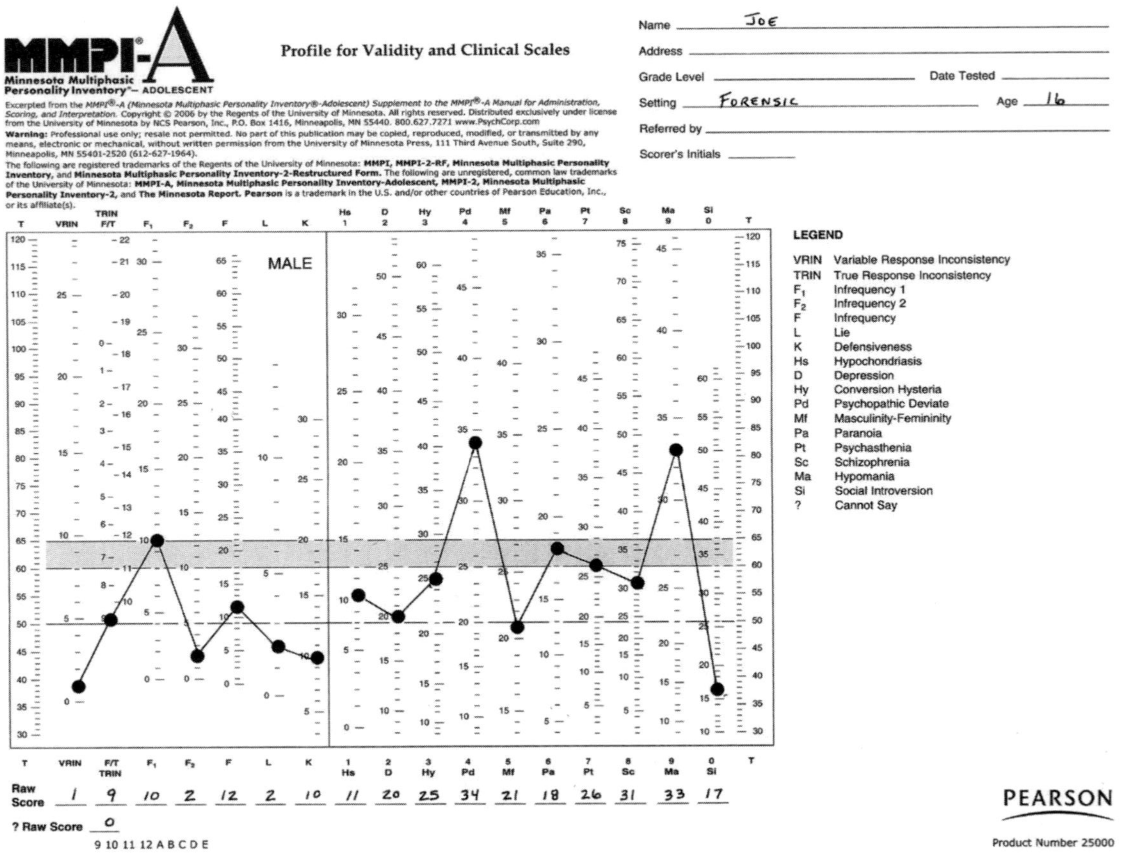

그림 8-9 사례 2(조)의 MMPI-A 기본척도 결과

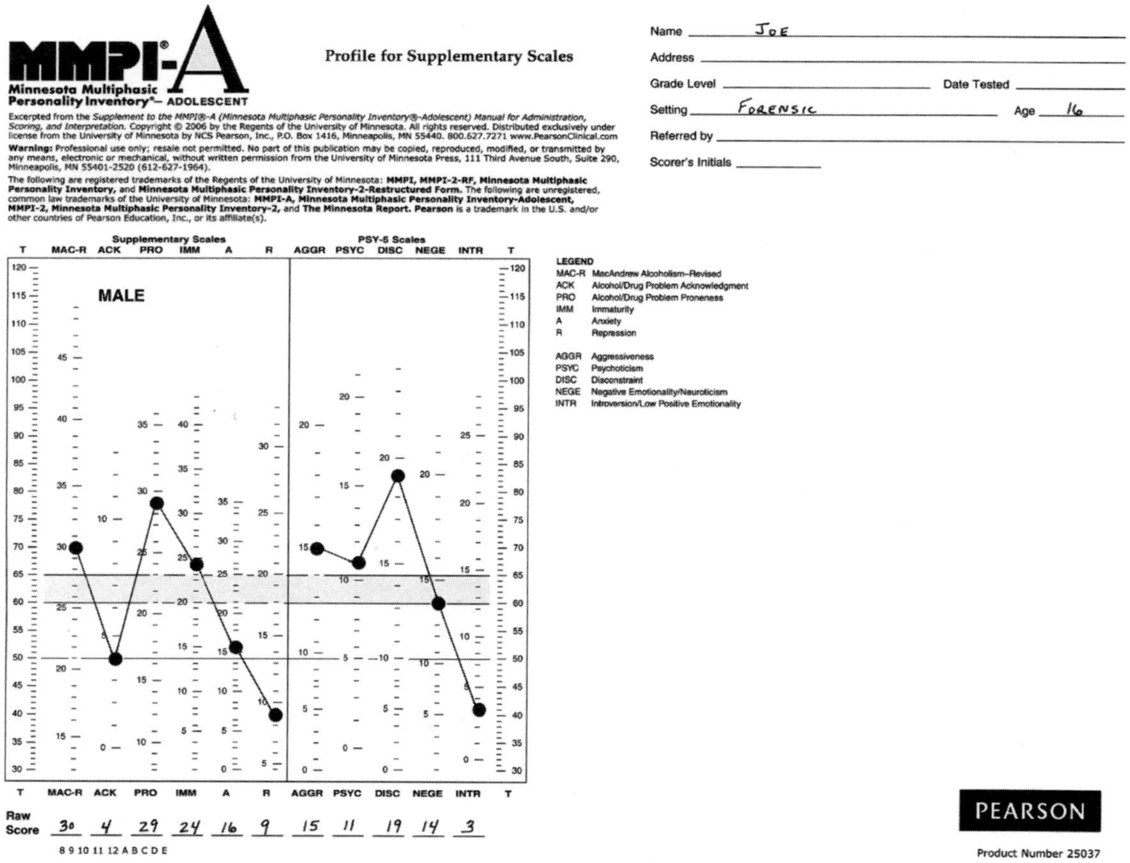

그림 8-10 사례 2(조)의 MMPI-A 보충척도와 PSY-5 척도 결과

출처: University of Minnesota Press의 허가하에 사용함. 무단 전재 금지. 'Minnesota Multiphasic Personality Inventory®-Adolescent'와 'MMPI®-A' 상표는 Regents of the University of Minnesota에서 소유함.

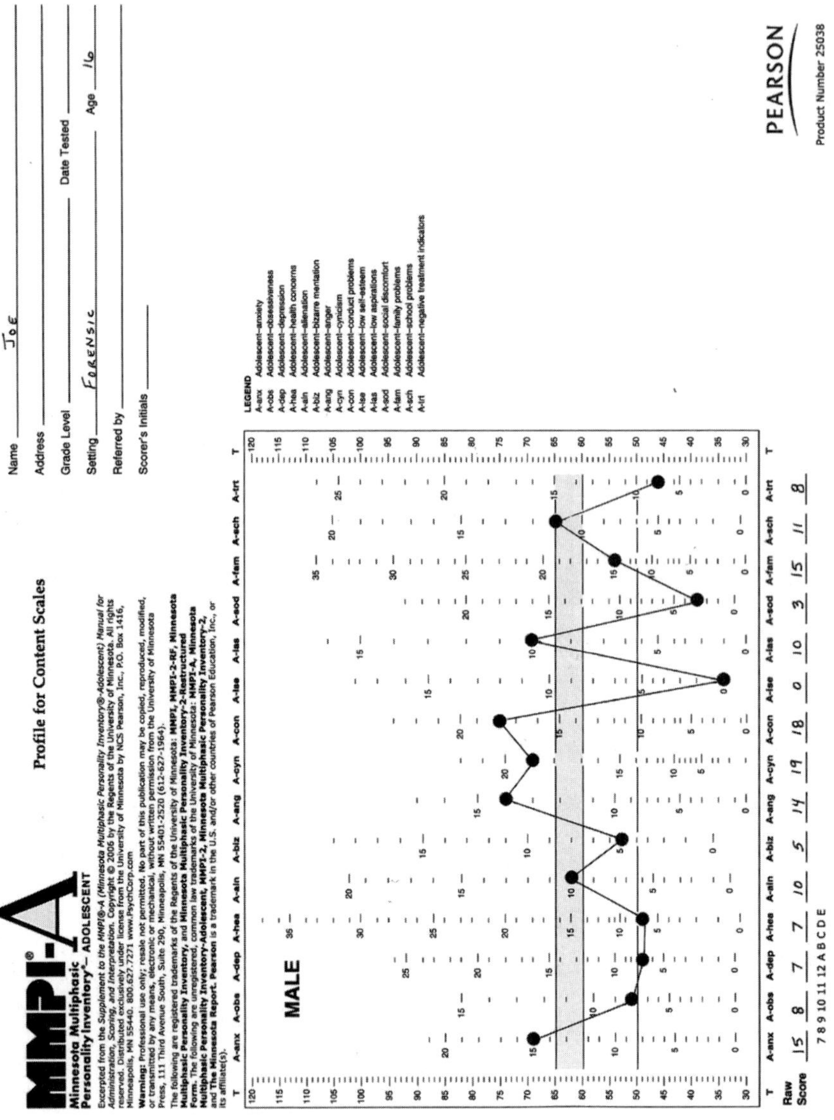

그림 8-11 사례 2(조)의 MMPI-A 내용척도 결과

출처: University of Minnesota Press의 허가하에 사용함. 무단 전재 금지. 'Minnesota Multiphasic Personality Inventory®-Adolescent'와 'MMPI®-A' 상표는 Regents of the University of Minnesota에서 소유함.

게 포기함으로써 좌절감을 다루며, 학교에서 상당한 행동 및 학업 문제를 보일 가능성이 있다는 것을 강조한다. 이러한 특징을 가진 청소년들은 ADHD와 관련된 문제뿐만 아니라 다른 청소년들에 비해 학교 회피와 무단결석 비율이 더 높다.

요약하자면, MMPI-A의 결과는 행동화와 외현화로 구성된 주요 방어기제를 지닌 청소년의 품행장애와 관련된 진단과 일치한다. 조는 심각한 행동 문제와 분노 조절 문제를 가지고 있을 것으로 예상된다. 그의 현저한 통제 결여와 충동성은 보호관찰이나 가석방 요건을 따르기 위해 일관된 감시와 감독이 필요하다는 것을 나타낸다.

∀ MMPI-A-RF 결과 분석

조의 MMPI-A-RF 결과는 [그림 8-12]부터 [그림 8-16]에 제시된다. 〈표 8-3〉에 표시된 것처럼 주요 척도 해석은 상위차원(H-O) 척도의 검토로 시작한다. 조의 경우, 이 부분에서 행동 문제의 과거력과 일치하는 광범위한 외현적 행동화 행동(BXD = 72)과 함께 특이한 사고와 관념(THD = 76)의 발현에 대한 중요한 증거가 나타난다. 사고 문제(THD) 척도 상승의 의미는 RC6(T = 82)와 PSY-5의 정신증(PSYC-r) 척도(T = 61) 점수를 고려함으로써 더욱 구체화된다. RC6의 상승은 공격성, 폭력성, 싸움, 학교 정학 과거력 등의 외적 상관물과 관련된 심각한 피해 의식을 보고하는 청소년들에게서 발견된다. 이러한 결과는 잠재적으로 피해 의식과 심지어 망상적 믿음을 포함하며 타인이 불공평하고 불친절하게 대우한다는 것에 초점을 맞춰 자신을 둘러싼 세계를 특이한 방식으로 인식하는 조의 경향을 강조한다. 행동적/외현화(BXD) 척도가 임상 범위로 상승한 것은 RC4(T = 71), 외현화 척도 중 NSA(T = 73), ASA(T = 73), CNP(T = 71), NPI(T = 62), AGG(T = 68)이 임상적으로 유의하게 상승한 것에도 반영된다. RC4 척도의 상승은 조가 상당한 정도의 품행장애 행동의 과거력을 보고했다는 것을 나타낸다. NSA 척도의 상승은 조의 신념과 태도가 학교에 대한 부정적인 성향과 일치함을 보여 주며, ASA 척도의 상승은 반사회적 신념과 태도에 관련된 문항에 조가 응답했음을 반영한다. 또한 CNP 척도의 상승은 학교와 가정에서의 품행 문제를 반영하는 여러 행동에 대해 조가 응답했다는 것을 나타내며, NPI 척도의 상승은 부정적인 또래 집단과 어울리는 그의 경향성을 반영한다. 이는 그가 부정적인 또래 집단과 어울린다고 보고했음을 나타내는데, 이 척도가 상승했을 때의 경험적 상관물에는 반항 행동, 학교 정학, 무단결석, 약물 및 알코올 사용, 싸움 등이 포함된다. 마지막으로, PSY-5 중 AGGR-r 척도의 상승은 대인관계에서의 공격성과 위협을 사용한다는 점을 반영하며, DISC-r 척도의 상승은 조가 억제되지 않거나 통제되지 않은 행동을 한다고 응

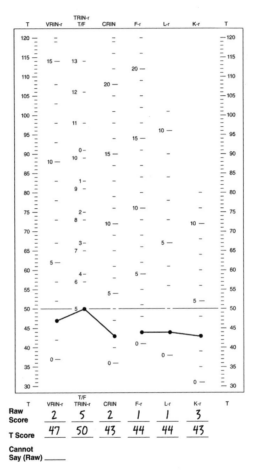

그림 8-12 사례 2(조)의 MMPI-A-RF 타당도척도 결과

출처: MMPI-A-RF의 실시, 채점, 해석 및 기술 매뉴얼 by Archer et al. Copyright ⓒ 2016 by the Regents of the University of Minnesota. University of Minnesota Press의 허가하에 사용함. 무단 전재 금지. 'Minnesota Multiphasic Personality Inventory'와 'MMPI' 상표는 Regents of the University of Minnesota에서 소유함.

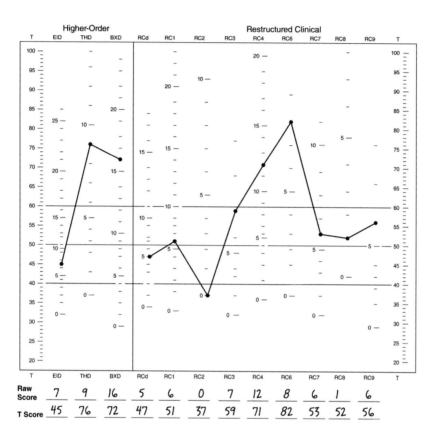

그림 8-13 사례 2(조)의 MMPI-A-RF H-O척도 및 RC 척도 결과

출처: MMPI-A-RF의 실시, 채점, 해석 및 기술 매뉴얼 by Archer et al. Copyright ⓒ 2016 by the Regents of the University of Minnesota. University of Minnesota Press의 허가하에 사용함. 무단 전재 금지. 'Minnesota Multiphasic Personality Inventory'와 'MMPI' 상표는 Regents of the University of Minnesota에서 소유함.

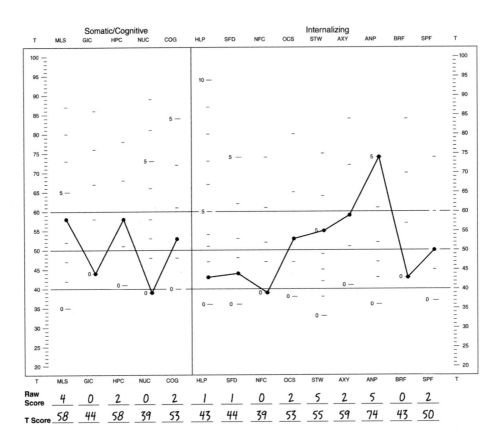

MMPI A RF™

Minnesota Multiphasic
Personality Inventory-Adolescent
Restructured Form™

Name _Joe_

ID Number _99914394_

Gender _Male_   Date Tested _02/01/2016_

Education _____   Age _16_   Scorer's Initials _____

MMPI-A-RF T scores are nongendered.

	MLS	GIC	HPC	NUC	COG	HLP	SFD	NFC	OCS	STW	AXY	ANP	BRF	SPF
Raw Score	4	0	2	0	2	1	1	0	2	5	2	5	0	2
T Score	58	44	58	39	53	43	44	39	53	55	59	74	43	50

Somatic/Cognitive Scales
MLS Malaise
GIC Gastrointestinal Complaints
HPC Head Pain Complaints
NUC Neurological Complaints
COG Cognitive Complaints

Internalizing Scales
HLP Helplessness/Hopelessness
SFD Self-Doubt
NFC Inefficacy
OCS Obsessions/Compulsions
STW Stress/Worry

AXY Anxiety
ANP Anger Proneness
BRF Behavior-Restricting Fears
SPF Specific Fears

그림 8-14 사례 2(조)의 MMPI-A-RF 신체/인지 증상 척도 및 내재화 척도 결과

출처: MMPI-A-RF의 실시, 채점, 해석 및 기술 매뉴얼 by Archer et al. Copyright © 2016 by the Regents of the University of Minnesota. University of Minnesota Press의 허가하에 사용함. 무단 전재 금지. 'Minnesota Multiphasic Personality Inventory'와 'MMPI' 상표는 Regents of the University of Minnesota에서 소유함.

Name _Joe_

ID Number _99914394_

Gender _Male_ Date Tested _02/01/2016_

Education _____ Age _16_ Scorer's Initials _____

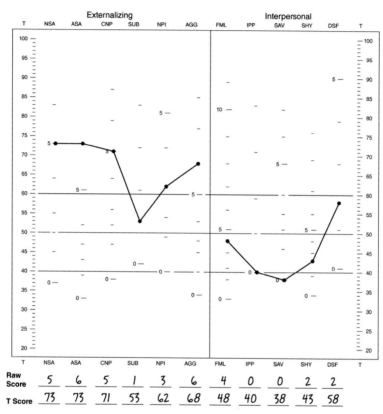

	NSA	ASA	CNP	SUB	NPI	AGG	FML	IPP	SAV	SHY	DSF
Raw Score	5	6	5	1	3	6	4	0	0	2	2
T Score	73	73	71	53	62	68	48	40	38	43	58

MMPI-A-RF T scores are nongendered.

Externalizing Scales
NSA Negative School Attitudes
ASA Antisocial Attitudes
CNP Conduct Problems
SUB Substance Abuse
NPI Negative Peer Influence
AGG Aggression

Interpersonal Scales
FML Family Problems
IPP Interpersonal Passivity
SAV Social Avoidance
SHY Shyness
DSF Disaffiliativeness

그림 8-15 사례 2(조)의 MMPI-A-RF 외현화 척도 및 대인관계 척도 결과

출처: MMPI-A-RF의 실시, 채점, 해석 및 기술 매뉴얼 by Archer et al. Copyright © 2016 by the Regents of the University of Minnesota. University of Minnesota Press의 허가하에 사용함. 무단 전재 금지. 'Minnesota Multiphasic Personality Inventory'와 'MMPI' 상표는 Regents of the University of Minnesota에서 소유함.

Name _Joe_
ID Number _99914394_
Gender _Male_   Date Tested _02/01/2016_
Education _____   Age _16_   Scorer's Initials _____

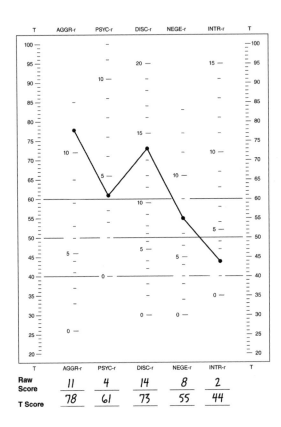

	AGGR-r	PSYC-r	DISC-r	NEGE-r	INTR-r
Raw Score	11	4	14	8	2
T Score	78	61	73	55	44

MMPI-A-RF T scores are nongendered.

AGGR-r Aggressiveness-Revised
PSYC-r Psychoticism-Revised
DISC-r Disconstraint-Revised

NEGE-r Negative Emotionality/Neuroticism-Revised
INTR-r Introversion/Low Positive Emotionality-Revised

그림 8-16 사례 2(조)의 MMPI-A-RF PSY-5 척도 결과

출처: MMPI-A-RF의 실시, 채점, 해석 및 기술 매뉴얼 by Archer et al. Copyright © 2016 by the Regents of the University of Minnesota. University of Minnesota Press의 허가하에 사용함. 무단 전재 금지. 'Minnesota Multiphasic Personality Inventory'와 'MMPI' 상표는 Regents of the University of Minnesota에서 소유함.

답했다는 것이다. 조의 신체/인지 증상과 관련된 척도(RC1, MLS, GIC, HPC, NUC, COG)의 점수는 T점수 39~58점으로 모두 정상 범위 내에 있다. FML, IPP, SAV, SHY, DSF 척도 등의 대인관계 척도에서도 조의 점수는 모두 정상 범위 내에 있다.

조의 MMPI-A-RF 검사 결과는 외현화 장애, 특히 다양한 형태의 품행장애를 포함하는 진단을 강력하게 고려해야 한다는 것을 시사한다. 게다가 조의 분노와 공격성을 고려하면 충동조절장애와 관련된 진단을 받을 수 있는데, 이는 불공평하게 대우받거나, 존중받지 못하거나, 굴욕감을 주는 실제 또는 상상적 인식에 의해 촉발될 수 있다. 분노 조절과 증가된 행동 통제 문제가 일차적인 치료 대상이 될 것이고, 학교에 대한 조의 부정적인 태도 또한 중요한 개입 목표로 삼을 수 있다. 조의 낮은 충동 통제력 때문에 보호 관찰 및/혹은 가석방이 선택되어야 하며, 그의 부족한 자기 통제력과 자기 감시를 보완하기 위해 행동 모니터링을 위한 적절하고 명확하며 일관된 외부 통제와 장치가 조에게 적용되어야 할 것이다.

사례 3: 에밀리(입원환자)

∀ 배경정보 및 타당도척도

에밀리는 15세의 백인 중산층 가정의 소녀로 청소년 정신병동에 입원 직후 평가를 받았다. 에밀리는 급격히 늘어난 집중력 및 주의력 문제, 학업 저하, 늘어난 사회적 고립과 철수 등으로 병원에 입원했다. 에밀리는 입원할 당시 정신상태 검사에서 심한 분노 및 망상적 사고와 함께 편집증적 사고가 드러났다. 에밀리는 알코올이나 약물 남용의 이력이 없었다.

에밀리의 MMPI-A 및 MMPI-A-RF 타당도척도 프로파일([그림 8-17], [그림 8-20] 참조)의 결과는 에밀리가 타당하고 해석 가능한 검사 결과를 산출했음을 나타낸다. 에밀리의 두 검사 모두에서 무응답이 없었다. 일관성 측정치(MMPI-A의 VRIN, TRIN; MMPI-A-RF의 VRIN-r, TRIN-r, CRIN)의 점수는 T점수 40점과 60점 사이의 정상 범위로 나타났으며, 두 검사에서 일관되지 않은 반응이라고 권고된 수준의 범위보다 훨씬 낮았다. 에밀리의 MMPI-A와 MMPI-A-RF의 방어성 측정치 점수는 매우 낮아서(T ≤ 40), 비교적 솔직하고 개방적인 보고 방식이 시사되었다. 마지막으로, 증상의 과대보고 측정치(MMPI-A의 F와 MMPI-A-RF의 F-r)는 중등도의 임상적 범위로 상승하였는데, 이는 에밀리가 상당한 정신병리를 경험하고 있다는 관점과 일치하는 것이었다.

∀ MMPI-A 결과 분석

에밀리의 MMPI-A 기본 임상척도 프로파일([그림 8-17] 참조)은 청소년 사이에서 상당히 빈번하게 나타나는 4-6/6-4 코드타입에 해당하며, 임상장면 청소년의 약 5%가 이에 해당한다. 에밀리는 Pd 및 Pa 척도의 T점수가 82점이며, 그다음으로 높은 척도인 Sc의 점수(T = 71)와 11점 차이를 나타내었으므로 잘 정의된 2개 척도 코드타입이 된다. 4-6/6-4 코드타입을 가진 청소년들은 종종 화를 내고 분개하며 논쟁적인 것으로 묘사된다. 그들은 일반적으로 타인의 동기를 의심하고 불신하며, 특히 깊은 정서적 애착을 피한다. 그들은 자신의 심리적 문제에 대한 통찰력이 거의 없고, 그들의 행동은 종종 다른 사람들의 거부와 분노를 일으킨다. 4-6/6-4 코드타입을 가진 청소년들이 자신을 인식하는 방식과 타인에 의해 묘사되는 방식 사이에는 종종 큰 차이가 있다. 이러한 청소년들은 만성적이고 긴장된 싸움의 형태로 나타나는 부모와의 반복되는 갈등으로 종종 심리치료를 받게 된다. 4-6/6-4 청소년들은 일반적으로 충동을 억제하지 못하고 충분한 생각이나 숙고 없이 행동한다. 이러한 청소년들은 권위 있는 대상(authority figure)과 문제가 있을 수 있고, 다른 사람이 볼 때 화나게 하는 사람으로 묘사된다. 이러한 청소년들에게서 약물 남용과 관련된 과거력이 상대적으로 빈번하다. 이 코드타입과 관련된 진단에는 종종 품행장애 또는 적대적 반항장애가 포함된다. 주요 방어기제는 일반적으로 부인, 투사, 합리화, 행동화이다. 이러한 청소년들은 자신의 행동에 대한 책임을 회피하고 심리치료에 대한 동기부여가 어렵고 치료적 관계 형성이 더딘 것이 특징이다. 또한 에밀리의 결과에서 그다음으로 Sc(T = 71), Pt(T = 70), D(T = 67) 척도도 임상 범위로 상승했다. 이렇게 상승된 것을 각각 살펴보면, 에밀리가 일반적으로 체계적이지 못하고 철수되어 있으며 혼란스럽고 소외된 사람(Sc 척도)이며, 불안하고 긴장되며 자기 비판적이고 우유부단하다(Pt 척도)고 기술될 수 있음을 나타낸다. 또한 에밀리는 우울함과 절망감을 보고했다(D 척도).

에밀리의 보충 및 PSY-5 척도 점수([그림 8-18] 참조)는 MMPI-A 해석의 두 번째 단계이다. 보충척도 결과, MAC-r, ACK 또는 PRO 척도에서 물질 남용의 증거를 보여 주지 않지만, 불안(T = 63)과 미성숙(T = 60) 척도의 경미한 증가는 에밀리가 불안, 자기 비난, 우울, 반추, 두려움뿐만 아니라 미성숙하고 자기중심적이라고 기술될 수 있음을 나타낸다. PSY-5 척도에서는 AGGR(T = 84)과 PSYC(T = 86)가 현저하게 상승했는데, 이는 에밀리가 목표 달성의 한 방법으로 공격성을 사용할 수 있으며 타인에 의해 이상하고 특이하며 불안하고 사회적으로 철수되어 있다고 인식된다는 것을 나타낸다. NEGE(T = 65)와 INTR (T = 64)의 경도의 임상 범위 상승은 에밀리가 각각 불안, 긴장, 걱정 및 사회적 내향성과

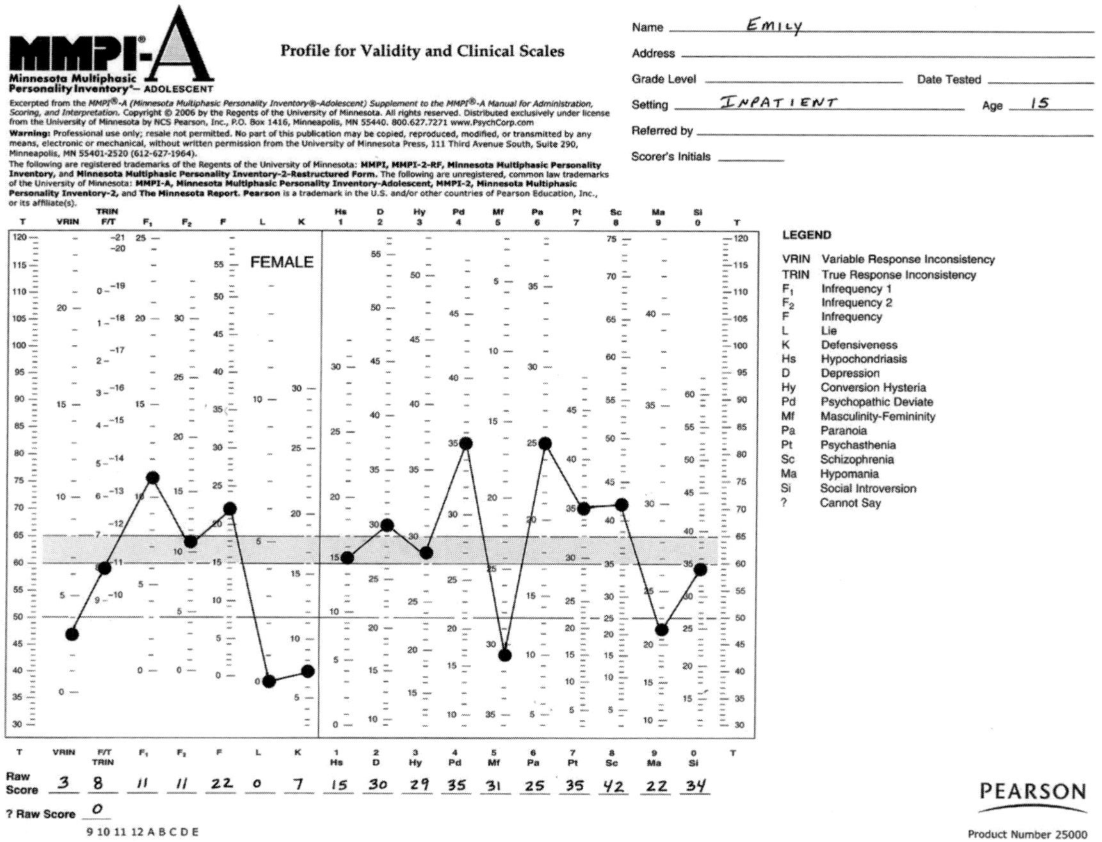

그림 8-17 사례 3(에밀리)의 MMPI-A 기본척도 결과

출처: University of Minnesota Press의 허가하에 사용함. 무단 전재 금지. 'Minnesota Multiphasic Personality Inventory®-Adolescent'와 'MMPI®-A' 상표는 Regents of the University of Minnesota에서 소유함.

현재 긍정적인 정서를 경험할 수 없음을 나타낸다.

내용척도의 결과([그림 8-19] 참조), 불안(T = 81), 우울(T = 76), 소외(T = 73), 기태적 정신상태(T = 73), 분노(T = 72)가 모두 에밀리에게 중요한 문제 영역임을 알 수 있다. 이에 더해, A-fam 척도의 높은 T점수(75점)는 가족과 갈등이나 싸움이 잦고 가족으로부터 소외감을 느끼거나 오해를 받는다고 보고하는 청소년이 산출하는 결과와 유사하다. 그들은 신체적 또는 정서적으로 학대를 당했던 과거력을 보고할 수 있고, 가족을 정서적 지지나 양육의 자원으로 보지 않는다.

전반적으로, MMPI-A의 결과는 극심한 가족 갈등, 대인관계 의심과 불신, 손상된 현실검증력으로 인한 품행장애와 충동적인 행동을 강조하는 에밀리의 모습을 보여 준다. 검사결과는 에밀리에게 개인 및 가족 심리 치료뿐만 아니라 향정신성 약물을 사용할 것인가에 대한 평가가 중요함을 뒷받침한다. 그러나 MMPI-A의 검사결과는 현재 에밀리의 정신병리에서 물질 남용이 주요한 측면인지 감별하지는 못한다.

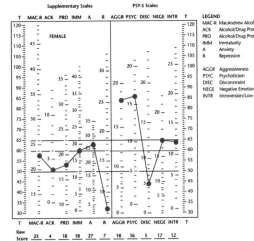

그림 8-18 사례 3(에밀리)의 MMPI-A 보충척도 및 PSY-5 척도 결과

출처: University of Minnesota Press의 허가하에 사용함. 무단 전재 금지. 'Minnesota Multiphasic Personality Inventory®-Adolescent'와 'MMPI®-A' 상표는 Regents of the University of Minnesota에서 소유함.

Profile for Content Scales

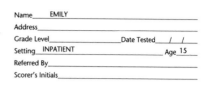

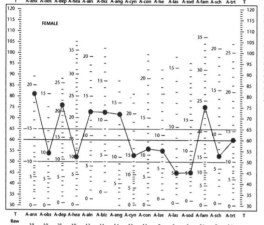

그림 8-19 사례 3(에밀리)의 MMPI-A 내용척도 결과

출처: University of Minnesota Press의 허가하에 사용함. 무단 전재 금지. 'Minnesota Multiphasic Personality Inventory®-Adolescent'와 'MMPI®-A' 상표는 Regents of the University of Minnesota에서 소유함.

∀ MMPI-A-RF 결과 분석

에밀리의 상위차원 척도([그림 8-21] 참조) 중 사고 문제(THD) 척도(T = 86)와 정서적/내재화 문제(EID) 척도(T = 69)가 임상 범위로 상승하였다. 이는 에밀리가 망상 또는 환각 등의 심각한 사고장애뿐 아니라(THD), 중등도 수준의 정서적 고통과 불편감과 관련된 증상을(EID) 보고하고 있음을 나타낸다. 〈표 8-3〉에 제시된 MMPI-A-RF의 주요 척도에 대한 해석 구조에 따라, 에밀리의 현저한 THD 척도 상승은 RC6(T = 76), RC8(T = 86) 및 PSY-5 PSYC-r(T = 86)의 상승도를 고려하여 추가로 평가한다. 이 척도들의 상승은 사고장애와 손상된 현실검증력과 관련된 문제들이 에밀리가 현재 보이는 증상의 핵심일 수 있다는 점을 강조한다. 또한 RCd(T = 74), SFD(T = 74), RC7(T = 76), STW(T = 75), AXY(T = 72), ANP(T = 74), OCS(T = 65) 및 PSY-5의 NEGE-r(T = 65) 등의 정서장애 관련 척도에서 보이는 유의한 상승에 주목해야 한다. 이러한 결과는 불안과 분노 같은 부정적인 감정 상태를 포함한 정서적 장애와 고통이 에밀리에게 주요한 문제 영역임을 강조한다. 대조적으로 행동 장애 측정치인 상위차원 척도의 BXD와 RC척도의 RC4 및 RC9에서 에밀리의 점수는 정상 범위 내에 있다. 반사회적 태도의 척도인 ASA(T = 61)와 공격적 성향 지표인 AGG(T = 77)를 제외하고, 외현화 척도에서 에밀리의 점수들은 정상 범위 내에 있다. [그림 8-22]와 같이 에밀리의 신체/인지 증상 관련 척도들(RC1, MLS, GIC, HPC, NUC, COG) 중에서 MLS(T = 65)와 COG(T = 72)를 제외한 나머지 척도들은 T점수 60점 미만이다. MLS와 COG 상승은 에밀리의 사고장애 증상과 정서적 고통이 좋지 않은 건강상태, 허약감, 피로감(MLS)과 함께 집중력 및 주의력 문제(COG)를 동반한다는 관점과 일치한다. 에밀리는 대인관계 기능과 관련된 척도 중 가족 문제(FML)에서 현저하게 높은 임상 범위의 상승을 보였지만, RC3, IPP, SAV, SHY, DSF 등의 나머지 대인관계 척도 점수는 모두 정상 범위 내에 있었다([그림 8-23] 참조). 마지막으로, [그림 8-24]와 같이 PSY-5 척도에서 정신증(PSYC-r), 부정적 정서성/신경증(NEGE-r), 공격성(AGGR-r) 척도의 점수가 임상 범위로 상승하였다.

MMPI-A-RF의 결과는 특히 물질 남용의 영향이 에밀리의 특이한 증상 및 경험의 보고에서 중요하게 배제될 수 있는 경우, 진단적 고려는 주로 사고장애와 관련된 장애에 집중되어야 함을 나타낸다. 정서 장애와 관련된 척도의 상승은 또한 기분장애, 특히 불안과 관련된 장애를 주요 치료 대상으로 고려해야 함을 나타낸다. 마지막으로, FML 척도의 상승은 에밀리에 대한 치료적 개입에서 개인 치료뿐만 아니라 가족 치료의 잠재적인 중요성을 강조한다. 망상, 환각 등의 증상 가능성을 포함한 사고장애가 정서적 고통과 함께 발생한 것은 또한 조현정동장애의 첫 번째 삽화의 발생 가능성을 높인다.

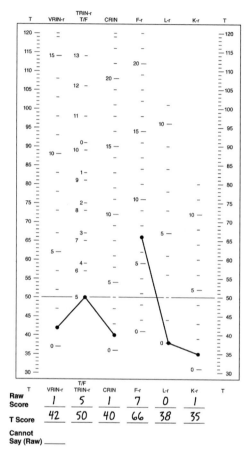

그림 8-20 사례 3(에밀리)의 MMPI-A-RF 타당도척도 결과

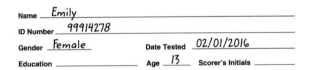

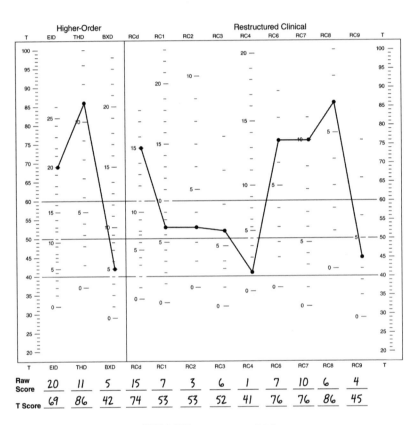

그림 8-21 사례 3(에밀리)의 MMPI-A-RF H-O 척도 및 RC 척도 결과

출처: MMPI-A-RF의 실시, 채점, 해석 및 기술 매뉴얼 by Archer et al. Copyright © 2016 by the Regents of the University of Minnesota. University of Minnesota Press의 허가하에 사용. 무단 전재 금지. 'Minnesota Multiphasic Personality Inventory'와 'MMPI' 상표는 Regents of the University of Minnesota에서 소유함.

Minnesota Multiphasic
Personality Inventory-Adolescent
Restructured Form™

Name _Emily_

ID Number _99914278_

Gender _Female_   Date Tested _02/01/2016_

Education _____   Age _13_   Scorer's Initials _____

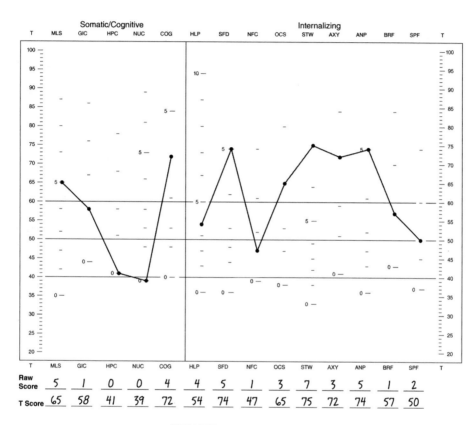

MMPI-A-RF T scores are nongendered.

	MLS	GIC	HPC	NUC	COG	HLP	SFD	NFC	OCS	STW	AXY	ANP	BRF	SPF
Raw Score	5	1	0	0	4	4	5	1	3	7	3	5	1	2
T Score	65	58	41	39	72	54	74	47	65	75	72	74	57	50

Somatic/Cognitive Scales
MLS Malaise
GIC Gastrointestinal Complaints
HPC Head Pain Complaints
NUC Neurological Complaints
COG Cognitive Complaints

Internalizing Scales
HLP Helplessness/Hopelessness
SFD Self-Doubt
NFC Inefficacy
OCS Obsessions/Compulsions
STW Stress/Worry

AXY Anxiety
ANP Anger Proneness
BRF Behavior-Restricting Fears
SPF Specific Fears

그림 8-22 사례 3(에밀리)의 MMPI-A-RF 신체/인지 증상척도 및 내재화척도 결과

출처: MMPI-A-RF의 실시, 채점, 해석 및 기술 매뉴얼 by Archer et al. Copyright © 2016 by the Regents of the University of Minnesota. University of Minnesota Press의 허가하에 사용함. 무단 전재 금지. 'Minnesota Multiphasic Personality Inventory'와 'MMPI' 상표는 Regents of the University of Minnesota에서 소유함.

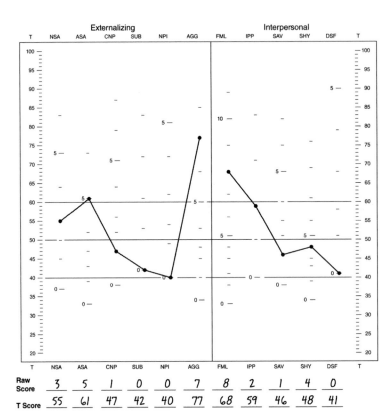

MMPI-A-RF T scores are nongendered.

	Externalizing Scales			Interpersonal Scales	
NSA	Negative School Attitudes		FML	Family Problems	
ASA	Antisocial Attitudes		IPP	Interpersonal Passivity	
CNP	Conduct Problems		SAV	Social Avoidance	
SUB	Substance Abuse		SHY	Shyness	
NPI	Negative Peer Influence		DSF	Disaffiliativeness	
AGG	Aggression				

PEARSON

Product Number 25099

그림 8-23 사례 3(에밀리)의 MMPI-A-RF 외현화척도 및 대인관계 척도 결과

출처: MMPI-A-RF의 실시, 채점, 해석 및 기술 매뉴얼 by Archer et al. Copyright © 2016 by the Regents of the University of Minnesota. University of Minnesota Press의 허가하에 사용함. 무단 전재 금지. 'Minnesota Multiphasic Personality Inventory'와 'MMPI' 상표는 Regents of the University of Minnesota에서 소유함.

Name **Emily**

ID Number **99914278**

Gender **Female**   Date Tested **02/01/2016**

Education _____   Age **13**   Scorer's Initials _____

Minnesota Multiphasic
Personality Inventory-Adolescent
Restructured Form™

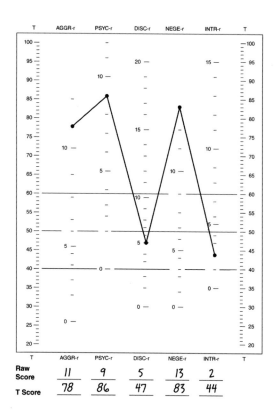

	AGGR-r	PSYC-r	DISC-r	NEGE-r	INTR-r
Raw Score	11	9	5	13	2
T Score	78	86	47	83	44

MMPI-A-RF T scores are nongendered.

AGGR-r Aggressiveness-Revised
PSYC-r Psychoticism-Revised
DISC-r Disconstraint-Revised

NEGE-r Negative Emotionality/Neuroticism-Revised
INTR-r Introversion/Low Positive Emotionality-Revised

그림 8-24 사례 3(에밀리)의 MMPI-A-RF PSY-5 척도 결과

출처: MMPI-A-RF의 실시, 채점, 해석 및 기술 매뉴얼 by Archer et al. Copyright © 2016 by the Regents of the University of Minnesota. University of Minnesota Press의 허가하에 사용함. 무단 전재 금지. 'Minnesota Multiphasic Personality Inventory'와 'MMPI' 상표는 Regents of the University of Minnesota에서 소유함.

컴퓨터 기반 검사 해석(CBTI) 시스템

심리 검사의 실시, 채점 또는 해석을 돕기 위한 컴퓨터 기술의 사용이 빠르게 발전하고 진화하고 있다. Butcher(1987b)는 광범위한 평가 측정치 및 과제와 관련하여 컴퓨터 기반 검사 해석(Computer-Based Test Interpretation: CBTI) 기술의 사용에 대한 개요를 정리하였으며, Moreland(1990)는 청소년·아동 성격 평가에 사용되는 컴퓨터 지원 기술을 조사했다. MMPI-2 및 MMPI-2-RF용 CBTI의 검토 내용은 최근의 Friedman 등(2015)과 Graham(2012)의 문헌에서 접할 수 있다.

Butcher(1987a)는 MMPI에서 이용할 수 있는 광범위한 경험적 문헌과 Meehl(1954, 1956, 1986) 및 다른 연구자들이 제공한 MMPI 검사 결과의 통계적 해석을 위한 강력한 개념적 기반 때문에 MMPI가 심리검사 도구 중 컴퓨터 채점 및 해석 시스템의 첫 번째 대상이 되었다고 언급했다. 또한 MMPI는 성인(Lubin et al., 1984)과 청소년(Archer, Maruish et al., 1991) 모두에서 가장 널리 사용되는 객관적인 성격 측정 도구였다. 그러므로 MMPI는 사람들에게 MMPI용 CBTI 패키지를 개발하는데 충분한 상업적 동기를 제공하였다. CBTI 기술은 MMPI를 넘어 훨씬 다양한 평가 도구를 포함하도록 확산되었다. Groth-Marnat과 Schumaker(1989)는 재향군인청이 일반 임상용으로 62개의 심리검사를 전산화했다고 보고했다. 이 연구자들은 또한 미국심리학회(APA)의 잡지인 「Monitor」의 1987년판에 총 71개의 검사도구가 포함된 18개의 심리검사 소프트웨어 광고가 있었다고 언급했다. Krug(1993)는 심리평가의 다양한 측면을 포함하는 300개 이상의 CBTI 제품을 설명한 자료집을 제공했다. 그러나 Groth-Marnat(2003)이 지적했듯이, CBTI의 제품 영역은 빠르게 변화하기 때문에 정확한 제품 정보를 얻을 수 있는 최상의 출처는 대체로 이러한 제품의 주요 유통사 카탈로그(예: Pearson Assessment and Psychological Assessment Resources)이다.

첫 번째 MMPI용 CBTI는 미네소타 로체스터의 Mayo Clinic에서 개발되었다(Rome et al., 1962; Swenson & Pearson, 1964). 이 컴퓨터 기반 시스템은 Mayo Clinic에 방문하는 많은 환자를 처리하기 위해 설계되었다. 그러나 광범위한 전문적 사용을 위한 첫 번째 CBTI 시스템은 Fowler(1964, 1985)에 의해 개발되어 1963년에 사용되었다. 1965년 Roche Psychiatric Service Institute의 한 분과인 Roche 연구소에서 Fowler 시스템을 전국에 걸쳐 상업적으로 이용할 수 있도록 하였다. Fowler(1985)는 보고서가 전국적으로 판매된 17년 남짓 동안 미국의 모든 임상심리학자 중 1/4이 이 서비스를 사용했으며, 약 150만

개의 컴퓨터 기반 MMPI 보고서가 생성되었다고 밝혔다. 절찬리에 널리 사용되었던 또 다른 MMPI 해석 시스템은 Alex Caldwell(1971)이 개발하고 MMPI-2용으로 개정되어 『Caldwell Report』로 판매되고 있다. 또한 James Butcher는 1970년대 말에 해석 시스템을 개발하여 미네소타 대학교로부터 허가를 받았고, 이는 『Minnesota Report』로 Pearson Assessments에 넘겨졌다(Fowler, 1985). 『Caldwell Report』와 『Minnesota Report』는 모두 소비자에게 직접 판매되지 않는 CBTI의 서술식 보고서 서비스의 예시들이다. 이와는 대조적으로, Roger Greene(1989b)은 Psychological Assessment Resources(PAR)와 공동으로 무제한으로 사용가능 한 MMPI 해석용 소프트웨어 시스템을 개발했으며 MMPI-2에 맞추어 반복적으로 개정했는데, 현재는 『MMPI-2 Adult Interpretive System, Version 4』로 판매되고 있다. 이러한 보고서 중 두 가지(즉, 『Caldwell Report』과 『Butcher Report』)의 예는 Friedman 등(2015)의 문헌에서 찾을 수 있다. 이러한 보고서들은 검사 도구에 대한 주요 수정사항 발표에 따라 새로운 MMPI-2 결과를 출력하는 등 주기적으로 수정 및 업데이트되었다.

청소년 MMPI 프로파일을 위한 CBTI 해석 시스템에는 Archer(1987a)가 개발하고 PAR을 통해 판매된 『MMPI Adolescent Interpretive System』과 Philip Marks와 Richard Lewak(1991)가 개발하고 Western Psychological Service에서 배포한 『Marks Adolescent Clinical Report』가 있다. 또한 1992년에 Archer가 PAR과 협력하여 개발한 『MMPI-A Interpretive System』의 MMPI-A 해석 보고서가 처음으로 발표되었으며, 이 보고서의 다섯 번째 버전은 2013년에 발표되었다. James Butcher와 Carolyn Williams(1992)가 개발한 MMPI-A 보고서는 Pearson Assessments를 통해 배포되었다.

이 장의 마지막에 제시되는 임상 사례 예시에 적용되는 『PAR MMPI-A Adolescent Interpretive System』은 〈부록 8-1〉에 제시되어 있다. 이 MMPI-A 해석 시스템의 다섯 번째 버전은 수검자의 기본척도 프로파일과 2개 척도 코드타입을 생성한 수검자의 일부양식 혹은 원형(prototype) 프로파일을 동일한 프로파일에 겹쳐서 그래프로 표시할 수 있는 기능을 포함하여 몇 가지 고유한 기능을 제공한다. 또한 PAR MMPI-A 프로그램은 정신과 외래환자, 정신과 입원환자, 의료 및 병원, 약물 및 알코올 치료, 학교 및 학술, 교정 및 청소년 재판 등의 여섯 가지 평가 환경에서 청소년에 대한 특정한 해석 결과를 제공한다. 가장 최근에는 Archer, Handel, Ben-Porath 및 Tellegen(2016b)이 MMPI-A-RF에 대한 CBTI 보고서를 개발하고 Pearson Assessments가 배포했다. 이것이 현재 MMPI-A-RF에 사용할 수 있는 유일한 해석 프로그램이다. 〈부록 8-2〉에 이 프로그램 결과 예시를 제시하였다.

MMPI뿐 아니라 다른 심리측정 도구에 대한 CBTI 시스템의 개발은 상당한 논란과 논쟁을 동반해 왔다. 자동화된 CBTI 보고서는 임상 경험과 연구 결과의 다양한 조합을 기반으로 하며, 그 결과 검사 해석에 대한 통계적-임상적(actuarial-clinical) 접근으로 묘사되었다(Graham, 2012). 특정 검사, 특히 MMPI-2의 경우, 질과 정확도가 각기 다른 다양한 CBTI 보고서를 이용할 수 있다. 이 검사의 사용에 대해 매우 정통한 사람들이 검사 해석 절차에 관한 전문가적 판단을 바탕으로 이용 가능한 연구 문헌을 보강하여 몇몇의 MMPI-2 CBTI 시스템을 작성했다. 안타깝게도, 또 다른 일부 상업용 CBTI 보고서들은 MMPI-2 해석 절차에 덜 숙련되고, 기존의 MMPI-A 및 MMPI-2 연구에 대한 지식이 부족한 사람들에 의해 작성되었다. 후자의 보고서와 관련하여, Graham(2012)은 해석 프로그램의 품질이 매우 다양하여 임상가가 이러한 서비스의 적절성을 신중하게 평가해야 한다고 언급했다. Matarazzo(1983, 1986)와 Lanyon(1987)은 MMPI의 자동 해석에 대한 검증 연구가 부재한 것에 대해 우려를 표명했다. 더욱이 Matarazzo는 CBTI 프로그램이 정확한 것처럼 보일 수 있으며, 경험이 부족한 임상가는 이러한 서비스의 한계와 오용의 가능성을 알지 못할 수 있다고 강조했다. 미국심리학회(APA)는 CBTI 제품의 개발과 사용에 대한 일련의 지침을 발표했다(APA, 1986). 이 지침에는 그 검사들에 익숙하고 유능한 전문가들만 CBTI 제품을 이용하도록 제한하고, 그러한 보고서는 전문가의 판단이 함께 있을 때만 사용하도록 하는 조항이 포함되어 있다. Butcher(1987b)는 CBTI 보고서의 장점이 다음과 같다고 언급했다.

- 객관성: CBTI 제품은 해석 편향에 영향받지 않으며, 사례 해석에 있어 검사 규칙이 자동적으로 일관되게 적용된다.
- 외부 의견으로 활용: CBTI 제품은 임상 및 법의학적 평가를 위한 2차 의견으로 사용될 수 있다. CBTI 검사 해석은 해석자가 특정 내담자에 관해 가질 수 있는 주관적 선입견에 의해 편향되지 않기 때문에 유용하다.
- 신속한 완성: CBTI 보고서는 일반적으로 자료가 시스템에 입력된 후 몇 분 이내에 생성될 수 있다.
- 비용 효율성: CBTI 제품의 비용은 검사 배포자, 검사 저자 및 서비스의 특성(예: 소프트웨어 vs 검사 보고서 서비스)에 따라 크게 달라진다. 그럼에도 불구하고, 거의 모든 형태의 CBTI 보고서는 임상가가 작성한 보고서에 비해 비용 면에서 유리하다.

- 신뢰성: CBTI 제품의 신뢰성은 인간이 보여 주는 기억의 오류 및 실수와 달리 반복적인 사용에서도 달라지지 않을 수 있다.

이러한 장점 외에도 Butcher(1987a)는 CBTI 제품과 관련된 몇 가지 단점을 나열했다.

- 지나친 일반성의 문제: 컴퓨터 기반 보고서는 전형적으로 프로토타입 프로파일을 기반으로 하는데, 이는 해석 중인 MMPI 프로파일을 생성한 개별 환자와 여러 가지 세부 사항이 다를 수 있다. Butcher(1987a)가 지적했듯이, "가장 유효한 컴퓨터 기반 보고서는 연구된 프로토타입과 가장 근접하게 일치하는 보고서이다."(p. 5) 최악의 경우, CBTI 보고서에는 지나치게 일반화되고 누구에게나 적용될 수 있는 수많은 진술이 포함될 수 있다. 이러한 유형의 보고서는 초보 사용자에게는 정확해 보일 수 있지만, 개인의 고유한 특징을 확인하기 위한 측면에서는 거의 도움이 되지 않는다.
- 오남용 가능성: 컴퓨터 기반 보고서가 널리 이용 가능하고 대량으로 생산될 수 있기 때문에, 이러한 유형의 제품의 남용 가능성은 임상적으로 도출된 성격 해석 보고서의 남용 가능성보다 더 클 수 있다. 이 문제는 또한 컴퓨터 검사 시행이 표준적인 지필 검사 시행과 동등한 결과를 산출한다는 근거를 확립해야 할 필요성과도 관련된다. Graham(2012)은 지필검사 결과와 컴퓨터로 실시한 결과에서 관찰된 차이가 대체로 작고, 이는 일반적으로 표본 추출 오류에 기인한다고 결론내리기 위해 후자의 문제에 대해 연구 관심이 충분히 집중되고 있다고 언급했다.
- 임상가의 작업시간: 컴퓨터로 된 심리 검사를 사용하기 위해서 임상가는 다양한 컴퓨터 사용에 익숙해져야 한다. 이는 CBTI의 '사용자 친화성' 정도에 따라 빠르게 완성되거나 또는 많은 시간이 걸리고 답답함을 줄 수도 있다.
- 패키지의 다양함으로 인한 혼란: 현재 임상가는 말 그대로 수백 개의 CBTI 제품을 사용할 수 있다. 임상가가 자신의 환경과 사용에 맞는 최적의 CBTI를 결정하는 것은 종종 어렵다. 임상가는 CBTI의 품질뿐 아니라 특정 설정, 사용량 및 채점이나 자료 변화의 방법 등에 맞춰 설계된 다양한 CBTI 제품과 검사의 특정한 활용의 '적합성'에 대한 문제도 결정해야 한다.

이러한 경고들에 더해 임상가가 CBTI 보고서의 한계를 인지해야 한다는 권고사항이 추가될 수 있다. Moreland(1985a, 1985b)는 CBTI 프로그램은 평가 과정 중 하나의 요소로

만 사용되어야 하며, 전문적인 판단에 대한 대체물로 사용되어서는 안된다고 언급했다. 설명의 정확성 측면에서 볼 때, MMPI에 대한 최적의 CBTI 프로그램일지라도 환자에 대한 임상가의 설명과는 오직 중간 정도의 관계만을 보여 주는 설명문을 생성한다(Graham, 2012). 예를 들어, Butcher, Perry 및 Atlis(2000)에 따르면, CBTI 보고서의 서술에서 대체로 해석의 60%만이 적절했으며, 짧은 서술문일수록 해석의 타당도와 정확성이 높았다고 결론내렸다. CBTI 제품 선택에 있어서 임상가에게 제안할 수 있는 다섯 가지 지침은 다음과 같다.

- 모든 CBTI 제품에는 해당 검사에 대해 확립된 연구 결과와 결합하거나 혼합된 개발자의 임상적 판단이 나타난다. 그러므로 검사를 사용하려는 사람은 그 CBTI 패키지를 개발한 사람의 정체성과 전문성을 알고 있어야 한다(Graham, 2012; Friedman et al., 2015). 매우 현실적인 의미에서 임상가가 CBTI 제품을 취득하는 것은 개발자의 임상 및 과학적 판단을 구매 혹은 대여하는 것이다.
- CBTI 보고서가 작성된 방법을 알아야 한다. 구체적으로, 사용하고자 하는 CBTI는 얼마큼의 경험적 연구 결과를 바탕으로 생성되었는가, 경험적 근거가 검사 도구 개발에 얼마나 광범위하게 사용되었는가 등이다. 임상가는 보고서를 구매하고 컴퓨터로 작성된 보고서를 사용하기 전에 이 정보에 대해서 CBTI 매뉴얼을 검토해야 한다.
- CBTI 제품을 판매하는 기업은 어느 정도까지 제품의 사용 및 응용을 지원하는가? CBTI 제품을 구매하기 전에 소비자가 해석 결과 샘플을 요청하고, 고객 만족도 측면에서 회사의 이력을 확인하는 것이 합리적이다. 그 회사는 제품 사용 지원에 사용할 수 있는 수신자 부담 서비스 전화번호를 가지고 있는가? 회사는 임상가가 제품의 기술적 및 임상적 기능을 사용할 수 있도록 확실히 도움이 되는 충분한 세부사항을 포함하는 상세하고 '사용자 친화적인' 매뉴얼 또는 온라인 지원을 제공하고 있는가?
- 새로운 연구 결과에 기초한 해석의 변화를 반영하기 위해 CBTI 제품이 주기적으로 수정 또는 업데이트되었는가? 이 점은 경험적 근거가 빠르게 발전하고 있는 MMPI-2-RF 또는 MMPI-A-RF 사용과 관련된 CBTI 제품에서 특히 중요한 측면이다.
- 이 CBTI 제품은 어느 정도까지 경험적으로 타당화되었는가? Moreland(1985b)는 CBTI 제품이 기본적인 두 가지 연구 유형을 만들어 냈다고 언급했다. 여기에는 CBTI 사용자가 CBTI의 정확도와 유용성의 정도를 평가하는 고객 만족도 연구와, 정신과 진단, 의료 기록 및 임상가 판단을 포함한 외부 출처에 기초하여 작성된 환자에 대한

평정 혹은 기술과 CBTI 기반으로 작성된 환자에 대한 기술을 비교하는 외적 기준 연구가 있다. 원판 MMPI에 대한 연구 결과에 기초하여, MMPI-2와 MMPI-A의 해석 문장의 정확도는 제품마다 상당히 다를 것으로 예상된다. 이와 관련하여, 『Pearson Assessment MMPI-A-RF Interpretive Report』(Archer et al., 2016b)는 보고서 출력물에서 각 해석 문장의 출처가 식별되는 혁신적인 특징을 가지고 있다. 또한 특정 CBTI 제품 내의 해석 문장의 정확성은 척도마다 혹은 코드타입 마다 다를 수 있다. 또한 Moreland(1984)는 드문 코드타입에 대한 코드타입 기술 내용의 정확도가 광범위한 연구의 초점이 되는 자주 발생하는 코드타입에 대해 제공된 기술보다 덜 정확할 것이라고 언급했다. 이 문제는 종종 다양한 MMPI 형태에 대한 '최고의' 혹은 가장 정확한 CBTI가 무엇인가와 관련하여 제기된다. 이에 대해 Graham(2012)의 사려 깊은 관찰 내용은 다음과 같다.

상업적으로 이용 가능한 각각의 서비스들은 장점과 단점을 모두 가지고 있다. 일반적인 임상적 사용을 위해 특정 서비스를 추천하는 것은 시기상조일 것이다. 분명한 것은 컴퓨터에 기반한 MMPI-2 추론의 외적 타당도에 관한 더 많은 연구가 필요하다는 점이다.

이와 관련하여 Graham은 상업적으로 이용 가능한 8개의 MMPI-2 CBTI 서비스를 검토한 Williams와 Weed(2004)의 연구 결과에서 모든 제품이 장점과 단점을 모두 나타냈지만, Pearson Assessments와 PAR 제품은 보고서 편집 능력, 자료 기입의 용이성, 문서의 정확성 및 보고서의 가독성 등과 같은 다양한 측면에서 가장 긍정적으로 평가되었다고 보고하였다.

∘♂ MMPI-A와 MMPI-A-RF 해석 보고서 예시

컴퓨터 기반의 검사 해석 패키지의 사용 및 한계를 설명하고, MMPI-A와 MMPI-A-RF의 유사성과 차이점을 쉽게 이해할 수 있도록 하는 실용적인 방법은 동일 사례에 적용한 이 검사들의 CBTI 프로그램의 결과를 비교함으로써 알 수 있다(〈부록 8-1〉, 〈부록 8-2〉 참조).

15살 청소년인 스티븐은 그가 여섯 살 때 어머니가 자동차 사고로 돌아가셨다. 스티븐은 어머니와 매우 가까웠고, 어머니의 죽음은 그의 심리적 기능과 이후의 적응에 상당한 영향을 미쳤다. 스티븐은 다른 가족도 사고로 잃을까, 특히 아버지를 잃을까 불안해했고, 아버지와 헤어졌을 때 울며 속상해하고 불안해했다. 스티븐은 어머니가 돌아가신 직후 치료를 받기 시작했지만, 이는 3개월밖에 지속되지 않았다. 스티븐은 나이가 들면서 학교에서 친구가 거의 없는 불안하고 두려워하는 아이로 여겨졌다. 스티븐은 학교에서 괴롭힘의 대상이 되었고, 사회적 좌절감이 커지면서 점점 더 철수되고 불안해하며 우울해졌다. 스티븐의 아버지가 스티븐이 방과 후 활동에 참여하는 것을 꺼리고 또래들과의 좌절 경험을 이야기할 때 우는 것을 염려하게 되었고, 이에 스티븐은 외래환자로서 평가와 치료를 받게 되었다. 스티븐은 부분적으로 MMPI-A(〈부록 8-1〉 참조)로 평가되었으며, 이후 〈부록 8-2〉에 제시된 Pearson Assessments의 결과에서 해석된 MMPI-A-RF로 프로포콜을 생성하기 위해 MMPI-A를 재채점하였다.

| 부록 8-1 | 컴퓨터 기반의 MMPI-A 해석 보고서 예시 |

MMPI®-A
Interpretive System
Interpretive Report

by Robert P. Archer, PhD and PAR Staff

▌내담자 정보 ▌

이름: 622932

내담자 번호: 622932

성별: 남

생년월일: 2000년 7월 1일

나이: 15

학년: 0

의뢰환경: 외래

검사일: 2015년 7월 16일

이 보고서는 자격을 갖춘 전문가만이 사용할 수 있도록 작성되었으며, 수검자 또는 기타 자격이 없는 사람과 공유해서는 안 됩니다.

▎프로파일 일치 및 점수 ▎

	내담자 프로파일	가장 상승한 코드타입	가장 적절한 코드타입
코드타입 일치		2-0/0-2	2-0/0-2
적합도 지수		0.888	0.888
점수			
F(비전형)	55	53	53
L(부인)	55	55	55
K(교정)	32	48	48
Hs(척도 1)	60	52	52
D(척도 2)	79	75	75
Hy(척도 3)	50	51	51
Pd(척도 4)	62	56	56
Mf(척도 5)	57	54	54
Pa(척도 6)	52	52	52
Pt(척도 7)	78	59	59
Sc(척도 8)	54	55	55
Ma(척도 9)	43	45	45
Si(척도 0)	79	68	68
T점수 코드타입 정의	1	9	9
임상 척도 평균 점수	59.0	55.6	55.6
	53.0	52.2	52.2
평균 연령-여성		15.8	15.8
평균 연령-남성		16.1	16.1
사례 비율		1.0	1.0
임상척도의 형태적 해석은 다음 코드타입에 대한 보고에서 제공된다: 2-0/0-2			
무응답	3		
Welsh 코드	027'+41-5863/9: FL/:K#		

▎타당도 및 임상 척도 ▎

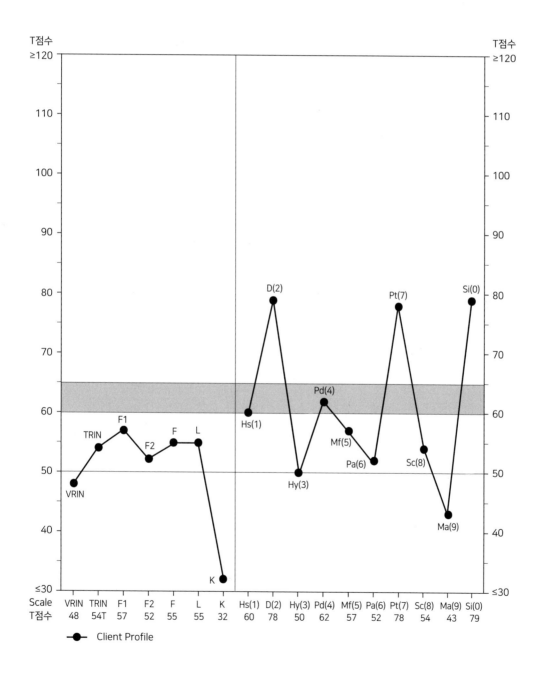

Scale	VRIN	TRIN	F1	F2	F	L	K	Hs(1)	D(2)	Hy(3)	Pd(4)	Mf(5)	Pa(6)	Pt(7)	Sc(8)	Ma(9)	Si(0)
T점수	48	54T	57	52	55	55	32	60	78	50	62	57	52	78	54	43	79

● Client Profile

▌내용 및 보충 척도 ▌

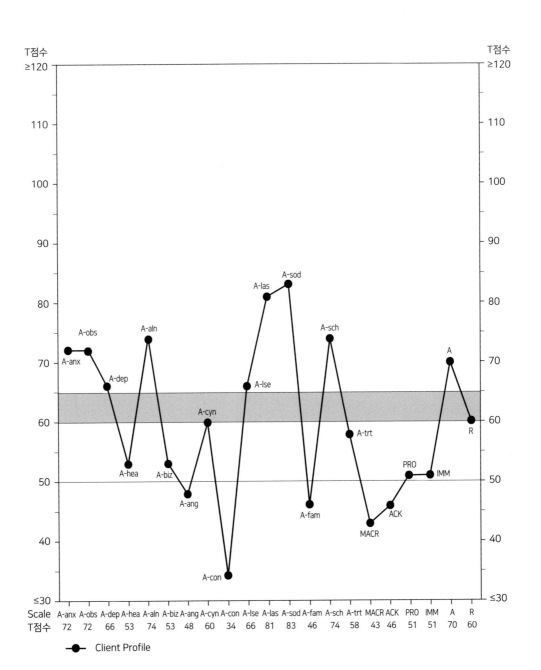

Scale	A-anx	A-obs	A-dep	A-hea	A-aln	A-biz	A-ang	A-cyn	A-con	A-lse	A-las	A-sod	A-fam	A-sch	A-trt	MACR	ACK	PRO	IMM	A	R
T점수	72	72	66	53	74	53	48	60	34	66	81	83	46	74	58	43	46	51	51	70	60

—●— Client Profile

▌성격병리 5요인(PSY-5) 척도 ▌

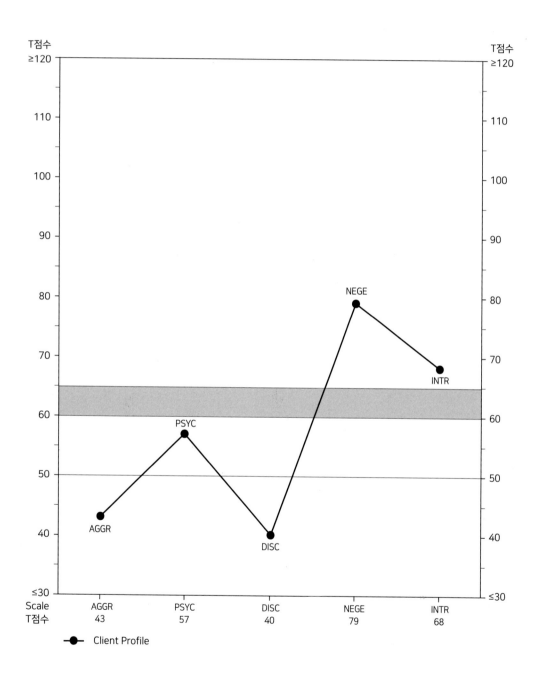

| Scale
T점수 | AGGR
43 | PSYC
57 | DISC
40 | NEGE
79 | INTR
68 |

❘ Harris-Lingoes 및 Si 소척도 ❘

척도명[a]	T점수
우울증 소척도	
주관적 우울감(D1)	79[a]
정신운동 지체(D2)	61
신체적 기능 장애(D3)	62
둔감성(D4)	68[a]
깊은 근심(D5)	71[a]
히스테리 소척도	
사회적 불안의 부인(Hy1)	38
애정욕구(Hy2)	46
권태-무기력(Hy3)	74
신체증상 호소(Hy4)	50
공격성의 억제(Hy5)	36
반사회성 소척도	
가정 불화(Pd1)	48
권위 불화(Pd2)	35
사회적 침착성(Pd3)	30
사회적 소외(Pd4)	69[a]
내적 소외(Pd5)	69[a]
편집증 소척도	
피해의식(Pa1)	57
예민성(Pa2)	61
순진성(Pa3)	40
조현병 소척도	
사회적 소외(Sc1)	62
정서적 소외(Sc2)	48
자아통합 결여-인지적(Sc3)	68
자아통합 결여-동기적(Sc4)	61
자아통합 결여-억제부전(Sc5)	48
기태적 감각 경험(Sc6)	47
경조증 소척도	
비도덕성(Ma1)	38
심신운동 항진(Ma2)	48
냉정함(Ma3)	30
자아팽창(Ma4)	48
내향성 소척도	
수줍음/자의식(Si1)	69[a]
사회적 회피(Si2)	77[a]
내적/외적 소외(Si3)	66[a]

[a] 임상 모척도의 점수가 T ≥ 60이며, 해당 임상소척도의 점수가 T ≥ 65인 경우 진하게 표기함.

❙ 내용소척도 ❙

척도명[a]	T점수
우울	
기분 부전(A-dep1)	71[a]
자기 비하(A-dep1)	**66[a]**
동기 결여(A-dep1)	60
자살 사고(A-dep1)	53
건강염려	
소화기 증상(A-hea1)	59
신경학적 증상(A-hea1)	46
일반적인 건강염려(A-hea1)	64
소외	
이해받지 못함(A-aln1)	64
사회적 소외(A-aln1)	70[a]
대인관계 회의(A-aln1)	64
기태적 정신상태	
정신증적 증상(A-biz1)	57
편집증적 사고(A-biz1)	42
분노	
폭발적 행동(A-ang1)	44
성마름(A-ang1)	59
냉소적 태도	
염세적 신념(A-cyn1)	62
대인 의심(A-cyn1)	56
품행 문제	
표출 행동(A-con1)	35
반사회적 태도(A-con2)	30
또래집단의 부정적 영향(A-con3)	51
낮은 자존감	
자기 회의(A-lse1)	61
순종성(A-lse2)	69[a]
낮은 포부	
낮은 성취성(A-las1)	69[a]
주도성 결여(A-las2)	61
사회적 불편감	
내향성(A-sod1)	81[a]
수줍음(A-sod2)	66[a]
가정 문제	
가정 불화(A-fam1)	50
가족내 소외(A-fam2)	39
학교 문제	
학교 품행 문제(A-sch1)	50
부정적 태도(A-sch2)	57
부정적 치료 지표	
낮은 동기(A-trt1)	58
낮은 자기 개방(A-trt2)	53

[a] 내용모척도의 점수가 T ≥ 60이며, 해당 내용소척도 점수가 T ≥ 65인 경우 진하게 표기함.

▌검사 환경 ▌

이 청소년은 외래에서 평가받았다.

▌타당도척도의 형태 해석 ▌

이 청소년은 타당도척도인 VRIN과 TRIN가 허용 가능한 점수에 해당되며, 이는 MMPI-A에서 일관된 응답 패턴을 생성했다는 것을 반영한다.

이 F-L-K 타당도척도 형태는 타당하고 정확하며 협조적인 태도로 MMPI-A에 응답한 청소년을 나타낸다. 이 청소년이 생성한 타당도척도의 형태는 정상적인 청소년의 특성으로 정신과에서 평가받는 청소년에게는 이례적이다.

F1과 F2의 T점수가 모두 90점 이하이다. F1 또는 F2에서 T점수 값이 90점 이상이면 프로파일 타당도에 문제가 있을 가능성이 높다.

▌타당도척도 ▌

무응답(?) = 3

이 MMPI-A에서 응답이 누락된 문항이 있다. 이러한 누락은 해당 문항이 삶에서 경험해 보지 못한 영역에 대한 것이라 답하지 못하거나 또는 독해력의 한계를 나타낼 수 있다. 이러한 몇 가지 문항의 누락으로 인한 프로파일 왜곡 가능성은 거의 없다.

무선반응 비일관성(VRIN) = 48

이 범위의 VRIN 점수는 청소년이 허용 가능한 수준의 일관성을 가지고 검사 문항들에 응답했음을 시사한다.

고정반응 비일관성(TRIN) = 54T

이 범위의 TRIN 점수는 청소년이 허용 가능한 수준의 일관성을 가지고 검사 문항들에 응답했음을 시사한다.

비전형1(F1) = 57

이 범위의 점수는 청소년이 MMPI-A 검사의 앞부분에 있는 문항에 타당한 방식으로 반응했음을 나타낸다.

비전형2(F2) = 52

이 범위의 점수는 청소년이 MMPI-A 검사의 뒷부분에 있는 문항에 타당한 방식으로 반응했음을 나타낸다.

비전형(F) = 55

이 범위의 점수는 대개 응답자가 대부분의 정상적인 청소년과 유사한 방식으로 검사 문항에 답했음을 나타낸다. 비록 일부 임상척도 점수가 상승할 수 있지만, 이 청소년은 매우 일탈되고 비정상적인 정신병리적 증상을 많이 보고하지 않았다.

부인(L) = 55

이 범위의 점수는 흔한 사회적 결함에 대한 인정과 부인 사이의 적절한 균형을 나타낸다. 이 청소년들은 종종 유연하고 심리적으로 세련되었다고 여겨진다.

방어성(K) = 32

이 범위의 점수는 자기개념이 불확실하고 스트레스 대처에 필요한 자원이 부족한 청소년이 나타내는 경우가 많다. 극심한 고통에 처한 청소년들뿐만 아니라 '부정왜곡'을 하거나 정신병리 정도를 과장하려고 시도하는 청소년들도 비슷한 점수를 낼 수 있다.

▌ 임상척도의 형태적 해석 ▌

2-0/0-2 코드타입

이 MMPI-A 프로파일은 2-0/0-2 코드타입으로 분류되며, 정신과에서 평가하는 청소년의 약 3%에서 나타난다. 이러한 청소년들은 종종 우울증, 열등감, 불안, 사회적 내향성, 철수 등의 증상을 나타낸다. 그들은 반사회적이거나 비행 행동에 관여하는 경향이 적은 순응적이고 수동적인 사람으로 묘사된다. 많은 경우, 사회 부적응과 연령에 따른 사회성이 부족하다는 강력한 증거를 보여 준다. A-sod 내용척도 점수는 이 청소년이 사회적으로 내향적이고 불편감을 느낀다는 관점을 뒷받침한다. 2-0/0-2 프로파일을 가진 청소년들은 일반적으로 불안과 긴장, 무감동

(apathy), 수줍음, 무기력, 대인관계 과민함을 포함한 문제를 나타내는 것으로 인해 정신과 치료를 받는다. 그들은 스스로를 꼴사납고, 둔하고, 우울하며, 수줍고, 비겁하고, 조용하고, 온순하다고 묘사한다. 그들은 외톨이로 인식되는 고립된 청소년들이다. 이 청소년의 A-aln 내용척도 점수는 상당한 대인관계 고립과 소외를 더욱 반영하고 있다. 2-0/0-2 코드타입을 가진 청소년들은 일반적으로 부모의 요구에 순종하려고 한다.

이러한 청소년들은 종종 조현성 성격 특성의 발달과 관련된 많은 증상을 보인다. 이 코드타입과 관련된 정신장애에는 조현성 성격장애(301.20), 기분부전장애(300.4), 주요우울장애(296.XX) 및 범불안장애(300.02)가 포함될 수 있다. 치료에서 이러한 청소년들은 종종 열등감, 사회적 거절, 손상된 신체상과 관련된 우려를 표현한다. A-lse 내용척도 점수도 이 청소년이 자신감이 부족하고 부적절하다고 느낀다는 것을 나타낸다. 주요 방어기제는 사회적 철수, 부인, 강박과 관련된 것으로 보인다. A-obs 내용척도 점수는 이 청소년이 강박적이고 반추를 많이 한다는 관점을 더욱 뒷받침한다. 2-0/0-2 청소년은 불안관리 및 이완훈련과 같은 기술훈련 프로그램 등의 개입에 잘 반응할 수 있다. 집단적 개입을 견딜 수 있는 충분한 자아강도를 가진 청소년들은 집단 심리치료에 잘 반응할 수 있다. 이러한 개입은 종종 전통적인 지지적 심리치료와 결합될 수 있다.

┃ 임상척도 ┃

척도 1(Hs) = 60

이 기본척도의 T점수 값은 최소 또는 경계 범위의 상승 수준이다. 다음의 설명 중 일부는 이 청소년에게 적용되지 않을 수 있다.

이 범위의 점수는 막연한 신체적 불편감과 신체 기능, 질병, 질환에 대한 몰입 등의 건강염려증과 관련된 과거력이 있는 청소년들에게서 자주 나타난다. 그러나 실제 신체적 질환이 있는 청소년들도 이러한 높은 점수를 얻을 수 있다. 기질적 기능 장애의 가능성을 주의깊게 배제해야 한다. 이 척도에서 높은 점수를 받은 청소년들은 종종 신경증적 진단의 가능성이 증가하고 스트레스를 겪을 때 신체 반응이 생기는 경향이 있다. 이 청소년들은 전형적으로 자기중심적이고 불만족스러워 하고 비관적이고 요구적인 것으로 보인다. 심리적 개입에 대해 대체로 방어적일 것으로 예상되며, 이러한 청소년들은 종종 심리치료에 대한 통찰력을 거의 보이지 않는다.

척도 2(D) = 79

이 범위의 점수는 일반적으로 우울하고 불만족스럽고 절망적이며 자기비하적인 청소년들에게서 나타난다. 그들은 종종 무감동, 일상 활동에 대한 흥미의 상실, 자신감 상실, 그리고 무능감과 비관적인 감정을 경험한다. 게다가 이러한 청소년들은 종종 죄책감, 무가치감을 느끼고 자기비판적이며 자살사고를 경험할 수 있다. 그러나 이러한 정도의 고통은 심리치료에 긍정적인 동기가 될 수 있다.

척도 3(Hy) = 50

이 점수는 정상 또는 기대 수준의 범위이다. 이 청소년은 아마도 불쾌한 문제나 부정적인 감정을 인식할 수 있는 능력을 갖추고 있을 것이다.

척도 4(Pd) = 62

이 기본척도의 T점수 값은 최소 또는 경계 범위의 상승 수준이다. 다음의 설명 중 일부는 이 청소년에게 적용되지 않을 수 있다.

척도 4의 높은 점수는 청소년들, 특히 정신과나 형사사법 장면에서 매우 흔하다. 이 범위의 점수는 저항적이고 권위자에게 적대적이며 반항적인 것으로 특징지어지는 청소년들에게서 전형적으로 나타난다. 이 청소년들은 학교 적응이 어렵고 학교에서 품행문제를 보인 과거력이 있는 경우가 많다. 이 척도의 점수가 높으면 상당한 비행 행동의 가능성이 높아진다. 이러한 청소년들은 종종 만족지연 능력이 없고 충동적이고 좌절과 지루함에 대한 참을성이 거의 없는 것으로 묘사된다.

주요 방어기제는 대체로 행동화를 포함하며, 그러한 행동은 죄책감이나 양심의 가책을 동반하지 않을 수 있다. 이 청소년들은 전형적으로 좋은 첫인상을 주고 외향적이고 사교적인 대인관계를 유지하지만, 그들의 대인관계는 얕고 피상적인 경향이 있다. 그들은 결국 다른 사람들에게 이기적이고, 자기중심적이라고 여겨진다.

척도 5(Mf) = 57

이 점수는 정상 또는 기대 수준의 범위 내에 있으며, 전통적인 남성적 활동에 대한 보통의 관심 패턴을 나타낸다.

척도 6(Pa) = 52

이 점수는 정상 또는 기대 수준의 범위 내에 있으며, 이 청소년은 지나친 의심이나 불신 없이 대인관계 교류가 가능한 것으로 보인다.

척도 7(Pt) = 78

이 범위의 점수는 일반적으로 불안, 긴장, 우유부단, 자기비판적 및 완벽주의로 묘사되는 청소년들이 나타낸다. 그들은 종종 불안정감, 무능감, 열등감을 가지고 있으며, 비현실적으로 높은 기준을 유지한다. 극단적으로 상승한 점수는 강렬한 반추와 강박사고의 확실한 패턴을 나타낼 수 있다.

척도 8(Sc) = 54

이 점수는 정상 또는 기대 수준의 범위 내에 있으며, 온전한 현실검증력과 일관된 사고 과정을 지니고 있음을 제시한다.

척도 9(Ma) = 43

이 점수는 정상 또는 기대 수준의 범위 내에 있으며, 정상 청소년의 일반적인 활력 또는 활동 수준을 반영한다.

척도 0(Si) = 79

이 범위의 점수를 보이는 청소년들은 사회적으로 내향적이고, 불안정하며, 사회적 상황에서 불편감을 느낀다. 그들은 수줍음이 많고, 소심하고, 순종적이며, 자신감이 부족한 경향이 있다. 이들은 충동적인 행동을 하지 않을 가능성이 높으며 행동화나 비행의 위험이 낮다.

┃ 그 외 척도들 ┃

내용척도 및 내용소척도

MMPI-A 내용소척도는 '독립적'인 척도가 아니라 해당 내용척도의 상승된 점수와 관련하여 해석해야 한다. 특히 내용소척도는 내용척도의 T점수가 60점 이상인 경우에만 해석해야 한다. 또한 이러한 경우에도 해당 내용소척도의 T점수가 65점 이상이 아니면 척도를 해석해서는 안 된다. 적합한 조건하에서 내용소척도를 검토하면 상승된 해당 내용척도와 관련된 가장 중요하고 두드러진 요소를 확인할 수 있다. 내용척도 모척도 점수가 높을 때 해당 내용소척도 점수의 대부분 또는 전부가 상승하는 경우, 그 청소년은 해당 내용척도의 전체 내용 영역과 관련된 문항에 답했다고 더 확실하게 추정할 수 있다. 따라서 다음에서는 내용척도 점수가 60점 이상이며 해당 내용소척도 점수가 65점 이상인 경우에만 내용소척도에 대한 해석을 제공한다.

불안(A-anx) = 72

이 범위의 점수는 종종 긴장하고, 불안하고, 초조하고, 반추하는 청소년들이 나타낸다. 집중력 문제와 낮은 참을성 또는 빠른 피로감도 문제가 될 수 있다.

강박성(A-obs) = 72

이 범위의 점수는 강박사고를 경험하는 청소년들이 나타낸다. 이 청소년들은 양가적이고, 결정을 내리는 데 어려움을 겪는다. 그들은 반추를 많이 하고 과도하게 걱정할 수 있다. 또한 집중력에 문제가 있을 수 있고 침투적 사고를 보고할 수 있다.

우울(A-dep) = 66

이 범위의 점수는 종종 우울하고 낙담한 청소년들이 나타낸다. 이 청소년들은 무감정하고 쉽게 피곤할 수 있다. 그들이 나타내는 우울증은 자살사고나 무망감 또는 절망감을 포함할 수 있다.

상승한 기분부전 내용소척도의 점수는 이 청소년이 우울한 기분과 관련된 여러 증상을 보고했으며 주요우울삽화(296.XX)와 관련하여 우울한 기분의 진단 기준을 충족할 수 있음을 가리킨다. 자기 비하 내용소척도 점수가 높은 것은 이 청소년이 부정적인 자아 개념을 경험하고 무망감과 무력감을 느낄 가능성이 높다는 것을 제시한다. 이러한 청소년들은 전형적으로 자신감이 거의 없으며 무가치감과 낮은 자존감을 경험할 수 있다.

건강염려(A-hea) = 53

이 내용척도의 점수는 정상 또는 기대 수준의 범위 내에 있다.

소외(A-aln) = 74

이 범위의 점수는 종종 대인관계에서 고립되고 소외된 청소년들이 나타낸다. 그들은 다른 사람들이 그들을 이해한다고 믿지 않고, 자신의 삶이 가혹하거나 불공평하다고 인식한다. 그들은 사회적으로 철수되어 있을 수 있고, 누구에게도 의지하거나 의존할 수 없다고 느낄 수 있다.

이 청소년의 사회적 소외 내용소척도의 높은 점수는 사회적 기술 부족과 관련될 수 있는 사회적 불편감과 고립감을 반영한다.

기태적 정신상태(A-biz) = 53

이 내용척도의 점수는 정상 또는 기대 수준의 범위 내에 있다.

분노(A-ang) = 48

이 내용척도의 점수는 정상 또는 기대 수준의 범위 내에 있다.

냉소적 태도(A-cyn) = 60

이 범위의 점수는 냉소적 태도 척도에서 경계 범위의 상승을 나타내며, 대인관계에서 방어적이고 타인의 동기를 의심하는 경향을 반영할 수 있다.

품행 문제(A-con) = 34

이 내용척도의 점수는 정상 또는 기대 수준의 범위 내에 있다.

낮은 자존감(A-lse) = 66

이 범위의 점수는 부적절감, 무능감, 쓸모없음을 느끼는 청소년들이 나타낼 수 있다. 그들은 자신감이 부족하고 흠과 결점이 많다고 믿는다. 이 청소년들은 대인관계에서 수동적이고 사회적으로 불편감을 느낄 수 있다.

이 청소년이 보인 상당히 높은 순종성 내용소척도 점수는 전형적으로 타인의 영향을 쉽게 받고 대인관계에서 주장성이나 주도성을 거의 보이지 않는 청소년들에게서 발견된다. 그러한 청소년들은 다른 사람들에게 수동적이고 의존적으로 여겨지기 쉽다.

낮은 포부(A-las) = 81

이 범위의 점수는 교육이나 삶의 목표 혹은 목적이 거의 없거나 아예 없는 청소년들이 나타낸다. 이 청소년들은 종종 학업 성취도가 떨어지는 양상이 있다. 그들은 금방 좌절하고 포기하는 경향이 있고, 도전적인 상황을 맞닥뜨리지 않는다.

이 청소년은 낮은 성취성 내용소척도에서 상당히 높은 점수를 얻었는데, 이는 이 청소년이 강력한 학업 성취와 관련된 태도나 행동에 대해 답하지 않는다는 것을 나타낸다. 이러한 청소년들은 종종 학교 수행에 어려움을 겪으며, 다른 청소년들보다 학교 기피와 무단결석 비율이 더 높을 수 있다.

사회적 불편감(A-sod) = 83

이 범위의 점수는 사회적 상황에서 불편감을 느끼는 청소년들이 나타내며 내향적이고 수줍음이 많은 것으로 묘사될 수 있다. 그들은 사회적 행사들을 피하고 다른 사람들과 교류하는 것을 어려워한다.

이 청소년은 대인관계에 대한 불편감이나 반감 및 타인과의 거리감이나 철수하는 성향을 나타내는 내향성 내용소척도에서 높은 점수를 보였다.

이 청소년은 사회적 상황에서 전반적인 불편감을 나타내는 수줍음 내용소척도에서 높은 점수를 얻었다. 그는 다른 사람들과 교류하는 것을 어려워할 수도 있고, 사람들과 어울리는 동안 더 외향적이고 편안하기를 바라고 있을 수도 있다.

가정 문제(A-fam) = 46

이 내용척도의 점수는 정상 또는 기대 수준의 범위 내에 있다.

학교 문제(A-sch) = 74

이 범위의 점수는 학교에서 심각한 행동 및 학업 문제에 직면한 청소년들이 나타낸다. 이 청소년들은 종종 학업 성취와 활동에 대해 부정적인 태도를 보인다. 학습 장애나 발달 지연의 가능성을 평가해야 한다.

부정적 치료 지표(A-trt) = 58

이 내용척도의 점수는 정상 또는 기대 수준의 범위 내에 있다.

보충척도

MacAndrew의 알코올 중독(MAC-R) = 43

이 범위의 점수를 받은 청소년들은 알코올이나 약물을 남용할 가능성이 낮다. 가장 두드러지는 예외적 경우는 신경증적 성격 구성을 갖고 있으며, 알코올과 약물을 '자가 치료'용으로 사용하는 청소년들이다.

알코올/약물 문제 인정(ACK) = 46

이 점수는 ACK 척도의 허용 가능 또는 정상 범위 내에 있다. 청소년이 약물이나 술의 사용, 이와 관련된 태도 또는 관련 증상을 과소보고할 수 있으므로 술이나 약물과 관련된 문제를 잘 선별하기 위해서는 MAC-R 및 PRO 척도 점수도 신중하게 검토해야 한다.

알코올/약물 문제 가능성(PRO) = 51

이 점수는 PRO 척도에서 허용 가능 또는 정상 범위 내에 있다.

미성숙(IMM) = 51

IMM 척도의 점수는 정상 또는 기대 수준의 범위 내에 있다.

불안(A) = 70

이 범위의 점수를 보이는 청소년들은 부적응, 불안, 자기 비판적, 우울, 비관, 반추, 압도감, 불편감 등으로 묘사될 수 있다. 그러나 정서적인 불편감 때문에 그러한 청소년들은 종종 심리치료에 참여하려는 긍정적인 동기를 보여 준다.

억압(R) = 60

이 범위의 점수를 보이는 청소년들은 종종 흥분하지 않고, 억제되어 있으며, 순종적이고 관습적이며, 거의 감정을 드러내지 않는 경향이 있다. 정신과에서 평가된 청소년들이 이 범위의 점수를 얻는 것은 드물다.

성격병리 5요인(PSY-5) 척도

이 보고서에는 MMPI-A 기본 및 내용 척도에서 도출된 해석 자료를 보완하기 위해 PSY-5 척도의 해석이 제공된다. 이러한 탐색적 척도의 상관물은 청소년 표본에서 제한적으로 조사되었으므로 사용자는 청소년에게 이러한 척도를 사용하는 데 주의를 기울여야 한다.

공격성(AGGR) = 43

이 점수는 정상 또는 기대 수준의 범위 내에 있다.

정신증(PSYC) = 57

이 점수는 정상 또는 기대 수준의 범위 내에 있다.

통제 결여(DISC) = 40

이 점수는 정상 또는 기대 수준의 범위 내에 있다.

부정적 정서성/신경증(NEGE) = 79

부정적 정서성/신경증 척도에서 높은 점수를 보이는 청소년들은 다른 사람들에 의해 불안해하고, 긴장하고, 걱정많고, 염려하는 것으로 묘사되기 쉽다. 이러한 청소년들은 내재화 행동을 한 과거력이 있을 수 있으며, 목표의 방향과 확신을 위해 타인에게 의존하거나 지나치게 의지하는 것으로 보일 수 있다. 불안과 철수 외에도 이러한 청소년들은 상당한 죄책감과 회한을 겪을 가능성이 크다.

내향성/낮은 긍정적 정서성(INTR) = 68

내향성/낮은 긍정적 정서성 척도에서 높은 점수를 보이는 청소년들은 종종 사회적으로 철수되어 있고 고립되고 소통하지 않는 것으로 묘사된다. 또한 그들은 종종 친구가 거의 없거나 아예 없고 우울하다고 묘사되며, 다른 청소년들에 비해 외현화 행동이나 품행장애 문제를 보일 가능성이 작다. 이 청소년들은 전형적으로 기쁨이나 행복 등의 긍정적인 감정을 경험할 능력이 거의 없다.

Harris-Lingoes 및 Si 소척도

이 프로그램에서는 Harris-Lingoes 및 Si 소척도의 자료가 청소년 프로파일과 관련될 가능성이 있기 때문에 이에 대한 해석을 제공된다. 그러나 이러한 탐색적 척도들의 상관물은 청소년 표본에서 조사되지 않았기에 사용자는 다음의 해석이 성인 표본에서 발견된 결과에 기초하고 있음에 주의해야 한다.

주관적 우울감(D1) = 79

D1 점수가 높은 사람들은 우울하고 불행하며 긴장되어 있다. 그들은 활력과 흥미가 부족하고 자신의 문제에 잘 대처하지 못하고 있다. 그들은 집중력과 주의력 결핍을 보이고, 자신감이 부족하며, 사회적 상황에서 수줍고 불안해한다.

정신운동 지체(D2) = 61

이 점수는 정상 또는 기대 수준의 범위 내에 있다.

신체적 기능 장애(D3) = 62

이 점수는 정상 또는 기대 수준의 범위 내에 있다.

둔감성 (D4) = 68

D4 점수가 높은 사람은 일상생활 문제에 대처할 활력이 부족하다. 집중력의 어려움을 보고하며 기억력과 판단력이 떨어진다고 호소한다. 그들은 자신감이 부족하고, 다른 사람들보다 열등감을 느끼고, 삶에서 즐거움을 거의 얻지 못하며, 삶이 더 이상 가치가 없다고 느낄 수도 있다.

깊은 근심(D5) = 71

D5 점수가 높은 사람들은 활력이 부족하고 가치없는 삶에 대해 지나치게 근심하고 반추한다. 그들은 열등감을 느끼고 비판에 쉽게 상처받는다. 때때로 그들은 자신의 사고 과정을 통제하지 못하는 것처럼 느낀다고 보고한다.

사회적 불안의 부인(Hy1) = 38

Hy1 점수가 낮은 사람들은 사회적으로 내향적이고 수줍음을 많이 타며 사회적 기준과 관습에 크게 영향을 받는 경향이 있다.

애정 욕구(Hy2) = 46

이 점수는 정상 또는 기대 수준의 범위 내에 있다.

권태-무기력(Hy3) = 74

Hy3 점수가 높은 사람들은 전반적으로 불행하고 불편감을 느끼며 자신이 건강하지 않다고 믿는다. 이들은 허약함과 피로감 등의 모호한 신체적 불편감과 신체 및 정신적 기능 저하를 호소한다. 그들은 식욕이 저하되고 수면문제가 있을 수 있다.

신체증상 호소(Hy4) = 50

이 점수는 정상 또는 기대 수준의 범위 내에 있다.

공격성의 억제(Hy5) = 36

Hy5 점수가 낮은 사람들은 적대적이고 공격적인 충동을 경험한다고 공개적으로 인정한다.

가정 불화(Pd1) = 48

이 점수는 정상 또는 기대 수준의 범위 내에 있다.

권위 불화(Pd2) = 35

Pd2 점수가 낮은 사람들은 사회적으로 순응적이고 권위를 받아들인다. 그들은 개인적 신념과 의견을 표현하는 것을 꺼리고, 다른 사람들에게 쉽게 영향을 받는다. 그들은 학업적 또는 법적 어려움을 부인한다.

사회적 침착성(Pd3) = 30

Pd3 점수가 낮은 사람들은 사회적 상황에서 불편하고 불안해한다. 그들은 사회적으로 순응적이며, 자신의 의견과 신념을 공개적으로 표현하지 않는다.

사회적 소외(Pd4) = 69

Pd4 점수가 높은 사람들은 오해받고, 소외당하며, 고립되고, 타인과 소원하다고 느낀다. 그들은 자신의 문제와 결점에 대해 타인을 비난하며, 외롭고, 불행하고, 무관심한 사람들이다. 그들은 종종 관계에 둔감하고 사려 깊지 못하며 나중에야 자신의 행동에 대한 후회와 회한을 말하게 된다.

내적 소외(Pd5) = 69

Pd5 점수가 높은 사람들은 스스로 편하지 않고 불행하다고 묘사한다. 그들은 집중력과 주의력에 문제가 있고, 자신의 삶이 특별히 흥미롭고 보람차다고 생각하지 않는다. 그들은 죄책감과 후회를 말하며 부정적인 감정을 선전하듯 표현한다. 과도한 알코올 남용이 문제가 될 수 있다.

피해의식(Pa1) = 57

이 점수는 정상 또는 기대 수준의 범위 내에 있다.

예민성(Pa2) = 61

이 점수는 정상 또는 기대 수준의 범위 내에 있다.

순진성(Pa3) = 40

이 점수는 정상 또는 기대 수준의 범위 내에 있다.

사회적 소외(Sc1) = 62

이 점수는 정상 또는 기대 수준의 범위 내에 있다.

정서적 소외(Sc2) = 48

이 점수는 정상 또는 기대 수준의 범위 내에 있다.

자아통합 결여-인지적(Sc3) = 68

Sc3 점수가 높은 사람들은 이상한 사고 과정, 비현실감, 집중력과 주의력 문제를 인정한다.

때때로, 그들은 자신이 '미쳐 간다'고 느낄 수도 있다.

자아통합 결여-동기적(Sc4) = 61

이 점수는 정상 또는 기대 수준의 범위 내에 있다.

자아통합 결여-억제부전(Sc5) = 48

이 점수는 정상 또는 기대 수준의 범위 내에 있다.

기태적 감각 경험(Sc6) = 47

이 점수는 정상 또는 기대 수준의 범위 내에 있다.

비도덕성(Ma1) = 38

Ma1 점수가 낮은 사람들은 타인과 자신을 정직하고 걱정하는 사람으로 여긴다.

심신운동 항진(Ma2) = 48

이 점수는 정상 또는 기대 수준의 범위 내에 있다.

냉정함(Ma3) = 30

Ma3 점수가 낮은 사람들은 다른 사람들과 함께 있으면 불편하다고 보고한다. 그들은 타인에게 쉽게 영향을 받는다. 그들은 타인에게 분노와 원한이 있다는 것을 부인한다.

자아팽창(Ma4) = 48

이 점수는 정상 또는 기대 수준의 범위 내에 있다.

수줍음/자의식(Si1) = 69

이 범위의 점수는 타인 앞에서 수줍음이 많고 쉽게 당황하는 것으로 묘사될 수 있는 청소년들에게 나타난다. 이 청소년들은 사회적 상황을 불편해한다.

사회적 회피(Si2) = 77

이 범위의 점수를 보이는 청소년들은 집단 활동을 싫어하거나 기피하며, 종종 사회적 접촉이나 관여를 최소화하려고 할 수 있다.

내적/외적 소외(Si3) = 66

Si3 소척도 점수가 높은 청소년에게는 다른 사람과의 관계를 방해하는 증상이 있을 수 있다. 그들은 불안하고 우유부단하거나 두렵고 의심하거나 자아 개념이나 자존감이 낮을 수 있다.

❙ 보고서 종료 ❙

부록
8-2

컴퓨터 기반의 MMPI-A-RF 해석 보고서 예시

**Minnesota Multiphasic
Personality Inventory–Adolescent
Restructured Form™**

Interpretive Report

MMPI-A-RF™
Minnesota Multiphasic Personality Inventory-Adolescent-Restructured Form™
Robert P. Archer, PhD, Richard W. Handel, PhD, Yossef S. Ben-Porath, PhD, & Auke Tellegen, PhD

▍ 내담자 정보 ▍

이름: 622932

내담자 번호: 622932

나이: 15

성별: 남

학년: 응답하지 않음

검사일: 2015년 7월 16일

▎MMPI-A-RF 타당도척도 ▎

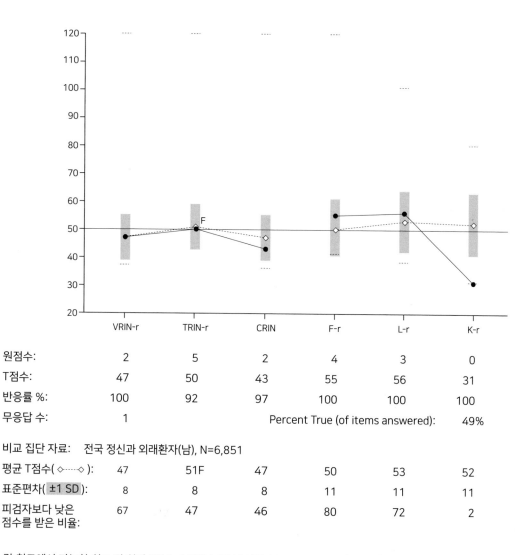

	VRIN-r	TRIN-r	CRIN	F-r	L-r	K-r
원점수:	2	5	2	4	3	0
T점수:	47	50	43	55	56	31
반응률 %:	100	92	97	100	100	100
무응답 수:	1			Percent True (of items answered):		49%

비교 집단 자료: 전국 정신과 외래환자(남), N=6,851

	VRIN-r	TRIN-r	CRIN	F-r	L-r	K-r
평균 T점수(◇┈┈◇):	47	51F	47	50	53	52
표준편차(±1 SD):	8	8	8	11	11	11
피검자보다 낮은 점수를 받은 비율:	67	47	46	80	72	2

각 척도에서 가능한 최고 및 최저 T점수 수준은 '–'로 표시함. MMPI-A-RT T점수는 성별 통합 규준임.

VRIN-r Variable Response Inconsistency	F-r Infrequent Responses
TRIN-r True Response Inconsistency	L-r Uncommon Virtues
CRIN Combined Response Inconsistency	K-r Adjustment Validity

▌ MMPI-A-RF 상위차원(H-O) 척도와 재구성임상(RC) 척도 ▌

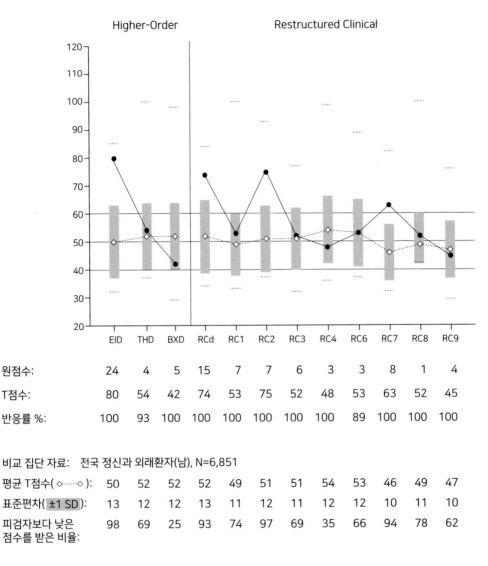

	EID	THD	BXD	RCd	RC1	RC2	RC3	RC4	RC6	RC7	RC8	RC9
원점수:	24	4	5	15	7	7	6	3	3	8	1	4
T점수:	80	54	42	74	53	75	52	48	53	63	52	45
반응률 %:	100	93	100	100	100	100	100	100	89	100	100	100

비교 집단 자료: 전국 정신과 외래환자(남), N=6,851

	EID	THD	BXD	RCd	RC1	RC2	RC3	RC4	RC6	RC7	RC8	RC9
평균 T점수(◇┄┄◇):	50	52	52	52	49	51	51	54	53	46	49	47
표준편차(±1 SD):	13	12	12	13	11	12	11	12	12	10	11	10
피검자보다 낮은 점수를 받은 비율:	98	69	25	93	74	97	69	35	66	94	78	62

각 척도에서 가능한 최고 및 최저 T점수 수준은 '-'로 표시함. MMPI-A-RT T점수는 성별 통합 규준임.

EID	Emotional/Internalizing Dysfunction	RDd	Demoralization
THD	Thought Dysfunction	RC1	Somatic Complaints
BXD	Behavioral/Externalizing Dysfunction	RC2	Low Positive Emotions
		RC3	Cynicism
		RC4	Antisocial Behavior

RC6	Ideas of Persecution
RC7	Dysfunctional Negative Emotions
RC8	Aberrant Experiences
RC9	Hypomanic Activation

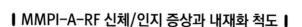

▌MMPI-A-RF 신체/인지 증상과 내재화 척도 ▌

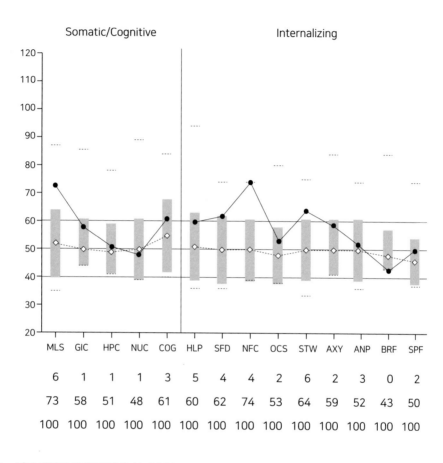

	MLS	GIC	HPC	NUC	COG	HLP	SFD	NFC	OCS	STW	AXY	ANP	BRF	SPF
원점수:	6	1	1	1	3	5	4	4	2	6	2	3	0	2
T점수:	73	58	51	48	61	60	62	74	53	64	59	52	43	50
반응률 %:	100	100	100	100	100	100	100	100	100	100	100	100	100	100

비교 집단 자료:　전국 정신과 외래환자(남), N=6,851

평균 T점수(◇·····◇):	52	50	49	50	55	51	50	50	48	50	50	50	48	46
표준편차(±1 SD):	12	11	10	11	13	12	12	11	10	11	11	11	9	8
피검자보다 낮은 점수를 받은 비율:	96	86	77	60	81	85	87	100	85	91	90	72	70	88

각 척도에서 가능한 최고 및 최저 T점수 수준은 '–'로 표시함. MMPI-A-RT T점수는 성별 통합 규준임.

MLS	Malaise	HLP	Helplessness/Hopelessness	AXY	Anxiety
GIC	Gastrointestinal Complaints	SFD	Self-Doubt	ANP	Anger Proneness
HPC	Head Pain Complaints	NFC	Inefficacy	BRF	Behavior-Restriction Fears
NUC	Neurological Complaints	OCS	Obsessions/Compulsions	SPF	Specific Fears
COG	Cognitive Complaints	STW	Stress/Worry		

▌MMPI-A-RF 외현화와 대인관계 척도 ▌

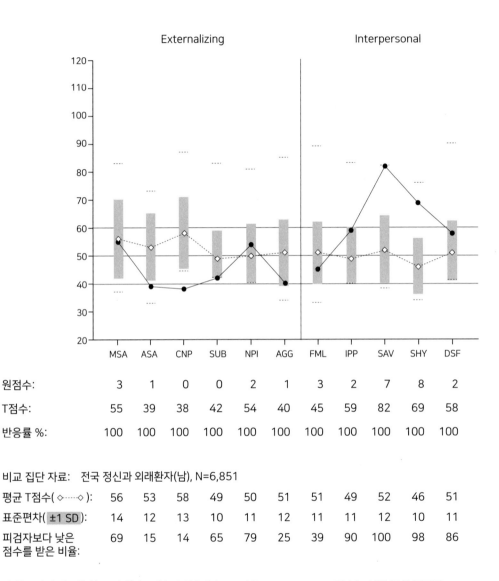

Externalizing   Interpersonal

	MSA	ASA	CNP	SUB	NPI	AGG	FML	IPP	SAV	SHY	DSF
원점수:	3	1	0	0	2	1	3	2	7	8	2
T점수:	55	39	38	42	54	40	45	59	82	69	58
반응률 %:	100	100	100	100	100	100	100	100	100	100	100

비교 집단 자료: 전국 정신과 외래환자(남), N=6,851

	MSA	ASA	CNP	SUB	NPI	AGG	FML	IPP	SAV	SHY	DSF
평균 T점수(◇┈┈◇):	56	53	58	49	50	51	51	49	52	46	51
표준편차(±1 SD):	14	12	13	10	11	12	11	11	12	10	11
피검자보다 낮은 점수를 받은 비율:	69	15	14	65	79	25	39	90	100	98	86

각 척도에서 가능한 최고 및 최저 T점수 수준은 '–'로 표시함. MMPI-A-RT T점수는 성별 통합 규준임.

NSA	Negative School Attitudes		FML	Family Problems
ASA	Antisocial Attitudes		IPP	Interpersonal Passivity
CNP	Conduct Problems		SAV	Social Avoidance
SUB	Substance Abuse		SHY	Shyness
NPI	Negative Peer Influence		DSF	Disaffiliativeness
AGG	Aggression			

┃ MMPI-A-RF 성격병리 5요인(PSY-5) 척도 ┃

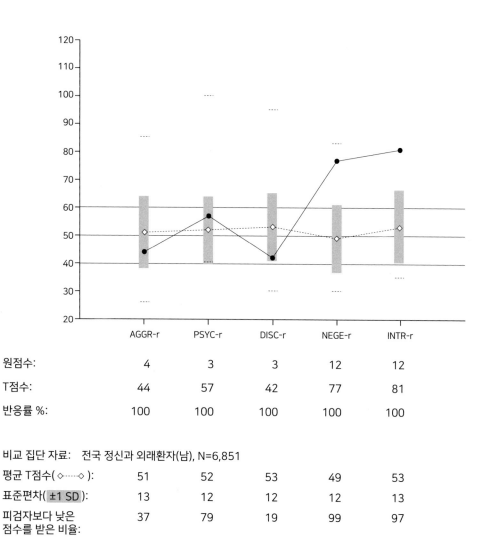

	AGGR-r	PSYC-r	DISC-r	NEGE-r	INTR-r
원점수:	4	3	3	12	12
T점수:	44	57	42	77	81
반응률 %:	100	100	100	100	100

비교 집단 자료: 전국 정신과 외래환자(남), N=6,851

	AGGR-r	PSYC-r	DISC-r	NEGE-r	INTR-r
평균 T점수(◇┄┄◇):	51	52	53	49	53
표준편차(±1 SD):	13	12	12	12	13
피검자보다 낮은 점수를 받은 비율:	37	79	19	99	97

각 척도에서 가능한 최고 및 최저 T점수 수준은 '−'로 표시함. MMPI-A-RT T점수는 성별 통합 규준임.

AGGR-r	Aggressiveness-Revised
PSYC-r	Psychoticism-Revised
DISC-r	Disconstraint-Revised
NEGE-r	Negative Emotionality/Neuroticism-Revised
INTR-r	Introversion/Low Positive Emotionality-Revised

┃ MMPI-A-RF 척도 T점수 요약(영역별) ┃

프로파일 타당도

반응 비일관성

1	47	50	43
CNS	VRIN-r	TRIN-r	CRIN

과대보고

55
F-r

과소보고

56	31
L-r	K-r

주요 척도

신체/인지 문제

53	**73**	58	51	48	**61**
RC1	**MLS**	GIC	HPC	NUC	**COG**

정서 문제

80				
EID				

74	**60**	**62**	**74**
RCd	**HLP**	**SFD**	**NFC**

75	**81**
RC2	**INTR-r**

63	53	**64**	59	52	43	50	**77**
RC7	OCS	**STW**	AXY	ANP	BRF	SPF	**NEGE-r**

사고 문제

54	53*
THD	RC6

52
RC8

57
PSYC-r

행동 문제

42	48	55	39	**38**	42	54
BXD	RC4	NSA	ASA	**CNP**	SUB	NPI

45	40	44	42
RC9	AGG	AGGR-r	DISC-r

대인관계

45	52	59	**82**	**69**	58
FML	RC3	IPP	**SAV**	**SHY**	DSF

* 이 척도에서 피검자의 응답율이 90% 이하임. 관련 척도 페이지에서 응답율을 확인할 수 있음.
본 보고서에서 진하게 표시된 경우 해석이 제공됨.

이 해석 보고서는 *MMPI-A-RF*를 해석할 수 있는 자격을 갖춘 전문가가 사용하도록 작성되었다. 여기에 포함된 정보는 청소년의 배경, 평가 상황 및 기타 이용 가능한 정보의 맥락에서 고려되어야 한다.

개요

이는 타당한 MMPI-A-RF 프로토콜이다. 주요 척도들의 점수는 신체적 · 인지적 호소와 정서적 · 대인관계적 문제를 나타낸다. 신체적 호소는 전반적인 불만과 관련이 있다. 인지적 호소는 기억력과 집중력의 어려움을 포함한다. 정서적/내재화의 점수 결과에는 자살사고, 의기소침, 우울증, 전반적인 부정적 정서, 무력감과 무망감, 자기 회의, 효능감 결여, 스트레스와 걱정이 포함된다. 대인관계 어려움에는 사회적 회피와 사회적 불안이 포함된다.

프로토콜 타당도

무응답 내용
무응답/채점 불가 반응
이 청소년은 다음 척도의 문항 중 90% 미만에 응답했다. 따라서 이 척도의 점수 결과는 인위적으로 낮아질 수 있다. 특히 이 척도가 상승하지 않았다고 해석할 수 없다. 이 청소년이 채점할 수 없는 응답을 나타낸 모든 문항의 목록이 '문항 수준 정보'에 나타난다.

피해의식(RC6): 89%

비일관적 반응
이 청소년은 문항에 일관된 방식으로 응답했기에 적절하게 반응한 것으로 나타났다.

과대보고
이 프로토콜에는 과대보고의 증거가 없다.

과소보고
이 프로토콜에는 과소보고의 증거가 없다.

주요 척도의 해석

이 부분에서는 청소년의 임상 증상, 성격 특성 및 행동 경향성이 설명되며 경험적으로 제시된 틀에 따라 구성된다. '보고'라는 단어를 포함하는 문장은 *MMPI-A-RF* 척도의 문항 내용에 기초하는 반면, '가능성(경향)'이라는 단어를 포함하는 문장은 *MMPI-A-RF* 매뉴얼의 부록 *G*에 보고된 척도 점수의 경험적 상관물에 기초한다. 각 문장의 특정 근거는 이 보고서의 주석을 통해 확인할 수 있다.

신체/인지 문제

이 청소년은 건강 악화와 허약함 및 피로감을 경험했다고 보고했다[1]. 그는 다양한 신체적 불편감[2]과 불면[3], 낮은 활력 및 피로감[4]을 호소할 가능성이 있다.

그는 모호한 패턴의 인지적 불편감[5]을 보고했고, 실제로 주의력 문제[6], 집중력 장애[7] 및 느린 발화속도[6]를 경험할 가능성이 있다.

정서 문제

이 청소년은 자살에 대한 사고나 죽음에 대한 몰입과 관련하여 하나 이상의 MMPI-A-RF 문항에 대해 득점되는 방향으로 응답했다. 보고서의 '결정적 문항' 부분을 참조하라. 또한 자살 사고[8] 및 자살 시도나 제스처[9]와 관련된 하나 이상의 척도에서 높은 점수를 받았다.

이 청소년의 응답은 위기 상황으로 인식될 가능성이 있는 상당히 광범위하고 만연한 정서적 고통[10]을 나타낸다. 좀 더 구체적으로, 그는 긍정적 정서 경험이 부족하고 사회적으로 비관여적[11]이라고 보고했다. 그는 무쾌감증[12]과 정신운동지체[13]를 경험할 가능성이 크다. 그는 동기부여에 어려움을 겪고[13] 자기처벌적[13]일 가능성이 있다.

이 청소년은 슬픈 감정과 현재 자신의 삶의 환경에 대한 불만족감을 느낀다[14]고 보고했다. 그는 실제 슬프고 우울감 감정을 느끼고[15] 삶이 긴장된다고 여기며[16] 자존감이 낮을[17] 가능성이 있다. 그는 또한 우유부단하고 어려움에 효율적으로 대처하지 못하며[18] 그리고 아마도 미루는 경향[19]이 있을 것이다. 더불어 자기 회의, 쓸모없다는 느낌 및 낮은 자존감[20]을 보고했다. 그는 열등감[21], 자기 패배감[9], 자기 비하[22], 수동적[23]으로 느끼고 있을 가능성이 있다. 그는 또한 무망감과 무력감을 느낀다[24]고 보고하며, 실제 무망감을 느끼고[25], 실패자같다고 여기며[26], 인생에서 부당한 대우를 받고[26] 도움을 받을 수 없다[27]고 믿고 있을 가능성이 있다. 그는 쉽게 포기하는 경향[26]이 있을 것이다. 그는 자해[26]를 할 수도 있다.

이 청소년은 평균수준 이상으로 회한과 염려 등의 부정적인 정서[28]를 경험한다고 보고했다. 그는 불안[29], 악몽[30], 불안정감[30]을 경험할 가능성이 있다. 그는 또한 평균 이상의 스트레스와 격정[31]을 보고했다.

사고 문제

이 프로토콜에는 와해된 사고의 증거가 없다.

행동 문제

이 프로토콜에는 부적응적 외현화 행동의 증거가 없다. 이 청소년은 평균 이하의 행동 문제[32]를 보고했다.

대인관계 문제

이 청소년은 상당한 사회적 회피와 철수[33]를 보고하며, 친구가 거의 없거나 아예 없을 가능성[34]이 있다. 그는 매우 내향적[35]이고 사회적으로 철수되고 고립[36]되어 있을 가능성이 있다. 그는 또한 사회적으로 어색하고[37], 또래들로부터 괴롭힘을 당하며[37], 이성을 불편해할[37] 가능성이 있다. 더불어 그는 수줍음이 많고, 쉽게 당황하며, 다른 사람들과 함께 있으면 불편하다[38]고 보고했다. 그는 정말로 수줍음이 많을[39] 가능성이 있다.

진단적 고려

이 부분은 청소년의 MMPI-A-RF 결과에 기초한 정신장애 진단 평가의 권고안을 제시한다. 이 청소년에 대해 다음 사항을 평가하는 것이 권장된다.

정서적/내재화 장애
- 만약 신체적 불편감에 대한 신체적 원인이 배제된 경우라면, 신체증상장애 및 관련 장애[40]
- 내재화 장애[41]
- 우울 관련 장애[42] 및 무쾌감증으로 특징지어지는 기타 상태[43]
- 불안 관련 장애[44]
- 스트레스 관련 장애[45]

행동적/외현화 장애
- 주의력 결핍/과잉행동 장애(ADHD) 및 관련된 신경발달 장애[46]

대인관계 장애

- 사회적 회피와 관련된 장애[47]
- 사회 불안 장애[48]

치료적 제안

이 부분에서는 이 청소년의 *MMPI-A-RF* 점수에 기초하여 추론된 치료 관련 제안 사항을 제공한다.

추가적 평가 영역

- 자해 위험 평가[49]
- 심각한 우울증으로 입원 치료가 필요할 수 있음[43]
- 항우울제 약물의 필요성 평가[43]
- 인지적 호소의 원인 탐색[46]. 그리고 이와 관련하여 신경심리학적 평가가 필요할 수 있음

심리치료 과정의 문제

- 신체적 불편감은 치료에 참여하려는 이 청소년의 의지와 능력을 방해할 수 있음[40]
- 정서적 어려움으로 인해 치료받는 동기가 부여될 수 있음[50]
- 긍정적 정서의 현저한 부족과 사회적 고립은 치료 참여를 방해할 수 있음[43]

가능한 치료적 목표증상

- 확연한 무쾌감증[43]
- 초기 목표증상으로서의 심리적 고통감[51]
- 수동성과 우유부단함[52]
- 낮은 자존감과 자신감 부족[53]
- 무망감과 무력감[54]
- 역기능적 부정정서[55]
- 스트레스 관리[45]
- 사회적 회피[47]
- 사회 불안[48]

문항 정보

문항 내용은 실제 보고서는 포함되어 있으나, 검사의 보호를 위해 이 샘플 보고서에는 검사 문항을 제공하지 않았다.

무응답/채점 불가 반응

다음은 청소년이 채점 가능한 반응을 보이지 않은 문항 목록이다. 응답하지 않거나 둘 다 응답한 문항(그렇다와 아니다 모두)들은 채점할 수 없다. 문항이 포함된 척도가 괄호 안에 표시된다.

26. 문항 내용 생략 (TRIN-r, CRIN, THD, RC6)

주의를 요하는 척도 반응

6개의 MMPI-A-RF 척도-무력감/무망감(HLP), 불안(AXY), 피해의식(RC6), 기태적 경험(RC8), 약물 남용(SUB), 공격 성향(AGG)-는 검사 저자에 의해 즉각적인 주의 및 관찰이 필요하다고 판단되는 결정적 문항 내용이 있는 척도들이다. 주의를 요하는 척도의 T점수가 60점 이상인 경우, 청소년이 득점되는 방향(그렇다 또는 아니다)으로 대답한 문항이 다음에 제시된다. 각 문항에 득점되는 방향으로 응답한 MMPI-A-RF 규준 표본(NS)과 전국 정신과 외래환자(Boys)와 비교 집단(CG)의 비율이 문항 내용 다음의 괄호 안에 표시된다.

무력감/무망감(HLP, T점수 = 60)
56. 문항 내용 생략 (아니다; NS 31.6%, CG 28.1%)
60. 문항 내용 생략 (그렇다; NS 39.9%, CG 30.2%)
169. 문항 내용 생략 (아니다; NS 17.1%, CG 19.0%)
228. 문항 내용 생략 (그렇다; NS 35.6%, CG 33.3%)
239. 문항 내용 생략 (그렇다; NS 40.9%, CG 49.1%)

결정적 문항(Forbey & Ben-Porath)

MMPI-A-RF에는 일탈되는 방향으로 응답할 때 심리적 문제가 있음을 나타낼 수 있는 여러 문항이 포함되어 있다. 이러한 '결정적 문항'은 MMPI-A에 대해 Forbey와 Ben-Porath가 만든 문항에서 선택되었다[자세한 내용은 Forbey, J. D., & Ben-Porath, Y. S. (1998). *A critical item set for the MMPI-A*. Minneapolis, MN: University of Minnesota Press 참조). 결정적 문

항에 대한 반응은 이 청소년에 대한 가설에 추가적인 자료를 제공할 수 있지만, 단일 문항에 대한 반응은 신뢰하지 못할 수 있기 때문에 주의해야 한다. 각 문항에 득점되는 방향으로 응답한 MMPI-A-RF 규준 표본(NS)과 전국 정신과 외래환자(Boys)와 비교 집단(CG)의 비율이 문항 내용 다음의 괄호 안에 표시된다.

불안
170. 문항 내용 생략 (그렇다; NS 12.4%, CG 23.3%)

인지적 문제
126. 문항 내용 생략 (그렇다; NS 17.0%, CG 20.2%)

품행 문제
111. 문항 내용 생략 (그렇다; NS 24.6%, CG 25.5%)

우울/자살사고
46. 문항 내용 생략 (그렇다; NS 30.3%, CG 23.9%)
69. 문항 내용 생략 (그렇다; NS 20.1%, CG 26.0%)

환각 경험
108. 문항 내용 생략 (그렇다; NS 12.0%, CG 12.9%)

학교 문제
40. 문항 내용 생략 (그렇다; NS 22.3%, CG 36.7%)

┃주석┃

　이 부분에는 보고서의 각 문장에 대해 해당 문장을 적용하게 한 MMPI-A-RF의 점수가 나열되어 있다. 또한 각 문장은 검사 반응(문항 내용에 기반한 경우), 상관(경험적 상관물에 기반한 경우) 또는 추론(보고서 저자의 판단에 따른 경우)으로 구별된다. 이 정보는 주어진 문장 위에 커서를 놓아 화면에서 확인할 수도 있다. 상관에 기반한 진술을 뒷받침하는 타당도 자료는 MMPI-A-RF 실시, 채점, 해석 및 기술 매뉴얼에서 확인할 수 있다.

[1] 검사 반응: MLS=73

[2] 상관: MLS=73; COG=61

[3] 상관: MLS=73; STW=64

[4] 상관: RC2=75; MLS=73; INTR-r=81

[5] 검사 반응: COG=61

[6] 상관: COG=61

[7] 상관: RCd=74; RC7=63; MLS=73; COG=61; STW=64; NEGE-r=77

[8] 상관: RC7=63; HLP=60; SFD=62; NEGE-r=77

[9] 상관: SFD=62

[10] 상관: EID=80

[11] 검사 반응: RC2=75; INTR-r=81

[12] 상관: RC2=75; INTR-r=81

[13] 상관: RC2=75

[14] 검사 반응: RCd=74

[15] 상관: RCd=74; RC2=75; HLP=60; SFD=62; NEGE-r=77; INTR-r=81

[16] 상관: RCd=74

[17] 상관: RCd=74; RC2=75; RC7=63; HLP=60; NEGE-r=77; INTR-r=81

[18] 검사 반응: NFC=74

[19] 상관: NFC=74

[20] 검사 반응: SFD=62

[21] 상관: SFD=62; SHY=69

[22] 상관: RC2=75; SFD=62

[23] 상관: SFD=62; NFC=74

[24] 검사 반응: HLP=60

25 상관: RC2=75; HLP=60

26 상관: HLP=60

27 상관: HLP=60; INTR-r=81

28 검사 반응: RC7=63; NEGE-r=77

29 상관: RCd=74; RC7=63; HLP=60; NFC=74; STW=64; NEGE-r=77

30 상관: RC7=63

31 검사 반응: STW=64

32 검사 반응: CNP=38

33 검사 반응: SAV=82

34 상관: SAV=82; SHY=69

35 상관: RC2=75; SFD=62; SAV=82; SHY=69; INTR-r=81

36 상관: RC2=75; SAV=82; SHY=69; INTR-r=81MMPI

37 상관: SAV=82

38 검사 반응: SHY=69

39 상관: SHY=69

40 추론: MLS=73

41 추론: EID=80

42 추론: RCd=74; RC2=75; HLP=60; SFD=62; NEGEr-r=77; INTR-r=81

43 추론: RC2=75

44 추론: RC7=63; NEGE-r=77; INTR-r=81

45 추론: STW=64

46 추론: COG=61

47 추론: SAV=82

48 추론: SHY=69

49 추론: RC7=63; HLP=60; SFD=62

50 추론: EID=80; RCd=74; RC7=63; NEGE-r=77

51 추론: RCd=74

52 추론: NFC=74

53 추론: SFD=62

54 추론: HLP=60

55 추론: RC7=63; NEGE-r=77

▎보고서 종료 ▎

이 보고서의 이 페이지와 이전 페이지는 검사의 비밀을 포함하고 있으며, 「HIPAA(또는 영업 비밀 정보 공개를 면제하는 다른 자료 공개법)」에 따른 요청에 따라 제공되지 않는다. 또한 소송 제시 요청에 대한 공개는 해당 전문가의 윤리 지침과 적절한 보호 명령에 따라서만 이루어져야 한다.

참고문헌

Achenbach, T. M. (1978). Psychopathology of childhood: Research problems and issues. *Journal of Consulting and Clinical Psychology, 46*, 759-776.

Achenbach, T. M., & Edelbrock, C. S. (1983). *Manual for the Child Behavior Checklist and revised child behavior profile*. Burlington: University of Vermont.

Albert, D., Chein, J., & Steinberg, L. (2013). The teenage brain: Peer influences on adolescent decision making. *Current Directions in Psychological Science, 22*, 114-120.

Alperin, J. J., Archer, R. P., & Coates, G. D. (1996). Development and effects of an MMPI-AK-correction procedure. *Journal of Personality Assessment, 67*, 155-168.

American Psychiatric Association. (1994). *Diagnostic and statistical manual of mental disorders* (4th ed.). Washington, DC: Author.

American Psychological Association. (1986). Committee on psychological tests and assessment (CPTA). *Guidelines for computer-based tests and interpretations*. Washington, DC: Author.

American Psychological Association (2002). *Developing adolescents: A reference for professionals*. Washington: DC: American Psychological Association.

Anastasi, A. (1982). *Psychological testing* (5th ed.). New York: MacMillan.

Andrucci, G. L., Archer, R. P., Pancoast, D. L., & Gordon, R. A. (1989). The relationship of MMPI and sensation seeking scales to adolescent drug use. *Journal of Personality Assessment, 53*, 253-266.

Anthony, N. (1976). Malingering as role taking. *Journal of Clinical Psychology, 32*, 32-41.

Archer, R. P. (1984). Use of the MMPI with adolescents: A review of salient issues. *Clinical Psychology Review, 4*, 241-251.

Archer, R. P. (1987a). *MMPI adolescent interpretive system* [Computer program]. Odessa, FL: Psychological Assessment Resources, Inc.

Archer, R. P. (1987b). *Using the MMPI with adolescents*. Hillsdale, NJ: Lawrence Erlbaum Associates.

Archer, R. P. (1989). *MMPI assessment of adolescent clients* (Clinical notes on the MMPI, Monograph No. 12). Minneapolis, MN: National Computer Systems.

Archer, R. P. (1990). Responses of adolescents on the MMPI-2: Comparisons with MMPI findings. In R. C. Colligan (Chair), *The MMPI and adolescents: Historical perspective, current research, and future developments*. Symposium conducted at the annual convention of the American Psychological Association, Boston, MA.

Archer, R. P. (1992). Review of the Minnesota Multiphasic Personality Inventory-2 (MMPI-2). *In The Eleventh Mental Measurements Yearbook* (pp. 558-562). Lincoln: Buros Institute of Mental Measurements, University of Nebraska.

Archer, R. P. (1995). *MMPI-A interpretive system* (Version 2) [Computer program]. Odessa, FL: Psychological Assessment Resources, Inc.

Archer, R. P. (1997a). Future directions for the MMPI-A: Research and Clinical Issues. *Journal of Personality*

Assessment, 68, 95-109.

Archer, R. P. (1997b). *MMPI-A: Assessing adolescent psychopathology* (2nd edition). Mahwah, NJ: Lawrence Erlbaum Associates.

Archer, R. P. (2003). *MMPI-A interpretive system* (Version 3). [computer program]. Odessa: FL. Psychological Assessment Resources, Inc.

Archer, R. P. (2005). Implications of MMPI/MMPI-A findings for understanding adolescent development and psychopathology. *Journal of Personality Assessment, 8,* 257-270.

Archer, R. P. (2006). A perspective on the Restructured Clinical (RC) scale project. *Journal of Personality Assessment, 87*(2), 179-185.

Archer, R. P. (2013). *MMPI-A interpretive system* (Version 5). [Computer program]. Lutz, FL: Psychological Assessment Resources, Inc.

Archer, R. P., Aiduk, R., Griffin, R., & Elkins, D. E. (1996). Incremental validity of the MMPI-2 content scales in a psychiatric sample. *Assessment, 3,* 79-90.

Archer, R. P., Ball, J. D., & Hunter, J. A. (1985). MMPI characteristics of borderline psychopathology in adolescent inpatients. *Journal of Personality Assessment, 49,* 47-55.

Archer, R. P., Buffington-Vollum, J. K., Stredny, R. V., & Handel, R. W. (2006). A survey of psychological test use patterns among forensic psychologists. *Journal of Personality Assessment, 87,* 84-94.

Archer, R. P., & Elkins, D. E. (1999). Identification of random responding on the MMPI-A. *Journal of Personality Assessment, 73,* 407-421.

Archer, R. P., Fontaine, J., & McCrae, R. R. (1998). Effects of two MMPI-2 validity scales on basic scale relations to external criteria. *Journal of Personality Assessment, 70,* 87-102.

Archer, R. P., & Gordon, R. A. (1988). MMPI and Rorschach indices of schizophrenic and depressive diagnoses among adolescent inpatients. *Journal of Personality Assessment, 52,* 276-287.

Archer, R. P., & Gordon, R. A. (1991a). [Correlational analysis of the MMPI-A normative dataset]. Unpublished raw data.

Archer, R. P., & Gordon, R. A. (1991b, August). Use of content scales with adolescents: Past and future practices. In R. C. Colligan (Chair), *MMPI and MMPI-2 supplementary scales and profile interpretation-content scales revisited.* Symposium conducted at the annual convention of the American Psychological Association, San Francisco, CA.

Archer, R. P., & Gordon, R. A. (1994). Psychometric stability of MMPI-A item modi fications. *Journal of Personality Assessment, 62,* 416-426.

Archer, R. P., Gordon, R. A., Anderson, G. L., & Giannetti, R. A. (1989). MMPI special scale clinical correlates for adolescent inpatients. *Journal of Personality Assessment, 53,* 654-664.

Archer, R. P., Gordon, R. A., Giannetti, R. A., & Singles, J. M. (1988). MMPI scale clinical correlates for adolescent inpatients. *Journal of Personality Assessment, 52,* 707-721.

Archer, R. P., Gordon, R. A., & Kirchner, F. H. (1987). MMPI response-set characteristics among adolescents. *Journal of Personality Assessment, 51,* 506-516.

Archer, R. P., Gordon, R. A., & Klinefelter, D. (1991). [Analyses of the frequency of MMPI and MMPI-A profile assignments for 1762 adolescent patients]. Unpublished raw data.

Archer, R. P., Griffin, R., & Aiduk, R. (1995). MMPI-2 clinical correlates for ten common codes. *Journal of Personality Assessment, 65,* 391-407.

Archer, R. P., Handel, R. W., Ben-Porath, Y. S., & Tellegen, A. (2016a). *Minnesota Multiphasic Personality Inventory-Adolescent-Restructured Form (MMPI-RF): Administration, Scoring, Interpretation, and Technical Manual.* Minneapolis: University of Minnesota Press.

Archer, R. P., Handel, R. W., Ben-Porath, Y. S., & Tellegen, A. (2016b). *Minnesota Multiphasic Personality Inventory-Adolescent-Restructured Form (MMPI-RF): User's Guide for Reports.* Minneapolis: University of Minnesota Press.

Archer, R. P., Handel, R. W., & Lynch, K. D. (2001). The effectiveness of MMPI-A items in discriminating between normative and clinical samples. *Journal of Personality Assessment, 77,* 420-435.

Archer, R. P., Handel, R. W., Lynch, K. D., & Elkins, D. E. (2002). MMPI-A validity scale uses and limitations in detecting varying levels of random responding. *Journal of Personality Assessment, 78,* 417-431.

Archer, R. P., & Jacobson, J. M. (1993). Are critical items "critical" for the MMPI-A? *Journal of Personality Assessment, 61,* 547-556.

Archer, R. P., & Klinefelter, D. (1991). MMPI factor analytic findings for adolescents: Item- and scale-level factor structures. *Journal of Personality Assessment, 57,* 356-367.

Archer, R. P., & Klinefelter, D. (1992). Relationships between MMPI codetypes and MAC scale elevations in adolescent psychiatric samples. *Journal of Personality Assessment,*

58, 149-159.

Archer, R. P., & Krishnamurthy, R. (2002). *Essentials of MMPI-A Assessment*. New York: John Wiley & Sons.

Archer, R. P., Maruish, M., Imhof, E. A., & Piotrowski, C. (1991). Psychological test usage with adolescent clients: 1990 survey findings. *Professional Psychology: Research and Practice, 22*, 247-252.

Archer, R. P., & Newsom, C. R. (2000). Psychological test usage with adolescent clients: Survey update. *Assessment, 7*, 227-235.

Archer, R. P., Pancoast, D. L., & Gordon, R. A. (1994). The development of the MMPI-A Immaturity (IMM) scale: Findings for normal and clinical samples. *Journal of Personality Assessment, 62*, 145-156.

Archer, R. P., Pancoast, D. L., & Klinefelter, D. (1989). A comparison of MMPI code types produced by traditional and recent adolescent norms. *Psychological Assessment: A Journal of Consulting and Clinical Psychology, 1*, 23-29.

Archer, R. P., & Slesinger, D. (1999). MMPI- A patterns related to the endorsement of suicidal ideation. *Assessment, 6*, 51-59.

Archer, R. P., Stolberg, A. L., Gordon, R. A., & Goldman, W. R. (1986). Parent and child MMPI responses: Characteristics among families with adolescents in inpatient and outpatient settings. *Journal of Abnormal Child Psychology, 14*, 181-190.

Archer, R. P., Tirrell, C. A., & Elkins, D. E. (2001). Evaluation of an MMPI-A short form: Implications for adaptive testing. *Journal of Personality Assessment, 76*, 76-89.

Archer, R. P., White, J. L., & Orvin, G. H. (1979). MMPI characteristics and correlates among adolescent psychiatric inpatients. *Journal of Clinical Psychology, 35*, 498-504.

Arita, A. A., & Baer, R. (1998). Validity of selected MMPI-A content scales. *Psychological Assessment, 10*, 59-63.

Baer, R. A., Ballenger, J., Berry, D. T. R., & Wetter, M. W. (1997). Detection of random responding on the MMPI-A. *Journal of Personality Assessment, 68*, 139-151.

Baer, R. A., Wetter, M. W., & Berry, D. T. R. (1995). Effects of information about validity scales on underreporting of symptoms on the MMPI-2: An analogue investigation. *Assessment, 2*, 189-200.

Bagby, R. M., Buis, T., & Nicholson, R. A. (1995). Relative effectiveness of the standard validity scales in detecting fake-bad and fake-good responding: Replication and extension. *Psychological Assessment, 7*, 84-92.

Bagby, R. M., Rogers, R., & Buis, T. (1994). Detecting malingering and defensive responding on the MMPI-2

on a forensic inpatient sample. *Journal of Personality Assessment, 62*, 191-203.

Bagby, R. M., Rogers, R., Buis, T., Nicholson, R. A., Cameron, S. L., Rector, N. A., Schuller, D. R., & Seeman, M. V. (1997). Detecting feigned depression and schizophrenia on the MMPI-2. *Journal of Personality Assessment, 68*, 650-664.

Bagdade, P. S. (2004). Malingering on the MMPI-A: An investigation of the standard validity scales and the infrequency-psychopathology scale-adolescent version (fp-A) (Doctoral dissertation). Available from ProQuest Dissertations & Theses Global. (UMI No. 3098566).

Ball, J. C. (1960). Comparison of MMPI profile differences among Negro-white adolescents. *Journal of Clinical Psychology, 16*, 304-307.

Ball, J. C. (1962). *Social deviancy and adolescent personality: An analytical study with the MMPI*. Lexington: University of Kentucky Press.

Ball, J. C., & Carroll, D. (1960). Analysis of MMPI Cannot Say scores in an adolescent population. *Journal of Clinical Psychology, 16*, 30-31.

Ball, J. D., Archer, R. P., & Imhof, E. A. (1994). Time requirements of psychological testing: A survey of practitioners. *Journal of Personality Assessment, 63*, 239-249.

Ball, J. D., Archer, R. P., Struve, F. A., Hunter, J. A., & Gordon, R. A. (1987). MMPI correlates of a controversial EEG pattern among adolescent psychiatric patients. *Journal of Clinical Psychology, 43*, 708-714.

Bandura, A. (1964). The stormy decade: Fact or fiction? *Psychology in the School, 1*, 224-231.

Barron, F. (1953). An ego-strength scale which predicts response to psychotherapy. *Journal of Consulting Psychology, 17*, 327-333.

Basham, R. B. (1992). Clinical utility of the MMPI research scales in the assessment of adolescent acting out behaviors. *Psychological Assessment, 4*, 483-492.

Baum, L. J., Archer, R. P., Forbey, J. D., & Handel, R. W. (2009). A review of the Minnesota Multiphasic Personality Inventory-Adolescent (MMPI-A) and the Millon Adolescent Clinical Inventory (MACI) with an emphasis on juvenile justice samples. *Assessment, 16*, 384-400.

Bell, H. M. (1934). *Adjustment Inventory*. Stanford, CA: Stanford University Press.

Bence, V. M., Sabourin, C., Luty, D. T., & Thackrey, M. (1995). Differential sensitivity of the MMPI-2 depression scales and subscales. *Journal of Clinical Psychology, 51*, 375-377.

Ben-Porath, Y. S. (1990). MMPI-2 items. In J. N. Butcher (Ed.),

MMPI-2 news and profiles: A newsletter of the MMPI-2 workshops and symposia (Vol. 1, No 1, (pp. 8-9). Minneapolis: University of Minnesota Press.

Ben-Porath, Y. S. (1994). The ethical dilemma of coached malingering research. *Psychological Assessment, 6*, 14-15.

Ben-Porath, Y. S. (2012). *Interpreting the MMPI-2-RF*. Minneapolis: University of Minnesota Press.

Ben-Porath, Y. S., Butcher, J. N., & Graham, J. R. (1991). Contribution of the MMPI-2 content scales to the differential diagnosis of schizophrenia and major depression. *Psychological Assessment, 3*, 634-640.

Ben-Porath, Y. S., & Forbey, J. D. (2003). *Non-gendered norms for the MMPI-2*. Minneapolis: University of Minnesota Press.

Ben-Porath, Y. S., Graham, J. R., Archer, R. P., Tellegen, A., & Kaemmer, B. (2006). *Supplement to the MMPI-A manual for administration, scoring, and interpretation*. Minneapolis: University of Minnesota Press.

Ben-Porath, Y. S., Hostetler, K., Butcher, J. N., & Graham, J. R. (1989). New subscales for the MMPI-2 Social Introversion (Si) scale. *Psychological Assessment: A Journal of Consulting and Clinical Psychology, 1*, 169-174.

Ben-Porath, Y. S., McCully, E., & Almagor, M. (1993). Incremental validity of the MMPI-2 content scales in the assessment of personality and psychopathology by self-report. *Journal of Personality Assessment, 61*, 557-575.

Ben-Porath, Y. S., & Sherwood, N. E. (1993). *The MMPI-2 content component scales* (MMPI-2/A Test Reports, No. 1) Minneapolis: University of Minnesota Press.

Ben-Porath, Y. S., Slutske, W. S., & Butcher, J. N. (1989). A real-data simulation of computerized adaptive administration of the MMPI. *Psychological Assessment: A Journal of Consulting and Clinical Psychology, 1*, 18-22.

Ben-Porath, Y. S., & Tellegen, A. (1995). How (not) to evaluate the comparability of MMPI and MMPI-2 profile configurations: A reply to Humphrey and Dahlstrom. *Journal of Personality Assessment, 65*, 52-58.

Ben-Porath, Y. S., & Tellegen, A. (2008/2011). *MMPI-2-RF (Minnesota Multiphasic Personality Inventory-2 Restructured Form): Manual for administration, scoring, and interpretation*. Minneapolis, MN: University of Minnesota Press.

Bernreuter, R. G. (1933). The theory and construction of the Personality Inventory. *Journal of Social Psychology, 4*, 387-405.

Berry, D. T. R., Wetter, M. W., Baer, R. A., Larsen, L., Clark,
C., & Monroe, K. (1992). MMPI-2 random responding indices: Validation using a self-report methodology. *Psychological Assessment, 4*, 340-345.

Berry, D. T. R., Wetter, M. W., Baer, R. A., Widiger, T. A., Sumpter, J. C., Reynolds, S. K., & Hallam, R. A. (1991). Detection of random responding on the MMPI-2: Utility of F, back F and VRIN scales. *Psychological Assessment: A Journal of Consulting and Clinical Psychology, 3*, 418-423.

Bertelson, A. D., Marks, P. A., & May, G. D. (1982). MMPI and race: A controlled study. *Journal of Consulting and Clinical Psychology, 50*, 316-318.

Black, K. (1994). A critical review of the MMPI-A. *Child Assessment News, 4*, 9-12.

Blais, M. A. (1995). MCMI-II personality traits associated with the MMPI-2 masculinity-femininity scale. *Assessment, 2*, 131-136.

Blos, P. (1962). *On adolescence: A psychoanalytic interpretation*. New York: The Free Press.

Blos, P. (1967). The second individuation process of adolescence. *Psychoanalytic Study of the Child, 22*, 162-186.

Bolinskey, P. K., Arnau, R. C., Archer, R. P., & Handel, R. W. (2004). A replication of the MMPI-A 5 scales and development of facet subscales. *Assessment, 11*(1), 40-48.

Bonfilio, S. A., & Lyman, R. D. (1981). Ability to simulate normalcy as a function of differential psychopathology. *Psychological Reports, 49*, 15-21.

Bonnie, R. J., & Scott, E. S. (2013). The teenage brain: Adolescent brain research and the law. *Current Directions in Psychological Science, 22*, 158-161.

Boone, D. (1994). Reliability of the MMPI-2 subtle and obvious scales with psychiatric inpatients. *Journal of Personality Assessment, 62*, 346-351.

Boone, D. (1995). Differential validity of the MMPI-2 subtle and obvious scales with psychiatric inpatients: Scale 2. *Journal of Clinical Psychology, 51*, 526-531.

Brandenburg, N. A., Friedman, R. M., & Silver, S. E. (1989). The epidemiology of childhood psychiatric disorders: Prevalence findings from recent studies. *Journal of the American Academy of Child and Adolescent Psychiatry, 29*, 76-83.

Brauer, B. A. (1992). The signer effect on MMPI performance of deaf respondents. *Journal of Personality Assessment, 58*, 380-388.

Brems, C., & Johnson, M. E. (1991). Subtle-Obvious scales of the MMPI: Indicators of profile validity in a psychiatric population. *Journal of Personality Assessment, 56,* 536-544.

Breton, J. J., Bergeron, L., Valla, J. P., Berthiaume, C., Gaudet, N., Lambert, J., Saint-Georges, M., Houde, L., & Lepine, S. (1999). Quebec child mental health survey: Prevalence of DSM-III-R mental health disorders. *Journal of Child Psychology and Psychiatry and Allied Disciplines, 40,* 375-384.

Briggs, P. F., Wirt, R. D., & Johnson, R. (1961). An application of prediction tables to the study of delinquency. *Journal of Consulting Psychology, 25,* 46-50.

Brophy, A. L. (2005). Note on Meunier and Bodkins's (2005) "Interpretation of MMPI- A Scale 5 with female patients." *Psychological Reports, 97,* 673-674.

Burke, K. C., Burke, J. D., Regier, D. A., & Rae, D. S. (1990). Age at onset of selected mental disorders in five community populations. *Archives of General Psychiatry, 47,* 511-518.

Butcher, J. N. (1985). Why MMPI short forms should not be used for clinical predictions. In J. N. Butcher & J. R. Graham (Eds.), *Clinical applications of the MMPI* (pp. 10-11). Minneapolis: University of Minnesota Department of Conferences.

Butcher, J. N. (1987a). Computerized clinical and personality assessment using the MMPI. In J. N. Butcher (Ed.), *Computerized psychological assessment: A practitioner's guide* (pp. 161-197). New York: Basic Books.

Butcher, J. N. (Ed.) (1987b). *Computerized psychological assessment: A practitioner's guide.* New York: Basic Books.

Butcher, J. N. (1990). *MMPI-2 in psychological treatment.* New York: Oxford University Press.

Butcher, J. N. (2005). Exploring universal personality characteristics: An objective approach. *International journal of clinical and health psychology, 5,* 554-566.

Butcher, J.N., Cabiya, J., Lucio, E., & Garrido, M. (2007). Assessing Hispanic clients with the MMPI-A. In *Assessing Hispanic clients using the MMPI-2 and A* (pp. 163-198). Washington, DC: American Psychological Association.

Butcher, J. N., Dahlstrom, W. G., Graham, J. R., Tellegen, A., & Kaemmer, B. (1989). *Minnesota Multiphasic Personality Inventory-2 (MMPI-2): Manual for administration and scoring.* Minneapolis: University of Minnesota Press.

Butcher, J. N., Graham, J. R., & Ben-Porath, Y. S. (1995). Methodological problems and issues in MMPI, MMPI-2, and A research. *Psychological Assessment, 7,* 320-329.

Butcher, J. N., Graham, J. R., Ben-Porath, Y. S., Tellegen, A.,

Dahlstrom, W. G., & Kaemmer, B. (2001). *Minnesota Multiphasic Personality Inventory-2 (MMPI-2). Manual for administration, scoring, and interpretation* (rev. ed.). Minneapolis: University of Minnesota Press.

Butcher, J. N., Graham, J. R., Williams, C. L., & Ben-Porath, Y. S. (1990). *Development and use of the MMPI-2 content scales.* Minneapolis: University of Minnesota Press.

Butcher, J. N., & Hostetler, K. (1990). Abbreviating MMPI item administration: What can be learned from the MMPI for the MMPI-2? *Psychological Assessment: A Journal of Consulting and Clinical Psychology, 2,* 12-21.

Butcher, J. N., & Owen, P. L. (1978). Objective personality inventories: Recent research and some contemporary issues. In B. B. Wolman (Ed.), *Clinical diagnosis of mental disorders: A handbook* (pp. 475-545). New York: Plenum.

Butcher, J. N., Perry, J. N., & Atlis, M. M. (2000). Validity and utility of computer-based test interpretation. *Psychological Assessment, 12,* 6-18.

Butcher, J. N., & Tellegen, A. (1978). Common methodological problems in MMPI research. *Journal of Consulting and Clinical Psychology, 46,* 620-628.

Butcher, J. N., & Williams, C. L. (1992). *The Minnesota report: Adolescent interpretive system* [Computer program]. Minneapolis, MN: National Computer Systems.

Butcher, J. N., & Williams, C. L. (2000). *Essentials of MMPI-2 and A interpretation* (2nd ed.). Minneapolis: University of Minnesota Press.

Butcher, J. N., Williams, C. L., Graham, J. R., Archer, R. P., Tellegen, A., Ben-Porath, Y. S., & Kaemmer, B. (1992). *MMPI-A (Minnesota Multiphasic Personality Inventory-Adolescent): Manual for administration, scoring, and interpretation.* Minneapolis: University of Minnesota Press.

Caldwell, A. B. (1969). *MMPI critical items.* Unpublished mimeograph. (Available from Caldwell Report, 1545 Sawtelle Boulevard, Ste. 14, Los Angeles, CA 90025.)

Caldwell, A. B. (1971, April). *Recent advances in automated interpretation of the MMPI.* Paper presented at the sixth annual MMPI Symposium, Minneapolis, MN.

Caldwell, A. B. (1977a). *Questions people ask when taking the MMPI.* (Special Bulletin No. 3, available from Caldwell Report, 1545 Sawtelle Blvd., Ste. 14, Los Angeles, CA 90025.)

Caldwell, A. B. (1988). *MMPI supplemental scale manual.* Los Angeles: Caldwell Report.

Calvin, J. (1975). *A replicated study of the concurrent validity of the Harris subscales for the MMPI.* Unpublished doctoral dissertation, Kent State University, Kent, OH.

Cantwell, D. P., Lewinsohn, P. M., Rohde, P., & Seeley, J. R. (1997). Correspondence between adolescent report and parent report of psychiatric diagnostic data. *Journal of the American Academy of Child and Adolescent Psychiatry*, *36*, 610-619.

Capwell, D. F. (1945a). Personality patterns of adolescent girls. I. Girls who show improvement in IQ. *Journal of Applied Psychology*, *29*, 212-228.

Capwell, D. F. (1945b). Personality patterns of adolescent girls. II. Delinquents and non-delinquents. *Journal of Applied Psychology*, *29*, 284-297.

Carlson, D. A. (2001). *Computerized vs. written administration of the MMPI-A in clinical and non-clinical settings* (Doctoral dissertation). Available from ProQuest Dissertations & Theses Global (UMI No. 3006665).

Casey, B.J., & Caudle, K. (2013). The teenage brain: Self-control. *Current Directions in Psychological Science*, *22*, 82-87.

Cashel, M. L., Rogers, R., Sewell, K. W., & Holliman, N. G. (1998). Preliminary validation of the MMPI-A for a male delinquent sample. An investigation of clinical correlates and discriminant validity. *Journal of Personality Assessment*, *71*, 46-69.

Center for Disease Control and Prevention (2007). *Suicide trends among youths and young adults aged 10-24 years-United States, 1990-2004* [Online]. Available: http://www.cdc.gov/mmwr/preview/mmwrhtml/mm5635a2.html.

Center for Disease Control and Prevention (2009). *Suicide rates among persons ages 10 years and older, by race/ethnicity, United States, 2005-2009* [Online]. Available: http://www.cdc.gov/violenceprevention/suicide/statistics/rates01.html.

Center for Disease Control and Prevention (2009). *Trends in suicide rates among persons ages 10 years and older, by sex, United States, 1991-2009* [Online]. Available: http://www.cdc.gov/violenceprevention/suicide/statistics/trends01.html.

Center for Disease Control and Prevention (2012). *Suicide facts at a glance* [Online]. Available: http://www.cdc.gov/violenceprevention/pdf/Suicide-DataSheet-a.pdf

Cheung, F. M., Song, W., & Butcher, J. N. (1991). An infrequency scale for the Chinese MMPI. *Psychological Assessment: A Journal of Consulting and Clinical Psychology*, *3*, 648-653.

Choi, H., Kurtz, E. G., & Proctor, T. B. (2012). Concurrent evidence for validity of the MMPI- A substance abuse scales in a school setting. *The International Journal of Educational and Psychological Assessment*, *11*, 108-119.

Clark, M. E. (1994). Interpretive limitations of the MMPI-2 anger and cynicism content scales. *Journal of Personality Assessment*, *63*, 89-96.

Clavelle, P. R. (1992). Clinicians' perceptions of the comparability of the MMPI and MMPI-2. *Psychological Assessment*, *4*, 466-472.

Clopton, J. R. (1978). MMPI scale development methodology. *Journal of Personality Assessment*, *42*, 148-151.

Clopton, J. R. (1979). Development of special MMPI scales. In C. S. Newmark (Ed.), *MMPI: Clinical and research trends* (pp. 354-372). New York: Praeger.

Clopton, J. R. (1982). MMPI scale development methodology reconsidered. *Journal of Personality Assessment*, *46*, 143-146.

Clopton, J. R., & Neuringer, C. (1977). MMPI Cannot Say scores: Normative data and degree of profile distortion. *Journal of Personality Assessment*, *41*, 511-513.

Cohn, L. D. (1991). Sex differences in the course of personality development: A meta-analysis. *Psychological Bulletin*, *109*, 252-266.

Colligan, R. C. (Chair). (1988, August). *MMPI subscales and profile interpretation: Harris and Lingoes revisited*. Symposium conducted at the annual convention of the American Psychological Association, Atlanta, GA.

Colligan, R. C., & Offord, K. P. (1985). Revitalizing the MMPI: The development of contemporary norms. *Psychiatric Annals*, *15*, 558-568.

Colligan, R. C., & Offord, K. P. (1989). The aging MMPI: Contemporary norms for contemporary teenagers. *Mayo Clinic Proceedings*, *64*, 3-27.

Colligan, R. C., & Offord, K. P. (1991). Adolescents, the MMPI, and the issue of K-correction: A contemporary normative study. *Journal of Clinical Psychology*, *47*, 607-631.

Colligan, R. C., & Offord, K. P. (1992). Age, stage, and the MMPI: Changes in response patterns over an 85-year age span. *Journal of Clinical Psychology*, *48*, 476-493.

Colligan, R. C., & Osborne, D. (1977). MMPI profiles from adolescent medical patients. *Journal of Clinical Psychology*, *33*, 186-189.

Colligan, R. C., Osborne, D., & Offord, K. P. (1980). Linear transformation and the interpretation of MMPI T-scores. *Journal of Clinical Psychology*, *36*, 162-165.

Colligan, R. C., Osborne, D., & Offord, K. P. (1984). Normalized transformations and the interpretation of

MMPI T-scores: A reply to Hsu. *Journal of Consulting and Clinical Psychology, 52,* 824-826.

Colligan, R. C., Osborne, D., Swenson, W. M., & Offord, K. P. (1983). *The MMPI: A contemporary normative study.* New York: Praeger.

Conkey, V. A. (2000). *Determining the sensitivity of the MMPI-A to random responding and malingering in adolescents* (Doctoral dissertation). Available from ProQuest Dissertations & Theses Global. (UMI No. 9935389).

Corrales, M. L., Cabiya, J. J., Gomes, F., Ayala, G. X., Mendoza, S., & Velasquez, R. J. (1998). MMPI-2 and A research with U.S. Latinos: A bibliography. *Psychological Reports, 83,* 1027-1033.

Costello, E. J., Angold, A., Borns, B. J., Stangl, D. K., Tweed, D. L., Erkanli, A., & Worthman, C. M. (1996). The great smoky mountain study of youth: Goals, design, methods, and the prevalence of DSM-III-R disorders. *Archives of General Psychiatry, 53,* 1129-1137.

Costello, E. J., Copeland, W., & Angold, A. A. (2012). Trends in psychopathology across the adolescent years: What changes when children become adolescents, and when adolescents become adults? *Journal of Child Psychology and Psychiatry, 52,* 1015-1025.

Cross, T. L., Adams, C., Dixon, F., & Holland, J. (2004). Psychological characteristics of academically gifted adolescents attending a residential academy: A longitudinal study. *Journal for the Education of the Gifted, 28,* 159-181.

Cross, T. L., Cassady, J. C., Dixon, F. A., & Adams, C. M. (2008). The psychology of gifted adolescents as measured by the MMPI-A. *Gifted Child Quarterly, 52,* 326-339.

Cumella, E. J., Wall, A. D., & Kerr-Almeida, N. (1999). MMPI-A in the inpatient assessment of adolescents with eating disorders. *Journal of Personality Assessment, 73,* 31-44.

Dahlstrom, W. G. (1992). Comparability of two-point high-point code patterns from original MMPI norms to MMPI-2 norms for the restandardization sample. *Journal of Personality Assessment, 59,* 153-164.

Dahlstrom, W. G., Archer, R. P., Hopkins, D. G., Jackson, E., & Dahlstrom, L. E. (1994). *Assessing the readability of the Minnesota Multiphasic Personality Inventory instruments: The MMPI, MMPI-2, A* (MMPI-2/ A Test Reports No. 2). Minneapolis: University of Minnesota Press.

Dahlstrom, W. G., & Dahlstrom, L. E. (Eds.) (1980). *Basic readings on the MMPI: A new selection on personality measurement.* Minneapolis: University of Minnesota

Press.

Dahlstrom, W. G., Lachar, D., & Dahlstrom, L. E. (1986). *MMPI patterns of American minorities.* Minneapolis: University of Minnesota Press.

Dahlstrom, W. G., & Welsh, G. S. (1960). *An MMPI handbook: A guide to use in clinical practice and research.* Minneapolis: University of Minnesota Press.

Dahlstrom, W. G., Welsh, G. S., & Dahlstrom, L. E. (1972). *An MMPI handbook: Vol. I. Clinical interpretation* (rev. ed.). Minneapolis: University of Minnesota Press.

Dahlstrom, W. G., Welsh, G. S., & Dahlstrom, L. E. (1975). *An MMPI handbook: Vol. II. Research applications* (rev. ed.). Minneapolis: University of Minnesota Press.

Dannenbaum, S. E., & Lanyon, R. I. (1993). The use of subtle items in detecting deception. *Journal of Personality Assessment, 61,* 501-510.

Dodrill, C. B., & Clemmons, D. (1984). Use of neuropsychological tests to identify high school students with epilepsy who later demonstrate inadequate performances in life. *Journal of Consulting and Clinical Psychology, 52,* 520-527.

Drake, L. E. (1946). A social I-E Scale for the MMPI. *Journal of Applied Psychology, 30,* 51-54.

Edwards, D. W., Morrison, T. L., & Weissman, H. N. (1993a). The MMPI and MMPI-2 in an outpatient sample: Comparisons of code types, validity scales, and clinical scales. *Journal of Personality Assessment, 61,* 1-18.

Edwards, D. W., Morrison, T. L., & Weissman, H. N. (1993b). Uniform versus linear T-scores on the MMPI-2/ MMPI in an outpatient psychiatric sample: Differential contributions. *Psychological Assessment, 5,* 499-500.

Ehrenworth, N. V. (1984). *A comparison of the utility of interpretive approaches with adolescent MMPI profiles.* Unpublished doctoral dissertation, Virginia Consortium for Professional Psychology, Norfolk, VA.

Ehrenworth, N. V., & Archer, R. P. (1985). A comparison of clinical accuracy ratings of interpretive approaches for adolescent MMPI responses. *Journal of Personality Assessment, 49,* 413-421.

Elkind, D. (1978). Understanding the young adolescent. *Adolescence, 13,* 127-134.

Elkind, D. (1980). Egocentrism in adolescence. In R. E. Muuss (Ed.), *Adolescent behavior and society: A book of readings* (3rd ed., pp. 79-88). New York: Random House.

Elkind, D., & Bowen, R. (1979). Imaginary audience behavior in children and adolescents. *Developmental Psychology, 15,* 38-44.

Endicott, J., & Spitzer, R. L. (1978). A diagnostic interview: the schedule for affective disorders and schizophrenia. *Archives of general psychiatry, 35*, 837-844.

Erikson, E. H. (1956). The concept of ego identity. *The Journal of the American Psychoanalytic Association, 4*, 56-121.

Exner, J. E., Jr., McDowell, E., Pabst, J., Stackman, W., & Kirk, L. (1963). On the detection of willful falsifications in the MMPI. *Journal of Consulting Psychology, 27*, 91-94.

Finlay, S. W., & Kapes, J. T. (2000). Scale 5 of the MMPI and MMPI-2: Evidence of disparity. *Assessment, 7*, 97-101.

Finn, S. E. (1996). *Manual for using the MMPI-2 as a therapeutic intervention.* Minneapolis: University of Minnesota Press.

Finn, S. E., & Tonsager, M. E. (1992). Therapeutic effects of providing MMPI-2 test feedback to college students awaiting therapy. *Psychological Assessment, 4*, 278-287.

Flesch, R. (1948). A new readability yardstick. *Journal of Applied Psychology, 32*, 221-233.

Foerstner, S. B. (1986). *The factor structure and factor stability of selected Minnesota Multiphasic Personality Inventory (MMPI) subscales: Harris and Lingoes subscales*, Wiggins content scales, Wiener subscales, and Serkownek subscales. Unpublished doctoral dissertation, University of Akron, Akron, OH.

Fontaine, J. L., Archer, R. P., Elkins, D. E., & Johansen, J. (2001). The effects of MMPI-A score elevation on classification accuracy for normal and clinical adolescent samples. *Journal of Personality Assessment, 76*, 264-281.

Forbey, J. D., & Ben-Porath, Y. S. (1998). *A critical item set for the MMPI-A (2/MMPI-A test reports #4).* Minneapolis: University of Minnesota Press.

Forbey, J. D., & Ben-Porath, Y. S. (2003). Incremental validity of the MMPI-A content scales in a residential treatment facility. *Assessment, 10*(2), 191-202.

Forbey, J. D., Ben-Porath, Y. S., & Graham, J. R. (2005, April). *MMPI-A critical item endorsement frequencies across settings.* Poster session presented at the 40th Annual Symposium on Recent Research with the MMPI-2/ A. Fort Lauderdale, FL.

Forbey, J. D., Handel, R. W., & Ben-Porath, Y. S. (2000). Real data simulation of computerized adaptive administration of the MMPI-A. *Computers in Human Behavior, 16*, 83-96.

Fowler, R. D. (1964, September). *Computer processing and reporting of personality test data.* Paper presented at the annual meeting of the American Psychological Association, Los Angeles, CA.

Fowler, R. D. (1985). Landmarks in computer-assisted psychological assessment. *Journal of Consulting and Clinical Psychology, 53*, 748-759.

Freud, A. (1958). Adolescence. *Psychoanalytic Study of the Child, 13*, 255-278.

Friedman, A.F., Archer, R.P., & Handel, R.W. (2005). Minnesota Multiphasic Personality Inventories (MMPI/ MMPI- 2, A) and suicide. In R.I. Yufit & D. Lester (Eds.), *Assessment, treatment, and prevention of suicidal behavior* (pp. 63-91). Hoboken: John Wiley & Sons.

Friedman, A.F., Bolinskey, P.K., Levak, R.W., & Nichols, D.S. (2015). *Psychological assessment with the MMPI-2/ 2-RF.* New York: Routledge.

Friedman, A. F., Lewak, R., Nichols, D. S. & Webb, J. T. (2001). *Psychological assessment with the MMPI-2.* Mahwah, NJ: Lawrence Erlbaum Associates.

Friedman, A. F., Webb, J. T., & Lewak, R. (1989). *Psychological assessment with the MMPI.* Hillsdale, NJ: Lawrence Erlbaum Associates.

Friedman, J. M. H., Asnis, G. M., Boeck, M., & DiFiore, J. (1987). Prevalence of specific suicidal behaviors in a high school sample. *American Journal of Psychiatry, 144*, 1203-1206.

Gallucci, N. T. (1994). Criteria associated with clinical scales and Harris-Lingoes subscales of the Minnesota Multiphasic Personality Inventory with adolescent inpatients. *Psychological Assessment, 6*, 179-187.

Gallucci, N. T. (1997a). Correlates of MMPI- A substance abuse scales. *Assessment, 4*, 87-94.

Gallucci, N. T. (1997b). On the identification of patterns of substance abuse with the MMPI-A. *Psychological Assessment, 3*, 224-232.

Gantner, A., Graham, J., & Archer, R. P. (1992). Usefulness of the MAC scale in differentiating adolescents in normal, psychiatric, and substance abuse settings. *Psychological Assessment, 4*, 133-137.

Gilberstadt, H., & Duker, J. (1965). *A handbook for clinical and actuarial MMPI interpretation.* Philadelphia: Saunders.

Gocka, E. F., & Holloway, H. (1963). *Normative and predictive data on the Harris and Lingoes subscales for a neuropsychiatric population* (Rep. No. 7). American Lake, WA: Veterans Administration Hospital.

Goldberg, L. R. (1965). Diagnosticians vs. diagnostic signs: The diagnosis of psychosis vs. neurosis from the MMPI. *Psychological Monographs, 79* (9, Whole No. 602).

Goldberg, L. R. (1972). Man vs. mean: The exploitation of group profiles for the construction of diagnostic classification systems. *Journal of Abnormal Psychology, 79*, 121-131.

Goldman, V. J., Cooke, A., & Dahlstrom, W. G. (1995). Black-white differences among college students: A comparison of MMPI and MMPI-2 norms. *Assessment, 2*, 293-299.

Gottesman, I. I., Hanson, D. R., Kroeker, T. A., & Briggs, P. F. (1987). New MMPI normative data and power-transformed T-score tables for the Hathaway-Monachesi Minnesota cohort of 14,019 fifteen-year-olds and 3,674 eighteen-year-olds. In R. P. Archer, *Using the MMPI with adolescents* (pp. 241-297). Hillsdale, NJ: Lawrence Erlbaum Associates.

Gottesman, I. I., & Prescott, C. A. (1989). Abuses of the MacAndrew Alcoholism scale: A critical review. *Clinical Psychology Review, 9*, 223-242.

Gough, H. G. (1947). Simulated patterns on the MMPI. *Journal of Abnormal and Social Psychology, 42*, 215-225.

Gough, H. G. (1954). Some common misconceptions about neuroticism. *Journal of Consulting Psychology, 18*, 287-292.

Gould, M. S., Wunsch-Hitzig, R., & Dohrenwend, B. (1981). Estimating the prevalence of child psychopathology: A critical review. *Journal of the American Academy of Child Psychiatry, 20*, 462-476.

Graham, J. R. (2000). *MMPI-2: Assessing personality and psychopathology* (3rd ed.). New York: Oxford University Press.

Graham, J. R. (2012). *MMPI-2: Assessing personality and psychopathology* (5th ed.). New York: University of Oxford Press, Inc.

Graham, J. R., Ben-Porath, Y. S., & McNulty, J. L. (1999). *MMPI-2 Correlates for Outpatient Community Mental Health Settings.* Minneapolis: University of Minnesota Press.

Graham, J. R., Schroeder, H. E., & Lilly, R. S. (1971). Factor analysis of items on the Social Introversion and Masculinity-Femininity scales of the MMPI. *Journal of Clinical Psychology, 27*, 367-370.

Graham, J. R., Timbrook, R. E., Ben-Porath, Y. S., & Butcher, J. N. (1991). Code-type congruence between MMPI and MMPI-2: Separating fact from artifact. *Journal of Personality Assessment, 57*, 205-215.

Graham, J. R., Watts, D., & Timbrook, R. E. (1991). Detecting fake-good and fake-bad MMPI-2 profiles. *Journal of Personality Assessment, 57*, 264-277.

Graham, P., & Rutter, M. (1985). Adolescent disorders. In M. Rutter & L. Hovsov (Eds.), *Child and adolescent psychiatry: Modern approaches* (pp. 351-367). Oxford,

England: Blackwell.* *Graham v. Florida*, 130 S. Ct. 2011, 560 U.S. 48, 176 L. Ed. 2d 825 (2010).

Grayson, H. M. (1951). *A psychological admissions testing program and manual.* Los Angeles: Veterans Administration Center, Neuropsychiatric Hospital.

Grayson, H. M., & Olinger, L. B. (1957). Simulation of "normalcy" by psychiatric patients on the MMPI. *Journal of Consulting Psychology, 21*, 73-77.

Green, S. B., & Kelley, C. K. (1988). Racial bias in prediction with the MMPI for a juvenile delinquent population. *Journal of Personality Assessment, 52*, 263-275.

Greene, R. L. (1980). *The MMPI: An interpretive manual.* New York: Grune & Stratton.

Greene, R. L. (1982). Some reflections on "MMPI short forms: A literature review." *Journal of Personality Assessment, 46*, 486-487.

Greene, R. L. (1987). Ethnicity and MMPI performance: A review. *Journal of Consulting and Clinical Psychology, 55*, 497-512.

Greene, R. L. (1988). Introduction. In R. L. Greene (Ed.), *The MMPI: Use with specific populations* (pp. 1-21). San Antonio, TX: Grune & Stratton.

Greene, R. L. (1989a). *Assessing the validity of MMPI profiles in clinical settings* (Clinical notes on the MMPI, Monograph No. 11). Minneapolis, MN: National Computer Systems.

Greene, R. L. (1989b). *MMPI adult interpretive system* [Computer program]. Odessa, FL: Psychological Assessment Resources, Inc.

Greene, R. L. (1991). *The MMPI-2/MMPI: An interpretive manual.* Boston: Allyn & Bacon.

Greene, R. L. (1994). Relationships among MMPI codetype, gender, and setting in the MacAndrew Alcoholism Scale. *Assessment, 1*, 39-46.

Greene, R. L. (2000). *MMPI-2: An interpretive manual* (2nd ed.). Boston: Allyn & Bacon.

Greene, R. L. (2011). *The MMPI-2/2-RF: An interpretive manual* (3rd ed.). Boston: Allyn & Bacon.

Greene, R. L., Arredondo, R., & Davis, H. G. (1990, August). *The comparability between the MacAndrew Alcoholism Scale-Revised (MMPI-2) and the MacAndrew Alcoholism Scale* (MMPI). Paper presented at the annual meeting of the American Psychological Association, Boston, MA.

Greene, R. L., & Garvin, R. D. (1988). Substance abuse/dependence. In R. L. Greene (Ed.), *The MMPI: Use in specific populations* (pp. 157-197). San Antonio, TX: Grune & Stratton.

Grossman, H. Y., Mostofsky, D. I., & Harrison, R. H. (1986). Psychological aspects of Gilles de la Tourette Syndrome. *Journal of Clinical Psychology, 42,* 228-235.

Groth-Marnat, G. (2003). *Handbook of psychological assessment* (4th ed.). New York: John Wiley and Sons.

Groth-Marnat, G., & Schumaker, J. (1989). Computer-based psychological testing: Issues and guidelines. *American Journal of Orthopsychiatry, 59,* 257-263.

Gumbiner, J. (1997). Comparison of scores on the MMPI- A and the 2 for young adults. *Psychological Reports, 81,* 787-794.

Gumbiner, J. (1998). MMPI-A profiles of Hispanic adolescents. *Psychological Reports, 82,* 659-672.

Gumbiner, J. (2000). Limitations in ethnic research on the MMPI-A. *Psychological Reports, 87,* 1229-1230.

Gynther, M. D. (1972). White norms and black MMPIs: A prescription for discrimination? *Psychological Bulletin, 78,* 386-402.

Gynther, M. D. (1989). MMPI comparisons of blacks and whites: A review and commentary. *Journal of Clinical Psychology, 45,* 878-883.

Hall, G. S. (1904). *Adolescence: Its psychology and its relationship to physiology, anthropology, sociology, sex, crime, religion, and education.* New York: Appleton.

Hand, C. G., Archer, R. P., Handel, R. W., & Forbey, J. D. (2007). The classification accuracy of the Minnesota Multiphasic Personality Inventory-Adolescent: Effects of modifying the normative sample. *Assessment, 14,* 80-85.

Handel, R. W., Archer, R. P., Elkins, D. E., Mason, J. A., & Simonds-Bisbee, E. C. (2011). Psychometric properties of the Minnesota Multiphasic Personality Inventory-Adolescent (MMPI-A) clinical, content, and supplementary scales in a forensic sample. *Journal of Personality Assessment, 93,* 566-581.

Handel, R. W., Arnau, R. C., Archer, R. P., & Dandy, K. L. (2006). An evaluation of the MMPI- 2 and A True Response Inconsistency (TRIN) Scales. *Assessment, 13,* 98-106.

Hanson, D. R., Gottesman, I. I., & Heston, L. L. (1990). Long-range schizophrenia forecasting: Many a slip twixt cup and lip. In J. E. Rolf, A. Masten, D. Cicchetti, K. Neuchterlein, & S. Weintraub (Eds.), *Risk and protective factors in the development of psychopathology* (pp. 424-444). New York: Cambridge University Press.

Harkness, A. R., Finn, J. A., McNulty, J. L., & Shields, S. M. (2012). The Personality Psychopathy-Five (PSY-5): Recent constructive replication and assessment literature review. *Psychological Assessment, 24,* 432-443.

Harkness, A. R., & McNulty, J. L. (1994). The Personality Psychopathology Five (PSY-5): Issues from the pages of a diagnostic manual instead of a dictionary. In S. Strack and M. Lorr, *Differentiating normal and abnormal personality.* New York, NY: Springer Publishing Co.

Harkness, A. R., McNulty., J. L., & Ben-Porath, Y. S. (1995). The Personality Psychopathology Five (PSY-5): Constructs and 2 Scales. *Psychological Assessment, 7*(1), 104-114.

Harkness, A. R., McNulty, J. L., Ben-Porath, Y. S., & Graham, J. R. (2002). *MMPI-2 Personality Psychopathology Five (PSY-5) Scales: Graining an overview for case conceptualization and treatment planning* (MMPI-2/ A Test Reports). Minneapolis: The University of Minnesota Press.

Harper, D. C. (1983). Personality correlates and degree of impairment in male adolescents with progressive and nonprogressive physical disorders. *Journal of Clinical Psychology, 39,* 859-867.

Harper, D. C., & Richman, L. C. (1978). Personality profiles of physically impaired adolescents. *Journal of Clinical Psychology, 34,* 636-642.

Harrell, T. H., Honaker, L. M., & Parnell, T. (1992). Equivalence of the MMPI-2 with the MMPI in psychiatric patients. *Psychological Assessment, 4,* 460-465.

Harris, R. E., & Christiansen, C. (1946). Prediction of response to brief psychotherapy. *Journal of Psychology, 21,* 269-284.

Harris, R. E., & Lingoes, J. C. (1955). *Subscales for the MMPI: An aid to profile interpretation.* Department of Psychiatry, University of California School of Medicine and the Langley Porter Clinic, mimeographed materials.

Hathaway, S. R. (1939). The personality inventory as an aid in the diagnosis of psychopathic inferiors. *Journal of Consulting Psychology, 3,* 112-117.

Hathaway, S. R. (1947). A coding system for MMPI profiles. *Journal of Consulting Psychology, 11,* 334-337.

Hathaway, S. R. (1956). Scales 5 (Masculinity-Femininity), 6 (Paranoia), and 8 (Schizophrenia). In G. S. Welsh & W. G. Dahlstrom (Eds.), *Basic readings on the MMPI in psychology and medicine* (pp. 104-111). Minneapolis: University of Minnesota Press.

Hathaway, S. R. (1964). MMPI: Professional use by professional people. *American Psychologist, 19,* 204-210.

Hathaway, S. R. (1965). Personality inventories. In B. B. Wolman (Ed.), *Handbook of clinical psychology* (pp. 451-476). New York: McGraw-Hill.

Hathaway, S. R., & Briggs, P. F. (1957). Some normative data on new MMPI scales. *Journal of Clinical Psychology, 13,* 364-368.

Hathaway, S. R., & McKinley, J. C. (1940). A multiphasic personality schedule (Minnesota): 1. Construction of the schedule. *Journal of Psychology, 10*, 249-254.

Hathaway, S. R., & McKinley, J. C. (1942). A multiphasic personality schedule (Minnesota): 3. The measurement of symptomatic depression. *Journal of Psychology, 14*, 73-84.

Hathaway, S. R., & McKinley, J. C. (1943). *The Minnesota Multiphasic Personality Inventory* (rev. ed.). Minneapolis: University of Minnesota Press.

Hathaway, S. R., & McKinley, J. C. (1967). *Minnesota Multiphasic Personality Inventory manual* (rev. ed.). New York: Psychological Corporation.

Hathaway, S. R., & Monachesi, E. D. (1951). The prediction of juvenile delinquency using the Minnesota Multiphasic Personality Inventory. *American Journal of Psychiatry, 108*, 469-473.

Hathaway, S. R., & Monachesi, E. D. (1952). The Minnesota Multiphasic Personality Inventory in the study of juvenile delinquents. *American Sociological Review, 17*, 704-710.

Hathaway, S. R., & Monachesi, E. D. (Eds.). (1953). *Analyzing and predicting juvenile delinquency with the MMPI.* Minneapolis: University of Minnesota Press.

Hathaway, S. R., & Monachesi, E. D. (1961). *An atlas of juvenile MMPI profiles.* Minneapolis: University of Minnesota Press.

Hathaway, S. R., & Monachesi, E. D. (1963). *Adolescent personality and behavior: MMPI patterns of normal, delinquent, dropout, and other outcomes.* Minneapolis: University of Minnesota Press.

Hathaway, S. R., Monachesi, E. D., & Salasin, S. (1970). A follow-up study of MMPI high 8, schizoid children. In M. Roff & D. F. Ricks (Eds.), *Life history research in psychopathology* (pp. 171-188). Minneapolis: University of Minnesota Press.

Hathaway, S. R., Reynolds, P. C., & Monachesi, E. D. (1969). Follow-up of the later careers and lives of 1,000 boys who dropped out of high school. *Journal of Consulting and Clinical Psychology, 33*, 370-380.

Hays, S. K. (2003). *A computer-administered version versus paper-and-pencil administered version of the MMPI-A* (Doctoral dissertation). Available from ProQuest Dissertations & Theses Global (UMI No. 3075545).

Hays, S., & McCallum, R.S. (2005). A comparison of the pencil-and-paper and computer-administrated Minnesota Multiphasic Personality Inventory-Adolescent. *Psychology in the Schools*, 605-613.

Hedlund, J. L., & Won Cho, D. (1979). [MMPI data research

tape for Missouri Department of Mental Health patients]. Unpublished raw data.

Henry, L. M. (1999). *Comparison of MMPI and MMPI-A response patterns of African American adolescents* (Doctoral dissertation). Available from ProQuest Dissertations & Theses Global (UMI No. 9933767).

Herkov, M. J., Archer, R. P., & Gordon, R. A. (1991). MMPI response sets among adolescents: An evaluation of the limitations of the Subtle-Obvious subscales. *Psychological Assessment: A Journal of Consulting and Clinical Psychology, 3*, 424-426.

Herkov, M. J., Gordon, R. A., Gynther, M. D., & Greer, R. A. (1994). Perceptions of MMPI item subtlety: Influences of age and ethnicity. *Journal of Personality Assessment, 62*, 9-16.

Herman-Giddens, M. E., Slora, E. J., Wasserman, R. C., Bourdony, C. J., Bhapkar, M. B., Koch, G. G., & Hasemeier, C. M. (1997). Secondary sexual characteristics and menses in young girls seen in office practice: A study from the pediatric research in office settings network. *Pediatrics, 99*, 505-512.

Hillard, J. R., Slomowitz, M., & Levi, L. S. (1987). A retrospective study of adolescents' visits to a general hospital psychiatric emergency service. *American Journal of Psychiatry, 144*, 432-436.

Hilts, D., & Moore, J. M. (2003). Normal range MMPI profiles among psychiatric inpatients. *Assessment, 10*, 266-272.

Hoffmann, A. D., & Greydanus, D. E. (1997). *Adolescent Medicine.* Stamford, CT: Appleton & Lange.

Hoffmann, N. G., & Butcher, J. N. (1975). Clinical limitations of three MMPI short forms. *Journal of Consulting and Clinical Psychology, 43*, 32-39.

Hofstra, M. B., van der Ende, J., & Verhulst, F. C. (2002). Child and adolescent problems predict DSM-IV disorders in adulthood: A 14-year follow-up of a Dutch epidemiological sample. *Journal of the American Academy of Child & Adolescent Psychiatry, 41*, 182-189.

Hollrah, J. L., Schlottmann, R. S., Scott, A. B., & Brunetti, D. G. (1995). Validity of the MMPI subtle scales. *Journal of Personality Assessment, 65*, 278-299.

Holmbeck, G. N., & Updegrove, A. L. (1995). Clinical-development interface: Implications of developmental research for adolescent psychotherapy. *Psychotherapy, 32*, 16-33.

Holt, R. R. (1980). Loevinger's measure of ego development: Reliability and national norms for male and female short forms. *Journal of Personality and Social Psychology, 39*,

909-920.

Honaker, L. M. (1990). MMPI and MMPI-2: Alternate forms or different tests? In M. E. Maruish (Chair), *The MMPI and MMPI-2: Comparability examined from different perspectives*. Symposium conducted at the annual convention of the American Psychological Association, Boston, MA.

Huesmann, L. R., Lefkowitz, M. M., & Eron, L. D. (1978). Sum of MMPI Scales F, 4, and 9 as a measure of aggression. *Journal of Consulting and Clinical Psychology, 46*, 1071-1078.

Humm, D. G., & Wadsworth, G. W. (1935). The Humm-Wadsworth Temperament Scale. *American Journal of Psychiatry, 92*, 163-200.

Humphrey, D. H., & Dahlstrom, W. G. (1995). The impact of changing from the MMPI to the MMPI-2 on profile configurations. *Journal of Personality Assessment, 64*, 428-439.

Husband, S. D., & Iguchi, M. Y. (1995). Comparison of MMPI-2 and MMPI clinical scales and high-point scores among methadone maintenance patients. *Journal of Personality Assessment, 64*, 371-375.

Imhof, E. A., & Archer, R. P. (1997). Correlates of the MMPI-A immaturity (IMM) scale in an adolescent psychiatric sample. *Assessment, 5*, 169-179.

Janus, M. D., de Grott, C., & Toepfer, S. M. (1998). The MMPI-A and 13-year-old inpatients: How young is too young? *Assessment, 5*, 321-332.

Janus, M. D., Toepfer, S., Calestro, K., & Tolbert, H. (1996). *Within normal limits profiles and the MMPI-A*. Unpublished manuscript.

Janus, M. D., Tolbert, H., Calestro, K., & Toepfer, S. (1996). Clinical accuracy ratings of MMPI approaches for adolescents: Adding ten years and the MMPI-A. *Journal of Personality Assessment, 67*, 364-383.

Johnson, R. H., & Bond, G. L. (1950). Reading ease of commonly used tests. *Journal of Applied Psychology, 34*, 319-324.

Kaplowitz, P. B., & Oberfield, S. E. (1999). Reexamination of the age limit for defining when puberty is precocious in girls in the United States: Implications for evaluation and treatment. *Pediatrics, 104*, 936-941.

Kashani, J. H., Beck, N., Hoeper, E. W., Fallahi, C., Corcoran, C. M., McAllister, J. A., Rosenberg, T. K., & Reid, J. C. (1987). Psychiatric disorders in a community sample of adolescents. *American Journal of Psychiatry, 144*, 584-589.

Kashani, J. H., & Orvaschel, H. (1988). Anxiety disorders in mid-adolescence: A community sample. *American Journal of Psychiatry, 145*, 960-964.

Kaufman, J., Birmaher, B., Brent, D., Rao, U. M. A., Flynn, C., Moreci, P., & Ryan, N. (1997). Schedule for affective disorders and schizophrenia for school-age children-present and lifetime version (K-SADS-PL): Initial reliability and validity data. *Journal of the American Academy of Child & Adolescent Psychiatry, 36*, 980-988.

Kazdin, A. E. (2000). Adolescent development, mental disorders, and decision making of delinquent youths in P. Grisso and R. G. Schwartz (Eds.), *Youth on trial: A developmental perspective on juvenile justice* (pp. 33-65). Chicago: University of Chicago Press.

Kelley, C. K., & King, G. D. (1979). Cross-validation of the 2-8/8-2 MMPI codetype for young adult psychiatric outpatients. *Journal of Personality Assessment, 43*, 143-149.

Kimmel, D. C., & Weiner, I. B. (1985). *Adolescence: A developmental transition*. Hillsdale, NJ: Lawrence Erlbaum Associates.

Kincannon, J. C. (1968). Prediction of the standard MMPI scale scores from 71 items: The Mini-Mult. *Journal of Consulting and Clinical Psychology, 32*, 319-325.

King, G. D., & Kelley, C. K. (1977). MMPI behavioral correlates of spike-5 and two-point codetypes with Scale 5 as one elevation. *Journal of Clinical Psychology, 33*, 180-185.

Klinge, V., Lachar, D., Grissell, J., & Berman, W. (1978). Effects of scoring norms on adolescent psychiatric drug users' and nonusers' MMPI profiles. *Adolescence, 13*, 1-11.

Klinge, V., & Strauss, M. E. (1976). Effects of scoring norms on adolescent psychiatric patients' MMPI profiles. *Journal of Personality Assessment, 40*, 13-17.

Kohutek, K. J. (1992a). The location of items of the Wiggins content scales on the MMPI-2. *Journal of Clinical Psychology, 48*, 617-620.

Kohutek, K. J. (1992b). Wiggins content scales and the MMPI-2. *Journal of Clinical Psychology, 48*, 215-218.

Kopper, B. A., Osman, A., Osman, J. R., & Hoffman, J. (1998). Clinical utility of the MMPI-A content scales and Harris-Lingoes subscales in the assessment of suicidal risk factors in psychiatric adolescents. *Journal of Clinical Psychology, 54*, 191-200.

Koss, M. P., & Butcher, J. N. (1973). A comparison of psychiatric patients' self-report with other sources of clinical information. *Journal of Research in Personality, 7*, 225-236.

Krakauer, S. (1991). *Assessing reading-deficit patterns among adolescents' MMPI profiles*. Unpublished doctoral dissertation, Virginia Consortium for Professional

Psychology, Norfolk.

Krishnamurthy, R., Archer, R. P., & Huddleston, E. N. (1995). Clinical research note on psychometric limitations of two Harris-Lingoes subscales for the MMPI-2. *Assessment, 2*, 301-304.

Krug, S. E. (1993). *Psychware Sourcebook* (4th ed.). Kansas City, MO: Test Corporation of America.

Lachar, D. (1974). *The MMPI: Clinical assessment and automated interpretation.* Los Angeles: Western Psychological Services.

Lachar, D., Klinge, V., & Grissell, J. L. (1976). Relative accuracy of automated MMPI narratives generated from adult norm and adolescent norm profiles. *Journal of Consulting and Clinical Psychology, 44*, 20-24.

Lachar, D., & Wrobel, T. A. (1979). Validating clinicians' hunches: Construction of a new MMPI critical item set. *Journal of Consulting and Clinical Psychology, 47*, 277-284.

Lachar, D., & Wrobel, N. H. (1990, August). Predicting adolescent MMPI correlates: Comparative efficacy of self-report and other-informant assessment. In R. C. Colligan (Chair) *The MMPI and adolescents: Historical perspectives, current research, and future developments.* A symposium presented to the annual convention of the American Psychological Association, Boston, MA.

Lamb, D. G., Berry, D. T. R., Wetter, M. W., & Baer, R. A. (1994). Effects of two types of information on malingering of closed head injury on the MMPI-2: Analogue investigation. *Psychological Assessment, 6*, 8-13.

Landis, C., & Katz, S. E. (1934). The validity of certain questions which purport to measure neurotic tendencies. *Journal of Applied Psychology, 18*, 343-356.

Lanyon, R. I. (1967). Simulation of normal and psychopathic MMPI personality patterns. *Journal of Consulting Psychology, 31*, 94-97.

Lanyon, R. I. (1987). The validity of computer-based personality assessment products: Recommendations for the future. *Computers in Human Behavior, 3*, 225-238.

Lees-Haley, P. R., Smith, H. H., Williams, C. W., & Dunn, J. T. (1996). Forensic neuropsychological test usage: An empirical survey. *Archives of Clinical Neuropsychology, 11*, 41-51.

Levitt, E. E. (1989). *The clinical application of MMPI special scales.* Hillsdale, NJ: Lawrence Erlbaum Associates.

Levitt, E. E., Browning, J. M., & Freeland, L. J. (1992). The effect of MMPI-2 on the scoring of special scales derived from MMPI-1. *Journal of Personality Assessment, 59*, 22-31.

Levitt, E. E., & Gotts, E. E. (1995). *The clinical applications of MMPI special scales* (2nd ed.). Hillsdale, NJ: Lawrence Erlbaum Associates.

Lewak, R. W., Marks, P. A., & Nelson, G. E. (1990). *Therapist guide to the MMPI & MMPI-2: Providing feedback and treatment.* Muncie, IN: Accelerated Development, Inc.

Lewandowski, D., & Graham, J. R. (1972). Empirical correlates of frequently occurring two-point code types: A replicated study. *Journal of Consulting and Clinical Psychology, 39*, 467-472.

Lewinsohn, P. M., Hops, H., Roberts, R. E., Seeley, J. R., & Andrews, J. A. (1993). Adolescent psychopathology: I. Prevalence and incidence of depression in other DSM-III-R disorders in high school students. *Journal of Abnormal Psychology, 102*, 133-144.

Lewinsohn, P. M., Klein, D. N., & Seeley, J. R. (1995). *Journal of the American Academy of Child and Adolescent Psychiatry, 34*, 454-463.

Lindsay, K. A., & Widiger, T. A. (1995). Sex and gender bias in self-report personality disorder inventories: Item analyses of the MCMI-II, MMPI, and PDQ-R. *Journal of Personality Assessment, 65*, 1-20.

Loevinger, J. (1976). *Ego development: Conceptions and theories.* San Francisco: Jossey-Bass.

Loevinger, J., & Wessler, R. (1970). *Measuring ego development: Vol. I. Construction and use of a Sentence Completion Test.* San Francisco: Jossey-Bass.

Long, K. A., & Graham, J. R. (1991). The masculinity-femininity scale of MMPI-2: Is it useful with normal men in an investigation conducted with the MMPI-2? *Journal of Personality Assessment, 57*, 46-51.

Losada-Paisey, G. (1998). Use of the MMPI-A to assess personality of juvenile male delinquents who are sex offenders and non-sex offenders. *Psychological Reports, 83*, 115-122.

Lowman, J., Galinsky, M. D., & Gray-Little, B. (1980). *Predicting achievement: A ten-year follow-up of black and white adolescents.* Chapel Hill: The University of North Carolina at Chapel Hill, Institute for Research in Social Science (IRSS Research Reports).

Lubin, B., Larsen, R. M., & Matarazzo, J. D. (1984). Patterns of psychological test usage in the United States: 1935-1982. *American Psychologist, 39*, 451-454.

Lubin, B., Larsen, R. M., Matarazzo, J. D., & Seever, M. F. (1985). Psychological test usage patterns in five professional settings. *American Psychologist, 40*, 857-861.

Lubin, B., Wallis, R. R., & Paine, C. (1971). Patterns of

psychological test usage in the United States: 1935-1969. *Professional Psychology, 2*, 70-74.

Lueger, R. J. (1983). The use of the MMPI-168 with delinquent adolescents. *Journal of Clinical Psychology, 39*, 139-141.

Lumry, A. E., Gottesman, I. I., & Tuason, V. B. (1982). MMPI state dependency during the course of bipolar psychosis. *Psychiatric Research, 7*, 59-67.

Luty, D., & Thackrey, M. (1993). Graphomotor interpretation of the MMPI-2? *Journal of Personality Assessment, 60*, 604.

Lynch, K. D., Archer, R. P., & Handel, R. W. (2004). The relationship of MMPI-A item effectiveness to item content, diagnostic category, and classification accuracy. Manuscript in review.

MacAndrew, C. (1965). The differentiation of male alcoholic out-patients from nonalcoholic psychiatric patients by means of the MMPI. *Quarterly Journal of Studies on Alcohol, 26*, 238-246.

MacAndrew, C. (1979). On the possibility of psychometric detection of persons prone to the abuse of alcohol and other substances. *Addictive Behaviors, 4*, 11-20.

MacAndrew, C. (1981). What the MAC scale tells us about men alcoholics: An interpretive review. *Journal of Studies on Alcohol, 42*, 604-625.

MacBeth, L., & Cadow, B. (1984). Utility of the MMPI-168 with adolescents. *Journal of Clinical Psychology, 40*, 142-148.

Marcia, J. E. (1966). Development and validation of ego identity status. *Journal of Personality and Social Psychology, 3*, 551-558.

Marks, P. A., & Briggs, P. F. (1972). Adolescent norm tables for the MMPI. In W. G. Dahlstrom, G. S. Welsh, & L. E. Dahlstrom, *An MMPI handbook: Vol. 1. Clinical interpretation* (rev. ed., pp. 388-399). Minneapolis: University of Minnesota Press.

Marks, P. A., & Haller, D. L. (1977). Now I lay me down for keeps: A study of adolescent suicide attempts. *Journal of Clinical Psychology, 33*, 390-400.

Marks, P. A., & Lewak, R. W. (1991). *The Marks MMPI adolescent feedback and treatment report* [Computer program]. Los Angeles: Western Psychological Services.

Marks, P. A., & Seeman, W. (1963). *The actuarial description of personality: An atlas for use with the MMPI*. Baltimore: Williams & Wilkins.

Marks, P. A., Seeman, W., & Haller, D. L. (1974). *The actuarial use of the MMPI with adolescents and adults*. Baltimore: Williams & Wilkins.

Markwardt, F. C. (1989). *Peabody Individual Achievement Test-Revised*. Circle Pines, MN: American Guidance Service.

Martin, H., & Finn, S. E. (2010). *Masculinity and femininity in the MMPI-2 and A*. Minneapolis: University of Minnesota Press.

Matarazzo, J. D. (1983). Computerized psychological testing. *Science, 221*, 323.

Matarazzo, J. D. (1986). Computerized clinical psychological test interpretations: Unvalidated plus all mean and no sigma. *American Psychologist, 41*, 14-24.

McCarthy, L., & Archer, R. P. (1998). Factor structure of the MMPI-A content scales: Item-level and scale-level findings. *Journal of Personality Assessment, 7*, 84-97.

McDonald, R. L., & Gynther, M. D. (1962). MMPI norms for southern adolescent Negroes. *Journal of Social Psychology, 58*, 277-282.

McFarland, S. G., & Sparks, C. M. (1985). Age, education, and the internal consistency of personality scales. *Journal of Personality and Social Psychology, 49*, 1692-1702.

McGrath, R. E., Pogge, D. L., & Stokes, J. M. (2002). Incremental validity of selected MMPI- A content scales in an inpatient setting. *Psychological Assessment, 14*, 401-409.

McKinley, J. C., & Hathaway, S. R. (1943). The identification and measurement of the psychoneuroses in medical practice. *Journal of the American Medical Association, 122*, 161-167.

McNulty, J. L., Harkness, A. R., Ben-Porath, Y. S., & Williams, C. L. (1997). Assessing the personality psychopathology five (PSY-5) in adolescents: New A scales. *Psychological Assessment, 9*, 250-259.

Meehl, P. E. (1951). *Research results for counselors*. St. Paul, MN: State Department of Education.

Meehl, P. E. (1954). *Clinical versus statistical prediction: A theoretical analysis and a review of the evidence*. Minneapolis: University of Minnesota Press.

Meehl, P. E. (1956). Wanted: A good cookbook. *American Psychologist, 11*, 263-272.

Meehl, P. E. (1986). Causes and effects of my disturbing little book. *Journal of Personality Assessment, 50*, 370-375.

Meehl, P. E., & Dahlstrom, W. G. (1960). Objective configural rules for discriminating psychotic from neurotic MMPI profiles. *Journal of Consulting Psychology, 24*, 375-387.

Meehl, P. E., & Hathaway, S. R. (1946). The K factor as a suppressor variable in the MMPI. *Journal of Applied Psychology, 30*, 525-564.

Meehl, P. E., & Rosen, A. (1955). Antecedent probability and the efficiency of psychometric signs, patterns, or cutting scores. *Psychological Bulletin, 52*, 194-216.

Merydith, E. K., & Phelps, L. (2009). Convergent validity of the

MMPI-A and MACI Scales of Depression. *Psychological Reports, 105,* 605-609.

Meunier, G., & Bodkins, M. (2005). Interpretation of MMPI-A Scale 5 with female patients. *Psychological Reports, 96,* 545-546.

Micucci, J. A. (2002). Accuracy of MMPI-A scales ACK, MAC-R and PRO in detecting comorbid substance abuse among psychiatric inpatient. *Assessment, 9,* 111-122.

Miller v. Alabama, 132 S. Ct. 2455, 567 U.S., 183 L. Ed. 2d 407 (2012).

Miller, H. R., & Streiner, D. L. (1985). The Harris-Lingoes subscales: Fact or fiction? *Journal of Clinical Psychology, 41,* 45-51.

Millon, T., Green, C. J., & Meagher, R. B. (1977). *Millon Adolescent Personality Inventory.* Minneapolis, MN: National Computer Systems.

Milne, L. C., & Greenway, P. (1999). Do high scores on the adolescent-school problems and immaturity scales of the MMPI-A have implications for cognitive performance as measured by the WISC-III? *Psychology in the Schools, 36,* 199-203.

Mlott, S. R. (1973). The Mini-Mult and its use with adolescents. *Journal of Clinical Psychology, 29,* 376-377.

Monachesi, E. D. (1948). Some personality characteristics of delinquents and non-delinquents. *Journal of Criminal Law and Criminology, 38,* 487-500.

Monachesi, E. D. (1950). Personality characteristics of institutionalized and non-institutionalized male delinquents. *Journal of Criminal Law and Criminology, 41,* 167-179.

Monachesi, E. D., & Hathaway, S. R. (1969). The personality of delinquents. In J. N. Butcher (Ed.), *MMPI: Research developments and clinical applications* (pp. 207-219). Minneapolis: University of Minnesota Press.

Monroe, L. J., & Marks, P. A. (1977). MMPI differences between adolescent poor and good sleepers. *Journal of Consulting and Clinical Psychology, 45,* 151-152.

Moore, C. D., & Handal, P. J. (1980). Adolescents' MMPI performance, cynicism, estrangement, and personal adjustment as a function of race and sex. *Journal of Clinical Psychology, 36,* 932-936.

Moreland, K. L. (1984, Fall). Intelligent use of automated psychological reports. *Critical Items: A newsletter for the MMPI community, 1,* 4-6.

Moreland, K. L. (1985a). Computer-assisted psychological assessment in 1986: A practical guide. *Computers in Human Behavior, 1,* 221-233.

Moreland, K. L. (1985b). Validation of computer-based test interpretations: Problems and prospects. *Journal of Consulting and Clinical Psychology, 53,* 816-825.

Moreland, K. L. (1990). Computer-assisted assessment of adolescent and child personality: What's available? In C. R. Reynolds & R. W. Kamphaus (Eds.), *Handbook of psychological and educational assessment of children: Personality, behavior, and context* (pp. 395-420). New York: Guilford.

Morrison, T. L., Edwards, D. W., Weissman, H. N., Allen, R., & DeLaCruz, A. (1995). Comparing MMPI and MMPI-2 profiles: Replication and Integration. *Assessment, 2,* 39-46.

National Institute of Mental Health. (1990). *National plan for research on child and adolescent mental disorders* (DHHS Publication No. ADM 90-1683). Washington, DC: U. S. Government Printing Office.

Negy, C., Leal-Puente, L., Trainor, D. J., & Carlson, R. (1997). Mexican-American adolescents' performance on the MMPI-A. *Journal of Personality Assessment, 69,* 205-214.

Nelson, L. D. (1987). Measuring depression in a clinical population using the MMPI. *Journal of Consulting and Clinical Psychology, 55,* 788-790.

Nelson, L. D., & Cicchetti, D. (1991). Validity of the MMPI depression scale for outpatients. *Psychological Assessment: A Journal of Consulting and Clinical Psychology, 3,* 55-59.

Newmark, C. S. (1971). MMPI: Comparison of the oral form presented by a live examiner to the booklet form. *Psychological Reports, 29,* 797-798.

Newmark, C. S., Gentry, L., Whitt, J. K., McKee, D. C., & Wicker, C. (1983). Simulating normal MMPI profiles as a favorable prognostic sign in schizophrenia. *Australian Journal of Psychology, 35,* 433-444.

Newmark, C. S., & Thibodeau, J. R. (1979). Interpretive accuracy and empirical validity of abbreviated forms of the MMPI with hospitalized adolescents. In C. S. Newmark (Ed.), *MMPI: Clinical and research trends* (pp. 248-275). New York: Praeger.

Newsom, C. R., Archer, R. P., Trumbetta, S., & Gottesman, I. I. (2003). Changes in adolescent response patterns on the MMPI/MMPI-A across four decades. *Journal of Personality Assessment, 81,* 74-84.

Newton, C. C. (2008). *MMPI-A structural summary approach: Characteristics of gifted adolescents* (Doctoral dissertation). Available from ProQuest Dissertations & Theses Global. (UMI No. 3303358).

Nichols, D. S. (1987). *Interpreting the Wiggins MMPI content scales* (Clinical Notes on the MMPI, Monograph No. 10). Minneapolis, MN: National Computer Systems.

Nichols, D. S. (1992). Review of the Minnesota Multiphasic Personality Inventory-2 (MMPI-2). In *The Eleventh Mental Measurements Yearbook* (pp. 562-565). Lincoln: Buros Institute of Mental Measurements, University of Nebraska.

Nichols, D. S. (2001). *Essentials of MMPI-2 Assessment*. New York: John Wiley & Sons.

Offer, D., & Offer, J. B. (1975). *From teenager to young manhood*. New York: Basic Books.

Orr, D. P., Eccles, T., Lawlor, R., & Golden, M. (1986). Surreptitious insulin adminis

tration in adolescents with insulin-dependent diabetes mellitus. *Journal of the American Medical Association, 256*, 3227-3230.

Osberg, T. M., & Poland, D. L. (2002). Comparative accuracy of the MMPI-2 and MMPI-A in the diagnosis of psychopathology in 18-year-olds. *Psychological Assessment, 14*, 164-169.

Overall, J. E., & Gomez-Mont, F. (1974). The MMPI-168 for psychiatric screening. *Educational and Psychological Measurement, 34*, 315-319.

Paikoff, R. L., & Brooks-Gunn, J. (1991). Do parent-child relationships change during puberty? *Psychological Bulletin, 110*, 47-66.

Pancoast, D. L., & Archer, R. P. (1988). MMPI adolescent norms: Patterns and trends across 4 decades. *Journal of Personality Assessment, 52*, 691-706.

Pancoast, D. L., & Archer, R. P. (1992). MMPI response patterns of college students: Comparisons to adolescents and adults. *Journal of Clinical Psychology, 48*, 47-53.

Pancoast, D. L., Archer, R. P., & Gordon, R. A. (1988). The MMPI and clinical diagnosis: A comparison of classification system outcomes with discharge diagnoses. *Journal of Personality Assessment, 52*, 81-90.

Paolo, A. M., Ryan, J. J., & Smith, A. J. (1991). Reading difficulty of MMPI-2 subscales. *Journal of Clinical Psychology, 47*, 529-532.

Petersen, A. C. (1985). Pubertal development as a cause of disturbance: Myths, realities, and unanswered questions. *Genetic, Social, and General Psychology Monographs, 111*, 205-232.

Petersen, A. C., & Hamburg, B. A. (1986). Adolescence: A developmental approach to problems and psychopathology. *Behavior Therapy, 17*, 480-499.

Piaget, J. (1975). The intellectual development of the adolescent. In A. H. Esman (Ed.), *The psychology of adolescence: Essential reading* (pp. 104-108). New York: International Universities Press.

Pinsoneault, T. B. (1997). A combined rationally-empirically developed variable response scale for detecting the random response set in the Jesness Inventory. *Journal of Clinical Psychology, 53*, 471-484.

Pinsoneault, T. B. (1999). Efficacy of the three randomness validity scales for the Jesness Inventory. *Journal of Personality Assessment, 73*, 395-406.

Pinsoneault, T. B. (2005). Detecting random, partially random, and nonrandom Minnesota Multiphasic Personality Inventory-Adolescent protocols. *Psychological Assessment, 17*, 476-480.

Pinsoneault, T. B. (2014). Effective cutoffs for detecting random, partially random, and nonrandom 350-item MMPI-A short form protocols. *Psychological Assessment, 26*, 685-690.

Piotrowski, C., & Keller, J. W. (1989). Psychological testing in outpatient mental health facilities: A national study. *Professional Psychology: Research and Practice, 20*, 423-425.

Piotrowski, C., & Keller, J. W. (1992). Psychological testing in applied settings: A literature review from 1982-1992. *Journal of Training and Practice in Professional Psychology, 6*, 74-82.

Pogge, D. L., Stokes, J. M., Frank, J., Wong, H., & Harvey, P. D. (1997). Association of MMPI validity scales and therapist ratings of psychopathology in adolescent psychiatric inpatients. *Assessment, 4*, 17-27.

Powers, S. I., Hauser, S. T., & Kilner, L. A. (1989). Adolescent mental health. *American Psychologist, 44*, 200-208.

Pritchard, D. A., & Rosenblatt, A. (1980). Racial bias in the MMPI: A methodological review. *Journal of Consulting and Clinical Psychology, 48*, 263-267.

Rathus, S. A. (1978). Factor structure of the MMPI-168 with and without regression weights. *Psychological Reports, 42*, 643-646.

Rathus, S. A., Fox, J. A., & Ortins, J. B. (1980). The MacAndrew scale as a measure of substance abuse in delinquency among adolescents. *Journal of Clinical Psychology, 36*, 579-583.

Reich, W., & Earls, F. (1987). Rules for making psychiatric diagnoses in children on the basis of multiple sources of information: Preliminary strategies. *Journal of Abnormal Child Psychology, 15*, 601-616.

Rempel, P. P. (1958). The use of multivariate statistical analysis of Minnesota Multiphasic Personality Inventory scores in the classification of delinquent and nondelinquent high school boys. *Journal of Consulting Psychology, 22*, 17-23.

Reyes, A., & Kazdin, A. E. (2005). Informant discrepancies in the assessment of childhood psychopathology: A critical review, theoretical framework, and recommendations for further study. *Psychological Bulliton, 131*, 483–509.

Reynolds, C. R., & Kamphaus, R. W. (2002). *The clinician's guide to the Behavior Assessment System for Children (BASC)*. New York: Guilford Press.

Rinaldo, J. C. B., & Baer, R. A. (2003). Incremental validity of the MMPI-A content scales in the prediction of self-reported symptoms. *Journal of Personality Assessment, 80*, 309–318.

Roberts, R. E., Attkisson, C. C., & Rosenblatt, A. (1998). Prevalence of psychopathol

ogy among children and adolescents. *American Journal of Psychiatry, 155*, 715–725.

Roberts, R. E., Roberts, C. R., & Chan, W. (2009). One-year incidence of psychiatric disorders and associated risk factors among adolescents in the community. *Journal of Child Psychology and Psychiatry, 50*, 405–415.

Rogers, R., Bagby, R. M., & Chakraborty, D. (1993). Feigning schizophrenic disorders on the MMPI-2: Detection of coached simulators. *Journal of Personality Assessment, 60*, 215–226.

Rogers, R., Hinds, J. D., & Sewell, K. W. (1996). Feigning psychopathology among adolescent offenders: Validation of the SIRS, MMPI-A, and SIMS. *Journal of Personality Assessment, 67*, 244–257.

Rogers, R., Sewell, K. W., & Salekin, R. T. (1994). A meta-analysis of malingering on the MMPI-2. *Assessment, 1*, 227–237.

Rogers, R., Sewell, K. W., & Ustad, K. L. (1995). Feigning among chronic outpatients on the MMPI-2: A systematic examination of fake-bad indicators. *Assessment, 2*, 81–89.

Romano, B., Tremblay, R. E., Vitaro, F., Zoccolillo, M., & Pagani, L. (2001). Prevalence of psychiatric disorders and the role of perceived impairment: Findings from an adolescent community sample. *Journal of Child Psychology and Psychiatry, 42*, 451–461.

Rome, H. P., Swenson, W. M., Mataya, P., McCarthy, C. E., Pearson, J. S., Keating, F. R., & Hathaway, S. R. (1962). Symposium on automation techniques in personality assessment. *Proceedings of the Staff Meetings of the Mayo Clinic, 37*, 61–82.

Roper v. Simmons, 543 U. S. 551, 125 S. Ct. 1183, 161 L. Ed. 2d 1 (2005).

Roper, B. L., Ben-Porath, Y. S., & Butcher, J. N. (1991). Comparability of computerized adaptive and conventional testing with the MMPI-2. *Journal of Personality Assessment, 57*, 278–290.

Roper, B. L., Ben-Porath, Y. S., & Butcher, J. N. (1995). Comparability and validity of computerized adaptive testing with the MMPI-2. *Journal of Personality Assessment, 65*, 358–371.

Rosen, A. (1962). Development of MMPI scales based on a reference group of psychiatric patients. *Psychological Monographs, 76* (8, Whole No. 527).

Rosenberg, L. A., & Joshi, P. (1986). Effect of marital discord on parental reports on the Child Behavior Checklist. *Psychological Reports, 59*, 1255–1259.

Rutter, M., Graham, P., Chadwick, O. F. D., & Yule, W. (1976). Adolescent turmoil: Fact or fiction? *Journal of Child Psychology and Psychiatry, 17*, 35–56.

Schinka, J. A., Elkins, D. E., & Archer, R. P. (1998). Effects of psychopathology and demographic characteristics on MMPI-A scale scores. *Journal of Personality Assessment, 71*, 295–305.

Schuerger, J. M., Foerstner, S. B., Serkownek, K., & Ritz, G. (1987). History and validities of the Serkownek subscales for MMPI Scales 5 and 0. *Psychological Reports, 61*, 227–235.

Scott, R. L., Butcher, J. N., Young, T. L., & Gomez, N. (2002). The Hispanic MMPI-A across five countries. *Journal of Clinical Psychology, 58*, 407–417.

Scott, R. L., Knoth, R. L., Beltran-Quiones, M., & Gomez, N. (2003). Assessment of psychological functioning in adolescent earthquake victims in Columbia using the MMPI-A. *Journal of Traumatic Stress, 16*, 49–57.

Scott, R. L., & Mamani-Pampa, W. (2008). MMPI-A for Peru: Adaptation and normalization. *International Journal of Clinical and Health Psychology, 8*, 719–732.

Serkownek, K. (1975). *Subscales for Scales 5 and 0 of the MMPI*. Unpublished manuscript.

Shaevel, B., & Archer, R. P. (1996). Effects of MMPI-2 and A norms on score elevations for 18-year-olds. *Journal of Personality Assessment, 67*, 72–78.

Sherwood, N. E., Ben-Porath, Y. S., & Williams, C. L. (1997). *The MMPI-A content component scales: Development, psychometric characteristics and clinical application. MMPI-2/A Test Report 3*. Minneapolis: University of Minnesota Press.

Sieber, K. O., & Meyer, L. S. (1992). Validation of the MMPI-2 social introversion subscales. *Psychological Assessment, 4*, 185–189.

Sivec, H. J., Lynn, S. J., & Garske, J. P. (1994). The effect of somatoform disorder and paranoid psychotic role-related dissimulations as a response set on the MMPI- 2. *Assessment, 1*, 69–81.

Spielberger, C. D. (1988). *State-Trait Anger Expression*

Inventory-Research Edition. Odessa, FL: Psychological Assessment Resources.

Spirito, A., Faust, D., Myers, B., & Bechtel, D. (1988). Clinical utility of the MMPI in the evaluation of adolescent suicide attempters. *Journal of Personality Assessment, 52*, 204–211.

Stehbens, J. A., Ehmke, D. A., & Wilson, B. K. (1982). MMPI profiles of rheumatic fever adolescents and adults. *Journal of Clinical Psychology, 38*, 592–596.

Stein, L. A. R., & Graham, J. R. (2005). Ability of substance abusers to escape detection on the Minnesota Multiphasic Personality Inventory-Adolescent (MMPI-A) in a juvenile correctional facility. *Assessment, 12*, 28–39.

Stein, L. A. R., Graham, J. R., & Williams, C. L. (1995). Detecting fake-bad MMPI-A profiles. *Journal of Personality Assessment, 65*, 415–427.

Stein, L. A. R., McClinton, B. K., & Graham, J. R. (1998). Long-term stability of MMPI-A scales. *Journal of Personality Assessment, 70*, 103–108.

Stokes, J., Pogge, D., Sarnicola, J., & McGrath, R. (2009). Correlates of the MMPI-A Psychopathology Five (PSY-5) facet scales in an adolescent inpatient sample. *Journal of Personality Assessment, 91*, 48–57.

Stone, L. J., & Church, J. (1957). Pubescence, puberty, and physical development. In A. H. Esman (Ed.), *The psychology of adolescence: Essential readings* (pp. 75–85). New York: International Universities Press.

Storm, J., & Graham, J. R. (1998, March). *The effects of validity scale coaching on the ability to malinger psychopathology*. Paper presented at the 33rd Annual Symposium on Research Developments in the Use of the MMPI-2 and A. Clearwater Beach, FL.

Strong, E. K., Jr. (1927). Differentiation of certified public accountants from other occupational groups. *Journal of Educational Psychology, 18*, 227–238.

Strong, E. K., Jr. (1943). *Vocational interests of men and women*. Stanford, CA: Stanford University Press.

Super, D. E. (1942). The Bernreuter Personality Inventory: A review of research. *Psychological Bulletin, 39*, 94–125.

Sutker, P. B., Allain, A. N., & Geyer, S. (1980). Female criminal violence and differential MMPI characteristics. *Journal of Consulting and Clinical Psychology, 46*, 1141–1143.

Sutker, P. B., & Archer, R. P. (1979). MMPI characteristics of opiate addicts, alcoholics, and other drug abusers. In C. S. Newmark (Ed.), *MMPI clinical and research trends* (pp. 105–148). New York: Praeger.

Svanum, S., & Ehrmann, L. C. (1992). Alcoholic subtypes and the MacAndrew alcoholism scale. *Journal of Personality Assessment, 58*, 411–422.

Svanum, S., McGrew, J., & Ehrmann, L. C. (1994). Validity of the substance abuse scales of the MMPI-2 in a college student sample. *Journal of Personality Assessment, 62*, 427–439.

Swenson, W. M., & Pearson, J. S. (1964). Automation techniques in personality assessment: A frontier in behavioral science and medicine. *Methods of Information in Medicine, 3*, 34–36.

Tanner, J. M. (1969). Growth and endocrinology of the adolescent. In L. Gardner (Ed.), *Endocrine and genetic diseases of childhood* (pp. 19–60). Philadelphia: Saunders.

Tanner, J. M., Whitehouse, R. H., & Takaishi, M. (1966). Standards from birth to maturity for height, weight, height velocity, and weight velocity: British children, 1965, Part I. *Archives of Disease in Childhood, 41*, 454–471.

Tellegen, A., & Ben-Porath, Y. S. (1992). The new uniform T-scores for the 2: Rationale, derivation, and appraisal. *Psychological Assessment, 4*, 145–155.

Tellegen, A., & Ben-Porath, Y. S. (1993). Code-type comparability of the MMPI and MMPI-2: Analysis of recent findings and criticisms. *Journal of Personality Assessment, 61*, 489–500.

Timbrook, R. E., & Graham, J. R. (1994). Ethnic differences on the MMPI-2? *Psychological Assessment, 6*, 212–217.

Timbrook, R. E., Graham, J. R., Keiller, S. W., & Watts, D. (1993). Comparison of the Wiener-Harmon subtle-obvious scales and the standard validity scales in detecting valid and invalid MMPI-2 profiles. *Psychological Assessment, 5*, 53–61.

Tirrell, C. A., Archer, R. P., & Mason, J. (2004). *Concurrent validity of the MMPI-A substance abuse scales: MAC-R, ACK, and PRO*. Manuscript in preparation.

Todd, A. L., & Gynther, M. D. (1988). Have MMPI Mf scale correlates changed in the past 30 years? *Journal of Clinical Psychology, 44*, 505–510.

Toyer, E. A., & Weed, N. C. (1998). Concurrent validity of the MMPI-A in a counseling program for juvenile offenders. *Journal of Clinical Psychology, 54*, 395–399.

Truscott, D. (1990). Assessment of overcontrolled hostility in adolescence. *Psychological Assessment: A Journal of Consulting and Clinical Psychology, 2*, 145–148.

University of Minnesota Test Division (2014). *Available translations*. [Online]. Available: http://www.upress. umn.edu/test-division/translations-permissions/available-translations.

Veltri, C. O. C., Graham, J. R., Sellbom, M., Ben-Porath, Y. S. Forbey, J. D., O'Connell, C., Rogers, R., & White, R. S.

(2009). Correlations of MMPI-A scales in acute psychiatric and forensic samples. *Journal of Personality Assessment, 91*, 288-300.

Veltri, C. O. C., Sellbom, M., Graham., J. R., Ben-Porath, Y. S., Forbey, J. D., & White, R. S. (2014). Distinguishing Personality Psychopathy Five (PSY-5) characteristics associated with violent and nonviolent juvenile delinquency. *Journal of Personality Assessment, 96*, 158-165.

Veltri, C. O. C, & Williams, J. E. (2012). Does the disorder matter? Investigating a moderating effect on coached noncredible overreporting using the 2 and PAI. *Assessment, 20*, 199-209.

Vondell, N. J., & Cyr, J. J. (1991). MMPI short forms with adolescents: Gender differences and accuracy. *Journal of Personality Assessment, 56*, 254-265.

Walters, G. D. (1983). The MMPI and schizophrenia: A review. *Schizophrenia Bulletin, 9*, 226-246.

Walters, G. D. (1988). Schizophrenia. In R. L. Greene (Ed.), *The MMPI: Use in specific populations* (pp. 50-73). San Antonio, TX: Grune & Stratton.

Ward, L. C., & Ward, J. W. (1980). MMPI readability reconsidered. *Journal of Personality Assessment, 44*, 387-389.

Wasyliw, O. E., Haywood, T. W., Grossman, L. S., & Cavanaugh, J. L. (1993). The psychometric assessment of alcoholism in forensic groups: The MacAndrew scale and response bias. *Journal of Personality Assessment, 60*, 252-266.

Watson, C. G., Thomas, D., & Anderson, P. E. D. (1992). Do computer-administered Minnesota Multiphasic Personality Inventories underestimate booklet-based scores? *Journal of Clinical Psychology, 48*, 744-748.

Weed, N. C., Ben-Porath, Y. S., & Butcher, J. N. (1990). Failure of the Wiener and Harmon Minnesota Multiphasic Personality Inventory (MMPI) subtle scales as personality descriptors and as validity indicators. *Psychological Assessment: A Journal of Consulting and Clinical Psychology, 2*, 281-285.

Weed, N. C., Butcher, J. N., McKenna, T., & Ben-Porath, Y. S. (1992). New measures for assessing alcohol and drug dependence with the MMPI-2: The APS and AAS. *Journal of Personality Assessment, 58*, 389-404.

Weed, N. C., Butcher, J. N., & Williams, C. L. (1994). Development of MMPI-A alcohol/drug problems scales. *Journal of Studies on Alcohol, 55*(3), 296-302.

Weiner, I. B., & Del Gaudio, A. C. (1976). Psychopathology in adolescence: An epidemiological study. *Archives of General Psychiatry, 33*, 187-193.

Weissman, M. M., Wickramaratne, P., Warner, V., John, K., Prusoff, B. A., Merikangas, K. R., & Gammon, G. D. (1987). Assessing psychiatric disorders in children: Discrepancies between mothers' and children's reports. *Archives of General Psychiatry, 44*, 747-753.

Welsh, G. S. (1948). An extension of Hathaway's MMPI profile coding system. *Journal of Consulting Psychology, 12*, 343-344.

Welsh, G. S. (1956). Factor dimensions A and R. In G. S. Welsh & W. G. Dahlstrom (Eds.), *Basic reading on the MMPI in psychology and medicine* (pp. 264-281). Minneapolis: University of Minnesota Press.

Wetter, M. W., Baer, R. A., Berry, D. T. R., & Reynolds, S. K. (1994). The effect of symptom information on faking on the MMPI-2. *Assessment, 1*, 199-207.

Wetter, M. W., Baer, R. A., Berry, D. T. R., Robison, L. H., & Sumpter, J. (1993). MMPI-2 profiles of motivated fakers given specific symptom information: A comparison to matched patients. *Psychological Assessment, 3*, 317-323.

Wetter, M. W., Baer, R. A., Berry, D. T. R., Smith, G. T., & Larsen, L. H. (1992). Sensitivity of MMPI-2 validity scales to random responding and malingering. *Psychological Assessment, 4*, 369-374.

Wetter, M. W., & Corrigan, S. K. (1995). Providing information to clients about psychological tests: A survey of attorneys' and law students' attitudes. *Professional Psychology: Research and Practice, 26*, 1-4.

White, A. M. (2009). Understanding adolescent brain development and its implications for the clinician. *Adolescent Medicine, 20*, 73-90.

White, L., & Krishnamurthy, R. (2015, March). An evaluation of Minnesota Multiphasic Personality Inventory-Adolescent-Restructured Form (MMPI-RF) item endorsement frequencies using clinical and non-clinical adolescent samples. In R. Krishnamurthy (chair), MMPI research. Paper presented at the annual convention of the Society for Personality Assessment, Brooklyn, NY.

White, L., & Krishnamurthy, R. (2014, March). *A psychometric evaluation of the MMPI- RF using clinical and nonclinical assessment samples.* In R. Krishnamurthy (chair), MMPI Research I. Paper presented at the annual convention of the Society for Personality Assessment, Arlington, VA.

Wiederholt, J. L., & Bryant, B. R. (2012). *Gray Oral Reading Tests-Fifth Edition* (GORT-5). Austin, TX: Pro-Ed.

Wiener, D. N. (1948). Subtle and Obvious keys for the MMPI. *Journal of Consulting Psychology, 12*, 164-170.

Wiggins, J. S. (1966). Substantive dimensions of self-report in the MMPI item pool. *Psychological Monographs, 80* (22, Whole No. 630).

Wiggins, J. S. (1969). Content dimensions in the MMPI. In J. N. Butcher (Ed.), *MMPI: Research developments and clinical applications* (pp. 127-180). New York: McGraw-Hill.

Wilkinson, G. S., & Robertson, G. J. (2006). *WRAT 4: Wide Range Achievement Test; professional manual.* Lutz, FL: Psychological Assessment Resources, Incorporated.

Williams, C. L., Ben-Porath, Y. S., & Hevern, B. W. (1994). Item level improvements for use of the MMPI with adolescents. *Journal of Personality Assessment, 63,* 284-293.

Williams, C. L., & Butcher, J. N. (1989a). An MMPI study of adolescents: I. Empirical validity of standard scales. *Psychological Assessment: A Journal of Consulting and Clinical Psychology, 1,* 251-259.

Williams, C. L., & Butcher, J. N. (1989b). An MMPI study of adolescents: II. Verification and limitations of code type classifications. Psychological Assessment: *A Journal of Consulting and Clinical Psychology, 1,* 260-265.

Williams, C. L., & Butcher, J. N. (2011). *Beginner's guide to the MMPI-A.* Washington, DC: American Psychological Association.

Williams, C. L., Butcher, J. N., Ben-Porath, Y. S., & Graham, J. R. (1992). MMPI-A content scales: Assessing psychopathology in adolescents. Minneapolis: University of Minnesota Press.

Williams, C. L., Graham, J. R., & Butcher, J. N. (1986, March). Appropriate MMPI norms for adolescents: An old problem revisited. Paper presented at the 21st annual Symposium on Recent Developments in the Use of the MMPI, Clearwater, FL.

Williams, C. L., Hearn, M. D., Hostetler, K., & Ben-Porath, Y. S. (1990). *A comparison of several epidemiological measures for adolescents: MMPI, DISC, and YSR.* Unpublished manuscript, University of Minnesota, Minneapolis.

Williams, J. E., & Weed, N. C. (2004). Review of computer-based test interpretation software for the MMPI-2. *Journal of Personality Assessment, 83*(1), 78-83.

Wimbish, L. G. (1984). *The importance of appropriate norms for the computerized interpretations of adolescent MMPI profiles.* Unpublished doctoral dissertation, Ohio State University, Columbus.

Wirt, R. D., & Briggs, P. F. (1959). Personality and environmental factors in the development of delinquency. *Psychological Monographs: General and Applied* (Whole No. 485). 1-47.

Wisniewski, N. M., Glenwick, D. S., & Graham, J. R. (1985). MacAndrew scale and sociodemographic correlates of alcohol and drug use. *Addictive Behaviors, 10,* 55-67.

Wolfson, K. P., & Erbaugh, S. E. (1984). Adolescent responses to the MacAndrew Alcoholism scale. *Journal of Consulting and Clinical Psychology, 52,* 625-630.

Woodworth, R. S. (1920). *Personal data sheet.* Chicago: Stoelting.

Wrobel, N. H. (1991, August). *Utility of the Wiggins content scales with an adolescent sample.* In R. C. Colligan (Chair), MMPI and MMPI-2 supplementary scales and profile interpretation-content scales revisited. Symposium conducted at the annual conference of the American Psychological Association, San Francisco, CA.

Wrobel, N. H., & Gdowski, C. L. (1989, August). *Validation of Wiggins content scales with an adolescent sample.* Paper presented at the annual convention of the American Psychological Association, New Orleans, LA.

Wrobel, N. H., & Lachar, D. (1992). Refining adolescent MMPI interpretations: Moderating effects of gender in prediction of descriptions from parents. *Psychological Assessment, 4,* 375-381.

Wrobel, N. H., & Lachar, D. (1995). Racial differences in adolescent self-report: A comparative validity study using homogeneous MMPI content scales. *Psychological Assessment, 7,* 140-147.

Wrobel, T. A. (1992). Validity of Harris and Lingoes MMPI subscale descriptors in an outpatient sample. *Journal of Personality Assessment, 59,* 14-21.

Yavari, R. (2012). *Examining the Minnesota Multiphasic Personality Inventory-Adolescent: Self-descriptors of the K scale in adolescents* (Doctoral dissertation). Available from ProQuest Dissertations & Theses Global. (UMI No. 3471043).

Zahn-Waxler, C., Shirtcliff, E. A., & Marceau, K. (2008). Disorders of childhood and adolescence: Gender and psychopathology. *Annual Review of Clinical Psychology, 4,* 275-303.

Zinn, S., McCumber, S., & Dahlstrom, W. G. (1999). Cross-validation and extension of the MMPI-A IM scale. *Assessment, 6,* 1-6.

Zubeidat, I., Sierra, J.C., Salinas, J.M., & Rojas-Garcia, A. (2011). Reliability and validity of the Spanish version of the Minnesota Multiphasic Personality Inventory (MMPI-A). *Journal of Personality Assessment, 93,* 26-32.

찾아보기

저자 소개

Rovert P. Archer, PhD, ABPP

버지니아주 노퍽에 위치한 이스턴 버지니아 의과대학(Eastern Virginia Medical School)의 정신과 및 행동과학 부서의 Frank Harrell Redwood 석좌교수이자 심리과의 책임자이다. 그는 『MMPI-A』의 공동 저자이며, 『MMPI-A-RF』의 주요 저자이다. 또한 학술지 『Assessment』의 창립 편집자였고, 2017~2019년 성격평가학회의 차기 회장을 역임하였다.

역자 소개

안도연(An Doyoun)

서울대학교 심리학과에서 임상 및 상담 심리 전공으로 박사학위를 취득하였다. 삼성서울병원 정신건강의학과 임상심리레지던트 과정을 마치고, 임상심리전문가(한국임상심리학회), 정신건강 임상심리사 1급(보건복지부), 상담심리사 1급(한국상담심리학회) 자격을 취득하였다. 한별정신건강병원 임상심리 수련감독자를 역임하였으며, 현재 한신대학교 심리학과 조교수로 재직하고 있다.
주요 역서로는 『마음챙김에 기반한 인지치료』(학지사, 2019), 『MMPI-2 해설서』(공역, 학지사, 2020), 『긍정심리학 기반 성격 강점 개입 가이드』(학지사, 2021)가 있다.

MMPI-A를 통한 청소년 정신병리 평가

Assessing Adolescent Psychopathology: MMPI-A/MMPI-A-RF, Fourth Edition

2023년 6월 25일 1판 1쇄 인쇄
2023년 6월 30일 1판 1쇄 발행

지은이 • Robert P. Archer
옮긴이 • 안도연
펴낸이 • 김진환
펴낸곳 • (주) **학 지 시**

　　　　04031 서울특별시 마포구 양화로 15길 20 마인드월드빌딩
대표전화 • 02)330-5114　　　팩스 • 02)324-2345
등록번호 • 제313-2006-000265호

홈페이지 • http://www.hakjisa.co.kr
페이스북 • https://www.facebook.com/hakjisabook

ISBN 978-89-997-2917-1 93180

정가 28,000원

출판미디어기업 학 지 시

간호보건의학출판 **학지사메디컬** www.hakjisamd.co.kr
심리검사연구소 **인싸이트** www.inpsyt.co.kr
학술논문서비스 **뉴논문** www.newnonmun.com
교육연수원 **카운피아** www.counpia.com